DIREITOS HUMANOS FUNDAMENTAIS

O GEN | Grupo Editorial Nacional – maior plataforma editorial brasileira no segmento científico, técnico e profissional – publica conteúdos nas áreas de concursos, ciências jurídicas, humanas, exatas, da saúde e sociais aplicadas, além de prover serviços direcionados à educação continuada.

As editoras que integram o GEN, das mais respeitadas no mercado editorial, construíram catálogos inigualáveis, com obras decisivas para a formação acadêmica e o aperfeiçoamento de várias gerações de profissionais e estudantes, tendo se tornado sinônimo de qualidade e seriedade.

A missão do GEN e dos núcleos de conteúdo que o compõem é prover a melhor informação científica e distribuí-la de maneira flexível e conveniente, a preços justos, gerando benefícios e servindo a autores, docentes, livreiros, funcionários, colaboradores e acionistas.

Nosso comportamento ético incondicional e nossa responsabilidade social e ambiental são reforçados pela natureza educacional de nossa atividade e dão sustentabilidade ao crescimento contínuo e à rentabilidade do grupo.

ALEXANDRE DE MORAES

DIREITOS HUMANOS FUNDAMENTAIS

TEORIA GERAL

Comentários aos arts. 1º a 5º da
Constituição da República Federativa do Brasil

DOUTRINA E JURISPRUDÊNCIA

12ª edição Revista, atualizada e ampliada

■ O autor deste livro e a editora empenharam seus melhores esforços para assegurar que as informações e os procedimentos apresentados no texto estejam em acordo com os padrões aceitos à época da publicação, e todos os dados foram atualizados pelo autor até a data de fechamento do livro. Entretanto, tendo em conta a evolução das ciências, as atualizações legislativas, as mudanças regulamentares governamentais e o constante fluxo de novas informações sobre os temas que constam do livro, recomendamos enfaticamente que os leitores consultem sempre outras fontes fidedignas, de modo a se certificarem de que as informações contidas no texto estão corretas e de que não houve alterações nas recomendações ou na legislação regulamentadora.

■ Fechamento desta edição: *03.12.2020*

■ O Autor e a editora se empenharam para citar adequadamente e dar o devido crédito a todos os detentores de direitos autorais de qualquer material utilizado neste livro, dispondo-se a possíveis acertos posteriores caso, inadvertida e involuntariamente, a identificação de algum deles tenha sido omitida.

■ **Atendimento ao cliente:** (11) 5080-0751 | faleconosco@grupogen.com.br

■ Direitos exclusivos para a língua portuguesa
Copyright © 2021 by
Editora Atlas Ltda.
Uma editora integrante do GEN | Grupo Editorial Nacional
Rua Conselheiro Nébias, 1384
São Paulo – SP – 01203-904
www.grupogen.com.br

■ Reservados todos os direitos. É proibida a duplicação ou reprodução deste volume, no todo ou em parte, em quaisquer formas ou por quaisquer meios (eletrônico, mecânico, gravação, fotocópia, distribuição pela Internet ou outros), sem permissão, por escrito, da Editora Atlas Ltda.

■ Capa: Danilo Oliveira

■ **CIP – BRASIL. CATALOGAÇÃO NA FONTE.**
SINDICATO NACIONAL DOS EDITORES DE LIVROS, RJ.

M818d
12. ed.

Moraes, Alexandre de
Direitos humanos fundamentais: teoria geral: comentários aos arts. 1º a 5º da Constituição da República Federativa do Brasil: doutrina e jurisprudência / Alexandre de Moraes. – 12 ed. – [2. Reimp.] – São Paulo: Atlas, 2023.
440 p.; 24 cm.

Inclui bibliografia e índice
ISBN 978-85-97-02679-5

1. Direito constitucional – Brasil. 2. Direitos fundamentais – Brasil. 3. Direitos humanos – Brasil. I. Título.

20-67497   CDU: 342.7(81)

Leandra Felix da Cruz Candido – Bibliotecária – CRB-7/6135

O Senhor é meu pastor, e nada me faltará...
Guia-me pelas veredas da Justiça
por amor ao Seu nome (SALMO de Davi 22-23).

Sobre o autor

Ministro do Supremo Tribunal Federal e do Tribunal Superior Eleitoral.

Graduado pela tradicional Faculdade de Direito do Largo de São Francisco – Universidade de São Paulo (Turma de 1990), onde também obteve o Doutorado em Direito do Estado (2000) e a Livre-docência em Direito Constitucional (2001). É Professor associado da Faculdade de Direito da Universidade de São Paulo, tendo exercido a chefia do Departamento de Direito do Estado, no biênio 2012-2014. Também exerce o magistério na Universidade Presbiteriana Mackenzie, onde é professor titular pleno, na Escola Superior do Ministério Público de São Paulo e na Escola Paulista da Magistratura. Em 1991, foi o primeiro colocado no Concurso de Ingresso à Carreira do Ministério Público do Estado de São Paulo, tendo sido Promotor de Justiça de 1991 a 2002. Em janeiro de 2002, aos 33 anos de idade, foi nomeado o mais novo Secretário da Justiça e da Defesa da Cidadania da história do Estado de São Paulo, exercendo o cargo até maio de 2005. De agosto de 2004 a maio de 2005, também acumulou a presidência da antiga Fundação do Bem-Estar do Menor (Febem/SP), atual Fundação Casa. Em junho de 2005, foi nomeado pelo Presidente da República membro da 1ª composição do Conselho Nacional de Justiça (CNJ), em virtude de ter sido indicado para ocupar a vaga de jurista pela Câmara dos Deputados, tendo desempenhado suas funções no biênio 2005-2007. De agosto de 2007 a junho de 2010, exerceu os cargos de Secretário Municipal de Transportes de São Paulo, acumulando as presidências da CET (Companhia de Engenharia de Tráfego) e SPTrans (São Paulo Transportes – Companhia de Transportes Públicos da Capital), tendo, também, acumulado a titularidade da Secretaria Municipal de Serviços de São Paulo no período de fevereiro de 2009 a junho de 2010. Em julho de 2010, foi sócio fundador do escritório "Alexandre de Moraes – Sociedade de Advogados", atuando como advogado e consultor jurídico até 31 de dezembro de 2014, quando se licenciou, para assumir, em 1º de janeiro de 2015, a Secretaria de Estado da Segurança Pública de São Paulo, tendo exercido as funções até sua posse no Ministério da Justiça e Cidadania, em 12 de maio de 2016, passando a ser, em 3 de fevereiro de 2017, Ministro de Estado da Justiça e Segurança Pública. É membro do Instituto Pimenta Bueno – Associação Brasileira dos Constitucionalistas (FADUSP), do Instituto Brasileiro de Direito Constitucional (IBDC), Academia Paulista de Letras Jurídicas (APLJ), da Academia Brasileira de Direito Constitucional e da Academia Notarial Brasileira.

Agradecimentos

Agradeço o amor e carinho de minha esposa Viviane e de nossos gêmeos Alexandre e Giuliana; e, sinceramente, espero poder retribuir a paciência, força e felicidade que sempre recebi.

Agradeço a Deus, pois, a partir da 5ª edição desta obra, pude contar com a mais nova integrante da família, Gabriela.

Prefácio

A ideia desta obra surgiu a partir da constatação da necessidade de um estudo aprofundado dos Direitos Humanos Fundamentais e sua aplicação nos diversos ramos do Direito, em nível constitucional e internacional.

Este livro divide-se em duas partes, analisando primeira e detalhadamente a Teoria Geral dos Direitos Humanos, para a seguir enfocar todas as previsões constitucionais de direitos e garantias fundamentais.

O estudo da evolução histórica dos direitos humanos fundamentais torna possível definir suas finalidades, seu conceito e suas características; bem como sua positivação nas diversas Constituições e o surgimento do Direito Internacional dos direitos humanos.

Por meio dessa análise, pode-se perceber que a Constituição Federal de 1988 consagrou em seu texto os mais importantes direitos e garantias fundamentais, prevendo, em nível positivo, dispositivos históricos e amadurecidos a partir de grandes conquistas da civilização, tais como a Magna Carta de 1215, a Constituição dos Estados Unidos da América e a Declaração Francesa dos Direitos do Homem e do Cidadão, ambas de 1789, a Declaração Universal dos Direitos do Homem, dentre outros importantíssimos diplomas.

Assim, na segunda parte desta obra, os comentários aos artigos 1º a 5º da Constituição, inciso por inciso, permitem detalhar o perfil doutrinário e jurisprudencial de cada um dos direitos humanos fundamentais, comparativamente às previsões de diversas Constituições estrangeiras, às Declarações de Direitos Humanos e aos Tratados Internacionais de Proteção de Direitos Humanos ratificados pelo Brasil.

A obra é completada com farta citação doutrinária, nacional e estrangeira, e jurisprudencial do Supremo Tribunal Federal, do Superior Tribunal de Justiça e dos demais Tribunais Superiores, bem como dos Tribunais Regionais Federais e dos Tribunais Estaduais, que indica o posicionamento do Poder Judiciário perante essa importante matéria. Além disso, nos temas polêmicos encontra-se o posicionamento de diversos Tribunais constitucionais estrangeiros. Dessa maneira, permite-se ao leitor optar pelos diversos posicionamentos interpretativos.

Por fim, a obra pretende contribuir para enfatizar a necessidade de maior respeito e implementação no plano fático dos direitos humanos fundamentais reconhecidos juridicamente pelo ordenamento jurídico brasileiro, no sentido de uma maior conscientização e desenvolvimento sociopolítico das Instituições nacionais.

São Paulo, setembro de 1997.
O Autor

Sumário

PARTE I: TEORIA GERAL.. 1
  1   Direitos humanos fundamentais e constitucionalismo 1
  2   Direitos humanos fundamentais – Finalidades 2
  3   Interpretação das normas constitucionais – Aplicação aos direitos humanos fundamentais 3
  4   Evolução histórica dos direitos humanos fundamentais..................... 6
  5   Evolução histórica dos direitos humanos fundamentais nas Constituições brasileiras 13
  6   Direitos humanos fundamentais: jusnaturalismo, positivismo e teoria moralista 15
  7   Direito internacional dos direitos humanos: conceito, finalidade e evolução histórica 16
  8   Conceito e características dos direitos humanos fundamentais........... 20
  9   Natureza jurídica das normas que disciplinam os direitos e garantias fundamentais... 22
  10   Direitos fundamentais e garantias institucionais 23
  11   Direitos fundamentais na Constituição de 1988 – Classificação.......... 23
  12   Relatividade dos direitos humanos fundamentais............................ 27
  13   Restrições excepcionais aos direitos fundamentais – Estado de defesa e Estado de sítio 28
  14   Garantia e eficácia dos direitos humanos fundamentais e Poder Judiciário 37
  15   O Poder Judiciário e a defesa dos direitos fundamentais – A interpretação constitucional e o ativismo judicial 38
  16   Ministério Público e defesa dos direitos humanos fundamentais 41
  17   Direitos humanos fundamentais da criança e do adolescente – Inimputabilidade penal (CF, art. 228) 42
  18   Preâmbulo constitucional 44

PARTE II: COMENTÁRIOS DOUTRINÁRIOS E JURISPRUDENCIAIS AOS ARTS. 1º A 5º 47

TÍTULO I – DOS PRINCÍPIOS FUNDAMENTAIS 47

ART. 1º 47

- 1.1 Fundamentos da República Federativa do Brasil – Princípio da dignidade humana 47
- 1.2 Dignidade humana e produção de provas em investigação de paternidade 58
- 1.3 Princípio da indissolubilidade do vínculo federativo 59

ART. 2º 60

- 2.1 Separação das funções estatais – Limitação do poder e garantia dos direitos fundamentais 61
- 2.2 Independência e harmonia dos poderes: funções estatais, imunidades e garantias em face do princípio da igualdade 62
- 2.3 Controles do Legislativo em relação ao Executivo 69
- 2.4 Controles do Legislativo em relação ao Judiciário 70
- 2.5 Controles do Executivo em relação ao Legislativo 71
- 2.6 Controles do Executivo em relação ao Judiciário 71
- 2.7 Controles do Judiciário em relação ao Legislativo 71
- 2.8 Controles do Judiciário em relação ao Executivo 72

ART. 3º 73

- 3.1 Objetivos fundamentais da República 74
- 3.2 Financiamento igualitário às candidaturas de pessoas negras como instrumento de efetividade da plena cidadania e combate à discriminação 75

ART. 4º 77

- 4.1 Autodeterminação, igualdade e não discriminação 77
- 4.2 Relações internacionais 78
- 4.3 Integração latino-americana (Mercosul) 78
- 4.4 Asilo político 79

TÍTULO II – DOS DIREITOS E GARANTIAS FUNDAMENTAIS 82

ART. 5º 82

- 5.1 Diferenciação entre direitos e garantias individuais 82
- 5.2 Destinatários da proteção 83
- 5.3 Direito à vida 88
  - 5.3.1 Questão do aborto 92
  - 5.3.2 Questão da eutanásia e do suicídio 95
- 5.4 Princípio da igualdade 95
  - 5.4.1 Princípio da igualdade e limitação em razão da idade em concurso público 108

5.5	Igualdade entre homens e mulheres..	110
	5.5.1 Critérios de admissão para concurso público........................	112
	5.5.2 Critérios para admissão de emprego	113
	5.5.3 Constitucionalidade da prerrogativa do foro em favor da mulher e sua aplicação tanto para a ação de separação judicial quanto para a de divórcio direto.....................	113
5.6	Princípio da legalidade	115
5.7	Princípios da legalidade e da reserva legal	121
5.8	Princípio da legalidade e expedição de decretos e regulamentos (CF, art. 84, IV)..	122
5.9	Tratamento constitucional da tortura (art. 5º, III e XLIII)...............	124
5.10	Definição legal dos crimes de tortura (Lei nº 9.455, de 7-4-1997)	130
5.11	Consequências penais e processuais da prática do crime de tortura ...	132
5.12	Liberdade de pensamento..	132
5.13	Indenização por dano material, moral ou à imagem	138
5.14	Direito de resposta ou de réplica..	141
5.15	Escusa de consciência..	143
5.16	Liberdade religiosa e Estado laico ou leigo......................................	144
5.17	Escusa de consciência e serviço militar obrigatório	148
5.18	Vedações constitucionais de natureza federativa	149
5.19	Limitações ao livre exercício do culto religioso...............................	150
5.20	Religião e cultura..	151
5.21	Assistência religiosa...	152
5.22	Impossibilidade de censura prévia..	154
5.23	Expressão da atividade intelectual, artística, científica e de comunicação	154
5.24	Intimidade e vida privada..	157
5.25	Inviolabilidade à honra e imunidade do advogado.........................	159
5.26	Inviolabilidade constitucional da privacidade dos dados bancários e fiscais...	160
5.27	Inviolabilidade domiciliar..	169
5.28	Questão do dia e da noite...	175
5.29	Sigilo de correspondência e de comunicação...................................	175
5.30	Possibilidade de interceptação telefônica...	177
5.31	Lei nº 9.296, de 24-7-1996 – Interceptações telefônicas....................	181
	5.31.1 Excepcionalidade na utilização dos dados obtidos mediante interceptação telefônica fora das hipóteses restritas de sua decretação: limitação subjetiva (descoberta de novos partícipes), limitações objetivas ("crime-achado" e investigações diversas) e prova emprestada...	188
5.32	Constitucionalidade do parágrafo único do art. 1º da Lei nº 9.296/96 (interceptações do fluxo de comunicações em sistemas de informática e telemática)	193

5.33	Gravação clandestina e direito à intimidade e à vida privada (CF, art. 5º, X)	195
5.34	Inadmissibilidade da gravação de conversa telefônica por um dos interlocutores sem o conhecimento do outro – Tese vencedora no STF	199
5.35	Admissibilidade da gravação clandestina de conversa telefônica por um dos interlocutores sem o conhecimento do outro – Tese vencida no STF	202
5.36	Livre exercício de profissão	204
5.37	Liberdade de informação	206
5.38	Sigilo da fonte	207
5.39	Liberdade de locomoção	208
5.40	Regulamentação e restrições ao direito de locomoção	210
5.41	Direito constitucional de reunião	211
5.42	Desnecessidade de autorização da autoridade pública e interferência da polícia	213
5.43	Instrumento de tutela do direito de reunião	213
5.44	Direito de associação	214
5.45	Dissolução das associações	216
5.46	Representação dos associados	216
5.47	Direito de propriedade	218
5.48	Desapropriação	220
5.49	Desapropriação para fins de reforma agrária	222
5.50	Direito de requisição	224
5.51	Proteção à pequena propriedade rural	226
5.52	Direitos autorais	227
5.53	Proteção da imagem e da voz humanas	229
5.54	Atividades esportivas e direito de arena	230
5.55	Dos privilégios	230
5.56	Das marcas de indústria, de comércio e de serviço e das expressões ou sinais de propaganda	232
5.57	Direito de herança	234
5.58	Sucessão de bens de estrangeiros situados no país	235
5.59	Defesa do consumidor	236
5.60	Direito de certidão	238
5.61	Direito de petição	241
5.62	Apreciação de ameaça ou lesão a direito pelo Poder Judiciário	243
5.63	Inexistência da jurisdição condicionada ou instância administrativa de curso forçado	247
5.64	Acesso ao Judiciário e à justiça desportiva	248
5.65	Inexistência da obrigatoriedade de duplo grau de jurisdição	248
5.66	Direito adquirido, ato jurídico perfeito e coisa julgada	249

5.67	Princípio do juiz natural	254
5.68	Juízos naturais constitucionais	257
5.69	Prefeitos municipais e princípio do juiz natural	260
5.70	Princípio do promotor natural	263
5.71	Tribunal do júri	265
5.71-A	Constitucionalidade do recurso de apelação, previsto no art. 593, III, "d", do Código de Processo Penal, quando a decisão dos jurados for manifestamente contrária à prova dos autos	271
5.72	Princípios da reserva legal e da anterioridade em matéria penal	274
5.73	Princípio da reserva legal e medidas provisórias	278
5.74	Irretroatividade da lei penal *in pejus*	281
5.75	Proteção aos direitos e liberdades fundamentais	284
5.76	Combate ao racismo	285
5.77	Crimes hediondos	289
5.78	Tráfico ilícito de entorpecentes, tortura e terrorismo	291
5.79	Lei dos crimes hediondos e indulto	292
5.80	Lei dos crimes hediondos e liberdade provisória	293
5.81	Constitucionalidade do cumprimento integral em regime fechado dos crimes hediondos e assemelhados	296
5.82	Proteção à ordem constitucional e ao Estado Democrático – Repressão à ação de grupos armados	297
5.83	Princípio da pessoalidade ou incontagiabilidade ou intransmissibilidade da pena	299
5.84	Princípio da individualização da pena	300
5.85	Espécies de penas inaplicáveis no Direito brasileiro	301
5.86	Pena de morte	301
5.87	Pena de caráter perpétuo	304
5.88	Extradição e pena de morte e prisão perpétua	304
5.89	Pena de trabalhos forçados	304
5.90	Pena de banimento	305
5.91	Penas cruéis	305
5.92	Imutabilidade da presente proibição	307
5.93	Direitos humanos fundamentais e execução da pena	307
5.94	Regras internacionais de proteção aos direitos dos reclusos – ONU	309
5.95	Direito ao aleitamento materno	311
5.96	Extradição	312
5.97	Hipóteses constitucionais para a extradição	313
5.98	Requisitos infraconstitucionais para a extradição	316
5.99	Procedimento e decisão	321
5.100	Prisão preventiva por extradição	324
5.101	Atuação do Judiciário na extradição	328

5.102	Extradição, princípio da especialidade e pedido de extensão (Extradição Supletiva)	330
5.103	Necessidade de comutação da pena de prisão perpétua em pena privativa de liberdade com prazo máximo	331
	5.103.1 Extradição e entrega ("surrender")	333
5.104	Devido processo legal, contraditório e ampla defesa	334
5.105	Inquérito policial e contraditório	339
5.106	Provas ilícitas	340
5.107	Convalidação de provas obtidas por meios ilícitos com a finalidade de defesa das liberdades públicas fundamentais (legítima defesa)	347
5.108	Provas derivadas das provas ilícitas	348
5.109	Princípio da presunção de inocência	351
5.109-A	Execução da pena após decisão de 2ª instância	356
5.110	Princípio da presunção de inocência e princípio do *in dubio pro reo*	363
5.111	Identificação criminal	364
5.112	Ação penal privada subsidiária	366
5.113	Publicidade dos atos processuais	369
5.114	Hipóteses constitucionalmente definidas para privação de liberdade	370
5.115	Liberdade provisória com ou sem fiança	374
5.116	Prisões nos casos de transgressões militares ou crimes propriamente militares, definidos em lei	376
5.117	Enunciação dos direitos do preso – direito ao silêncio e à não autoincriminação	377
5.118	Comunicação da prisão à família, a seu advogado, à autoridade judicial competente e ao Ministério Público	384
5.119	Prisão civil por dívidas	386
5.120	Assistência jurídica integral e gratuita	392
5.121	Defensoria Pública	394
5.122	Ministério Público e art. 68 do CPP	395
5.123	Erro judiciário e excesso na prisão	396
5.124	Gratuidade do registro civil de nascimento e da certidão de óbito	399
5.125	Princípios da razoável duração do processo e da celeridade processual	400
	5.125.1 Celeridade processual e informatização do processo judicial (Lei nº 11.419/2006)	402
5.126	Aplicabilidade dos direitos e garantias fundamentais	402
5.127	Rol exemplificativo do art. 5º da Constituição Federal	403
5.128	Direitos e garantias individuais previstos em atos e tratados internacionais e EC nº 45/04 (reforma do Judiciário)	405
5.129	Conflito entre as fontes dos direitos humanos fundamentais	412
BIBLIOGRAFIA		**415**

Parte I: TEORIA GERAL

1 Direitos humanos fundamentais e constitucionalismo

Os direitos humanos fundamentais, em sua concepção atualmente conhecida, surgiram como produto da fusão de várias fontes, desde tradições arraigadas nas diversas civilizações, até a conjugação dos pensamentos filosófico-jurídicos, das ideias surgidas com o cristianismo e com o direito natural.

Essas ideias encontravam um ponto fundamental em comum, a necessidade de *limitação e controle dos abusos de poder do próprio Estado e de suas autoridades constituídas e a consagração dos princípios básicos da igualdade e da legalidade como regentes do Estado moderno e contemporâneo.*

Assim, a noção de direitos fundamentais é mais antiga que o surgimento da ideia de constitucionalismo, que tão somente consagrou a necessidade de insculpir um rol mínimo de direitos humanos em um documento escrito, derivado diretamente da soberana vontade popular.

A origem formal do constitucionalismo está ligada às Constituições escritas e rígidas dos Estados Unidos da América, em 1787, após a independência das 13 Colônias, e da França, em 1791, a partir da Revolução Francesa, apresentando dois traços marcantes: *organização do Estado e limitação do poder estatal, por meio da previsão de direitos e garantias fundamentais.* Como ressaltado por Jorge Miranda, porém,

> "O Direito Constitucional norte-americano não começa apenas nesse ano. Sem esquecer os textos da época colonial (antes de mais, as *Fundamental Orders of Connecticut* de 1639), integram-no, desde logo, em nível de princípios e valores ou de símbolos a Declaração de Independência, a Declaração de Virgínia e outras Declarações de Direitos dos primeiros Estados" (*Manual de direito constitucional*. 4. ed. Coimbra: Coimbra Editora, 1990. t. 1. p. 138.).

O Direito Constitucional é um ramo do Direito Público, destacado por ser *fundamental* à organização e ao funcionamento do Estado, à articulação dos elementos primários do mesmo e ao estabelecimento das bases da estrutura política. Tem, pois, por *objeto* a constituição política do Estado, no sentido amplo de estabelecer sua estrutura, a organização de suas instituições e órgãos, o modo de aquisição e limitação do poder, através, inclusive, da previsão de diversos direitos e garantias fundamentais.

Jorge Miranda (Op. cit. p. 13-14) define o Direito Constitucional como "a parcela da ordem jurídica que rege o próprio Estado, enquanto comunidade e enquanto poder. É o conjunto de normas (disposições e princípios) que recordam o contexto jurídico correspondente à comunidade política como um todo e aí situam os indivíduos e os grupos uns em face dos outros e frente ao Estado-poder e que, ao mesmo tempo, definem a titularidade do poder, os modos de formação e manifestação da vontade política, os órgãos de que esta carece e os actos em que se concretiza".

Como produto legislativo máximo do Direito Constitucional, encontramos a própria Constituição, elaborada para exercer dupla função: *garantia do existente* e *programa ou linha de direção para o futuro* (CANOTILHO, J. J. Gomes. *Constituição dirigente e vinculação do legislador*. Coimbra: Coimbra Editora, 1994. p. 151).

Os direitos humanos fundamentais, portanto, colocam-se como uma das previsões absolutamente necessárias a todas as Constituições, no sentido de consagrar o respeito à dignidade humana, garantir a limitação de poder e visar ao pleno desenvolvimento da personalidade humana.

2 Direitos humanos fundamentais – Finalidades

Na visão ocidental de democracia, governo pelo povo e limitação de poder estão indissoluvelmente combinados. O povo escolhe seus representantes, que, agindo como mandatários, decidem os destinos da nação. O poder delegado pelo povo a seus representantes, porém, não é absoluto, conhecendo várias limitações, inclusive com a previsão de direitos humanos fundamentais, do cidadão relativamente aos demais cidadãos e ao próprio Estado. Assim, os direitos fundamentais cumprem, no dizer de Canotilho,

"a função de direitos de defesa dos cidadãos sob uma dupla perspectiva: (1) constituem, num plano jurídico-objectivo, normas de competência negativa para os poderes públicos, proibindo fundamentalmente as ingerências destes na esfera jurídica individual; (2) implicam, num plano jurídico-subjectivo, o poder de exercer positivamente direitos fundamentais (liberdade positiva) e de exigir omissões dos poderes públicos, de forma a evitar agressões lesivas por parte dos mesmos (liberdade negativa)" (*Direito constitucional*. Coimbra: Almedina, 1993. p. 541. No mesmo sentido: BARILE, Paolo. *Diritti dell'uomo e libertà fondamentali*. Bolonha: Il Molino, 1984).

Como sintetiza Miguel Ángel Ekmekdjian (*Tratado de derecho constitucional*. Buenos Aires: Depalma, 1993. p. 5-7), o homem, para poder viver em companhia de outros homens, deve ceder parte de sua liberdade primitiva que possibilitará a vida em sociedade. Essas parcelas de liberdades individuais cedidas por seus membros, ao ingressar em uma sociedade, se unificam, transformando-se em poder, o qual é exercido por representantes do grupo. Dessa forma, o poder e a liberdade são fenômenos sociais contraditórios, que tendem a anular-se reciprocamente, merecendo por parte do direito uma regulamentação, de forma a impedir tanto a anarquia quanto a arbitrariedade. Nesse contexto, portanto, surge a Constituição Federal, que, além de organizar a forma de Estado e os poderes que exercerão as funções estatais, igualmente consagra os direitos fundamentais a serem exercidos pelos indivíduos, principalmente contra eventuais ilegalidades e arbitrariedades do próprio Estado.

A constitucionalização dos direitos humanos fundamentais não significou mera enunciação formal de princípios, mas a plena positivação de direitos, a partir dos quais qualquer indivíduo poderá exigir sua tutela perante o Poder Judiciário para a concretização da democracia. Ressalte-se que a proteção judicial é absolutamente indispensável para tornar efetiva a aplicabilidade e o respeito aos direitos humanos fundamentais previstos na Constituição Federal e no ordenamento jurídico em geral.

Como ressaltado por Afonso Arinos de Mello Franco,

"não se pode separar o reconhecimento dos direitos individuais da verdadeira democracia. Com efeito, a ideia democrática não pode ser desvinculada das suas origens cristãs e dos princípios que o Cristianismo legou à cultura política humana: o valor transcendente da criatura, a limitação do poder pelo Direito e a limitação do Direito pela justiça. Sem respeito à pessoa humana não há justiça e sem justiça não há Direito" (*Curso de direito constitucional brasileiro*. Rio de Janeiro: Forense, 1958. v. I, p. 188).

O respeito aos direitos humanos fundamentais, principalmente pelas autoridades públicas, é pilastra-mestra na construção de um verdadeiro Estado de direito democrático. Como bem salientou o Min. Marco Aurélio,

"reafirme-se a crença no Direito; reafirme-se o entendimento de que, sendo uma ciência, o meio justifica o fim, mas não este aquele, advindo a almejada segurança jurídica da observância do ordenamento normativo. O combate ao crime não pode ocorrer com atropelo da ordem jurídica nacional, sob pena de vir a grassar regime totalitário, com prejuízo para toda a sociedade" (STF – 2ª T – HC nº 74639-0/RJ – rel. Min. Marco Aurélio, *Diário da Justiça*, 31-10-1996).

A previsão dos direitos humanos fundamentais direciona-se basicamente para a proteção à *dignidade humana* em seu sentido mais amplo.

3 Interpretação das normas constitucionais – Aplicação aos direitos humanos fundamentais

O conflito entre direitos e bens constitucionalmente protegidos resulta do fato de a Constituição proteger certos bens jurídicos (saúde pública, segurança, liberdade de imprensa, integridade territorial, defesa nacional, família, idosos, índios etc.), que podem vir a encontrar-se numa relação do conflito ou colisão. Para solucionar-se esse conflito, compatibilizando-se as normas constitucionais, a fim de que todas tenham aplicabilidade, a doutrina aponta diversas regras de hermenêutica constitucional em auxílio ao *intérprete*.

Como definido por Vicente Ráo,

> "A hermenêutica tem por objeto investigar e coordenar por modo sistemático os princípios científicos e leis decorrentes, que disciplinam a apuração do conteúdo, do sentido e dos fins das normas jurídicas e a restauração do conceito orgânico do direito, para efeito de sua aplicação a interpretação, por meio de regras e processos especiais procura realizar praticamente, estes princípios e estas leis científicas; a aplicação das normas jurídicas consiste na técnica de adaptação dos preceitos nelas contidos assim interpretados, às situações de fato que se lhes subordinam" (*O direito e a vida dos direitos*. São Paulo: Max Limonad, 1952. v. 2, p. 542).

A palavra *intérprete*, adverte Fernando Coelho, tem origem latina – *interpres*, que designava aquele que descobria o futuro nas entranhas das vítimas. "Tirar das entranhas ou desentranhar era, portanto, o atributo do *interpres*, de que deriva para a palavra 'interpretar' o significado específico de desentranhar o próprio sentido das palavras da lei, deixando implícito que a tradução do verdadeiro sentido da lei é algo bem guardado, entranhado, portanto, em sua própria essência" (*Lógica jurídica e interpretação das leis*. Rio de Janeiro: Forense, 1981. p. 182).

Peter Häberle salienta que a "questão essencial sobre a interpretação constitucional é a indagação sobre as tarefas e os objetivos da interpretação constitucional", apontando como sendo essas tarefas e objetivos a

> "justiça, equidade, equilíbrio de interesses, resultados satisfatórios, razoabilidade, praticabilidade, justiça material, segurança jurídica, previsibilidade, transparência, capacidade de consenso, clareza metodológica, abertura, formação de unidade, harmonização, força normativa da Constituição, correção funcional, proteção efetiva da liberdade, igualdade social, ordem pública voltada para o bem comum" (*Hermenêutica constitucional*. Porto Alegre: Sergio Antonio Fabris, 1997. p. 11 – tradução de Gilmar Ferreira Mendes).

No mesmo sentido, Roberto Berizonce aponta a necessidade de uma interpretação constitucional, em especial em relação aos direitos humanos fundamentais, dinâmica e finalisticamente concorde com os reclamos mais latentes da comunidade (*As garantias do cidadão na justiça*. Sálvio de Figueiredo Teixeira (Coord.). São Paulo: Saraiva, 1993. p. 125).

Analisando a Constituição Federal, Raul Machado Horta aponta a precedência, em termos interpretativos, dos Princípios Fundamentais da República Federativa e a enunciação dos Direitos e Garantias Fundamentais, dizendo que

> "é evidente que essa colocação não envolve o estabelecimento de hierarquia entre as normas constitucionais, de modo a classificá-la em normas superiores e normas secundárias. Todas são normas fundamentais. A precedência serve à interpretação da Constituição, para extrair dessa nova disposição formal a impregnação valorativa dos Princípios Fundamentais, sempre que eles forem confrontados com atos do legislador, do administrador e do julgador", motivo pelo qual classifica-a de *Constituição plástica* (*Estudos de direito constitucional*. Belo Horizonte: Del Rey, 1995. p. 239-240).

A Constituição Federal há de sempre ser interpretada, pois somente através da conjugação da letra do texto com as características históricas, políticas, ideológicas do momento, se encontrará o melhor sentido da norma jurídica, em confronto com a realidade sociopolítico-econômica e almejando sua plena eficácia.

Canotilho, ainda, enumera diversos princípios interpretativos das normas constitucionais:

- *da unidade da Constituição*: a interpretação constitucional deve ser realizada de maneira a evitar contradições entre suas normas;
- *do efeito integrador*: na resolução dos problemas jurídico-constitucionais deverá ser dada maior primazia aos critérios favorecedores da integração política e social, bem como ao reforço da unidade política;
- *da máxima efetividade ou da eficiência*: a uma norma constitucional deve ser atribuído o sentido que maior eficácia lhe conceda;
- *da justeza ou da conformidade funcional*: os órgãos encarregados da interpretação da norma constitucional não poderão chegar a uma posição que subverta, altere ou perturbe o esquema organizatório-funcional constitucionalmente estabelecido pelo legislador constituinte originário;
- *da concordância prática ou da harmonização*: exigem-se a coordenação e a combinação dos bens jurídicos em conflito de forma a evitar o sacrifício total de uns em relação aos outros;
- *da força normativa da Constituição*: dentre as interpretações possíveis, deve ser adotada aquela que garanta maior eficácia, aplicabilidade e permanência das normas constitucionais.

Canotilho e Moreira apontam, ainda, a *necessidade de delimitação do âmbito normativo de cada norma constitucional, vislumbrando-se sua razão de existência, finalidade e extensão* (*Fundamentos da Constituição*. Coimbra: Coimbra Editora, 1991. p. 136).

Esses princípios são perfeitamente completados por algumas regras propostas por Jorge Miranda:

- a *contradição dos princípios* deve ser superada ou mediante a redução proporcional do âmbito de alcance de cada um deles, ou, em alguns casos, mediante a preferência ou a prioridade de certos princípios;
- deve ser fixada a premissa de que todas as normas constitucionais desempenham uma função útil no ordenamento, sendo vedada a interpretação que lhe suprima ou diminua a finalidade;
- os preceitos constitucionais deverão ser interpretados tanto explícita quanto implicitamente, a fim de colher-se seu verdadeiro significado.

A aplicação dessas regras de interpretação deverá, em síntese, buscar a harmonia do texto constitucional com suas finalidades precípuas, adequando-a à realidade e pleiteando *a maior aplicabilidade dos direitos, garantias e liberdades públicas*.

4 Evolução histórica dos direitos humanos fundamentais

A origem dos direitos individuais do homem pode ser apontada no antigo Egito e Mesopotâmia, no terceiro milênio a.C., onde já eram previstos alguns mecanismos para proteção individual em relação ao Estado. O Código de Hammurabi (1690 a.C.) talvez seja a primeira codificação a consagrar um rol de direitos comuns a todos os homens, tais como a vida, a propriedade, a honra, a dignidade, a família, prevendo, igualmente, a supremacia das leis em relação aos governantes. A influência filosófico-religiosa nos direitos do homem pôde ser sentida com a propagação das ideias de Buda, basicamente sobre a igualdade de todos os homens (500 a.C.). Posteriormente, já de forma mais coordenada, porém com uma concepção ainda muito diversa da atual, surgem na Grécia vários estudos sobre a necessidade da igualdade e liberdade do homem, destacando-se as previsões de participação política dos cidadãos (democracia direta de Péricles); a crença na existência de um direito natural anterior e superior às leis escritas, defendida no pensamento dos sofistas e estoicos (por exemplo, na obra *Antígona* – 441 a.C. –, Sófocles defende a existência de normas não escritas e imutáveis, superiores aos direitos escritos pelo homem). Contudo, foi o Direito romano que estabeleceu um complexo mecanismo de interditos visando tutelar os direitos individuais em relação aos arbítrios estatais. A *Lei das doze tábuas* pode ser considerada a origem dos textos escritos consagradores da liberdade, da propriedade e da proteção aos direitos do cidadão.

Posteriormente, a forte concepção religiosa trazida pelo *Cristianismo*, com a mensagem de igualdade de todos os homens, independentemente de origem, raça, sexo ou credo, influenciou diretamente a consagração dos direitos fundamentais, enquanto necessários à dignidade da pessoa humana.

Durante a Idade Média, apesar da organização feudal e da rígida separação de classes, com a consequente relação de subordinação entre o suserano e os vassalos, diversos documentos jurídicos reconheciam a existência de direitos humanos, sempre com o mesmo traço básico: *limitação do poder estatal*. O forte desenvolvimento das declarações de direitos humanos fundamentais deu-se, porém, a partir do terceiro quarto do século XVIII até meados do século XX.

Os mais importantes antecedentes históricos das declarações de direitos humanos fundamentais encontram-se, primeiramente, na Inglaterra, onde podemos citar a *Magna Charta Libertatum*, outorgada por João Sem-Terra em 15 de junho de 1215 (MIRANDA, Jorge. *Textos históricos do direito constitucional*. 2. ed. Lisboa: Casa da Moeda, 1990. p. 13, nos informa que foi confirmada seis vezes por Henrique III, três vezes por Eduardo I, catorze vezes por Eduardo III, seis vezes por Ricardo II, seis vezes por Henrique IV, uma vez por Henrique V e uma vez por Henrique VI), a *Petition of Right*, de 1628, o *Habeas Corpus Act*, de 1679, o *Bill of Rights*, de 1689, e o *Act of Settlement*, de 12-6-1701.

A *Magna Charta Libertatum*, de 15-6-1215, entre outras garantias, previa: a liberdade da Igreja da Inglaterra, restrições tributárias, proporcionalidade entre delito e sanção (*A multa a pagar por um homem livre, pela prática de um pequeno delito, será proporcional à gravidade do delito; e pela prática de um crime será proporcional ao horror deste, sem prejuízo do necessário à subsistência e posição do infrator* – item 20); previsão do devido processo legal (*Nenhum homem livre será detido ou sujeito a prisão, ou privado dos seus bens, ou colocado fora da lei, ou exilado, ou de qualquer modo molestado, e nós não procederemos nem mandaremos proceder contra ele senão mediante um julgamento regular pelos seus pares ou de harmonia com a lei do país* – item 39); livre acesso à Justiça (*Não venderemos, nem recusaremos, nem protelaremos o direito de qualquer pessoa a obter justiça* – item 40); liberdade de locomoção e livre entrada e saída do país.

A *Petition of Right*, de 1628, previa expressamente que *ninguém seria obrigado a contribuir com qualquer dádiva, empréstimo ou benevolência e a pagar qualquer taxa ou imposto, sem o consentimento de todos, manifestado por ato do Parlamento; e que ninguém seria chamado a responder ou prestar juramento, ou a executar algum serviço, ou encarcerado, ou, de qualquer forma, molestado ou inquietado, por causa destes tributos ou da recusa em pagá-los*. Previa, ainda, que *nenhum homem livre ficasse sob prisão ou detido ilegalmente*.

O *Habeas Corpus Act*, de 1679, regulamentou esse instituto que, porém, já existia na *common law*. A lei previa que, por meio de *reclamação ou requerimento escrito de algum indivíduo ou a favor de algum indivíduo detido ou acusado da prática de um crime (exceto se se tratar de traição ou felonia, assim declarada no mandado respectivo, ou de cumplicidade ou de suspeita de cumplicidade, no passado, em qualquer traição ou felonia, também declarada no mandado, e salvo o caso de formação de culpa ou incriminação em processo legal), o lorde-chanceler ou, em tempo de férias, algum juiz dos tribunais superiores, depois de terem visto cópia do mandado ou o certificado de que a cópia foi recusada, poderiam conceder providência de* **habeas corpus** *(exceto se o próprio indivíduo tivesse negligenciado, por dois períodos, em pedir a sua libertação) em benefício do preso, a qual será imediatamente executada perante o mesmo lorde-chanceler ou o juiz; e, se afiançável, o indivíduo seria solto, durante a execução da providência, comprometendo-se a comparecer e a responder à acusação no tribunal competente.* Além de outras previsões complementares, o *Habeas Corpus Act* previa multa de 500 libras àquele que voltasse a prender, pelo mesmo fato, o indivíduo que tivesse obtido a ordem de soltura.

A *Bill of Rights*, de 1689, decorrente da abdicação do rei Jaime II e outorgada pelo Príncipe de Orange, no dia 13 de fevereiro, significou enorme restrição ao poder estatal, prevendo, dentre outras regulamentações: *fortalecimento ao princípio da legalidade, ao impedir que o rei pudesse suspender leis ou a execução das leis sem o consentimento do Parlamento; criação do direito de petição; liberdade de eleição dos membros do Parlamento; imunidades parlamentares; vedação à aplicação de penas cruéis; convocação frequente do Parlamento*. Saliente-se, porém, que, apesar do avanço em termos de declaração de direitos, o *Bill of Rights* expressamente negava a liberdade e igualdade religiosa, ao prever em seu item IX que, *considerando que a experiência tem demonstrado que é incompatível com a segurança e bem-estar deste reino protestante ser governado por um príncipe papista ou por um rei ou rainha casada com um papista, os lordes espirituais e temporais e os comuns pedem, além disso, que fique estabelecido que quaisquer pessoas que participem ou comunguem da Sé e Igreja de Roma ou professem a religião papista ou venha a casar com um papista sejam excluídos e se tornem para sempre incapazes de herdar, possuir ou ocupar o trono deste reino, da Irlanda e seus domínios ou de qualquer parte do mesmo ou exercer qualquer poder, autoridade ou jurisdição régia; e, se tal se verificar, mais reclamam que o povo destes reinos fique desligado do dever de obediência e que o trono passe para a pessoa ou as pessoas de religião protestante que o herdariam e ocupariam em caso de morte da pessoa ou das pessoas dadas por incapazes.*

O *Act of Settlement*, de 12-6-1701, basicamente, configurou-se em um ato normativo reafirmador do princípio da legalidade (item IV – *E considerando que as leis de Inglaterra constituem direitos naturais do seu povo e que todos os reis e rainhas que subirem ao trono deste reino deverão governá-lo, em obediência às ditas leis, e que todos os seus oficiais e ministros deverão servi-los também de acordo com as mesmas leis...*) e da responsabilização política dos agentes públicos, prevendo-se a possibilidade, inclusive, de *impeachment* de magistrados.

Posteriormente, e com idêntica importância, na evolução dos direitos humanos encontramos a participação da Revolução dos Estados Unidos da América, onde podemos citar os históricos documentos: Declaração de Direitos de Virgínia, de 16-6-1776; Declaração de Independência dos Estados Unidos da América, 4-7-1776; Constituição dos Estados Unidos da América, de 17-9-1787.

Na Declaração de Direitos de Virgínia, a Seção I já proclama o *direito à vida, à liberdade e à propriedade*. Outros direitos humanos fundamentais foram expressamente previstos, tais quais, o princípio da legalidade, o devido processo legal, o Tribunal de Júri, o princípio do juiz natural e imparcial, a liberdade de imprensa e a liberdade religiosa (*Só a razão e a convicção, não a força ou a violência, podem prescrever a religião e as obrigações para com o Criador e a forma de as cumprir; e, por conseguinte, todos os homens têm igualmente direito ao livre culto da religião, de acordo com os ditames da sua consciência* – Seção XVI).

A Declaração de Independência dos Estados Unidos da América, documento de inigualável valor histórico e produzido basicamente por Thomas Jefferson, teve como tônica preponderante a limitação do poder estatal, como se percebe por algumas passagens: *A história do atual Rei da Grã-Bretanha compõe-se de repetidos danos e usurpações, tendo todos por objetivo direto o estabelecimento da tirania absoluta sobre estes Estados. Para prová-lo, permitam-nos submeter os fatos a um cândido mundo: recusou assentimento a leis das mais salutares e necessárias ao bem público (...) Dissolveu Casas de Representantes repetidamente porque se opunham com máscula firmeza às invasões dos direitos do povo (...) Dificultou a administração da justiça pela recusa de assentimento a leis que estabeleciam poderes judiciários. Tornou os juízes dependentes apenas da vontade dele para gozo do cargo e valor e pagamento dos respectivos salários (...) Tentou tornar o militar independente do poder civil e a ele superior (...).*

Igualmente, a Constituição dos Estados Unidos da América e suas dez primeiras emendas, aprovadas em 25-9-1789 e ratificadas em 15-12-1791, pretenderam limitar o poder estatal estabelecendo a separação dos poderes estatais e diversos direitos humanos fundamentais: *liberdade religiosa; inviolabilidade de domicílio; devido processo legal; julgamento pelo Tribunal do Júri; ampla defesa; impossibilidade de aplicação de penas cruéis ou aberrantes.*

A consagração normativa dos direitos humanos fundamentais, porém, coube à França, quando, em 26-8-1789, a Assembleia Nacional promulgou a Declaração dos Direitos do Homem e do Cidadão, com 17 artigos. Dentre as inúmeras e importantíssimas previsões, podemos destacar os seguintes direitos humanos fundamentais: *princípio da igualdade, liberdade, propriedade, segurança, resistência à opressão, associação política, princípio da legalidade, princípio da reserva legal e anterioridade em matéria penal, princípio da presunção de inocência; liberdade religiosa, livre manifestação de pensamento.*

A Constituição francesa de 3-9-1791 trouxe novas formas de controle do poder estatal, porém coube à Constituição francesa de 24-6-1793 uma melhor regulamentação dos direitos humanos fundamentais, cujo preâmbulo assim se manifestava:

"O povo francês, convencido de que o esquecimento e o desprezo dos direitos naturais do homem são as causas das desgraças do mundo, resolveu expor, numa declaração solene, esses direitos sagrados e inalienáveis, a fim de que todos os cidadãos, podendo comparar sem cessar os atos do governo com a finalidade de toda a instituição social, nunca se deixem oprimir ou aviltar pela tirania; a fim de que o povo tenha sempre perante os olhos as bases da sua liberdade e da sua felicidade, o magistrado a regra dos seus deveres, o legislador o objeto da sua missão. Por consequência, proclama, na presença do Ser Supremo, a seguinte declaração dos direitos do homem e do cidadão."

Dentre outras previsões, foram consagrados os seguintes direitos humanos fundamentais: *igualdade, liberdade, segurança, propriedade, legalidade, livre acesso aos cargos públicos, livre manifestação de pensamento, liberdade de imprensa, presunção de inocência, devido processo legal, ampla defesa, proporcionalidade entre delitos e penas, liberdade de profissão, direito de petição, direitos políticos.*

A maior efetivação dos direitos humanos fundamentais continuou durante o constitucionalismo liberal do século XIX, tendo como exemplos a Constituição espanhola de 19-3-1812 (Constituição de Cádis), a Constituição portuguesa de 23-9-1822, a Constituição belga de 7-2-1831 e a Declaração francesa de 4-11-1848.

A Constituição de Cádis previa, em seu Capítulo III, o princípio da legalidade, e, em seu art. 172, as restrições aos poderes do rei, consagrando dentre outros direitos humanos fundamentais: *princípio do juiz natural, impossibilidade de tributos arbitrários, direito de propriedade, desapropriação mediante justa indenização, liberdade*. Não obstante essas garantias, inexistia a liberdade religiosa, pois em seu art. 12 a citada Constituição estabelecia: *A religião da Nação Espanhola é e será perpetuamente a católica apostólica romana, única verdadeira. A Nação protege-a com leis sábias e justas e proíbe o exercício de qualquer outra.*

A Constituição portuguesa de 1822, grande marco de proclamação de direitos individuais, estabelecia já em seu Título I, Capítulo único, os direitos individuais dos portugueses, consagrando, dentre outros, os seguintes direitos: *igualdade, liberdade, segurança, propriedade, desapropriação somente mediante prévia e justa indenização, inviolabilidade de domicílio, livre comunicação de pensamentos, liberdade de imprensa, proporcionalidade entre delito e pena, reserva legal, proibição de penas cruéis ou infamantes, livre acesso aos cargos públicos, inviolabilidade da comunicação de correspondência.*

Anote-se que a liberdade de imprensa era muito relativizada à época, como demonstra o art. 8º da citada Constituição portuguesa, que previa a possibilidade de *censura dos escritos publicados sobre dogma e moral*, a ser realizada pelos bispos.

A Constituição belga de 7-2-1831 também reservou um título autônomo para a consagração dos direitos dos belgas (Título II, arts. 4º a 24) que, além da consagração dos já tradicionais direitos individuais previstos na Constituição portuguesa, estabelecia a liberdade de culto religioso (arts. 14 e 15), direito de reunião e associação.

A Declaração de Direitos da Constituição francesa de 4-11-1848 esboçou uma ampliação em termos de direitos humanos fundamentais que seria, posteriormente, definitiva a partir dos diplomas constitucionais do século XX. Assim, além dos tradicionais direitos humanos, em seu art. 13 previa como direitos dos cidadãos garantidos pela Constituição a *liberdade do trabalho e da indústria, a assistência aos desempregados, às crianças abandonadas, aos enfermos e aos velhos sem recursos, cujas famílias não pudessem socorrer*.

O início do século XX trouxe diplomas constitucionais fortemente marcados pelas preocupações sociais, como se percebe por seus principais textos: Constituição mexicana de 31-1-1917, Constituição de Weimar de 11-8-1919, Declaração Soviética dos Direitos do Povo Trabalhador e Explorado de 17-1-1918, seguida pela primeira Constituição Soviética (Lei Fundamental) de 10-7-1918 e Carta do Trabalho, editada pelo Estado Fascista italiano em 21-4-1927.

A Constituição mexicana de 1917 passou a garantir direitos individuais com fortes tendências sociais, como, por exemplo, direitos trabalhistas (art. 5º – *o contrato de trabalho obrigará somente a prestar o serviço convencionado pelo tempo fixado por lei, sem poder exceder um ano em prejuízo do trabalhador, e não poderá compreender, em caso algum, a renúncia, perda ou diminuição dos direitos políticos ou civis. A falta de cumprimento do contrato pelo trabalhador, só o obrigará à correspondente responsabilidade civil, sem que em nenhum caso se possa exceder coação sobre a sua pessoa*), efetivação da educação (art. 3º, VI e VII – *a educação primária será obrigatória; toda a educação ministrada pelo Estado será gratuita*).

A Constituição de Weimar previa em sua Parte II os Direitos e Deveres fundamentais dos alemães. Os tradicionais direitos e garantias individuais eram previstos na Seção I, enquanto a Seção II trazia os direitos relacionados à vida social, a Seção III, os direitos relacionados à religião e às Igrejas, a Seção IV, os direitos relacionados à educação e ensino, e a Seção V, os direitos referentes à vida econômica.

Em relação à Seção I, podemos destacar, além da consagração dos direitos tradicionais, as previsões do art. 117 (*são invioláveis o segredo da correspondência, dos correios, do telégrafo e do telefone. Só a lei pode estabelecer exceções a esta regra*) e do art. 118 (*Todo cidadão tem o direito, nos limites das leis gerais, de exprimir livremente o seu pensamento pela palavra, por escrito, pela impressão, pela imagem ou por qualquer outro meio. Nenhuma relação de trabalho ou emprego pode sofrer prejuízo por sua causa*).

No tocante à Seção II, logo no art. 119 previa-se o casamento como fundamento da vida da família e da conservação e desenvolvimento da nação e *proclamava a igualdade de direitos dos dois sexos, além de proteger a maternidade e afirmar incumbir ao Estado a pureza, a saúde e o desenvolvimento social da família*. Inovou também em termos de direitos e garantias específicos à juventude, proclamando *a igualdade entre os filhos legítimos e ilegítimos, a proteção contra a exploração, o abandono moral, intelectual e físico* (arts. 120 a 122).

A liberdade de crença e culto foi consagrada pela Constituição de Weimar na Seção III, em seu art. 135, que expressamente afirmava: *Todos os habitantes do Império gozam de plena liberdade de crença e consciência. O livre exercício da religião é garantido pela Constituição e está sob proteção do Estado.*

A Seção IV dava grande importância às artes, às ciências e ao seu ensino, consagrando plena liberdade e incumbindo o Estado de protegê-las. Em relação à educação, o Estado deveria assegurar o princípio da escolaridade obrigatória e gratuita (arts. 145 e 146).

Por fim, a Seção V, além de consagrar direitos tradicionais como *propriedade, sucessão e liberdade contratual*, deu grande ênfase aos direitos socioeconômicos, prevendo *a proteção especial do Império em relação ao trabalho* (art. 157), *a liberdade de associação para defesa e melhoria das condições de trabalho e de vida* (art. 159), *a obrigatoriedade de existência de tempo livre para os empregados e operários poderem exercer seus direitos cívicos e funções públicas gratuitas* (art. 160), *sistema de seguridade social, para conservação da saúde e da capacidade de trabalho, proteção da maternidade e prevenção dos riscos da idade, da invalidez e das vicissitudes da vida* (art. 161).

Além desses direitos sociais expressamente previstos, a Constituição de Weimar demonstrava forte espírito de defesa dos direitos sociais, ao proclamar que *o império procuraria obter uma regulamentação internacional da situação jurídica dos trabalhadores que assegurasse ao conjunto da classe operária da humanidade um mínimo de direitos sociais e que os operários e empregados seriam chamados a colaborar, em pé de igualdade, com os patrões na regulamentação dos salários e das condições de trabalho, bem como no desenvolvimento das forças produtivas.*

A Declaração Soviética dos Direitos do Povo Trabalhador e Explorado de 1918, pelas próprias circunstâncias que idealizaram a Revolução de 1917, visava, como previsto em seu Capítulo II, *suprimir toda a exploração do homem pelo homem, a abolir completamente a divisão da sociedade em classes, a esmagar implacavelmente todos os exploradores, a instaurar a organização socialista da sociedade e a fazer triunfar o socialismo em todos os países*. Com base nesses preceitos, foi abolido o direito de propriedade privada, sendo que todas as terras passaram a ser propriedade nacional e entregues aos trabalhadores sem qualquer espécie de resgate, na base de uma repartição igualitária em usufruto (art. 1º).

Posteriormente, a Lei Fundamental Soviética de 10-7-1918 proclamou o *princípio da igualdade, independentemente de raça ou nacionalidade* (art. 22), determinando a *prestação de assistência material e qualquer outra forma de apoio aos operários e aos camponeses mais pobres, a fim de concretizar a igualdade* (art. 16).

Apesar desses direitos, a citada Lei Fundamental Soviética, em determinadas normas, avança em sentido oposto à evolução dos direitos e garantias fundamentais da pessoa humana, ao *privar*, em seu art. 23, *os indivíduos e os grupos particulares dos direitos de que poderiam usar em detrimento dos interesses da revolução socialista,* ou ainda ao *centralizar a informação* (art. 14) e a *obrigatoriedade do trabalho* (art. 14) com o princípio *quem não trabalha não come* (art. 18).

A Carta do Trabalho de 21-4-1927, apesar de impregnada fortemente pela doutrina do Estado fascista italiano, trouxe um grande avanço em relação aos direitos sociais dos trabalhadores, prevendo, principalmente: *liberdade sindical, magistratura do trabalho, possibilidade de contratos coletivos de trabalho, maior proporcionalidade de retribuição financeira em relação ao trabalho, remuneração especial ao trabalho noturno, garantia do repouso semanal remunerado, previsão de férias após um ano de serviço ininterrupto, indenização em virtude de dispensa arbitrária ou sem justa causa, previsão de previdência, assistência, educação e instrução sociais.*

5 Evolução histórica dos direitos humanos fundamentais nas Constituições brasileiras

A Constituição Política do Império do Brasil, jurada a 25-3-1824, previa em seu Título VIII – *Das disposições geraes, e garantias dos direitos civis e políticos dos cidadãos brazileiros* – extenso rol de direitos humanos fundamentais. O art. 179 possuía 35 incisos, consagrando direitos e garantias individuais, tais como: *princípios da igualdade e legalidade, livre manifestação de pensamento, impossibilidade de censura prévia, liberdade religiosa, liberdade de locomoção, inviolabilidade de domicílio, possibilidade de prisão somente em flagrante delito ou por ordem da autoridade competente, fiança, princípio da reserva legal e anterioridade da lei penal, independência judicial, princípio do Juiz natural, livre acesso aos cargos públicos, abolição dos açoites, da tortura, da marca de ferro quente e todas as mais penas cruéis, individualização da pena, respeito à dignidade do preso, direito de propriedade, liberdade de profissão, direito de invenção, inviolabilidade das correspondências, responsabilidade civil do Estado por ato dos funcionários públicos, direito de petição, gratuidade do ensino público primário.*

A existência de um rol onde os direitos humanos fundamentais fossem expressamente declarados foi novamente repetida pela 1ª Constituição republicana, de 24-2-1891, que em seu Título III – Seção II previa a *Declaração de Direitos*.

Além dos tradicionais direitos e garantias individuais que já haviam sido consagrados pela Constituição anterior, podemos destacar as seguintes previsões estabelecidas pelo art. 72: *gratuidade do casamento civil, ensino leigo, direitos de reunião e associação, ampla defesa* (§ 16 – *Aos accusados se assegurará na lei a mais plena defesa, com todos os recursos e meios essenciaes a ella, desde a nota de culpa, entregue em vinte e quatro horas ao preso e assignada pela autoridade competente, com os nomes do accusador e das testemunhas), abolição das penas das galés e do banimento judicial, abolição da pena de morte, reservadas as disposições da legislação militar em tempo de guerra, habeas-corpus, propriedade de marcas de fábrica, Instituição do Júri.*

A tradição de as Constituições brasileiras preverem um capítulo sobre direitos e garantias foi mantida pela Constituição de 16-7-1934, que repetiu – em seu art. 113 e seus 38 incisos – o extenso rol de direitos humanos fundamentais, acrescentando: *consagração do direito adquirido, ato jurídico perfeito e coisa julgada; escusa de consciência, direitos do autor na reprodução de obras literárias, artísticas e científicas; irretroatividade da lei penal; impossibilidade de prisão civil por dívidas, multas ou custas; impossibilidade de concessão de extradição de estrangeiro em virtude de crimes políticos ou de opinião e impossibilidade absoluta de extradição de brasileiro; assistência jurídica gratuita*; mandado de segurança; ação popular (art. 113, inc. 38 – *Qualquer cidadão será parte legítima para pleitear a declaração de nulidade ou anulação dos atos lesivos do patrimônio da União, dos Estados ou dos Municípios*).

A Constituição de 10-11-1937, apesar das características políticas preponderantes à época, também consagrou extenso rol de direitos e garantias individuais, prevendo 17 incisos em seu art. 122. Além da tradicional repetição dos direitos humanos fundamentais clássicos, trouxe como novidades constitucionais os seguintes preceitos: *impossibilidade de aplicação de penas perpétuas; maior possibilidade de aplicação da pena de morte, além dos casos militares* (inc. 13, alíneas *a* até *f*); *criação de um Tribunal especial com competência para o processo e julgamento dos crimes que atentarem contra a existência, a segurança e a integridade do Estado, a guarda e o emprego da economia popular*.

A Constituição de 18-9-1946, além de prever um capítulo específico para os direitos e garantias individuais (Título IV, Capítulo II), estabeleceu em seu art. 157 *diversos direitos sociais relativos aos trabalhadores e empregados* seguindo, pois, uma tendência da época. Além disso, previu títulos especiais para a proteção à família, educação e cultura (Título VI).

O art. 141 da referida Constituição passou a utilizar-se de nova redação, posteriormente seguida pelas demais Constituições, inclusive a atual. Assim, em seu *caput* proclamava: *A Constituição assegura aos brasileiros e aos estrangeiros residentes no país a inviolabilidade dos direitos concernentes à vida, à liberdade, à segurança individual e à propriedade, nos termos seguintes* (...). Após essa enunciação, trazia um rol de 38 parágrafos com previsões específicas sobre os direitos e garantias individuais. Além das tradicionais previsões já constantes nas demais Constituições, podemos ressaltar as seguintes: *A lei não poderá excluir da apreciação do Poder Judiciário qualquer lesão de direito individual; para proteger direito líquido e certo não amparado por* **habeas corpus***, conceder-se-á mandado de segurança, seja qual for a autoridade responsável pela ilegalidade ou abuso de poder; contraditório; sigilo das votações, plenitude de defesa e soberania dos veredictos do Tribunal do Júri; reserva legal em relação a tributos; direito de certidão*.

A Constituição de 24-1-1967 igualmente previa um capítulo de direitos e garantias individuais e um artigo (158) prevendo direitos sociais aos trabalhadores, visando à melhoria de sua condição social.

Seguindo a tradição brasileira de enumeração exemplificativa, a redação do art. 150 muito se assemelhava à redação da Constituição anterior e trouxe como novidades: *sigilo das comunicações telefônicas e telegráficas; respeito à integridade física e moral do detento e do presidiário; previsão de competência mínima para o Tribunal do Júri (crimes dolosos contra a vida); previsão de regulamentação da sucessão de bens de estrangeiros situados no Brasil pela lei brasileira, em benefício do cônjuge ou dos filhos brasileiros, sempre que lhes seja mais favorável a lei nacional do* de cujus.

A Emenda Constitucional nº 1, de 17-10-1969, que produziu inúmeras e profundas alterações na Constituição de 1967, inclusive em relação à possibilidade de excepcionais restrições aos direitos e garantias individuais, não trouxe nenhuma *substancial alteração formal* na enumeração dos direitos humanos fundamentais.

6 Direitos humanos fundamentais: jusnaturalismo, positivismo e teoria moralista

Inúmeras são as teorias desenvolvidas no sentido de justificar e esclarecer o fundamento dos direitos humanos, destacando-se, porém, a *teoria jusnaturalista*, a *teoria positivista* e a *teoria moralista ou de Perelman*.

A **teoria jusnaturalista** fundamenta os direitos humanos em uma ordem superior universal, imutável e inderrogável. Por essa teoria, os direitos humanos fundamentais não são criação dos legisladores, tribunais ou juristas, e, consequentemente, não podem desaparecer da consciência dos homens.

No item I.1 da Declaração e Programa de Ação de Viena, adotada consensualmente pela Conferência Mundial dos Direitos Humanos, em 25 de junho de 1993, proclama-se que *"os direitos humanos e liberdades fundamentais são direitos naturais de todos os seres humanos; sua proteção e promoção são responsabilidades primordiais dos Governos"*.

A **teoria positivista**, diferentemente, fundamenta a existência dos direitos humanos na ordem normativa, enquanto legítima manifestação da soberania popular. Desta forma, somente seriam direitos humanos fundamentais aqueles expressamente previstos no ordenamento jurídico positivado.

A Declaração Universal dos Direitos Humanos da ONU, de 10-12-1948, proclama a necessidade essencial dos direitos da pessoa humana serem "protegidos pelo império da lei, para que a pessoa não seja compelida, como último recurso, à rebelião contra a tirania e a opressão".

Por sua vez, a **teoria moralista ou de Perelman** encontra a fundamentação dos direitos humanos fundamentais na própria experiência e consciência moral de um determinado povo, que acaba por configurar o denominado *espiritus razonables*.

A incomparável importância dos direitos humanos fundamentais não consegue ser explicada por qualquer das teorias existentes, que se mostram insuficientes. Na realidade, as teorias se completam, devendo coexistirem, pois somente a partir da formação de uma consciência social (teoria de Perelman), baseada principalmente em valores fixados na crença de uma ordem superior, universal e imutável (teoria jusnaturalista), é que o legislador ou os tribunais (esses principalmente nos países anglo-saxões) encontram substrato político e social para reconhecerem a existência de determinados direitos humanos fundamentais como integrantes do ordenamento jurídico (teoria positivista). O caminho inverso também é verdadeiro, pois o legislador ou os tribunais necessitam fundamentar o reconhecimento ou a própria criação de novos direitos humanos a partir de uma evolução de consciência social, baseada em fatores sociais, econômicos, políticos e religiosos.

A necessidade de interligação dessas teorias para plena eficácia dos direitos humanos fundamentais, conforme já visto, foi exposta no preâmbulo da Constituição francesa de 3-9-1791, quando se afirmou: "O povo francês, convencido de que o esquecimento e o desprezo dos direitos naturais do homem são as causas das desgraças do mundo, resolveu expor, numa declaração solene, esses direitos sagrados e inalienáveis."

Dessa forma, é possível afirmar que a ciência dos direitos humanos transformou-se em verdadeira disciplina autônoma e inter-relacionada com diversas outras disciplinas, tais como o Direito, a Filosofia, a Política, a História, a Sociologia, a Economia, a Medicina.

7 Direito internacional dos direitos humanos: conceito, finalidade e evolução histórica

A necessidade primordial de proteção e efetividade aos direitos humanos possibilitou, em nível internacional, o surgimento de uma disciplina autônoma ao direito internacional público, denominada Direito Internacional dos Direitos Humanos, cuja finalidade precípua consiste na concretização da plena eficácia dos direitos humanos fundamentais, por meio de normas gerais tuteladoras de bens da vida primordiais (dignidade, vida, segurança, liberdade, honra, moral, entre outros) e previsões de instrumentos políticos e jurídicos de implementação dos mesmos. Como ressaltado por Flávia Piovesan, "o Direito Internacional dos Direitos Humanos visa a garantir o exercício dos direitos da pessoa humana" (*Direitos humanos e o direito constitucional internacional*. São Paulo: Max Limonad, 1996. p. 43).

A evolução histórica da proteção dos direitos humanos fundamentais em diplomas internacionais é relativamente recente, iniciando-se com importantes declarações sem caráter-vinculativo, para posteriormente assumirem a forma de tratados internacionais, no intuito de obrigarem os países signatários ao cumprimento de suas normas.

A Declaração Universal dos Direitos do Homem, assinada em Paris em 10 de dezembro de 1948, constitui a mais importante conquista dos direitos humanos fundamentais em nível internacional, pois como ensina Francisco Rezek, "até a fundação das Nações Unidas, em 1945, não era seguro afirmar que houvesse, em direito internacional público, preocupação consciente e organizada sobre o tema dos direitos humanos" (*Direito internacional público*. 8. ed. São Paulo: Saraiva, 1996. p. 223).

Elaborada a partir da previsão da Carta da ONU de 1944, que em seu art. 55 estabeleceu a necessidade de os Estados-partes promoverem a proteção dos direitos humanos, e da composição, por parte da Organização das Nações Unidas, de uma Comissão dos Direitos Humanos, presidida por Eleonora Roosevelt, a Declaração Universal dos Direitos do Homem afirmou que o reconhecimento da dignidade humana inerente a todos os membros da família humana e de seus direitos iguais e inalienáveis é o fundamento da liberdade, da justiça e da paz no mundo, bem como que o desprezo e o desrespeito pelos direitos da pessoa resultaram em atos bárbaros que ultrajaram a consciência da Humanidade e que o advento de um mundo em que as pessoas gozem de liberdade de palavra, de crença e de liberdade de viverem a salvo do temor e da necessidade tem sido a mais alta aspiração do homem comum. A Declaração Universal dos Direitos Humanos adotada e proclamada pela Resolução nº 217 A (III) da Assembleia Geral das Nações Unidas, em 10-12-1948, reafirmou a crença dos povos das Nações Unidas nos direitos humanos fundamentais, na dignidade e no valor da pessoa humana e na igualdade de direitos do homem e da mulher, visando à promoção do progresso social e à melhoria das condições de vida em uma ampla liberdade.

Os 30 artigos da Declaração consagraram, basicamente, os *princípios da igualdade e dignidade humanas; a vedação absoluta à discriminação de qualquer espécie, seja em razão de raça, sexo, língua, religião, opinião política ou de outra natureza, origem nacional ou social, riqueza, nascimento ou qualquer outra condição; o direito à vida, à liberdade, à segurança pessoal; a expressa proibição à escravidão, ao tráfico de escravos ou servidão; a proibição à tortura, ao tratamento ou castigo cruel, desumano ou degradante; o princípio do juiz natural; o acesso ao Judiciário; a vedação às prisões, detenções e exílios arbitrários; os princípios da presunção de inocência, do devido processo legal, do contraditório e da ampla defesa; o princípio da reserva legal; a inviolabilidade à honra, à imagem e à vida privada; a liberdade de locomoção; o asilo político; o direito à nacionalidade; o direito de propriedade; a liberdade de pensamento, consciência, opinião, expressão e religião; o direito de reunião, de associação e de sindicalização; os direitos políticos; o direito ao trabalho e à livre escolha de profissão, com a consequente justa remuneração que lhe assegure, assim como à sua família, uma existência compatível com a dignidade humana; o direito ao repouso e ao lazer; direito à instrução e à vida cultural.*

Prevê-se, ainda, que toda pessoa tem direito a um padrão de vida capaz de assegurar a si e a sua família saúde e bem-estar, inclusive alimentação, vestuário, habitação, cuidados médicos e os serviços sociais indispensáveis, o direito à segurança, em caso de desemprego, doença, invalidez, viuvez, velhice ou outros casos de perda dos meios de subsistência em circunstâncias fora de seu controle (artigo XXV).

A Declaração Universal dos Direitos Humanos considera a família como núcleo natural e fundamental da sociedade, consagrando seu direito à proteção da sociedade e do Estado. Consagra-se, ainda, o direito dos homens e mulheres de maior idade de contrair matrimônio. Além disso, a maternidade e a infância terão direitos a cuidados e assistência especiais.

O instrumento formal adotado pela Declaração Universal dos Direitos Humanos, conforme já citado, foi *resolução* da Assembleia, não constituindo seus dispositivos obrigações jurídicas aos Estados-partes. Hildebrando Accioly e Geraldo Eulálio do Nascimento e Silva relembram que o caráter não vinculativo da Declaração já era previsto desde a constituição da Comissão inicial, afirmando que, "não obstante a ênfase dada ao reconhecimento dos direitos humanos, a Senhora Roosevelt reiterou a posição de seu país, no sentido de que a Declaração não era um tratado ou acordo que criava obrigações legais. Aliás, a afirmativa era desnecessária. Conforme foi visto, não obstante a importância que algumas resoluções tenham tido, a doutrina é unânime ao afirmar que não são de implementação obrigatória" (*Manual de direito* internacional público. 12. ed. São Paulo: Saraiva, 1996. p. 368). Conforme relembra Francisco Rezek, "por mais de uma vez, ante gestões externas fundadas no zelo pelos direitos humanos, certos países reagiram lembrando a natureza não convencional da Declaração" (*direito internacional público*. Op. cit. p. 224). Flávia Piovesan critica esse posicionamento, concluindo que, apesar da inexistência de força jurídica obrigatória e vinculante, a Declaração "vem a atestar o reconhecimento universal de direitos humanos fundamentais, consagrando um código comum a ser seguido por todos os Estados" (*Direitos humanos e o direito constitucional internacional*. São Paulo: Max Limonad, 1996. p. 176).

A referida Declaração prevê somente normas de direito material, não estabelecendo nenhum órgão jurisdicional internacional com a finalidade de garantir a eficácia dos princípios e direitos nela previstos.

O Brasil assinou a Declaração Universal dos Direitos Humanos na própria data de sua adoção e proclamação, 10-12-1948.

Ressalte-se que anteriormente à Declaração Universal dos Direitos do Homem, nesse mesmo ano, em abril de 1948, a IX Conferência Internacional Americana, realizada em Bogotá, havia aprovado a Resolução XXX, consagrando a Declaração Americana dos Direitos e Deveres do Homem, que com seus 38 artigos trazia previsões muito semelhantes àquelas já narradas.

A partir disso, a proteção internacional dos Direitos Humanos passou a intensificar-se, com a aprovação de inúmeras declarações e tratados internacionais.

Em 9-12-1948, a Assembleia Geral das Nações Unidas aprovou a Resolução nº 260 A (III), ratificando a Convenção para a prevenção e a repressão do crime de genocídio; em 28-7-1951, foi adotada a Convenção relativa ao Estatuto dos refugiados, aprovada pela Resolução nº 429 (V) da Assembleia Geral das Nações Unidas. Novamente e com a finalidade de proteção dos "refugiados" foi aprovado o Protocolo sobre o Estatuto dos Refugiados, em 16-12-1966, pela Resolução nº 2.198 da Assembleia Geral das Nações Unidas.

Nessa mesma data, foi adotado pela Resolução nº 2.200-A (XXI) da Assembleia Geral das Nações Unidas importante documento internacional garantidor de direitos fundamentais, denominado "Pacto Internacional dos Direitos Civis e Políticos", onde foram previstos diversos direitos, tais como a autodeterminação dos povos, no sentido de livremente determinarem seu estatuto político e assegurarem livremente seu desenvolvimento econômico, social e cultural; o direito à vida; a proibição da tortura; a possibilidade de o condenado à morte ter o direito de pedir indulto ou comutação da pena; a escusa de consciência; direito à liberdade; acesso ao Judiciário; excepcionalidade das prisões preventivas; indenização por erro judiciário; direito ao respeito e dignidade humana; bem como os demais direitos já consagrados na Declaração Universal dos Direitos do Homem.

O Brasil também é signatário da Declaração do Direito ao Desenvolvimento, de 4-12-1986; da Declaração e Programa de Ação de Viena, de 25-6-1993; Declaração de Pequim adotada pela quarta conferência mundial sobre as mulheres, de 15-9-1995.

O rol dos Tratados Internacionais de Proteção aos Direitos Humanos assinados pela República Federativa do Brasil é completado pelos seguintes documentos: Pacto Internacional dos Direitos Econômicos, Sociais e Culturais, de 16-12-1966; Convenção sobre a Eliminação de todas as Formas de Discriminação Racial, de 21-12-1965; Convenção Americana sobre Direitos Humanos – Pacto de San José da Costa Rica, de 22-11-1969; Convenção sobre a Eliminação de todas as Formas de Discriminação contra a Mulher, de 18-12-1979; Convenção contra a Tortura e outros Tratamentos ou Penas Cruéis, Desumanas ou Degradantes, de 10-12-1984; Convenção Interamericana para Prevenir e Punir a Tortura, de 9-12-1985; Convenção sobre os Direitos da Criança, de 20-11-1989; Convenção Interamericana para Prevenir, Punir e Erradicar a Violência contra a Mulher, de 6-6-1994, e ratificada pelo Brasil em 27-11-1995.

Importante ressaltar algumas previsões da Convenção Americana de Direitos Humanos – Pacto de San José da Costa Rica, de 22-11-1969, que reafirmaram o propósito dos Estados Americanos em consolidar no Continente, dentro do quadro das instituições democráticas, um regime de liberdade pessoal e de justiça social, fundado no respeito dos direitos humanos essenciais.

Os 82 artigos do referido Pacto dividem-se em três partes: Deveres dos Estados e Direitos Protegidos; Meios de Proteção; e Disposições Gerais e Transitórias.

Ressalte-se, portanto, que, diferentemente da Declaração Universal dos Direitos do Homem, o Pacto de San José da Costa Rica não traz somente normas de caráter material, prevendo órgãos competentes para conhecer dos assuntos relacionados com o cumprimento dos compromissos assumidos pelos Estados-partes. Esses órgãos são a Comissão Interamericana de Direitos Humanos e a Corte Interamericana de Direitos Humanos.

Em relação aos direitos humanos fundamentais, garantem-se principalmente: *direito ao reconhecimento da personalidade jurídica; direito à vida; direito à integridade pessoal; proibição da escravidão e da servidão; direito à liberdade pessoal; princípio do juiz natural; acesso ao Judiciário; princípio da inocência; princípio da legalidade e da retroatividade; direito à indenização; proteção da honra e da dignidade; liberdade de consciência e de religião; liberdade de pensamento e de expressão; direito de retificação ou resposta; direito de reunião; liberdade de associação; proteção da família; direito ao nome; direitos da criança; direito à nacionalidade; direito de propriedade; direito de circulação e residência; direitos políticos; princípio da igualdade perante a lei.*

A respeito da incorporação de direitos humanos fundamentais previstos em atos e tratados internacionais no ordenamento jurídico interno brasileiro, conferir Parte II, item 5.127.

8 Conceito e características dos direitos humanos fundamentais

O conjunto institucionalizado de direitos e garantias do ser humano que tem por finalidade básica o respeito a sua dignidade, por meio de sua proteção contra o arbítrio do poder estatal, e o estabelecimento de condições mínimas de vida e desenvolvimento da personalidade humana pode ser definido como *direitos humanos fundamentais*.

A Unesco, também definindo genericamente os *direitos humanos fundamentais*, considera-os por um lado uma proteção de maneira institucionalizada dos direitos da pessoa humana contra os excessos do poder cometidos pelos órgãos do Estado, e por outro, regras para se estabelecerem condições humanas de vida e desenvolvimento da personalidade humana (*Les dimensions internationales des droits de l'homme*. Unesco, 1978, p. 11).

Pérez Luño apresenta-nos uma definição completa sobre os direitos fundamentais do homem, considerando-os *um conjunto de faculdades e instituições que, em cada momento histórico, concretizam as exigências da dignidade, da liberdade e da igualdade humanas, as quais devem ser reconhecidas positivamente pelos ordenamentos jurídicos em nível nacional e internacional* (CASTRO, J. L. Cascajo, LUÑO, Antonio-Enrique Pérez, CID, B. Castro, TORRES, C. Gómes. *Los derechos humanos*: significación, estatuto jurídico y sistema. Sevilha: Universidad de Sevilla, 1979. p. 43).

José Castan Tobeñas, por sua vez, define *direitos humanos* como aqueles direitos fundamentais da pessoa humana – considerada tanto em seu aspecto individual como comunitário – que correspondem a esta em razão de sua própria natureza (de essência ao mesmo tempo corpórea, espiritual e social) e que devem ser reconhecidos e respeitados por todo poder e autoridade, inclusive as normas jurídicas positivas, cedendo, não obstante, em seu exercício, ante as exigências do bem comum (*Los derechos del hombre*. Madri: Reus, 1976. p. 13).

Assim, inúmeros e diferenciados são os conceitos de direitos humanos fundamentais, no que concordamos com Tupinambá Nascimento, que, ao analisar esse conceito, afirma que *não é fácil a definição de direitos humanos*, concluindo que *qualquer tentativa pode significar resultado insatisfatório e não traduzir para o leitor, à exatidão, a especificidade de conteúdo e a abrangência* (*Comentários à Constituição Federal*. Porto Alegre: Livraria do Advogado, 1997. p. 211), pois como aponta José Afonso da Silva,

> "a ampliação e transformação dos direitos fundamentais do homem no envolver histórico *dificulta definir-lhes um conceito sintético e preciso*. Aumenta essa dificuldade a circunstância de se empregarem várias expressões para designá-los, tais como: direitos naturais, direitos humanos, direitos do homem, direitos individuais, direitos públicos subjetivos, liberdades fundamentais, liberdades públicas e direitos fundamentais do homem",

para após breve análise das diversas terminologias concluir que

> "*direitos fundamentais do homem* constitui a expressão mais adequada a este estudo, porque, além de referir-se a princípios que resumem a concepção do mundo e informam a ideologia política de cada ordenamento jurídico, é reservada para designar, no nível do direito positivo, aquelas prerrogativas e instituições que ele concretiza em garantias de uma convivência digna, livre e igual de todas as pessoas" (*Curso de direito constitucional positivo*. 13. ed. São Paulo: Malheiros, 1997. p. 174 e 177).

O importante é realçar que os direitos humanos fundamentais relacionam-se diretamente com a garantia de não ingerência do Estado na esfera individual e a consagração da dignidade humana, tendo um universal reconhecimento por parte da maioria dos Estados, seja em nível constitucional, infraconstitucional, seja em nível de direito consuetudinário ou mesmo por tratados e convenções internacionais.

A previsão desses direitos coloca-se em elevada posição hermenêutica em relação aos demais direitos previstos no ordenamento jurídico, apresentando diversas características: *imprescritibilidade, inalienabilidade, irrenunciabilidade, inviolabilidade, universabilidade, efetividade, interdependência e complementaridade*:

- *imprescritibilidade*: os direitos humanos fundamentais não se perdem pelo decurso do prazo;
- *inalienabilidade*: não há possibilidade de transferência dos direitos humanos fundamentais, seja a título gratuito, seja a título oneroso;
- *irrenunciabilidade*: os direitos humanos fundamentais não podem ser objeto de renúncia. Dessa característica surgem discussões importantes na doutrina e posteriormente analisadas, como a renúncia ao direito à vida e a eutanásia, o suicídio e o aborto;
- *inviolabilidade*: impossibilidade de desrespeito por determinações infraconstitucionais ou por atos das autoridades públicas, sob pena de responsabilização civil, administrativa e criminal;
- *universalidade*: a abrangência desses direitos engloba todos os indivíduos, independentemente de sua nacionalidade, sexo, raça, credo ou convicção político-filosófica;
- *efetividade*: a atuação do Poder Público deve ser no sentido de garantir a efetivação dos direitos e garantias previstos, com mecanismos coercitivos para tanto, uma vez que a Constituição Federal não se satisfaz com o simples reconhecimento abstrato;
- *interdependência*: as várias previsões constitucionais, apesar de autônomas, possuem diversas intersecções para atingirem suas finalidades. Assim, por exemplo, a liberdade de locomoção está intimamente ligada à garantia do *habeas corpus*, bem como previsão de prisão somente por flagrante delito ou por ordem da autoridade judicial competente;
- *complementaridade*: os direitos humanos fundamentais não devem ser interpretados isoladamente, mas sim de forma conjunta com a finalidade de alcance dos objetivos previstos pelo legislador constituinte.

9 Natureza jurídica das normas que disciplinam os direitos e garantias fundamentais

São direitos constitucionais na medida em que se inserem no texto de uma Constituição cuja *eficácia* e *aplicabilidade* dependem muito de seu próprio enunciado, uma vez que a Constituição faz depender de legislação ulterior a aplicabilidade de algumas normas definidoras de direitos sociais, enquadrados dentre os fundamentais. Em regra, as normas que consubstanciam os direitos fundamentais democráticos e individuais são de eficácia e aplicabilidade imediatas. A própria Constituição Federal, em uma norma-síntese, determina tal fato dizendo que as normas definidoras dos direitos e garantias fundamentais têm aplicação imediata (CF, art. 5º, § 1º). Essa declaração pura e simplesmente por si não bastaria se outros mecanismos não fossem previstos para torná-la eficiente (por exemplo, mandado de injunção e iniciativa popular).

10 Direitos fundamentais e garantias institucionais

Trata-se de clássica distinção da doutrina alemã, como lembra Canotilho, para a qual as garantias institucionais (*Einrichtungsgarantien*) compreendiam as garantias jurídico-públicas (*Institutionnelle Garantien*) e as garantias jurídico-privadas (*Institutsgarantie*).

As garantias institucionais, apesar de muitas vezes virem consagradas e protegidas pelas leis constitucionais, não seriam verdadeiros direitos atribuídos diretamente às pessoas, mas a determinadas instituições, que possuem sujeito e objeto diferenciados.

Assim, a maternidade, a família, a liberdade de imprensa, o funcionalismo público, os entes federativos são instituições protegidas diretamente como realidades sociais objetivas e só indiretamente se expandem para a proteção dos direitos individuais. Concluindo esse raciocínio, Canotilho afirma que "a protecção das garantias institucionais aproxima-se, todavia da protecção dos direitos fundamentais quando se exige, em face das intervenções limitativas do legislador, a salvaguarda do 'mínimo essencial' (núcleo essencial) das instituições" (*Direito constitucional*. 6. ed. Coimbra: Almedina, 1993. p. 517).

11 Direitos fundamentais na Constituição de 1988 – Classificação

A Constituição Federal de 1988 trouxe em seu Título II os *direitos e garantias fundamentais*, subdividindo-os em cinco capítulos: *direitos individuais e coletivos; direitos sociais; nacionalidade; direitos políticos* e *partidos políticos*.

Assim, a classificação adotada pelo legislador constituinte estabeleceu cinco espécies ao gênero direitos e garantias fundamentais:

- *direitos individuais e coletivos* – correspondem aos direitos diretamente ligados ao conceito de pessoa humana e de sua própria personalidade, como, por exemplo: vida, dignidade, honra, liberdade. Basicamente, a Constituição de 1988 os prevê no art. 5º e serão detalhadamente estudados nos comentários aos incisos do citado artigo;
- *direitos sociais* – caracterizam-se como verdadeiras liberdades positivas, de observância obrigatória em um Estado Social de Direito, tendo por finalidade a melhoria das condições de vida aos hipossuficientes, visando

à concretização da *igualdade social*, que configura um dos fundamentos de nosso Estado Democrático, conforme preleciona o art. 1º, IV. A Constituição Federal consagra os direitos sociais a partir do art. 6º;

- *direitos de nacionalidade* – nacionalidade é o vínculo jurídico político que liga um indivíduo a um certo e determinado Estado, fazendo deste indivíduo um componente do povo, da dimensão pessoal deste Estado, capacitando-o a exigir sua proteção e sujeitando-o ao cumprimento de deveres impostos;

- *direitos políticos* – conjunto de regras que disciplina as formas de atuação da soberania popular. São direitos públicos subjetivos que investem o indivíduo no *status activae civitatis*, permitindo-lhe o exercício concreto da liberdade de participação nos negócios políticos do Estado, de maneira a conferir os atributos da cidadania. Tais normas constituem um desdobramento do princípio democrático inscrito no art. 1º, parágrafo único, da Constituição Federal, que afirma que todo o poder emana do povo, que o exerce por meio de representantes eleitos ou diretamente. A Constituição regulamenta os direitos políticos no art. 14;

- *direitos relacionados à existência, organização e participação em partidos políticos* – a Constituição Federal regulamentou os partidos políticos como instrumentos necessários e importantes para preservação do Estado Democrático de Direito, assegurando-lhes autonomia e plena liberdade de atuação, para concretizar o sistema representativo.

Além da citada classificação constitucional dos *direitos humanos fundamentais*, a doutrina enumera inúmeras e diferentes classificações terminológicas sobre o tema, sem, contudo, apresentar diferenciações essenciais em relação ao seu tratamento.

Pimenta Bueno, analisando a Constituição do Império, apresentava-nos uma divisão tripartida dos direitos fundamentais em relação às pessoas: direitos naturais ou individuais, direitos civis e direitos políticos, para concluir afirmando que

> "os primeiros são filhos da natureza, pertencem ao homem porque é homem, porque é um ente racional e moral, são propriedades suas e não criaturas da lei positiva, são atributos, dádivas do Criador. Os segundos ou civis compreendem duas partes, uma que se compõe dos mesmos direitos individuais reconhecidos e garantidos pela lei civil, outra que resulta puramente das instituições e disposições cíveis de cada nacionalidade. Os terceiros ou políticos são filhos unicamente das leis ou constituições políticas, são criações das conveniências e condições destas, e não faculdades naturais" (*Direito público brasileiro e análise da Constituição do Império*. Rio de Janeiro: Ministério da Justiça e Negócios Interiores, 1958. p. 379).

Manoel Gonçalves Ferreira Filho (*Direitos humanos fundamentais*. São Paulo: Saraiva, 1995. p. 100) sugere uma classificação que, relacionada ao objeto dos direitos fundamentais, seria dividida em: *liberdades* (poderes de fazer ou não fazer algo, por exemplo: liberdade de locomoção, direito de greve), *direitos de crédito* (poderes de reclamar alguma coisa; seu objeto são contraprestações positivas, por exemplo: direito ao trabalho), *direitos de situação* (poderes de exigir um *status*, tendo como objeto uma situação preservada ou restabelecida, por exemplo: direito a um meio ambiente equilibrado, direito à paz) e *direitos-garantia* (poderes de exigir que não se façam determinadas coisas, por exemplo: direito a não sofrer censura).

O Direito Constitucional português, por exemplo, classifica os direitos humanos fundamentais em: direitos, liberdades e garantias pessoais; direitos, liberdades e garantias de participação política; direitos, liberdades e garantias dos trabalhadores; e direitos econômicos, sociais e culturais.

Modernamente, a doutrina apresenta-nos a classificação de direitos fundamentais de *primeira, segunda* e *terceira gerações*, baseando-se na ordem histórica cronológica em que passaram a ser constitucionalmente reconhecidos.

Como destaca Celso de Mello,

> "enquanto os *direitos de primeira geração* (direitos civis e políticos) – que compreendem as liberdades clássicas, negativas ou formais – realçam o princípio da liberdade e os *direitos de segunda geração* (direitos econômicos, sociais e culturais) – que se identificam com as liberdades positivas, reais ou concretas – acentuam o princípio da igualdade, os *direitos de terceira geração*, que materializam poderes de titularidade coletiva atribuídos genericamente a todas as formações sociais, consagram o princípio da solidariedade e constituem um momento importante no processo de desenvolvimento, expansão e reconhecimento dos direitos humanos, caracterizados, enquanto valores fundamentais indisponíveis, pela nota de uma essencial inexauribilidade" (STF – Pleno – MS nº 22164/SP – rel. Min. Celso de Mello, *Diário da Justiça*, Seção I, 17 nov. 1995, p. 39.206).

Assim, os *direitos fundamentais de primeira geração* são os direitos e garantias individuais e políticos clássicos (liberdades públicas), surgidos institucionalmente a partir da *Magna Charta* e desenvolvidos conforme já verificado em item anterior.

Referindo-se aos hoje chamados *direitos fundamentais de segunda geração*, que são os direitos econômicos, sociais e culturais, surgidos no início do século, Themístocles Brandão Cavalcanti analisou que

> "o começo do nosso século viu a inclusão de uma nova categoria de direitos nas declarações e, ainda mais recentemente, nos princípios garan-

tidores da liberdade das nações e das normas da convivência internacional. Entre os direitos chamados sociais, incluem-se aqueles relacionados com o trabalho, o seguro social, a subsistência, o amparo à doença, à velhice etc." (*Princípios gerais de direito público*. 3. ed. Rio de Janeiro: Borsoi, 1966. p. 202).

Por fim, modernamente, protege-se, constitucionalmente, como *direitos de terceira geração* os chamados *direitos de solidariedade* ou *fraternidade*, que englobam o direito a um meio ambiente equilibrado, a uma saudável qualidade de vida, ao progresso, à paz, à autodeterminação dos povos e a outros direitos difusos, que são, no dizer de José Marcelo Vigliar, os interesses de grupos menos determinados de pessoas, sendo que entre elas não há vínculo jurídico ou fático muito preciso (*Ação civil pública*. São Paulo: Atlas, 1997. p. 42).

Ressalte-se, a título de exemplo, o art. 19, § 8º, da Constituição Política da República do Chile, que inclui dentro do rol dos direitos constitucionais a seguinte previsão: *El derecho a vivir en un medio ambiente libre de contaminación. Es deber del Estado velar para que este derecho no sea afectado y tutelar la preservación de la natureza. La ley podrá establecer restricciones específicas al ejercicio de determinados derechos o libertades para proteger el medio ambiente.* A Constituição da República da Coreia, de 12-7-1948, emendada em outubro de 1987, traz previsão semelhante, ao prever que *todos os cidadãos terão direito a um meio ambiente saudável e agradável. Caberá ao Estado e a todos os cidadãos esforçarem-se para proteger o meio ambiente* (art. 35-1).

Essa mesma previsão é feita pelo art. 225 da Constituição da República Federativa do Brasil, de 5-10-1988, que afirma: "Todos têm direito ao meio ambiente ecologicamente equilibrado, bem de uso comum do povo e essencial à sadia qualidade de vida, impondo-se ao poder público e à coletividade o dever de defendê-lo e preservá-lo para as presentes e futuras gerações". Conforme afirmou o Supremo Tribunal Federal, "Direito ao meio ambiente ecologicamente equilibrado: a consagração constitucional de um típico direito de terceira geração" (*RTJ*, 158/206).

Como conclui Manoel Gonçalves Ferreira Filho, "a primeira geração seria a dos direitos de *liberdade*, a segunda, dos direitos de *igualdade*, a terceira, assim, complementaria o lema da Revolução Francesa: *liberdade, igualdade, fraternidade*" (*Direitos humanos fundamentais*. São Paulo: Saraiva, 1995. p. 57).

Note-se que Celso Lafer classifica esses mesmos direitos em quatro gerações, dizendo que os direitos de terceira e quarta gerações transcendem a esfera dos indivíduos considerados em sua expressão singular, e recaindo, exclusivamente, nos grupos primários e nas grandes formações sociais (*A reconstrução dos direitos humanos*. São Paulo: Companhia das Letras, 1988, apud discurso de posse do Ministro Celso de Mello como Presidente do Supremo Tribunal Federal).

12 Relatividade dos direitos humanos fundamentais

Os direitos humanos fundamentais não podem ser utilizados como um *verdadeiro escudo protetivo* da prática de atividades ilícitas, nem tampouco como argumento para afastamento ou diminuição da responsabilidade civil ou penal por atos criminosos, sob pena de total consagração ao desrespeito a um verdadeiro Estado de Direito.

Os direitos e garantias fundamentais consagrados pela Constituição Federal, portanto, não são ilimitados, uma vez que encontram seus limites nos demais direitos igualmente consagrados pela Carta Magna (*Princípio da relatividade ou convivência das liberdades públicas*).

Dessa forma, quando houver conflito entre dois ou mais direitos ou garantias fundamentais, o intérprete deve utilizar-se do *princípio da concordância prática ou da harmonização*, de forma a coordenar e combinar os bens jurídicos em conflito, evitando o sacrifício total de uns em relação aos outros, realizando uma redução proporcional do âmbito de alcance de cada qual (*contradição dos princípios*), sempre em busca do verdadeiro significado da norma e da harmonia do texto constitucional com suas finalidades precípuas.

Apontando a relatividade dos direitos fundamentais, Quiroga Lavié (*Derecho constitucional*. 3. ed. Buenos Aires: Depalma, 1993. p. 123) afirma que os direitos fundamentais nascem para reduzir a ação do Estado aos limites impostos pela Constituição, sem, contudo, desconhecerem a subordinação do indivíduo ao Estado, como garantia de que eles *operem dentro dos limites impostos pelo direito*.

A própria Declaração dos Direitos Humanos das Nações Unidas, expressamente, em seu art. 29 afirma que

> "toda pessoa tem deveres com a comunidade, posto que somente nela pode-se desenvolver livre e plenamente sua personalidade. No exercício de seus direitos e no desfrute de suas liberdades todas as pessoas estarão sujeitas às limitações estabelecidas pela lei com a única finalidade de assegurar o respeito dos direitos e liberdades dos demais, e de satisfazer as justas exigências da moral, da ordem pública e do bem-estar de uma sociedade democrática. Estes direitos e liberdades não podem, em nenhum caso, ser exercidos em oposição com os propósitos e princípios das Nações Unidas. Nada na presente Declaração poderá ser interpretado no sentido de conferir direito algum ao Estado, a um grupo ou uma pessoa, para empreender e desenvolver atividades ou realizar atos tendentes a supressão de qualquer dos direitos e liberdades proclamados nessa Declaração".

Apontando a necessidade de relativização dos direitos fundamentais, o Supremo Tribunal Federal afirma que um direito individual "não pode servir de salvaguarda de práticas ilícitas" (*RT*, 709/418).

13 Restrições excepcionais aos direitos fundamentais – Estado de defesa e Estado de sítio

No plano constitucional, a oportunidade expressa de previsão de um regime jurídico válido em tempos de crise é discutível.

Há vários Estados, entre eles os Estados Unidos da América, que não conhecem em seus textos magnos qualquer tipo de regime excepcional, pois a teoria política e a doutrina constitucional demoraram para discutir as hipóteses excepcionais de crise constitucional (LEROY, Paul. *L'organisation constitutionnelle et les crises*. Paris: Bibliothèque Constitutionnelle et de Science Politique (Georges Burdeau): Librairie Générale du Droit et de la Jurisprudence, 1966. p. 34).

Nos Estados Unidos, o Presidente Theodore Roosevelt formulou a teoria pela qual ao Presidente compete, como supremo servidor dos interesses do povo (*stewardship theory*), exercer constitucionalmente todos os poderes necessários para garantir o bem comum, desde que não haja expressa vedação constitucional ou de lei em vigor válida (ROOSEVELT, Theodore. *Devoir de l'Amerique en face de la guerre*. Paris: Perrin, 1917).

Essa teoria interpreta de modo extensivo os poderes presidenciais em situação de normalidade e transforma-os em praticamente onipotentes em situações de emergência. Embora já não mais seja aceita em sua integralidade pela jurisprudência da Suprema Corte, representou um grande marco na história constitucional americana e o início da análise dos poderes presidenciais no sistema constitucional das crises (BOGNETTI, Giovanni. *Lo spirito del costituzionalismo americano – la costituzione democratica*. Turim: Giappichelli, 2000. v. II, p. 252 ss).

Na Guerra Civil Americana (1861-1865), a Suprema Corte negou ao Presidente o poder de limitar a liberdade das pessoas sem que houvesse lei expressa permitindo (*ex parte Merriman*, 1861; *ex parte Milligan*, 1866).

A partir da Guerra Civil, o Congresso Americano passou a aprovar uma série de medidas que possibilitassem maior atuação do Presidente em situações de emergência, pois, como salientado por Edward Corwin e Louis Koening,

> "enquanto o poder legislativo e o judicial hoje denotam justamente definível as *funções* do governo, bem como justamente constantes os *métodos* para suas descargas, o Poder Executivo é ainda indefinido como uma *função*, e retém, particularmente quando é exercido por um único indivíduo, muito de sua plasticidade original é observada como *método*. É consequentemente o poder do governo que é o mais espontaneamente compreensivo quanto às condições de emergências; condições estas, que não alcançam estabilidade suficiente ou repetição de admitir que sua existência negocia de acordo com a regra" (CORWIN, Edward S.; KOENING, Louis W. *The Presidency today*. New York: New York University Press, 1956. p. 1).

Permaneceu, porém, a jurisprudência da impossibilidade de o Presidente da República invadir a esfera de liberdades públicas do cidadão, em situações de emergência, sem que houvesse lei expressa nesse sentido.

A Corte Suprema, porém, reconheceu como válida a *executive order* do Presidente Franklin Roosevelt, em 1942, que determinou o transporte a campos de concentração de japoneses ou americanos de origem japonesa, fundamentando sua decisão com base na previsão constitucional da chefia das Forças Armadas por parte do Presidente (*Hirabayashi v. United States*, 1943). Posteriormente, o Congresso Nacional confirmou essa orientação presidencial com aprovação de lei nesse sentido.

A Suprema Corte também invalidou a assunção do controle de indústria de aço pelo Presidente Truman, na época da Guerra da Coreia, sob a alegação de segurança nacional (*Youngstwn Sheet and Tube Co. v. Sawyer*, 1952), sob a fundamentação de que a legislação especial previa outros mecanismos de controle.

Dentro desse contexto, os Estados Unidos da América adotaram o modelo anglo-saxônico de lei marcial, que somente poderá ser decretada em casos de invasão, grave desordem interna, guerra civil, guerras externas, desde que, primeiramente, a legislação ordinária seja insuficiente para assegurar a normalidade institucional, e, ainda, as medidas de exceção limitem-se ao local necessário para a resolução dos conflitos.

A lei marcial americana, em regra, autoriza poderes excepcionais ao Chefe do Poder Executivo e proporcionais à necessidade de restauração da ordem pública, garantindo-se, porém, a supremacia do governo civil.

Como destaca Laurence Tribe, nos períodos de crise interna ou externa, se for necessária uma ação presidencial decisiva, pelo medo de um mal irreparável acontecer à nação, as restrições aplicáveis ao Poder Executivo podem ser reduzidas. Os poderes extraordinários do Presidente da República, nessas hipóteses, têm a benção da Corte Suprema Americana e estão restritos a situações de emergência (TRIBE, Laurence H. *American constitutional law*. 3. ed. New York: New York Foundation Press, 2000. p. 636).

Analisando os diversos sistemas jurídicos, Manoel Gonçalves Ferreira Filho ressalta que

> "dois sistemas principais são consagrados nas Constituições atuais para enfrentar os períodos de crise política. Um, o que prepondera na Grã-Bretanha e nos Estados que seguem de perto as tradições de seu Direito: é o da 'lei marcial'; outro, o que se prefere nos países de direito escrito, o 'estado de sítio'. Além desses sistemas, há um terceiro, menos praticado, o das 'ditaduras constitucionais', de que a romana foi o exemplo clássico, mas que tem seu equivalente na prática, já moderna, da suspensão da Constituição" (FERREIRA FILHO, Manoel Gonçalves. *Curso...* Op. cit. p. 333).

Nos demais ordenamentos jurídicos, porém, a realidade histórica exigiu a adaptação de aplicação das normas constitucionais para situações emergenciais, bem como a inserção de capítulos inteiros nas diversas constituições para melhor disciplinar o assunto, pois, como salientado por Cícero, "é preferível um remédio que cure as partes defeituosas da democracia do que um que as ampute" (CÍCERO. *Manual do candidato às eleições*. Carta do bom administrador e pensamentos políticos selecionados. São Paulo: Nova Alexandria, 2000. p. 129).

Verificou-se, portanto, que as essenciais, sérias e rigorosas limitações ao poder estatal, consistentes na previsão de extenso rol de liberdades públicas, somente poderiam ser absolutamente respeitadas em tempos de normalidade, pois, nos momentos de crise – guerras externas e internas, invasões, rebeliões –, impediriam qualquer possibilidade de reação do governo para manutenção de sua soberania.

A preeminência do Poder Executivo em tempos de crise é natural, por ter melhores condições de se portar do que os demais poderes. Primeiro por possuir todos os elementos necessários para avaliar corretamente a situação; em segundo lugar, porque o Poder Executivo é o órgão que assegura a *ação do Estado* e detém a Chefia das Forças Armadas.

Em face disso, há a necessidade de conferir ao Presidente maior independência no exercício de suas atribuições, em tempos de crise, de poderes extraordinários mais ou menos extensos em matéria de edição de normas jurídicas (LEROY, Paul. *L'organisation constitutionnelle et les crises*. Paris: Bibliothèque Constitutionnelle et de Science Politique (Georges Burdeau) La Librairie Générale du Droit et de La Jurisprudence, 1966. p. 32).

O ordenamento constitucional brasileiro prevê a aplicação de duas medidas excepcionais para restauração da ordem em momentos de anormalidade – *Estado de defesa* e *Estado de sítio*, possibilitando, inclusive, a suspensão, pelo Presidente da República, de determinadas garantias constitucionais, em lugar específico e por certo tempo, possibilitando ampliação do poder repressivo do Estado, justificado pela gravidade da perturbação da ordem pública.

Quiroga Lavié, analisando o sistema de crises no regime presidencial argentino, ensina que "*suspender* significa – nesse contexto – que se levanta a proteção jurídica dos direitos enquanto subsistam as causas do Estado de Sítio"; afirmando, porém, que

> "suspensão não é extinção: os direitos individuais subsistem como princípio da liberdade humana, não como concessão graciosa do Estado. Vale dizer, que segue imperando o princípio de que tudo o que não está proibido está permitido (é o reduto da liberdade); não se estabelece o axioma de que somente o que está permitido pode fazer-se" (LAVIÉ, Humberto Quiroga. *Derecho constitucional*. 3. ed. Buenos Aires: Depalma, 1993. p. 573-574).

A excepcionalidade da suspensão de direitos fundamentais em hipóteses excepcionais, sejam denominadas Lei Marcial, Estado de Proteção Extraordinária, Estado de Defesa, de Alarme, de Exceção, de Emergência, de Sítio, de Guerra, é permitida pelos diversos textos constitucionais, presidencialistas, parlamentaristas ou regimes mistos (semipresidencialistas), em virtude de determinadas situações anômalas e temporárias instauradas como resposta a uma ameaça específica à ordem democrática, pois essa limitação somente será possível em uma Democracia, quando sua finalidade for a própria defesa dos Direitos Fundamentais, postos em perigo (conferir, em relação às diversas nomenclaturas: COMBOTHECRA, X. S. *Manuel de Droit Public Général du monde civilisé*. Paris: Recueil Sirey, 1928. p. 33 ss).

Nesse sentido, Rubio Llorente, ao analisar o regime parlamentarista monárquico espanhol, aponta diversos julgados do Tribunal Constitucional espanhol (STC 71/1994, FJ 3º, STC 25/1981, FJ 5º, entre outros), que permitem, no dizer de Francisco Segado, medidas extremadas em situações de exceção (SEGADO, Francisco Fernández. *El estado de excepción en el derecho constitucional español*. Madri: Editorial de Derecho Reunidas, 1977. p. 15 ss).

Como salienta Enrique Goyanes, são três as hipóteses excepcionais admitidas na Espanha: estado de alarme (para catástrofes, crises sanitárias, situações de desabastecimento de produtos de primeira necessidade), estado de exceção (anormalidade no funcionamento das instituições e dos serviços públicos essenciais) e estado de sítio (situações de perigo para a segurança interna e externa do Estado) (GOYANES, Enrique Sánchez. *Constitución española comentada*. 22. ed. Madri: Paraninfo, 2001. p. 110. Conferir, ainda: CRUZ VILLALÓN, Pedro. La protección extraordinaria del Estado. In: PREDIERI, Alberto; GARCIA DE ENTERRÍA, Eduardo (Org.). *La constitución española de 1978*: estudio sistematico. Madri: Civitas, 1980; CRUZ VILLALÓN, Pedro. *El estado de sitio y la Constitución*. Madri: Centro de Estudios Constitucionales, 1980; CRUZ VILLALÓN, Pedro. *Estados excepcionales y suspensión de garantías*. Madri: Tecnos, 1984; ALVAREZ GARCIA, Vicente. *El concepto de necesidad en derecho público*. Madri: Civitas, 1996; LUCAS VERDU, Pablo. Garantías constitucionales. In: MASCARENAS, Carlos E. (Org.). *Nueva enciclopedia juridica*. Barcelona: Francisco Seix, 1989. t. X, p. 541 ss).

É o chamado *sistema constitucional das crises*, consistente em um conjunto de normas constitucionais, que, informadas pelos princípios da necessidade e da temporariedade, têm por objeto as situações de crises e por finalidade a mantença ou o restabelecimento da normalidade constitucional. A doutrina italiana, igualmente, salienta a *possibilidade* e *temporariedade* da lei constitucional de suspensão de determinadas liberdades.

Essa possibilidade é prevista em diversos ordenamentos jurídico-constitucionais que possibilitam, sempre em caráter excepcional e presentes certos e determinados requisitos, a restrição ou suspensão de direitos fundamentais.

Como salientam Canotilho e Jorge Miranda, em relação à possibilidade de situações de emergência em um Estado de Direito Democrático, existente no regime misto português, os *poderes presidenciais excepcionais* devem ser razoáveis e previstos constitucionalmente (CANOTILHO, J. J. Gomes. *Direito*... Op. cit. p. 962; MIRANDA, Jorge. *Manual*... Op. cit. t. IV. p. 973 ss).

As condições para aplicação da *legislação de crise* apresentam certa similitude nos diversos ordenamentos jurídicos quanto às condições objetivas e subjetivas para sua aplicação, ressaltando-se, porém, que as situações que possibilitam a deflagração do *sistema constitucional das crises* não são definidas com precisão pelos diversos textos, por conterem, como acentua Genevière Camus, **termos extremamente vagos** (CAMUS, Genevière. *L'État de nécessité en démocratie*. Paris: Bibliothèque Constitutionnelle et de Science Politique (Georges Burdeau). Librairie Générale du Droit et de La Jurisprudence, 1965. p. 83-84).

A previsão constitucional semipresidencialista francesa do *sistema de crises* está no artigo 16, que estabelece que, no momento em que as instituições da República, a independência da Nação, a integridade do território ou o cumprimento de seus compromissos internacionais estiverem ameaçados de maneira grave e imediata, e o funcionamento regular dos poderes públicos constitucionais estiver interrompido, o Presidente da República tomará as medidas exigidas por tais circunstâncias, mediante prévia consulta oficial com o Primeiro-Ministro, os presidentes das Assembleias e o Conselho Constitucional, e informará a Nação por meio de uma mensagem.

Essas medidas deverão estar inspiradas na vontade de assegurar aos poderes públicos constitucionais, com a menor duração, os meios de cumprir sua missão.

O Conselho Constitucional será consultado a esse respeito, o Parlamento deve reunir-se automaticamente e a Assembleia Nacional não poderá ser dissolvida durante o exercício dos poderes excepcionais.

Após analisar a possibilidade de inadaptação momentânea do texto constitucional em determinadas situações de crise institucional, a doutrina francesa aponta a possibilidade excepcional de *suspensão da Constituição* e as regras aplicáveis ao *sistema constitucional das crises* (LEROY, Paul. *L'organisation constitutionnelle et les crises*. Paris: Bibliothèque Constitutionnelle et de Science Politique (Georges Burdeau). Librairie Générale du Droit et de La Jurisprudence, 1966. p. 28; MILLET, Jean-Frédéric. Refus de visa à des ressortissants algériens et théorie des circonstances exceptionnelles. *Revue* Française de Droit Administratif, ano 13, v. 2, p. 307-312, 1997; NIZARD, Lucien. La jurisprudence administrative des circonstances exceptionnelles et la légalité. Paris: Pichon & Durand-Auzias, 1962. p. 14 ss; CASTBERG, Frede. Le droit de nécessité en droit constitutionnel. In: vários autores. *Melanges en l'onneur de Gilbert Gidel*. Paris: Sirey, 1961. p 105-126; HUBERLANT, Charles. Etat de siege et legalité d'exception en Belgique. In: vários autores. *Liceite en droit positif et references legales aux valeurs* (Xes. Journées d'études juridiques Jean Dabin organisées par l'Unite de Droit Penal). Bruxelas: Bruylant, 1982. p. 381-431).

Os estudos sobre o art. 16 da Constituição francesa de 4 de outubro de 1958, que adota o semipresidencialismo, apontam a divergência doutrinária quanto à extensão dos poderes do Presidente da República de suspender disposições constitucionais, apontando duas interpretações: *lata* e *estrita*.

Segundo a *interpretação lata*, o art. 16 permitiria uma suspensão provisória do princípio da separação dos poderes e da repartição das competências normalmente previstas, podendo o Presidente da República determinar medidas que normalmente não estariam na órbita de seus poderes habituais.

Assim, o art. 16 permitiria uma *suspensão implícita* da Constituição.

Pela segunda interpretação – *estrita* – o art. 16 exige uma determinação explícita de qual ou quais dispositivos constitucionais serão suspensos.

Nesse caso, não haveria *suspensão implícita de todo o texto constitucional*, pois as liberdades públicas não são garantidas somente por um artigo da Constituição, mas por uma série de artigos, pelo preâmbulo, por vários textos legislativos e princípios jurisprudenciais.

A doutrina francesa diferencia, ainda, as hipóteses de *estado de sítio* e *lei marcial* da hipótese de *estado de necessidade*.

Em ambos os casos, haverá suspensão da aplicação da ordem jurídica em vigor, porém, somente no *estado de necessidade* haverá a possibilidade de substituição da legislação por um direito novo provisório ou definitivo, dependendo das circunstâncias.

No regime presidencialista brasileiro, desde a primeira Constituição Republicana, de 1891, autoriza-se ao Presidente da República decretar o estado de sítio (art. 80). Manteve-se essa tradição na Constituição de 1934 (art. 56, 13), na Constituição de 1937, apesar da alteração de nomenclatura para *estado de emergência* ou *estado de guerra* (art. 74, k), na Constituição de 1946, que voltou a utilizar-se na nomenclatura *estado de sítio* (art. 87, XIII), na Constituição de 1967 (art. 83, XIV), e, finalmente, na EC nº 01/69 (art. 81 XVI), que previa estado de sítio e de emergência.

A Constituição Federal reconhece em situações excepcionais e gravíssimas a possibilidade de *restrição ou supressão temporária* de direitos e garantias fundamentais, prevendo-se sempre, porém, responsabilização do agente público em caso de utilização dessas medidas de forma injustificada e arbitrária.

Essa possibilidade é prevista em diversos ordenamentos jurídico-constitucionais que possibilitam, sempre em caráter excepcional e presentes certos e determinados requisitos, a restrição ou suspensão de direitos fundamentais. Por exemplo, a Constituição espanhola, em seu art. 55, estabelece a possibilidade de restrição do exercício de alguns direitos fundamentais em relação a determinadas pessoas relacionadas em investigações correspondentes a atividades de organizações terroristas ou bandos armados. Porém, a própria norma constitucional espanhola exige a existência de uma lei orgânica prevendo a forma e os casos para a ocorrência dessas restrições, sempre com a necessária intervenção judicial e controle parlamentar. Além disso, estabelece responsabilidade penal no exercício abusivo da possibilidade de restrição do exercício dos direitos fundamentais.

Analisando o assunto, no âmbito do direito pátrio, Pimenta Bueno apontava a excepcionalidade dessas medidas, afirmando que "a suspensão das garantias constitucionais é sem dúvida um dos atos de maior importância do sistema representativo, e tanto que em tese não deve ser admitido e nem mesmo tolerado. É um ato anormal, que atesta que a sociedade se acha em posição extraordinária, e tal que demanda meios fora dos comuns ou regulares" (*Direito público brasileiro e análise da Constituição do Império*. Rio de Janeiro: Ministério da Justiça e Negócios Interiores, 1958. p. 431).

A Constituição Federal de 1988 prevê a aplicação de duas medidas excepcionais e gravíssimas para restauração da ordem em momentos de anormalidade – *Estado de defesa* e *Estado de sítio* –, possibilitando, inclusive, a suspensão de determinadas garantias constitucionais, em lugar específico e por certo tempo, possibilitando ampliação do poder repressivo do Estado, justificado pela gravidade da perturbação da ordem pública. É o chamado *sistema constitucional das crises*, consistente em um conjunto de normas constitucionais, que, informadas pelos princípios da necessidade e da temporariedade, têm por objeto as situações de crises e por finalidade a mantença ou o restabelecimento da normalidade constitucional (BARILE, Paolo. *Diritti dell'uomo e libertà fondamentali*. Bolonha: Il Molino, 1984. p. 450).

A gravidade de ambas as medidas, cuja finalidade será sempre a superação da crise e o retorno ao *statu quo ante*, exige irrestrito cumprimento de todas as hipóteses e requisitos constitucionais, sob pena de responsabilização política, criminal e civil dos agentes políticos usurpadores.

O *Estado de defesa* é uma modalidade mais branda de Estado de sítio e corresponde às antigas *medidas de emergência* do direito constitucional anterior e não exige, para sua decretação por parte do Presidente da República, autorização do Congresso Nacional. O decreto presidencial deverá determinar o prazo de sua duração; especificar as áreas abrangidas e indicar as medidas coercitivas, nos termos e limites constitucionais e legais.

Nessa hipótese poderão ser restringidos os seguintes direitos e garantias individuais: (art. 5º, XII) *sigilo de correspondência e de comunicações telegráficas e telefônicas*, (XVI) *direito de reunião* e (LXI) *exigibilidade de prisão somente em flagrante delito ou por ordem da autoridade judicial competente*.

O *Estado de sítio* corresponde a suspensão temporária e localizada de garantias constitucionais, apresentando maior gravidade do que o Estado de defesa e, *obrigatoriamente*, o Presidente da República deverá solicitar autorização da maioria absoluta dos membros da Câmara dos Deputados e do Senado Federal para decretá-lo.

No caso de decretação de Estado de sítio em virtude de comoção nacional (art. 137, I, da CF) poderão ser restringidos os seguintes direitos e garantias individuais: (art. 5º, XI) *inviolabilidade domiciliar*, (XII) *sigilo de correspondência e de comunicações telegráficas e telefônicas*, (XVI) *direito de reunião*, (XXV) *direito de propriedade*, (LXI) *exigibilidade de prisão somente em flagrante delito ou por ordem da autoridade judicial competente* e (art. 220) *a liberdade de manifestação do pensamento, a criação, a expressão e a informação*.

Caso, porém, a decretação do Estado de sítio seja pelo art. 137, II (declaração de guerra ou resposta à agressão armada estrangeira), a Constituição Federal estabelece que poderão ser restringidos, em tese, todos os direitos e garantias constitucionais, desde que presentes três requisitos constitucionais: *necessidade à efetivação da medida*; tenham sido *objeto de deliberação por parte do Congresso Nacional* no momento de autorização da medida; devem estar *expressamente previstos no decreto presidencial nacional* (CF, art. 138, *caput*, c.c. 139, *caput*). Ressalte-se, porém, que jamais haverá, em concreto, a possibilidade de supressão de todos os direitos e garantias individuais, sob pena do total arbítrio e anarquia, pois não há como suprimir-se, por exemplo, o direito à vida, à dignidade humana, à honra, ao acesso ao Judiciário. Em ambas as hipóteses serão ouvidos, sem caráter vinculativo, os Conselhos da República e da Defesa Nacional, para que aconselhem e opinem ao Presidente da República.

Precisa, nesse sentido, a lição do mestre Rui Barbosa, ao afirmar que o Estado de sítio "é um regímen extraordinário, mas não discricionário, um regímen de exceção, mas de exceção circunscrita pelo direito constitucional, submetida à vigilância das autoridades constitucionais, obrigada a uma liquidação constitucional de responsabilidades. É uma situação de arbítrio, mas arbítrio parcial, relativo, encerrado nas fronteiras de uma legalidade clara, imperativa, terminante, e em coexistência com o qual se mantêm os códigos, os tribunais, o corpo legislativo" (*Obras completas de Rui Barbosa*: trabalhos diversos. Rio de Janeiro: Secretaria da Cultura, 1991. v. XL 1913, t. VI. p. 225).

A possibilidade do controle jurisdicional do Estado de defesa e do Estado de sítio envolve diversos problemas, mas a doutrina e jurisprudência direcionam-se para a possibilidade do *controle da legalidade*. Assim, será possível ao Poder Judiciário reprimir eventuais abusos e ilegalidades cometidas durante a execução das medidas do Estado de defesa ou de sítio, inclusive por meio de mandado de segurança e *habeas corpus*, pois a excepcionalidade da medida não possibilita a total supressão dos direitos e garantias individuais (DANTAS, San Tiago. *RF* 142/74. No mesmo sentido: STF – *RF*, 24/150), nem tampouco configura um salvo-conduto aos agentes políticos para total desrespeito à Constituição e às leis (*RF* 55/233).

Como destaca Celso de Mello, "a inobservância das prescrições constitucionais torna ilegal a coação e permite ao paciente recorrer ao Poder Judiciário" (*Constituição Federal anotada*. 2. ed. São Paulo: Saraiva, 1986. p. 497).

Anote-se que, dentre as medidas restritivas dos direitos e garantias individuais, não poderão os Poderes Executivo e Legislativo suprimir a previsão constitucional do acesso ao Judiciário no caso de lesão ou ameaça de lesão a direito, sob pena de desrespeito à separação de poderes (CF, art. 2º), cuja consagração constitucional não pode deixar de existir nem em casos extremos e emergenciais como o Estado de sítio.

Em relação, porém, à análise do mérito *discricionário* do Poder Executivo (no caso do Estado de defesa) e desse juntamente com o Poder Legislativo (no caso do Estado de sítio), a doutrina dominante entende impossível, por parte do Poder Judiciário, a análise da conveniência e oportunidade política para a decretação.

Manoel Gonçalves Ferreira Filho, em relação a esse tema, cita acórdão do Supremo Tribunal Federal nº 3.556, de 10-6-1914, onde se afirmou que, "tratando-se de ato de natureza essencialmente política, o Judiciário não pode entrar na apreciação dos fatos que o motivaram" (*Comentários à Constituição brasileira de 1988*. São Paulo: Saraiva, 1989-95. v. 3, p. 68-69).

O Estado de defesa e o Estado de sítio configuram *regimes de exceção*, mas não de inconstitucionalidade, ilegalidade, arbitrariedade e anarquia. Como salientado por Meirelles Teixeira, essa situação caracteriza o "aparente paradoxo das garantias durante a suspensão das garantias, e que nada mais é que a confirmação daquela assertiva de que o regime de exceção, em que se constitui o Estado de sítio, não é, de forma alguma, regime de ilegalidade ou de arbítrio, mas apenas um regime jurídico especial para situações excepcionais, em que alguns bens ou esferas de liberdade são provisoriamente sacrificados no interesse superior da ordem e da segurança do Estado e, em última análise, da liberdade e da segurança dos próprios cidadãos" (In: GARCIA, Maria (Org.). *Curso de direito constitucional*. Rio de Janeiro: Forense Universitária, 1991. p. 748). A mesma precisa lição é dada por Manoel Gonçalves Ferreira Filho ao afirmar que

> "o Estado de sítio não gera nem permite o arbítrio. De fato, mesmo suspensas garantias constitucionais, o Executivo ainda está sujeito a normas e limites que configuram como que uma legalidade extraordinária, adequada aos momentos de grave crise. Inclusive, se houver abuso, aí cabe a intervenção do Judiciário" (*Direitos humanos fundamentais*. São Paulo: Saraiva, 1995. p. 130).

No âmbito do Direito Internacional, é importante salientar a existência de previsão normativa de suspensão de direitos e garantias fundamentais. O Pacto de San José da Costa Rica, que conforme já estudado foi devidamente incorporado ao ordenamento jurídico brasileiro, prevê, em seu art. 27, a possibilidade de suspensão de garantias em caso de guerra, de perigo público, ou de outra emergência que ameace a independência ou segurança do Estado-parte. Nessas hipóteses, haverá a possibilidade da adoção de disposições que, na medida e pelo tempo, estritamente limitados às exigências da situação, suspendam as obrigações contraídas em virtude desta Convenção, desde que tais disposições não sejam incompatíveis com as demais obrigações que lhe impõem o Direito Internacional e não encerrem discriminação alguma fundada em motivos de raça, cor, sexo, idioma, religião ou origem social. Estabelece, igualmente, restrições a essas medidas, vedando expressamente a suspensão dos *direitos de reconhecimento da personalidade jurídica, à vida, à integridade pessoal; à proibição da escravidão e da servidão; dos princípios da legalidade e da retroatividade; da liberdade de consciência e religião; dos direitos ao nome, da criança, de nacionalidade; da proteção à família e dos direitos políticos.*

Determina, por fim, que todo Estado-parte que fizer uso do direito de suspensão deverá comunicar imediatamente aos outros Estados-partes, por intermédio do Secretário Geral da Organização dos Estados Americanos, as disposições cuja aplicação haja suspendido, os motivos determinantes da suspensão e a data em que haja dado por terminada tal suspensão.

14 Garantia e eficácia dos direitos humanos fundamentais e Poder Judiciário

O Poder Judiciário é um dos três poderes clássicos previstos pela doutrina e consagrado como um poder autônomo e independente de importância crescente no Estado de Direito, pois como afirma Sanches Viamonte (*Manual del derecho político*. Buenos Aires: Bibliográfico Argentino, (s.d.). p. 212), sua função não consiste somente em administrar a Justiça, pura e simplesmente, sendo mais, pois seu mister é ser o verdadeiro *guardião da Constituição*, com a finalidade de preservar os direitos humanos fundamentais e, mais especificamente, os princípios da legalidade e igualdade, sem os quais os demais se tornariam vazios.

Não se consegue conceituar um verdadeiro Estado de direito democrático sem a existência de um Poder Judiciário autônomo e independente para que exerça sua função de guardião das leis, pois, como afirmou Zaffaroni, "a chave do Poder do Judiciário se acha no conceito de *independência*" (*Poder Judiciário*. Tradução: Juarez Tavares. São Paulo: Revista dos Tribunais, 1995. p. 87).

Bandrés afirma que a independência judicial constitui um *direito fundamental* dos cidadãos, inclusive o direito à tutela judicial e o direito ao processo e julgamento por um Tribunal independente e imparcial (*Poder Judicial y Constitución*. Barcelona: Bosch-Casa Editorial, 1987. p. 12).

Como bem salientou Marcelo Caetano, é preciso um órgão independente e imparcial para velar pela observância da Constituição e garantidor da ordem na estrutura governamental, mantendo nos seus papéis tanto o Poder Federal como as autoridades dos Estados Federados, além de consagrar a regra de que a Constituição limita os poderes dos órgãos da soberania, razão maior da existência dos direitos humanos fundamentais.

Dessa forma, competirá ao Poder Judiciário garantir e efetivar o pleno respeito aos direitos humanos fundamentais, sem que possa a lei excluir de sua apreciação qualquer lesão ou ameaça de direito (CF, art. 5º, XXXV).

Dentro dessa grave e importante missão constitucionalmente conferida ao Poder Judiciário, destaca-se o instrumento do *controle de constitucionalidade*, como garantia das mais eficazes para concretização do efetivo respeito aos direitos humanos fundamentais. Mauro Cappelletti, apontando a importância dos sistemas de justiça constitucional surgidos após a Segunda Grande Guerra, afirmou que esse foi um dos fenômenos de maior relevância na evolução de inúmeros países europeus (*Tribunales constitucionales europeos y derechos fundamentales*. Madri: Centro de Estudios Constitucionales, 1984. p. 599). Nessa mesma linha de raciocínio, Alessandro Pizzorusso (*Tribunales...* Op. cit. p. 238) e Klaus Shclaih (*Tribunales*. Op. cit. p. 134-136) apontam como primordial finalidade do controle de constitucionalidade a *proteção dos direitos fundamentais*.

Dessa forma, o controle de constitucionalidade configura-se como verdadeira e primordial *garantia de supremacia dos direitos humanos fundamentais* previstos na Constituição Federal, que, além de configurarem, conforme já analisado, limites ao poder do Estado, são também parcela da legitimação do próprio Estado, determinando seus deveres e tornando possível o processo democrático em um Estado de direito.

15 O Poder Judiciário e a defesa dos direitos fundamentais – A interpretação constitucional e o ativismo judicial

No Brasil, a partir do fortalecimento do Poder Judiciário e da Jurisdição Constitucional pela Constituição de 1988, principalmente pelos complexos mecanismos de controle de constitucionalidade e pelo vigor dos efeitos de suas decisões, em especial os efeitos *erga omnes* e vinculantes, somados à inércia dos Poderes Políticos em efetivar totalmente as normas constitucionais, vem permitindo que novas técnicas interpretativas ampliem a atuação jurisdicional em assuntos tradicionalmente de alçadas dos Poderes Legislativo e Executivo.

Principalmente, a possibilidade do Supremo Tribunal Federal em conceder interpretações conforme à Constituição, declarações de nulidade sem redução de texto, e, ainda, mais recentemente, a partir da edição da Emenda Constitucional nº 45/04, a autorização constitucional para editar, de ofício, Súmulas Vinculantes não só no tocante à vigência e eficácia do ordenamento jurídico, mas também em relação à sua interpretação, acabaram por permitir, não raras vezes, a transformação da Corte Suprema em verdadeiro *legislador positivo*, completando e especificando princípios e conceitos indeterminados do texto constitucional; ou ainda, moldando sua interpretação com elevado grau de subjetivismo.

O *ativismo judicial*, expressão utilizada pela primeira vez em 1947 por Arthur Schlesinger Jr., em artigo sobre a Corte Suprema dos EUA, no Direito brasileiro tornou-se, portanto, tema de extrema relevância, não só quanto à sua possibilidade, mas, principalmente, em relação aos seus limites, pois há muita polêmica sobre a prática do *ativismo judicial,* inclusive no tocante à sua conceituação.

Ativismo judicial seria "uma filosofia quanto à decisão judicial mediante a qual os juízes permitem que suas decisões sejam guiadas por suas opiniões pessoais sobre políticas públicas, entre outros fatores" (cf. a respeito, *Black's Law Dictionary*), sendo apontado por alguns doutrinadores norte-americanos como uma prática, que por vezes indica a ignorância de precedentes, possibilitando violações à Constituição; ou, seria um método de interpretação constitucional, no exercício de sua função jurisdicional, que possibilita, por parte do Poder Judiciário, a necessária *colmatação das lacunas constitucionais* geradas pela omissão total ou parcial dos outros Poderes, ou ainda, pelo retardamento da edição de normas que possibilitem a plena efetividade do texto constitucional?

Teríamos com o *ativismo judicial,* clara afronta à Separação de Poderes, com direta *usurpação das funções da legislatura ou da autoridade administrativa,* como por diversas vezes apontou o Juiz Antonin Scalia, da Suprema Corte dos Estados Unidos, para desqualificar essa prática (cf. voto vencido no caso *Romer v. Evans, 1996*); ou, verdadeira necessidade constitucional permitida pelo sistema de freios e contrapesos em face da finalidade maior de garantir a plena supremacia e efetividade das normas constitucionais?

Não há dúvidas de que a eficácia máxima das normas constitucionais exige a concretização mais ampla possível de seus valores e de seus princípios, porém, em caso de inércia dos poderes políticos, devemos autorizar a atuação subjetiva do Poder Judiciário (Luis Roberto Barroso), mesmo que isso transforme o Supremo Tribunal Federal em um *super-legislador,* pois imune de qualquer controle, que não seja a própria autocontenção (*judicial restraint*), ou, devemos restringi-lo, para que não se configure flagrante desrespeito aos limites normativos substanciais da função jurisdicional, usurpando, inclusive, função legiferante (Elival da Silva Ramos)?

A história do *ativismo judicial* norte-americano mostra, em face de seu alto grau de subjetivismo, momentos diversos na defesa dos Direitos Fundamentais. Há, claramente, *decisões ativistas* alinhadas com o pensamento progressista, enquanto outras, com o mais radical conservadorismo.

Aponta-se, como a primeira decisão considerada como ativista, embora inexistisse a terminologia à época, o caso *Dred Scott*, de 1857, quando julgando uma lei que libertava automaticamente os escravos que ingressassem num território onde a escravidão tivesse sido anteriormente abolida, a Suprema Corte declarou-a inconstitucional, por ferir o direito de propriedade, protegido pela cláusula do *due process of law*. Igualmente, a mesma cláusula do devido processo legal foi invocada na decisão *Lochner v. New York*, de 1905, permitindo que a Corte invalidasse direito social consagrado pela legislação, que passará a limitar a jornada de trabalho dos padeiros a dez horas diárias; o argumento foi de que a lei privava os cidadãos de sua liberdade de contratar.

Por outro lado, o *ativismo judicial* foi de imperiosa importância na questão racial norte-americana durante a Corte Warren, especialmente a partir da decisão *Brown v. Board of Education*, de 1954, em que a Corte Suprema, derrubando seu próprio precedente (*Plessy v. Ferguson*, de 1896), decidiu ser inconstitucional lei que adotava a doutrina "iguais, mas separados", permitindo instalações públicas separadas para negros e brancos, desde que – teoricamente – fossem de igual qualidade; e, com essa postura ativa deu início ao fim da segregação racial nos Estados Unidos da América.

Outros Direitos Fundamentais foram consagrados e efetivados com a possibilidade de maior amplitude interpretativa por parte do Judiciário, como se vê em clássicas decisões ativistas da Suprema Corte Americana, tais como o reconhecimento do direito constitucional à privacidade (*Griswold v. Connecticut*, de 1965), a necessidade de toda pessoa presa em flagrante ser alertada sobre seus direitos constitucionais (*Miranda v. Arizona*, 1966), e o mais controvertido de todos, o reconhecimento do direito constitucional ao aborto, como projeção do direito à privacidade (caso *Roe v. Wade*, 1973).

Não são poucos os doutrinadores que apontam enorme perigo à Democracia e à vontade popular na utilização do *ativismo judicial*, pois como salientado por Ronald Dworkin, "o ativismo é uma forma virulenta de pragmatismo jurídico. Um juiz ativista ignoraria o texto da Constituição, a história de sua promulgação, as decisões anteriores da Suprema Corte que buscaram interpretá-la e as duradouras tradições de nossa cultura política. O ativista ignoraria tudo isso para impor a outros poderes do Estado o seu próprio ponto de vista sobre o que a justiça exige" (DWORKIN, Ronald. *O Império do Direito*, p. 451).

Por outro lado, não se pode ignorar a advertência feita pelo Ministro Celso de Mello, ao recordar que as "práticas de ativismo judicial, embora moderadamente desempenhadas por esta Corte em momentos excepcionais, tornam-se uma necessidade institucional, quando os órgãos do Poder Público se omitem ou retardam, excessivamente, o cumprimento de obrigações a que estão sujeitos por expressa determinação do próprio estatuto constitucional, ainda mais se se tiver presente que o Poder Judiciário, tratando-se de comportamentos estatais ofensivos à Constituição, não pode se reduzir a uma posição de pura passividade" (Discurso do Ministro Celso de Mello na posse do Min. Gilmar Mendes na presidência do STF, 23-4-2008).

O bom-senso entre a *"passividade judicial"* e o *"pragmatismo jurídico"*, entre o *"respeito à tradicional formulação das regras de freios e contrapesos da Separa-*

ção de Poderes" e "*a necessidade de garantir às normas constitucionais à máxima efetividade*" deve guiar o Poder Judiciário, e, em especial, o Supremo Tribunal Federal na aplicação do *ativismo judicial*, com a apresentação de metodologia interpretativa clara e fundamentada, de maneira a balizar o excessivo subjetivismo, permitindo a análise crítica da opção tomada, com o desenvolvimento de técnicas de autocontenção judicial, principalmente, afastando sua aplicação em questões estritamente políticas, e, basicamente, com a utilização minimalista desse método decisório, ou seja, somente interferindo excepcionalmente de forma ativista, mediante a gravidade de casos concretos colocados e em defesa da supremacia dos Direitos Fundamentais.

16 Ministério Público e defesa dos direitos humanos fundamentais

A necessidade de garantir-se a plena aplicabilidade das normas definidoras e a efetividade dos direitos fez surgir em diversos ordenamentos jurídicos instituições paralelas e independentes aos demais poderes de Estado, cujas atuações indubitavelmente passaram a influenciar o respeito aos citados direitos fundamentais.

Assim, a Constituição sueca de 1809 criou a figura do *ombudsman*, surgindo com a finalidade de defender os direitos e garantias fundamentais do cidadão. Em seu desenvolvimento, o *ombudsman* tornou-se uma instituição que, apesar de vinculada basicamente ao Poder Legislativo, tem como missão a tutela dos direitos fundamentais dos indivíduos, fiscalizando a atividade da administração, pretendendo tanto *prevenir* a violação dos referidos direitos e garantias, quanto *reprimir* sua efetiva violação, exigindo a responsabilização dos agentes e a devida indenização às vítimas. Vários países incorporaram a ideia da existência de um órgão estatal com esses contornos jurídico-políticos, apesar da diversidade de nomes: *ombudsman* na Suécia, *mediateur* na França, comissário parlamentar na Inglaterra, provedor da justiça em Portugal, *prokuratura* na Rússia, defensor do povo na Espanha.

A ideia modernamente defendida, portanto, é da necessidade de instituições independentes, paralelas aos tradicionais poderes de Estado, e com a missão de tutelar os direitos fundamentais, fiscalizando o cumprimento por parte do poder estatal das previsões constitucionais e legais, e exigindo a cessação e reparação de eventuais ilegalidades ou abusos de poder ao Poder Judiciário.

Na Constituição Federal de 1988, o Ministério Público recebeu essa vital incumbência, ao ter consagrado com uma de suas funções o *zelo pelo efetivo respeito dos Poderes Públicos e dos serviços de relevância pública aos direitos assegurados nesta Constituição, promovendo as medidas necessárias a sua garantia* (art. 129, II). Assim, dentre as várias funções atuais do Ministério Público, encontra-se a proteção ao *status* (Jellinek) constitucional do indivíduo, em suas diversas posições. Uma das posições do *status* constitucional corresponde à esfera de liberdade dos direitos individuais, permitindo a liberdade de ações, não ordenadas e também não proibidas, garantindo-se um espectro total de escolha, ou pela ação ou pela omissão. São os chamados *status* negativos. Outra posição coloca o indivíduo em situação oposta à da liberdade, em sujeição ao Estado, na chamada esfera de obrigações, é o *status passivo*. O *status positivo*, por sua vez, permite que o indivíduo exija do Estado a prestação de condutas positivas, ou seja, reclame para si algo que o Estado estará obrigado a realizar. Por fim, temos o *status ativo*, pelo qual o cidadão recebe competências para participar do Estado, com a finalidade de formação da vontade estatal, como é o caso do direito de sufrágio. Conclui-se, portanto, que a teoria dos *status* evidencia serem os direitos fundamentais um conjunto de normas jurídicas que atribuem ao indivíduo diferentes posições frente ao Estado.

Portanto, também é função do Ministério Público, juntamente com os Poderes Legislativo, Executivo e Judiciário, garantir ao indivíduo a fruição de todos os seus *status* constitucionais. Essa ideia foi consagrada pelo legislador constituinte de 1988, que entendeu por fortalecer a Instituição, dando-lhe independência e autonomia, bem como a causa social para defender e proteger. Um órgão, no dizer de Manoel Gonçalves Ferreira Filho, "de promoção da defesa social desses direitos" (*Direitos humanos fundamentais*. São Paulo: Saraiva, 1995. p. 126).

Essa ideia de Ministério Público como defensor dos direitos e garantias fundamentais é defendida também por Salvador Alemany Verdaguer, que afirma: "El Ministério Fiscal es una institución que tiene por misión promover la acción de la justicia en defensa de la legalidad, de los derechos de los ciudadanos y del interés público tutelado por la Ley" (*Curso de derechos humanos*. Barcelona: Bosch, 1984. p. 93).

Corroborando a ideia da importância da atuação do Ministério Público na efetividade dos direitos humanos fundamentais, Smanio afirma que "rompeu o constituinte de 1988 com o imobilismo da tradicional teoria da separação de poderes, atribuindo função de atuação a determinado órgão do Estado, que é o Ministério Público, para assegurar a eficácia dos direitos indisponíveis previstos pela própria Constituição" (*Criminologia e juizado especial criminal*. São Paulo: Atlas, 1997. p. 71).

17 Direitos humanos fundamentais da criança e do adolescente – Inimputabilidade penal (CF, art. 228)

O tratamento constitucional aos direitos das crianças e adolescentes mostra-se diferenciado, como demonstra o Título VIII, Capítulo VII – Da família, da criança, do adolescente e do idoso –, em virtude da especial condição de pessoa em desenvolvimento. A Constituição brasileira seguiu a tendência internacional consagrada no art. 1º da Convenção dos Direitos da Criança, que *estabelece ser criança todo o ser humano com menos de 18 anos*. Desta forma, a criança *tem direito a uma proteção especial ao seu desenvolvimento físico, mental, espiritual e social, por meio de uma forma de vida saudável e normal e em condições de liberdade e dignidade.*

A citada convenção, adotada pela resolução nº L.44 (XLIV) da Assembleia Geral das Nações Unidas, em 20 de novembro de 1989 e ratificada pelo Brasil em 24 de setembro de 1990, estabelece a obrigatoriedade dos Estados-partes em assegurarem a toda criança sujeita à sua jurisdição, sem discriminação de qualquer tipo, independentemente de raça, cor, sexo, língua, religião, opinião política ou outra origem nacional, étnica ou social, posição econômica, impedimentos físicos, nascimento ou qualquer outra condição da criança, de seus pais ou de seus representantes legais, os direitos nela previstos.

Note-se que a Convenção sobre os Direitos da Criança, apesar de estabelecer em até 18 anos de idade o ser humano que deve ser considerado criança, não fixa nenhuma regra sobre a imputabilidade penal, permitindo, inclusive, a possibilidade de aplicação de penas privativas de liberdade, desde que legalmente impostas. Conforme prevê seu art. 37, nenhuma criança será privada de sua liberdade de forma ilegal ou arbitrária, devendo a detenção, reclusão ou prisão de uma criança ser efetuada em conformidade com a lei e apenas como último recurso, e durante o mais breve período de tempo que for apropriado. Ainda é prevista a impossibilidade de a criança ser submetida a tortura ou a tratamentos ou penas cruéis, desumanas ou degradantes, ou, ainda, a pena de morte, prisão perpétua sem possibilidade de livramento.

Dessa maneira, a previsão etária para classificar-se o ser humano como criança prevista na citada Convenção, mesmo que repetida pela Constituição do Estado-parte, não se confunde com a idade mínima para a imputabilidade penal.

O fato de constitucionalmente prever-se como *criança* o ser humano com menos de 18 anos não necessariamente obriga que a imputabilidade penal seja reconhecida somente após essa idade. Assim, por exemplo, a Constituição espanhola, que se compatibiliza com a citada Convenção, em seu art. 12, estabelece que *los españoles son mayores de edad a los dieciocho años*. Tal previsão, como já decidiu o Supremo Tribunal Constitucional espanhol, não impede que os Estados signatários estabeleçam legalmente uma idade abaixo dos dezoito anos em que se possa reconhecer a imputabilidade penal, havendo, portanto, plena possibilidade constitucional de se submeter a jurisdição penal alguém com menos de dezoito anos, desde que previsto expressamente em lei (LLORENTE, Francisco Rubio. *Derechos fundamentales y principios constitucionales*. Barcelona: Ariel, 1995. p. 86).

Ocorre, porém, que a situação brasileira é diferenciada, pois a Constituição Federal de 1988, expressamente em seu art. 228, previu, dentre os vários direitos e garantias específicos das crianças e dos adolescentes, a seguinte regra: *são penalmente inimputáveis os menores de dezoito anos, sujeitos às normas da legislação especial*. Essa previsão transforma em especialíssimo o tratamento dado ao menor de 18 anos em relação à lei penal. Dessa forma, impossível a legislação ordinária prever responsabilidade penal aos menores de 18 anos.

A questão, todavia, deve ser analisada em seu aspecto mais complexo, qual seja, a possibilidade de alteração constitucional que possibilitasse uma redução da idade geradora da imputabilidade penal. Seria possível uma emenda constitucional, nos termos do art. 60 da Constituição Federal, para alteração do art. 228?

Entendemos impossível essa hipótese, por tratar-se a inimputabilidade penal, prevista no art. 288 da Constituição Federal, de verdadeira *garantia individual* da criança e do adolescente em não serem submetidos à persecução penal em Juízo, nem tampouco poderem ser responsabilizados criminalmente, com consequente aplicação de sanção penal. Lembremo-nos, pois, que essa verdadeira *cláusula de irresponsabilidade penal* do menor de 18 anos, enquanto *garantia positiva de liberdade*, igualmente transforma-se em *garantia negativa* em relação ao Estado, impedindo a persecução penal em juízo.

Assim, o art. 288 da CF encerraria hipótese de garantia individual prevista fora do rol exemplificativo do art. 5º, cuja possibilidade já foi declarada pelo Supremo Tribunal Federal em relação ao art. 150, III, *b* (ADin nº 939-7/DF – conferir comentários ao art. 5º, § 2º), e, consequentemente, autêntica cláusula pétrea prevista no art. 60, § 4º, IV (*não será objeto de deliberação a proposta de emenda tendente a abolir*: (...) IV – *os direitos e garantias individuais*).

18 Preâmbulo constitucional

Nós, representantes do povo brasileiro, reunidos em Assembleia Nacional Constituinte para instituir um Estado democrático, destinado a assegurar o exercício dos direitos sociais e individuais, a liberdade, a segurança, o bem--estar, o desenvolvimento, a igualdade e a justiça como valores supremos de uma sociedade fraterna, pluralista e sem preconceitos, fundada na harmonia social e comprometida, na ordem interna e internacional, com a solução pacífica das controvérsias, promulgamos, sob a proteção de Deus, a seguinte CONSTITUIÇÃO DA REPÚBLICA FEDERATIVA DO BRASIL.

O preâmbulo de uma Constituição pode ser definido como documento de intenções do diploma, e consiste em uma *certidão de origem e legitimidade do novo texto* e uma *proclamação de princípios*, demonstrando a ruptura com o ordenamento constitucional anterior e o surgimento jurídico de um novo Estado. É de tradição em nosso Direito Constitucional e nele devem constar os antecedentes e enquadramento histórico da Constituição, bem como suas justificativas e seus grandes objetivos e finalidades.

Jorge Miranda aponta a existência de preâmbulos em alguns dos mais importantes textos constitucionais estrangeiros: Estados Unidos (1787), Suíça (1874), Alemanha de Weimar (1919), Irlanda (1937), França (1946 e 1958), Japão (1946), Grécia (1975), Espanha (1978). Podemos acrescentar as constituições do Peru (1979), da antiga Alemanha Ocidental (1949) e da Alemanha Oriental

(1968, com as emendas de 7-10-1974), da Polônia (1952), Bulgária (1971), Romênia (1975), Cuba (1976), Nicarágua (1987), Moçambique (1978), São Tomé e Príncipe (1975) e Cabo Verde (1981).

Apesar de não fazer parte do texto constitucional propriamente dito e, consequentemente, não conter normas constitucionais de valor jurídico autônomo, o preâmbulo não é juridicamente irrelevante, uma vez que deve ser observado como *elemento de interpretação* e *integração* dos diversos artigos que lhe seguem.

Como explica Jorge Miranda,

> "não se afigura plausível reconduzir a eficácia do preâmbulo (de todos os preâmbulos ou de todo o preâmbulo, pelo menos) ao tipo de eficácia próprio dos artigos da Constituição. O preâmbulo não é um conjunto de preceitos, é um conjunto de princípios que se projectam sobre os preceitos e sobre os restantes sectores do ordenamento", para a seguir concluir: "o preâmbulo não pode ser invocado enquanto tal, isoladamente, nem cria direitos ou deveres" (*Manual de direito constitucional*. 2. ed. Coimbra: Coimbra Editora, 1988, p. 211).

O preâmbulo constitui, portanto, um breve prólogo da Constituição e apresenta dois objetivos básicos: *explicitar o fundamento da legitimidade da nova ordem constitucional*; e *explicitar as grandes finalidades da nova Constituição*.

Como ensina Juan Bautista Alberdi (*Bases y puntos de partida para la organización política de la República Argentina*. Buenos Aires: Estrada, 1959. p. 295), o preâmbulo deve sintetizar sumariamente os grandes fins da Constituição, servindo de fonte interpretativa para dissipar as obscuridades das questões práticas e de rumo para a atividade política do governo.

O preâmbulo, portanto, por não ser norma constitucional, não poderá prevalecer contra texto expresso da Constituição Federal, nem tampouco poderá ser paradigma comparativo para declaração de inconstitucionalidade, porém, por traçar as diretrizes políticas, filosóficas e ideológicas da Constituição, será uma de suas linhas mestras interpretativas.

No sentido da ausência de caráter normativo do preâmbulo, e, consequentemente, da impossibilidade de ser paradigma comparativo para declaração de inconstitucionalidade, manifestam-se: CANOTILHO, J. J. Gomes e MOREIRA, Vital. *Fundamentos da Constituição*. Coimbra: Coimbra Editora, 1991. p. 45; LAVIÉ, Quiroga. *Derecho constitucional*. 3. ed. Buenos Aires: Depalma, 1993. p. 61; EKMEKDJIAN, Miguel Ángel. *Tratado de derecho constitucional*. Buenos Aires: Depalma, 1993. p. 76; MELLO FILHO, José Celso. *Constituição Federal anotada*. 2. ed. São Paulo: Saraiva, 1986. p. 20; BASTOS, Celso e GANDRA, Ives. *Comentários à Constituição do Brasil*. São Paulo: Saraiva, 1988. v. 1, p. 409-410; DANTAS, Ivo. *Constituição Federal*: teoria e prática. Rio de Janeiro: Renovar, 1994. v. 1, p. 221; FERREIRA, Pinto. *Comentários à Constituição brasileira*. São Paulo: Saraiva, 1989. v. 1, p. 3-4.

No sentido inverso, admitindo a existência de força normativa no preâmbulo, manifestam-se: CAMPOS, G. Bidart. *Derecho constitucional*. Buenos Aires: Ediar, 1968. p. 314. NASCIMENTO, Tupinambá Miguel Castro. *Comentários à Constituição Federal*. Porto Alegre: Livraria do Advogado, 1997. p. 134. Pinto Ferreira também nos aponta: Lafferrière, Roger Pinto, Burdeau, Schmitt, Nawiaski, Paolo Biscaretti di Ruffia e Giese In: FERREIRA, Pinto. *Comentários à Constituição brasileira*. São Paulo: Saraiva, 1989. v. 1, p. 4.

Ausência de força normativa do Preâmbulo constitucional: STF – "O Tribunal julgou improcedente o pedido formulado em ação direta ajuizada pelo Partido Social liberal – PSL contra o preâmbulo da Constituição do Estado do Acre, em que se alegava a inconstitucionalidade por omissão da expressão 'sob a proteção de Deus', constante do preâmbulo da CF/88. Considerou-se que as invocações da proteção de Deus no preâmbulo da Constituição não têm força normativa, afastando-se a alegação de que a expressão em causa seria norma de reprodução obrigatória pelos Estados-membros" (STF – Pleno – Adin nº 2.076/AC – rel. Min. Carlos Velloso, decisão: 15-8-02. *Informativo STF* nº 277).

Ausência de força normativa do preâmbulo: Conforme destacado pelo STF, a locução "sob a proteção de Deus", constante no preâmbulo da Constituição, não é norma jurídica (STF – Pleno – ADI 2076/AC, rel. Min. Carlos Velloso, *Diário da Justiça*, 8 ago. 2003).

Liberdade religiosa e Estado laico: STF – "A laicidade estatal revelar-se-ia princípio que atuaria de modo dúplice: a um só tempo, salvaguardaria as diversas confissões religiosas do risco de intervenção abusiva estatal nas respectivas questões internas e protegeria o Estado de influências indevidas provenientes de dogmas, de modo a afastar a prejudicial confusão entre o poder secular e democrático e qualquer doutrina de fé, inclusive majoritária. Ressaltou que as garantias do Estado secular e da liberdade de culto representariam que as religiões não guiariam o tratamento estatal dispensado a outros direitos fundamentais, tais como os direitos à autodeterminação, à saúde física e mental, à privacidade, à liberdade de expressão, à liberdade de orientação sexual e à liberdade no campo da reprodução" (STF – Pleno – ADPF 54/DF, rel. Min. Marco Aurélio, decisão: 11 e 12-4-2012, *Informativo STF* nº 661).

Estado Laico e possibilidade de ensino religioso: "6. O binômio *Laicidade do Estado/ Consagração da Liberdade religiosa* está presente na medida em que o texto constitucional (a) expressamente garante a *voluntariedade da matrícula para o ensino religioso*, consagrando, inclusive o dever do Estado de absoluto respeito aos agnósticos e ateus; (b) implicitamente *impede que o Poder Público crie de modo artificial seu próprio ensino religioso*, com um determinado conteúdo estatal para a disciplina; bem como proíbe o favorecimento ou hierarquização de interpretações bíblicas e religiosas de um ou mais grupos em detrimento dos demais" (STF – Pleno – ADI , rel. Min. Alexandre de Moraes, *DJe* 2-10-2017).

Parte II: COMENTÁRIOS DOUTRINÁRIOS E JURISPRUDENCIAIS AOS ARTS. 1º A 5º

TÍTULO I – DOS PRINCÍPIOS FUNDAMENTAIS

Art. 1º A República Federativa do Brasil, formada pela união indissolúvel dos Estados e Municípios e do Distrito Federal, constitui-se em Estado Democrático de Direito e tem como fundamentos:

I – a soberania;

II – a cidadania;

III – a dignidade da pessoa humana;

IV – os valores sociais do trabalho e da livre iniciativa;

V – o pluralismo político.

Parágrafo único. Todo o poder emana do povo, que o exerce por meio de representantes eleitos ou diretamente, nos termos desta Constituição.

1.1 Fundamentos da República Federativa do Brasil – Princípio da dignidade humana

A República Federativa do Brasil, formada pela união indissolúvel dos Estados e Municípios e do Distrito Federal, constitui-se em Estado Democrático de direito e tem como fundamentos:

- **a soberania**: consistente, na definição de Marcelo Caetano, em

    "um poder político supremo e independente, entendendo-se por poder supremo aquele que não está limitado por nenhum outro na ordem interna e por poder independente aquele que, na sociedade internacional, não tem de acatar regras que não sejam voluntariamente aceitas e está em pé de igualdade com os poderes supremos dos outros povos" (*Direito constitucional*. 2. ed. Rio de Janeiro: Forense, 1987. v. 1, p. 169).

    É a capacidade de editar suas próprias normas, sua própria ordem jurídica (a começar pela Lei Magna), de tal modo que qualquer regra heterônoma só possa valer nos casos e nos termos admitidos pela própria Constituição. A Constituição traz a forma de exercício da soberania popular no art. 14. O sentido democrático previsto no parágrafo único do art. 1º da Constituição Federal ao proclamar que *todo o poder emana do povo, que o exerce por meio de representantes eleitos ou diretamente, nos termos desta Constituição*, obriga-nos à interpretação de que a titularidade dos mandatos no executivo ou legislativo somente serão legítimos quando puderem ser relacionadas, de maneira mediata ou imediata, a um ato concreto de expressão popular. Assim, somente poderão ser considerados *representantes populares* aqueles cujos mandatos resultam de eleição popular. Em consonância com essa previsão, a Constituição Federal proclama, no art. 14, que a *soberania popular será exercida pelo sufrágio universal e pelo voto direto e secreto, com valor igual para todos*. Não bastasse isso, a própria norma constitucional consagra a imutabilidade do *voto direto, secreto, universal e periódico* (CF, art. 60, § 4º, II);

- **a cidadania**: representa um *status* do ser humano, apresentando-se, simultaneamente, como objeto e direito fundamental das pessoas;
- **a dignidade da pessoa humana**: a dignidade é um valor espiritual e moral inerente à pessoa, que se manifesta singularmente na autodeterminação consciente e responsável da própria vida e que traz consigo a pretensão ao respeito por parte das demais pessoas, constituindo-se um mínimo invulnerável que todo estatuto jurídico deve assegurar, de modo que, somente excepcionalmente, possam ser feitas limitações ao exercício dos direitos fundamentais, mas sempre sem *menosprezar a necessária estima que merecem todas as pessoas enquanto seres humanos*. O direito à vida privada, à intimidade, à honra, à imagem, dentre outros, aparece como consequência imediata da consagração da *dignidade da pessoa humana* como fundamento da República Federativa do Brasil. Esse fundamento afasta a ideia de predomínio das concepções transpessoalistas de Estado e Nação, em detrimento da liberdade individual. A ideia de dignidade da pessoa humana encontra no novo texto constitucional total aplicabilidade em relação ao planejamento familiar, considerada a família célula da sociedade, seja derivada de casamento, seja de união estável entre homem e mulher, pois, fundado nos princípios da dignidade da pessoa humana e da paternidade responsável, o planejamento familiar é livre decisão do casal, competindo ao Estado propiciar recursos educacionais e científicos para o exercício desse direito, vedada qualquer forma coercitiva por parte de instituições oficiais ou privadas (CF, art. 226, § 7º). O princípio fundamental consagrado pela Constituição Federal da *dignidade da pessoa humana* apresenta-se em uma dupla concepção. Primeiramente, prevê um direito individual protetivo, seja em relação ao próprio Estado, seja em relação aos demais indivíduos. Em segundo lugar, estabelece verdadeiro dever fundamental de tratamento igualitário dos próprios semelhantes. Esse dever configura-se pela exigência do indivíduo respeitar a *dignidade* de seu semelhante tal qual a Constituição Federal exige que lhe respeitem a própria. A concepção dessa noção de dever fundamental resume-se a três princípios do direito romano: *honestere vivere* (viver honestamente), *alterum non laedere* (não prejudique ninguém) e *suum cuique tribuere* (dê a cada um o que

lhe é devido). Ressalte-se, por fim, que a Declaração Universal dos Direitos Humanos, adotada e proclamada pela Resolução nº 217 A (III) da Assembleia Geral das Nações Unidas, em 10-12-1948 e assinada pelo Brasil na mesma data, reconhece a dignidade como inerente a todos os membros da família humana e como fundamento da liberdade, da justiça e da paz no mundo.

- **os valores sociais do trabalho e da livre iniciativa:** é através do trabalho que o homem garante sua subsistência e o crescimento do país, prevendo a Constituição, em diversas passagens, a liberdade, o respeito e a dignidade ao trabalhador (por exemplo: CF, arts. 5º, XIII; 6º; 7º; 8º; 194-204). Como salienta Paolo Barile, a garantia de proteção ao trabalho não engloba somente o trabalhador subordinado, mas também aquele autônomo e o empregador, enquanto empreendedor do crescimento do país (*Diritti dell'uomo e libertà fondamentali*. Bolonha: Il Molino, 1984. p. 105). Em relação às limitações à livre iniciativa devem "corresponder às justas exigências do interesse público que as motiva, sem o aniquilamento das atividades reguladas" (Ementário *STJ* nº 11/254 – REsp nº 29.299-6 – RS. rel. Min. Demócrito Reinaldo. 1ª T. Unânime. *DJ*, 17-10-94);

- **o pluralismo político:** demonstra a preocupação do legislador constituinte em afirmar-se a ampla e livre participação popular nos destinos políticos do país, garantindo a liberdade de convicção filosófica e política e, também, a possibilidade de organização e participação em partidos políticos.

O Estado democrático de direito, que significa a exigência de reger-se por normas democráticas, com eleições livres, periódicas e pelo povo, bem como o respeito das autoridades públicas aos direitos e garantias fundamentais, proclamado no *caput* do artigo, adotou, igualmente, no seu parágrafo único, o denominado *princípio democrático*, ao afirmar que *todo o poder emana do povo, que o exerce por meio de representantes eleitos ou diretamente, nos termos desta Constituição*.

Canotilho e Moreira (*Fundamentos...* Op. cit. p. 195) informam o alcance do *princípio democrático*, dizendo que

> "A articulação das duas dimensões do princípio democrático justifica a sua compreensão como um princípio normativo multiforme. Tal como a organização da economia aponta, no plano constitucional, para um sistema econômico complexo, também a conformação do princípio democrático se caracteriza tendo em conta a sua estrutura pluridimensional. Primeiramente, a democracia surge como um *processo de democratização*, entendido como processo de aprofundamento democrático da ordem política, econômica, social e cultural. Depois, o princípio democrático recolhe as duas dimensões historicamente consideradas como antitéticas: por um lado,

acolhe os mais importantes elementos da *teoria democrática-representativa* (órgãos representativos, eleições periódicas, pluralismo partidário, separação de poderes); por outro lado, dá guarida a algumas das exigências fundamentais da *teoria participativa* (alargamento do princípio democrático a diferentes aspectos da vida econômica, social e cultural, incorporação de participação popular directa, reconhecimento de partidos e associações como relevantes agentes de dinamização democrática etc.)".

Assim, o princípio democrático exprime fundamentalmente a exigência da integral participação de todos e de cada uma das pessoas na vida política do país.

Conferir a respeito: CARVALHO, Virgílio de Jesus Miranda. *Os valores constitucionais fundamentais*: esboço de uma análise axiológico-normativa. Coimbra: Coimbra Editora, 1982.

Respeito ao Princípio Democrático e financiamento eleitoral realizado em bases essencialmente republicanas e absolutamente transparentes: "Imprescindibilidade do absoluto respeito aos princípios de sustentação do sistema democrático de representação popular. Art. 28, § 12, da Lei Federal 9.504/1997 (Lei das Eleições). Prestação de contas das doações de partidos para candidatos. Necessidade de identificação dos particulares responsáveis pela doação ao partido. Exigência republicana de transparência" (STF – Pleno – ADI 5394/DF – Rel. Min. Alexandre de Moraes, j. 22-3-2018).

Estado Democrático de Direito e Fidelidade Partidária: em relação à fidelidade partidária, o Tribunal Superior Eleitoral reconheceu que os mandatos pertencem aos Partidos Políticos que, consequentemente, têm direito de preservá-los se ocorrer cancelamento da filiação partidária ou transferência de legenda (TSE – Pleno – Consulta nº 1.398/DF – Rel. Min. Cezar Peluso), ou seja, podem requerer à Justiça Eleitoral a cassação do mandato do parlamentar infiel e a imediata determinação de posse do suplente. O Supremo Tribunal Federal confirmou esse entendimento, tendo o Ministro Celso de Mello destacado que essa possibilidade surge de "emanação direta do próprio texto da Constituição, que a esse mesmo direito confere realidade e dá suporte legitimador, especialmente em face dos fundamentos e dos princípios estruturantes em que se apoia o Estado Democrático de Direito, como a soberania popular, a cidadania e o pluralismo político (CF, art. 1º, I, II e V). Não se trata, portanto, de impor, ao parlamentar infiel, a sanção da perda de mandato", para concluir que "O ato de infidelidade, seja ao Partido Político, seja, com maior razão, ao próprio cidadão-eleitor, mais do que um desvio ético-político, representa um inadmissível ultraje ao princípio democrático e ao exercício legítimo do poder, na medida em que migrações inesperadas, nem sempre motivadas por razões justas, não só surpreendem o próprio corpo eleitoral e as agremiações partidárias de origem – desfalcando-as da representatividade por elas conquistada nas urnas –, mas culminam por gerar um arbitrário desequilíbrio de forças no Parlamento, vindo, até, em clara fraude à vontade popular, e em frontal transgressão ao sistema eleitoral proporcional, a asfixiar, em face de súbita redução numérica, o exercício pleno da oposição política" (Voto – STF – Pleno – MS 26.603-1/DF – Rel. Min. Celso de Mello, decisão: 4-10-2007). Posteriormente, o Tribunal Superior Eleitoral editou a Resolução nº 22.610/DF, de 25 de outubro de 2007, relatada pelo Ministro Cezar Peluso, disciplinando o processo de perda de cargo eletivo, bem como de justificação de desfiliação partidária (Nos termos de seu art. 13: "Esta Resolução entra em vigor na data de sua publicação, aplicando-se apenas às desfiliações consumadas após 27 (vinte e sete) de março deste ano, quanto a mandatários eleitos pelo sistema proporcional, e, após 16 (dezesseis) de outubro corrente, quanto a eleitos pelo sistema majoritário"); sendo o Tribunal Superior Eleitoral competente para processar e julgar os pedidos relativos a mandatos federais e os Tribunais Regionais Eleitorais competentes para os demais casos. A resolução estabeleceu que o partido político interessado possa pedir, perante a Justiça Eleitoral, a decretação da perda de cargo eletivo em decorrência de *desfiliação partidária sem justa causa*. O Tribunal Superior Eleitoral, na citada resolução, optou por não definir o conceito de *ausência de justa causa*, preferindo, *contrario sensu*, estabelecer como *justa causa* as seguintes hipóteses: incorporação ou fusão do partido; criação de novo partido; mudança substancial ou desvio reiterado do programa partidário; grave discriminação pessoal (o § 3º, do art. 1º da Resolução nº 22.610/DF, permite que "O mandatário que se desfiliou ou pretenda desfiliar-se pode pedir a declaração da existência de justa causa, fazendo citar o partido na forma desta Resolução"). A Resolução nº 22.610/DF estabeleceu, ainda, como primeiro legitimado para o pedido perante a Justiça eleitoral o próprio partido político pelo qual foi eleito o político que se desfiliou, permitindo, porém, na hipótese de sua inércia no período de 30 dias, que o pedido seja feito por quem tenha interesse jurídico ou pelo Ministério Público eleitoral.

Soberania e iniciativa popular – Lei da Ficha Limpa (LC 135/2010): o Supremo Tribunal Federal ressaltou o fato da Lei da Ficha Limpa ser "fruto de iniciativa popular, a evidenciar o esforço da população brasileira em trazer norma de aspecto moralizador para a seara política" (STF – ADC 29/DF, ADC 30/DF, ADI 4578/DF, Rel. Min. Luiz Fux, decisão: 15 e 16-2-2012).

Soberania e idioma nacional: STF – "A imprescindibilidade do uso do idioma nacional nos atos processuais, além de corresponder a uma exigência que decorre de razões vinculadas à própria soberania nacional, constitui projeção concretizadora da norma inscrita no art. 13, *caput*, da Carta Federal, que proclama ser a língua portuguesa 'o idioma oficial da República Federativa do Brasil'" (STF – HC 72.391 – QO – Rel. Min. Celso de Mello, julgamento: 8-3-1995).

Soberania e terras indígenas: STF – "As 'terras indígenas' versadas pela CF de 1988 fazem parte de um território estatal-brasileiro sobre o qual incide, com exclusividade, o Direito Nacional. E como tudo o mais que faz parte do domínio de qualquer das pessoas federadas brasileiras, são terras que se submetem unicamente ao primeiro dos princípios regentes das relações internacionais da República Federativa do Brasil: a soberania ou 'independência nacional' (inciso I, art. 1º da CF)" (STF – Pleno – Pet. 3.388 – Rel. Min. Ayres Britto, julgamento: 19-3-2009).

Direito à Felicidade e Princípio da Dignidade da Pessoa Humana: STF – "Além disso, aduziu-se que, entre reconhecer ao agravante, que inclusive poderia correr risco de morte, o direito de buscar autonomia existencial, desvinculando-se de um respirador artificial que o mantém ligado a um leito hospitalar depois de meses em estado de coma, implementando-se, com isso, o direito à busca da felicidade, que é um consectário do princípio da dignidade da pessoa humana" (STF 223-AgR – Pleno – Rel. Min. Celso de Mello, decisão: 14-4-2008).

Princípio da Dignidade da Pessoa Humana, Direito à Vida e pesquisas com células--tronco embrionárias (Lei de Biossegurança): STF – "CONSTITUCIONAL. AÇÃO DIRETA DE INCONSTITUCIONALIDADE. LEI DE BIOSSEGURANCA. IMPUGNAÇÃO EM

BLOCO DO ART. 5º DA LEI Nº 11.105, DE 24 DE MARÇO DE 2005 (LEI DE BIOSSEGURANÇA). PESQUISAS COM CÉLULAS-TRONCO EMBRIONÁRIAS. INEXISTÊNCIA DE VIOLAÇÃO DO DIREITO À VIDA. CONSTITUCIONALIDADE DO USO DE CÉLULAS-TRONCO EMBRIONÁRIAS EM PESQUISAS CIENTÍFICAS PARA FINS TERAPÊUTICOS. DESCARACTERIZAÇÃO DO ABORTO. NORMAS CONSTITUCIONAIS CONFORMADORAS DO DIREITO FUNDAMENTAL A UMA VIDA DIGNA, QUE PASSA PELO DIREITO À SAÚDE E AO PLANEJAMENTO FAMILIAR. DESCABIMENTO DE UTILIZAÇÃO DA TÉCNICA DE INTERPRETAÇÃO CONFORME PARA ADITAR À LEI DE BIOSSEGURANÇA CONTROLES DESNECESSÁRIOS QUE IMPLICAM RESTRIÇÕES ÀS PESQUISAS E TERAPIAS POR ELA VISADAS. IMPROCEDÊNCIA TOTAL DA AÇÃO. I – O CONHECIMENTO CIENTÍFICO, A CONCEITUAÇÃO JURÍDICA DE CÉLULAS-TRONCO EMBRIONÁRIAS E SEUS REFLEXOS NO CONTROLE DE CONSTITUCIONALIDADE DA LEI DE BIOSSEGURANÇA. As 'células-tronco embrionárias' são células contidas num agrupamento de outras, encontradiças em cada embrião humano de até 14 dias (outros cientistas reduzem esse tempo para a fase de blastocisto, ocorrente em torno de 5 dias depois da fecundação de um óvulo feminino por um espermatozoide masculino). Embriões a que se chega por efeito de manipulação humana em ambiente extracorpóreo, porquanto produzidos laboratorialmente ou 'in vitro', e não espontaneamente ou 'in vida'. Não cabe ao Supremo Tribunal Federal decidir sobre qual das duas formas de pesquisa básica é a mais promissora: a pesquisa com células-tronco adultas e aquela incidente sobre células-tronco embrionárias. A certeza científico tecnológica está em que um tipo de pesquisa não invalida o outro, pois ambos são mutuamente complementares. II – LEGITIMIDADE DAS PESQUISAS COM CÉLULAS-TRONCO EMBRIONÁRIAS PARA FINS TERAPÊUTICOS E O CONSTITUCIONALISMO FRATERNAL. A pesquisa científica com células tronco embrionárias, autorizada pela Lei nº 11.105/2005, objetiva o enfrentamento e cura de patologias e traumatismos que severamente limitam, atormentam, infelicitam, desesperam e não raras vezes degradam a vida de expressivo contingente populacional (ilustrativamente, atrofias espinhais progressivas, distrofias musculares, a esclerose múltipla e a lateral amiotrófica, as neuropatias e as doenças do neurônio motor). A escolha feita pela Lei de Biossegurança não significou um desprezo ou desapreço pelo embrião 'in vitro', porém u'a mais firme disposição para encurtar caminhos que possam levar à superação do infortúnio alheio. Isto no âmbito de um ordenamento constitucional que desde o seu preâmbulo qualifica 'a liberdade, a segurança, o bem estar, o desenvolvimento, a igualdade e a justiça' como valores supremos de uma sociedade mais que tudo 'fraterna'. O que já significa incorporar o advento do constitucionalismo fraternal às relações humanas, a traduzir verdadeira comunhão de vida ou vida social em clima de transbordante solidariedade em benefício da saúde e contra eventuais tramas do acaso e até dos golpes da própria natureza. Contexto de solidária, compassiva ou fraternal legalidade que, longe de traduzir desprezo ou desrespeito aos congelados embriões 'in vitro', significa apreço e reverência a criaturas humanas que sofrem e se desesperam. Inexistência de ofensas ao direito à vida e da dignidade da pessoa humana, pois a pesquisa com células-tronco embrionárias (inviáveis biologicamente ou para os fins a que se destinam) significa a celebração solidária da vida e alento aos que se acham à margem do exercício concreto e inalienável dos direitos à felicidade e do viver com dignidade (Ministro Celso de Mello). III – A PROTEÇÃO CONSTITUCIONAL DO DIREITO À VIDA E OS DIREITOS INFRACONSTITUCIONAIS DO EMBRIÃO PRÉ-IMPLANTO. O Magno Texto Federal não dispõe sobre o início da vida humana ou o preciso instante em que ela começa. Não faz de todo e qualquer estádio da vida humana um autonomizado bem jurídico, mas da vida que já é própria de uma concreta pessoa, porque nativiva (teoria 'natalista', em contraposição às teorias 'concepcionista' ou da 'personalidade condicional'). E quando se reporta a 'direitos da pessoa humana' e até dos 'direitos e garantias individuais' como cláusula pétrea está falando de direitos e garantias do indivíduo-pessoa, que se faz destinatário dos direitos fundamentais 'à vida, à liberdade, à igualdade, à segurança e à propriedade', entre outros direitos e garantias igualmente distinguidos com o timbre da fundamentalidade (como direito à saúde e ao planejamento familiar). Mutismo constitucional hermeneuticamente significante de transpasse de poder normativo para a legislação ordinária. A potencialidade de algo para se tornar pessoa humana já é meritória o bastante para acobertá-la, infraconstitucionalmente, contra tentativas levianas ou frívolas de obstar sua natural continuidade fisiológica. Mas as três realidades não se confundem: o embrião é o embrião, o feto é o feto e a pessoa humana é a pessoa humana. Donde não existir pessoa humana embrionária, mas embrião de pessoa humana. O embrião referido na Lei de Biossegurança ('in vitro' apenas) não é uma vida a caminho de outra vida virginalmente nova, porquanto lhe faltam possibilidades de ganhar as primeiras terminações nervosas, sem as quais o ser humano não tem factibilidade como projeto de vida autônoma e irrepetível. O Direito infraconstitucional protege por modo variado cada etapa do desenvolvimento biológico do ser humano. Os momentos da vida humana anteriores ao nascimento devem ser objeto de proteção pelo direito comum. O embrião pré-implanto é um bem a ser protegido, mas não uma pessoa no sentido biográfico a que se refere a Constituição. IV – AS PESQUISAS COM CÉLULAS-TRONCO NÃO CARACTERIZAM ABORTO. MATÉRIA ESTRANHA À PRESENTE AÇÃO DIRETA DE INCONSTITUCIONALIDADE. É constitucional a proposição de que toda gestação humana principia com um embrião igualmente humano, claro, mas nem todo embrião humano desencadeia uma gestação igualmente humana, em se tratando de experimento 'in vitro'. Situação em que deixam de coincidir concepção e nascituro, pelo menos enquanto o ovócito (óvulo já fecundado) não for introduzido no colo do útero feminino. O modo de irromper em laboratório e permanecer confinado 'in vitro' é, para o embrião, insuscetível de progressão reprodutiva. Isto sem prejuízo do reconhecimento de que o zigoto assim extra-corporalmente produzido e também extra-corporalmente cultivado e armazenado é entidade embrionária do ser humano. Não, porém, ser humano em estado de embrião. A Lei de Biossegurança não veicula autorização para extirpar do corpo feminino esse ou aquele embrião. Eliminar ou desentranhar esse ou aquele zigoto a caminho do endométrio, ou nele já fixado. Não se cuida de interromper gravidez humana, pois dela aqui não se pode cogitar. A 'controvérsia constitucional em exame não guarda qualquer vinculação com o problema do aborto' (Ministro Celso de Mello). V – OS DIREITOS FUNDAMENTAIS À AUTONOMIA DA VONTADE, AO PLANEJAMENTO FAMILIAR E À MATERNIDADE. A decisão por uma descendência ou filiação exprime um tipo de autonomia de vontade individual que a própria Constituição rotula como 'direito ao planejamento familiar', fundamentado este nos princípios igualmente constitucionais da 'dignidade da pessoa humana' e da 'paternidade responsável'. A conjugação constitucional da laicidade do Estado e do primado da autonomia da vontade privada, nas palavras do Ministro Joaquim Barbosa. A opção do casal por um processo 'in vitro' de fecundação artificial de óvulos é implícito direito de idêntica matriz constitucional, sem acarretar para esse casal o dever jurídico do aproveitamento reprodutivo de todos os embriões eventualmente formados e que se revelem geneticamente viáveis. O princípio fundamental da dignidade da pessoa humana opera por modo binário, o que propicia a base constitucional para um casal de adultos recorrer a técnicas de reprodução assistida que incluam a fertilização artificial ou 'in vitro'. De uma parte, para aquinhoar o casal com o direito público subjetivo à 'liberdade' (preâmbulo da Constituição e seu art. 5º), aqui entendida como autonomia de vontade. De outra banda, para contemplar os porvindouros componentes da unidade familiar, se por eles optar o casal, com planejadas condições de bem-estar e assistência físico-afetiva (art. 226 da CF). Mais exatamente, planejamento familiar que, 'fruto da livre decisão do casal', é 'fundado nos princípios da dignidade da pessoa humana e da paternidade responsável' (§ 7º desse emblemático artigo constitucional de nº 226). O recurso a processos de fertilização artificial não implica o dever da tentativa de nidação no corpo da mulher de todos os óvulos afinal fecundados. Não existe tal dever (inciso II do art. 5º da CF), porque incompatível com o próprio instituto do 'planejamento familiar' na citada perspectiva da 'paternidade responsável'. Imposição, além do mais, que implicaria tratar o gênero feminino por modo desumano ou degradante, em contrapasso ao direito fundamental que se lê no inciso II do art. 5º da Constituição. Para que ao embrião 'in vitro' fosse reconhecido o pleno direito à vida, necessário seria reconhecer a ele o direito a um útero. Proposição não autorizada pela Constituição. VI – DIREITO À SAÚDE COMO COROLÁRIO DO DIREITO FUNDAMENTAL À VIDA DIGNA. O § 4º do art. 199 da Constituição, versante sobre pesquisas com substâncias humanas para fins terapêuticos, faz parte da seção normativa dedicada à 'SAÚDE' (Seção II do Capítulo II do Título VIII). Direito à saúde, positivado como um dos primeiros dos direitos sociais de natureza fundamental (art. 6º da CF) e também como o primeiro dos direitos constitutivos da seguridade social (cabeça do artigo constitucional de nº 194). Saúde que é 'direito de todos e dever do Estado' (*caput* do art. 196 da Constituição), garantida mediante ações e serviços de pronto qualificados como 'de relevância pública' (parte inicial do art. 197). A Lei de Biossegurança como instrumento de encontro do direito à saúde com a própria Ciência. No caso, ciências médicas, biológicas e correlatas, diretamente postas pela Constituição a serviço desse bem inestimável do indivíduo que é a sua própria higidez físico-mental. VII – O DIREITO CONSTITUCIONAL À LIBERDADE DE EXPRESSÃO CIENTÍFICA E A LEI DE BIOSSEGURANÇA COMO DENSIFICAÇÃO DESSA LIBERDADE. O termo 'ciência', enquanto atividade individual, faz parte do catálogo dos direitos fundamentais da pessoa humana (inciso IX do art. 5º da CF). Liberdade de expressão que se afigura como clássico direito constitucional civil ou genuíno direito de personalidade. Por isso que exigente do máximo de proteção jurídica, até como signo de vida coletiva civilizada. Tão qualificadora do indivíduo e da sociedade é essa vocação para os misteres da Ciência que o Magno Texto Federal abre todo um autonomizado capítulo para prestigiá-la por modo superlativo (Capítulo de nº IV do título VIII). A regra de que 'O Estado promoverá e incentivará o desenvolvimento científico, a pesquisa e a capacitação tecnológicas' (art. 218, *caput*) é de logo complementada com o preceito (§ 1º do mesmo art. 218) que autoriza a edição de normas como a constante do art. 5º da Lei de Biossegurança. A compatibilização da liberdade de expressão científica com os deveres estatais de propulsão das ciências que sirvam à melhoria das condições de vida para todos os indivíduos. Assegurada, sempre, a dignidade da pessoa humana, a Constituição Federal dota o bloco normativo posto no art. 5º da Lei 11.105/2005 do necessário fundamento para dele afastar qualquer invalidade jurídica (Ministra Cármen Lúcia). VIII – SUFICIÊNCIA DAS CAUTELAS E RESTRIÇÕES IMPOSTAS PELA LEI DE BIOSSEGURANÇA NA CONDUÇÃO DAS PESQUISAS COM CÉLULAS-TRONCO EMBRIONÁRIAS. A Lei de Biossegurança caracteriza-se como regração legal a salvo da mácula do açodamento, da insuficiência protetiva ou do vício da arbitrariedade em matéria tão religiosa, filosófica e eticamente sensível como a da biotecnologia na área da medicina e da genética humana. Trata-se de um conjunto normativo que parte do pressuposto da intrínseca dignidade de toda forma de vida humana, ou que tenha potencialidade para tanto. A Lei de Biossegurança não conceitua as categorias mentais ou entidades biomédicas a que se refere, mas nem por isso impede a facilitada exegese dos seus textos, pois é de se presumir que recepcionou tais categorias e as que lhe são correlatas com o significado que elas portam no âmbito das ciências médicas e biológicas. IX – IMPROCEDÊNCIA DA AÇÃO. Afasta-se o uso da técnica de 'interpretação conforme' para a feitura de sentença de caráter aditivo que tencione conferir à Lei de Biossegurança exuberância regratória, ou restrições tendentes a inviabilizar as pesquisas com células-tronco embrionárias. Inexistência dos pressupostos para a aplicação da técnica da 'interpretação conforme a Constituição', porquanto a norma impugnada não padece de polissemia ou de plurissignificatidade. Ação direta de inconstitucionalidade julgada totalmente improcedente" (STF – Pleno ADI 3510/DF – Rel. Min. Ayres Britto, *DJe* 27 maio 2010).

Princípio da Dignidade da Pessoa Humana e utilização excepcional de algemas: STF – "ALGEMAS – UTILIZAÇÃO. O uso de algemas surge excepcional somente restando justificado ante a periculosidade do agente ou risco concreto de fuga. JULGAMENTO – ACUSADO ALGEMADO – TRIBUNAL DO JÚRI. Implica prejuízo à defesa a manutenção do réu algemado na sessão de julgamento do Tribunal do Júri, resultando o fato na insubsistência do veredicto condenatório" (STF – Pleno – HC 91952/SP – Rel. Min. Marco Aurélio, *DJ* 241, 18-12-2008). **A partir desse julgamento, o STF deu início ao procedimento que culminou com a edição da Súmula Vinculante nº 11, com o seguinte teor:** "Só é lícito o uso de **algemas** em casos de resistência e de fundado receio de fuga ou de perigo à integridade física própria ou alheia, por parte do preso ou de terceiros, justificada a excepcionalidade por escrito, sob pena de responsabilidade disciplinar, civil e penal do agente ou da autoridade e de nulidade da prisão ou do ato processual a que se refere, sem prejuízo da responsabilidade civil do Estado" **(para verificar os argumentos utilizados pelos Ministros, conferir "DEBATES QUE INTEGRAM A ATA DA 20ª (VIGÉSIMA) SESSÃO ORDINÁRIA, DO PLENÁRIO, REALIZADA EM 13 DE AGOSTO DE 2008, *DJe*-214, 12-11-2008).**

Possibilidade de utilização do instrumento da 'reclamação' para o cumprimento da Súmula nº 11: STF – "RECLAMAÇÃO. PROCESSO PENAL. USO DE ALGEMA. ALEGAÇÃO DE CONTRARIEDADE À SÚMULA VINCULANTE Nº 11 DO SUPREMO TRIBUNAL FEDERAL. PEDIDO DE REVOGAÇÃO DA PRISÃO CAUTELAR. AUSÊNCIA DE DETERMINAÇÃO JUDICIAL PARA O USO DE ALGEMAS. FALTA DE PROVA DA ALEGAÇÃO DE USO DE ALGEMA. RECLAMAÇÃO JULGADA IMPROCEDENTE. 1. Dispõe a Súmula Vinculante nº 11 que 'Só é lícito o uso de algemas em casos de resistência e de fundado receio de fuga ou de perigo à integridade física própria ou alheia, por parte do preso ou de terceiros, justificada a excepcionalidade por escrito, sob pena de responsabilidade disciplinar, civil e penal do agente ou da autoridade e de nulidade da prisão ou do ato processual a que se refere, sem prejuízo da responsabilidade civil do estado'. 2. Na espécie vertente, o juiz Reclamado apenas autorizou o uso de algemas, sem, contudo, determiná-lo, e deixou a decisão sobre a sua necessidade, ou não, à discrição da autoridade policial que efetivamente cumpriria o mandado de prisão, tendo em vista as circunstâncias do momento da diligência, acentuando a necessidade de acatamento da Súmula Vinculante nº 11 deste

Supremo Tribunal. 3. Os documentos colacionados aos autos não comprovam o uso de algemas durante, ou após, a diligência que resultou na prisão do Reclamante, sendo certo que, se usadas, elas não o foram por determinação do ato reclamado. 4. Reclamação julgada improcedente" (STF – Pleno – Rcl 7814/RJ – Rel. Min. Carmen Lúcia, DJe-154, 19-8-2010). **Conferir, ainda, em relação à Súmula das Algemas:** STF – 2ª T. – HC 101031/SP – Rel. Min. Ellen Gracie, DJe-091, 20-5-2010.

Direito de defesa e dignidade da pessoa humana: STF – "O direito de defesa constitui pedra angular no sistema de proteção dos direitos individuais e materializa uma das expressões do princípio da dignidade da pessoa humana" (STF – 2ª T. – HC 89.176 – Rel. Min. Gilmar Mendes, julgamento: 22-8-2006). Nesse sentido: Súmula Vinculante 14 do STF: "É direito do defensor, no interesse do representado, ter acesso amplo aos elementos de prova que, já documentados em procedimento investigatório realizado por órgão competente de polícia judiciária, digam respeito ao exercício do direito de defesa."

Dignidade da pessoa humana e direito dos portadores de necessidades especiais: STF – "A Lei 8.800/1994 é parte das políticas públicas para inserir os portadores de necessidades especiais na sociedade e objetiva a igualdade de oportunidades e a humanização das relações sociais, em cumprimento aos fundamentos da República de cidadania e dignidade da pessoa humana, o que se concretiza pela definição de meios para que eles sejam alcançados" (STF – Pleno – ADI 2.649 – Rel. Min. Carmen Lúcia, julgamento: 8-5-2008).

Dignidade da pessoa humana e liberdade individual: STF – "A duração prolongada, abusiva e irrazoável da prisão cautelar de alguém ofende, de modo frontal, o postulado da dignidade da pessoa humana, que representa – considerada a centralidade desse princípio essencial (CF, art. 1º, III) – significativo vetor interpretativo, verdadeiro valor-fonte que conforma e inspira todo o ordenamento constitucional vigente em nosso País e que traduz, de modo expressivo, um dos fundamentos em que se assenta, entre nós, a ordem republicana e democrática consagrada pelo sistema de direito constitucional positivo" (STF – Pleno – HC 85.237 – Rel. Min. Celso de Mello, julgamento: 17-3-2005). **Conferir, no mesmo sentido:** STF – 2ª T. – HC 95.492 – Rel. Min. Cezar Peluso, julgamento: 10-3-2009.

Dignidade da pessoa humana e delito de redução à condição análoga à de escravo: STF – "A Constituição de 1988 traz um robusto conjunto normativo que visa à proteção e à efetivação dos direitos fundamentais do ser humano. A existência de trabalhadores a laborar sob escolta, alguns acorrentados, em situação de total violação da liberdade e da autodeterminação de cada um, configura crime contra a organização do trabalho. Quaisquer condutas que possam ter tidas como violadoras não somente do sistema de órgãos e instituições com atribuições para proteger os direitos e deveres dos trabalhadores, mas também dos próprios trabalhadores, atingindo-os em esferas que lhes são mais caras, em que a Constituição lhes confere proteção máxima, são enquadráveis na categoria dos crimes contra a organização do trabalho, se praticadas no contexto das relações de trabalho" (STF – Pleno – RE 398.041 – Rel. Min. Joaquim Barbosa, julgamento: 30-11-2006). **Conferir, ainda**, STF – 2ª T. – HC 91.959 – Rel. Min. Eros Grau, julgamento: 9-10-2007; STF –2ª T. – RE 541.627 – Rel. Min. Ellen Gracie, julgamento: 14-8-2008.

Internação de menor, tortura e dignidade humana: STF – "A simples referência normativa à tortura, constante da descrição típica consubstanciada no art. 233 do Estatuto da Criança e do Adolescente, exterioriza um universo conceitual impregnado de noções com que o senso comum e o sentimento de decência das pessoas identificam as condutas aviltantes que traduzem, na concreção de sua prática, o gesto ominoso de ofensa à dignidade da pessoa humana. A tortura constitui a negação arbitrária dos direitos humanos, pois reflete – enquanto prática ilegítima, imoral e abusiva – um inaceitável ensaio de atuação estatal tendende a asfixiar e, até mesmo, a suprimir a dignidade, a autonomia e a liberdade com que o indivíduo foi dotado, de maneira indisponível, pelo ordenamento positivo" (STF – Pleno – HC 70.389 – Rel. Min. Celso de Mello, julgamento: 23-6-1994).

Dignidade da pessoa humana e combate ao racismo: STF – "O preceito fundamental de liberdade de expressão não consagra o *'direito à incitação ao racismo'*, dado que um direito individual não pode constituir-se em salvaguarda de condutas ilícitas, como sucede com os delitos contra a honra. Prevalência dos princípios da dignidade da pessoa humana e da igualdade jurídica. *'Existe um nexo estreito entre a imprescritibilidade, este tempo jurídico que se escoa sem encontrar termo, e a memória, apelo do passado à disposição dos vivos, triunfo da lembrança sobre o esquecimento'*. No estado de direito democrático devem ser intransigentemente respeitados os princípios que garantem a prevalência dos direitos humanos. Jamais podem se apagar da memória dos povos que se pretendam justos os atos repulsivos do passado que permitiram e incentivaram o ódio entre iguais por motivos raciais de torpeza inominável. 16. A ausência de prescrição nos crimes de racismo justificasse como alerta grave para as gerações de hoje e de amanhã, para que se impeça a reinstauração de velhos e ultrapassados conceitos que a consciência jurídica e histórica não mais admitem. Ordem denegada" (STF – Pleno – Habeas Corpus nº 82.424-2/RS – Rel. originário Min. Moreira Alves, rel. p/ acórdão Min. Maurício Corrêa, *Diário da Justiça*, Seção I, 19 mar. 2004, p. 17). **Conferir comentários ao inciso XLII, do art. 5º.**

Dignidade da pessoa humana e direito à moradia (bem de família): STF – "O bem de família – a moradia do homem e sua família – justifica a existência de sua impenhorabilidade: Lei nº 8.009/90, art. 1º. Essa impenhorabilidade decorre de constituir a moradia um direito fundamental. Posto isso, veja-se a contradição: a Lei nº 8.245, de 1991, excepcionando o bem de família do fiador, sujeitou o seu imóvel residencial, imóvel residencial próprio do casal, ou da entidade familiar, à penhora. Não há dúvida que ressalva trazida pela Lei nº 8.245, de 1991, – inciso VII do art. 3º – feriu de morte o princípio isonômico, tratando desigualmente situações iguais, esquecendo-se do velho brocardo latino: *ubi eadem ratio, ibi eadem legis dispositio*, ou em vernáculo: onde existe a mesma razão fundamental, prevalece a mesma regra de Direito. Isto quer dizer que, tendo em vista o princípio isonômico, o citado dispositivo – inciso VII do art. 3º, acrescentado pela Lei nº 8.245/91, não foi recebido pela EC 26, de 2000. Essa não recepção mais se acentua diante do fato de a EC 26, de 2000, ter estampado, expressamente, no art. 6º, C.F., o direito à moradia como direito fundamental de 2ª geração, direito social. Ora, o bem de família – Lei nº 8.009/90, art. 1º – encontra justificativa, foi dito linha atrás, no constituir o direito à moradia um direito fundamental que deve ser protegido e por isso mesmo encontra garantia na Constituição. Em síntese, o inciso VII do art. 3º da Lei nº 8.009, de 1990, introduzido pela Lei nº 8.245, de 1991, não foi recebido pela CF, art. 6º, redação da EC 26/2000. Do exposto, conheço do recurso e dou-lhe provimento, invertidos os ônus da sucumbência" (STF – RExtr. nº 352940/SP, rel. Min. Carlos Velloso, decisão: 25-4-2005 – *Informativo STF* nº 385, p. 3).

Dignidade da pessoa humana e proteção ao direito à vida (questão do "aborto do feto anencéfalo"): conferir item 5.3.

Princípio da dignidade da pessoa humana e impenhorabilidade da Lei nº 8.009/90: Tribunal de Alçada/RS – "A expressão *adornos suntuosos* do art. 2º da Lei nº 8.009/90, tanto pela interpretação gramatical como pela teleológica é no sentido de excluir da impenhorabilidade apenas as *inutilidades domésticas*. Interpretação gramatical que objetiva a compreensão de duas palavras: um substantivo (ornamento) e um adjetivo (suntuoso). Interpretação teleológica que compreende a evolução do instituto da impenhorabilidade no sentido de preservar a *dignidade da pessoa humana*, compreendida nesta a *dignidade* de sua família" (AI nº 194118907/Lagoa Vermelha – 4ª CCível – rel. Juiz Márcio Oliveira Puggina).

Livre iniciativa e regulamentação da atividade econômica: STJ – "A Constituição Federal, no seu art. 170, preceitua que a ordem econômica é fundada na valorização do trabalho humano e na livre iniciativa, tendo por finalidade assegurar a todos existência digna, conforme os ditames da justiça social, observados os princípios que indica. No seu art. 174 pontifica que, como agente normativo e regulador da atividade econômica, o Estado exercerá, na forma da lei, as funções de fiscalização, incentivo e planejamento. Desses dispositivos resulta claro que o Estado pode atuar como agente regulador das atividades econômicas em geral, sobretudo nas de que cuidam as empresas que atuam em um setor absolutamente estratégico, daí lhe ser lícito estipular os preços que devem ser por elas praticados" (*Ementário STJ* nº 09/303 – MS nº 2.887-1 – DF. rel. Min. Cesar Asfor Rocha. 1ª Seção. Unânime. *DJ* 13-12-93).

Número de candidatos e pluralismo político: STF – "Normas que condicionaram o número de candidatos às câmaras municipais ao número de representantes do respectivo partido na Câmara Federal. Alegada afronta ao princípio da isonomia. Plausibilidade da tese, relativamente aos parágrafos do art. 11, por instituírem critério caprichoso que não guarda coerência lógica com a disparidade de tratamento neles estabelecida. Afronta a igualdade caracterizadora do *pluralismo político* consagrado pela Carta de 1988" (Pleno – ADin (cautelar) nº 1355/DF – rel. Min. Ilmar Galvão, *Diário da Justiça*, Seção I, 23 fev. 1996, p. 3623).

1.2 Dignidade humana e produção de provas em investigação de paternidade

Os meios colocados à disposição do direito para obtenção de provas devem sempre respeitar a dignidade humana, sob pena de ilicitude da prova obtida. Em relação às ações de investigação de paternidade, entende o Supremo Tribunal Federal a total impossibilidade de coação do possível pai no sentido de realizar o exame do DNA. Assim, proclamou o Pretório Excelso que "discrepa, a mais não poder, de garantias constitucionais implícitas e explícitas – preservação da dignidade humana, da intimidade, da intangibilidade do corpo humano, do império da lei e da inexecução específica e direta de obrigação de fazer – provimento judicial que, em ação civil de investigação de paternidade, implique determinação no sentido de o réu ser conduzido ao laboratório, 'debaixo de vara', para coleta do material indispensável à feitura do exame DNA. A recusa resolve-se no plano jurídico-instrumental, consideradas a dogmática, a doutrina e a jurisprudência, no que voltadas ao deslinde das questões ligadas à prova dos fatos" (Pleno – HC nº 71.373/RS – rel. Min. Francisco Rezek, *Diário da Justiça*, Seção I, 22 nov. 1996, p. 45686. Nesse mesmo sentido: STF – HC nº 76.060-4/SC – rel. Min. Sepúlveda Pertence, *Diário da Justiça*, Seção I, 9 out. 1997, p. 50666).

Esse entendimento do Supremo Tribunal Federal não é pacífico no direito comparado, como pode-se verificar por inúmeras decisões do Supremo Tribunal

Constitucional espanhol, que entende a possibilidade, em face do interesse social e de ordem pública existente na declaração de paternidade, de submeter-se o possível pai a exames sanguíneos. Como afirma o citado tribunal alienígena, *os direitos constitucionais à intimidade e à integridade física não podem converter-se em previsão que consagre a impunidade, com desconhecimento das obrigações e deveres resultantes de uma conduta que teve uma íntima relação com o respeito a possíveis vínculos familiares* (LLORENTE, Francisco Rubio. *Derechos fundamentales y principios constitucionales*. Barcelona: Ariel, 1995. p. 152-178).

Em face da relatividade dos direitos e garantias fundamentais e aplicando-se os princípios da convivência das liberdades públicas e da concordância das normas constitucionais, não se pode deixar de observar que o texto constitucional expressamente proclama o princípio da *paternidade responsável* (CF, art. 226, § 7º). Esse princípio deverá ser compatibilizado com o princípio da dignidade humana durante a produção probatória, permitindo-se a realização do necessário exame de DNA, por meio de métodos não invasivos, como, por exemplo, coleta de fios de cabelo ou mesmo de saliva.

Dignidade humana e produção de provas em investigação de paternidade: STF – 1ª T. – HC 76.060 – Rel. Min. Sepúlveda Pertence, julgamento: 31-3-1998; STF – Pleno – HC 71.373 – Rel. Min. Marco Aurélio, julgamento: 10-11-1994.

Dignidade humana, investigação de paternidade e direito ao nome: STF – "O direito ao nome insere-se no conceito de dignidade da pessoa humana, princípio alçado a fundamento da República Federativa do Brasil (CF, art. 1º, III)" (STF – Pleno – RE 248.869, voto do Rel. Min. Maurício Corrêa, julgamento: 7-8-2003).

1.3 Princípio da indissolubilidade do vínculo federativo

O princípio da indissolubilidade em nosso Estado Federal foi consagrado em nossas Constituições republicanas desde 1891 (art. 1º) e tem duas finalidades básicas: a unidade nacional e a necessidade descentralizadora.

O art. 1º da Constituição Federal afirma que a República Federativa do Brasil é formada pela união *indissolúvel* dos Estados e Municípios e do Distrito Federal, sendo completado pelo art. 18, que prevê que a organização político-administrativa da República Federativa do Brasil compreende a *União*, os *Estados*, o *Distrito Federal* e os *Municípios*, todos autônomos e possuidores da tríplice capacidade de auto-organização e normatização própria, autogoverno e autoadministração.

Dessa forma, inadmissível qualquer pretensão de separação de um Estado-membro, do Distrito Federal ou de qualquer Município da Federação, inexistindo em nosso ordenamento jurídico o denominado *direito de secessão*. A mera tentativa de secessão do Estado-membro permitirá a decretação de intervenção federal (CF, art. 34, I), devendo sempre a Constituição ser interpretada de sorte que não ameace a organização federal por ela instituída, ou ponha em risco a coexistência harmoniosa e solidária da União, Estados e Municípios.

Sobre princípio da indissolubilidade do Estado Federal e finalidades de unidade nacional e descentralização de poder, conferir: DROMI, José Roberto. *Federalismo y dialogo institucional*. Buenos Aires: Ediciones Unsta. 1981, p. 37; CAETANO, Marcelo. *Direito constitucional*. Rio de Janeiro: Forense, 1987. v. 2, p. 59.

Modelo federalista brasileiro: STF – "A questão do federalismo no sistema constitucional brasileiro – O surgimento da ideia federalista no Império – O modelo federal e a pluralidade de ordens jurídica (ordem jurídica total e ordens jurídicas parciais) – A repartição constitucional de competências: poderes enumerados (explícitos e implícitos) e poderes residuais" (STF – ADI 2.995 – Pleno – Rel. Min. Celso de Mello, julgamento: 13-12-2006).

Harmonia e pacto federativo: STF – "O pacto federativo, sustentando-se na harmonia que deve presidir as relações institucionais entre as comunidades políticas que compõem o Estado Federal, legitima as restrições de ordem constitucional que afetam o exercício, pelos Estados-membros e Distrito Federal, de sua competência normativa em tema de exoneração tributária pertinente ao ICMS" (STF – Pleno – ADI 1.247-MC – Rel. Min. Celso de Mello, julgamento: 17-8-1995).

Vedação ao direito de secessão: como salientado por Dalmo de Abreu Dallari, "Na federação não existe direito de secessão. Uma vez efetivada a adesão de um Estado este não pode mais se retirar por meios legais. Em algumas Constituições é expressa tal proibição mas ainda que não o seja ela é implícita" (*Elementos de teoria geral do Estado*. 11. ed. São Paulo: Saraiva, 1985. p. 227). No mesmo sentido: ALMEIDA, Fernanda Dias Menezes de. *Competências na Constituição de 1988*. São Paulo: Atlas, 1991. p. 29-30.

Princípio da indissolubilidade do vínculo federativo e intepretação constitucional: STF – "A Constituição não poderá ser interpretada de sorte que ameace a organização federal por ela instituída, ou ponha em risco a coexistência harmoniosa e solidária da União, Estados e Municípios" (RExtr. nº 193.712-2/MG – rel. Min. Maurício Corrêa, *Diário da Justiça*, Seção I, 16 maio 1996, p. 16124/16125).

Direito de secessão e movimentos separatistas: a conduta das autoridades públicas, que determina medidas, dentro do exercício de suas competências constitucionais, para apuração de movimentos separatistas, não constitui ilegalidade ou abuso de poder, em face do previsto na CF, art. 1º, que defende o princípio da unidade nacional. Nesse sentido: STJ – "República Federativa do Brasil. Indissolubilidade. Princípio fundamental. *Caput* do art. 1º da Constituição. Providências do Ministro da Justiça tendentes a apurar os denominados movimentos separatistas. Partido da República Farroupilha. *Habeas corpus* preventivo. Conduta prevista como delituosa. Art. 11 da Lei nº 7.170/83. Crime em tese. Denegação" (HC nº 1893/RS – 3ª T. – rel. Min. Pedro Acioli, *Diário da Justiça*, Seção I, 29 nov. 1993, p. 25841). Como ressaltado na ementa, a unidade nacional "deverá ser defendida a qualquer preço, até mesmo com a própria vida e contra a minoria de estrangeiros que, bem recebidos no solo pátrio, mal agradecem e, impregnados de preconceitos de raça, pregam o absurdo do separatismo".

> Art. 2º São Poderes da União, independentes e harmônicos entre si, o Legislativo, o Executivo e o Judiciário.

2.1 Separação das funções estatais – Limitação do poder e garantia dos direitos fundamentais

A Constituição Federal, visando, principalmente, evitar o arbítrio e o desrespeito aos direitos fundamentais do homem, previu a existência dos Poderes do Estado, bem como da instituição do Ministério Público (CF, arts. 127 a 130), independentes e harmônicos entre si, repartindo entre eles as funções estatais e prevendo prerrogativas e imunidades para que bem pudessem exercê-las, bem como criando mecanismos de controles recíprocos, sempre como garantia da perpetuidade do Estado Democrático de Direito.

A divisão segundo o critério funcional é a célebre "separação de Poderes", que consiste em distinguir três funções estatais, quais sejam, legislação, administração e jurisdição, que devem ser atribuídas a três órgãos autônomos entre si, que as exercerão com exclusividade. Foi esboçada pela primeira vez por *Aristóteles*, na obra *Política*, detalhada posteriormente por *John Locke*, no *Segundo tratado do governo civil*, que também reconheceu três funções distintas e, finalmente, consagrada na obra de *Montesquieu, O espírito das leis*, a quem devemos a divisão e distribuição clássicas, tornando-se princípio fundamental da organização política liberal.

Interessante citar a lição de Ives Gandra da Silva Martins, ao dizer que

> "O que Locke e a Inglaterra ofertaram para o aprofundamento temático de Montesquieu foi a tripartição equilibrada do poder. Hoje, estamos convencidos – quanto mais lemos os autores modernos – de que, em matéria de Direito, pouco se acrescentou ao que os romanos criaram; e, em matéria de Filosofia, pouco se acrescentou ao que os gregos desvendaram. Qualquer filósofo posterior, como Políbio, que era também historiador, passando por Hume, Hobbes, Locke, Bacon, Maquiavel – historiador, filósofo, político e sociólogo – Rousseau e outros, traz pequena contribuição ao pensamento universal descortinado pelos gregos. Tenho a impressão de que depois dos gregos pouca coisa se pôde criar. Criaram-se variações inteligentes, mas o tema central de Filosofia se encontra na Grécia e o do Direito em Roma. Ora, com a tripartição equilibrada de poderes de Montesquieu, chega-se à discussão dos sistemas de governo, já a esta altura, após a Revolução Francesa, eliminando-se de vez a possibilidade de se discutir a permanência de monarquias absolutas" (*A Constituição brasileira de 1988*: interpretações. 2. ed. Rio de Janeiro: Forense Universitária, 1990. p. 187).

Como salientam Canotilho e Moreira (*Os poderes do presidente da república*. Coimbra: Coimbra Editora, 1991. p. 71),

> "um sistema de governo composto por uma pluralidade de órgãos requer necessariamente que o relacionamento entre os vários centros do poder seja

pautado por normas de *lealdade constitucional* (*Verfassungstreue*, na terminologia alemã). A lealdade institucional compreende duas vertentes, uma positiva, outra negativa. A primeira consiste em que os diversos órgãos do poder devem cooperar na medida necessária para realizar os objectivos constitucionais e para permitir o funcionamento do sistema com o mínimo de atritos possíveis. A segunda determina que os titulares dos órgãos do poder devem respeitar-se mutuamente e renunciar a práticas de *guerrilha institucional*, de abuso de poder, de retaliação gratuita ou de desconsideração grosseira. Na verdade, nenhuma cooperação constitucional será possível sem uma *deontologia política*, fundada no respeito das pessoas e das instituições e num apurado sentido da responsabilidade de Estado (*statesmanship*)".

2.2 Independência e harmonia dos poderes: funções estatais, imunidades e garantias em face do princípio da igualdade

A finalidade das imunidades e garantias previstas para os membros do Legislativo, Executivo, Judiciário e do Ministério Público, para bem exercerem suas funções estatais deferidas pelo legislador constituinte, deve ser analisada à luz do princípio da igualdade, informador dos direitos fundamentais e de todo o ordenamento constitucional, verdadeiro vetor de interpretação constitucional da democracia, em virtude de seu valor e de seu caráter principiológico.

A Constituição Federal de 1988 adotou o princípio da igualdade de direitos, prevendo a igualdade de aptidão, uma igualdade de possibilidades virtuais, ou seja, todos os cidadãos têm o direito de tratamento idêntico pela lei, em consonância com os critérios albergados pelo ordenamento jurídico. Dessa forma, o que se veda são as diferenciações arbitrárias, as discriminações absurdas, mostrando-nos que o tratamento desigual dos casos desiguais, na medida em que se desigualam, é exigência do próprio conceito de Justiça, ou, ainda, que o princípio da isonomia protege certas finalidades, o que, de resto, não é uma particularidade do tema em estudo, mas de todo o direito, que há de ser examinado sempre à luz da teleologia que o informa, somente sendo ferido quando não se encontra a serviço de uma finalidade própria, escolhida pelo direito.

O objetivo colimado pela Constituição Federal, ao estabelecer diversas funções, imunidades e garantias aos detentores das funções soberanas do Estado, Poderes Legislativo, Executivo, Judiciário e a Instituição do Ministério Público, é a defesa do regime democrático, dos direitos fundamentais e da própria separação de poderes, legitimando, pois, o tratamento diferenciado fixado a seus membros, em face do princípio da igualdade. Assim, essas eventuais diferenciações são compatíveis com a cláusula igualitária, por existência de um vínculo de correlação lógica entre o tópico diferencial acolhida por residente no objeto e a desigualdade de tratamento em função dele conferido, pois compatível com interesses prestigiados na Constituição.

Uma interpretação valorativa dos direitos fundamentais, bem como de proteção dos instrumentos e mecanismos previstos constitucionalmente para sua aplicabilidade integral e eficaz, dentre eles as previsões de garantias e imunidades, vai de encontro com a dupla finalidade apontada por Mauro Cappelletti, ao dissertar sobre o nascimento da denominada *justiça constitucional das liberdades*: evitar os regimes ditatoriais e garantir independência e liberdade à função criativa do Judiciário, na efetividade dos referidos direitos fundamentais (*Juízes legisladores?* – Tradução de Carlos Alberto Alvaro de Oliveira. Porto Alegre: Sergio Antonio Fabris, 1993).

Como salientava Montesquieu, o verdadeiro espírito da igualdade está longe da extrema igualdade, tanto quanto o céu da Terra. O espírito de igualdade não consiste em fazer que todo mundo mande, ou que ninguém seja mandado; consiste em mandar e obedecer a seus iguais; não procura não ter chefe, mas só ter como chefes os seus iguais. No estado natural, os homens nascem bem na igualdade; mas não poderiam permanecer assim. A sociedade os faz perdê-la, e eles não se tornam de novo iguais senão através das leis. Tal é a diferença entre a democracia regrada e aquela que o não é: nesta, só se é igual como cidadão; na outra, também se é igual como magistrado, como senador, como juiz, como pai, como marido, como senhor.

Nesse sentido, orientou-se o legislador constituinte ao prever a existência de imunidades e garantias aos agentes políticos, exercentes das precípuas funções estatais, visando o bom e harmônico funcionamento e perpetuidade dos poderes da república e a salvaguarda dos direitos fundamentais.

Ao prelecionar sobre a divisão dos poderes, Montesquieu mostrava o necessário para o equilíbrio dos poderes, dizendo que para formar-se um governo moderado,

> "precisa-se combinar os poderes, regrá-los, temperá-los, fazê-los agir; dar a um poder, por assim dizer, um lastro, para pô-lo em condições de resistir a um outro. É uma obra-prima de legislação, que raramente o acaso produz, e raramente se deixa a prudência produzir (...) Sendo o seu corpo legislativo composto de duas partes, uma acorrentada a outra pela mútua faculdade de impedir. Ambas serão amarradas pelo Poder Executivo, o qual o será, por seu turno, pelo Legislativo. Esses três poderes deveriam originar um impasse, uma inação. Mas como, pelo movimento necessário das coisas, são compelidos a caminhar, eles haverão de caminhar em concerto" (*O espírito das leis*. Introdução, tradução e notas de Pedro Vieira Mota. 3. ed. São Paulo: Saraiva, 1994. p. 25-26).

Não há, pois, qualquer dúvida da estreita interligação constitucional entre a defesa da separação de poderes e dos direitos fundamentais como requisito *sine qua non* para a existência de um Estado democrático de direito. Nessa esteira, o legislador constituinte previu diversas imunidades e garantias para os exercentes de funções estatais relacionadas com a defesa dos direitos fundamentais e gerência dos negócios do Estado, definindo-as nos capítulos respectivos dos poderes Legislativo, Executivo e Judiciário e, também, da instituição do Ministério Público.

Os órgãos exercentes das funções estatais, para serem independentes, conseguindo frear uns aos outros, com verdadeiros controles recíprocos, necessitavam de certas garantias e prerrogativas constitucionais. Tais garantias são invioláveis e impostergáveis, sob pena de ocorrer desequilíbrio entre eles e desestabilização do governo. Quando o desequilíbrio agiganta o Executivo, instala-se o despotismo, a ditadura, desaguando no próprio arbítrio, como afirmava Montesquieu ao analisar a necessidade da existência de imunidades e prerrogativas para o bom exercício das funções do Estado.

Se, por um lado, as imunidades e garantias dos agentes políticos, previstas na Constituição Federal, são instrumentos para perpetuidade da separação independente e harmônica dos poderes de Estado, por outro lado, igualmente defendem a efetividade dos direitos fundamentais e a própria perpetuidade do regime democrático.

Separação de poderes como garantia dos direitos fundamentais. Conferir: BONDY, William. The separation of governmental powers. In: *History and theory in the constitutions*. New York: Columbia College, 1986. p. 12-13; PIÇARRA, Nuno. *A separação dos poderes como doutrina e princípio constitucional*. Coimbra: Coimbra Editora, 1989; BANDRÉS, José Manuel. *Poder judicial y constitución*. Barcelona: Bosch, 1987. p. 9; CANOTILHO, J. J. Gomes, MOREIRA, Vital. *Os poderes do presidente da república*. Coimbra: Coimbra Editora, 1991. p. 71; ALEXY, Robert. *Teoría de los derechos fundamentales*. Trad. da edição tedesca de 1986 por Ernesto Garzón Valdés. Madri: Centro de Estudos Constitucionales, 1993. p. 135; FAYT, Carlos S. *Supremacía constitucional e independencia de los jueces*. Buenos Aires: Depalma, 1994. p. 2; CAETANO, Marcelo. *Direito constitucional*. 2. ed. Rio de Janeiro: Forense, 1987. v. 1, p. 244; FERRAZ, Anna Cândida da Cunha. *Conflito entre poderes*: o Poder Congressual de sustar atos normativos do Poder Executivo. São Paulo: Revista dos Tribunais, 1994. p. 2021; CLÉVE, Clèmerson Merlin. *Atividade legislativa do poder executivo no Estado contemporâneo e na Constituição de 1988*. São Paulo: Revista dos Tribunais, 1993. p. 26.

Origem da teoria da separação dos poderes: "podem ser catalogados Platão e Aristóteles, na antiguidade; Santo Tomás de Aquino e Marsílio de Pádua, no medievo; Bodin e Locke, na modernidade" (MENEZES, Anderson. *Teoria geral do Estado*. 4. ed. Rio de Janeiro: Forense, 1984. p. 246).

Mecanismos de freios e contrapesos: STF – "Os mecanismos de controle recíprocos entre os poderes, os 'freios e contrapesos' admissíveis na estruturação das unidades federadas, sobre constituírem matéria constitucional local, só se legitimam na medida em que guardem estreita similaridade com os previstos na Constituição da República" (STF – Pleno – ADI 1.905-MC – Rel. Min. Sepúlveda Pertence, julgamento: 19-11-1998).

Separação de poderes e a regra da ampla revisão judicial: STF – "Cabe ao Poder Judiciário a análise da legalidade e constitucionalidade dos atos dos três Poderes constitucionais e, em vislumbrando mácula no ato impugnado, afastar sua aplicação" (STF – 1ª T. – AI 640.272-AgR – Rel. Min. Ricardo Lewandowski, julgamento: 2-10-2009).

Conferir, ainda: STF – 1ª T. – RE 365.368-AgR – Rel. Min. Ricardo Lewandowski, julgamento: 22-5-2007.

Excepcionalidade da atuação do Poder Judiciário na aplicação de políticas públicas: STF – "Embora resida, primariamente, nos Poderes Legislativo e Executivo, a prerrogativa de formular e executar políticas públicas, revela-se possível, no entanto, ao Poder Judiciário, determinar, ainda que em bases excepcionais, especialmente nas hipóteses de políticas públicas definidas pela própria Constituição, sejam estas implementadas pelos órgãos estatais inadimplentes, cuja omissão – por importar em descumprimento dos encargos político-jurídicos que sobre eles incidem em caráter mandatório – mostra-se apta a comprometer a eficácia e a integridade de direitos sociais e culturais impregnados de estatura constitucional. A questão pertinente à 'reserva do possível'" (STF – 2ª T. – RE 436.996-AgR – Rel. Min. Celso de Mello, julgamento: 22-11-2005).

Proibição de concessão de liminares por medida provisória: STF – "Suspensão dos efeitos e da eficácia da Medida Provisória nº 375, de 23-11-93, que, a pretexto de regular a concessão de medidas cautelares inominadas (CPC, art. 798) e de liminares em mandado de segurança (Lei nº 1.533/51, art. 7º, II) e em ações civis públicas (Lei nº 7.347/85, art. 12), acaba por vedar a concessão de tais medidas, além de obstruir o serviço da Justiça, criando obstáculo à obtenção da prestação jurisdicional e atentando contra a separação dos poderes, porque sujeita o Judiciário ao Poder Executivo" (Pleno – ADin nº 975-3/DF – medida liminar – rel. Min. Carlos Velloso, *Diário da Justiça*, Seção I, 20 jun. 1997, p. 28467).

Controle externo do Poder Judiciário e do Ministério Público – Inconstitucionalidade – Supremacia da separação de poderes (CF, art. 2º): STF – "Declarada a inconstitucionalidade de norma da Constituição do Estado da Paraíba que instituía o Conselho Estadual de Justiça, composto por dois desembargadores, um representante da Assembleia Legislativa do Estado, o Procurador-Geral do Estado e o Presidente da Seccional da OAB, atribuindo-lhe a fiscalização da atividade administrativa e do desempenho dos deveres funcionais do Poder Judiciário, do Ministério Público, da Advocacia Geral do Estado e da Defensoria Pública. O Tribunal entendeu que a norma impugnada ofende o princípio da separação dos poderes (CF, art. 2º). ADIn 135-PB, rel. Min. Octavio Gallotti, 21-11-96" (*Informativo STF* nº 54).

Conselho Nacional da Justiça: a EC nº 45/04 estabeleceu, como órgão do Poder Judiciário, o Conselho Nacional de Justiça, com sede na Capital Federal, porém sem funções jurisdicionais, pois, como lembram Garcia de Enterría e Fernandez Tomás-Ramón, "a relação entre o Direito e o Juiz é direta, sem que nenhum outro sujeito ou órgão possa intervir no momento de tomar suas decisões" (ENTERRÍA, Garcia de; FERNANDEZ, Tomás-Ramón. *Curso de derecho administrativo*. Madri: Civitas, 1988. v. I. p. 28). O Conselho Nacional de Justiça é composto por 15 membros, cuja maioria (9) é composta por membros do próprio Poder Judiciário, que podem ser divididos da seguinte forma: *membros do Judiciário, membros das funções essenciais à Justiça (advocacia e Ministério Público) e membros da sociedade escolhidos pelo Legislativo*: um Ministro do Supremo Tribunal Federal, indicado pelo respectivo tribunal; um Ministro do Superior Tribunal de Justiça, indicado pelo respectivo tribunal; um Ministro do Tribunal Superior do Trabalho, indicado pelo respectivo tribunal; um desembargador de Tribunal de Justiça, indicado pelo Supremo Tribunal Federal; um juiz estadual, indicado pelo Supremo Tribunal Federal; um juiz de Tribunal Regional Federal, indicado pelo Superior Tribunal de Justiça; um juiz federal, indicado pelo Superior

Tribunal de Justiça; um juiz de Tribunal Regional do Trabalho, indicado pelo Tribunal Superior do Trabalho; um juiz do trabalho, indicado pelo Tribunal Superior do Trabalho; um membro do Ministério Público da União, indicado pelo Procurador-Geral da República; um membro do Ministério Público estadual, escolhido pelo Procurador-Geral da República dentre os nomes indicados pelo órgão competente de cada instituição estadual; dois advogados, indicados pelo Conselho Federal da Ordem dos Advogados do Brasil; dois cidadãos, de notável saber jurídico e reputação ilibada, indicados um pela Câmara dos Deputados e outro pelo Senado Federal. Não se trata, portanto, de um verdadeiro controle externo ao Poder Judiciário, tampouco de última instância controladora, uma vez que sempre haverá a possibilidade de impugnação das decisões tomadas pelo Conselho Nacional de Justiça, cuja competência para o processo e julgamento de eventuais ações propostas será sempre do Supremo Tribunal Federal, nos termos do art. 102, I, *r*, da Constituição Federal. **Em relação à legislação comparada, criação, funcionamento e limites do Conselho Nacional de Justiça, conferir:** MORAES, Alexandre de. *Direito constitucional*. 17. ed. São Paulo: Atlas, 2005.

Constitucionalidade do Conselho Nacional de Justiça e respeito à regra da separação de poderes: O Supremo Tribunal Federal, na mesma linha dos argumentos expostos desde a 5ª edição dessa obra (janeiro/2005), declarou, por maioria, a constitucionalidade do Conselho Nacional de Justiça e o respeito da EC nº 45/04 à regra prevista no art. 2º da Constituição Federal ("Separação de Poderes"), afirmando que "remontando à matriz histórica e à evolução da doutrina política que inspiraram nosso sistema constitucional da separação dos Poderes, afirmou-se que o constituinte desenhou a estrutura institucional desses Poderes de forma a garantir-lhes a independência no exercício das funções típicas, por meio da previsão de autonomia orgânica, administrativa e financeira, temperando-a, no entanto, com a prescrição de outras atribuições, muitas de controle recíproco, cujo conjunto forma um sistema de integração e cooperação preordenado a assegurar equilíbrio dinâmico entre os órgãos, em benefício da garantia da liberdade, consistindo esse quadro normativo em expressão natural do princípio na arquitetura política dos freios e contrapesos". **Afirmou, ainda, que** "o CNJ é órgão próprio do Poder Judiciário (CF, art. 92, I-A), composto, na maioria, por membros desse mesmo Poder (CF, art. 103-B), nomeados sem interferência direta dos outros Poderes, dos quais o Legislativo apenas indica, fora de seus quadros e, assim, sem vestígios de representação orgânica, dois dos quinze membros, não podendo essa indicação se equiparar a nenhuma forma de intromissão incompatível com a ideia política e o perfil constitucional da separação e independência dos Poderes. Salientou-se, ademais, que a composição híbrida do CNJ não compromete a independência interna e externa do Judiciário, porquanto não julga causa alguma, nem dispõe de atribuição, de nenhuma competência, cujo exercício interfira no desempenho da função típica do Judiciário, a jurisdicional" (STF – Pleno – Adin nº 3.367/DF – rel. Min. César Peluso, decisão: 13-4-2005. *Informativo STF* nº 383). **Observe-se que somente o Ministro Marco Aurélio julgou integralmente procedente a ação direta de constitucionalidade. Os Ministros Ellen Gracie e Carlos Velloso julgaram parcialmente procedente, para declarar a inconstitucionalidade dos incisos X, XI, XII e XIII do art. 103-B (participação no CNJ dos membros do Ministério Público da União e estadual, dos advogados e dos cidadãos escolhidos pela Câmara dos Deputados e pelo Senado Federal) bem como o Min. Sepúlveda Pertence (participação dos cidadãos escolhidos pela Câmara dos Deputados e pelo Senado Federal).**

Constitucionalidade do Conselho Nacional de Justiça e respeito à Federação: STF – "Da mesma forma, julgou-se improcedente a alegada violação ao pacto federativo. Ressaltou-se que este, em relação ao Poder Judiciário, se expressa de forma normativa diversa da que atua sobre os demais Poderes, pois a Jurisdição, enquanto manifestação da unidade do poder soberano do Estado, é una e indivisível, sendo doutrina assente que o Poder Judiciário tem caráter nacional, consistindo a divisão da estrutura judiciária brasileira, sob equívoca denominação, em 'Justiças', como resultado tão só da repartição racional do trabalho da mesma natureza entre distintos órgãos jurisdicionais. Considerou-se que o CNJ reúne as características palpáveis de órgão federal, enquanto representativo do Estado unitário, formado pela associação das unidades federadas. Não é órgão da União, mas sim do Poder Judiciário nacional, não havendo que se falar, assim, em supervisão administrativa, orçamentária, financeira e disciplinar dos órgãos judiciários estaduais por órgão da União. Assentou-se, ainda, que a composição do Conselho reverencia e contempla as duas esferas federativas dotadas de 'Justiças', a União e os Estados-membros, os quais contam com representantes das respectivas magistraturas (CF, art. 103-B, I a IX). Concluiu-se que o Conselho não anula, mas reafirma o princípio federativo" (STF – Pleno – Adin nº 3.367/DF – rel. Min. César Peluso, decisão: 13-4-2005. *Informativo STF* nº 383).

Constitucionalidade da previsão de realização de controle ético-disciplinar do Poder Judiciário pelo Conselho Nacional de Justiça: STF – "Levando em conta as atribuições conferidas ao Conselho – controle da atividade administrativa e financeira do Judiciário e controle ético-disciplinar de seus membros – assentou-se que a primeira não atinge o autogoverno do Judiciário, visto que, da totalidade das competências privativas dos tribunais (CF, art. 96), nenhuma lhes foi usurpada, e que a segunda não acarreta imparcialidade jurisdicional, eis que representa expressiva conquista do Estado democrático de direito a consciência de que os mecanismos de responsabilização dos juízes, por inobservância das obrigações funcionais, são imprescindíveis à boa prestação jurisdicional, sendo de reconhecer, como imperativo do regime republicano e da inteireza e serventia da função, a necessidade de convívio permanente entre a independência jurisdicional e instrumentos de responsabilização dos juízes que não sejam apenas formais, mas que cumpram, com efetividade, o papel que se lhes predica. Acrescentou que a existência, no Conselho, de membros alheios ao corpo da magistratura, além de viabilizar a erradicação do corporativismo, estende uma ponte entre o Judiciário e a sociedade, permitindo a oxigenação da estrutura burocrática do Poder e a resposta a críticas severas" (STF – Pleno – Adin nº 3.367/DF – rel. Min. César Peluso, decisão: 13-4-2005. *Informativo STF* nº 383).

Princípio da legalidade e poder normativo primário do Conselho Nacional de Justiça: conferir comentário ao princípio da legalidade (item 5.6).

Conselho Nacional do Ministério Público: a EC nº 45/04 estabeleceu, no art. 130-A, o Conselho Nacional do Ministério Público, cujo funcionamento deverá observar todas as garantias e funções institucionais e dos membros do *Parquet*, impedindo a ingerência dos demais poderes de Estado em seu funcionamento, pois a Carta Magna caracterizou a Instituição como órgão autônomo e independente, e destinou-a ao exercício de importante missão de verdadeiro fiscal da perpetuidade da federação, da Separação dos Poderes, da legalidade e moralidade pública, do regime democrático e dos direitos e garantias individuais. O desrespeito a essa consagração constitucional ao Ministério Público caracterizará, conforme verificado no item anterior, a *deformação da vontade soberana do poder constituinte*, e, consequentemente, a erosão da própria consciência constitucional. O Conselho será composto por catorze membros, cuja maioria (oito) é composta por membros do próprio Ministério Público, que podem ser divididos da seguinte forma: *membros do Ministério Público, membros do Judiciário, membros da advocacia* e *membros da sociedade escolhidos pelo Legislativo*: o Procurador-Geral da República, que o preside; quatro membros do Ministério Público da União, assegurada a representação de cada uma de suas carreiras; três membros do Ministério Público dos Estados; dois juízes, indicados um pelo Supremo Tribunal Federal e outro pelo Superior Tribunal de Justiça; dois advogados, indicados pelo Conselho Federal da Ordem dos Advogados do Brasil; dois cidadãos de notável saber jurídico e reputação ilibada, indicados um pela Câmara dos Deputados e outro pelo Senado Federal. **Em relação à legislação comparada, criação, funcionamento e limites do Conselho Nacional do Ministério Público, conferir:** MORAES, Alexandre de. *Direito constitucional*. 20. ed. São Paulo: Atlas, 2006.

Separação de poderes – revogação de medida provisória por outra medida provisória: STF – "Ementa: 1. Ação direta de inconstitucionalidade. Medida cautelar. Medida Provisória nº 876, de 30-1-1995, que revogou a Medida Provisória nº 824, de 6-1-1995, antes do decurso do prazo de trinta dias, enquanto submetida ao Congresso Nacional, reeditando-se, entretanto, o texto da anterior. 2. Alegações de ofensa ao princípio da separação dos Poderes e de abuso na edição de Medidas Provisórias. 3. As Medidas Provisórias e o sistema da Constituição de 1988. Orientação adotada pelo STF. 4. O Presidente da República pode expedir medida provisória revogando outra medida provisória, ainda em curso no Congresso Nacional. A medida provisória revogada fica, entretanto, com sua eficácia suspensa, até que haja pronunciamento do Poder Legislativo sobre a medida provisória ab-rogante. Se for acolhida pelo Congresso Nacional a medida provisória ab-rogante, e transformada em lei, a revogação da medida anterior torna-se definitiva; se for, porém, rejeitada, retomam seu curso os efeitos da medida provisória ab-rogada, que há de ser apreciada, pelo Congresso Nacional, no prazo restante à sua vigência. 5. Hipótese em que não se justifica a medida cautelar pleiteada, visando suspender os efeitos da medida provisória ab-rogante" (ADIn nº 1.204-5 – rel. Min. Néri da Silveira – *Informativo STF* nº 16).

Composição do Conselho Nacional do Ministério Público e escolha dos 3 (três) membros dos Ministérios Públicos estaduais: STF – "Por considerar densa a plausibilidade da alegação de desrespeito ao § 2º do art. 60 da CF, que dispõe sobre o processo legislativo referente à proposta de emenda constitucional, o Tribunal concedeu liminar requerida em ação direta de inconstitucionalidade ajuizada pela Associação Nacional dos Membros do Ministério Público – CONAMP para suspender a eficácia das expressões 'e do Ministério Público', 'respectivamente' e 'e ao Ministério Público da União', contidas no § 1º do art. 5º da Emenda Constitucional 45/2004. Entendeu-se que a inovação promovida pelo Senado quanto à indicação e escolha supletiva de nomes para o Conselho Nacional do Ministério Público teria implicado alteração substancial no texto aprovado, em dois turnos, pela Câmara dos Deputados, segundo o qual caberia, também ao STF, o aludido mister" (STF – Pleno – Adin nº 3472/DF – medida cautelar – rel. Min. Sepúlveda Pertence, decisão: 28-4-2005 – *Informativo STF* nº 385, p. 1 e nº 392, p. 3). **Em virtude dessa decisão, o Colégio de Procuradores-Gerais de Justiça e a CONAMP (Confede-**

ração Nacional do Ministério Público) decidiram recomendar que cada Ministério Público escolhesse um membro e enviasse o nome ao Senado Federal, que por sua vez, mediante eleição do plenário, escolheu os três membros dos Ministérios Públicos estaduais no CNMP.

Incidência de correção monetária e separação de poderes: STF – "Ementa: Condenação ao pagamento de vencimentos e proventos. Incidência de correção monetária. Tendo a jurisprudência desta Corte se firmado no sentido de que, com relação à condenação ao pagamento de vencimentos e de proventos, incide a correção monetária, por se tratar de dívida de valor, dada sua natureza alimentar, não há que se falar em violação aos princípios constitucionais da reserva legal e da separação de Poderes, pois a razão de ser da incidência da correção monetária decorre da natureza da dívida que, por ser de valor, tem de ser corrigida monetariamente para que se mantenha o valor capaz de satisfazer o crédito" (Agravo em AI nº 138.974-6 – rel. Min. Moreira Alves – *Informativo STF* nº 11).

Inconstitucionalidade de norma que subordina convênios e dívidas da administração à aprovação da Assembleia Legislativa: STF – "Ementa: CONSTITUIÇÃO. CONVÊNIOS E DÍVIDAS DA ADMINISTRAÇÃO: AUTORIZAÇÃO DA ASSEMBLEIA LEGISLATIVA: INCONSTITUCIONALIDADE. Constituição do Estado do Rio Grande do Sul, inciso XXVI do art. 53, e § 2º do art. 82. I – Norma que subordina convênios e dívidas da administração à aprovação da Assembleia Legislativa: inconstitucionalidade, porque ofensiva ao princípio da independência e harmonia dos poderes. CF, art. 2º. Precedentes do STF. II – Inconstitucionalidade do inc. XXVI do art. 53, e § 2º do art. 82, ambos da Constituição do Estado do Rio Grande do Sul. III – Ação direta de inconstitucionalidade julgada procedente" (ADin nº 177-9/RS – Pleno – rel. Min. Carlos Velloso, *Diário da Justiça*, Seção I, 25 out. 1996, p. 41026).

Concessão de serviços de radiodifusão de som e imagem (televisão) e separação dos poderes: TRF – 1ª Região: "Nos termos do disposto no art. 49, VII, da Constituição Federal de 1988, é da competência exclusiva do Congresso Nacional apreciar os atos de concessão e renovação de concessão de emissoras de rádio e televisão. Ao proibir o exercício dessa competência constitucional exclusiva, a sentença praticou ato jurisdicional flagrantemente ilegal e teratológico e atentou gravemente contra o princípio da independência e harmonia dos Poderes da República, violando de uma só cambulhada, os arts. 2º e 149, XII, da Carta Magna em vigor" (MS 92.01.05374-6/DF – 1ª Seção – rel. Juiz Hércules Quasímodo, *Diário da Justiça*, Seção II, 6 jun. 1996, p. 28848).

2.3 Controles do Legislativo em relação ao Executivo

Dentro do mecanismo de controles recíprocos constitucionalmente previsto, a Constituição Federal estabelece várias hipóteses em que o Poder Executivo será controlado pelo Poder Legislativo. A título exemplificativo, compete ao Legislativo autorizar o Presidente da República a declarar guerra e fazer a paz (CF, art. 48, X e XI); resolver sobre tratados e convenções com países estrangeiros, celebrados pelo Presidente da República (CF, art. 49, I); sustar os atos normativos do Poder Executivo que exorbitem do poder regulamentar ou dos limites de delegação legislativa (CF, art. 49, V); receber o compromisso do Presidente e do Vice-presidente (CF, art. 57, III); deliberar sobre o veto presidencial, podendo derrubá-lo por maioria absoluta (CF, art. 57, IV e art. 66, § 4º); aprovar intervenção federal (CF, art. 36, § 1º) e o Estado de defesa (CF, art. 136, § 4º) decretados pelo Presidente da República (CF, art. 84, IX e X); autorizar (CF, art. 137) o Presidente da República a decretar o Estado de sítio (CF, art. 84, IX); fiscalizar, com o auxílio do Tribunal de Contas, a administração financeira e a execução do orçamento (CF, arts. 49, IX, e 71); aprovar, através de uma de suas Casas Legislativas (Senado Federal), a indicação feita pelo Presidente da República (CF, art. 84, XIV), para nomeação dos Ministros do Supremo Tribunal Federal (CF, art. 101, parágrafo único), do Superior Tribunal de Justiça (CF, art. 104, parágrafo único), do Procurador-Geral da República (CF, art. 129, § 1º), Ministros do Tribunal de Contas (CF, art. 73, § 2º, I), Chefes de missão diplomática em caráter permanente (CF, art. 52, IV); eleger membros do Conselho da República, órgão superior de consulta do Presidente da República (CF, art. 89, VII).

Separação de Poderes e aprovar de intervenção federal pelo Congresso Nacional (CF, art. 36, § 1º): conferir a atuação do Legislativo em relação aos Decretos nºs 9.288/2018 e 9.602/2018 do Presidente da República decretando intervenção federal, respectivamente, nos Estados do Rio de Janeiro e Roraima.

Julgamento das contas do governador do Estado e independência do Poder Legislativo local: STJ – "Recurso ordinário. Mandado de segurança. Governador de Estado. Prestação de contas. Parecer prévio do TCE. Natureza. Julgamento da Assembleia Legislativa. Impedimento pelo Judiciário. Impossibilidade. Inexistência de alternatividade de pedidos. Nulidade de ato irrealizado. Declaração inadmissível. Sendo peça opinativa, o parecer prévio do Tribunal de Contas Estadual não vincula o pronunciamento posterior da Assembleia Legislativa, cujo exercício da competência constitucional não pode ser impedido pelo Judiciário. Entendimento contrário implica em contrariedade ao princípio da independência dos Poderes. É inconfundível a natureza técnica do parecer prévio do TCE com o julgamento político da Assembleia Legislativa Estadual" (*Ementário STJ* nº 15/67 – RMS nº 2.622-0 – BA. rel. Min. Peçanha Martins. 2ª T. Maioria. *DJ* 10-6-96).

2.4 Controles do Legislativo em relação ao Judiciário

Igualmente, existe a previsão constitucional de um sistema de controles realizados pelo Poder Legislativo em relação ao Poder Judiciário. A título exemplificativo: compete ao Congresso Nacional legislar sobre organização judiciária (CF, arts. 48, IV, 93, I, *d*, II, 124, parágrafo único, 121 e 113); aprovação da nomeação de ministros e juízes pelo Presidente da República (CF, art. 48, VIII); possibilidade de concessão de anistia, apesar de decisão judicial com trânsito em julgado (CF, art. 48, VIII); processo e julgamento do Presidente da República, Ministros de Estado, Ministros do Supremo Tribunal e o Procurador Geral da República, por crimes de responsabilidade (CF, arts. 51, I, 52, I e II); possibilidade da criação de comissões parlamentares de inquérito com "poderes de investigação próprios das autoridades judiciais, além de outros previstos nos regimentos das respectivas Casas" (CF, art. 58, § 3º).

Decisão normativa da Justiça do Trabalho e separação dos poderes (CF, arts. 2º, 5º, II, 114, § 2º, 22, I, 44 e 48): STF – "Em que pese o inegável alargamento dessa competência normativa pela Constituição de 1988, em comparação com a regra correspondente da Carta revogada (art. 142, § 3º), torna-se, sem dúvida, mister definir e delimitar o conteúdo da nova disposição, que jamais poderá ser alçada, no contexto de nosso regime político, ao grau de um poder irrestrito de legislar, atribuído a órgão do Judiciário. Assim, a primeira limitação, a estabelecer, há de ser resumida na singela afirmação de que não pode, a Justiça do Trabalho, produzir normas ou condições, contrárias à Constituição (...). A segunda ordem de limitações ao poder normativo da Justiça do Trabalho é sugerida pelo exame da cláusula 29ª (fls. 1.019) e concerne às matérias reservadas à lei, pela Constituição (...). Penso, então, que é fonte formal de direito objetivo a decisão proferida pela Justiça do Trabalho, na resolução de dissídio coletivo, autônoma na sua elaboração, porém, somente suscetível de operar no vazio legislativo, como regra subsidiária ou supletiva, subordinada à supremacia da lei" (RE 197.911/PE – 1ª T. – m.v. – trecho do voto do Ministro-relator Octávio Galotti – *Informativo STF* nº 48).

2.5 Controles do Executivo em relação ao Legislativo

Vejamos, igualmente, alguns exemplos onde o Poder Executivo realizará controles em relação ao Poder Legislativo: possibilidade de o Presidente da República exigir o regime de urgência em projetos de lei de sua autoria (CF, art. 63); edição de medidas provisórias, em caso de relevância e urgência, com força de lei (CF, art. 62); participação no processo legislativo ordinário através da deliberação executiva (sanção ou veto presidencial – CF, art. 66); nomeação de membros do Tribunal de Contas da União, órgão auxiliar do Poder Legislativo (CF, arts. 61 e 73, § 2º, I).

2.6 Controles do Executivo em relação ao Judiciário

Também o Executivo realiza controle sobre o Poder Judiciário. A título de exemplos: livre escolha e nomeação dos Ministros do Supremo Tribunal Federal (CF, art. 101); escolha e nomeação dos Ministros do Superior Tribunal de Justiça (CF, art. 104); possibilidade de concessão de indulto ou comutação de penas (CF, art. 84, XII).

2.7 Controles do Judiciário em relação ao Legislativo

Em relação ao controle exercido pelo Poder Judiciário sobre o Poder Legislativo, podemos apontar, exemplificativamente: possibilidade de o Supremo Tribunal Federal declarar, em tese, a inconstitucionalidade de lei ou ato normativo estadual ou federal (CF, art. 102, I, *a*); exercício do controle difuso de constitucionalidade das leis ou atos normativos do Poder Público (CF, art. 97); compete ao Supremo Tribunal Federal processar e julgar os parlamentares nas infrações penais comuns (CF, art. 102, I, *b*); elaboração de seus próprios regulamentos e regimentos internos e organização de seus serviços (CF, art. 96).

2.8 Controles do Judiciário em relação ao Executivo

Por fim, apontemos algumas hipóteses de controle realizado pelo Judiciário em relação ao Poder Executivo: possibilidade de não permitir-se que o Presidente da República conceda a extradição, em caso de ausência dos requisitos constitucionais e legais (CF, art. 5º, LI e LII); possibilidade de o Supremo Tribunal Federal declarar, em tese, a inconstitucionalidade de lei ou ato normativo estadual ou federal (CF, art. 102, I, *a*); exercício do controle difuso de constitucionalidade das leis ou atos normativos do Poder Público (CF, art. 97); compete ao Supremo Tribunal Federal o processo e julgamento do Presidente e Vice-presidente da República nas infrações penais comuns (CF, art. 102, I, *b*); efetivação do provimento dos cargos de suas secretarias, concedendo licença e férias aos seus funcionários (CF, art. 96, I, *f*).

Poder Executivo e suspensão, via decreto, do pagamento de quaisquer acréscimos pecuniários devidos aos servidores públicos legais, decorrentes de concessão de vantagens e benefícios funcionais. Inconstitucionalidade – O Supremo Tribunal Federal reconheceu aparente violação ao princípio da separação dos poderes (CF, art. 2º). Ação direta ajuizada pela Confederação dos Servidores Públicos do Brasil – CSPB. ADin 1.410-ES, rel. Min. Ilmar Galvão, 29-2-96. (*Informativo STF* nº 21).

Concurso Público e separação de poderes: STF – "Concurso – Correção de Prova – Princípio Político Constitucional da Separação da Independência e Harmonia dos Poderes. Longe fica de contrariar o disposto no art. 2º da Carta Política da República provimento judicial que, a partir da premissa sobre a má-vontade da banca examinadora na correção de prova manuscrita, considerada a caligrafia do candidato, assenta a improcedência dos erros apontados" (Ag. nº 171342-0 – AgRg – rel. Min. Marco Aurélio – *Informativo STF* nº 28).

Controle jurisdicional do ato administrativo: STJ – "O controle jurisdicional do ato administrativo, para não violar a separação dos poderes, distancia-se do critério político (mérito), cingindo-se à verificação das prescrições legais determinadas (competência e manifestação da vontade do agente, objeto, conteúdo, finalidade e forma). O critério político e razões técnicas, desde que lícitos, são estranhos à prestação jurisdicional" (STJ – *Ementário* nº 9/41 – MS nº 3.071-0 – DF. rel. Min. Milton Luiz Pereira. 1ª Seção. Unânime. *DJ* 14-3-94); "É defeso ao Poder Judiciário apreciar o mérito do ato administrativo, cabendo-lhe unicamente examiná-lo sob o aspecto de sua legalidade, isto é, se foi praticado conforme ou contrariamente à lei. Esta solução se funda no princípio da separação dos poderes, de sorte que a verificação das razões de conveniência ou de oportunidade dos atos administrativos escapa ao controle jurisdicional do Estado" (STJ – *Ementário* nº 10 – RMS nº 1.288-0 – SP. rel. Min. Cesar Asfor Rocha. 1ª T. Unânime. *DJ* 2-5-94).

E, ainda, no mesmo sentido: *STJ – Ementário* nº 14/003 – REsp nº 69.735-0 – SP. Rel. Min. Luiz Vicente Cernicchiaro. 6ª T. Unânime. *DJ* 15-4-96. STJ – 1ª Seção; MS nº 4.265/ DF – rel. Min. Milton Luiz Pereira; j. 10-4-1996; v.u.; ementa – AASP nº 1993 – 5 a 11 mar. 1997, p. 19 – e; Tribunal de Justiça de São Paulo – Apelação Cível nº 210.985-1 – Sertãozinho – 5-8-94 – rel.: Des. Cunha de Abreu.

Ato administrativo e análise da viabilidade jurídica: STJ – "A independência e autonomia dos poderes registram nítida distinção entre a instância judiciária e a administrativa. O mérito do ato administrativo, entendido como juízo de oportunidade e conveniência, é próprio do administrador. Vedado ao Judiciário substituí-lo. Admissível, porém, analisar os fundamentos da decisão para concluir se a opção guarda respaldo jurídico. Dentre conclusões legalmente admissíveis, a Administração escolhe a que melhor atenda o interesse público. Resta ao Judiciário julgar a conformidade do ato com o Direito" (*Ementário STJ* nº 3/530 – RMS nº 129 – PR. Reg. nº 8900116584. rel. Min. Vicente Cernicchiaro. 2ª T. Unânime. *DJ* 2-4-90).

Impossibilidade do Poder Judiciário estender reajuste de vencimentos a determinadas carreiras no serviço público não contempladas pelo ato normativo. Desrespeito ao princípio da legalidade e da separação de poderes: STF – "O princípio constitucional da separação de poderes impede que os Juízes e Tribunais – que não dispõem de função legislativa – estendam, a categorias funcionais não beneficiadas pelo ato estatal, as vantagens que somente foram concedidas a determinados estratos do Serviço Público. A Súmula 339/STF – cuja formulação presta obséquio ao postulado nuclear da separação de poderes – foi recebida, quanto ao seu enunciado, pela nova ordem constitucional promulgada em 1988, que erige o legislador como sujeito concretizante do princípio da isonomia (*RTJ* 147/931)" – (RE nº 165.864-9 – rel. Min. Celso de Mello. *Informativo STF* nº 30).

Contagem de Tempo de Serviço: "Ofende os princípios da separação dos poderes e da legalidade de decisão que, a pretexto de conceder tratamento isonômico ao dispensado pelo Decreto-lei nº 2.019/83 aos magistrados da União, reconhece a juiz estadual o direito à contagem do tempo de advocacia prestado à iniciativa privada, a despeito de não haver no Estado lei que o permita. RE 140.097-RS, Marco Aurélio, 14-5-96." (*Informativo STF* nº 32).

Art. 3º Constituem objetivos fundamentais da República Federativa do Brasil:

I – construir uma sociedade livre, justa e solidária;

II – garantir o desenvolvimento nacional;

III – erradicar a pobreza e a marginalização e reduzir as desigualdades sociais e regionais;

IV – promover o bem de todos, sem preconceitos de origem, raça, sexo, cor, idade e quaisquer outras formas de discriminação.

3.1 Objetivos fundamentais da República

A Constituição Federal estabelece vários objetivos fundamentais a serem seguidos pelas autoridades constituídas, no sentido de desenvolvimento e progresso da nação brasileira. A partir da definição dos objetivos, os diversos capítulos da Carta Magna passam a estabelecer regras que possibilitem seu fiel cumprimento.

Ressalte-se que, ao legislador ordinário e ao intérprete, em especial às autoridades públicas dos poderes Executivo e Legislativo e da Instituição do Ministério Público, esses objetivos fundamentais deverão servir como *vetores de interpretação*, seja na edição de leis ou atos normativos, seja nas suas aplicações.

Logicamente, o rol de objetivos do art. 3º não é taxativo, tratando-se tão somente da previsão de algumas finalidades a serem perseguidas pela República Federativa do Brasil. Os poderes públicos devem buscar os meios e instrumentos para promover condições de igualdade real e efetiva e não somente contentar-se com a igualdade formal, em respeito a um dos objetivos fundamentais da República: *construção de uma sociedade justa*.

Para adoção desse preceito deve existir uma política legislativa e administrativa que não pode contentar-se com a pura igualdade legal, adotando normas especiais tendentes a corrigir os efeitos díspares ocasionados pelo *tratamento igual dos desiguais*.

Cf. Lei nº 7.716, de 5-1-1989, alterada pela Lei nº 8.081, de 21-9-1990: "Define os crimes resultantes de preconceitos de raça ou de cor."

Inclusão de pessoas com deficiência e construção de uma sociedade solidária: STF – "Em 30-3-2007, o Brasil assinou, na sede da ONU, a Convenção sobre os Direitos das Pessoas com Deficiência, bem como seu Protocolo Facultativo, comprometendo-se a implementar medidas para dar efetividade ao que foi ajustado. A Lei 8.899/1994 é parte das políticas públicas para inserir os portadores de necessidades especiais na sociedade e objetiva a igualdade de oportunidades e a humanização das relações sociais, em cumprimento aos fundamentos da República de cidadania e dignidade da pessoa humana, o que se concretiza pela definição de meios para que eles sejam alcançados" (STF – Pleno – ADI 2.649 – Rel. Min. Carmen Lúcia, julgamento: 8-5-2008).

Princípio da solidariedade e sistema previdenciário: STF – "O sistema público de previdência social é fundamentado no princípio da solidariedade (art. 3º, I, da CB/1988), contribuindo os ativos para financiar os benefícios pagos aos inativos. Se todos, inclusive inativos e pensionistas, estão sujeitos ao pagamento das contribuições, bem como aos aumentos de suas alíquotas, seria flagrante a afronta ao princípio da isonomia se o legislador distinguisse, entre os beneficiários, alguns mais e outros menos privilegiados, eis que todos contribuem, conforme as mesmas regras, para financiar o sistema. Se as alterações na legislação sobre o custeio atingem a todos, indiscriminadamente, já que as contribuições previdenciárias têm natureza tributária, não há que se estabelecer discriminação entre os beneficiários, sob pena de violação do princípio constitucional da isonomia" (STF – 1ª T. – RE 450.855-AgR – Rel. Min. Eros Grau, julgamento: 23-8-2005).

Concurso público – exame psicotécnico e preconceito: STF – "Quando a lei do Congresso prevê a realização de exame psicotécnico para ingresso em carreira do serviço público, não pode a administração travestir o significado curial das palavras, qualificando como exame a entrevista em cláusula, de cujos parâmetros técnicos não se tenha notícia. Não é exame, nem pode integrá-lo, uma aferição carente de qualquer rigor científico, onde a possibilidade teórica do arbítrio, do capricho e do preconceito não conheça limites" (Rext. nº 112.676/MG – 2ª T. – rel. Min. Francisco Rezek, *Diário da Justiça*, Seção I, 18 dez. 1987, p. 29144). No mesmo sentido: Tribunal de Justiça do Paraná: 1ª CCível; Apelação Cível nº 42.138, rel. Des. Oto Sponholz (13-10-92) e Apelação Cível nº 42.064, rel. Des. Accácio Cambi (24-11-92).

3.2 Financiamento igualitário às candidaturas de pessoas negras como instrumento de efetividade da plena cidadania e combate à discriminação

A conquista da igualdade do voto, no mundo todo, foi essencial e necessária para o combate e a diminuição de todas as formas de discriminação, porém não suficiente. Há necessidade, também, de plena capacidade eleitoral passiva (elegibilidade), permitindo a todos que possam ser candidatos e, mais do que isso, que possam ser votados disputando eleições em igualdade de condições, inclusive de recursos eleitorais.

A sub-representação das pessoas negras nos Poderes eleitos, ao mesmo tempo que é derivada do racismo estrutural existente no Brasil, acaba sendo um dos principais instrumentos de perpetuação da gravíssima desigualdade social entre brancos e negros. Trata-se de um círculo extremamente vicioso, que afeta diretamente a igualdade proclamada na Constituição Federal e fere gravemente a dignidade das pessoas negras.

O histórico funcionamento do sistema político eleitoral brasileiro perpetua a desigualdade racial, pois, tradicionalmente, foi estruturado nas bases de uma sociedade ainda, e lamentavelmente, racista. O mesmo sempre ocorreu em relação à questão de gênero, cuja legislação vem avançando em busca de uma efetiva e concreta igualdade de oportunidades com a adoção de mecanismos de ações afirmativas.

O princípio da igualdade consagrado pela constituição opera em dois planos distintos. De uma parte, frente ao legislador ou ao próprio Executivo, na edição, respectivamente, de leis e atos normativos, impedindo que possam criar tratamentos abusivamente diferenciados a pessoas que se encontram em situações idênticas. Em outro plano, na obrigatoriedade ao intérprete, basicamente, a autoridade pública, de aplicar a lei e atos normativos de maneira igualitária, sem estabelecimento de diferenciações em razão de sexo, religião, convicções filosóficas ou políticas, raça, classe social.

A desigualdade inconstitucional na lei também se produz quando, mesmo sem expressa previsão, a aplicação da norma acarreta uma distinção de tratamento não razoável ou arbitrária especificamente a determinadas pessoas, como na presente hipótese em relação às candidaturas dos negros.

Nesse contexto, são justificáveis interpretações e políticas estatais baseadas em discriminações positivas, sempre legítimas quando: (a) houver demonstração empírica de que a neutralidade do ordenamento jurídico produz resultados prejudiciais a determinados grupos de indivíduos, reduzindo-lhes as oportunidades de realização pessoal (*viabilidade fática*); (b) a discriminação positiva se prestar a promover objetivo expressamente contemplado no texto constitucional (*viabilidade jurídica*); e (c) a vantagem jurídica proposta for virtualmente idônea para reverter o quadro de exclusão verificado na realidade social, gerando mais consequências positivas do que negativas (*viabilidade prática*).

A interpretação que venha a permitir a efetivação da plena participação política das brasileiras e brasileiros negros produziria inúmeros resultados positivos, promovendo uma espécie de compensação pelo tratamento aviltante historicamente aplicado à população negra no Brasil (*ideia de reparação*), viabilizando acesso preferencial a uma plataforma importante para subsidiar o rearranjo das condições de funcionamento do processo social (*ideia de redistribuição*), atenuando, por meio do exemplo positivo, o sentimento de inferiorização causado pela rarefeita presença de pessoas negras em posições políticas de prestígio (*ideia de reconhecimento*) e qualificando nosso sistema político eleitoral e a própria Democracia pela incorporação de políticos com experiências de vida plurais (*ideia de diversidade*).

Essas premissas são coerentes para justificar a utilização do recorte racial para a distribuição dos recursos públicos à disposição do sistema político eleitoral.

O que se discute é a distribuição de recursos públicos (financeiros e direito de arena) que, portanto, deve respeitar em sua execução os fundamentos constitucionais da República, previstos no art. 1º da Constituição Federal, em especial, assegurando a plena cidadania, a dignidade das pessoas e o pluralismo político; visando, sempre, atingir os objetivos fundamentais da Democracia brasileira estabelecidos no art. 3º de nossa Carta Magna, em especial, a construção de uma sociedade livre, justa e solidária, com a erradicação da pobreza e marginalização, com a redução das desigualdade sociais, para promover o bem de todos, sem preconceitos de origem, raça, sexo, cor, idade e quaisquer outras formas de discriminação.

O mapeamento dos indicadores sociais verificados no Brasil evidencia que a perpetuação intergeracional da desigualdade não constitui mero acaso, mas subproduto de um modelo estruturalmente injusto na distribuição das oportunidades. O que dificulta a identificação da discriminação no país é o seu escondimento sob facetas aparentemente neutras, como o mérito, a competição ou o desempenho. O princípio da igualdade, portanto, sustenta a constitucionalidade da interpretação baseada no recorte racial para a distribuição de recursos públicos no campo eleitoral, por se tratar de fórmula razoável e adequada para a realização da integração proporcional e efetiva dos negros em espaços de poder político.

Aplicação imediata a políticas públicas de incentivo a candidaturas de pessoas negras a cargos eletivos, referentes à Consulta 0600306-47.2019 do Tribunal Superior Eleitoral: STF – "Políticas públicas tendentes a incentivar a apresentação de candidaturas de pessoas negras aos cargos eletivos nas disputas eleitorais que se travam em nosso País, já a partir deste ano, prestam homenagem aos valores constitucionais da cidadania e da dignidade humana, bem como à exortação, abrigada no preâmbulo do texto magno, de construirmos, todos, uma sociedade fraterna, pluralista e sem preconceitos, fundada na harmonia social, livre de quaisquer formas de discriminação" (Pleno – ADPF/MC – Referendo – Rel. Min. Ricardo Lewandowski, SV de 25-9-2020 a 2-10-2020).

Art. 4º A República Federativa do Brasil rege-se nas suas relações internacionais pelos seguintes princípios:

I – independência nacional;

II – prevalência dos direitos humanos;

III – autodeterminação dos povos;

V – não intervenção;

V – igualdade entre os Estados;

VI – defesa da paz;

VII – solução pacífica dos conflitos;

VIII – repúdio ao terrorismo e ao racismo;

IX – cooperação entre os povos para o progresso da humanidade;

X – concessão de asilo político.

Parágrafo único. A República Federativa do Brasil buscará a integração econômica, política, social e cultural dos povos da América Latina, visando à formação de uma comunidade Latino-americana de Nações.

4.1 Autodeterminação, igualdade e não discriminação

Os direitos e garantias fundamentais têm como base três grandes princípios: *autodeterminação, igualdade* e *não discriminação*.

O princípio da *autodeterminação* é previsto nos arts. 1 e 55 da Carta das Nações Unidas, tendo sido proclamado em Assembleia Geral das Nações Unidas em 26 de junho de 1945 e ratificada pelo Brasil em 21 de setembro de 1945, afirmando que *o direito dos povos e nacionais à livre determinação é um requisito prévio para o exercício pleno de todos os direitos humanos fundamentais.*

O *princípio da igualdade* prevê que todos os Estados são iguais perante a lei brasileira.

Por sua vez, o *princípio da não discriminação* consagra que o exercício pleno de todos os direitos e garantias fundamentais pertence a todas as pessoas, independentemente de sua raça, condição social, genealogia, sexo, credo, convicção política, filosófica ou qualquer outro elemento arbitrariamente diferenciador.

As legislações constitucionais modernas pretendem basicamente defender as minorias étnicas (incluindo os indígenas e os estrangeiros), religiosas, linguísticas, políticas de discriminações.

Proibição de doação de sangue por homossexuais: STF – "(...) 2. O princípio da dignidade da pessoa humana busca proteger de forma integral o sujeito na qualidade de pessoa vivente em sua existência concreta. A restrição à doação de sangue por homossexuais afronta a sua autonomia privada, pois se impede que elas exerçam plenamente suas escolhas de vida, com quem se relacionar, com que frequência, ainda que de maneira sexualmente segura e saudável; e a sua autonomia pública, pois se veda a possibilidade de auxiliarem àqueles que necessitam, por qualquer razão, de transfusão de sangue (...)" (Pleno – ADI 5.543/DF – Rel. Min. Edson Fachin – j. 11-5-2020, *DJ* 26-8-2020).

4.2 Relações internacionais

A Constituição Federal enumera, em seu art. 4º, algumas regras de atuação perante a comunidade internacional, ressaltando-se, pela importância, a plena supremacia da independência nacional, verdadeiro corolário do princípio da soberania nacional, já consagrado no art. 1º, I.

Conforme salienta Pinto Ferreira, "As relações internacionais do País deverão consolidar-se nos princípios de independência, isto é, autêntica soberania política e econômica, e de autodeterminação dos povos, repudiando a intervenção direta ou indireta nos negócios políticos e econômicos de outros Estados" (*Comentários...* Op. cit. p. 49. v. 1).

4.3 Integração latino-americana (Mercosul)

A República Federativa do Brasil, em consonância com o parágrafo único do art. 4º da Carta Magna, é participante do Tratado de Assunção que constituiu, através de acordo internacional entre Brasil, Argentina, Paraguai e Uruguai, o Mercosul – Mercado Comum do Cone Sul.

O art. 1º do referido tratado dispõe sobre "o compromisso dos Estados-partes de harmonizar suas legislações nas áreas pertinentes para lograr o fortalecimento do processo de integração". Ressalte-se que esse artigo não é novidade no ordenamento jurídico internacional, pois corresponde ao art. 3º, *a*, do Acordo de Cartagena que, conforme preleciona Anne Limpens (Harmonisation des législations dans le cadre du marché commun. *Revue Internationale de Droit Comparé*, nº 3, p. 622), não é um fim em si mesmo, mas um meio destinado a contribuir para a realização total de um Mercado Comum. Apesar da ausência de previsão quanto às disposições regulamentares e administrativas, nada obsta que sigam a previsão do art. 1º do Tratado de Assunção, no sentido de plena harmonização.

Segundo Alonso Materra, citado por Werter R. Faria, essa regra, que deverá ser interpretada em consonância com o art. 4º, que prevê o *objetivo de elaborar normas comuns sobre concorrência comercial*, pretende

> "o desenvolvimento de políticas comuns e de normas harmonizadas nos distintos setores da vida econômica, com o fim de completar os resultados obtidos sob a proteção das disposições anteriormente mencionadas, e de conseguir, desse modo, uma liberalização dos intercâmbios no seio desse espaço econômico comum, comparável ao que vigora no território nacional. Finalmente, e na medida em que o mercado comum se tenha progressivamente assentado, tornam-se indispensáveis novas políticas para garantir o bom funcionamento daquele, nos âmbitos do meio ambiente, da proteção dos consumidores, da energia, das novas tecnologias, da cultura, no âmbito econômico e monetário etc." (*Estudos de integração-harmonização legislativa no Mercosul*. Brasília: Senado Federal, 1995. p. 42).

A futura integração para criação de um mercado comum amplo deverá ser entendida sob um novo prisma de soberania estatal, que permanecerá intocável, mesmo porque fundamento da República Federativa do Brasil (CF, art. 1º, I) ou, como define Heber Arbuet Vignali, sob uma nova perspectiva, onde os Estados, na defesa de sua mútua soberania e existência, renunciariam ao livre exercício de algumas jurisdições e as submeteriam a regras jurídicas comuns, em que, "mediante decisões livres e soberanas, realistas e inteligentes, os Estados decidem que, no futuro, não ficarão na jurisdição de sua particular decisão diversas atividades – tais como o recurso à força – e quem intente violar o Direito será sancionado pelo conjunto" (*Estudos da integração*: o atributo da soberania. Brasília: Senado Federal, 1996. p. 50).

Relações internacionais e princípio da imunidade de jurisdição de Estados estrangeiros: Julgamento da ação sem resolução do mérito em face da recusa da República de Moçambique em renunciar à imunidade de jurisdição (STF – decisão monocrática do Min. Alexandre de Moraes na ACO 3.362/DF, d. 20-5-2020). **Conferir, ainda:** STJ – "O princípio da imunidade de jurisdição de Estados estrangeiros era entre nós adotado, não por força das Convenções de Viena, que cuidam de imunidade pessoal, mas em homenagem a costumes internacionais. Ocorre que esses tendo evoluído, não mais se considera essa imunidade como absoluta, inaplicável o princípio quando se trata de litígios decorrentes de relações rotineiras entre o Estado estrangeiro, representado por seus agentes, e os súditos do país em que atuam. Precedente do Supremo Tribunal Federal" (*Ementário STJ* nº 2/330 – AC nº 07 – BA. Reg. nº 900001226-0. rel. Min. Eduardo Ribeiro. 3ª T. Unânime. *DJ* 30-4-90).

4.4 Asilo político

Asilo político consiste no acolhimento de estrangeiro por parte de um Estado que não o seu, em virtude de perseguição por ele sofrida e praticada ou por seu próprio país ou, ainda, por terceiro. As causas motivadoras dessa perseguição, ensejadora da concessão do asilo, em regra, são: dissidência política, livre manifestação de pensamento ou, ainda, crimes relacionados com a segurança do Estado, que não configurem delitos no direito penal comum.

Basicamente, o asilo político apresenta *natureza territorial*, ou seja, será concedido ao estrangeiro que tenha ingressado nas fronteiras do novo Estado, colocando-se no âmbito espacial de sua soberania.

A concessão de asilo político a estrangeiro é *ato de soberania estatal*, de competência do Presidente da República (STF – Pleno – Extradição nº 524/DF – rel. Min. Celso de Mello, *Diário da Justiça*, Seção I, 8 mar. 1993, p. 2200) e, uma vez concedido, o Ministério da Justiça lavrará termo no qual serão fixados o prazo de estada do asilado no Brasil e, se for o caso, as condições adicionais aos deveres que lhe imponham o direito internacional e a legislação vigente, às quais ficará sujeito. No prazo de trinta dias, a contar da concessão do asilo, o asilado deverá registrar-se no Departamento de Polícia Federal, bem como identificar-se pelo sistema datiloscópico. Em seu registro deverão constar os seguintes dados: nome, filiação, cidade e país de nascimento, nacionalidade, data do nascimento, sexo, estado civil, profissão, grau de instrução, local e data de entrada no Brasil, espécie e número de documento de viagem, número e classificação do visto consular, data e local de sua concessão, meio de transporte utilizado, bem como os dados relativos aos filhos menores e locais de residência, trabalho e estudo.

Como ensina Francisco Rezek, "conceder asilo político não é obrigatório para Estado algum, e as contingências da própria política – exterior e doméstica – determinam, caso a caso, as decisões do governo" (*Direito internacional público*. 6. ed. São Paulo: Saraiva, 1996. p. 219). A concessão do asilo político sempre deve considerar a natureza política da perseguição, seja por mera dissidência, seja por restrições efetivadas à livre manifestação de pensamento. Não se deve conceder asilo político, por incompatível com o próprio instituto, ao agente de infrações penais comuns.

Tupinambá Nascimento salienta que

> "não obstante a Constituição silencie a respeito, há um pressuposto básico para qualquer concessão de asilo. O asilado deve estar sendo perseguido politicamente em seu país, com ameaça de prisão ou impedimento à sua locomoção de ir e vir, por defender ideias atritantes com as de seu país, mas conformes com as constantes na Carta política brasileira", e conclui: "Parece lógico que o Brasil não deva conceder asilo político para que alguém, asilado em nosso território, venha defender ideais que se atritem com as professadas em nosso Estado" (*Comentários à Constituição Federal*. Porto Alegre: Livraria do Advogado, 1997. p. 220).

Esse requisito implícito na noção de asilo político é expressamente previsto na Constituição portuguesa, onde o art. 33 estabelece o direito de asilo aos *perseguidos ou gravemente ameaçados de perseguição, em consequência da sua actividade em favor da democracia, da libertação social e nacional, da paz entre os povos, da liberdade e dos direitos da pessoa humana.*

O asilado que desejar se ausentar do país e nele, posteriormente, reingressar sem renúncia de sua condição, deverá solicitar autorização prévia do Ministro da Justiça. Igualmente, compete ao Ministro da Justiça a prorrogação dos prazos de estada do asilado.

A saída do País, sem prévia autorização do Governo brasileiro, importará em renúncia ao asilo e impedirá o reingresso nessa condição (cf. sobre asilo: Lei de Migração – Lei nº 13.445, de 24 de maio de 2017).

Asilo político: Conforme decidiu o STF, o asilo político configura ato de soberania estatal, privativo do Presidente da República (STF – Pleno – Extradição nº 524/DF – Rel. Min. Celso de Mello, *Diário da Justiça*, Seção I, 8 mar. 1993, p. 2.200). **Nesse sentido:** STF – "a competência para conceder ou não o asilo político é do Poder Executivo" (STF – Pleno – Extradição (QO) 783, 784 e 785 – Estados Unidos Mexicanos – Rel. Min. Néri da Silveira, *Informativo STF*, nº 241).

Constituição Federal e repúdio ao terrorismo: STF – "O repúdio ao terrorismo: um compromisso ético-jurídico assumido pelo Brasil, quer em face de sua própria Constituição, quer perante a comunidade internacional. Os atos delituosos de natureza terrorista, considerados os parâmetros consagrados na vigente CF, não se subsumem à noção de criminalidade política, pois a Lei Fundamental proclamou o repúdio ao terrorismo como um dos princípios essenciais que devem reger o Estado brasileiro em suas relações internacionais (CF, art. 4º, VIII), além de haver qualificado o terrorismo, para efeito de repressão interna, como crime equiparável aos delitos hediondos" (STF – Pleno – Ext. 855 – Rel. Min. Celso de Mello, julgamento: 26-8-2004).

Acerca do instituto da entrega (*surrender*): STF – "ESTATUTO DE ROMA. INCORPORAÇÃO DESSA CONVENÇÃO MULTILATERAL AO ORDENAMENTO JURÍDICO INTERNO BRASILEIRO (DECRETO Nº 4.388/2002). INSTITUIÇÃO DO TRIBUNAL PENAL INTERNACIONAL. CARÁTER SUPRAESTATAL DESSE ORGANISMO JUDICIÁRIO. INCIDÊNCIA DO PRINCÍPIO DA COMPLEMENTARIDADE (OU DA SUBSIDIARIEDADE) SOBRE O EXERCÍCIO, PELO TRIBUNAL PENAL INTERNACIONAL, DE SUA JURISDIÇÃO. COOPERAÇÃO INTERNACIONAL E AUXÍLIO JUDICIÁRIO: OBRIGAÇÃO GERAL QUE SE IMPÕE AOS ESTADOS PARTES DO ESTATUTO DE ROMA (ART. 86). PEDIDO DE DETENÇÃO DE CHEFE DE ESTADO ESTRANGEIRO E DE SUA ULTERIOR ENTREGA AO TRIBUNAL PENAL INTERNACIONAL, PARA SER JULGADO PELA SUPOSTA PRÁTICA DE CRIMES CONTRA A HUMANIDADE E DE GUERRA. SOLICITAÇÃO FORMALMENTE DIRIGIDA, PELO TRIBUNAL PENAL INTERNACIONAL, AO GOVERNO BRASILEIRO. DISTINÇÃO ENTRE OS INSTITUTOS DA ENTREGA ("SURRENDER") E DA EXTRADIÇÃO. QUESTÃO PREJUDICIAL PERTINENTE AO RECONHECIMENTO, OU NÃO, DA COMPETÊNCIA ORIGINÁRIA DO SUPREMO TRIBUNAL FEDERAL PARA EXAMINAR ESTE PEDIDO DE COOPERAÇÃO INTERNACIONAL. CONTROVÉRSIAS JURÍDICAS EM TORNO DA COMPATIBILIDADE DE DETERMINADAS CLÁUSULAS DO ESTATUTO DE ROMA EM FACE DA CONSTITUIÇÃO DO BRASIL. O § 4º DO ART. 5º DA CONSTITUIÇÃO, INTRODUZIDO PELA EC Nº 45/2004: CLÁUSULA CONSTITUCIONAL ABERTA DESTINADA A LEGITIMAR, INTEGRALMENTE, O ESTATUTO DE ROMA? A EXPERIÊNCIA DO DIREITO COMPARADO NA BUSCA DA SUPERAÇÃO DOS CONFLITOS ENTRE O ESTATUTO DE ROMA E AS CONSTITUIÇÕES NACIONAIS. A QUESTÃO DA IMUNIDADE DE JURISDIÇÃO DO CHEFE DE ESTADO EM FACE DO TRIBUNAL PENAL INTERNACIONAL: IRRELEVÂNCIA DA QUALIDADE OFICIAL, SEGUNDO O ESTATUTO DE ROMA (ART. 27). MAGISTÉRIO

DA DOUTRINA. ALTA RELEVÂNCIA JURÍDICO-CONSTITUCIONAL DE DIVERSAS QUESTÕES SUSCITADAS PELA APLICAÇÃO DOMÉSTICA DO ESTATUTO DE ROMA. NECESSIDADE DE PRÉVIA AUDIÊNCIA DA DOUTA PROCURADORIA-GERAL DA REPÚBLICA" (STF – Decisão Monocrática – PET nº 4625/República do Sudão, Rel. Min. Celso de Mello, DJe, de 4-8-2009).

> TÍTULO II – DOS DIREITOS E GARANTIAS FUNDAMENTAIS
>
> Capítulo I – Dos Direitos e Deveres Individuais e Coletivos
>
> Art. 5º Todos são iguais perante a Lei, sem distinção de qualquer natureza, garantindo-se aos brasileiros e aos estrangeiros residentes no País a inviolabilidade do direito à vida, à liberdade, à igualdade, à segurança e à propriedade, nos termos seguintes.

5.1 Diferenciação entre direitos e garantias individuais

Diversos doutrinadores diferenciam direitos de garantias fundamentais. A distinção entre *direitos* e *garantias fundamentais*, no Direito brasileiro, remonta a Rui Barbosa, ao separar as disposições meramente declaratórias, que são as que imprimem existência legal aos direitos reconhecidos, e as disposições assecuratórias, que são as que, em defesa dos direitos, limitam o poder. Aquelas instituem os direitos; estas, as garantias; ocorrendo não raro juntar-se, na mesma disposição constitucional, ou legal, a fixação da garantia, com a declaração do direito.

Para Canotilho (*Direito...* Op. cit. p. 520), rigorosamente, as clássicas garantias são também direitos, embora muitas vezes se salientasse nelas o *caráter instrumental* de proteção dos direitos. As garantias traduzem-se quer no direito dos cidadãos a exigir dos poderes públicos a proteção dos seus direitos, quer no reconhecimento de meios processuais adequados a essa finalidade (por exemplo: direito de acesso aos tribunais para defesa dos direitos, princípios do *nullum crimen sine lege* e *nulla poena sine crimen*, direito de *habeas corpus*, princípio do *non bis in idem*). A mesma diferenciação faz Jorge Miranda (*Manual de direito constitucional.* p. 88-89) afirmando que

> "clássica e bem actual é a contraposição dos direitos fundamentais, pela sua estrutura, pela sua natureza e pela sua função, em direitos propriamente ditos ou direitos e liberdades, por um lado, e garantias por outro lado. Os direitos representam só por si certos bens, as garantias destinam-se a assegurar a fruição desses bens; os direitos são principais, as garantias acessórias e, muitas delas, adjectivas (ainda que possam ser objecto de um regime constitucional substantivo); os direitos permitem a realização das pessoas e inserem-se directa e imediatamente, por isso, as respectivas esferas jurídicas, as garantias só nelas se projectam pelo nexo que possuem com os direitos; na acepção juracionalista inicial, os direitos *declaram-se*, as garantias *estabelecem-se*".

5.2 Destinatários da proteção

O art. 5º da Constituição Federal afirma que todos são iguais perante a lei, sem distinção de qualquer natureza, garantindo-se aos brasileiros e aos estrangeiros residentes no País a inviolabilidade do direito à vida, à liberdade, à igualdade, à segurança e à propriedade. Observe-se, porém, que a expressão *residentes no Brasil* deve ser interpretada no sentido de que a Carta Federal só pode assegurar a validade e gozo dos direitos fundamentais dentro do território brasileiro (*RTJ* 3/566), não excluindo, pois, o estrangeiro em trânsito pelo território nacional, que possui igualmente acesso às ações, como o mandado de segurança e demais remédios constitucionais. Ekmekdjian afirma que estão englobados na proteção constitucional tanto os estrangeiros residentes no país, quanto aqueles em trânsito no país, pois ambos são titulares dos direitos humanos fundamentais (*Tratado de derecho constitucional*. Buenos Aires: Depalma, 1993. p. 473-475).

Conforme já decidiu o Supremo Tribunal Constitucional espanhol, *direitos tais como o direito à vida, à integridade física e moral, à intimidade, à liberdade ideológica etc., pertencem aos estrangeiros por expressa previsão constitucional, não sendo possível um tratamento desigual em relação aos nacionais* (LLORENTE, Francisco Rubio. *Derechos fundamentales y principios* constitucionales. Barcelona: Ariel, 1995. p. 140).

Canotilho nos aponta o estrangeiro como destinatário dos direitos humanos fundamentais consagrados pela Constituição portuguesa, ao afirmar que

> "o *alargamento* ou *restrição* de direitos fundamentais de estrangeiros pressupõe uma certa medida de *discricionariedade* do legislador constituinte, ou mediante autorização da constituição, do legislador ordinário. Todavia, também aqui se coloca uma *teoria de limites* do poder constituinte ou dos poderes constituídos constitucionalmente competentes quanto à exclusão de direitos de estrangeiros. Em via de princípio, os cidadãos estrangeiros não podem ser privados: (1) de direitos, liberdades e garantias que, mesmo em regime de excepção constitucional – estado de sítio e estado de emergência –, não podem ser suspensos (cfr. CRP, art. 19º/6); (2) de direitos, liberdades e garantias ou direitos de natureza análoga estritamente relacionados com o desenvolvimento da personalidade humana (exemplos: art. 36º/1 e 2 direito de constituir e contrair casamento e direito à manutenção e educação dos filhos; art. 42º – direito à criação intelectual, artística e científica; art. 26º – direito à reserva da vida privada e familiar). De resto, esse *núcleo essencial* não prejudica a sua complementação através da concretização ou desenvolvimento judicial dos direitos fundamentais" (*Direito...* Op. cit. p. 556).

Igualmente, as pessoas jurídicas são beneficiárias dos direitos e garantias individuais, pois reconhece-se às associações o direito à existência, o que de nada adiantaria se fosse possível excluí-las de todos os seus demais direitos. Dessa forma, os direitos enunciados e garantidos pela Constituição são de brasileiros, pessoas físicas e jurídicas.

Assim, o regime jurídico das liberdades públicas protege tanto as pessoas naturais, brasileiros ou estrangeiros no território nacional, como as pessoas jurídicas, pois têm direito à existência, à segurança, à propriedade, à proteção tributária e aos remédios constitucionais (*RF* 226/81).

Miguel Ángel Ekmekdjian e Calogero Pizzolo observam que o art. 25.1 da Convenção Europeia de Direitos Humanos habilita tanto as pessoas físicas com as jurídicas a reclamar a proteção de direitos humanos, da mesma forma que o Tribunal Constitucional da Espanha, que reconheceu expressamente a existência de direitos fundamentais relacionados à pessoa jurídica, respeitando-se, por óbvio, suas características próprias (*Hábeas data*: el derecho a la intimidad frente a la revolución informática. Buenos Aires: Depalma, 1996. p. 93).

Direitos fundamentais e estrangeiros: STF – "A teor do disposto na cabeça do art. 5º da Constituição Federal, os estrangeiros residentes no País têm *jus* aos direitos e garantias fundamentais. Prisão Preventiva – Excesso de Prazo – Uma vez configurado o excesso de prazo, cumpre, em prol da intangibilidade da ordem jurídica constitucional, afastar a custódia preventiva. Idas e vindas do processo, mediante declarações de nulidade, não justificam a manutenção da custódia do Estado. *O mesmo acontece se o acusado é estrangeiro*. Evasão do território nacional corre à conta do poder de polícia, presumindo-se esteja o Estado aparelhado para coibi-la" (HC nº 74.051-1 – rel. Min. Marco Aurélio – *Informativo STF* nº 45). **No mesmo sentido**: STF – "A circunstância de o súdito estrangeiro assumir a condição de extraditando não lhe subtrai, no processo extradicional, em face das autoridades e agentes do poder, a condição indisponível de sujeito de direitos e de titular de garantias fundamentais, cuja intangibilidade há de ser preservada pelo Estado a que foi dirigido o pedido de extradição: o Brasil, no caso, como tem sido reiteradamente proclamado pela jurisprudência constitucional desta Suprema Corte (RTJ 134/56-58 – RTJ 177/485-488). Tenho asseverado, em diversas ocasiões, que a essencialidade da cooperação internacional na repressão penal aos delitos comuns não exonera o Estado brasileiro – e, em particular, o Supremo Tribunal Federal – de velar pelo respeito aos direitos fundamentais do súdito estrangeiro que venha a sofrer, em nosso País, processo extradicional instaurado por iniciativa de qualquer Estado estrangeiro" (STF – Pleno – Extr. 1.021-2/República Francesa – Rel. Min. Celso de Mello, decisão: 6-3-2007 e *Informativo STF* nº 458).

Aplicação dos direitos individuais aos estrangeiros: STJ – "As razões de Estado, em se tratando de direito individual de qualquer pessoa neste país, brasileiro ou estrangeiro, não podem transcender aos limites da Constituição da República. As leis penais, que como quaisquer outras têm que se conformar com os mandamentos constitucionais, sob pena de não valerem nada, não podem ser interpretadas preconceituosamente, ao sabor de cada situação" (RHC nº 3.729/SP – 5ª T. – rel. Edson Vidigal, *Diário da Justiça*, Seção I, 19 set. 1994, p. 24704).

Estrangeiro e a garantia de ser informado de seus direitos, entre os quais o de permanecer calado, sendo-lhe assegurada a assistência à família e de advogado (CF,

art. 5º, LXIII): STJ – "*Habeas corpus*. Tráfico de cocaína. Estrangeiro. Prisão em flagrante. Alegação de nulidade por ter sido o interrogatório policial feito sem a presença de tradutor e sem a oportunidade de comunicação com familiares e com o consulado. Inexistência de nulidade diante do contexto. Recurso ordinário improvido. I – Alemão, já radicado no Brasil há mais de três anos e meio, vivendo com brasileira e com filho brasileiro, foi preso em flagrante por ter no interior de seu apartamento grande quantidade de pasta de cocaína já preparada para venda a varejo. De acordo com o auto de prisão em flagrante, constou que falava o português e dispensava a comunicação a familiares e ao consulado. Mais tarde, por ocasião do interrogatório judicial, alegou que não falava a língua portuguesa. Foi-lhe dado intérprete. Já condenado, ajuizou *habeas corpus* com o fito de anular todo o processo por violação das garantias constitucionais. Também aduziu excesso de prazo. II – No mundo jurídico, tornou-se internacionalmente conhecido o caso 'Miranda v. Arizona', julgado pela Suprema Corte norte-americana em 1966: o custodiado tem o direito de ficar em silêncio quando de seu interrogatório policial e deve ser advertido pela própria polícia que tem direito, antes de falar, de comunicar-se com seu advogado ou com seus familiares. A própria Constituição brasileira de 1988 consagra tal cláusula como 'direito fundamental' (art. 5º, incs. LXII e LXIII, § 2º). Mas, do bojo dos autos infere-se que não houve a violação deduzida, e que o paciente entendia o português. Por outro lado, no curso do processo o paciente teve ampla possibilidade de defesa. Também não se pode falar em excesso de prazo: a sentença condenatória foi proferida antes do ajuizamento do *habeas corpus*" (*Ementário STJ* nº 15/683 – RHC nº 4.582-0 – RJ. rel. Min. Adhemar Maciel. 6ª T. Unânime. *DJ* 27-11-95).

Estrangeiro e direito a progressão de regime: STJ – "Trata-se de *habeas corpus* em favor de paciente estrangeiro que cumpre pena de quatro anos e dez meses de reclusão em regime fechado pela prática do delito de tráfico de drogas (art. 33, *caput*, da Lei nº 11.343/2006), cujo término está previsto para 3/11/2013. Na espécie, o paciente teve o pedido de progressão ao regime semiaberto deferido pelo juízo das execuções criminais. Dessa decisão, o Ministério Público interpôs agravo em execução no tribunal *a quo*, o qual deu provimento ao recurso ministerial para reformar a decisão recorrida, determinando o retorno do condenado ao regime fechado. É consabido que a situação irregular de estrangeiro no País não é circunstância, por si só, apta a afastar o princípio da igualdade entre nacionais e estrangeiros. Embora este Superior Tribunal entenda não ser possível o deferimento do benefício da progressão de regime prisional ao condenado estrangeiro cujo processo de expulsão esteja em andamento, o caso *sub examine* é *sui generis*. Isso porque o paciente é casado com uma brasileira desde 2005, tendo com ela dois filhos nascidos no Brasil, situação que, em princípio, inviabilizaria a decretação de sua expulsão nos termos do art. 75, II, do Estatuto do Estrangeiro e da Súmula nº 1/STF. Além disso, o paciente já cumpriu pena no regime semiaberto por cerca de sete meses, sem qualquer tentativa de fuga, período em que usufruiu, até mesmo, saídas temporárias. Assim sendo, a possibilidade de fuga e, consequentemente, de frustração do decreto de expulsão não justifica o indeferimento do pedido da progressão ao regime semiaberto. Inclusive, o STF já decidiu que o fato de o condenado por tráfico de droga ser estrangeiro, estar preso, não ter domicílio no país e ser objeto de processo de expulsão não constitui óbice à progressão de regime de cumprimento da pena. Dessarte, diante das peculiaridades do caso, não existe qualquer obstáculo à progressão para regime prisional intermediário, que não equivale à liberdade do paciente. Com essas e outras ponderações, a Turma concedeu a ordem para permitir ao paciente a progressão ao regime semiaberto, restabelecendo a decisão do juízo da execução penal. Precedente citado do STF: HC 97.147-MT, *DJe* 12-2-2010" (STJ – 5ª T. – **HC 219.017-SP, Rel. Min. Laurita Vaz, julgado em 15-3-2012). Conferir, ainda:** STJ – "Penal – Progressão ao regime semiaberto – Estrangeiro – Expulsão decretada. A jurisprudência do Supremo Tribunal Federal e desta Corte é no sentido de ser a progressão ao regime semiaberto incompatível com a situação do estrangeiro cujo cumprimento da ordem de expulsão esteja aguardando o término da pena privativa de liberdade por crimes praticados no Brasil. Reservas feitas pelo Ministro-Relator quanto a esse entendimento, tendo em vista que a condição de 'estrangeiro', erigida em critério discriminatório, não encontra amparo em norma legal expressa e a finalidade que se quer atribuir a essa discriminação não tem justificativa razoável, visto que o regime semiaberto é, na verdade, cumprido em penitenciária agrícola, industrial ou estabelecimento similar (art. 35, § 1º, CP), oferecendo garantias contra fugas, permitindo, pois, a execução da ordem de expulsão" (*Ementário STJ*, nº 14/231 – HC nº 3.596-0/SP. – Rel. Min. Assis Toledo, 5ª T., Unânime, *Diário da Justiça*, 26 fev. 1996). **No mesmo sentido: Estrangeiro e regime prisional:** TJSP – "Pena – Regimento prisional – Progressão – Benefício negado a réu estrangeiro na suposição de eventual fuga – Inadmissibilidade – Isonomia garantida constitucionalmente a brasileiros e estrangeiros residentes no país. Não se pode negar a progressão de regime prisional a condenado estrangeiro sob fundamentação de que, em regime mais favorável, empreenderá eventual fuga. O art. 5º da CF garante a igualdade perante a lei sem distinção de qualquer natureza, sejam brasileiros ou estrangeiros residentes no País" (TJSP – Ag. 87.841-3 – 2ª Câmara – Rel. Des. Ângelo Gallucci – j. 7-5-1990 – *RT* 657/281).

Estrangeiro e *habeas corpus*: STF – "É inquestionável o direito de súditos estrangeiros ajuizarem, em causa própria, a ação de *habeas corpus*, eis que esse remédio constitucional – por qualificar-se como verdadeira ação popular – pode ser utilizado por qualquer pessoa – independentemente da condição jurídica resultante de sua origem nacional. A petição com que impetrado o *habeas corpus* deve ser redigida em português, sob pena de não conhecimento do *writ* constitucional" (Pleno-HC nº 072.391/DF – questão de ordem – rel. Min. Celso de Mello, *Diário da Justiça*, Seção I, 17 mar. 1995, p. 5791).

Nesse mesmo sentido, garantindo-se ao estrangeiro o acesso aos remédios constitucionais: *Ementário STJ* nº 13/589 – HC nº 3.883-0 – DF. rel. Min. José Dantas. 3ª Seção. Unânime. *DJ* 6-11-95; *RF* 192/122; *RT* 312/36; *RDA* 39/326; *RF* 226/81.

Estrangeiro e mandado de segurança: STF – "O estrangeiro, embora não residente no Brasil, goza do direito de impetrar mandado de segurança" (MS nº 4706/DF – Pleno – rel. Min. Ari Franco, *Diário da Justiça*, Seção I, 31 jul. 1958). No mesmo sentido: *Ementário STJ* nº 10/599 – RMS nº 1.298-0 – RJ. rel. Min. Ruy Rosado de Aguiar. 4ª T. Unânime. *DJ* 29-8-94.

Estrangeiro e direito de propriedade: STF – "EMENTA – Direito de estrangeiro não residente. O direito de propriedade é garantido a favor do estrangeiro não residente" (1ª T. – RExt. nº 33.319/DF – rel. Min. Cândido Motta, *Diário da Justiça*, Seção I, 7 nov. 1957; *RTJ* 3/566).

Estrangeiro e art. 5º, LXI, da Constituição Federal: STJ – "Constitucional. Custódia de estrangeiro, mediante liberdade vigiada para fim de expulsão, decretada administrativamente pelo Ministro da Justiça. Sendo a liberdade vigiada uma forma de confinamento, portanto uma restrição a liberdade de ir e vir, aplica-se-lhe *mutatis mutandis* a exigência constitucional de competência exclusiva do Poder Judiciário para decretá-la (art. 5º, LXI, da Constituição Federal)" (Corte Especial – DF. Reg. nº 897.652-3. rel. Min. Assis Toledo, *Diário da Justiça*, Seção I, 12 mar. 1990, p. 1696 – *Ementário STJ* nº 01/136). No mesmo sentido: *Ementário STJ* nº 06/290 – HC nº 1.342-5 – RJ. rel. Min. José Dantas. 3ª Seção. Unânime. *DJ* 23-11-92.

Estrangeiro e a plena garantia da ampla defesa, contraditório e devido processo legal: *Ementário STJ* nº 09/657 – CC nº 5.657-8 – RS. rel. Min. Adhemar Maciel. 3ª Seção. Unânime. *DJ* 21-2-94; *Ementário STJ* nº 10/731 – RHC nº 3.729-6 – SP. rel. Min. Edson Vidigal. 5ª T. Unânime. *DJ* 19-9-94; *Ementário STJ* nº 12/41 – MS nº 3.399-9 – DF. rel. Min. Garcia Vieira. 1ª Seção. Maioria. *DJ* 5-6-95; *Ementário* nº 12/671 – CC nº 12.680-0 – MG. rel. Min. José Dantas. 3ª Seção. Unânime. *DJ* 8-5-95.

Estrangeiro e a garantia do art. 5º, LVIII (o civilmente identificado não será submetido a identificação criminal, salvo nas hipóteses previstas em lei): STJ – "Sem que o estrangeiro prove já ser civilmente identificado, torna-se impossível assegurar-se-lhe a garantia constitucional de dispensa de identificação criminal, afinal não negada pela autoridade coatora" (*Ementário STJ* nº 02/462 – RHC nº 78 – SP. Reg. nº 8.980.474. rel. Min. Dias Trindade. 6ª T. Unânime. *DJ* 4-9-89). *Contrario sensu*, da mesma forma que o brasileiro, se já estiver civilmente identificado, o estrangeiro não poderá ser submetido à identificação criminal.

Estrangeiro e direitos autorais: STJ – "Civil – Direitos autorais – Autor estrangeiro – Autorização – Cessão – Lei nº 5.988/73, arts. 52, 103 e 104 ECAD – Cobrança – CPC, art. 485, V. Não viola o direito federal brasileiro, e especialmente o art. 52 da Lei nº 5.988/73, o ato do autor estrangeiro que diretamente autoriza a execução de suas composições musicais, em atitude que encontra suporte no parágrafo único do art. 104 do referido diploma" (*Ementário STJ* nº 12/144 – AR nº 395-5 – SP. rel. Min. Sálvio De Figueiredo. 2ª Seção. Unânime. *DJ* 12-6-95).

Estrangeiros e ensino público: TJ/SP – "Ensino – Exigência de documento de identificação para aluno estrangeiro no prazo de 30 dias, sob pena de exclusão de escola pública – Inadmissibilidade – Atraso na expedição que não pode ser imputado ao estudante – Acesso à escola gratuita, ademais, erigido à categoria de *direito público subjetivo*, cujo não oferecimento ou oferta irregular importa responsabilidade da autoridade competente – Art. 208, §§ 1º e 2º da Constituição da República – Reexame necessário não provido. Além do *princípio geral da igualdade entre brasileiros e estrangeiros perante a lei* (Constituição da República, art. 5º), é propositado atentar para a relevância do direito ao ensino, visando ao pleno desenvolvimento da pessoa, seu preparo para o exercício da cidadania e sua qualificação para o trabalho, nos termos do art. 205 da Carta Magna" (Apelação Cível nº 197.937-1 Santo André – rel. Des. Vasconcellos Pereira, j. 19-10-93).

Acesso à Justiça e pessoa jurídica: STF – "A pessoa jurídica pode ser beneficiária da assistência judiciária gratuita desde que demonstre a falta de recursos para arcar com as custas processuais e os honorários advocatícios, não bastando a simples declaração de pobreza. Com esse entendimento, o Tribunal manteve decisão do Min. Marco Aurélio, Presidente, que indeferira o pedido de assistência judiciária gratuita formulado por pessoa jurídica sem a devida comprovação da insuficiência de recursos" (STF – Pleno – Reclamação (AgR-ED) nº 1.905/SP – Rel. Min. Marco Aurélio, decisão: 15-8-02. *Informativo STF* nº 277).

5.3 Direito à vida

A Constituição Federal garante que todos são iguais perante a lei, sem distinção de qualquer natureza, garantindo-se aos brasileiros e aos estrangeiros residentes no País a inviolabilidade do *direito à vida*, à liberdade, à igualdade, à segurança e à propriedade. O direito à vida é o mais fundamental de todos os direitos, pois o seu asseguramento impõe-se, já que se constitui em pré-requisito à existência e exercício de todos os demais direitos.

A Constituição Federal assegura, portanto, o *direito à vida*, cabendo ao Estado assegurá-lo em sua dupla acepção, sendo a primeira relacionada ao direito de continuar vivo e a segunda de se ter vida digna quanto à subsistência.

O direito humano fundamental à vida deve ser entendido como *direito a um nível de vida adequado com a condição humana*, ou seja, direito à alimentação, vestuário, assistência médico-odontológica, educação, cultura, lazer e demais condições vitais. O Estado deverá garantir esse *direito a um nível de vida adequado com a condição humana* respeitando os princípios fundamentais da cidadania, dignidade da pessoa humana e valores sociais do trabalho e da livre iniciativa; e, ainda, os objetivos fundamentais da República Federativa do Brasil de construção de uma sociedade livre, justa e solidária, garantindo o desenvolvimento nacional e erradicando-se a pobreza e a marginalização, reduzindo, portanto, as desigualdades sociais e regionais.

Dessa forma, ao Estado cria-se uma *dupla obrigação*:

- obrigação de cuidado a toda pessoa humana que não disponha de recursos suficientes e que seja incapaz de obtê-los por seus próprios meios;
- efetivação de órgãos competentes públicos ou privados, através de permissões, concessões ou convênios, para prestação de serviços públicos adequados que pretendam prevenir, diminuir ou extinguir as deficiências existentes para um *nível mínimo de vida digna da pessoa humana*.

O início dessa preciosa garantia individual deverá ser dado pelo biólogo, cabendo ao jurista, tão somente, dar-lhe o enquadramento legal, e, "do ponto de vista biológico, não há dúvida de que a vida se inicia com a fecundação do óvulo pelo espermatozoide, resultando um ovo ou zigoto. Assim o demonstram os argumentos colhidos na Biologia. A vida viável começa, porém, com a nidação, quando se inicia a gravidez. Conforme adverte o biólogo Botella Lluziá no prólogo do livro *Derecho a la vida e institución familiar*, de Gabriel Del Estal, Madrid, Eapsa, 1979, em lição lapidar, o embrião ou feto representa um ser individualizado, com uma carga genética própria, que não se confunde nem com a do pai, nem com a da mãe, sendo inexato afirmar que a vida do embrião ou do feto está englobada pela vida da mãe.

Ninguém pode ser privado arbitrariamente de sua vida. Esse direito, que é o primeiro da pessoa humana, tem em sua concepção atual conflitos com a pena de morte, as práticas abortivas e a eutanásia, como posteriormente analisados.

Constituição Política da República do Chile: Art. 19 – "... La ley protege la vida del que está por nacer".

Calendário gregoriano e primeiro dia de vida: STJ – "A legislação penal sufragou o calendário gregoriano para o cômputo do prazo. O período do dia começa à zero hora e se completa às 24 horas. Inclui-se o dia do começo. A idade é mencionada por ano. Não se leva em conta a hora do nascimento. O dia do começo, normativamente, independe do instante da ocorrência do nascimento. Termina às 24 h. Assim, a pessoa nascida ao meio-dia completa o primeiro dia de vida à meia-noite" (*Ementário STJ* nº 8/736 – REsp nº 16.849-0 – SP. rel. Min. Luiz Vicente Cernicchiaro. 6ª T. Unânime. *DJ* 14-6-93).

Relatividade do direito à vida: Conforme destacado pelo Supremo Tribunal Federal, "Reputou inquestionável o caráter não absoluto do direito à vida ante o texto constitucional, cujo art. 5º, XLVII, admitiria a pena de morte no caso de guerra declarada na forma do seu art. 84, XIX. No mesmo sentido, citou previsão de aborto ético ou humanitário como causa excludente de ilicitude ou antijuridicidade no Código Penal, situação em que o legislador teria priorizado os direitos da mulher em detrimento dos do feto. Recordou que a proteção ao direito à vida comportaria diferentes gradações, consoante o que estabelecido na ADI 3510/DF" (STF – Pleno – ADPF 54/DF, rel. Min. Marco Aurélio, decisão: 11 e 12-4-2012, *Informativo STF* nº 661).

Direito à vida e ausência de declaração de inconstitucionalidade do tipo penal do aborto, *in abstrato*: Conforme destacou o STF, "se mostraria desproposidado veicular que o Supremo examinaria a descriminalização do aborto, especialmente porque existiria distinção entre aborto e antecipação terapêutica de parto. Nesse contexto, afastou as expressões 'aborto eugênico', 'eugenésico' ou 'antecipação eugênica da gestação', em razão do indiscutível viés ideológico e político impregnado na palavra eugenia" (STF – Pleno – ADPF 54/DF, rel. Min. Marco Aurélio, decisão: 11 e 12-4-2012, *Informativo STF* nº 661).

Proteção ao direito à vida e questão do "aborto do feto anencéfalo" como preceitos fundamentais: O Supremo Tribunal Federal, em questão de ordem e por maioria de votos, reconheceu o cabimento de arguição de descumprimento de preceito fundamental para analisar lei anterior à Constituição Federal (caso: Aborto e anencefalia: STF – Pleno – ADPF/DF nº 54 – questão de ordem – rel. Min. Marco Aurélio – decisão: 20-10-2004, *Informativo STF* nº 366). Como destacado pelo Supremo Tribunal Federal, foram apontados "como violados os preceitos dos arts. 1º, IV (dignidade da pessoa humana); 5º, II (princípio da legalidade, liberdade e autonomia da vontade); 6º, *caput*, e 196 (direito à saúde), todos da CF, e, como ato do Poder Público, causador da lesão, o conjunto normativo ensejado pelos arts. 124, 126, *caput*, e 128, I e II, do Código Penal, requerendo, em última análise, a interpretação conforme à Constituição dos referidos dispositivos do CP, a fim de explicitar que os mesmos não se aplicam aos casos de aborto de feto anencéfalo"; consequentemente, entendeu existir "necessidade do pronunciamento do Tribunal, a fim de se evitar a insegurança jurídica decorrente de decisões judiciais discrepantes acerca da matéria", e, apontando "a inexistência de outro meio eficaz de sanar a lesividade alegada, apontando-se, como fundamento, o que verificado relativamente ao *habeas corpus* 84025/RJ (*DJU* de 25-6-2004), da relatoria do Min. Joaquim Barbosa, no qual a paciente, não obstante recorrer a essa via processual, antes do pronunciamento definitivo pela Corte, dera à luz a feto que veio a óbito em minutos, ocasionando o prejuízo da impetração", concluiu afirmando que "quanto ao caráter acentuadamente objetivo da ADPF e a necessidade de o juízo da subsidiariedade ter em vista os demais processos objetivos já consolidados no sistema constitucional – a ação direta de inconstitucionalidade e a ação declaratória de constitucionalidade. Assim, incabíveis estas, como no caso de controle de legitimidade do direito pré-constitucional, possível a utilização daquela" (STF – Plenário – ADPF 54 QO/DF, rel. Min. Marco Aurélio, decisão: 27-4-2005 – *Informativo STF* nº 385, p. 1).

Cabimento de arguição de descumprimento de preceito fundamental em relação à lei anterior à Constituição – Presença do princípio da subsidiariedade: STF – "Entendeu-se, nos termos do voto do relator, que os requisitos concernentes à ação foram devidamente atendidos (Lei nº 9.882/99, arts. 1º, 3º e 4º, § 1º). Salientando de um lado a presença de argumentos em torno de valores básicos inafastáveis no Estado Democrático de Direito e, de outro, os enfoques do Judiciário com arrimo em conclusões sobre o alcance dos dispositivos do Código Penal que dispõem sobre o crime de aborto, concluiu-se pela necessidade do pronunciamento do Tribunal, a fim de se evitar a insegurança jurídica decorrente de decisões judiciais discrepantes acerca da matéria. Assentou-se a inexistência de outro meio eficaz de sanar a lesividade alegada, apontando-se, como fundamento, o que verificado relativamente ao *habeas corpus* 84025/RJ (*DJU* de 25-6-2004), da relatoria do Min. Joaquim Barbosa, no qual a paciente, não obstante recorrer a essa via processual, antes do pronunciamento definitivo pela Corte, dera à luz a feto que veio a óbito em minutos, ocasionando o prejuízo da impetração. Ressaltou-se, também, o que consignado na ADPF 33 MC/PA (*DJU* de 6-8-2004), por seu relator, Min. Gilmar Mendes, quanto ao caráter acentuadamente objetivo da ADPF e a necessidade de o juízo da subsidiariedade ter em vista os demais processos objetivos já consolidados no sistema constitucional – a ação direta de inconstitucionalidade e a ação declaratória de constitucionalidade. Assim, incabíveis estas, como no caso de controle de legitimidade do direito pré-constitucional, possível a utilização daquela" (STF – Plenário – ADPF 54 QO/DF, rel. Min. Marco Aurélio, decisão: 27-4-2005 – *Informativo STF* nº 385, p. 1). **Ressalte-se que foram** "vencidos os Ministros Eros Grau, Cezar Peluso e Ellen Gracie que não conheciam da ação por considerar, em síntese, que o pedido de interpretação conforme dos artigos implicaria ofensa ao princípio da reserva legal, criando mais uma hipótese de excludente de punibilidade. Vencido, da mesma forma, o Min. Carlos Velloso que julgava incabível a arguição, em razão de a pretensão da arguente equivaler, em última análise, a uma declaração de inconstitucionalidade parcial, sem redução de texto, de disposições legais pré-constitucionais. Determinou-se, por fim, o retorno dos autos ao relator para examinar se é caso ou não da aplicação do art. 6º, § 1º da Lei nº 9.882/99". **Conferir também em relação à discussão sobre o cabimento de arguição de descumprimento de preceito fundamental em relação à lei anterior à Constituição Federal:** STF – Pleno – ADPF 3 QO – rel. Min. Sydney Sanches – Diário da Justiça, Seção I, 27 fev. 2004 – *RTJ* 189/410 e STF – Pleno – ADPF 46/DF, rel. Min. Marco Aurélio, decisão: 15-6-2005 – *Informativo STF* nº 392, p. 1.

Possibilidade de liminar para sobrestamento de feitos: Conferir liminar referendada, por maioria de votos, pelo Pleno do STF, no sentido de sobrestar "todos os processos e decisões não transitadas em julgado e reconhecera o direito constitucional da gestante de se submeter à operação terapêutica de parto de fetos anencéfalos a partir de laudo médico que atestasse a deformidade" (STF – Pleno – ADPF 54 QO/DF – rel. Min. Marco Aurélio, decisão: 20-10-2004, *Informativo STF* nº 366, p. 1 – caso: aborto do feto anencéfalo).

Poder Judiciário e efetividade da proteção ao direito à vida e à saúde: STF – "Pacientes com esquizofrenia paranóide e doença maníaco-depressiva crônica, com episódios de tentativa de suicídio. Pessoas destituídas de recursos financeiros. Direito à vida e à saúde.

Necessidade imperiosa de se preservar, por razões de caráter ético-jurídico, a integridade desse direito essencial. Fornecimento gratuito de medicamentos indispensáveis em favor de pessoas carentes. Dever constitucional do Estado (CF, arts. 5º, *caput*, e 196)". **Conforme destacou o Ministro Celso de Mello,** "entendo assistir plena razão aos recorrentes, que são irmãos, pois o desacolhimento de sua pretensão recursal poderá gerar resultado inaceitável sob a perspectiva constitucional do direito à vida e à saúde. É que – considerada a irreversibilidade, no momento presente, dos efeitos danosos provocados pelas patologias que afetam os recorrentes (que são portadores de esquizofrenia paranóide e de doença maníaco-depressiva crônica) – a ausência de capacidade financeira que os aflige impede-lhes, injustamente, o acesso ao tratamento inadiável e ao fornecimento dos medicamentos a que têm direito e que se revelam essenciais à preservação da integridade do seu estado de higidez mental e de sua própria vida, porque os seus antecedentes pessoais registram episódios de tentativa de suicídio. Na realidade, o cumprimento do dever político-constitucional consagrado no art. 196 da Lei Fundamental do Estado, consistente na obrigação de assegurar, a todos, a proteção à saúde, representa fator, que, associado a um imperativo de solidariedade social, impõe-se ao Poder Público, qualquer que seja a dimensão institucional em que atue no plano de nossa organização federativa. A impostergabilidade da efetivação desse dever constitucional autoriza o acolhimento do pleito recursal ora deduzido na presente causa" (STF – 1ª T. – RExtr. nº 393175/RS – rel. Min. Celso de Mello, decisão: 1º-2-2005).

Adolescente e direito à vida e saúde: Anote-se que o Estatuto da Criança e do Adolescente (Lei nº 8.069/90), em seu art. 7º afirma que "a criança e o adolescente têm a proteção à vida e à saúde, mediante a efetivação de políticas sociais públicas **que permitam o nascimento** e o desenvolvimento sadio e harmonioso, em condições dignas de existência". E o art. 8º complementa essa garantia, afirmando que "incumbe ao Poder Público propiciar apoio alimentar à gestante e à nutriz que dele necessitem".

Qualidade digna de vida e direito dos idosos: Conforme proclamou o Supremo Tribunal Federal, "o direito dos idosos ao transporte gratuito não é um fim em si mesmo, e que a facilidade de seu deslocamento físico pelo uso de transporte coletivo deve ser assegurada como garantia da qualidade digna de vida para os que não podem pagar ou já colaboraram com a sociedade em períodos pretéritos, de modo a lhes caber, nesta fase da vida, tal benefício, a ser custeado pela sociedade" (STF – Pleno – ADI 3768/DF – rel. Min. Cármen Lúcia, decisão: 19-9-2007. *Informativo STF* nº 480).

Nascituro e investigação de paternidade: TJ/SP – "A personalidade civil do homem começa com o nascimento com vida, mas a lei põe a salvo os direitos do nascituro, uma vez que neste há vida..." (AC 193.648-1/SP – 1ª CCivil – rel. Des. Renan Lotufo – JTJ/SP-LEX 150/91 e *Cadernos de Direito Constitucional e Ciência Política* nº 4, p. 299/302).

Direito à vida e fornecimento gratuito de medicamentos: STF – "Paciente com neoplasia maligna cerebral – Glioblastoma multiforme. Pessoa destituída de recursos financeiros. Direito à vida e à saúde. Fornecimento gratuito de medicamentos de uso necessário, em favor de pessoa carente. Dever constitucional do Estado (CF, ARTS. 5º, '*CAPUT*', E 196)" (STF – 2ª T. – AgR 626.570-2/RS – rel. Min. Celso de Mello, *Diário da Justiça*, Seção I, 15 fev. 2007, p. 53).

Nascituro e capacidade para ser parte: TJ/RS – "EMENTA: Ao nascituro assiste, no plano do Direito Processual, capacidade para ser parte, como autor ou como réu. Representando o nascituro, pode a mãe propor a ação investigatória, e o nascimento com vida investe o infante da titularidade da pretensão de direito material, até então apenas uma expectativa resguardada" (*RJTJRS* 104/418).

Meio ambiente e direito à vida: STJ – "A obrigatoriedade de registro no Ministério da Agricultura dos agrotóxicos para sua distribuição e comercialização não veda o registro nos Departamentos das Secretarias Estaduais de Saúde e Meio Ambiente. A competência da União não exclui a dos Estados, que utiliza seu poder de polícia e o princípio federativo em proteção à população. Os Estados têm o dever de preservar a saúde e a vida das pessoas" (*Ementário STJ* nº 7/302 – REsp nº 19.274-0 – RS. rel. Min. Garcia Vieira. 1ª T. Unânime. *DJ* 5-4-93).

Acidente de trabalho e plenitude do direito à vida: STJ – "A disacusia em grau mínimo gera obrigação do pagamento de auxílio-acidente, posto que o prejuízo à saúde atinge não somente a capacidade para o trabalho, por demandar maior esforço, mas também a vida social e familiar do obreiro. Precedentes do STJ" (*Ementário STJ* nº 08/424 – REsp nº 36.928-2 – RJ. rel. Min. José Cândido de Carvalho Filho. 6ª T. Unânime. *DJ* 11-10-93). No mesmo sentido: *Ementário STJ* nº 07/365 – REsp nº 33.623-9 – RJ. rel. Min. José Cândido. 6ª T. Unânime. *DJ* 23-8-93.

Expectativa de vida e indenização: STJ – "A indenização, em forma de pensão, em caso de dano material, perdura até a expectativa de vida da vítima" (*Ementário STJ* nº 09/246 – REsp nº 28.861-1 – PR. rel. Min. Dias Trindade. 2ª Seção. Maioria. *DJ*, 28-2-94). No mesmo sentido: STJ – "A indenização, em forma de pensão, em caso de dano material, perdura até a expectativa de vida da vítima" (REsp nº 28.861-1/PR). E, ainda, limite do pensionamento estabelecido, no caso, na data em que o ofendido completaria 65 anos de idade" (*Ementário STJ* nº 09/247 – REsp nº 42.248-5 – SP. rel. Min. Barros Monteiro. 4ª T. Unânime. *DJ* 18-4-94).

Direito à vida, guerra e indenização: STJ – "O disposto no art. 53, ADCT e o art. 1º, da Lei nº 5.315, de 12-9-1967, buscaram recompensar quem, enfrentando o perigo direto de guerra, *expôs a vida em homenagem à Pátria*. Não faz sentido, de cambulhada, colocar, no mesmo parâmetro, situações diferentes. Afastar-se-ia até o princípio da isonomia. Os dispositivos legais acima mencionados reclamam efetiva participação em operações bélicas na Segunda Guerra Mundial" (*Ementário STJ* nº 15/191 – REsp nº 69.345-0 – PE. rel. Min. Luiz Vicente Cernicchiaro. 6ª T. Unânime. *DJ* 6-5-96).

Proteção à vida do índio: STF – "A competência para julgar ação penal em que imputada a figura do genocídio, praticado contra indígenas na disputa de terra, é da Justiça Federal. Na norma definidora da competência desta para demanda em que envolvidos direitos indígenas, inclui-se a hipótese concernente ao direito maior, ou seja, a *própria vida*" (2ª T. – RExtr. nº 179.485/AM – rel. Min. Marco Aurélio, *Diário da Justiça*, Seção I, 10 nov. 1995, p. 38326).

5.3.1 Questão do aborto

A Constituição, é importante ressaltar, protege a vida de forma geral, inclusive a uterina, pois a gestação gera um *tertium* com existência distinta da mãe, apesar de alojado em seu ventre. Esse *tertium* possui vida humana que iniciou-se com a gestação, no curso da qual as sucessivas transformações e evoluções biológicas vão configurando a forma final do ser humano.

A penalização do aborto (CP, art. 124) corresponde à proteção da vida do nascituro, em momento anterior ao seu nascimento. A Constituição Federal, ao prever como direito fundamental a *proteção à vida*, abrange não só a vida extrauterina, mas também a intrauterina, pois qualifica-se com verdadeira *expectativa de vida exterior*. Sem o resguardo legal do direito à vida intrauterina, a garantia constitucional não seria ampla e plena, pois a vida poderia ser obstaculizada em seu momento inicial, logo após a concepção.

A Convenção Americana de Direitos Humanos (Pacto de San José da Costa Rica), de 22-11-1969 e ratificada pelo Brasil em 25-9-1992, em seu art. 4º, estipula "Direito à vida. 1. Toda pessoa tem o direito de que se respeite sua vida. Esse direito deve ser protegido pela lei e, em geral, *desde o momento da concepção*. Ninguém pode ser privado da vida arbitrariamente."

Analisando a possibilidade da despenalização do aborto, sob o prisma de sua constitucionalidade, uma vez que envolve o direito à vida, Quiroga Lavié afirma que o tema se vincula com a árdua questão filosófica sobre o momento inicial da vida. O constitucionalista argentino, após relembrar que nos Estados Unidos foi considerada legal a despenalização do aborto nos três primeiros meses de gestação (Caso Roe *vs.* Wade, 1972), conclui que o aborto deve ser despenalizado em algumas hipóteses (aborto eugenésico, perigo de vida para a mãe e resultante de estupro), uma vez que a vida é também liberdade sexual e violar a liberdade é uma forma de atentar contra a vida.

> "También merece protección la vida de la madre, en cuanto se encuentra enriquecida por los valores que le incumben al ejercer su libertad sexual (su dignidad como ser humano), y no sólo como ser biológico. Es por ello que consideramos que se debe modificar el Código Penal con el objeto de que se despenalice, también, el aborto de la mujer violada (aunque no sea idiota o demente); la vida es también libertad y violar la libertad es una forma de atentar contra la vida" – (Op. cit. p. 365-366).

O Código Penal brasileiro, em seu art. 128, expressamente prevê a possibilidade do *aborto terapêutico* e *aborto sentimental ou humanitário*, da seguinte forma: *Não se pune o aborto praticado por médico: I – se não há outro meio de salvar a vida da gestante; II – se a gravidez resulta de estupro e o aborto é precedido de consentimento da gestante ou, quando incapaz, de seu representante legal*. A legislação brasileira não prevê a possibilidade do aborto eugenésico, ou seja, quando há sério e fundado perigo para o filho, seja em virtude de uma grave predisposição hereditária, seja por doenças maternas, durante a gravidez ou, ainda, por qualquer outro fator externo (álcool, drogas, radiação, medicamentos etc.) que *possam acarretar enfermidades psíquicas, corporais, deformidades*.

Entendemos em relação ao aborto que, além das hipóteses já permitidas pela lei penal, na impossibilidade de o feto nascer com vida, por exemplo, em casos de acrania (ausência de cérebro) ou, ainda, comprovada a total inviabilidade de vida extrauterina, por rigorosa perícia médica, nada justificaria sua penalização, uma vez que o direito penal não estaria a serviço da finalidade constitucional de proteção à vida, mas sim estaria ferindo direitos fundamentais da mulher, igualmente protegidos: *liberdade* e *dignidade humanas*. Dessa forma, a penalização nesses casos seria de flagrante inconstitucionalidade.

Cf. No mesmo sentido do texto: FRANCO, Geraldo Francisco Pinheiro. Impossível a sobrevida do feto, deve ser autorizado o aborto. *Boletim IBCCRIM*, nº 11.

Vida e dignidade da pessoa humana. Possibilidade de interrupção de gravidez de feto anencéfalo: O STF garantiu o "direito da gestante de submeter-se a antecipação terapêutica de parto na hipótese de gravidez de feto anencéfalo, previamente diagnosticada por profissional habilitado, sem estar compelida a apresentar autorização judicial ou qualquer outra forma de permissão do Estado", ressaltando que "na espécie, aduziu inescapável o confronto entre, de um lado, os interesses legítimos da mulher em ver respeitada sua dignidade e, de outro, os de parte da sociedade que desejasse proteger todos os que a integrariam, independentemente da condição física ou viabilidade de sobrevivência. Sublinhou que o tema envolveria a dignidade humana, o usufruto da vida, a liberdade, a autodeterminação, a saúde e o reconhecimento pleno de direitos individuais, especificamente, os direitos sexuais e reprodutivos das mulheres. No ponto, relembrou que não haveria colisão real entre direitos fundamentais, apenas conflito aparente (...) Observou que seria improcedente a alegação de direito à vida dos anencéfalos, haja vista que estes seriam termos antitéticos. Explicou que, por ser o anencéfalo absolutamente inviável, não seria titular do direito à vida, motivo pelo qual o conflito entre direitos fundamentais seria apenas aparente, dado que, em contraposição aos direitos da mulher, não se encontraria o direito à vida ou à dignidade humana de quem estivesse por vir. Assentou que o feto anencéfalo, mesmo que biologicamente vivo, porque feito de células e tecidos vivos, seria juridicamente morto, de maneira que não deteria proteção jurídica, principalmente a jurídico-penal. Corroborou esse entendimento ao inferir o conceito jurídico de morte cerebral da Lei 9.434/97, de modo que seria impróprio falar em direito à vida intra ou extrauterina do anencéfalo, natimorto cerebral. Destarte, a interrupção de gestação de feto anencefálico não configuraria crime contra a vida, porquanto se revelaria conduta atípica (...) não se coadunaria com o princípio da proporcionalidade proteger apenas um dos seres da relação, de modo a privilegiar aquele que, no caso da anencefalia, não deteria sequer expectativa de vida fora do útero e aniquilar-se, em contrapartida, os direitos da mulher ao lhe impingir sacrifício desarrazoado" (STF – Pleno – ADPF 54/DF, rel. Min. Marco Aurélio, decisão: 11 e 12-4-2012, *Informativo STF* nº 661).

Interrupção de gravidez de feto anencéfalo e afastamento da proteção à criança e ao adolescente prevista na Constituição: STF – "Afastou a aplicação, na espécie, dos preceitos da Convenção sobre Direitos da Criança das Nações Unidas, especialmente, os artigos 6º e 23 ('Art. 6º. 1. Os Estados Partes reconhecem que toda criança tem o direito inerente à vida. 2. Os Estados Partes assegurarão ao máximo a sobrevivência e o desenvolvimento da criança. (...) Art. 23. 1. Os Estados Partes reconhecem que a criança portadora de deficiências físicas ou mentais deverá desfrutar de uma vida plena e decente em condições que garantam sua dignidade, favoreçam sua autonomia e facilitem sua participação ativa na comunidade. 2. Os Estados Partes reconhecem o direito da criança deficiente de receber cuidados especiais e, de acordo com os recursos disponíveis e sempre que a criança ou seus responsáveis reúnam as condições requeridas, estimularão e assegurarão a prestação da assistência solicitada, que seja adequada ao estado da criança e as circunstâncias de seus pais ou das pessoas encarregadas de seus cuidados'). Do mesmo modo, repeliu a aplicação da Constituição no que determinaria a proteção à criança e ao adolescente, de sorte que a eles fosse viabilizado o direito à vida, à saúde, à alimentação, à educação, ao lazer, à profissionalização, à cultura, à dignidade, ao respeito, à liberdade e à convivência familiar e comunitária, ficando a salvo de toda forma de negligência, discriminação, exploração, violência, crueldade e opressão. Isso porque seria inimaginável falar-se desses objetivos no caso de feto anencéfalo, em virtude da impossibilidade de, ao ocorrer o parto, vir-se a cogitar de criança e, posteriormente, de adolescente" (STF – Pleno – ADPF 54/DF, Rel. Min. Marco Aurélio, decisão: 11 e 12-4-2012, *Informativo STF* nº 661).

5.3.2 Questão da eutanásia e do suicídio

O direito à vida tem um conteúdo de proteção positiva que impede configurá-lo como um direito de liberdade que inclua o *direito à própria morte*. O Estado, principalmente por situações fáticas, não pode prever e impedir que alguém disponha de seu direito à vida, suicidando-se ou praticando eutanásia. Isso, porém, não coloca a vida como direito disponível, nem a morte como direito subjetivo do indivíduo. O direito à vida não engloba, portanto, o direito subjetivo de exigir-se a própria morte, no sentido de mobilizar-se o Poder Público para garanti-la, por meio, por exemplo, de legislação que permita a *eutanásia* ou ainda que forneça meios instrumentais para a prática de *suicídios*.

O ordenamento jurídico-constitucional não autoriza, portanto, nenhuma das espécies de eutanásia, quais sejam, a ativa ou passiva (ortotanásia). Enquanto a primeira configura o direito subjetivo de exigir-se de terceiros, inclusive do próprio Estado, a provocação de morte para atenuar sofrimentos (*morte doce ou homicídio por piedade*), a segunda é o direito de opor-se ao prolongamento artificial da própria vida, por meio de artifícios médicos, seja em caso de doenças incuráveis e terríveis, seja em caso de acidentes gravíssimos (o chamado *direito à morte digna*).

Em relação ao suicídio, não por outro motivo, a nossa legislação penal tipifica como crime *induzir ou instigar alguém a suicidar-se ou a praticar automutilação ou prestar auxílio material para quem o faça* (CP, art. 122). No caso da eutanásia, a lei penal tipifica a conduta como homicídio (CP, art. 121).

5.4 *Princípio da igualdade*

A Constituição Federal de 1988 adotou o princípio da igualdade de direitos, prevendo *a igualdade de aptidão, uma igualdade de possibilidades virtuais, ou seja, todos os cidadãos têm o direito de tratamento idêntico pela lei, em consonância com os critérios albergados pelo ordenamento jurídico*. Dessa forma, o que se veda são as diferenciações arbitrárias, as discriminações absurdas, pois o tratamento desigual dos casos desiguais, na medida em que se desigualam, é exigência do próprio conceito de Justiça, pois o que realmente protege são certas finalidades, somente se tendo por lesado o princípio constitucional quando o elemento discriminador não se encontra a serviço de uma finalidade acolhida pelo direito, sem que se esqueça, porém, como ressalvado por Fábio Konder Comparato, que as chamadas liberdades materiais têm por objetivo a igualdade de condições sociais, meta a ser alcançada não só por meio de leis, mas também pela aplicação de políticas ou programas de ação estatal (*Direito público:* estudos e pareceres. São Paulo: Saraiva, 1996. p. 59).

A igualdade se configura como uma eficácia transcendente, de modo que toda situação de desigualdade persistente à entrada em vigor da norma constitucional deve ser considerada não recepcionada, se não demonstrar compatibilidade com os valores que a Constituição, como norma suprema, proclama.

O princípio da igualdade consagrado pela Constituição opera em dois planos distintos. De uma parte, frente ao legislador ou ao próprio executivo, na edição, respectivamente, de leis, atos normativos e medidas provisórias, impedindo que possa criar tratamentos abusivamente diferenciados a pessoas que se encontram em situações idênticas. Em outro plano, na obrigatoriedade ao intérprete, basicamente, a autoridade pública, de aplicar a lei e atos normativos de maneira igualitária, sem estabelecimento de diferenciações em razão de sexo, religião, convicções filosóficas ou políticas, raça, classe social.

A desigualdade na lei se produz quando a norma distingue de forma não razoável ou arbitrária um tratamento específico a pessoas diversas. Para que as diferenciações normativas possam ser consideradas não discriminatórias, torna-se indispensável que exista uma justificativa objetiva e razoável, de acordo com critérios e juízos valorativos genericamente aceitos, cuja exigência deve aplicar-se em relação a finalidade e efeitos da medida considerada, devendo estar presente por isso uma razoável relação de proporcionalidade entre os meios empregados e a finalidade perseguida, sempre em conformidade com os direitos e garantias constitucionalmente protegidos. Assim, os tratamentos normativos diferenciados são compatíveis com a Constituição Federal quando verificada a existência de uma finalidade razoavelmente proporcional ao fim visado.

Importante, igualmente, apontar a tríplice finalidade limitadora do princípio da igualdade: *limitação ao legislador, ao intérprete/autoridade pública* e *ao particular*.

O *legislador*, no exercício de sua função constitucional de edição normativa, não poderá afastar-se do princípio da igualdade, sob pena de flagrante inconstitucionalidade. Assim, normas que criem diferenciações abusivas, arbitrárias, sem qualquer finalidade lícita, serão incompatíveis com a Constituição Federal.

Para que as diferenciações produzidas pela aplicação da lei possam ser consideradas não discriminatórias, torna-se indispensável que exista uma justificativa objetiva e razoável, de acordo com critérios e juízos valorativos genericamente aceitos, cuja exigência deve aplicar-se em relação à finalidade e efeitos da medida considerada, devendo estar presente, por isso, uma razoável relação de proporcionalidade entre os meios empregados e a finalidade perseguida, sempre em conformidade com os direitos e garantias constitucionalmente protegidos.

O *intérprete/autoridade pública* não poderá aplicar as leis e atos normativos aos casos concretos de forma a criar ou aumentar desigualdades arbitrárias. Ressalte-se que, em especial o Poder Judiciário, no exercício de sua função jurisdicional de dizer o direito ao caso concreto, deverá utilizar os mecanismos constitucionais no sentido de dar uma interpretação única e igualitária às normas jurídicas. Nesse sentido a intenção do legislador constituinte ao prever o recurso extraordinário ao Supremo Tribunal Federal (*uniformização na interpretação da Constituição Federal*) e o recurso especial ao Superior Tribunal de Justiça (*uniformização na interpretação da legislação federal*). Além disso, sempre em respeito ao princípio da igualdade, a legislação processual deverá estabelecer mecanismos de uniformização de jurisprudência a todos os tribunais.

Finalmente, o *particular* não poderá pautar-se por condutas discriminatórias, preconceituosas ou racistas, sob pena de responsabilidade civil e penal, nos termos da legislação em vigor.

Princípio da igualdade na doutrina: CANOTILHO, J. J. Gomes. *Direito...* Op. cit. p. 307-564; CANOTILHO, J. J. Gomes; MOREIRA, Vital. *Constituição...* Op. cit. p. 87; MIRANDA, Jorge. *Manual...* Op. cit. v. 4. p. 198; LAVIÉ, Quiroga. *Derecho constitucional*. 3. ed. Buenos Aires: Depalma, 1993. p. 142-635; GALIANO, José. *Derechos humanos*. Santiago: Arcis, 1996. t. 1, p. 75; BARILE, Paolo. *Diritti dell'uomo e libertà fondamentali*. Bolonha: Il Molino, 1984. p. 73; BARBERA, Amato. *Manuale di diritto pubblico*. 4. ed. Bolonha: Il Molino, 1984. p. 201; BUENO, José Antonio Pimenta. *Direito público brasileiro e análise da Constituição do Império*. Rio de Janeiro: Ministério da Justiça, 1958. p. 411; MORAES, Alexandre. *Direito constitucional*. São Paulo: Atlas, 1997. p. 52-55; FRANCO, Afonso Arinos de Melo. *Curso de direito constitucional brasileiro*. Rio de Janeiro: Forense, 1958. v. 1, p. 87; FERREIRA, Pinto. *Comentários...* Op. cit. v. 1, p. 62; TEIXEIRA, J. H. Meirelles. *Curso de direito constitucional*. Rio de Janeiro: Forense Universitária, 1991. p. 726; CAVALCANTI, Themístocles Brandão. *Princípios gerais de direito público*. 3. ed. Rio de Janeiro: Borsoi, 1966. p. 201; MARTINS, Ives Gandra da Silva. *Direito constitucional interpretado*. São Paulo: Revista dos Tribunais, 1992. p. 154-172; COMPARATO, Fábio Konder. *Direito público*: estudos e pareceres. São Paulo: Saraiva, 1996. p. 59; DANTAS, F. C. San Tiago. *Igualdade perante a lei e* due process of law: contribuição ao estudo da limitação constitucional do Poder Legislativo. Rio de Janeiro: Revista Forense, 1948. v. 116, p. 357-367; DINAMARCO, Cândido Rangel. Fundamentos do processo civil moderno. 2. ed. São Paulo: Revista dos Tribunais, 1987. p. 140 e *A instrumentalidade do processo*. 4. ed. São Paulo: Malheiros, 1994; MELLO, Celso Antonio Bandeira de. *Conteúdo jurídico do princípio da igualdade*. 3. ed. São Paulo: Malheiros, 1995. p. 18.

Essência do princípio da igualdade: STF – "O princípio isonômico revela a impossibilidade de desequiparações fortuitas ou injustificadas" (STF – 2ª T. – Agravo de Instrumento nº 207.130-1/SP – rel. Min. Marco Aurélio, *Diário da Justiça,* Seção I, 3 abr. 1998, p. 45).

Princípio da igualdade e finalidades: STF – "O princípio da isonomia, que se reveste de autoaplicabilidade, não é – enquanto postulado fundamental de nossa ordem político-jurídica – suscetível de regulamentação ou de complementação normativa. Esse princípio – cuja observância vincula, incondicionalmente, todas as manifestações do Poder Público – deve ser considerado, em sua precípua função de obstar discriminações e de extinguir privilégios (*RDA* 55/114), sob duplo aspecto: (a) o da igualdade na lei e (b) o da igualdade perante a lei. A igualdade na lei – que opera numa fase de generalidade puramente abstrata – constitui exigência destinada ao legislador que, no processo de sua formação, nela não poderá incluir fatores de discriminação, responsáveis pela ruptura da ordem isonômica. A igualdade perante a lei, contudo, pressupondo lei já elaborada, traduz imposição destinada aos demais poderes estatais, que, na aplicação da norma legal, não poderão subordiná-la a critérios que ensejem tratamento seletivo ou discriminatório. A eventual inobservância desse postulado pelo legislador imporá ao ato estatal por ele elaborado e produzido a eiva de inconstitucionalidade" (Pleno – MI nº 58/DF – rel. p/Acórdão Min. Celso de Mello, *Diário da Justiça,* Seção I, 19 abr. 1991, p. 4580).

Igualdade de todos perante a Lei e União Homoafetiva: STF – "ARGUIÇÃO DE DESCUMPRIMENTO DE PRECEITO FUNDAMENTAL (ADPF). PERDA PARCIAL DE OBJETO. RECEBIMENTO, NA PARTE REMANESCENTE, COMO AÇÃO DIRETA DE INCONSTITUCIONALIDADE. UNIÃO HOMOAFETIVA E SEU RECONHECIMENTO COMO INSTITUTO JURÍDICO. CONVERGÊNCIA DE OBJETOS ENTRE AÇÕES DE NATUREZA ABSTRATA. JULGAMENTO CONJUNTO. Encampação dos fundamentos da ADPF nº 132-RJ pela ADI nº 4.277-DF, com a finalidade de conferir 'interpretação conforme à Constituição' ao art. 1.723 do Código Civil. Atendimento das condições da ação. 2. PROIBIÇÃO DE DISCRIMINAÇÃO DAS PESSOAS EM RAZÃO DO SEXO, SEJA NO PLANO DA DICOTOMIA HOMEM/MULHER (GÊNERO), SEJA NO PLANO DA ORIENTAÇÃO SEXUAL DE CADA QUAL DELES. A PROIBIÇÃO DO PRECONCEITO COMO CAPÍTULO DO CONSTITUCIONALISMO FRATERNAL. HOMENAGEM AO PLURALISMO COMO VALOR SÓCIO-POLÍTICO-CULTURAL. LIBERDADE PARA DISPOR DA PRÓPRIA SEXUALIDADE, INSERIDA NA CATEGORIA DOS DIREITOS FUNDAMENTAIS DO INDIVÍDUO, EXPRESSÃO QUE É DA AUTONOMIA DE VONTADE. DIREITO À INTIMIDADE E À VIDA PRIVADA. CLÁUSULA PÉTREA. O sexo das pessoas, salvo disposição constitucional expressa ou implícita em sentido contrário, não se presta como fator de desigualação jurídica. Proibição de preconceito, à luz do inciso IV do art. 3º da Constituição Federal, por colidir frontalmente com o objetivo constitucional de 'promover o bem de todos'. Silêncio normativo da Carta Magna a respeito do concreto uso do sexo dos indivíduos como saque da kelseniana 'norma geral negativa', segundo a qual 'o que não estiver juridicamente proibido, ou obrigado, está juridicamente permitido'. Reconhecimento do direito à preferência sexual como direta emanação do princípio da 'dignidade da pessoa humana': direito a autoestima no mais elevado ponto da consciência do indivíduo. Direito à busca da felicidade. Salto normativo da proibição do preconceito para a proclamação do direito à liberdade sexual. O concreto uso da sexualidade faz parte da autonomia da vontade das pessoas naturais. Empírico uso da sexualidade nos planos da intimidade e da privacidade constitucionalmente tuteladas. Autonomia da vontade. Cláusula pétrea. 3. TRATAMENTO CONSTITUCIONAL DA

INSTITUIÇÃO DA FAMÍLIA. RECONHECIMENTO DE QUE A CONSTITUIÇÃO FEDERAL NÃO EMPRESTA AO SUBSTANTIVO 'FAMÍLIA' NENHUM SIGNIFICADO ORTODOXO OU DA PRÓPRIA TÉCNICA JURÍDICA. A FAMÍLIA COMO CATEGORIA SÓCIO-CULTURAL E PRINCÍPIO ESPIRITUAL. DIREITO SUBJETIVO DE CONSTITUIR FAMÍLIA. INTERPRETAÇÃO NÃO REDUCIONISTA. O *caput* do art. 226 confere à família, base da sociedade, especial proteção do Estado. Ênfase constitucional à instituição da família. Família em seu coloquial ou proverbial significado de núcleo doméstico, pouco importando se formal ou informalmente constituída, ou se integrada por casais heteroafetivos ou por pares homoafetivos. A Constituição de 1988, ao utilizar-se da expressão 'família', não limita sua formação a casais heteroafetivos nem a formalidade cartorária, celebração civil ou liturgia religiosa. Família como instituição privada que, voluntariamente constituída entre pessoas adultas, mantém com o Estado e a sociedade civil uma necessária relação tricotômica. Núcleo familiar que é o principal lócus institucional de concreção dos direitos fundamentais que a própria Constituição designa por 'intimidade e vida privada' (inciso X do art. 5º). Isonomia entre casais heteroafetivos e pares homoafetivos que somente ganha plenitude de sentido se desembocar no igual direito subjetivo à formação de uma autonomizada família. Família como figura central ou continente, de que tudo o mais é conteúdo. Imperiosidade da interpretação não reducionista do conceito de família como instituição que também se forma por vias distintas do casamento civil. Avanço da Constituição Federal de 1988 no plano dos costumes. Caminhada na direção do pluralismo como categoria sócio-político-cultural. Competência do Supremo Tribunal Federal para manter, interpretativamente, o Texto Magno na posse do seu fundamental atributo da coerência, o que passa pela eliminação de preconceito quanto à orientação sexual das pessoas. 4. UNIÃO ESTÁVEL. NORMAÇÃO CONSTITUCIONAL REFERIDA A HOMEM E MULHER, MAS APENAS PARA ESPECIAL PROTEÇÃO DESTA ÚLTIMA. FOCADO PROPÓSITO CONSTITUCIONAL DE ESTABELECER RELAÇÕES JURÍDICAS HORIZONTAIS OU SEM HIERARQUIA ENTRE AS DUAS TIPOLOGIAS DO GÊNERO HUMANO. IDENTIDADE CONSTITUCIONAL DOS CONCEITOS DE 'ENTIDADE FAMILIAR' E 'FAMÍLIA'. A referência constitucional à dualidade básica homem/mulher, no § 3º do seu art. 226, deve-se ao centrado intuito de não se perder a menor oportunidade para favorecer relações jurídicas horizontais ou sem hierarquia no âmbito das sociedades domésticas. Reforço normativo a um mais eficiente combate à renitência patriarcal dos costumes brasileiros. Impossibilidade de uso da letra da Constituição para ressuscitar o art. 175 da Carta de 1967/1969. Não há como fazer rolar a cabeça do art. 226 no patíbulo do seu parágrafo terceiro. Dispositivo que, ao utilizar da terminologia 'entidade familiar', não pretendeu diferenciá-la da 'família'. Inexistência de hierarquia ou diferença de qualidade jurídica entre as duas formas de constituição de um novo e autonomizado núcleo doméstico. Emprego do fraseado 'entidade familiar' como sinônimo perfeito de família. A Constituição não interdita a formação de família por pessoas do mesmo sexo. Consagração do juízo de que não se proíbe nada a ninguém senão em face de um direito ou de proteção de um legítimo interesse de outrem, ou de toda a sociedade, o que não se dá na hipótese *sub judice*. Inexistência do direito dos indivíduos heteroafetivos à sua não equiparação jurídica com os indivíduos homoafetivos. Aplicabilidade do § 2º do art. 5º da Constituição Federal, a evidenciar que outros direitos e garantias, não expressamente listados na Constituição, emergem 'do regime e dos princípios por ela adotados', *verbis*: 'Os direitos e garantias expressos nesta Constituição não excluem outros decorrentes do regime e dos princípios por ela adotados, ou dos tratados internacionais em que a República Federativa do Brasil seja parte'.

5. DIVERGÊNCIAS LATERAIS QUANTO À FUNDAMENTAÇÃO DO ACÓRDÃO. Anotação de que os Ministros Ricardo Lewandowski, Gilmar Mendes e Cezar Peluso convergiram no particular entendimento da impossibilidade de ortodoxo enquadramento da união homoafetiva nas espécies de família constitucionalmente estabelecidas. Sem embargo, reconheceram a união entre parceiros do mesmo sexo como uma nova forma de entidade familiar. Matéria aberta à conformação legislativa, sem prejuízo do reconhecimento da imediata autoaplicabilidade da Constituição. 6. INTERPRETAÇÃO DO ART. 1.723 DO CÓDIGO CIVIL EM CONFORMIDADE COM A CONSTITUIÇÃO FEDERAL (TÉCNICA DA 'INTERPRETAÇÃO CONFORME'). RECONHECIMENTO DA UNIÃO HOMOAFETIVA COMO FAMÍLIA. PROCEDÊNCIA DAS AÇÕES. Ante a possibilidade de interpretação em sentido preconceituoso ou discriminatório do art. 1.723 do Código Civil, não resolúvel à luz dele próprio, faz-se necessária a utilização da técnica de 'interpretação conforme à Constituição'. Isso para excluir do dispositivo em causa qualquer significado que impeça o reconhecimento da união contínua, pública e duradoura entre pessoas do mesmo sexo como família. Reconhecimento que é de ser feito segundo as mesmas regras e com as mesmas consequências da união estável heteroafetiva" (STF – Pleno – ADI 4277/DF e ADPF 132/RJ, Rel. Min. Ayres Britto, decisão 4 e 5 de maio de 2011).

Impossibilidade de privação ou restrição de direitos em virtude de opção sexual: STF – "UNIÃO CIVIL ENTRE PESSOAS DO MESMO SEXO – ALTA RELEVÂNCIA SOCIAL E JURÍDICO-CONSTITUCIONAL DA QUESTÃO PERTINENTE ÀS UNIÕES HOMOAFETIVAS – LEGITIMIDADE CONSTITUCIONAL DO RECONHECIMENTO E QUALIFICAÇÃO DA UNIÃO ESTÁVEL HOMOAFETIVA COMO ENTIDADE FAMILIAR: POSIÇÃO CONSAGRADA NA JURISPRUDÊNCIA DO SUPREMO TRIBUNAL FEDERAL (ADPF 132/RJ E ADI 4.277/DF) – O AFETO COMO VALOR JURÍDICO IMPREGNADO DE NATUREZA CONSTITUCIONAL: A VALORIZAÇÃO DESSE NOVO PARADIGMA COMO NÚCLEO CONFORMADOR DO CONCEITO DE FAMÍLIA – O DIREITO À BUSCA DA FELICIDADE, VERDADEIRO POSTULADO CONSTITUCIONAL IMPLÍCITO E EXPRESSÃO DE UMA IDEIA-FORÇA QUE DERIVA DO PRINCÍPIO DA ESSENCIAL DIGNIDADE DA PESSOA HUMANA – ALGUNS PRECEDENTES DO SUPREMO TRIBUNAL FEDERAL E DA SUPREMA CORTE AMERICANA SOBRE O DIREITO FUNDAMENTAL À BUSCA DA FELICIDADE – PRINCÍPIOS DE YOGYAKARTA (2006): DIREITO DE QUALQUER PESSOA DE CONSTITUIR FAMÍLIA, INDEPENDENTEMENTE DE SUA ORIENTAÇÃO SEXUAL OU IDENTIDADE DE GÊNERO – DIREITO DO COMPANHEIRO, NA UNIÃO ESTÁVEL HOMOAFETIVA, À PERCEPÇÃO DO BENEFÍCIO DA PENSÃO POR MORTE DE SEU PARCEIRO, DESDE QUE OBSERVADOS OS REQUISITOS DO ART. 1.723 DO CÓDIGO CIVIL – O ART. 226, § 3º, DA LEI FUNDAMENTAL CONSTITUI TÍPICA NORMA DE INCLUSÃO – A FUNÇÃO CONTRAMAJORITÁRIA DO SUPREMO TRIBUNAL FEDERAL NO ESTADO DEMOCRÁTICO DE DIREITO – A PROTEÇÃO DAS MINORIAS ANALISADA NA PERSPECTIVA DE UMA CONCEPÇÃO MATERIAL DE DEMOCRACIA CONSTITUCIONAL – O DEVER CONSTITUCIONAL DO ESTADO DE IMPEDIR (E, ATÉ MESMO, DE PUNIR) 'QUALQUER DISCRIMINAÇÃO ATENTATÓRIA DOS DIREITOS E LIBERDADES FUNDAMENTAIS' (CF, ART. 5º, XLI) – A FORÇA NORMATIVA DOS PRINCÍPIOS CONSTITUCIONAIS E O FORTALECIMENTO DA JURISDIÇÃO CONSTITUCIONAL: ELEMENTOS QUE COMPÕEM O MARCO DOUTRINÁRIO QUE CONFERE SUPORTE TEÓRICO AO NEOCONSTITUCIONALISMO – RECURSO DE AGRAVO IMPROVIDO. NINGUÉM PODE SER PRIVADO DE SEUS DIREITOS EM RAZÃO DE SUA ORIENTAÇÃO SEXUAL. – Ninguém, absolutamente ninguém, pode ser privado de direitos nem sofrer quaisquer restrições de ordem jurídica por motivo de sua orientação sexual. Os homossexuais, por tal razão, têm direito de receber a igual proteção tanto das leis quanto do sistema político-jurídico instituído pela Constituição da República, mostrando-se arbitrário e inaceitável qualquer estatuto que puna, que exclua, que discrimine, que fomente a intolerância, que estimule o desrespeito e que desiguale as pessoas em razão de sua orientação sexual. RECONHECIMENTO E QUALIFICAÇÃO DA UNIÃO HOMOAFETIVA COMO ENTIDADE FAMILIAR. – O Supremo Tribunal Federal – apoiando-se em valiosa hermenêutica construtiva e invocando princípios essenciais (como os da dignidade da pessoa humana, da liberdade, da autodeterminação, da igualdade, do pluralismo, da intimidade, da não discriminação e da busca da felicidade) – reconhece assistir, a qualquer pessoa, o direito fundamental à orientação sexual, havendo proclamado, por isso mesmo, a plena legitimidade ético-jurídica da união homoafetiva como entidade familiar, atribuindo-lhe, em consequência, verdadeiro estatuto de cidadania, em ordem a permitir que se extraiam, em favor de parceiros homossexuais, relevantes consequências no plano do Direito, notadamente no campo previdenciário, e, também, na esfera das relações sociais e familiares. – A extensão, às uniões homoafetivas, do mesmo regime jurídico aplicável à união estável entre pessoas de gênero distinto justifica-se e legitima-se pela direta incidência, dentre outros, dos princípios constitucionais da igualdade, da liberdade, da dignidade, da segurança jurídica e do postulado constitucional implícito que consagra o direito à busca da felicidade, os quais configuram, numa estrita dimensão que privilegia o sentido de inclusão decorrente da própria Constituição da República (art. 1º, III, e art. 3º, IV), fundamentos autônomos e suficientes aptos a conferir suporte legitimador à qualificação das conjugalidades entre pessoas do mesmo sexo como espécie do gênero entidade familiar. – Toda pessoa tem o direito fundamental de constituir família, independentemente de sua orientação sexual ou de identidade de gênero. A família resultante da união homoafetiva não pode sofrer discriminação, cabendo-lhe os mesmos direitos, prerrogativas, benefícios e obrigações que se mostrem acessíveis a parceiros de sexo distinto que integrem uniões heteroafetivas. A DIMENSÃO CONSTITUCIONAL DO AFETO COMO UM DOS FUNDAMENTOS DA FAMÍLIA MODERNA. – O reconhecimento do afeto como valor jurídico impregnado de natureza constitucional: um novo paradigma que informa e inspira a formulação do próprio conceito de família. Doutrina. DIGNIDADE DA PESSOA HUMANA E BUSCA DA FELICIDADE. – O postulado da dignidade da pessoa humana, que representa – considerada a centralidade desse princípio essencial (CF, art. 1º, III) – significativo vetor interpretativo, verdadeiro valor-fonte que conforma e inspira todo o ordenamento constitucional vigente em nosso País, traduz, de modo expressivo, um dos fundamentos em que se assenta, entre nós, a ordem republicana e democrática consagrada pelo sistema de direito constitucional positivo. Doutrina. – O princípio constitucional da busca da felicidade, que decorre, por implicitude, do núcleo de que se irradia o postulado da dignidade da pessoa humana, assume papel de extremo relevo no processo de afirmação, gozo e expansão dos direitos fundamentais, qualificando-se, em função de sua própria teleologia, como fator de neutralização de práticas ou de omissões lesivas cuja ocorrência possa comprometer, afetar ou, até mesmo, esterilizar direitos e franquias individuais. – Assiste, por isso mesmo, a todos, sem qualquer exclusão, o direito à busca da felicidade, verdadeiro postulado constitucional implícito, que se qualifica como expressão de uma ideia-força que deriva do princípio da essencial dignidade da pessoa humana. Precedentes do Supremo Tribunal Federal e da Suprema Corte americana. Positivação desse princípio no plano do direito comparado. A FUNÇÃO CONTRAMAJORITÁRIA DO SUPREMO TRIBUNAL FEDERAL E A PROTEÇÃO DAS MINORIAS. – A proteção das minorias e dos grupos vulneráveis qualifica-se como fundamento imprescindível à plena legitimação material do Estado Democrático de Direito. – Incumbe, por isso mesmo, ao Supremo Tribunal Federal, em sua condição institucional de guarda da Constituição (o que lhe confere 'o monopólio da última palavra' em matéria de interpretação constitucional), desempenhar função contramajoritária, em ordem a dispensar efetiva proteção às minorias contra eventuais excessos (ou omissões) da maioria, eis que ninguém se sobrepõe, nem mesmo os grupos majoritários, à autoridade hierárquico-normativa e aos princípios superiores consagrados na Lei Fundamental do Estado. Precedentes" (STF – 477554/MG – Rel. Min. Celso de Mello, DJe 3-8-2011).

Princípio da igualdade e reconhecimento das parcerias afetivas entre homossexuais como mais uma das várias modalidades de entidade familiar: STJ – "DIREITO CIVIL. FAMÍLIA. AÇÃO DE RECONHECIMENTO E DISSOLUÇÃO DE UNIÃO AFETIVA ENTRE PESSOAS DO MESMO SEXO CUMULADA COM PARTILHA DE BENS E PEDIDO DE ALIMENTOS. PRESUNÇÃO DE ESFORÇO COMUM. 1. Despida de normatividade, a união afetiva constituída entre pessoas de mesmo sexo tem batido às portas do Poder Judiciário ante a necessidade de tutela. Essa circunstância não pode ser ignorada, seja pelo legislador, seja pelo julgador, os quais devem estar preparados para regular as relações contextualizadas em uma sociedade pós-moderna, com estruturas de convívio cada vez mais complexas, a fim de albergar, na esfera de entidade familiar, os mais diversos arranjos vivenciais. 2. Os princípios da igualdade e da dignidade humana, que têm como função principal a promoção da autodeterminação e impõem tratamento igualitário entre as diferentes estruturas de convívio sob o âmbito do direito de família, justificam o reconhecimento das parcerias afetivas entre homossexuais como mais uma das várias modalidades de entidade familiar. 3. O art. 4º da LICC permite a equidade na busca da Justiça. O manejo da analogia frente à lacuna da lei é perfeitamente aceitável para alavancar, como entidades familiares, as uniões de afeto entre pessoas do mesmo sexo. Para ensejar o reconhecimento, como entidades familiares, é de rigor a demonstração inequívoca da presença dos elementos essenciais à caracterização de entidade familiar diversa e que serve, na hipótese, como parâmetro diante do vazio legal – a de união estável – com a evidente exceção da diversidade de sexos. 4. Demonstrada a convivência, entre duas pessoas do mesmo sexo, pública, contínua e duradoura, estabelecida com o objetivo de constituição de família, sem a ocorrência dos impedimentos do art. 1.521 do CC/02, com a exceção do inc. VI quanto à pessoa casada separada de fato ou judicialmente, haverá, por consequência, o reconhecimento dessa parceria como entidade familiar, com a respectiva atribuição de efeitos jurídicos dela advindos. 5. Comprovada a existência de união afetiva entre pessoas do mesmo sexo, é de se reconhecer o direito do companheiro à meação dos bens adquiridos a título oneroso ao longo do relacionamento, mesmo que registrados unicamente em nome de um dos parceiros, sem que se exija, para tanto, a prova do esforço comum, que nesses casos é presumida" (STJ – 2ª Seção – Resp 1085646/RS – Rel. Min. Nancy Andrighi, decisão: 11-5-2011). **No mesmo sentido**: STJ – 4ª T. – Resp 1183378/RS – Rel. Min. Luis Felipe Salomão, decisão: 25-10-2011. **Conferir, ainda:** STJ – 3ª T. – Resp 633713/SP – Rel. Min. Vasco Della Giustina (Desembargador convocado do TJ-RS), decisão: 16-12-2010.

Princípio da igualdade de constitucionalidade de políticas de ação afirmativa e reserva de vagas em universidades públicas: STF – "O art. 5º, *caput*, da CF, segundo o qual ao Estado não seria dado fazer qualquer distinção entre aqueles que se encontrariam sob seu abrigo. Frisou-se, entretanto, que o legislador constituinte não se restringira apenas a proclamar solenemente a igualdade de todos diante da lei. Ele teria buscado emprestar a máxima concreção a esse importante postulado, para assegurar a igualdade material a todos os brasileiros e estrangeiros que viveriam no país, consideradas as diferenças existentes por motivos naturais, culturais, econômicos, sociais ou até mesmo acidentais. Além disso, atentaria especialmente para a desequiparação entre os distintos grupos sociais. Asseverou-se que, para efetivar a igualdade material, o Estado poderia lançar mão de políticas de cunho universalista – a abranger número indeterminado de indivíduos – mediante ações de natureza estrutural; ou de ações afirmativas – a atingir grupos sociais determinados – por meio da atribuição de certas vantagens, por tempo limitado, para permitir a suplantação de desigualdades ocasionadas por situações históricas particulares. Certificou-se que a adoção de políticas que levariam ao afastamento de perspectiva meramente formal do princípio da isonomia integraria o cerne do conceito de democracia. Anotou-se a superação de concepção estratificada da igualdade, outrora definida apenas como direito, sem que se cogitasse convertê-lo em possibilidade. Reputou-se, entretanto, que esse desiderato somente seria alcançado por meio da denominada 'justiça distributiva', que permitiria a superação das desigualdades no mundo dos fatos, por meio de intervenção estatal que realocasse bens e oportunidades existentes na sociedade em benefício de todos. Lembrou-se que o modelo constitucional pátrio incorporara diversos mecanismos institucionais para corrigir distorções resultantes da incidência meramente formal do princípio da igualdade. Sinalizou-se que, na espécie, a aplicação desse preceito consistiria em técnica de distribuição de justiça, com o objetivo de promover a inclusão social de grupos excluídos, especialmente daqueles que, historicamente, teriam sido compelidos a viver na periferia da sociedade. Em seguida, elucidou-se o conceito de ações afirmativas, que seriam medidas especiais e concretas para assegurar o desenvolvimento ou a proteção de certos grupos, com o fito de garantir-lhes, em condições de igualdade, o pleno exercício dos direitos do homem e das liberdades fundamentais. Explanaram-se as diversas modalidades de ações afirmativas empregadas em vários países: a) a consideração do critério de raça, gênero ou outro aspecto a caracterizar certo grupo minoritário para promover sua integração social; b) o afastamento de requisitos de antiguidade para a permanência ou promoção de membros de categorias socialmente dominantes em determinados ambientes profissionais; c) a definição de distritos eleitorais para o fortalecimento de minorias; e d) o estabelecimento de cotas ou a reserva de vagas para integrantes de setores marginalizados (...) Por sua vez, no que toca à reserva de vagas ou ao estabelecimento de cotas, entendeu-se que a primeira não seria estranha à Constituição, nos termos do art. 37, VIII. Afirmou-se, de igual maneira, que as políticas de ação afirmativa não configurariam meras concessões do Estado, mas deveres extraídos dos princípios constitucionais. Assim, as cotas encontrariam amparo na Constituição... Ressaltou-se a natureza transitória dos programas de ação afirmativa, já que as desigualdades entre brancos e negros decorreriam de séculos de dominação econômica, política e social dos primeiros sobre os segundos. Dessa forma, na medida em que essas distorções históricas fossem corrigidas, não haveria razão para a subsistência dos programas de ingresso nas universidades públicas. Se eles ainda assim permanecessem, poderiam converter-se em benesses permanentes, em detrimento da coletividade e da democracia. Consignou-se que, no caso da UnB, o critério da temporariedade fora cumprido, pois o programa de ações afirmativas lá instituído estabelecera a necessidade de sua reavaliação após o transcurso de dez anos. Por fim, no que concerne à proporcionalidade entre os meios e os fins colimados nessas políticas, considerou-se que a reserva de 20% das vagas, na UnB, para estudantes negros, e de um pequeno número delas para índios, pelo prazo citado, constituiria providência adequada e proporcional a atingir os mencionados desideratos" (STF – Pleno – ADPF 186/DF, Rel. Min. Ricardo Lewandowski, decisão: 25 e 26-4-2012). **Conferir, no mesmo sentido**, decisão do STF pela Repercussão Geral em relação a constitucionalidade da reserva de vagas em programa de ação afirmativa estabelecido pela Universidade Federal do Rio Grande do Sul (RE 597285/RS, Rel. Min. Ricardo Lewandowski, decisão: 9-5-2012).

Princípio da igualdade no processo: STF – "Não há maltrato ao princípio constitucional da igualdade, por ter o Tribunal determinado a realização de determinada prova, embora possa não tê-la pedido a parte contrária. Só haveria maltrato ao princípio, se tivesse sido deferido o pedido de provas a um dos contendores e negado a outro, sendo as provas requeridas por ambos os contendores igualmente necessárias ao esclarecimento dos fatos" (2ª T. – AGRAG nº 130.583/SP – rel. Min. Aldir Passarinho, *Diário da Justiça*, Seção I, 31 maio 1991, p. 7239).

Princípio da Igualdade, Súmulas Vinculantes e caráter impeditivo de recursos: STF – "O Supremo Tribunal Federal, reforçando as finalidades de *proteção ao princípio da segurança jurídica* e *proteção aos princípios da igualdade e celeridade* desse novo instituto, dotou as súmulas vinculantes de *caráter impeditivo de recurso*, permitindo, portanto, que os Tribunais ou Turmas recursais recorridos possam realizar e, eventualmente, negar a admissibilidade dos recursos extraordinários e dos agravos de instrumento contrários ao objeto da súmula" (conferir: MORAES, Alexandre de. *Direito Constitucional*. 26. ed. São Paulo, 2010 – capítulo 10).

Ministério Público como *custos legis* e igualdade processual: STF – "A qualificação do Ministério Público como órgão interveniente defere-lhe posição de grande eminência no contexto da relação processual, na medida em que lhe incumbe o desempenho imparcial da atividade fiscalizadora pertinente à correta aplicação do direito objetivo. Possibilidade de o Regimento Interno dos Tribunais conferir ao Ministério Público, enquanto *custos legis*, a prerrogativa do prazo ilimitado nas sustentações orais" (Pleno – ADin – medida cautelar – nº 758/RJ – rel. Min. Celso de Mello – *Diário da Justiça*, Seção I, 8 abr. 1994, p. 7240).

Justiça do Trabalho e igualdade real: STF – "Um dos objetivos da Justiça trabalhista é substituir a igualdade formal pela igualdade real, criando a legislação do trabalho, para isso, princípios próprios e particulares e institutos novos subordinados as realidades sociais e econômicas o espírito das normas" (1ª T. – AG 17325 – Min. Sampaio Costa, decisão 20-5-1955).

Igualdade e contraditório: STF – "Lei nº 8.701, de 1º-9-1993, que acrescenta parágrafo ao art. 370 do Código de Processo Penal dispondo sobre a intimação mediante publicação dos atos no órgão oficial. Repercussão, no processo penal, do princípio da igualdade. Distinção de tratamento entre a justiça pública e a advocacia particular. *Periculum in mora* não configurado, ante a dificuldade de se identificarem os prejuízos que a subsistência da norma acarretaria até a deliberação final do STF" (Pleno – ADin. nº 1036/DF – medida cautelar – rel. Min. Francisco Rezek, *Diário da Justiça*, Seção I, 30 jun. 1995, p. 20407).

CF, art. 100 e princípio da igualdade (Redação do original) (*Art. 100. À exceção dos créditos de natureza alimentícia, os pagamentos devidos pela Fazenda Federal, Estadual ou Municipal, em virtude de sentença judiciária, far-se-ão exclusivamente na ordem cronológica de apresentação dos precatórios e à conta dos créditos respectivos, proibida a designação de* *casos ou de pessoas nas dotações orçamentárias e nos créditos adicionais abertos para este fim*): STF – "A norma consubstanciada no art. 100 da Carta Política traduz um dos mais expressivos postulados realizadores do princípio da igualdade, pois busca conferir, na concreção do seu alcance, efetividade à exigência constitucional de tratamento isonômico dos credores do Estado" (Pleno – ADin nº 584/PR – medida cautelar – rel. Min. Celso de Mello, *Diário da Justiça*, Seção I, 22 maio 1992, p. 7213).

Princípio da igualdade e prazo em dobro para recorrer: STF – "A norma inscrita no art. 188 do CPC, por constituir *lex generalis*, aplica-se subsidiariamente ao procedimento do recurso extraordinário disciplinado pela Lei nº 8.038/90. O benefício da dilatação do prazo para recorrer somente não incidiria no procedimento recursal do apelo extremo, se a lei extravagante – a Lei nº 8.038/90, no caso – contivesse preceito que expressamente afastasse a possibilidade de aplicação supletiva da legislação processual civil codificada. O benefício do prazo recursal em dobro outorgado às pessoas estatais, por traduzir prerrogativa processual ditada pela necessidade objetiva de preservar o próprio interesse público, não ofende o postulado constitucional da igualdade entre as partes" (1ª T. – RExtr. nº 181.138/SP – rel. Min. Celso de Mello, *Diário da Justiça*, Seção I, 12 maio 1995, p. 13019). No mesmo sentido: STF – Pleno – RExtr. nº 83.432/SP – rel. Min. Leitão de Abreu – *RTJ* 94/209.

Defensor público e prazo diferenciado: STJ – "Não viola o princípio da isonomia a concessão em dobro para o defensor público que exerce múnus constitucional na defesa dos necessitados" (3ª T. – REsp nº 24.196-4/SP – rel. Min. Waldemar Zveiter, *Diário da Justiça*, Seção I, 30 nov. 1992, p. 22611).

Licitação e isonomia: STF – "Igualdade entre os Estados-membros. Princípio da não discriminação entre participantes de concorrência pública. Vedado assegurar preferência a quem esteja sujeito ao pagamento de ICM ou ISS no Estado em que se faz a licitação" (*RTJ* 111/930).

Princípio da igualdade e tratamento diferenciado dos crimes na Justiça comum e militar: STF – "PRINCÍPIO ISONÔMICO – CÓDIGO PENAL E CÓDIGO PENAL MILITAR – O tratamento diferenciado decorrente dos referidos Códigos tem justificativa constitucionalmente aceitável em face das circunstâncias peculiares relativas aos agentes e objetos jurídicos protegidos. A disparidade na disciplina do crime continuado não vulnera o princípio da igualdade" (2ª T. – RExtr. nº 115.770/RJ – rel. Min. Aldir Passarinho, *Diário da Justiça*, Seção I, 21 fev. 1992, p. 1697).

Salários e igualdade: STF – "Não contraria o princípio da igualdade de salários prescrito no art. 157, II, da Constituição (CF/46), criar a empregadora um quadro de merecimento de seus empregados, remunerando-os segundo a classificação em que nele figurem. Ajusta-se, até, esse critério ao disposto no art. 461, § 1º, da Consolidação das Leis do Trabalho, que faz depender a obrigação de igualdade nos salários de igual produtividade e igual perfeição técnica do empregado" (1ª T. – AG nº 15.220 – rel. Min. Mário Guimarães, *Diário da Justiça*, Seção I, 29 mar. 1954, p. 1095).

Princípio da igualdade e contraditório: STJ – "O princípio do contraditório, com assento constitucional, vincula-se diretamente ao princípio maior da igualdade substancial, sendo certo que essa igualdade, tão essencial ao processo dialético, não ocorre quando uma das partes se vê cerceada em seu direito de produzir prova ou debater a que se produziu. O simples equívoco na indicação da norma legal vulnerada não deve servir de obstáculo à apreciação do recurso especial quando nítido o teor da impugnação, mesmo porque ele se destina a preservar a autoridade e unidade do direito federal e não apenas da lei federal" (*Ementário STJ* nº 01/378 – REsp nº 998 – PA. Reg. nº 89.0010590-6. rel. Min. Sálvio de Figueiredo. 4ª T. Unânime. *DJ* 20-11-89).

Prisão especial e isonomia: STJ – "A prisão especial não é uma regalia atentatória ao princípio da isonomia jurídica, mas consubstanciada providência que tem por objetivo resguardar a integridade física do preso que ocupa funções de natureza pública, afastando-o da promiscuidade com outros detentos comuns. Os policiais civis, cujas funções correspondem àquelas exercidas pelos antigos guardas-civis, têm direito à prisão especial, *ex vi* do art. 295, XI, do Código de Processo Penal" (6ª T. – HC nº 3.848 – rel. Min. Vicente Leal, *Diário da Justiça*, Seção I, 4 nov. 1996, p. 42524).

Isonomia e Processo Civil – Nelson Nery Jr. e Rosa Maria Andrade Nery lembram que "a igualdade de todos perante a lei é garantida pela CF, projetando-se também no plano do Direito Processual Civil, onde significa que os litigantes devem receber do juiz tratamento igualitário (CPC, 125, I)... São exemplos de efetivação da isonomia no processo civil: (a) curador especial ao réu revel citado fictamente (CPC, art. 9º, II); (b) prerrogativa de prazo para o MP e Fazenda Pública (CPC 188) (Cintra-Grinover-Dinamarco, Teoria, 54); (c) prerrogativa de foro ao alimentando e à mulher nas ações de separação e divórcio (CPC, 100, I) (Theodoro, *RT* 662/16)" (*CPC comentado*. 2. ed. São Paulo: Revista dos Tribunais, 1996. p. 134).

Concurso público e classificação: STF – "Concurso público: princípio de igualdade: ofensa inexistente. Não ofende o princípio da igualdade o regulamento de concurso público que, destinado a preencher cargos de vários órgãos da Justiça Federal, sediados em locais diversos, determina que a classificação se faça por unidade da Federação, ainda que daí resulte que um candidato se possa classificar, em uma delas, com nota inferior ao que, em outra, não alcance a classificação respectiva" (1ª T. – RE 146.585/DF – rel. Min. Sepúlveda Pertence, *Diário da Justiça*, Seção I, 15 set. 1995, p. 29517).

Igualdade e concurso público: STJ – "A igualdade perante a lei é sem distinção de qualquer natureza (Constituição Federal, art. 5º), vedado ao Poder Público criar distinção entre brasileiro (art. 19, III), proibindo-se a diferença de critério de admissão por motivo de sexo, idade, cor ou estado civil (art. 7º, XXX, c/c art. 39, § 2º). Precedente desta Corte, REsps nºˢ 289-RS, 10.927-MG e REsp nº 11.905-DF" (*Ementário STJ* nº 05/53 – RMS nº 1.086-0 – RS. Reg. nº 9100116408. rel. Min. Garcia Vieira. 1ª T. Unânime. *DJ* 9-3-92).

Concurso público e interpretação da distinção em razão de sexo, idade, cor ou estado civil: STJ – "A Constituição, como todo conjunto de normas jurídicas, deve ser interpretada de maneira sistemática. O comando do art. 7º, XXX, coordena-se com todos os princípios acolhidos pela Carta Magna. Dentre eles, pela importância, avultam o princípio da igualdade e o princípio da legalidade. Ao contrário do narrado (liberalmente) no art. 7º, XXX, a regra é – diferença de salário. Haverá igualdade desde que o trabalho seja igual. Não se pode distinguir pessoas por motivo de sexo, idade, cor ou estado civil. Todavia, se a função pública, por exemplo, for recomendada, por particularidade, ser exercida só por pessoas do sexo masculino, nenhuma censura. O raciocínio é válido também para as mulheres. Ocorre o mesmo com a idade. Daí, na hipótese prevalecer o princípio da legalidade. Em não havendo discriminação (sentido jurídico do termo) nenhuma censura ao limite de idade" (6ª T. – RMS nº 5.151-0/RS. rel. Min. Luiz Vicente Cernicchiaro – *Ementário STJ*, 12/246).

Princípio da igualdade e créditos falimentares: STJ – "Em épocas de inflação acentuada, suspender por largo tempo a incidência da correção monetária dos créditos em habilitação, ao passo em que se valoriza nominalmente o ativo do concordatário, equivalerá à total ruptura da comutatividade dos contratos, em ofensa à regra conspícua da substancial igualdade perante a lei. O Decreto-lei nº 2.283, art. 33, deu tratamento isonômico aos débitos resultantes da condenação judicial e aos créditos habilitados em falência ou concordata ou liquidação extrajudicial, prevendo seu reajustamento 'pela OTN em cruzados'. O Decreto-lei nº 2.284, embora modificando a redação do art. 33 do 'Plano Cruzado', não restaurou a legislação anterior – Lei de Introdução ao Código Civil, art. 2º, § 3º. A suspensão da correção monetária, assim, nos créditos habilitados em concordata preventiva, somente se impõe no período em que vigorou o § 3º do art. 175 da lei falencial, com a redação dada pela Lei nº 7.274/84" (*Ementário STJ* nº 03/113 – REsp nº 613 – MG. Reg. nº 8900098500. rel. Min. Athos Carneiro. 2ª Seção. Maioria. *DJ* 16-4-90). No mesmo sentido: *Ementário STJ* nº 03/188 – REsp nº 1.903 – PR. Reg. nº 900000077-7. rel. Min. Athos Carneiro. 4ª T. Unânime. *DJ* 3-9-90; *Ementário STJ* nº 04/190 – REsp nº 2.650 – PR. Reg. nº 90.0003009-9. rel. Min. Waldemar Zveiter. 3ª T. Unânime. *DJ* 27-8-90.

Salário de benefício de empregado de remuneração variável (Lei nº 6.367/76 – art. 5º, § 4º) e princípio da igualdade: STJ – "Incensurável o acórdão que concluiu pela necessidade de apuração da média das horas extras dos meses de maior incidência, para chegar-se à média aritmética prevista no mencionado dispositivo. Entendimento contrário levaria à quebra do princípio constitucional da igualdade, já que os segurados com remuneração invariável têm seu benefício calculado com base no salário vigente no dia do acidente, sem sofrer a deflação média relativa aos referidos doze meses" (*Ementário STJ* nº 03/312 – REsp nº 5.023 – SP. Reg. nº 90090040. rel. Min. Ilmar Galvão. 2ª T. Unânime. *DJ 5-11-90).*

Ato administrativo discricionário e igualdade: STJ – "Administrativo Militar Mandado de Segurança. QFO da Aeronáutica. Permanência na Ativa. Ato discricionário. Lei nº 6.924/81. Decreto nº 86.325/81. Direito de igualdade (art. 5º da CF). I. À luz da Lei nº 6.924/81 e do seu Regulamento, Decreto nº 86.325/81, há de ser fundamentado o ato de licenciamento das integrantes do Quadro Feminino de Oficiais da Aeronáutica. II. A escolha das que deverão permanecer, ou não, na ativa, *deve obedecer ao princípio de igualdade previsto na Constituição Federal (art. 5º), não podendo resvalar para a arbitrariedade*" (*Ementário STJ* nº 05/58 – MS nº 866 – DF. Reg. nº 9100064661. rel. Min. Peçanha Martins. 1ª Seção. Unânime. *DJ* 10-2-92).

Igualdade de tratamento entre ativos e inativos para efeito de reposicionamento de referências: STJ – "A retificação de referências do Plano de Classificação de Cargos efetuada em favor de funcionários em atividade deve contemplar os inativos que exerciam o mesmo cargo ou função. Afinal a Constituição deixa de diferenciá-los para efeito de benefícios ou vantagens, 'inclusive quando decorrentes da transformação ou reclassificação do cargo ou função em que se deu a aposentadoria' (cf., art. 40, § 4º – c.c. o art. 20 ADCT)" (*Ementário STJ* nº 08/353 – REsp nº 29.547-0 – RJ. rel. Min. Jesus Costa Lima. 5ª T. Unânime. *DJ* 13-9-93).

Aposentadoria compulsória dos notários e isonomia (Lei nº 8.935/94): STJ – "O sistema previsto na Constituição é o da aposentadoria compulsória aos setenta anos sem qualquer consideração à higidez mental ou física do servidor. O Notário exerce a respectiva atividade em caráter privado e por delegação do Poder Público, sujeitando-se à disciplina estabelecida pelo Poder Judiciário, na qualidade de delegante. Demais disso, o princípio da igualdade não pode ser desrespeitado por lei" (*Ementário STJ* nº 13/52 – RMS nº 2.316-3 – SP. Rel. Min. Jesus Costa Lima. 5ª T. Maioria. *DJ* 25-9-95).

Igualdade e deficiência física: STJ – "Não ofende a qualquer princípio jurídico ou postulado de igualdade o ato judicial que autoriza o candidato, com pequena disfunção motora, a executar a prova de datilografia em máquina elétrica" (*Ementário STJ* nº 15/516 – RMS nº 5.121-0 – BA. rel. Min. William Patterson. 6ª T. Unânime, *DJ* 15-4-96).

Exigência de pagamento do ICMS através de guia especial para mercadorias estrangeiras: STJ – "As mercadorias nacionais estão sujeitas ao ICMS desde o momento em que entram no ciclo de produção e comercialização, de modo que a subordinação das mercadorias estrangeiras a esse regime, longe de discriminá-las, estabelece a igualdade na concorrência entre ambas, sem qualquer ofensa ao art. 98 do Código Tributário Nacional" (*Ementário STJ* nº 16/515 – EDcl no REsp nº 85.181-0 – SP. rel. Min. Ari Pargendler. 2ª T. Unânime. *DJ* 5-8-96).

Igualdade e impossibilidade da exclusividade de registro genealógico de raça animal: STJ – "REGISTRO GENEALÓGICO DA RAÇA CHAROLESA – EXCLUSIVIDADE DE EXECUÇÃO – LEI Nº 4.716/65 – Não há direito de exclusividade para execução dos serviços de registro genealógico da raça Charolesa, que representaria odioso monopólio e inaceitável privilégio, que feriria o princípio constitucional do art. 5º" (MS nº 1.064 – DF – 1ª S. – rel. Min. Garcia Vieira – *DJU* 6-4-92).

Anistia fiscal e isonomia: Tribunal de Alçada do Rio Grande do Sul – "Anistia constitucional. Violação ao princípio da isonomia. Na busca de integração e sistematização dos preceitos constitucionais não pode ser descurada a observação das grandes alterações decorrentes da intervenção estatal, cumprindo a interpretação ser sensível a acomodação das forças em confronto e a liberdade de pressão. Daí não ferir a regra da igualdade de todos perante a lei, delimitada anistia que visou equilibrar medidas artificiais impostas e de incentivo ao desmedido endividamento, buscando alcançar quem não dispunha de meios para pagar" (ApCivil nº 189097140/Passo Fundo – 4ª CC – rel. Juiz Paulo Augusto Monte Lopes, j. 28-11-89).

Igualdade e transferência de aluno: TRF/1ª R. – "A Universidade não pode impedir a matrícula de candidato aprovado em primeiro lugar em concurso, para preenchimento de vaga decorrente de 'taxa de evasão', se desconheceu a sua própria Resolução, que só admite transferência de um curso para outro do mesmo tronco, quando o aluno é da própria Universidade, é discriminatória, não devendo ser convalidada, em face da nova ordem constitucional (art. 5º, CF)" (*AMS* 90.01.18841 – 9 – PA – 1ª T. – rel. Juiz Plauto Ribeiro – *DJU* 17-6-91).

5.4.1 Princípio da igualdade e limitação em razão da idade em concurso público

A proibição genérica de acesso a determinadas carreiras públicas, *tão somente* em razão da idade do candidato, consiste em flagrante inconstitucionalidade, uma vez que não se encontra direcionada a uma finalidade acolhida pelo direito, tratando-se de discriminação abusiva, em virtude da vedação constitucional de diferença de critério de admissão por motivo de idade (CF, art. 7º, XXX), que consiste em corolário, na esfera das relações do trabalho, do princípio fundamental da igualdade (CF, art. 5º, *caput*), que se entende, à falta de exclusão constitucional inequívoca (como ocorre em relação aos militares – CF, art. 42, § 1º), a todo o sistema de pessoal civil.

É certo que ficarão ressalvadas, por satisfazerem a uma finalidade acolhida pelo direito, uma vez examinadas à luz da teleologia que informa o princípio da igualdade, as hipóteses em que a limitação de idade se possa legitimar como imposição de natureza e das atribuições do cargo a preencher.

Nesses termos, o STF editou a Súmula 683: "O limite de idade para a inscrição em concurso público só se legitima em face do art. 7º, XXX, da Constituição Federal, quando possa ser justificado pela natureza das atribuições do cargo a ser preenchido."

Limite de idade em concurso público: STF – "Concurso Público. Indeferimento de inscrição fundada em imposição legal de limite de idade, que configura, nas circunstâncias do caso, discriminação inconstitucional (CF, arts. 5º e 7º, XXX). Segurança concedida. A vedação constitucional de diferença de critério de admissão por motivo de idade (CF, art. 7º, XXX) é corolário, na esfera das relações do trabalho, do princípio fundamental da igualdade (CF, art. 5º, *caput*), que se entende, a falta de exclusão constitucional inequívoca (como ocorre em relação aos militares – CF, art. 42, § 1º), a todo o sistema de pessoal civil. *É ponderável, não obstante, a ressalva das hipóteses em que a limitação de idade se possa legitimar como imposição de natureza e das atribuições do cargo a preencher*. Esse não é o caso, porém, quando, como se dá na espécie, a lei dispensa do limite os que já sejam servidores públicos, a evidenciar que não se cuida de discriminação ditada por exigências etárias das funções do cargo considerado" (Pleno – RMS nº 21.046, rel. Min. Sepúlveda Pertence).

No mesmo sentido: STF – "O Pleno desta corte já teve oportunidade de apreciar o tema. Ao julgar o recurso em mandado de segurança nº 21.046-0-RJ, cujo acórdão foi redigido pelo Ministro Sepúlveda Pertence – Relator, em face de distribuição – assentou que, frente ao disposto no inciso XXX do art. 7º em comento, afastada fica, de início, a possibilidade de impor-se, para acesso a cargo público, limite de idade. *As exceções correm à conta daquelas hipóteses em que as peculiaridades da função, as atribuições do cargo a preencher impõem a observância de um certo limite*, do que não se cuida no caso vertente, em que se trata do cargo de professor, haja vista, até mesmo, a atuação que já vem ocorrendo (...). A Turma voltou a assim decidir no recurso extraordinário de nº 157.863-7-DF, interposto também pela União, e relatado pelo Ministro Moreira Alves, arquivado sob o mesmo ementário nº 1.719-5, e veiculado, igualmente, no *Diário da Justiça* de 1º-10-1993. À época restou consignado que o Plenário desta Corte, ao julgar os recursos em mandado de segurança 21.033 e 21.046, firmou entendimento de que, salvo nos casos em que a limitação da idade possa ser justificada pela natureza das atribuições do cargo a ser preenchido, não pode a lei, em face do disposto nos arts. 7º, XXX, e 39, § 2º, da Constituição, impor limite de idade para inscrição em concurso público. No caso, a lei em causa – Lei nº 6.334, de 31-5-1976 – dispensa do limite de idade nela previsto os candidatos que já sejam servidores públicos, o que demonstra, à evidência, que a limitação de idade não é devida à natureza das atribuições dos cargos a cujo preenchimento se destina o recurso" (Pleno – RExtr. nº 141.864-8-RS – rel. Min. Marco Aurélio, *Diário da Justiça*, Seção I, 23 mar. 1995, p. 6721).

E, ainda: *RTJ* 152/635; STF – Pleno – RExtr. nº 157.863/7/DF, rel. Min. Moreira Alves, *Diário da Justiça*, Seção I, 1º out. 1993; STF, AgI nº 170-882-5, 1ª T., rel. Min. Ilmar Galvão, *Diário da Justiça*, Seção I, 20 out. 1995, p. 35273; STF – RE 148.065-3-RS, rel. Min. Marco Aurélio, j. 5 set. 1995, *Diário da Justiça*, Seção I, 21 set. 1995, p. 30415. STJ – RMS 1.086, 1ª T., rel. Min. Garcia Vieira, *Diário da Justiça*, Seção I, 9 mar. 92 – ST 38/115.

Princípio da Igualdade e limitação em razão da idade em concurso público (magistratura): O Conselho Nacional de Justiça entendeu incabível a fixação de idade máxima (45 anos) como requisito para o ingresso na Magistratura, uma vez que não se justifica pela natureza das atribuições do cargo de magistrado, cujo texto constitucional permite – na hipótese do Supremo Tribunal Federal e dos Tribunais Superiores – o acesso até 65 anos de idade. **Conforme destacou a Conselheira-Relatora Ruth Carvalho:** "A limitação de idade, em 45 anos, não coaduna com a interpretação sistêmica do ordenamento jurídico pátrio e as disposições Constitucionais, mais especificamente as do inciso I do art. 37 e inciso XXX do art. 7º da Constituição Federal, além de representar afronta aos princípios da isonomia, da razoabilidade e da legalidade" (CNJ – Plenário – PCA nº 347 – rel. Cons. Ruth Carvalho, decisão: 28-11-2006).

I – Homens e mulheres são iguais em direitos e obrigações, nos termos desta Constituição.

5.5 Igualdade entre homens e mulheres

Afirma o art. 5º, I, da CF, que *homens e mulheres são iguais em direitos e obrigações, nos termos desta Constituição.*

A correta interpretação desse dispositivo torna inaceitável a utilização do *discrimen* sexo, sempre que o mesmo seja eleito com o propósito de desnivelar materialmente o homem da mulher; aceitando-o, porém, quando a finalidade pretendida for atenuar os desníveis. Consequentemente, além de tratamentos diferenciados entre homens e mulheres previstos pela própria Constituição (arts. 7º, XVIII e XIX; 143, §§ 1º e 2º), poderá a legislação infraconstitucional pretender atenuar os *desníveis de tratamento* em razão do sexo; nunca, porém, beneficiando um deles.

Princípio da igualdade e proteção à mulher: O Supremo Tribunal Federal reconheceu como cláusula pétrea a previsão constitucional de licença à gestante (art. 7º, XVIII), afirmando que qualquer alteração, mesmo por meio de emenda constitucional (na hipótese, a EC 20/98), "a torná-la insubsistente, implicará um retrocesso histórico, em matéria social-previdenciária, que não se pode presumir desejado", uma vez que, poderá propiciar "a discriminação que a Constituição buscou combater, quando proibiu diferença de salários, de exercício de funções e de critérios de admissão, por motivo de sexo (art. 7º, inc. XXX, da CF/88), proibição, que, em substância, é um desdobramento do princípio da igualdade de direitos, entre homens e mulheres" (STF – Pleno – ADI 1946/DF – rel. Min. Sydney Sanches, *Diário da Justiça*, Seção I, 16 maio 2003, p. 90).

Proteção à maternidade e direito à segurança no emprego: STF – "4. A proteção contra dispensa arbitrária da gestante caracteriza-se como importante direito social instrumental protetivo tanto da mulher, ao assegurar-lhe o gozo de outros preceitos constitucionais – licença maternidade remunerada, princípio da paternidade responsável –; quanto da criança, permitindo a efetiva e integral proteção ao recém-nascido, possibilitando sua convivência integral com a mãe, nos primeiros meses de vida, de maneira harmônica e segura – econômica e psicologicamente, em face da garantia de estabilidade no emprego –, consagrada com absoluta prioridade, no art. 227 do texto constitucional, como dever inclusive da sociedade (empregador). 5. Recurso Extraordinário a que se nega provimento com a fixação da seguinte tese: *A incidência da estabilidade prevista no art. 10, inc. II, do ADCT, somente exige a anterioridade da gravidez à dispensa sem justa causa*" (Pleno – RE 629.053/SP – Rel. p/acórdão Min. Alexandre de Moraes, j. 10-10-2018).

Maternidade e proteção contra trabalho insalubre: STF – "Direitos Sociais. Reforma Trabalhista. Proteção constitucional à maternidade. Proteção do mercado de trabalho da mulher. Direito à segurança no emprego. Direito à vida e à saúde da criança. Garantia contra a exposição de gestantes e lactantes a atividades insalubres. (...) 3. A proteção contra a exposição da gestante e lactante a atividades insalubres caracteriza-se como importante direito social instrumental protetivo tanto da mulher quanto da criança, tratando-se de normas de salvaguarda dos direitos sociais da mulher e de efetivação de integral proteção ao recém-nascido, possibilitando seu pleno desenvolvimento, de maneira harmônica, segura e sem riscos decorrentes da exposição a ambiente insalubre (CF, art. 227). 4. A proteção à maternidade e a integral proteção à criança são direitos irrenunciáveis e não podem ser afastados pelo desconhecimento, impossibilidade ou a própria negligência da gestante ou lactante em apresentar um atestado médico, sob pena de prejudicá-la e prejudicar o recém-nascido" (Pleno – ADI 5938/DF – rel. Min. Alexandre de Moraes, j. 29-5-2019).

Não recepção do art. 246 do antigo Código Civil (bens reservados), em virtude do art. 5º, I, da Constituição Federal: TJ/SP – "Art. 246 do Código Civil que não foi recepcionado pela Constituição da República, por força de seus arts. 5º, I, e 226, § 5º – Inexistência de direito adquirido contra norma constitucional" (2ª CCivil – Apelação Cível nº 210.631-1 – rel. Des. Lino Machado, decisão 1º-11-94). No mesmo sentido: TJ/SP – 2ª CCivil – Apelação Cível nº 198949-1 – rel. Des. Cezar Peluso, decisão 16-11-93; TJ/RJ – *RT* 665/147; TA/RS – 1ª CCível – Apelação Cível nº 191165356 – rel. Juiz Juracy Vilela de Sousa, decisão 25-2-1992.

Recepção do art. 246 do antigo Código Civil, no tocante à existência de bens reservados do cônjuge virago após o advento da Constituição Federal de 1988: STJ

– 3ª T. – REsp nº 35.986-4/DF – rel. Min. Waldemar Zveiter, *Diário da Justiça*, 29 maio 1995; STJ – 3ª T. – REsp nº 76.114-0/SP – rel. Min. Nilson Naves, *Diário da Justiça*, 27 maio 1996. No mesmo sentido: TJ/SP – 11ª CCivil – Embargos Infringentes nº 144226-2 – rel. Des. Gildo dos Santos, decisão 18-11-93; TRF/1ª Região – 4ª T. – Apelação Civil nº 0105599/91 – rel. Juiz Adhemar Maciel, *Diário da Justiça*, Seção II, 2 ago. 1993, p. 29667; TA/RS – 4ª CCível – Apelação Cível nº 193209020 – rel. Juiz Moacir Leopoldo Haeser, decisão 4-8-94; TA/RS – 3ª CCível – Agravo de Instrumento nº 196006175 – rel. Juiz Aldo Ayres Torres, decisão: 20-3-96; TJ/PR – 4ª CCível – Apelação Cível nº 30397 – rel. Des. José Meger, decisão: 24-4-90; TJ/PR – 2ª CCível – Apelação Cível nº 54624 – rel. Des. Altair Patitucci, decisão: 5-12-94.

Não recepção do antigo CC, art. 219, IV, em face da CF, art. 5º, I: TJ/PR – "Casamento – Anulação – Erro essencial – Defloramento ignorado pelo marido (*error virginitatis*) – pedido juridicamente impossível – Apelação não provida – Estabelecendo-se, em nível constitucional (art. 5º, I, CF), que homens e mulheres são iguais em direitos e obrigações, não é mais possível anular-se o casamento com fundamento em norma revogada (art. 219, IV, CC), pois não se pode exigir apenas a virgindade da mulher. Inadmissível com o novo ordenamento jurídico" (5ª CCível – Apelação Cível nº 69553 – rel. Des. Carlos Hoffmann, decisão: 6-5-96).

Recepção do antigo CC, art. 219, IV, em face da CF, art. 5º, I: TJ/SP – "Casamento – Anulação – Erro essencial – Defloramento anterior ao casamento – Desconhecimento do fato pelo marido – Alegação de serem todos iguais perante a lei – Inadmissibilidade – Igualdade esta válida no que diz respeito a direitos e obrigações, não fisicamente" (8ª CCivil – Apelação Cível nº 164517-1 – rel. Des. Villa da Costa, decisão: 18-11-92).

Alimentos e isonomia entre homens e mulheres: TJ/SP – "Alimentos – Exclusão da ex--esposa – Admissibilidade – Alimentada que desfruta de condições físicas e mentais para o trabalho – Princípio constitucional da igualdade – Mulher que deve concorrer para o seu sustento e o da prole – Verba não mais devida" (ApCivil nº 213.963-1 – Santos – rel. Des. Barbosa Pereira – 29-4-94). E, ainda, "Alimentos – Ação proposta contra ex-marido – Inadmissibilidade – Abdicação do direito em razão de relação concubinária com outro homem – Independência demonstrada – Exercício de profissão que, ademais, determina condições próprias de subsistência – Igualdade constitucional preconizada, tornando incabível a reclamação – Recurso não provido. Se a mulher opta por uma vida de liberdade sexual, deve assumir o risco de sua aventura, e assim, deve sustentar-se à própria custa para não ser instituído o parasitismo compulsório" (Apelação Cível nº 228.885-1 – 3ª CCIV – rel. Des. Mattos Faria, j. 8-11-94). No mesmo sentido: TJ/SP – Embargos Infringentes nº 194.998-1 – São Paulo – rel. Villa da Costa – 22-6-94.

5.5.1 Critérios de admissão para concurso público

A interpretação jurisprudencial direciona no sentido da inconstitucionalidade da diferença de critério de admissão considerado o sexo (art. 5º, inciso I, e § 2º do art. 39 da Carta Federal), permitindo-se exceções tendo em vista a ordem socioconstitucional.

Concurso público – livre acesso de homens e mulheres: STF – "CONCURSO PÚBLICO – CRITÉRIO DE ADMISSÃO – SEXO. A regra direciona no sentido da inconstitucionalidade da diferença de critério de admissão considerado o sexo – art. 5º, inciso I, e § 2º do art. 39 da Carta Federal. A exceção corre à conta das hipóteses aceitáveis, tendo em vista a ordem socioconstitucional. O concurso público para preenchimento de vagas existentes no Oficialato da Polícia Militar, no Quadro de Saúde – primeiro-tenente, médico e dentista – enquadra-se na regra constitucional, no que proíbe a distinção por motivo de sexo" (2ª T. – RExtr. nº 120.305-6/RJ – rel. Min. Marco Aurélio, *Diário da Justiça*, Seção I, 9 jun. 1995, p. 17236).

5.5.2 Critérios para admissão de emprego

A Lei nº 9.029, de 13-4-1995, proíbe a exigência de atestados de gravidez e esterilização, e outras práticas discriminatórias, para efeitos admissionais ou de permanência de relação jurídica de trabalho. Igualmente, fica proibida a adoção de qualquer prática discriminatória e limitativa para efeito de acesso a relação de emprego, ou sua manutenção, por motivo de sexo, origem, raça, cor, estado civil, situação familiar ou idade, ressalvadas, nesse caso, as hipóteses de proteção ao menor previstas no inciso XXXIII do art. 7º da Constituição Federal, constituindo crime a exigência de teste, exame, perícia, laudo, atestado, declaração ou qualquer outro procedimento relativo à esterilização ou a estado de gravidez; a adoção de quaisquer medidas, de iniciativa do empregador, que configurem indução ou instigamento à esterilização genética; promoção do controle de natalidade, assim não considerado o oferecimento de serviços e de aconselhamento ou planejamento familiar, realizados através de instituições públicas ou privadas, submetidas às normas do Sistema Único de Saúde – SUS.

5.5.3 Constitucionalidade da prerrogativa do foro em favor da mulher e sua aplicação tanto para a ação de separação judicial quanto para a de divórcio direto

A Constituição anterior, em seu art. 153, § 1º, também já vedava qualquer tipo de distinção entre as pessoas; o que a vigente Constituição fez foi apenas e tão-somente reforçar a igualdade do tratamento que pessoas de sexos diferentes devem receber. Assim, inexiste diferença entre os dois dispositivos. Ambos expressam o mesmo princípio, de forma diversa. Tanto faz dizer *todos são iguais perante a lei, sem distinção de sexo*, quanto *todos são iguais perante a lei sem distinção de qualquer natureza*, destacando-se que homens e mulheres são iguais em direitos e obrigações. O princípio da isonomia não pode ser entendido em termos absolutos; o tratamento diferenciado é admissível e se explica do ponto de vista histórico, também considerado pelo constituinte de 1988, já que a mulher foi, até muito pouco tempo, extremamente discriminada. O que se veda são as diferenciações arbitrárias, as discriminações absurdas. Além disso, a visão instrumentalista do processo, preocupação dos modernos estudiosos do direito processual, reestuda os institutos básicos do direito processual (jurisdição, ação, defesa, a relação jurídico-processual e o procedimento), para demonstrar que a ciência processual, em que pese sua autonomia em relação ao direito material, deve ser encarada como um instrumento daquele mesmo direito material e, assim, o procedimento, que integra o conceito do processo, deve atender a essa visão teleológica. Daí o legislador prever, como no caso, regra específica de competência, para corrigir um defeito histórico de opressão do homem sobre a mulher, permitindo a esta demandar em seu foro, pois,

> "técnica do direito processual, foro significa território; é palavra de uso frequente na teoria da competência. Na organização das justiças locais brasileiras, foro vem a ser, afinal de contas, o mesmo que comarca (município ou pluralidade de municípios contíguos, que estão sujeitos à competência de um ou vários juízes de primeiro grau)" (DINAMARCO, Cândido Rangel. *Fundamentos do processo civil moderno* 2. ed. São Paulo: Revista dos Tribunais, 1987. p. 140).

Dessa forma, o art. 100, I, do Código de Processo Civil se aplicaria tanto à separação judicial quanto ao divórcio direto (instituído pela Constituição Federal que, através do seu art. 226, § 6º, ampliou as hipóteses até então previstas pela Lei nº 6.515, de 26-12-1977 – Lei do Divórcio). Em relação, especificamente, ao divórcio direto, o assunto era pacificado no Estado de São Paulo, perante a Câmara Especial, que é a competente para, nos termos do art. 187 do Regulamento Interno, julgar os conflitos de competência suscitados em primeira instância.

Com a edição do atual Código de Processo Civil, houve alteração na previsão de foro para as ações de divórcio, separação, anulação de casamento e reconhecimento ou dissolução de união estável, tendo o art. 53 estabelecido um rol de precedência: domicílio do guardião de filho incapaz, último domicílio do casal, caso não haja filho incapaz, domicílio do réu, se nenhuma das partes residir no antigo domicílio do casal e domicílio da vítima de violência doméstica.

Aplicação do art. 100, I, do CPC/73 tanto à separação judicial quanto ao divórcio direto I: STF – " DIREITO CONSTITUCIONAL. PRINCÍPIO DA ISONOMIA ENTRE HOMENS E MULHERES. AÇÃO DE SEPARAÇÃO JUDICIAL. FORO COMPETENTE. ART. 100, I DO CÓDIGO DE PROCESSO CIVIL. ART. 5º, I E ART. 226, § 5º DA CF/88. RECEPÇÃO. RECURSO DESPROVIDO. O inciso I do artigo 100 do Código de Processo Civil, com redação dada pela Lei 6.515/1977, foi recepcionado pela Constituição Federal de 1988. O foro especial para a mulher nas ações de separação judicial e de conversão da separação judicial em divórcio não ofende o princípio da isonomia entre homens e mulheres ou da igualdade entre os cônjuges" (STF – 2ª T. – RE 227114/SP – Rel. Min. Joaquim Barbosa, decisão: 22-11-2011). **Observe-se que o Superior Tribunal de Justiça reconheceu a aplicabilidade deste dispositivo** (STJ – 2ª Seção – CC 20397/MA – Rel. Min. Barros Monteiro, decisão: 26-11-1997; STJ – 3ª T. – Resp. 7420/GO – Rel. Min. Nilson Naves, decisão: 14-12-1993; STJ – 2ª Seção – CC 3344/SP – Rel. Min. Athos Carneiro, decisão:

28-10-1992), porém declarou sua relatividade (STJ – 3ª T. – Resp. 27483/SP – Rel. Min. Waldemar Zveiter, decisão: 4-3-1997 – RSTJ 95/195; STJ – 2ª Seção – CC 16731/PR – Rel. Min. Nilson Naves, decisão: 28-8-1996); bem como determinou sua interpretação restritiva e, consequentemente, sua não aplicabilidade às ações de dissolução de união estável (STJ – 4ª T. – Resp. 32086/PR – Rel. Min. Sálvio de Figueiredo Teixeira, decisão: 8-10-2002). **Em sentido contrário, pela não aplicação do art. 100, I, do CPC/73 ao divórcio direto:** STJ – "A regra contida no inciso I do art. 100 da lei instrumental civil, estabelecendo foro especial em relação à mulher, deve, em análise adstrita ao âmbito infraconstitucional, ser interpretada restritivamente, de molde a não estendê-la à ação de divórcio direto, não expressamente prevista, especialmente em face do disposto no art. 226, § 5º, da Constituição, que proclamou a igualdade jurídica entre os cônjuges" (STJ – 4ª T. – REsp. nº 17.999-0/RJ – Rel. Min. Sálvio de Figueiredo – *Ementário STJ*, nº 6/441).

Aplicação do art. 100, I, do CPC/73 tanto à separação judicial quanto ao divórcio direto II: TJSP – "Competência – Divórcio direto – Ação proposta no domicílio do autor – Desconhecido o paradeiro da ré à época da propositura – Localização posterior – Competente o foro da residência da mulher – Imperativo o deslocamento da competência para atendimento à finalidade normativa – Aplicação do art. 100, I, do Código de Processo Civil – Recurso provido. A regra do art. 100, I, do Código de Processo Civil também se aplica ao divórcio direto, não obstante a omissão do legislador. Apesar de a Carta de 1988 haver realçado a igualdade entre os sexos, não trouxe para o sistema jurídico inovação substancial; por outro lado, o foro especial da mulher atende a um objetivo legítimo, qual seja, o de atenuar possíveis e prováveis desigualdades em relação ao homem" (TJSP – Rel. Dirceu de Mello – Ag. Instr. nº 17.315-0 – Cotia – 17-3-1994). **Nesse sentido**, cf. Tribunal de Justiça do Estado de São Paulo: Agravos de Instrumento: I – 14.300-0, Bauru, Rel. Des. Cunha Camargo; II – 14.070-0, São Paulo, Rel. Lair Loureiro; III – 11.380-0, São Paulo, Rel. Des. Marino Falcão; IV – 15.024-0/4, São Paulo, Rel. Des. Garrigós Vinhares; V – 15.320-0/5, Itu, Rel. Des. Lair Loureiro; VI – 14.329-0/9, Assis, Rel. Des. Aniceto Aliende; VII – 14.439-0/0, Guarulhos, Rel. Des. Onei Raphael; e VIII – 13.685-0/5, São Paulo, Rel. Des. Odyr Porto. V. também a Lei Complementar estadual nº 225/79, art. 11, II, e parágrafo único, e o Provimento nº 35/92 do E. Tribunal de Justiça do Estado de São Paulo.

II – Ninguém será obrigado a fazer ou deixar de fazer alguma coisa senão em virtude de lei.

5.6 Princípio da legalidade

O art. 5º, II, da CF preceitua que ninguém será obrigado a fazer ou deixar de fazer alguma coisa senão em virtude de lei. Tal princípio visa combater o poder arbitrário do Estado. Só por meio das espécies normativas (CF, art. 59) devidamente elaboradas, conforme as regras de processo legislativo constitucional, podem se criar obrigações para o indivíduo, pois são expressão da vontade geral. Com o primado da lei, cessa o privilégio da vontade caprichosa do detentor do poder em benefício da lei. Conforme salientam Celso Bastos e Ives Gandra da Silva Martins, no fundo, portanto, o princípio da legalidade mais se aproxima de uma garantia constitucional do que de um direito individual, já que ele não tutela, especificamente, um bem da vida, mas assegura ao particular a prerrogativa de repelir as injunções que lhe sejam impostas por uma outra via que não seja a da lei, pois como já afirmava Aristóteles, "A paixão perverte os Magistrados e os melhores homens: a inteligência sem paixão – eis a lei."

Na defesa do primado da lei (*governo de leis*) e contra o governo da discricionariedade humana (*governo de homens*), Platão afirmou:

> "chamei aqui de servidores das leis aqueles que ordinariamente são chamados de governantes, não por amor a novas denominações, mas porque sustento que desta qualidade dependa sobretudo a salvação ou a ruína da cidade. De fato, onde a lei está submetida aos governantes e privada de autoridade, vejo pronta a ruína da cidade; onde, ao contrário, a lei é senhora dos governantes e os governantes seus escravos, vejo a salvação da cidade e a acumulação nela de todos os bens que os deuses costumam dar às cidades" (*Leis*, 715d).

A defesa da legalidade também foi realizada por Aristóteles:

> "é mais útil ser governado pelo melhor dos homens ou pelas leis melhores? Os que apoiam o poder régio asseveram que as leis apenas podem fornecer prescrições gerais e não provêm aos casos que pouco a pouco se apresentam, assim como em qualquer arte seria ingênuo regular-se conforme normas escritas... Todavia, aos governantes é necessária também a lei que fornece prescrições universais, pois melhor é o elemento que não pode estar submetido a paixões que o elemento em que as paixões são conaturais. Ora, a lei não tem paixões, que ao contrário se encontram necessariamente em cada alma humana" (*Política*, 1286a).

Assim, a supremacia da legalidade sobre o governo de homens traz, no dizer de Norberto Bobbio,

> "duas coisas diversas embora coligadas: além do governo *sub lege*, que é o considerado até aqui, também o governo *per leges*, isto é, mediante leis, ou melhor, através da emanação (se não exclusiva, ao menos predominante) de normas gerais e abstratas. Uma coisa é o governo exercer o poder segundo leis preestabelecidas, outra coisa é exercê-lo mediante leis, isto é, não mediante ordens individuais e concretas. As duas exigências não se superpõem: num estado de direito o juiz, quando emite uma sentença que é uma ordem individual e concreta, exerce o poder *sub lege* mas não *per leges*; ao contrário, o primeiro legislador, o legislador constituinte, exerce o poder não *sub lege* (salvo ao pressupor, como faz Kelsen, uma norma fundamental), mas *per leges* no momento mesmo em que emana uma constituição escrita. Na formação do estado moderno a doutrina do constitu-

cionalismo, na qual se resume toda forma de governo *sub lege*, procede no mesmo passo que a doutrina do primado da lei como fonte de direito, entendida a lei, por um lado, como expressão máxima da vontade do soberano (seja ele o príncipe ou o povo), em oposição ao consueto; por outro lado, como norma geral e abstrata, em oposição às ordens dadas uma por vez. Que sejam considerados os três maiores filósofos cujas teorias acompanham a formação do estado moderno, Hobbes, Rousseau e Hegel: pode-se duvidar de que eles devam ser incluídos entre os fautores do governo da lei, mas certamente todos os três são defensores do primado da lei como fonte do direito, como instrumento principal de dominação e enquanto tal prerrogativa máxima do poder soberano" (*O futuro da democracia*: uma defesa das regras do jogo. São Paulo: Paz e Terra Política, 1986. p. 158).

Princípio da Legalidade como regra protetiva de liberdade de conduta individual: STF – "Constitui ilegalidade reparável pela via de *habeas corpus* fazer com que alguém responda pelo exercício ilegal de uma profissão que ainda não foi regulamentada" (STF – 1ª T. – HC 92.183, voto do Rel. Min. Ayres Britto, decisão: 18-3-2008).

Princípio da Legalidade e restrição aos Poderes Executivo e Legislativo: STF – "O princípio constitucional da reserva de lei formal traduz limitação ao exercício das atividades administrativas e jurisdicionais do Estado. A reserva da lei – analisada sob tal perspectiva – constitui postulado revestido de função excludente, de caráter negativo, pois veda, nas matérias a ela sujeitas, quaisquer intervenções normativas, a título primário, de órgãos estatais não legislativos. Essa cláusula constitucional, por sua vez, projeta-se em uma dimensão positiva, eis que a sua incidência reforça o princípio, que, fundado na autoridade da Constituição, impõe à administração e à jurisdição a necessária submissão aos comandos estatais emanados, exclusivamente, do legislador" (STF – Pleno – ADI 2.075-MC – Rel. Min. Celso de Mello, decisão: 7-2-2001).

Princípio da reserva legal e função normativa: STF – "1. Estão sujeitos ao controle de constitucionalidade concentrado os atos normativos, expressões da função normativa, cujas espécies compreendem a função regulamentar (do Executivo), a função regimental (do Judiciário) e a função legislativa (do Legislativo). Os decretos que veiculam ato normativo também devem sujeitar-se ao controle de constitucionalidade exercido pelo Supremo Tribunal Federal. 2. O Poder Legislativo não detém o monopólio da função normativa, mas apenas de uma parcela dela, a função legislativa" (STF – AgR 2950/RJ – rel. Min. Marco Aurélio, *Diário da Justiça*, Seção I, 9 fev. 2007, p. 16).

Caracterização da inobservância do princípio da legalidade: STF – "A inobservância ao princípio da legalidade pressupõe o reconhecimento de preceito de lei dispondo de determinada forma e provimento judicial em sentido diverso, ou, então, a inexistência de base legal e, mesmo assim, a condenação a satisfazer o que pleiteado" (2ª T. – Agrag nº 147.203/SP – rel. Min. Marco Aurélio, *Diário da Justiça*, Seção I, 11 jun. 1993, p. 11531).

Princípio da legalidade e poder normativo primário do Conselho Nacional de Justiça: O Supremo Tribunal Federal, por ampla maioria (9 x 1), declarou a constitucionalidade da Resolução CNJ nº 07/05, reconhecendo como competência constitucional do Conselho Nacional de Justiça o *poder normativo primário* no âmbito das matérias descritas no § 4º, do art. 103-B, da Constituição Federal. **Extremamente precisa, nesse sentido,**

a lição do **Ministro-relator CARLOS BRITTO**, quando indagando "vem a pergunta que tenho como a de maior valia para o julgamento desta ADC: o Conselho Nacional de Justiça foi aquinhoado com essa modalidade primária de competência? Mais exatamente: foi o Conselho Nacional de Justiça contemplado com o poder de expedir normas primárias sobre as matérias que servem de recheio fático ao inciso II do § 4º do art. 103-B da Constituição?", finalizou concluindo crer que "o § 4º, em si mesmo considerado, deixa muito claro a extrema relevância do papel do CNJ como órgão central de controle da atuação administrativa e financeira do Poder Judiciário. Daí porque a esse Conselho cabe aferir o cumprimento dos deveres dos juízes e ainda exercer, de parelha com os poderes que lhe forem conferidos pelo Estatuto da Magistratura, aqueles de pronto arrolados pelos incisos de I a VII desse mesmo § 4º. 31. No âmbito dessas competências de logo avançadas pela Constituição é que se inscrevem, conforme visto, os poderes do inciso II, acima transcrito. Dispositivo que se compõe de mais de um núcleo normativo, quatro deles expressos e um inexpresso (...) **o núcleo inexpresso** é a outorga de competência para o Conselho dispor, primariamente, sobre cada qual dos quatro núcleos expressos, na lógica pressuposição de que a competência para zelar pela observância do art. 37 da Constituição e ainda baixar os atos de sanação de condutas eventualmente contrárias à legalidade é poder que traz consigo a dimensão da normatividade em abstrato, que já é uma forma de prevenir a irrupção de conflitos. O poder de precaver-se ou acautelar se para minimizar a possibilidade das transgressões em concreto" (STF – Pleno – ADC 12 – medida cautelar – rel. Min. Carlos Britto, decisão: 16-2-2006).

Princípio da Legalidade e normas do DECEX: STF – "O Tribunal, por maioria, julgou parcialmente procedente pedido formulado em arguição de descumprimento de preceito fundamental, ajuizada pelo Presidente da República, e declarou inconstitucionais, com efeitos *ex tunc*, as interpretações, incluídas as judicialmente acolhidas, que permitiram ou permitem a importação de pneus usados de qualquer espécie, aí insertos os remoldados. (...) A relatora (...) afastou (...) o argumento de que as restrições que o Brasil quer aplicar aos atos de comércio não poderiam ser veiculadas por ato regulamentar, mas apenas por lei em sentido formal. No ponto, reputou plenamente atendido o princípio da legalidade, haja vista que o Ministério do Desenvolvimento, Indústria e Comércio Exterior tem como área de competência o desenvolvimento de políticas de comércio exterior e a regulamentação e execução das atividades relativas a este, sendo que as normas editadas pelo seu Departamento de Comércio Exterior – DECEX, responsável pelo monitoramento e pela fiscalização do comércio exterior, seriam imediatamente aplicáveis, em especial as proibitivas de trânsito de bens, ainda não desembaraçados, no território nacional. Citou diversas normas editadas pelo Decex e Secex que, segundo jurisprudência da Corte, teriam fundamento direto na Constituição (art. 237)" (STF – Pleno – ADPF 101, Rel. Min. Cármen Lúcia, julgamento em 11-3-2009, Plenário, *Informativo* 538).

Legalidade e poder de polícia: A atividade administrativa está adstrita ao princípio da legalidade (STJ – 1ª Seção – MS nº 260 – DF. Reg. nº 89.0012199-5. rel. Min. Ilmar Galvão – *Ementário STJ*, 01/48; STJ – 1ª Seção – MS nº 140/DF. Reg. nº 8977520. rel. Min. Armando Rollemberg – *Ementário STJ*, 02/45; STJ – 2ª T. – RMS nº 479/SP. Reg. nº 900005815-5. rel. Min. Vicente Cernicchiaro – *Ementário STJ*, 04/67). Assim, "o exercício de competência fiscalizadora por órgão da Administração Pública está vinculado aos limites da lei outorgante. Essa lei deve ser considerada não apenas por sua natureza material, mas também formal, em interpretação estrita, eis que se trata de norma limitadora de direitos e disciplinadora de atividades, não podendo ser substituída por resoluções ou outros atos análogos" (TRF/4ª Região – 1ª T. – REO nº 89.04.01351/RS – rel. Juiz Rubens Raimundo Hadad Vianna – *RTRF* 7/111). Assim, "O poder de polícia, quando exercido dentro dos limites legais, há de ser respeitado" (TRF/5ª Região – 2ª T. – AMS nº 91.05.02960/AL – rel. Juiz Araken Mariz, *Diário da Justiça*, Seção II, 23 ago. 1991, p. 19854), pois "o Poder Executivo, ao baixar provisões regulamentadoras, de caráter secundário, deve conter-se nos limites traçados pela lei, não podendo exorbitar em seus termos, sob pena de ineficácia" (TJ/SP – 18ª CCivil – MS nº 195676-2 – rel. Des. Egas Galbiatti – *JTJ/SP – Lex* 142/293).

Exercício do poder de polícia: STJ – "O poder de polícia (não se confunde com o poder da polícia) consiste, obedecido o princípio da legalidade, impor restrições ao exercício de direitos, visando ao bem-estar da coletividade. A solicitação de documentos de propriedade de veículos, comprovante de habilitação para dirigi-los, em princípio, não denota nenhuma ilegalidade. Inexistência de coação ilegal, ausente abuso ou desvio de poder" (6ª T. – RHC nº 1.833-0/AL. Reg. nº 920004861-7. rel. Min. Vicente Cernicchiaro – *Ementário STJ*, 05/646).

Direito Penal e responsabilidade objetiva: STJ – "O Direito Penal moderno é Direito Penal da culpa. Não se prescinde do elemento subjetivo. Intoleráveis a responsabilidade objetiva e a responsabilidade pelo fato de outrem. A sanção, medida político-jurídica de resposta ao delinquente, deve ajustar-se à conduta delituosa. Conduta é fenômeno ocorrente no plano da experiência. É fato. Fato não se presume. Existe, ou não existe. O Direito Penal da culpa é inconciliável com presunções de fato. Que se recrudesça a sanção quando a vítima é menor, ou deficiente mental, tudo bem. Corolário do imperativo da Justiça. Não se pode, entretanto, punir alguém por crime não cometido. O *princípio da legalidade* fornece a forma e o princípio da personalidade (sentido atual da doutrina) a substância da conduta delituosa. Inconstitucionalidade de qualquer lei penal que despreze a responsabilidade subjetiva. Na hipótese dos autos, entretanto, o acórdão fundamentou a condenação na conduta do réu, que teria se valido de grave ameaça para conseguir o seu intento" (6ª T. – REsp nº 46.424-2/RO. rel. Min. Luiz Vicente Cernicchiaro – *Ementário STJ*, 10/283).

Remuneração do servidor público e princípio da legalidade: STJ – "Na relação, de índole estatutária, entre o Estado e seus servidores, nada obsta se modifique o regime de remuneração, desde que se observem os princípios da legalidade e da irredutibilidade de vencimentos" (1ª Seção – MS nº 1.454-0/DF. rel. Min. Gomes de Barros – *Ementário STJ*, 06/109).

Legalidade e dano moral: STF – "Não afronta o princípio da legalidade a reparação de lesões deformantes, a título de dano moral (art. 1.538, § 1º, do Código Civil)" (2ª T. – RExtr. nº 116.447/DF – rel. Min. Célio Borja – *RTJ*, 141/611).

Restrições ao direito de propriedade e princípio da legalidade: STJ – "As restrições ou limitações ao direito de propriedade, tendo em conta a sua feição social, entre as quais se insere o tombamento, decorre do poder de polícia inerente ao Estado, que há de ser exercitado com estrita observância ao princípio da legalidade e sujeição ao controle do Poder Judiciário" (2ª T. – REsp nº 30.519-0/RJ. rel. Min. Antônio de Pádua Ribeiro – *Ementário STJ*, 10/107).

Legalidade e importação de bens de consumo usados: STF – "A vedação à importação de bens de consumo usados materializada na Portaria 8/91 do DECEX decorre de regra de competência assegurada ao Ministério da Fazenda pelo art. 237 da Carta, não havendo como situar, na espécie, a alegada afronta aos princípios da isonomia e da legalidade" (2ª T. – RExtr. nº 204.365/CE – rel. Min. Francisco Rezek). No mesmo sentido: STF – 2ª T. – RExtr. nº 203.122/CE – rel. Min. Francisco Rezek; STF – 1ª T. – RExtr. nº 199.087/

RN – rel. Min. Octávio Gallotti, *Diário da Justiça*, Seção I, 11 abr. 1997, p. 12220; STF – 1ª T. – RExtr. nº 194.518 PE – rel. Min. Sydney Sanches, *Diário da Justiça*, Seção I, 4 abr. 1997, p. 10565.

Legalidade e contagem de tempo de serviço: STF – "Ofende os princípios da separação dos poderes e da legalidade decisão que, a pretexto de conceder tratamento isonômico ao dispensado pelo Decreto-lei nº 2.019/83 aos magistrados da União, reconhece a juiz estadual o direito à contagem do tempo de advocacia prestado à iniciativa privada, a despeito de não haver no Estado lei que o permita" (1ª T. – RE 140.095-RS – rel. Min. Marco Aurélio, decisão: 14-5-96 – *Informativo STF* nº 32).

Legalidade e tempestividade do recurso extraordinário: STF – "Não ofende o *princípio da legalidade* a decisão que, ao interpretar o ordenamento positivo em ato adequadamente motivado, limita-se, sem qualquer desvio hermenêutico, e dentro dos critérios consagrados pela Súmula 288/STF, a considerar como 'essencial à compreensão da controvérsia' a peça referente à comprovação da tempestividade do recurso extraordinário. O sentido conceitual da expressão 'controvérsia' reveste-se de caráter abrangente, envolvendo não só o próprio fundo material do litígio, mas também todas as questões e incidentes, ainda que de ordem formal, que guardem relação de pertinência com os aspectos emergentes da causa" (1ª T. – Agrag-156.226/GO – rel. Min. Celso de Mello, *Diário da Justiça*, Seção I, 14 fev. 1997, p. 1983). No mesmo sentido: STF – 1ª T. – Agrag-189.160/ES – rel. Min. Celso de Mello, *Diário da Justiça*, Seção I, 7 mar. 1997, p. 5405.

Legalidade e possibilidade de aplicação da correção monetária antes de o tributo tornar-se exigível: STF – "Na dicção da ilustrada maioria, em relação à qual guardo reservas, o disposto no art. 109 da Lei nº 6.374/89 não implicou delegação incompatível com a Carta de 1988, tampouco importando em violência aos princípios da *legalidade* e da não cumulatividade a previsão sobre a incidência da correção monetária antes de o tributo tornar-se exigível. Precedentes: Recursos Extraordinários nºs 154.273-0/SP e 172.394-7/SP, nos quais, como relator, fiquei vencido. Tributo – Correção – Índice Local. A disciplina da atualização dos tributos está compreendida na previsão do inciso I do art. 24 da Constituição Federal, cabendo, concorrentemente, à União, aos Estados e ao Distrito Federal" (2ª T. – Ag. Regimental em Recurso Extraordinário nº 196.341/SP – rel. Min. Marco Aurélio, *Diário da Justiça*, Seção I, 19 dez. 1996, p. 51783).

Medida de segurança a menor de idade e princípio da legalidade: STJ – "Não conflita com o sistema vicariante da nova Parte Geral do Código Penal medida de segurança prevista para o menor, no estatuto legal próprio. Possibilidade de tal medida de segurança, se aplicada oportunamente, ter continuidade de execução após a maioridade penal, até a sua efetiva revogação judicial. Impossibilidade, contudo, por infringência do *princípio da legalidade*, de aplicar-se a quem já completou 21 anos, medida prevista no Cód. de Menores, não mais contemplada no Cód. Penal" (5ª T. – RHC nº 124/CE. Reg. nº 898451-8. rel. Min. Assis Toledo – *Ementário STJ*, 02/513).

Legalidade e ICMS: STJ – "Firmou-se a jurisprudência de ser necessária legislação estadual fixando base de cálculo distinta da relativa à saída de mercadorias, dada a natureza da relação jurídica do fornecimento de alimentação em restaurantes, bares e similares. *Ausência de lei específica* torna inviável a cobrança do tributo, vinculado ao princípio da legalidade" (1ª Seção – REsp nº 1.131/RJ. Reg. nº 9002278-9. rel. Min. Vicente Cernicchiaro. *Ementário STJ*, 03/392).

5.7 Princípios da legalidade e da reserva legal

O princípio da legalidade é de abrangência mais ampla. Por ele fica certo que qualquer comando jurídico impondo comportamentos forçados há de provir de regra geral. Por outro lado, encontramos o princípio da reserva legal. Este opera de maneira diversa. Ele não é genérico e abstrato, mas concreto. Ele incide tão somente sobre os campos materiais especificados pela Constituição. Se todos os comportamentos humanos estão sujeitos ao princípio da legalidade, somente alguns estão submetidos ao da reserva da lei. Este é, portanto, de menor abrangência, mas de maior densidade ou conteúdo, visto exigir o tratamento de matéria exclusivamente pelo Legislativo, sem participação normativa do Executivo.

José Afonso da Silva nos ensina que a doutrina não raro confunde ou não distingue suficientemente o *princípio da legalidade* e o da *reserva legal*. O primeiro significa a submissão e o respeito à lei, ou a atuação dentro da esfera estabelecida pelo legislador. O segundo consiste em *estatuir que a regulamentação de determinadas matérias há de fazer-se necessariamente por lei formal*. Encontramos o princípio da reserva legal quando a Constituição reserva conteúdo específico, caso a caso, à lei. Por outro lado, encontramos o princípio da legalidade quando a Constituição outorga poder amplo e geral sobre qualquer espécie de relação. Assim, "tem-se, pois reserva de lei, quando uma norma constitucional atribui determinada matéria exclusivamente à lei formal (ou a atos equiparados, na interpretação firmada na praxe), subtraindo-a, com isso, à disciplina de outras fontes, àquela subordinada" (*Curso...* Op. cit. p. 368).

Reserva legal e tipo penal descrito por Decreto-lei: STJ – "A arguição de quebra do princípio da norma legal, por se estabelecer tipo penal por via de decreto-lei (DL 756/69), não subsistiu durante o excepcional recesso do Congresso Nacional, e o consequente poder concedido ao Presidente da República para legislar sobre qualquer matéria, ambos determinados por força do disposto no art. 2º, § 1º, do AI-05, de 13-12-1968" (5ª T. – RHC nº 602/DF. Reg. nº 900003182-6. rel. Min. Flaquer Scartezzini. *Ementário STJ*, 03/627).

Princípio da reserva legal tributária: STJ – "O sistema tributário brasileiro tem como princípio basilar proeminente, decorrente de regra constitucional, o da legalidade: Só à lei cabe instituir impostos, definir o fato gerador e estabelecer prazos e condições de pagamento" (1ª T. – REsp nº 31.100-0 – SP. rel. Min. Demócrito Reinaldo – *Ementário STJ*, 8/806).

Princípio da reserva legal tributária e modificação da base de cálculo: STJ – "Pelo princípio da reserva legal, a majoração do tributo é privativa da lei, formalmente elaborada, ainda quando esta majoração decorra da modificação da base de cálculo" (1ª T. – REsp nº 31.970-9 – RS. rel. Min. Demócrito Reinaldo – *Ementário STJ*, 08/784). No mesmo sentido: STJ – 2ª T. – REsp nº 35.117-4/RS. rel. Min. Peçanha Martins – *Ementário STJ*, 09/780; STJ – 1ª T. – REsp nº 3.188-0/PR. rel. Min. Milton Luiz Pereira – *Ementário STJ*, 09/781; STJ – 1ª T. – REsp nº 49.227-0/RS. rel. Min. Demócrito Reinaldo – *Ementário STJ*, 10/761).

5.8 Princípio da legalidade e expedição de decretos e regulamentos (CF, art. 84, IV)

A Constituição Federal, em seu art. 84, inciso IV, prevê que compete privativamente ao Presidente da República expedir decretos e regulamentos para fiel execução da lei.

Os regulamentos, portanto, são normas expedidas privativamente pelo Presidente da República, cuja finalidade precípua é facilitar a execução das leis, removendo eventuais obstáculos práticos que podem surgir em sua aplicação e se exteriorizam por meio de decreto; sendo, pois, como relembra Marcelo Caetano, importante fonte do Direito Administrativo (*Manual de direito administrativo*. 9. ed. Coimbra: Coimbra Editora, 1970. p. 92).

Na clássica lição do Ministro Carlos Velloso,

> "os regulamentos, na precisa definição de Oswaldo Aranha Bandeira de Mello, 'são regras jurídicas gerais, abstratas, impessoais, em desenvolvimento da lei, referentes à organização e ação do Estado, enquanto poder público'. Editados pelo Poder Executivo, visam a tornar efetivo o cumprimento da lei, propiciando facilidades para que a lei seja fielmente executada. É que as leis devem, segundo a melhor técnica, ser redigidas em termos gerais, não só para abranger a totalidade das relações que nelas incidem, senão, também, para poder ser aplicadas, com flexibilidade correspondente, às mutações de fato das quais estas mesmas relações resultam. Por isso, as leis não devem descer a detalhes, mas, conforme acima ficou expresso, conter, apenas, regras gerais. Os regulamentos, estes sim, é que serão detalhistas. Bem por isso, leciona Esmein, 'são eles prescrições práticas que têm por fim preparar a execução das leis, completando-as em seus detalhes, sem lhes alterar, todavia, nem o texto, nem o espírito'" (*Temas de direito público*. Belo Horizonte: Del Rey, 1994. p. 421).

O exercício do poder regulamentar do Executivo situa-se dentro da principiologia constitucional da Separação de Poderes (CF, arts. 2º; 60, § 4º, III), pois, salvo em situações de relevância e urgência (medidas provisórias), o Presidente da República não pode estabelecer normas gerais criadoras de direitos ou obrigações, por ser função do Poder Legislativo. Assim, o regulamento não poderá alterar disposição legal, tampouco criar obrigações diversas das previstas em *disposição legislativa* (CAVALCANTI, Themistocles Brandão. *Princípios gerais de direito público*. 3. ed. Rio de Janeiro: Borsoi, 1966. p. 175; MASAGÃO, Mário. *Curso de direito administrativo*. 6. ed. São Paulo: Revista dos Tribunais, 1977. p. 156. LAZZARINI, Álvaro. *Estudos de direito administrativo*. São Paulo: Revista dos Tribunais, 1996. p. 414).

Essa vedação não significa que o regulamento deva reproduzir literalmente o texto da lei, pois seria de flagrante inutilidade. O poder regulamentar somente será exercido quando alguns aspectos da aplicabilidade da lei são conferidos ao

Poder Executivo, que deverá evidenciar e explicitar todas as previsões legais, decidindo a melhor forma de executá-la e, eventualmente, inclusive, suprindo suas lacunas de ordem prática ou técnica (*RTJ*, 158/69; CAVALCANTI, Themistocles Brandão. Parecer do Consultor Geral da República. *Revista de Direito Administrativo*, nº 45, p. 426).

O Direito brasileiro, a partir da EC nº 32/01, passou a admitir – sem margens para dúvidas – constitucionalmente os *"decretos autônomos"* do Chefe do Executivo, com a finalidade de organização da Administração Pública, pois o art. 84, VI, da CF permite ao Presidente dispor, mediante decreto, sobre a organização da administração federal, quando não implicar aumento de despesa nem criação ou extinção de órgãos públicos, por equipará-lo aos demais atos normativos primários, inclusive lei e, consequentemente, afirmar seu absoluto respeito ao princípio da reserva legal.

Essa nova previsão, cuja aplicabilidade é automática a Estados e Municípios, independentemente de expressa previsão (princípios federais extensíveis), pode, apesar de juridicamente desnecessário, ser repetida nas Constituições estaduais e Leis Orgânicas distrital e municipais (por exemplo, na CEst. Paulista, art. 47, XIX, com a redação dada pela EC nº 21/06), no sentido de adequação do texto local ao texto maior e com a mesma finalidade de agilização e eficiência na organização e gestão da coisa pública pelo Chefe do Executivo estadual, distrital ou municipal, desde que tais medidas não implicassem aumento de despesa, criação ou extinção de órgão público.

Ação direta de inconstitucionalidade e controle da legalidade: STF – "Já se firmou a jurisprudência desta Corte no sentido de que não cabe ação direta de inconstitucionalidade com relação a dispositivos de Decreto que regulamenta Lei, porquanto, nesse caso, a questão se coloca no plano da legalidade e não da constitucionalidade" (Pleno – ADin. nº 763/SP – medida cautelar – rel. Min. Moreira Alves, *Diário da Justiça*, Seção I, 26 fev. 1993, p. 2355). No mesmo sentido: STF – Pleno – ADin. nº 99/MT – medida cautelar – rel. Min. Célio Borja, *Diário da Justiça*, Seção I, 17 nov. 1989, p. 17184; STF – Pleno – ADin. nº 264 (AgRg)/DF – rel. Min. Celso de Mello, *RTJ*, 152/352-357; STF – ADin. nº 1.253-3 – medida liminar – rel. Min. Carlos Velloso, *Diário da Justiça*, Seção I, 25 ago. 1995, p. 26022.

Decretos estaduais e proibição da pesca: STJ – "Não ferem o princípio da legalidade, em razão da competência concorrente estabelecida pela Constituição Federal, Decretos Estaduais que proíbem a pesca e comercialização do produto, visando preservar a espécie" (2ª T. – RMS nº 4.184-0/MS. rel. Min. Américo Luz – *Ementário STJ*, 13/66).

Poder Executivo e constitucionalidade dos decretos autônomos: STF – "AÇÃO DIRETA DE INCONSTITUCIONALIDADE. DECRETO Nº 4.010, DE 12 DE NOVEMBRO DE 2001. PAGAMENTO DE SERVIDORES PÚBLICOS DA ADMINISTRAÇÃO FEDERAL. LIBERAÇÃO DE RECURSOS. EXIGÊNCIA DE PRÉVIA AUTORIZAÇÃO DO PRESIDENTE DA REPÚBLICA. Os arts. 76 e 84, I, II e VI, a, todos da Constituição Federal, atribuem ao Presidente da República a posição de Chefe supremo da administração pública federal, ao qual estão subordinados os Ministros de Estado. Ausência de ofensa ao princípio da reserva legal, diante da nova redação atribuída ao inciso VI do art. 84 pela Emenda Constitucional nº 32/01, que permite expressamente ao Presidente da República dispor, por decreto, sobre a organização e o funcionamento da administração federal, quando isso não implicar aumento de despesa ou criação de órgãos públicos, exceções que não se aplicam ao Decreto atacado. Ação direta de inconstitucionalidade cujo pedido se julga improcedente" (STF – Pleno – ADI 2564/DF – rel. Min. Ellen Gracie, *Diário da Justiça*, Seção I, 6 fev. 2004, p. 21). **Conforme destacou a Ministra Ellen Gracie**, "nenhuma ofensa houve ao princípio da reserva legal. Como bem exposto nas informações, o inciso VI do art. 84 da Constituição recebeu da Emenda Constitucional nº 32, de 11 de setembro de 2001, uma nova redação, que permite expressamente ao Presidente da República dispor, por decreto, sobre a organização e o funcionamento da administração federal, quando isso não implicar aumento de despesa ou criação de órgãos públicos, exceções que não se aplicam ao Decreto atacado". **Conferir, ainda:** STF – "Ainda na matéria, retorno ao âmbito do Poder Executivo da União para lembrar a regra que se extrai da alínea *a* do inciso VI do artigo constitucional de nº 84, traduzida, precisamente, na autorização para o Presidente da República 'dispor, mediante decreto, sobre organização e funcionamento da administração federal, quando não implicar aumento de despesa nem criação ou extinção de órgão públicos'. Norma que este STF tem como constitutiva de regulamento autônomo (tirante as sobreditas vedações), e, assim, diploma francamente equiparável a ato normativo primário" (trecho do voto do Ministro Carlos Britto – ADC 12/DF – Pleno – medida cautelar, decisão: 16-2-2006).

III – Ninguém será submetido a tortura nem a tratamento desumano ou degradante.

5.9 Tratamento constitucional da tortura (art. 5º, III e XLIII)

O art. 5º da Constituição Federal prevê que ninguém será submetido à tortura (*Dicionário Aurélio*: Verbete: tortura [Do lat. *tortura*.] S. f. 1. Suplício ou tormento violento infligido a alguém. 2. V. *tortuosidade*. 3. *Fig*. Grande mágoa. 4. Lance difícil) nem a tratamento desumano ou degradante (inc. III); bem como que a lei considerará crimes inafiançáveis e insuscetíveis de graça ou anistia a *prática da tortura*, o tráfico ilícito de entorpecentes e drogas afins, o terrorismo e os definidos como crimes hediondos, por eles respondendo os mandantes, os executores e os que, podendo evitá-los, se omitirem. O art. 5º, XLIII, da Constituição Federal é uma norma constitucional de eficácia limitada, pois necessita da atuação do legislador infraconstitucional para que sua eficácia se produza. Assim, quanto à inafiançabilidade e insusceptibilidade de graça ou anistia foi editada a lei dos crimes hediondos (Lei nº 8.072/90), todavia, no tocante à definição do crime de terrorismo e tortura, tornou-se necessária a edição de lei infraconstitucional, de competência da União (art. 22, I, da CF), tipificando-os, em razão do próprio preceito constitucional do art. 5º, XXXIX.

O termo *tortura*, para a Assembleia Geral das Nações Unidas, significa

> *qualquer ato pelo qual dores ou sofrimentos agudos, físicos ou mentais, são infligidos intencionalmente a uma pessoa a fim de obter, dela ou de terceira pessoa, informações ou confissões; de castigá-la por ato que ela ou terceira pessoa tenha cometido ou seja suspeita de ter cometido; de intimidar ou coagir esta pessoa ou outras pessoas; ou por qualquer motivo baseado em discriminação de qualquer natureza; quando tais dores ou sofrimentos são infligidos por um funcionário público ou outra pessoa no exercício de funções públicas, ou por sua instigação, ou com o seu consentimento ou aquiescência. Não se considerará como tortura as dores ou sofrimentos que sejam consequência unicamente de sanções legítimas, ou que sejam inerentes a tais sanções ou delas decorram* (art. 1º da Convenção contra a tortura e outros tratamentos ou penas cruéis, desumanos ou degradantes, adotada pela Resolução nº 39/46 da Assembleia Geral das Nações Unidas, em 10-12-1984).

Questão controvertida, decidida pelo Supremo Tribunal Federal, considerou por maioria de votos (6 × 5) que existia lei tipificando o delito de *tortura*, quando praticado contra criança ou adolescente, ao analisar a constitucionalidade do art. 233 do Estatuto da Criança e do Adolescente.

O Min. Marco Aurélio, posicionando-se em sentido contrário, afirmava que o art. 233 do Estatuto da Criança e do Adolescente não poderia ser considerado como crime de tortura, pois,

> "a simples menção à *tortura*, sem que se defina o comportamento suficiente a configurá-la, deixa ao sabor da capacidade até mesmo intuitiva daquele que exerce o ofício judicante o alcance da norma penal, a conclusão sobre a prática, ou não, do crime ao qual o contexto jurídico-constitucional impõe consequências das mais gravosas, como são o afastamento da graça, do indulto e da anistia, da fiança, o elastecimento da prisão temporária e o cumprimento da pena, na sua integralidade, no regime fechado. A insegurança grassará e, o que é pior, o julgamento das ações penais correrá à conta da formação do julgador. Como redigido, o art. 233 do Estatuto da Criança e do Adolescente, reclama postura do magistrado que contraria a máxima gizada por Nelson Hungria em *Comentários ao código penal*. Rio de Janeiro: Forense, 1958. t. 1, p. 1-86, consoante a qual 'a lei penal deve ser interpretada restritivamente quando prejudicial ao réu e extensivamente no caso contrário'. O juiz partirá para o campo da interpretação extensiva, definindo ele próprio o que se entende como crime de tortura e assumindo, com isso, a posição reservada ao legislador" (Temas de direito penal. *Revista Brasileira de Ciências Criminais*, nº 8).

A divergência foi solucionada pelo legislador que, ao editar a Lei nº 9.455, de 7-4-1997, definiu os crimes de tortura (art. 1º) e, expressamente em seu art. 4º, revogou o art. 233 do Estatuto da Criança e do Adolescente (Lei nº 8.069/90).

Ressalte-se que as elementares características do crime de tortura são o *constranger alguém com emprego de violência ou grave ameaça,* causando-lhe sofrimento físico ou mental.

Ressalte-se que a presente lei veio atender à Organização das Nações Unidas que exige, no art. 4º da citada Convenção contra a tortura e outros tratamentos ou penas cruéis, desumanos ou degradantes, que *cada Estado-parte assegurará que todos os atos de tortura sejam considerados crimes segundo a sua legislação penal. O mesmo aplicar-se-á à tentativa de tortura e a todo ato de qualquer pessoa que constitua cumplicidade ou participação na tortura.*

Definição de tortura I: Conforme destacado pelo Ministro Celso de Mello (trecho do voto, na ADPF 153/DF – Rel. Min. Eros Grau, *DJe*-145, 5 agosto 2010), "Cabe reafirmar que a tortura exterioriza um universo conceitual impregnado de noções com que o senso comum e o sentimento de decência das pessoas identificam as condutas aviltantes que traduzem, na concreção de sua prática, as múltiplas formas de execução desse gesto caracterizador de profunda insensibilidade moral daquele que se presta, com ele, a ofender a dignidade da pessoa humana," prosseguindo, ao afirmar que "A tortura, além de expor-se ao juízo de reprovabilidade ético-social, revela, no gesto primário e irracional de quem a pratica, uma intolerável afronta aos direitos da pessoa humana e um acintoso desprezo pela ordem jurídica estabelecida. [...] A tortura, nesse contexto, constitui a negação arbitrária dos direitos humanos, pois reflete – enquanto prática ilegítima, imoral a abusiva – um inaceitável ensaio de atuação estatal tendente a asfixiar e, até mesmo, a suprimir a dignidade, a autonomia e a liberdade com que o indivíduo foi dotado, de maneira indisponível, pelo ordenamento positivo". Importante, igualmente, apontar a lição da Ministra Carmen Lúcia (trecho do voto, na ADPF 153/DF): "Afinal, como lembrava Hélio Pelegrino, '*a tortura política em nenhum caso é mero procedimento técnico, crispação de urgência numa corrida contra o tempo [...] Expressão tenebrosa da patologia de todo um sistema social e político, ela visa à destruição do sujeito humano, na essência de sua carnalidade mais concreta. A tortura reivindica, em sua empreitada nefanda, uma rendição do sujeito na qual estejam empenhados nervos, carne, sangue, ossos e tensões: cabeça, tronco e membros. [...] O torturador, este não tem saída nenhuma*' (PELLEGRINO, Hélio. *A burrice do demônio*. p. 19)."

Definição de tortura II: TJSP – "Tortura é a composição de ações empregadas por uma ou mais pessoas, com relação a outra, ou outras, que pelo modo violento e desgastante, quer no aspecto físico, quer psíquico, com o perdurar do tempo, acaba por derrotar toda a resistência natural inerente ao ser humano, tornando-o desorientado, depressivo e sujeito às mais várias reações, dentre elas, aquela que mais interessa a quem tortura – o irremediável medo" (TJSP – Apelação Criminal nº 192.122-3 – Taubaté – 2ª Câmara Criminal – Rel. Prado de Toledo – 16-10-1995 – v. u.).

Definição de torturador: Conforme apontou o Ministro Carlos Ayres Britto (trecho do voto, na ADPF 153/DF – Rel. Min. Eros Grau, *DJe*-145, 5 agosto 2010), "o torturador não comete crime político, não comete crime de opinião, reitere-se o juízo. O torturador é um monstro, é um desnaturado, é um tarado. O torturador é aquele que experimenta o mais intenso dos prazeres diante do mais intenso dos sofrimentos alheios, perpetrados por ele próprio. É uma espécie de cascavel de ferocidade tal que morde até o som dos próprios chocalhos. Não se pode ter condescendência com ele".

Tortura e validade da "Lei de Anistia": STF – "EMENTA: LEI Nº 6.683/79, A CHAMADA "LEI DE ANISTIA". ART. 5º, *CAPUT*, III E XXXIII DA CONSTITUIÇÃO DO BRASIL; PRINCÍPIO DEMOCRÁTICO E PRINCÍPIO REPUBLICANO: NÃO VIOLAÇÃO. CIRCUNSTÂNCIAS HISTÓRICAS. DIGNIDADE DA PESSOA HUMANA E TIRANIA DOS VALORES. INTERPRETAÇÃO DO DIREITO E DISTINÇÃO ENTRE TEXTO NORMATIVO E NORMA JURÍDICA. CRIMES CONEXOS DEFINIDOS PELA LEI Nº 6.683/79. CARÁTER BILATERAL DA ANISTIA, AMPLA E GERAL. JURISPRUDÊNCIA DO SUPREMO TRIBUNAL FEDERAL NA SUCESSÃO DAS FREQUENTES ANISTIAS CONCEDIDAS, NO BRASIL, DESDE A REPÚBLICA. INTERPRETAÇÃO DO DIREITO E LEIS-MEDIDA. CONVENÇÃO DAS NAÇÕES UNIDAS CONTRA A TORTURA E OUTROS TRATAMENTOS OU PENAS CRUÉIS, DESUMANOS OU DEGRADANTES E LEI Nº 9.455, DE 7 DE ABRIL DE 1997, QUE DEFINE O CRIME DE TORTURA. ART. 5º, XLIII, DA CONSTITUIÇÃO DO BRASIL. INTERPRETAÇÃO E REVISÃO DA LEI DA ANISTIA. EMENDA CONSTITUCIONAL Nº 26, DE 27 DE NOVEMBRO DE 1985, PODER CONSTITUINTE E "AUTOANISTIA". INTEGRAÇÃO DA ANISTIA DA LEI DE 1979 NA NOVA ORDEM CONSTITUCIONAL. ACESSO A DOCUMENTOS HISTÓRICOS COMO FORMA DE EXERCÍCIO DO DIREITO FUNDAMENTAL À VERDADE. 1. Texto normativo e norma jurídica, dimensão textual e dimensão normativa do fenômeno jurídico. O intérprete produz a norma a partir dos textos e da realidade. A interpretação do direito tem caráter constitutivo e consiste na produção, pelo intérprete, a partir de textos normativos e da realidade, de normas jurídicas a serem aplicadas à solução de determinado caso, solução operada mediante a definição de uma norma de decisão. A interpretação/aplicação do direito opera a sua inserção na realidade; realiza a mediação entre o caráter geral do texto normativo e sua aplicação particular; em outros termos, ainda: opera a sua inserção no mundo da vida. 2. O argumento descolado da dignidade da pessoa humana para afirmar a invalidade da conexão criminal que aproveitaria aos agentes políticos que praticaram crimes comuns contra opositores políticos, presos ou não, durante o regime militar, não prospera. 3. Conceito e definição de "crime político" pela Lei nº 6.683/79. São crimes conexos aos crimes políticos "os crimes de qualquer natureza relacionados com os crimes políticos ou praticados por motivação política"; podem ser de "qualquer natureza", mas [i] hão de terem estado relacionados com os crimes políticos ou [ii] hão de terem sido praticados por motivação política; são crimes outros que não políticos; são crimes comuns, porém [i] relacionados com os crimes políticos ou [ii] praticados por motivação política. A expressão crimes conexos a crimes políticos conota sentido a ser sindicado no momento histórico da sanção da lei. A chamada Lei de anistia diz com uma conexão *sui generis*, própria ao momento histórico da transição para a democracia. Ignora, no contexto da Lei nº 6.683/79, o sentido ou os sentidos correntes, na doutrina, da chamada conexão criminal; refere o que "se procurou", segundo a inicial, vale dizer, estender a anistia criminal de natureza política aos agentes do Estado encarregados da repressão. 4. A lei estendeu a conexão aos crimes praticados pelos agentes do Estado contra os que lutavam contra o Estado de exceção; daí o caráter bilateral da anistia, ampla e geral, que somente não foi irrestrita porque não abrangia os já condenados – e com sentença transitada em julgado, qual o Supremo assentou – pela prática de crimes de terrorismo, assalto, sequestro e atentado pessoal. 5. O significado válido dos textos é variável no tempo e no espaço, histórica e culturalmente. A interpretação do direito não é mera dedução dele, mas sim processo de contínua adaptação de seus textos normativos à realidade e seus conflitos. Mas essa afirmação aplica-se exclusivamente à interpretação das leis dotadas de generalidade e abstração, leis que constituem preceito primário, no sentido de que se impõem por força própria, autônoma. Não àquelas, designadas leis-medida (Massnahmegesetze), que disciplinam diretamente determinados interesses, mostrando-se imediatas e concretas, e consubstanciam, em si mesmas, um ato administrativo especial. No caso das leis-medida interpreta-se, em conjunto com o seu texto, a realidade no e do momento histórico no qual ela foi editada, não a realidade atual. É a realidade histórico-social da migração da ditadura para a democracia política, da transição conciliada de 1979, que há de ser ponderada para que possamos discernir o significado da expressão crimes conexos na Lei nº 6.683. É da anistia de então que estamos a cogitar, não da anistia tal e qual uns e outros hoje a concebem, senão qual foi na época conquistada. Exatamente aquela na qual, como afirma inicial, "se procurou" [sic] estender a anistia criminal de natureza política aos agentes do Estado encarregados da repressão. A chamada Lei da anistia veicula uma decisão política assumida naquele momento – o momento da transição conciliada de 1979. A Lei nº 6.683 é uma lei-medida, não uma regra para o futuro, dotada de abstração e generalidade. Há de ser interpretada a partir da realidade no momento em que foi conquistada. 6. A Lei nº 6.683/79 precede a Convenção das Nações Unidas contra a Tortura e Outros Tratamentos ou Penas Cruéis, Desumanos ou Degradantes – adotada pela Assembleia Geral em 10 de dezembro de 1984, vigorando desde 26 de junho de 1987 – e a Lei nº 9.455, de 7 de abril de 1997, que define o crime de tortura; e o preceito veiculado pelo art. 5º, XLIII da Constituição – que declara insuscetíveis de graça e anistia a prática da tortura, entre outros crimes – não alcança, por impossibilidade lógica, anistias anteriormente a sua vigência consumadas. A Constituição não afeta leis-medida que a tenham precedido. 7. No Estado democrático de direito o Poder Judiciário não está autorizado a alterar, a dar outra redação, diversa da nele contemplada, a texto normativo. Pode, a partir dele, produzir distintas normas. Mas nem mesmo o Supremo Tribunal Federal está autorizado a reescrever leis de anistia. 8. Revisão de lei de anistia, se mudanças do tempo e da sociedade a impuserem, haverá – ou não – de ser feita pelo Poder Legislativo, não pelo Poder Judiciário. 9. A anistia da lei de 1979 foi reafirmada, no texto da EC 26/85, pelo Poder Constituinte da Constituição de 1988. Daí não ter sentido questionar-se se a anistia, tal como definida pela lei, foi ou não recebida pela Constituição de 1988; a nova Constituição a [re]instaurou em seu ato originário. A Emenda Constitucional nº 26/85 inaugura uma nova ordem constitucional, consubstanciando a ruptura da ordem constitucional que decaiu plenamente no advento da Constituição de 5 de outubro de 1988; consubstancia, nesse sentido, a revolução branca que a esta confere legitimidade. A reafirmação da anistia da lei de 1979 está integrada na nova ordem, compõe-se na origem da nova norma fundamental. De todo modo, se não tivermos o preceito da lei de 1979 como ab-rogado pela nova ordem constitucional, estará a coexistir com o § 1º do art. 4º da EC 26/85, existirá a par dele [dicção do § 2º do art. 2º da Lei de Introdução às Normas do Direito Brasileiro]. O debate a esse respeito seria, todavia, despiciendo. A uma porque foi mera lei-medida, dotada de efeitos concretos, já exauridos; é lei apenas em sentido formal, não o sendo, contudo, em sentido material. A duas porque o texto de hierarquia constitucional prevalece sobre o infraconstitucional quando ambos coexistam. Afirmada a integração da anistia de 1979 na nova ordem constitucional, sua adequação à Constituição de 1988 resulta inquestionável. A nova ordem compreende não apenas o texto da Constituição nova, mas também a norma-origem. No bojo dessa totalidade – totalidade que o novo sistema normativo é – tem-se que "[é] concedida, igualmente, anistia aos autores de crimes políticos ou conexos" praticados no período compreendido entre 2 de setembro de 1961 e 15 de agosto de 1979. Não se pode divisar antinomia de qualquer grandeza entre o preceito veiculado pelo § 1º do art. 4º da EC 26/85 e a Constituição de 1988. 10. Impõe-se o desembaraço dos mecanismos que ainda dificultam o conhecimento do quanto ocorreu no Brasil durante as décadas sombrias da ditadura" (STF – Pleno – ADPF 153/DF – Rel. Min. Eros Grau, *DJe*-145, 5-8-2010). **Conferir na análise dos votos o excelente estudo histórico das condições políticas e jurídicas do momento de transição democrática brasileira.**

Tortura e produção de provas: STF – "Os problemas jurídicos atinentes à inadmissibilidade processual e às consequências da admissão indevida, no processo, das provas ilícitas – da barbárie primitiva da tortura física à sofisticação tecnológica da interceptação telefônica –, ainda geram controvérsias doutrinárias e vacilações jurisprudenciais nos ordenamentos de maior tradição cultural. No Brasil, porém – sobretudo, a partir da Constituição –, o direito positivo deu resposta explícita às questões fundamentais do tema, antes que elas se tornassem objeto de sedimentação doutrinária e da preocupação frequente dos tribunais. Não é que, nestas bandas, a persecução penal, algum dia, tivesse sido imune à utilização das provas ilícitas. Pelo contrário. A tortura, desde tempos imemoriais, continua sendo a *prática rotineira* da investigação policial da criminalidade das classes marginalizadas, mas a evidência da sua realidade geralmente só choca as elites, quando, nos tempos de ditadura, de certo modo se democratiza e violenta os inimigos do regime, sem discriminação de classe" (trecho do voto do Min. relator Sepúlveda Pertence, HC 69.912-0/RS – *Informativo STF* nº 36).

Estatuto da Criança e do Adolescente e crime de tortura: STF – "Tortura contra criança ou adolescente – Existência jurídica desse crime no Direito Penal Positivo brasileiro – Necessidade de sua repressão – Convenções internacionais subscritas pelo Brasil – Previsão Típica constante do Estatuto da Criança e do Adolescente (Lei nº 8.069/90, art. 233) – Confirmação da constitucionalidade dessa norma de tipificação penal – Delito imputado a policiais militares – Infração penal que não se qualifica como crime militar – Competência da Justiça comum do Estado-membro – Pedido deferido em parte" (Pleno – HC nº 70.389-5/SP – rel. Min. Celso de Mello; j. 23-7-1994). Nesse sentido também: HC 74.332-RJ, rel. Min. Néri da Silveira, 24-9-96 – *Informativo STF* nº 47. Relembre-se, novamente, de que o art. 233 do ECA foi expressamente revogado pelo art. 4º da Lei nº 9.455/97.

Uso de algemas e tratamento desumano e degradante: STF – "No tocante à necessidade ou não do uso de algemas, aduziu-se que esta matéria não é tratada, específica e expressamente, nos códigos Penal e de Processo Penal vigentes. Entretanto, salientou-se que a Lei de Execução Penal (art. 199) determina que o emprego de algema seja regulamentado por decreto federal, o que ainda não ocorreu. Afirmou-se que, não obstante a omissão legislativa, a utilização de algemas não pode ser arbitrária, uma vez que a forma juridicamente válida do seu uso pode ser inferida a partir da interpretação dos princípios jurídicos vigentes, especialmente o princípio da proporcionalidade e o da razoabilidade. Citaram-se, ainda, algumas normas que sinalizam hipóteses em que aquela poderá ser usada (CPP, arts. 284 e 292; CF, art. 5º, incisos III, parte final e X; as regras jurídicas que tratam de prisioneiros adotadas pela ONU, nº 33; o Pacto de San José da Costa Rica, art. 5º, 2). Entendeu-se, pois, que a prisão não é espetáculo e que o uso legítimo de algemas não é arbitrário, sendo de natureza excepcional e que deve ser adotado nos casos e com as finalidades seguintes: a) para impedir, prevenir ou dificultar a fuga ou reação indevida do preso, desde que haja fundada suspeita ou justificado receio de que tanto venha a ocorrer; b) para evitar agressão do preso contra os próprios policiais, contra terceiros ou contra si mesmo. Concluiu-se que, no caso, não haveria motivo para a utilização de algemas, já que o paciente não demonstrara reação violenta ou inaceitação das providências policiais. Ordem concedida para determinar às autoridades tidas por coatoras que se abstenham de fazer uso de algemas no paciente, a não ser em caso de reação violenta que venha a ser por ele adotada e que coloque em risco a sua segurança ou a de terceiros, e que, em qualquer situação, deverá ser imediata e motivadamente comunicado ao STF" (STF – 1ª T. – HC nº 89429/RO – rel. Min. Cármen Lúcia, decisão: 22-8-2006 – *Informativo STF* nº 437, Seção I, p. 3). **No mesmo sentido**: STJ – "A imposição do uso de algemas ao réu, por constituir afetação aos princípios de respeito à integridade física e moral do cidadão, deve ser aferida de modo cauteloso e diante de elementos concretos que demonstrem a periculosidade do acusado – Recurso provido" (6ª T. – RHC nº 5.663/SP, rel. Min. William Patterson, *Diário da Justiça*, Seção I, 23 set. 1996, p. 35157). Com base no entendimento acima, o STF editou a Súmula Vinculante nº 11, com o seguinte teor: "Só é lícito o uso de algemas em casos de resistência e de fundado receio de fuga ou de perigo à integridade física própria ou alheia, por parte do preso ou de terceiros, justificada a excepcionalidade por escrito, sob pena de responsabilidade disciplinar, civil e penal do agente ou da autoridade e de nulidade da prisão ou do ato processual a que se refere, sem prejuízo da responsabilidade civil do Estado."

Possibilidade de utilização do instrumento da "reclamação" para o cumprimento da Súmula nº 11: STF – "RECLAMAÇÃO. PROCESSO PENAL. USO DE ALGEMA. ALEGAÇÃO DE CONTRARIEDADE À SÚMULA VINCULANTE Nº 11 DO SUPREMO TRIBUNAL FEDERAL. PEDIDO DE REVOGAÇÃO DA PRISÃO CAUTELAR. AUSÊNCIA DE DETERMINAÇÃO JUDICIAL PARA O USO DE ALGEMAS. FALTA DE PROVA DA ALEGAÇÃO DE USO DE ALGEMA. RECLAMAÇÃO JULGADA IMPROCEDENTE. 1. Dispõe a Súmula Vinculante nº 11 que 'Só é lícito o uso de algemas em casos de resistência e de fundado receio de fuga ou de perigo à integridade física própria ou alheia, por parte do preso ou de terceiros, justificada a excepcionalidade por escrito, sob pena de responsabilidade disciplinar, civil e penal do agente ou da autoridade e de nulidade da prisão ou do ato processual a que se refere, sem prejuízo da responsabilidade civil do estado'. 2. Na espécie vertente, o juiz Reclamado apenas autorizou o uso de algemas, sem, contudo, determiná-lo, e deixou a decisão sobre a sua necessidade, ou não, à discrição da autoridade policial que efetivamente cumpriria o mandado de prisão, tendo em vista as circunstâncias do momento da diligência, acentuando a necessidade de acatamento da Súmula Vinculante nº 11 deste Supremo Tribunal. 3. Os documentos colacionados aos autos não comprovam o uso de algemas durante, ou após, a diligência que resultou na prisão do Reclamante, sendo certo que, se usadas, elas não o foram por determinação do ato reclamado. 4. Reclamação julgada improcedente" (STF – Pleno – Rcl 7814/RJ – Rel. Min. Carmen Lúcia, *DJe*-154, 19 agosto 2010). **Conferir, ainda, em relação à Súmula das Algemas:** STF – 2ª T. – HC 101031/SP – Rel. Min. Ellen Gracie. *Dje*-091, 20 maio 2010.

5.10 Definição legal dos crimes de tortura (Lei nº 9.455, de 7-4-1997)

A Lei nº 9.455, de 7-4-1997, em seu art. 1º, define o crime de tortura da seguinte forma:

"Constitui crime de tortura: I – constranger alguém com emprego de violência ou grave ameaça, causando-lhe sofrimento físico ou mental: a) com o fim de obter informação, declaração ou confissão da vítima ou de terceira pessoa; b) para provocar ação ou omissão de natureza criminosa; c) em razão de discriminação racial ou religiosa – II – submeter alguém, sob sua guarda, poder ou autoridade, com emprego de violência ou grave ameaça, a intenso sofrimento físico ou mental, como forma de aplicar castigo pessoal ou medida de caráter preventivo (*para os dois incisos a pena é de dois a oito anos de reclusão*); § 1º Na mesma pena incorre quem submete pessoa presa ou sujeita a medida de segurança a sofrimento físico ou mental, por intermédio da prática de ato não previsto em lei ou não resultante de medida legal; § 2º Aquele que se omite em face dessas condutas, quando tinha o dever de evitá-las ou apurá-las, incorre na pena de detenção de um a quatro anos; § 3º Se resulta lesão corporal de natureza grave ou gravíssima, a pena é de reclusão de quatro a dez anos; se resulta morte, a reclusão é de oito a dezesseis anos."

Aqueles que forem condenados pela prática das condutas típicas definidas pelo legislador ordinária como crime de tortura estarão sujeitos, além da pena privativa de liberdade, a perda do cargo, função ou emprego público e a interdição para seu exercício pelo dobro do prazo da pena aplicada (art. 1º, § 5º). Dessa forma, o agente que sofrer condenação pela prática do delito de tortura, além de perder seu cargo, função ou emprego público, não poderá exercer outro cargo, função ou emprego público, durante o dobro do prazo de sua pena privativa de liberdade.

O legislador infraconstitucional, no intuito de combater prática inaceitável, porém de longa data utilizada pelo sistema repressivo estatal, na colheita de provas e/ou no tratamento carcerário (STF – Pleno – HC nº 41.888 – rel. Min. Evandro Lins, *Diário da Justiça*, 28-4-1965; STJ – 1ª T. – RMS nº 17 – SP. Reg. nº 89.0008777-0. rel. Min. Garcia Vieira. *DJ* 20-11-89; STJ – 3ª Seção – CC nº 3.532-5/SP – rel. Min. Assis Toledo. *Ementário STJ*, 07/659; STJ – 3ª Seção – CC nº 13.980-0/SP – rel. Min. Cid Flaquer Scartezzini. *Ementário STJ*, 14/595; TJ/PR – 1ª CCivil – Apelação Cível nº 29.744 – rel. Des. Oto Sponhoz, publicado em 2-4-90), previu expressamente, além das já citadas sanções de perda e interdição do cargo, função ou emprego público, uma causa especial de aumento de pena no § 4º, do art. 1º, da Lei nº 9.455/97. Assim, aumenta-se a pena de um sexto até um terço se *o crime é cometido por agente público*. A legislação veio reforçar o espírito constitucional de combate à tortura, inclusive estatal, previsto nos incisos III e XLIII do art. 5º, bem como ao determinar serem inadmissíveis no processo, por constituírem provas ilícitas (STJ – 6ª T. – RHC nº 2.132-2/BA – rel. Min. Vicente Cernicchiaro. *Ementário STJ* 06/708; TJ/SP – Apelação Cível nº 236.701-2 – rel. Marrey Neto – decisão: 31-5-94).

Por fim, a Lei nº 9.455/97 prevê uma hipótese de extraterritorialidade penal, determinando a aplicação da legislação brasileira ainda quando o crime não tenha sido cometido em território nacional, sendo a vítima brasileira ou encontrando-se o agente em local sob jurisdição brasileira (art. 2º).

5.11 Consequências penais e processuais da prática do crime de tortura

Em relação às suas consequências penais e processuais, o crime de tortura é inafiançável e insuscetível de graça ou anistia. Além disso, o condenado deverá *iniciar* o cumprimento da pena em regime fechado, possibilitando-se, pois, a progressão aos regimes semiaberto e aberto, conforme requisitos da Lei de Execuções Penais. O legislador deixou de repetir a fórmula genérica da Lei nº 8.072/90 (Lei dos crimes hediondos), onde se proibia, igualmente, a *concessão de indulto e qualquer possibilidade de progressão de regimes*.

> *IV – é livre a manifestação do pensamento, sendo vedado o anonimato;*
>
> *V – é assegurado o direito de resposta, proporcional ao agravo, além da indenização por dano material, moral ou à imagem;*

5.12 Liberdade de pensamento

A manifestação do pensamento é livre e garantida em nível constitucional, não aludindo a censura prévia em diversões e espetáculos públicos. Os abusos porventura ocorridos no exercício indevido da manifestação do pensamento são passíveis de exame e apreciação pelo Poder Judiciário com a consequente responsabilidade civil e penal de seus autores (*RF* 176/147), decorrentes, inclusive, de publicação injuriosa na imprensa, que deve exercer vigilância e controle da matéria que divulga (*RT* 659/143).

A liberdade de expressão constitui um dos fundamentos essenciais de uma sociedade democrática e compreende não somente as informações consideradas como inofensivas, indiferentes ou favoráveis, mas também aquelas que possam causar transtornos, resistência, inquietar pessoas, pois a Democracia somente existe a partir da consagração do pluralismo de ideias e pensamentos, da tolerância de opiniões e do espírito aberto ao diálogo.

A proteção constitucional engloba não só o direito de expressar-se, oralmente, ou por escrito, mas também o direito de ouvir, assistir e ler. Consequentemente, será inconstitucional a lei ou ato normativo que proibir a aquisição ou o recebimento de jornais, livros, periódicos; a transmissão de notícias e informações seja pela imprensa falada, seja pela imprensa televisiva.

Proibir a *livre manifestação de pensamento* é pretender alcançar a *proibição ao pensamento* e, consequentemente, obter a unanimidade autoritária, arbitrária e irreal.

Como proclamou Kant, citado por Jorge Miranda, "há quem diga: a liberdade de *falar* ou de *escrever* pode-nos ser tirada por um poder superior, mas não a liberdade de *pensar*. Mas quanto e com que correção *pensaríamos* nós se não pensássemos em comunhão com os outros, a quem comunicamos os nossos pensamentos, e eles nos comunicam os seus! Por conseguinte, pode muito bem dizer-se que o poder exterior que arrebata aos homens a liberdade de *comunicar* publicamente os seus pensamentos, ele rouba também a liberdade de *pensar*" (*Manual...* Op. cit. t. 4, p. 399, nota nº 1).

A proibição ao anonimato é ampla, abrangendo todos os meios de comunicação (cartas, matérias jornalísticas, informes publicitários, mensagens na Internet, notícias radiofônicas ou televisivas, por exemplo). Vedam-se, portanto, mensagens apócrifas, injuriosas, difamatórias ou caluniosas. A finalidade constitucional é destinada a evitar manifestação de opiniões fúteis, infundadas, somente com o intuito de desrespeito à vida privada, à intimidade, à honra de outrem; ou ainda, com a intenção de subverter a ordem jurídica, o regime democrático e o bem-estar social.

Finalidades essenciais da livre manifestação do pensamento e liberdade de imprensa: STF – "Ninguém ignora que no contexto de uma sociedade fundada em bases democráticas, mostra-se intolerável a repressão estatal ao pensamento, ainda mais quando a crítica – por mais dura que seja – revele-se inspirada pelo interesse coletivo e decorra da prática legítima, como sucede na espécie, de uma liberdade pública de extração eminentemente constitucional (CF, art. 5º, IV c/c o art. 220). Não se pode desconhecer que a liberdade de imprensa, enquanto projeção da liberdade de manifestação de pensamento e de comunicação, reveste-se de conteúdo abrangente, por compreender, dentre outras prerrogativas relevantes que lhe são inerentes: (a) o direito de informar, (b) o direito de buscar a informação; (c) o direito de opinar; (d) o direito de criticar. A crítica jornalística, desse modo, traduz direito impregnado de qualificação constitucional, plenamente oponível aos que exercem qualquer atividade de interesse da coletividade em geral, pois o interesse social, que legitima o direito de criticar, sobrepõe-se a eventuais suscetibilidades que possam revelar as pessoas públicas" (STF – AI 505.595 – decisão monocrática do Ministro relator Celso de Mello, em 11-11-2009).

Liberdade de expressão e pluralismo de ideias. Valores estruturantes do Sistema Democrático: STF – "1. A Democracia não existirá e a livre participação política não florescerá onde a liberdade de expressão for ceifada, pois esta constitui condição essencial ao pluralismo de ideias, que por sua vez é um valor estruturante para o salutar funcionamento do sistema democrático. 2. A livre discussão, a ampla participação política e o princípio democrático estão interligados com a liberdade de expressão, tendo por objeto não somente a proteção de pensamentos e ideias, mas também opiniões, crenças, realização de juízo de valor e críticas a agentes públicos, no sentido de garantir a real participação dos cidadãos na vida coletiva. 3. São inconstitucionais os dispositivos legais que tenham a nítida finalidade de controlar ou mesmo aniquilar a força do pensamento crítico, indispensável ao regime democrático. Impossibilidade de restrição, subordinação ou forçosa adequação programática da liberdade de expressão a mandamentos normativos cerceadores durante o período eleitoral. 4. Tanto a liberdade de expressão quanto a participação política em uma Democracia representativa somente se fortalecem em um ambiente de total visibilidade e possibilidade de exposição crítica das mais variadas opiniões sobre os governantes. 5. O direito fundamental à liberdade de expressão não se direciona somente a proteger as opiniões supostamente verdadeiras, admiráveis ou convencionais, mas também aquelas que são duvidosas, exageradas, condenáveis, satíricas, humorísticas, bem como as não compartilhadas pelas maiorias. Ressalte-se que, mesmo as declarações errôneas, estão sob a guarda dessa garantia constitucional" (Pleno – ADI 4451/DF – Rel. Min. Alexandre de Moraes, j. 21-6-2018).

Plena liberdade de expressão e efetividade do direito de reunião em instituições de ensino superior: STF – "Eleições de 2018: Manifestações em Instituições de ensino superior. Atos do Poder Público: buscas e apreensões. Alegado descumprimento a preceitos fundamentais: Plausibilidade jurídica demonstrada. Urgência qualificada configurada. Medida cautelar deferida e referendada. (...) 2. Suspensos os efeitos de atos judiciais ou administrativos, emanados de autoridade pública que possibilitem, pelos quais se determinem ou promovam o ingresso de agentes públicos em universidades públicas e privadas, o recolhimento de documentos, a interrupção de aulas, debates ou manifestações de docentes e discentes universitários, a atividade disciplinar docente e discente e a coleta irregular de depoimentos desses cidadãos pela prática de manifestação livre de ideias e divulgação do pensamento nos ambientes universitários. 3. Pluralismo não é unanimidade, impedir a manifestação do diferente e à livre manifestação de todas as formas de apreender, aprender e manifestar a sua compreensão de mundo é algemar as liberdades, destruir o direito e exterminar a democracia. 4. O pluralismo de ideias está na base da autonomia universitária como extensão do princípio fundante da democracia brasileira, que é exposta no inc. V do art. 1º da Constituição da República" (STF – Pleno – ADPF/DF – MC – Referendo – Rel. Min. Carmen Lúcia, j. 31-10-2018).

Livre manifestação de pensamento e "marcha da maconha": O Supremo Tribunal Federal, "por entender que o exercício dos direitos fundamentais de reunião e de livre manifestação do pensamento devem ser garantidos a todas as pessoas" concedeu "interpretação conforme ao art. 287 do CP, com efeito vinculante", "de forma a excluir qualquer exegese que possa ensejar a criminalização da defesa da legalização das drogas, ou de qualquer substância entorpecente específica, inclusive através de manifestações públicas e eventos públicos", salientando, porém, que a decisão não permite a incitação, incentivo ou estímulo ao consumo de entorpecentes na sua realização, bem como determinando a não participação de crianças e adolescentes" na denominada "Marcha da Maconha" (STF – Pleno – ADPF 187/DF, Rel. Min. Celso de Mello, decisão: 15-6-2011. **No mesmo sentido:** STF – Pleno – ADI 427/DF – Rel. Min. Ayres Britto, decisão: 23-11-2011. Conferir, ainda: STF – Pleno – AC 2965/MC – Rel. Min. Celso de Mello, decisão: 25-11-2010.

Livre manifestação de pensamento e liberdade de expressão do jornalismo. Impossibilidade de regulação estatal quanto às qualificações profissionais: STF – "O jornalismo é uma profissão diferenciada por sua estreita vinculação ao pleno exercício das liberdades de expressão e de informação. O jornalismo é a própria manifestação e difusão do pensamento e da informação de forma contínua, profissional e remunerada. Os jornalistas são aquelas pessoas que se dedicam profissionalmente ao exercício pleno da liberdade de expressão. O jornalismo e a liberdade de expressão, portanto, são atividades que estão imbricadas por sua própria natureza e não podem ser pensadas e tratadas de forma separada. Isso implica, logicamente, que a interpretação do art. 5º, VIII, da Constituição, na hipótese da profissão de jornalista, se faça, impreterivelmente, em conjunto com os preceitos do art. 5º, IV, IX, XIV, e do art. 220 da Constituição, que asseguram as liberdades de expressão, de informação e de comunicação em geral (...) No campo da profissão de jornalista, não há espaço para a regulação estatal quanto às qualificações profissionais" (STF – Pleno – RE 511.961 – Rel. Min. Gilmar Mendes, decisão: 13-11-2009).

Crítica jornalística e pluralismo político: Conforme destacado pelo Ministro Celso de Mello, o *direito de crítica jornalística* é "prerrogativa constitucional cujo suporte legitimador repousa no pluralismo político (CF, art. 1º, V), que representa um dos fundamentos inerentes ao regime democrático. O exercício do direito de crítica inspirado por razões de interesse público: uma prática inestimável de liberdade a ser preservada contra ensaios autoritários de repressão penal", concluindo ser a arena política, *"um espaço de dissenso por excelência"* (STF – Pet 3486/DF, rel. Min. Celso de Mello, j. 22-8-2005 – *Informativo STF* nº 398, p. 4).

Liberdade de pensamento político: STF – "O fato de ser alguém partidário ou simpatizante do credo comunista não constitui crime, pois a liberdade de pensamento é garantida por preceito constitucional" (Apelação Criminal nº 1509 – rel. Min. Edgard Costa – decisão: 4-6-1954 – *Diário da Justiça*, Seção I, 30 ago. 1956, p. 1149).

Lei de imprensa e proteção constitucional à livre manifestação de pensamento: STF – "O art. 220 da Constituição radicaliza e alarga o regime de plena liberdade de atuação da imprensa, porquanto fala: a) que os mencionados direitos de personalidade (liberdade de pensamento, criação, expressão e informação) estão a salvo de qualquer restrição em seu exercício, seja qual for o suporte físico ou tecnológico de sua veiculação; b) que tal exercício não se sujeita a outras disposições que não sejam as figurantes dela própria, Constituição. (...) O art. 220 é de instantânea observância quanto ao desfrute das liberdades de pensamento, criação, expressão e informação que, de alguma forma, se veiculem pelos órgãos de comunicação social. Isto sem prejuízo da aplicabilidade dos seguintes incisos do art. 5º da mesma CF: vedação do anonimato (parte final do inciso IV); do direito de resposta (inciso V); direito a indenização por dano material ou moral à intimidade, à vida privada, à honra e à imagem das pessoas (inciso X); livre exercício de qualquer trabalho, ofício ou profissão, atendidas as qualificações profissionais que a lei estabelecer (inciso XIII); direito ao resguardo do sigilo da fonte de informação, quando necessário ao exercício profissional (inciso XIV). Lógica diretamente constitucional de calibração temporal ou cronológica na empírica incidência desses dois blocos de dispositivos constitucionais (o art. 220 e os mencionados incisos do art. 5º). Noutros termos, primeiramente, assegura-se o gozo dos 'sobredireitos' de personalidade em que se traduz a 'livre' e 'plena' manifestação do pensamento, da criação e da informação. Somente depois é que se passa a cobrar do titular de tais situações jurídicas ativas um eventual desrespeito a direitos constitucionais alheios, ainda que também densificadores da personalidade humana. Determinação constitucional de momentânea paralisia à inviolabilidade de certas categorias de direitos subjetivos fundamentais, porquanto a cabeça do art. 220 da Constituição veda qualquer cerceio ou restrição à concreta manifestação do pensamento (vedado o anonimato), bem assim todo cerceio ou restrição que tenha por objeto a criação, a expressão e a informação, seja qual for a forma, o processo, ou o veículo de comunicação social. Com o que a

Lei Fundamental do Brasil veicula o mais democrático e civilizado regime da livre e plena circulação das ideias e opiniões, assim como das notícias e informações, mas sem deixar de prescrever o direito de resposta e todo um regime de responsabilidades civis, penais e administrativas. Direito de resposta e responsabilidades que, mesmo atuando *a posteriori*, infletem sobre as causas para inibir abusos no desfrute da plenitude de liberdade de imprensa. (...) Incompatibilidade material insuperável entre a Lei 5.250/1967 e a Constituição de 1988. Impossibilidade de conciliação que, sobre ser do tipo material ou de substância (vertical), contamina toda a Lei de Imprensa: a) quanto ao seu entrelace de comandos, a serviço da prestidigitadora lógica de que para cada regra geral afirmativa da liberdade é aberto um leque de exceções que praticamente tudo desfaz; b) quanto ao seu inescondível efeito prático de ir além de um simples projeto de governo para alcançar a realização de um projeto de poder, este a se eternizar no tempo e a sufocar todo pensamento crítico no País" (ADPF 130, Rel. Min. Carlos Britto, julgamento em 30-4-2009, Plenário, *DJE* de 6-11-2009). **Acerca do tema, antes do julgamento da ADPF nº 130/DF, conferir:** STJ – "A Constituição considera livre a manifestação do pensamento, proíbe o anonimato, e assegura o direito de resposta, a inviolabilidade da intimidade, a vida privada, a honra e a imagem das pessoas, o que não derroga a chamada Lei de Imprensa, a qual continua em vigor naquilo em que não contraria a Carta Magna" (STJ – 5ª T. – RHC nº 3.296-0/SC – Rel. Min. Jesus Costa Lima – *Ementário STJ*, nº 9/712).

Impossibilidade da utilização de entrevista televisiva como fundamento para prisão cautelar: STF – "(...) o simples fato de a paciente participar de programa televisivo, discorrendo sobre o quadro empírico do crime de latrocínio a que foi condenada, não tem a força de justificar a respectiva segregação cautelar. Pelo que tenho como inidôneo o fato superveniente, apontado pelo Juízo-processante da causa para a decretação da custódia provisória. Ainda mais – repito – quando esse fato não passou de uma entrevista concedida a emissora de televisão, ocasião em que a paciente simplesmente manifestou a sua própria versão sobre os fatos delituosos. Autodefendendo-se, portanto. Com efeito, entendo que as palavras proferidas pela paciente em entrevista jornalística se traduziram no exercício do direito constitucional à 'livre manifestação do pensamento' (...) e de autodefesa, a mais natural das dimensões das garantias constitucionais do contraditório e da ampla defesa (...). A significar, então, que o legítimo exercício do direito subjetivo à exteriorização do pensamento, conjugado com as garantias constitucionais do contraditório e da ampla defesa (...), não pode justificar, isoladamente, a decretação da custódia preventiva" (STF – HC 95.116, voto do Rel. Min. Carlos Britto, julgamento em 3-2-2009, Primeira Turma, *DJE* de 6-3-2009).

Liberdade de expressão e proteção à criança e ao adolescente: STF – "Lei nº 8.069/90. Divulgação total ou parcial por qualquer meio de comunicação, nome, ato ou documento de procedimento policial, administrativo ou judicial relativo à criança ou adolescente a que se atribua ato infracional. Publicidade indevida. Penalidade: suspensão da programação da emissora até por dois dias, bem como da publicação do periódico até por dois números. Inconstitucionalidade. A Constituição de 1988 em seu art. 220 estabeleceu que a liberdade de manifestação do pensamento, de criação, de expressão e de informação, sob qualquer forma, processo ou veículo, não sofrerá qualquer restrição, observado o que nela estiver disposto. 2. Limitações à liberdade de manifestação do pensamento, pelas suas variadas formas. Restrição que há de estar explícita ou implicitamente prevista na própria Constituição" (STF – Pleno – Adi nº 869-2/DF – Rel. Min. Ilmar Galvão – Rel. p/ acórdão Min. Maurício Corrêa, *Diário da Justiça*, Seção I, 3 set. 2004, p. 7).

Exercício de profissão e liberdade de pensamento: STF – "Professorar, simplesmente ideias contrárias ao atual regime político do Brasil não constitui crime que prive o oficial de sua patente. A Constituição assegura a todos liberdade de pensamento" (1ª T. – RExtr. nº 23.829/DF – rel. Min. Mário Guimarães, *Diário da Justiça*, Seção I, 8 jul. 1954).

Liberdade de pensamento e imunidade material parlamentar: STF – "A maior extensão da imunidade material, na Constituição de 1988, não dispensa, em cada caso, a verificação de um nexo de implicação recíproca entre a manifestação de pensamento do Congressista, ainda, que fora do exercício do mandato, e a condição de deputado ou senador" (Pleno – Inquérito nº 0390/RO – rel. Min. Sepúlveda Pertence, *Diário da Justiça*, Seção I, 27 out. 1989, p. 16390). Sobre imunidades parlamentares, Cf.: MORAES, Alexandre de. *Direito constitucional*. São Paulo: Atlas, 1997. p. 291-308.

Crítica jornalística e pluralismo político: Conforme destacado pelo Ministro Celso de Mello, o *direito de crítica jornalística* é "prerrogativa constitucional cujo suporte legitimador repousa no pluralismo político (CF, art. 1º, V), que representa um dos fundamentos inerentes ao regime democrático. O exercício do direito de crítica inspirado por razões de interesse público: uma prática inestimável de liberdade a ser preservada contra ensaios autoritários de repressão penal", concluindo ser a arena política, *"um espaço de dissenso por excelência"* (STF – Pet. 3486/DF, rel. Min. Celso de Mello, j. 22-8-2005 – *Informativo STF* nº 398, p. 4).

Lei de imprensa e proteção constitucional à livre manifestação de pensamento: STJ – "A Constituição considera livre a manifestação do pensamento, proíbe o anonimato, e assegura o direito de resposta, a inviolabilidade da intimidade, a vida privada, a honra e a imagem das pessoas, o que não derroga a chamada Lei de Imprensa, a qual continua em vigor naquilo em que não contraria a Carta Magna" (5ª T. – RHC nº 3.296-0/SC – rel. Min. Jesus Costa Lima – *Ementário STJ*, 09/712).

Manifestação de pensamento e propaganda eleitoral: TSE – "Não viola a garantia de livre manifestação do pensamento, nem constitui censura prévia, a decisão do TRE que veda a reprodução de propaganda eleitoral gratuita, já considerada, pela mesma Corte, ofensiva à honra alheia, quando do exame e reconhecimento de direito de resposta" (Pleno – MS nº 1336/SP – rel. Min. Octávio Gallotti, *Diário da Justiça*, Seção I, 29 out. 1990, p. 12115).

Manifestação de pensamento e limites da propaganda eleitoral: TSE – "Permitida ulteriormente a divulgação de programa de cunho objetivamente informativo e excluindo-se apenas a publicidade dotada de elemento subjetivo capaz de influenciar a vontade do público, diretamente em favor do governo, ou indiretamente, do candidato ou partido por este apoiado, a extensão da segurança foi sensivelmente reduzida, não subsistindo a alegação de ofensas das garantias constitucionais questionadas" (Pleno – MS nº 1362/SP – rel. Min. Octávio Gallotti, *Diário da Justiça*, Seção I, 14 fev. 1991, p. 1).

Vedação ao anonimato: STF – "O art. 78 da atual lei de imprensa consagrou o princípio da responsabilidade sucessiva, bem como a repressão do anonimato. Se o paciente foi identificado como o autor e responsável pelo escrito difamatório e injurioso, a exclusão do processo, de quem, só a sua falta, deveria ser responsabilizado, não o beneficia" (2ª T. – HC nº 56.260/RJ – rel. Min. Cordeiro Guerra, *Diário da Justiça*, Seção I, 11 set. 1978). Cf., ainda, sobre vedação ao anonimato: STJ – 6ª T. – RMS nº 4.435-0/MT – rel. Min. Adhemar Maciel – *Ementário STJ* 14/539.

Delação anônima e possibilidade excepcional de adoção de medidas para apuração da idoneidade das informações: Conforme afirmou o Ministro Celso de Mello, em completo e fundamentado estudo, "vê-se, portanto, não obstante o caráter apócrifo da delação ora questionada, que, tratando-se de revelação de fatos revestidos de aparente ilicitude penal, existia, efetivamente, a possibilidade de o Estado adotar medidas destinadas a esclarecer, em sumária e prévia apuração, a idoneidade das alegações que lhe foram transmitidas, desde que verossímeis, em atendimento ao dever estatal de fazer prevalecer – consideradas razões de interesse público – a observância do postulado jurídico da legalidade, que impõe, à autoridade pública, a obrigação de apurar a verdade real em torno da materialidade e autoria de eventos supostamente delituosos" (Trecho do voto – STF – Inq. 1957/PR, rel. Min. Carlos Velloso – *Informativo STF* nº 393, p. 3).

5.13 Indenização por dano material, moral ou à imagem

A Constituição Federal prevê o direito de indenização por dano material, moral e à imagem, consagrando ao ofendido a total reparabilidade em virtude dos prejuízos sofridos. A norma pretende a reparabilidade da ordem jurídica lesada, seja através de reparação econômica, seja através de outros meios, por exemplo, o direito de resposta.

O art. 5º, V, não permite qualquer dúvida sobre a obrigatoriedade da indenização por dano moral e a cumulatividade dessa com a indenização por danos materiais (Súmula STJ nº 37; *Ementário STJ* 01/293; JTS/SP – *Lex* 146/253; TRF/2ª – 3ª T. – Região – AC nº 90.02.17913/RJ – rel. Juiz França Neto, *Diário da Justiça*, Seção II, 10 mar. 1994, p. 8961), pois o próprio art. 159 do Código Civil, em consonância com a Carta Magna, abriga em toda sua amplitude também o dano moral (*JTJ/SP-Lex* 177/244).

Como ensina Rui Stocco, "pacificado, hoje, o entendimento de que o dano moral é indenizável e afastadas as restrições, o preconceito e a má vontade que a doutrina pátria e alienígena impunham à tese, com o advento da nova ordem constitucional (CF/88), nenhum óbice se pode, *a priori*, antepor à indenizabilidade cumulada" (*Responsabilidade civil e sua interpretação jurisprudencial*. São Paulo: Revista dos Tribunais, 1995. p. 444).

Limongi França (Reparação do dano moral. RT 631/29) nos traz o conceito de dano moral, afirmando ser *aquele que, direta ou indiretamente, a pessoa física ou jurídica, bem assim a coletividade, sofre no aspecto não econômico dos seus bens jurídicos.*

Ressalte-se, portanto, que a indenização por danos morais terá cabimento seja em relação à pessoa física, seja em relação à pessoa jurídica e até mesmo em relação às coletividades (interesses difusos ou coletivos); mesmo porque, como já estudado anteriormente, são todos titulares dos direitos e garantias fundamentais desde que compatíveis com suas características de *pessoas artificiais*.

Cf. viabilidade de indenização por dano moral a pessoa jurídica: Nesse sentido, Súmula 227 do Superior Tribunal de Justiça: "A pessoa jurídica pode sofrer dano moral." **Nesse sentido:** FRANÇA, R. Limongi. Reparação do dano moral. *RT* 631/29; MORAES, Walter. Se é viável indenização por dano moral a pessoa jurídica. *Repertório IOB de Jurisprudência* nº 19/91, p. 415.

Compatibilidade da proteção à intimidade, vida privada, honra e imagem e o direito a danos morais: STF – "Não ofende o inciso X do art. 5º da CF/88 ('são invioláveis a intimidade, a vida privada, a honra e a imagem das pessoas, assegurado o direito a indenização pelo dano material ou moral decorrente de sua violação;') o reconhecimento, à pessoa jurídica, do direito à indenização por danos morais, em razão de fato considerado ofensivo à sua honra" (STF – 2ª T. – AG (AgRg) 244.072/SP – Rel. Min. Néri da Silveira, *Informativo STF* de 10 abr. 2002, nº 262, p. 2).

Exclusividade da indenização por danos morais: O Supremo Tribunal Federal entendeu pela viabilidade da indenização pelo dano puramente moral (STF – 1ª T. – RExtr. nº 105.157/SP – rel. Min. Octávio Gallotti, *Diário da Justiça*, Seção I, 18 out. 1983, p. 18.459). No mesmo sentido: STJ – "Dano moral puro Caracterização. Sobrevindo, em razão de ato ilícito, perturbação nas relações psíquicas, na tranquilidade, nos sentimentos e nos afetos de uma pessoa, configura-se o dano moral, passível de indenização" (4ª T. – REsp nº 8.768-0/SP. Reg. nº 910003774-5 – rel. Min. Barros Monteiro – *Ementário STJ*, 05/122). No mesmo sentido: REsp nº 20.369-0 – RJ. rel. Min. Nilson Novaes. 3ª T. Unânime. *DJ* 23-11-92 – *Ementário STJ*, 07/166; REsp nº 28.104-4 – SP. rel. Min. Dias Trindade. 3ª Turma. Unânime. *DJ* 23-11-92 – *Ementário STJ*, 07/580.

Liberdade de imprensa e possibilidade de danos morais em face de exageros: STF – "Noutros termos, primeiramente, assegura-se o gozo dos 'sobredireitos' de personalidade em que se traduz a 'livre' e 'plena' manifestação do pensamento, da criação e da informação. Somente depois é que se passa a cobrar do titular de tais situações jurídicas ativas um eventual desrespeito a direitos constitucionais alheios, ainda que também densificadores da personalidade humana (...) Com o que a Lei Fundamental do Brasil veicula o mais democrático e civilizado regime da livre e plena circulação das ideias e opiniões, assim como das notícias e informações, mas sem deixar de prescrever o direito de resposta e todo um regime de responsabilidades civis, penais e administrativas (...) A relação de proporcionalidade entre o dano moral ou material sofrido por alguém e a indenização que lhe caiba receber (quanto maior o dano maior a indenização) opera é no âmbito interno da potencialidade da ofensa e da concreta situação do ofendido" (STF – Pleno – ADPF 130 – Rel. Min. Ayres Britto, decisão: 30-4-2009).

Impossibilidade de restrição prévia à análise do dano moral: STF – "Toda limitação, prévia e abstrata, ao valor de indenização por dano moral, objeto de juízo de equidade, é incompatível com o alcance da indenizabilidade irrestrita assegurada pela atual Constituição da República. Por isso já não vige o artigo 52 da Lei de Imprensa, o qual não foi recebido pelo ordenamento jurídico vigente" (STF – 2ª T. – RE 447.584 – Rel. Min. Cezar Peluso, decisão: 28-11-2006).

Direito de informar e direito à imagem – danos morais: STJ – "O direito de informar deve ser analisado com a proteção dada ao direito de imagem. O Min. Relator, com base na doutrina, consignou que, para verificação da gravidade do dano sofrido pela pessoa cuja imagem é utilizada sem autorização prévia, devem ser analisados: (i) o grau de consciência do retratado em relação à possibilidade de captação da sua imagem no contexto da imagem do qual foi extraída; (ii) o grau de identificação do retratado na imagem veiculada; (iii) a amplitude da exposição do retratado; e (iv) a natureza e o grau de repercussão do meio pelo qual se dá a divulgação. De outra parte, o direito de informar deve ser garantido, observando os seguintes parâmetros: (i) o grau de utilidade para o público do fato informado por meio da imagem; (ii) o grau de atualidade da imagem; (iii) o grau de necessidade da veiculação da imagem para informar o fato; e (iv) o grau de preservação do contexto originário do qual a imagem foi colhida. No caso analisado, emissora de TV captou imagens, sem autorização, de funcionário de empresa de assistência técnica durante visita para realização de orçamento para conserto de uma televisão que, segundo a emissora de TV, estava apenas com um fusível queimado. O orçamento realizado englobou outros serviços, além da troca do fusível. A imagem do funcionário foi bem focalizada, permitindo sua individualização, bem como da empresa em que trabalhava. Não houve oportunidade de contraditório para que o envolvido pudesse provar que o aparelho tinha outros defeitos, além daquele informado pela rede de TV. Assim, restou configurado dano moral por utilização indevida da imagem do funcionário. Noutro aspecto analisado, o Min. Relator destacou a pacífica jurisprudência do STJ que possibilita a revisão do montante devido a título de dano moral, quando o valor for exorbitante ou irrisório, observados os princípios da proporcionalidade e da razoabilidade. Nesse contexto, a Turma entendeu desproporcional a fixação da verba indenizatória em R$ 100 mil, reduzindo-a a R$ 30 mil. Precedentes citados: REsp 267.529-RJ, *DJ* de 18-12-2000; REsp 1.219.197-RS, *DJe* de 17-10-2011; REsp 1.005.278-SE, *DJe* de 11-11-2010; REsp 569.812-SC, DJ de 1º-8-2005" (STJ – 4ª T. – REsp 794.586-RJ, **Rel. Min. Raul Araújo, julgado em 15-3-2012**).

Razoabilidade e proporcionalidade na fixação de danos morais: STJ – "De acordo com a jurisprudência pacífica do STJ, a fixação do valor de indenização por danos morais só pode ser revisada pelo tribunal se o montante for irrisório ou exagerado, em flagrante inobservância dos princípios da razoabilidade e da proporcionalidade. No caso, um parlamentar foi alvo de críticas sarcásticas em matéria publicada em revista de circulação nacional. Considerando-se que o ofendido era membro de uma das casas do Congresso Nacional, portanto pessoa exposta a abordagens críticas mais ácidas, a Turma entendeu que a reportagem não se afastou muito dos limites tolerados em qualquer democracia. Dessa forma, entendeu-se razoável a fixação por dano moral em R$ 5 mil. Precedentes citados: AgRg no REsp 971.113-SP, *DJe* 8-3-2010; AgRg no REsp 675.950-SC, *DJe* 3-11-2008, e REsp 1.082.878-RJ, *DJe* 18-11-2008" (STJ – 4ª T. – REsp 685.933-DF, Rel. Min. Raul Araújo, julgado em 15-3-2012).

Indenização por dano moral decorrente de acidente de trabalho: A partir da EC nº 45/04 (*"por questões de política judiciária"*), as ações de indenização, inclusive por dano moral, com base em acidente do trabalho, propostas por empregado contra empregador, são da competência da justiça do trabalho, pois, conforme entendeu o Supremo Tribunal Federal, "o direito à indenização em caso de acidente de trabalho, quando o empregador incorrer em dolo ou culpa, está enumerado no art. 7º da CF como autêntico direito trabalhista, cuja tutela, deve ser, por isso, da justiça especial" (STF – Pleno – CC 7204/ MG, rel. Min. Carlos Britto, decisão: 29-6-2005 – *Informativo STF* nº 394, p. 1). **Ressalte-se que esse novo posicionamento do STF alterou decisão anterior em que o Tribunal havia decidido** "pela manutenção, na espécie, de precedentes da Corte no sentido da competência da Justiça

Comum estadual para o julgamento das causas relativas a indenizações por acidente do trabalho, por força do disposto no inciso I do art. 109 da CF, não obstante o advento da EC 45/2004 que, ao dar nova redação ao art. 114 da CF, dispôs expressamente competir à Justiça do Trabalho processar e julgar as ações de indenização por dano moral ou patrimonial decorrentes da relação de trabalho (CF, art. 114, VI)" (STF – 1ª T. – RExt. 394943/SP – rel. orig. Min. Carlos Britto – rel. p/ acórdão Min. Eros Grau – *Informativo STF* nº 375, p. 2).

Superior Tribunal de Justiça, Súmula nº 37: "São cumuláveis as indenizações por dano material e dano moral oriundos do mesmo fato" (cf. tb. *RSTJ* nºs 23/260, 27/268 e 289, 33/526, 542 e 599, 34/445, 50/305, 57/286; *JTJ* 146/253, 152/88; *RT* 586/210, 683/188, 700/213, 703/57).

Sobre a possibilidade de cumulação de indenização por dano moral e material: conferir na doutrina – MESSINEO, Francesco. *Manuale di diritto civile e commerciale*. Milão: Milano, 1958. 5 v. p. 643; NERY JR, Nelson e NERY, Rosa Maria Andrade. *Código...* Op. cit. p. 1208.

Finalidade da indenização por dano moral: STJ – "São invioláveis a honra e a imagem das pessoas, assegurado o direito à indenização pelo dano material ou moral consequente da sua violação. Não se paga a dor, tendo a prestação pecuniária função meramente satisfatória. Assim como o detrimento de bens materiais ocasiona prejuízo patrimonial, a agressão aos bens imateriais configura prejuízo moral" (2ª T. – REsp nº 37.374-3/MG – rel. Min. Hélio Mosimann. *Ementário STJ*, 11/162).

Imprensa e dano moral: STJ – "É indenizável o dano moral decorrente de noticiário veiculado pela imprensa, considerado ofensivo à honra do autor (art. 49, inciso I, da Lei nº 5.250, de 9-2-67)" (4ª T. – REsp nº 2.187 – RJ. Reg. nº 901376-3 – rel. Min. Barros Monteiro – *Ementário STJ*, 04/160). No mesmo sentido: REsp nº 15.672-0 – PR. Reg. nº 91211869. rel. Min. Dias Trindade. 3ª T. Unânime. *DJ* 24-2-92.

Dano moral e sucessores: STJ – "O direito de ação por dano moral é de natureza patrimonial e, como tal, transmite-se aos sucessores da vítima" (2ª T. – REsp nº 11.735-0/PR – rel. Min. Antônio de Pádua Ribeiro – *Ementário STJ*, 09/252).

Dano moral e danos estéticos: STF – "Não afronta o princípio da legalidade a reparação de lesões deformantes a título de dano moral (art. 1.538, § 1º, do Código Civil)" (2ª T. – RExtr. nº 116.447/DF – rel. Min. Célio Borja – *RTJ* 141/611). *STJ* – "A indenização relativa ao dano moral abrangerá a pertinente ao dano estético, ressalvadas eventuais repercussões econômicas. Juros – Ilícito extracontratual – Súmula nº 54" (3ª T. – REsp nº 41.492-0/RJ – rel. Min. Eduardo Ribeiro – *Ementário STJ*, 10/157). Cf., ainda: STJ – 2ª T. – REsp nº 34.867-9/SP – rel. Min. Peçanha Martins – *Ementário STJ*, 12/628; STJ – 4ª T. – REsp nº 22.028-6/RJ – rel. Min. Barros Monteiro – *Ementário STJ*, 13/175.

5.14 Direito de resposta ou de réplica

A consagração constitucional do direito de resposta proporcional ao agravo é instrumento democrático moderno previsto em vários ordenamentos jurídico-constitucionais, e visa proteger a pessoa de imputações ofensivas e prejudiciais a sua dignidade humana e sua honra.

A abrangência desse direito fundamental é ampla, aplicando-se em relação a todas as ofensas, configurem ou não infrações penais. Nesse sentido, lembremo-nos da lição de Rafael Bielsa (*Compendio de derecho público*. Buenos Aires: Depalma, 1952. p. 150), para quem existem fatos que mesmo sem configurarem crimes acabam por afetar a reputação alheia, a honra ou o bom nome da pessoa, além de também vulnerarem a verdade, cuja divulgação é de interesse geral. O cometimento desses fatos pela imprensa deve possibilitar ao prejudicado instrumentos que permitam o restabelecimento da verdade, de sua reputação e de sua honra, através do exercício do chamado *direito de réplica ou de resposta*, regulamentado pelo Congresso Nacional, nos termos da Lei nº 13.188/15.

O exercício do direito de resposta se negado pelo autor das ofensas deverá ser tutelado pelo Poder Judiciário, garantindo-se o mesmo destaque à notícia que o originou. Anote-se que o ofendido poderá desde logo socorrer-se ao Judiciário para a obtenção de seu direito de resposta constitucionalmente garantido, não necessitando, se não lhe aprouver, tentar entrar em acordo com o ofensor (STF – 2ª T – RExtr. nº 64.333/PR – rel. Min. Aliomar Baleeiro, *Diário da Justiça*, Seção I, 27 dez. 1968).

A Constituição Federal estabelece como requisito para o exercício do *direito de resposta ou réplica* a proporcionalidade, ou seja, o desagravo deverá ter o mesmo destaque, a mesma duração (no caso de rádio e televisão), o mesmo tamanho (no caso de imprensa escrita), que a notícia que gerou a relação conflituosa. A responsabilidade pela divulgação do *direito de resposta* é da direção do órgão de comunicação, e não daquele que proferiu as ofensas (STF – 2ª T. – Agravo de instrumento nº 33951 – rel. Min. Hermes Lima, *Diário da Justiça*, Seção I, 5 ago. 1965).

Ressalte-se que o conteúdo do exercício do *direito de resposta* não poderá acobertar atividades ilícitas, ou seja, ser utilizado para que o *ofendido* passe a ser o *ofensor*, proferindo, ao invés de seu desagravo, manifestação caluniosa, difamante, injuriosa.

Direito de resposta – Imprensa – Empresa jornalística: STF – "(...) O pedido judicial de direito de resposta previsto na lei de imprensa deve ter no polo passivo a empresa de informação ou divulgação, a quem compete cumprir a decisão judicial no sentido de satisfazer o referido direito, citado o responsável nos termos do § 3º do art. 32 da Lei 5.250/1967, sendo parte ilegítima o jornalista ou o radialista envolvido no fato" (STF – Pet. 3.645, Rel. Min. Menezes Direito, julgamento em 20-2-2008, Plenário, *DJE* de 2-5-2008.)

Propaganda eleitoral gratuita e direito de resposta: STF – "Direito de resposta ao que fora dito em programa de propaganda eleitoral gratuita. Se as acusações que se procura rebater foram formuladas no horário de propaganda eleitoral gratuita, o pleiteado direito de resposta deve ser processado e julgado pela justiça eleitoral e não pela justiça comum do Estado" (Pleno – Conflito de jurisdição nº 6.696/RJ – rel. Min. Aldir Passarinho, *Diário da Justiça*, Seção I, 26 ago. 1988, p. 21034).

Direito de resposta de publicação oficial e obrigatória de conclusão de sindicância administrativa: INEXISTÊNCIA – STF – 1ª T. – Agravo de instrumento nº 37.854/SP – rel. Min. Victor Nunes, *Diário da Justiça*, Seção I, 3 ago. 1966.

Direito de resposta e prescrição: STF – "O *habeas corpus* não é meio hábil a questionar-se prescrição de ação que implicou o acolhimento de direito de resposta" (2ª T. – HC nº 72.065/RJ – rel. Min. Marco Aurélio, *Diário da Justiça*, Seção I, 24 mar. 1995, p. 6806).

> *VI – é inviolável a liberdade de consciência e de crença, sendo assegurado o livre exercício dos cultos religiosos e garantida, na forma da lei, a proteção aos locais de culto e a suas liturgias;*
>
> *VIII – ninguém será privado de direitos por motivo de crença religiosa ou de convicção filosófica ou política, salvo se as invocar para eximir-se de obrigação legal a todos imposta e recusar-se a cumprir prestação alternativa, fixada em lei.*

5.15 Escusa de consciência

A Constituição Federal prevê que ninguém será privado de direitos por motivo de crença religiosa ou de convicção filosófica ou política, salvo se as invocar para eximir-se de obrigação legal a todos imposta e recusar-se a cumprir prestação alternativa, fixada em lei, pois a *"liberdade de consciência constitui o núcleo básico de onde derivam as demais liberdades do pensamento. É nela que reside o fundamento de toda a atividade político-partidária, cujo exercício regular não pode gerar restrição aos direitos de seu titular"* (MELLO FILHO, José Celso. *Constituição...* Op. cit. p. 440).

Igualmente, o art. 15, IV, da Carta Federal, prevê que a recusa de cumprir obrigação a todos imposta ou prestação alternativa acarretará a perda dos direitos políticos. Dessa forma, dois são os requisitos para privação de direitos em virtude de crença religiosa ou convicção filosófica ou política: não cumprimento de uma obrigação a todos imposta e descumprimento de prestação alternativa, fixada em lei.

Importante ressaltar que a escusa de consciência se aplica às obrigações de forma genérica, e não somente ao serviço militar obrigatório, como bem lembra Jorge Miranda, ao afirmar que "é garantido o direito à objecção de consciência nos termos da lei (art. 41º, nº 6), e não se confinando a objecção ao serviço militar, pois pode abranger quaisquer adstrições colectivas que contendam com as crenças e convicções" (*Manual de direito constitucional*. 2. ed. Coimbra: Coimbra Editora, 1993. t. 4, p. 366).

A mesma observação é feita por Canotilho e Moreira:

> "O direito de objecção de consciência (nº 6) consiste no direito de não cumprir obrigações ou não praticar actos que conflituem essencialmente

com os ditames da consciência de cada um. É evidente (sobretudo depois da primeira revisão constitucional) que a Constituição não reserva a objecção de consciência apenas para as obrigações militares (cf. art. 276, nº 4), nem somente para os motivos de índole religiosa, podendo portanto invocar-se em relação a outros domínios e fundamentar-se em outras razões de consciência (morais, filosóficas etc.). O direito à objecção de consciência está sob reserva de lei ('... nos termos da lei'), competindo-lhe delimitar o seu âmbito e concretizar o modo do seu exercício" (*Constituição da República Portuguesa anotada*. 3. ed. Coimbra: Coimbra Editora, 1993. p. 245).

Conferir Lei 13.796/2019: fixa, em virtude de escusa de consciência, prestações alternativas à aplicação de provas e à frequência a aulas realizadas em dia de guarda religiosa.

Escusa de consciência, liberdade religiosa e princípio da igualdade: TRF/1ª Região – "estabelecer, em nome da escusa de consciência, um horário diferente para que adventistas realizem provas de vestibular, resguardando obrigações de seu culto, importa ao Estado – que é leigo e separado da religião – fazer discriminação favorecedora daqueles que professem determinada fé, o que é proibido pela Constituição" (2ª T. – REO 0101978/GO – rel. Juiz Hércules Quasimodo, *Diário da Justiça*, Seção II, 17 dez. 1990, p. 30767).

5.16 Liberdade religiosa e Estado laico ou leigo

A conquista constitucional da liberdade religiosa é verdadeira consagração de maturidade de um povo, pois como salientado por Themistocles Brandão Cavalcanti, é ela verdadeiro desdobramento da liberdade de pensamento e manifestação (*Princípios gerais de direito público*. 3. ed. Rio de Janeiro: Borsoi, 1966. p. 253).

A abrangência do preceito constitucional é ampla, pois sendo a religião o complexo de princípios que dirigem os pensamentos, ações e adoração do homem para com Deus, acaba por compreender a crença, o dogma, a moral, a liturgia e o culto. O constrangimento à pessoa humana, de forma a constrangê-lo a renunciar sua fé, representa o desrespeito à diversidade democrática de ideias, filosofias e a própria diversidade espiritual.

A plena liberdade religiosa, respeito pelas diversas religiões ou seitas, o fim de *guerras santas* e *atos de terrorismo religiosos* ainda não transmudou se de uma garantia formalmente prevista pelas diversas constituições para uma *verdade universal*. Essa necessidade foi tratada na obra maior de Thomas More quando narrou as religiões no estado-imaginário de *Utopia*:

"As religiões, na Utopia, variam não unicamente de uma província para outra, mas ainda dentro dos muros de cada cidade, estes adoram o Sol, aqueles divinizam a Lua ou outro qualquer planeta. Alguns veneram como Deus supremo um homem cuja glória e virtude brilharam outrora de um vivo fulgor... De resto, apesar da diversidade de suas crenças, todos os utopianos concordam numa coisa: que existe um ser supremo, ao mesmo tempo, Criador e Providência... Os utopianos incluem no número de suas mais antigas instituições a que proíbe prejudicar uma pessoa por sua religião" (*Utopia*. Bauru: Edipro, 1994. p. 139-143).

Importante salientar, como faz Leda Boechat Rodrigues, em sede de liberdade religiosa a decisão histórica da Suprema Corte Americana, no caso "West Virginia State Board of Eduction v. Barnette, 319, U.S. 624 (1943)", onde, provocada por adeptos da seita "Testemunhas de Jeová", foi declarada a inconstitucionalidade de lei estadual que exigia a saudação compulsória à bandeira sob pena de expulsão do colégio. Os requerentes alegavam que, por motivos de convicção religiosa, era-lhes vedado esse gesto, pois contrariava a proibição bíblica de adoração a imagens gravadas. O Tribunal, alterando posicionamento anterior (Minersville School District v. Gobitis, 310. U.S. 586 – 1940), reconheceu a ampla liberdade religiosa. Como salientou o relator, Juiz Jackson,

"Quem começa a eliminar coercitivamente as discordâncias logo a seguir está exterminando os que discordam. A unificação compulsória de opiniões só consegue a unanimidade do túmulo... O caso atual torna-se difícil não porque os princípios de sua decisão sejam obscuros, mas porque a bandeira em questão é a nossa. Aplicamos, porém, as limitações da Constituição sem recear desintegre a liberdade de ser diferente, intelectual e espiritualmente, ou até heterodoxo, nossa organização social. Acreditar que o patriotismo não florescerá se as cerimônias patrióticas forem voluntárias e espontâneas, em vez de uma rotina compulsória, é avaliar pobremente a sedução exercida sobre os espíritos livres pelas nossas instituições... Se há alguma estrela fixa em nossa constelação constitucional, é a de que nenhum funcionário, de alta ou baixa categoria, pode prescrever o que será ortodoxo em política, nacionalismo, religião ou outras questões de opinião, ou forçar cidadãos a confessar, por palavras ou atos, sua fé nos mesmos... A ação das autoridades locais obrigando à saudação da bandeira transcende, a nosso ver, as limitações constitucionais ao seu poder e invade a esfera da inteligência e espírito, que a Primeira Emenda à nossa Constituição quis preservar do controle oficial" (*A corte suprema e o direito constitucional americano*. Rio de Janeiro: Forense, 1958. p. 261).

Relembre-se de que a primeira emenda à Constituição norte-americana assegura, em síntese, a liberdade de culto, de expressão e de imprensa, afirmando que o Congresso não legislará no sentido de estabelecer uma religião, ou proibindo o livre exercício dos cultos; ou cerceando a liberdade de palavra, ou de imprensa, ou o direito do povo de se reunir pacificamente, e de dirigir ao Governo petições para a reparação de seus agravos. A interpretação da Carta Magna brasileira deve ser a mesma, pois ao consagrar a inviolabilidade de crença religiosa, assegura proteção, respectivamente, ao *local do culto* e suas *liturgias* (STJ – 6ª T. – HC nº

1.498/RJ – rel. Min. Luiz Vicente Cernicchiaro, *Diário da Justiça*, Seção I, 16 ago. 1993, p. 15994).

Salienta Canotilho que a quebra de unidade religiosa da cristandade deu origem à aparição de minorias religiosas que defendiam o direito de cada um à *verdadeira fé*, concluindo que

> "esta defesa da liberdade religiosa postulava, pelo menos, a ideia de tolerância religiosa e a proibição do Estado em impor ao foro íntimo do crente uma religião oficial. Por este facto, alguns autores, como G. Jellinek, vão mesmo ao ponto de ver na luta pela liberdade de religião a verdadeira origem dos direitos fundamentais. Parece, porém, que se tratava mais da ideia de tolerância religiosa para credos diferentes do que propriamente da concepção da liberdade de religião e crença, como direito inalienável do homem, tal como veio a ser proclamado nos modernos documentos constitucionais" (*Direito...* Op. cit. p. 503).

Ressalte-se que a liberdade de convicção religiosa abrange inclusive o direito de não acreditar ou professar nenhuma fé, devendo o Estado respeito ao ateísmo.

Liberdade religiosa e Estado Laico: STF – "A laicidade estatal revelar-se-ia princípio que atuaria de modo dúplice: a um só tempo, salvaguardaria as diversas confissões religiosas do risco de intervenção abusiva estatal nas respectivas questões internas e protegeria o Estado de influências indevidas provenientes de dogmas, de modo a afastar a prejudicial confusão entre o poder secular e democrático e qualquer doutrina de fé, inclusive majoritária. Ressaltou que as garantias do Estado secular e da liberdade de culto representariam que as religiões não guiariam o tratamento estatal dispensado a outros direitos fundamentais, tais como os direitos à autodeterminação, à saúde física e mental, à privacidade, à liberdade de expressão, à liberdade de orientação sexual e à liberdade no campo da reprodução" (STF – Pleno – ADPF 54/DF, Rel. Min. Marco Aurélio, decisão: 11 e 12-4-2012, *Informativo STF* nº 661).

Estado Confessional: A Constituição de 25-3-1824 previa em seu art. 5º que a "Religião Catholica Apostolica Romana continuará a ser a Religião do Império. Todas as outras Religiões serão permitidas com seu culto doméstico, ou particular em casas para isso destinadas, sem forma alguma exterior de Templo".

Sobre a relação entre o Estado e a Igreja Católica: conferir FINOCCHIARO Francesco, Il fenomeno religioso. I rapporti tra Stato e Chiesa cattolica. I culti non cattolici. *Manuale di diritto pubblico*. Bolonha: Il Molino, 1994. p. 943-964.

Princípio da neutralidade do Estado: Provas do ENEM e dia compatível com o exercício da fé: STF – "O Tribunal desproveu agravo regimental interposto contra decisão que suspendera decisão de Desembargador do TRF da 3ª Região que, nos autos de agravo de instrumento, deferira pedido de antecipação de tutela recursal, com a consequente determinação de que fosse oportunizada a autores de ação ordinária – alunos secundaristas que professam a fé judaica – a participação no Exame Nacional do Ensino Médio – ENEM em dia compatível com exercício da fé por eles professada, a ser fixado pelas autoridades responsáveis pela realização das provas, observando-se o mesmo grau de dificuldade das provas realizadas por todos os demais estudantes. Manteve-se o fundamento da decisão impugnada no sentido de que a designação de dia alternativo para a realização das provas colocaria em risco a ordem pública, compreendida em termos de ordem jurídico-administrativa. Asseverou-se não haver dúvida de que o direito fundamental à liberdade religiosa impõe ao Estado o dever de neutralidade em face do fenômeno religioso, e que é proibida toda e qualquer atividade do ente público que privilegie certa confissão religiosa em prejuízo das demais. Aduziu-se que, não obstante, o dever de neutralidade por parte do Estado não pode ser confundido com a ideia de indiferença estatal, sendo necessário que o Estado, em determinadas situações, adote comportamentos positivos, a fim de evitar barreiras ou sobrecargas que venham a inviabilizar ou dificultar algumas opções em matéria de fé. Ressaltou-se não ser inconstitucional, dessa forma, que o Estado venha a se relacionar com as confissões religiosas, tendo em vista, inclusive, os benefícios sociais que elas são capazes de gerar, não se admitindo, entretanto, que assuma certa concepção religiosa como a oficial ou a correta, que beneficie um grupo religioso ou lhe conceda privilégios em detrimento de outros. Portanto, dever-se-ia promover a livre competição no "mercado de ideias religiosas". Ressaltou-se que tais ações positivas apenas são legítimas se preordenadas à manutenção do livre fluxo de ideias religiosas e se comprovadamente não houver outro meio menos gravoso de se alcançar esse desiderato, devendo-se ter o cuidado de que a medida adotada estimule a igualdade de oportunidades entre as confissões religiosas e não, ao contrário, seja fonte de privilégios e favorecimentos. Afirmou-se que a designação de dia alternativo para a realização das provas do ENEM pelo grupo religioso em questão, apesar de poder ser, em princípio, considerada uma medida de "acomodação", apta a afastar as mencionadas sobrecargas indesejáveis, não estaria em consonância com o princípio da isonomia, convolando-se em privilégio para esse grupo. Observou-se, no ponto, que o Ministério da Educação oferta aos candidatos que, em virtude de opções religiosas não podem fazer as provas durante o dia de sábado, a possibilidade de fazê-las após o pôr do sol, medida que já vem sendo aplicada, há algum tempo, em relação aos adventistas do sétimo dia, grupo religioso que também possui como "dia de guarda" o sábado. Não obstante, salientando não se estar insensível ao argumento de que medida adotada pelo MEC poderia prejudicar os candidatos praticantes da citada profissão religiosa – os quais teriam de ser confinados, para apenas ao fim do dia iniciar as suas provas –, considerou-se que tal medida revelar-se-ia, diante dos problemas decorrentes da designação de dia alternativo, mais condizente com o dever do Estado de neutralidade em face do fenômeno religioso e com a necessidade de se tratar todas as denominações religiosas de forma isonômica. Registrou-se, por fim, não se cuidar de posicionamento definitivo desta Corte sobre a matéria, haja vista a existência de duas ações diretas de inconstitucionalidade pendentes de julgamento, nas quais será possível se aprofundar sobre o tema, de modo a definir, com maior acuidade, o âmbito de proteção e o alcance do direito fundamental à liberdade religiosa (CF, art. 5º, VIII). Vencido o Min. Marco Aurélio, que dava provimento ao recurso, restabelecendo a decisão do TRF da 3ª Região que determinara fosse observada a cláusula final do inciso VIII do art. 5º da CF, a revelar que se deveria sempre sinalizar com uma prestação alternativa, no caso, a designação do exame para um dia útil. (STF – Pleno – STA 389 AgR/DF, rel. Min. Gilmar Mendes, 3-12-2009. *Informativo STF* nº 570).

Liberdade religiosa e ressocialização do sentenciado: STF – "Suspensão condicional da pena. Suas condições. Caso em que se proibiu o beneficiário de frequentar, auxiliar ou desenvolver cultos religiosos que forem celebrados em residências ou em locais que não sejam especificamente destinados ao culto. Trata-se de condição que é contrária ao princípio inscrito no parágrafo 5º, do art. 153, da Constituição, sobre a *liberdade religiosa*. A Justiça deve estimular no criminoso, notadamente o primário e recuperável, a prática da religião, por causa do seu conteúdo pedagógico, nada importando o local" (1ª T. – RExtr. nº 92.916/PR – rel. Min. Antonio Neder – *RTJ* 100/329).

Expropriação de imóvel destinado a templo religioso: Possibilidade – STF – Pleno – MS nº 21014/DF – rel. Min. Sydney Sanches, *Diário da Justiça*, Seção I, 11 out. 1991, p. 14248 – *RTJ* 137/166.

5.17 Escusa de consciência e serviço militar obrigatório

O art. 143 da Lei Magna prevê que o serviço militar é obrigatório nos termos da lei (Lei nº 4.375, de 17-8-1964, regulamentada pelo Decreto nº 57.654, de 20-1-1966), competindo às Forças Armadas, na forma da lei, atribuir serviços alternativos aos que, em tempo de paz, após alistados, alegarem imperativo de consciência, entendendo-se como tal o decorrente de crença religiosa e de convicção filosófica ou política, para se eximirem de atividades de caráter essencialmente militar. A Lei nº 8.239, de 4-10-1991, regulamentando o art. 143, §§ 1º e 2º, da Constituição Federal, dispõe sobre a prestação de serviço alternativo ao serviço militar obrigatório. Assim, ao Estado-Maior das Forças Armadas compete, na forma da lei e em coordenação com os Ministérios Militares, atribuir serviços alternativos aos que, em tempo de paz, após alistados, alegarem imperativo de consciência decorrente de crença religiosa ou de convicção filosófica ou política, para se eximirem de atividades de caráter essencialmente militar. Entende-se por "serviço militar alternativo o exercício de atividades de caráter administrativo, assistencial filantrópico ou mesmo produtivo, em substituição às atividades de caráter essencialmente militar". O serviço alternativo será prestado em organizações militares da atividade e em órgãos de formação de reservas das Forças Armadas ou em órgãos subordinados aos Ministérios civis, mediante convênios entre estes e os Ministérios Militares, desde que haja interesse recíproco e, também, que sejam atendidas as aptidões do convocado. Ao final do período de atividades previsto, será conferido certificado de prestação alternativa ao serviço militar obrigatório, com os mesmos efeitos jurídicos do certificado de reservista. A recusa ou cumprimento incompleto do serviço alternativo, sob qualquer pretexto, por motivo de responsabilidade pessoal do convocado, implicará o não fornecimento do certificado correspondente, pelo prazo de dois anos após o vencimento do período estabelecido. Findo o prazo previsto no parágrafo anterior, o certificado só será emitido após a decretação, pela autoridade competente, da suspensão dos direitos políticos do inadimplente, que poderá, a qualquer tempo, regularizar sua situação mediante cumprimento das obrigações devidas. A citada lei foi regulamentada pela Portaria nº 2.681 – COSEMI, de 28-7-1992, aprovando o Regulamento da Lei de Prestação do Serviço Alternativo ao Serviço Militar Obrigatório.

5.18 Vedações constitucionais de natureza federativa

A Constituição estabelece ser vedado à União, aos Estados, ao Distrito Federal e aos Municípios (CF, art. 19) *estabelecer cultos religiosos ou igrejas, subvencioná-los, embaraçar-lhes o funcionamento ou manter com eles ou seus representantes relações de dependência ou aliança, ressalvada, na forma da lei, a colaboração de interesse público*. A República Federativa do Brasil é leiga ou laica, uma vez que há separação total entre Estado e Igreja, inexistindo religião oficial. Observe-se, porém, que o fato de ser uma Federação-leiga, não a confunde com os Estados-ateus, pois o Brasil, expressamente, afirma acreditar em Deus, quando no preâmbulo constitucional declara:

> "Nós, representantes do povo brasileiro, reunidos em Assembleia Nacional Constituinte para instituir um Estado democrático, destinado a assegurar o exercício dos direitos sociais e individuais, a liberdade, a segurança, o bem-estar, o desenvolvimento, a igualdade e a justiça como valores supremos de uma sociedade fraterna, pluralista e sem preconceitos, fundada na harmonia social e comprometida, na ordem interna e internacional, com a solução pacífica das controvérsias, promulgamos, *sob a proteção de Deus*, a seguinte CONSTITUIÇÃO DA REPÚBLICA FEDERATIVA DO BRASIL."

Surge como verdadeiro corolário desse princípio a vedação constitucional de instituição de impostos por parte da União, Estados, Distrito Federal e Municípios, sobre templos de qualquer culto (CF, art. 150, VI, *b*).

Laicidade do Estado e vedação federativa. Inconstitucionalidade de norma constitucional estadual que dispensa, genericamente, a exigência municipal de alvará ou licenciamento para o funcionamento de templos religiosos: STF – "Constitucional. Administrativo e urbanístico. Federalismo e respeito às regras de distribuição de competência. Emenda 44/2000 à Constituição do Estado de Minas Gerais. Dispensa de exigência de alvará ou licenciamento para o funcionamentos de templos religiosos. Proibição de limitações de caráter geográfico à instalação de templos. Competência concorrente para legislar sobre política urbana, ordenamento e ocupação do solo. Lei Federal 10.257/2001 e diretrizes gerais da política urbana. Atribuição dos poderes públicos municipais. Autonomia municipal. Poder de polícia e reserva de administração. Procedência da ação direta. (...) 4. A norma impugnada, constante da Constituição Estadual, pretendeu restringir o alcance de instrumentos de ordenamento urbano a cargo dos Municípios, desequilibrando a divisão de competências estabelecida no texto constitucional em prejuízo da autonomia municipal e em contrariedade ao regramento geral editado pela União. 5. A verificação de requisitos para a concessão de alvarás e licenciamentos insere-se no Poder de Polícia, cujo exercício é atividade administrativa de competência do Poder Executivo e, portanto, submetida à reserva de administração (art. 2º, c/c art. 61, § 1º, II, e art. 84, II e VI, 'a', da CF" (Pleno – ADI 5696/MG – rel. Min. Alexandre de Moraes, SV de 25-10 a 24-11-2019).

Liberdade religiosa e imunidade tributária 1: STF – "1. A imunidade de templos não afasta a incidência de tributos sobre operações em que as entidades imunes figurem como contribuintes de fato. Precedentes. 2. A norma estadual, ao pretender ampliar o alcance da imunidade prevista na Constituição, veiculou benefício fiscal em matéria de ICMS, providência que, embora não viole o art. 155, § 2º, XII, 'g', da CF – à luz do precedente da Corte que afastou a caracterização de guerra fiscal nessa hipótese (ADI 3421, Rel. Min. Marco Aurélio, Tribunal Pleno, julgado em 5-5-2010, *DJ* de 8-5-2010) –, exige a apresentação da estimativa de impacto orçamentário e financeiro no curso do processo legislativo para a sua aprovação" (Pleno – ADI 5.816/RO – Rel. Min. Alexandre de Moraes, SV de 25-10 a 4-11-2019).

Liberdade religiosa e imunidade tributária 2: STF – "A imunidade do art. 19, III, da CF/67 (CF/88, art. 150, VI) diz respeito apenas a impostos. A contribuição e espécie tributária distinta, que não se confunde com o imposto. É o caso da contribuição sindical, instituída no interesse de categoria profissional (CF/67, art. 21, § 2º, I; CF/88, art. 149), assim não abrangida pela imunidade do art. 19, III, CF/67, ou art. 150, VI, CF/88" (2ª T. – RExtr. nº 129.930/SP – rel. Min. Carlos Velloso – *RTJ* 136/846).

5.19 Limitações ao livre exercício do culto religioso

A Constituição Federal assegura o livre exercício do culto religioso, enquanto não forem contrários à ordem, tranquilidade e sossego públicos, bem como compatíveis com os bons costumes (STF – *RTJ* 51/344). Dessa forma, a questão das pregações e curas religiosas devem ser analisadas de forma a não obstaculizar a liberdade religiosa garantida constitucionalmente, nem tampouco acobertar práticas ilícitas (STJ – *RT* 699/376).

Obviamente, assim como as demais liberdades públicas, também a liberdade religiosa não atinge um grau absoluto, não sendo, pois, permitido a qualquer religião ou culto atos atentatórios à lei, sob pena de responsabilização civil e criminal.

Constitucionalidade de legislação que permite o sacrifício de animais em cultos de religiões de matriz africana, segundo suas próprias tradições: STF – "3. A dimensão comunitária da liberdade religiosa é digna de proteção constitucional e não atenta contra o princípio da laicidade. 4. O sentido de laicidade empregado no texto constitucional destina-se a afastar a invocação de motivos religiosos no espaço público como justificativa para a imposição de obrigações. A validade de justificações públicas não é compatível com dogmas religiosos. 5. A proteção específica dos cultos de religiões de matriz africana é compatível com o princípio da igualdade, uma vez que sua estigmatização, fruto de um preconceito estrutural, está a merecer especial atenção do Estado. 6. Tese fixada: 'É constitucional a lei de proteção animal que, a fim de resguardar a liberdade religiosa, permite o sacrifício ritual de animais em cultos de religiões de matriz africana'" (Pleno – RE 494.601/RS – Red. p/acórdão Min. Edson Fachin, j. 28-3-2019).

Utilização de símbolos religiosos: TJ/SP – "Mandado de Segurança – Autoridade coatora – Presidente da Assembleia Legislativa do Estado – Retirada de crucifixo da sala da Presidência da Assembleia, sem aquiescência dos deputados – Alegação de violação ao disposto no art. 5º, inciso VI da Constituição da República – Inadmissibilidade – Hipótese em que a atitude do Presidente da Assembleia é inócua para violentar a garantia constitucional, eis que a aludida sala não é local de culto religioso – Carência decretada. Na hipótese, não ficou demonstrado que a presença ou não de crucifixo na parede seja condição para o exercício de mandato dos deputados ou restrição de qualquer prerrogativa. Ademais, a colocação de enfeite, quadro e outros objetos nas paredes é atribuição da Mesa da Assembleia (art. 14, inciso II, Regulamento Interno), ou seja, de âmbito estritamente administrativo, não ensejando violência a garantia constitucional do art. 5º, inciso VI da Constituição da República" (rel. Rebouças de Carvalho – Mandado de Segurança nº 13.405-0 – São Paulo – 2-10-91).

Limitações à liberdade religiosa: TJ/PR – "O direito constitucional consagrado da liberdade de consciência e exercício pleno da prática religiosa só pode sofrer restrição do Poder Público, caso os cultos, pregações ou cânticos contrariem a ordem, o sossego e a tranquilidade públicas. Demonstrado nos autos que a prática religiosa dos adeptos da apelante, pelo exagero dos gritos e depredações no interior do templo (que não obteve para sua localização, autorização do Poder Público) vem perturbando o repouso e o bem-estar da coletividade, lícito é ao Município proibir tal prática em zona residencial da cidade" (1ª CCível – Apelação Cível nº 24267 – rel. Des. Oto Sponholz – publicado em 8-2-92). No mesmo sentido: TJ/PR – Apelação Cível nº 54.433 – 2ª CCível – rel. Des. Altair Patitucci – decisão: 17-10-94. E, ainda, TJ/SP – "Ato Administrativo – Templo religioso – Igreja Universal do Reino de Deus – Fechamento – Cultos ruidosos, disseminados por aparelhagem de som – Prejuízo ao sossego de vizinhança – Exercício do Poder de Polícia que não afronta a liberdade de culto – Inexistência de afronta ao art. 5º, VI, da Constituição da República/88 – Município que é competente para proibir a prática religiosa quando ela se torna abusiva e antissocial – Inexistência de Decreto-lei Complementar a ser resguardado" (Relator: Andrade Marques – Apelação Cível 146.692-1 – Diadema – 1-10-91). No mesmo sentido: TJ/SP – rel. Andrade Marques – Apelação Cível 152.224-1 – Itatiba – 29-10-91; TJ/SP – 1ª CCivil – AC 125.688-1 – rel. Luiz de Azevedo – decisão: 2-10-90.

Impossibilidade de manutenção de cultos religiosos em área estritamente residencial: *RT*: 606/84; 640/167; 669/188; 676/98.

5.20 Religião e cultura

O ensino religioso poderá, desde que sempre de *matrícula facultativa*, constituir disciplina dos horários normais das escolas públicas de ensino fundamental (CF, art. 210, § 1º). Ressalte-se que essa previsão constitucional deverá adequar-se às demais liberdades públicas, dentre elas a liberdade de culto religioso e a previsão do Brasil como um Estado-laico.

Dessa forma, destaca-se uma *dupla garantia constitucional*. Primeiramente, não se poderá instituir nas escolas públicas o ensino religioso de uma única religião, nem tampouco pretender-se doutrinar os alunos a essa ou àquela fé. A norma constitucional pretende, implicitamente, que o ensino religioso deverá constituir-se em regras gerais sobre religião e princípios básicos da fé. Em segundo lugar, a Constituição garante a liberdade das pessoas em matricularem-se ou não, uma vez que, e conforme já salientado, a plena liberdade religiosa consiste também na *liberdade ao ateísmo*.

Em relação à cultura, a lei disporá sobre a fixação de datas comemorativas, inclusive feriados religiosos, de *alta significação para os diferentes segmentos étnicos nacionais* (CF, art. 215, § 2º).

Estado laico e possibilidade de ensino religioso: "Ensino religioso nas escolas públicas. Conteúdo confessional e matrícula facultativa. Respeito ao binômio *laicidade do estado/liberdade religiosa*. Igualdade de acesso e tratamento a todas as confissões religiosas. Conformidade com art. 210, § 1º, do Texto Constitucional. Constitucionalidade do art. 33, *caput* e §§ 1º e 2º, da Lei de Diretrizes e Bases da Educação Nacional e do Estatuto Jurídico da Igreja Católica no Brasil, promulgado pelo Decreto 7.107/2010. Ação direta julgada improcedente. (...) 5. A Constituição Federal garante aos alunos, que expressa e voluntariamente se matriculem, o pleno exercício de seu *direito subjetivo* ao *ensino religioso* como disciplina dos horários normais das escolas públicas de ensino fundamental, ministrada de acordo com os princípios de sua confissão religiosa e baseada nos *dogmas da fé*, inconfundível com outros ramos do conhecimento científico, como história, filosofia ou ciência das religiões. 6. O binômio *Laicidade do Estado/Consagração da Liberdade religiosa* está presente na medida em que o texto constitucional (a) expressamente garante a *voluntariedade da matrícula para o ensino religioso*, consagrando, inclusive o dever do Estado de absoluto respeito aos agnósticos e ateus; (b) implicitamente *impede que o Poder Público crie de modo artificial seu próprio ensino religioso*, com um determinado conteúdo estatal para a disciplina; bem como proíbe o favorecimento ou hierarquização de interpretações bíblicas e religiosas de um ou mais grupos em detrimento dos demais" (STF – Pleno – ADI, rel. Min. Alexandre de Moraes, *DJe* 2-10-2017).

VII – é assegurada, nos termos da lei, a prestação de assistência religiosa nas entidades civis e militares de internação coletiva.

5.21 Assistência religiosa

A previsão constitucional encerra um direito subjetivo daquele que se encontra internado em estabelecimento coletivo. Assim, ao Estado cabe, nos termos da lei, a materialização das condições para a prestação dessa assistência religiosa, que deverá ser multiforme, ou seja, de tantos credos quanto aqueles solicitados pelos internos.

Logicamente, não se poderá obrigar a nenhuma pessoa que se encontrar nessa situação, seja em entidades civis ou militares, a utilizar-se da referida assistência religiosa, face à total liberdade religiosa vigente no Brasil. Porém, dentro dessa limitação natural, a ideia do legislador constituinte foi fornecer um maior amparo espiritual às pessoas que se encontram em situações menos favorecidas, afastadas do convívio familiar e social. Além disso, visa-se, através da assistência religiosa, a uma melhor ressocialização daquele que se encontra em estabelecimento de internação coletiva em virtude de sua natureza pedagógica (STF – *RTJ* 100/329). Trata-se de uma norma constitucional de eficácia limitada, cuja regulamentação em relação às Forças Armadas foi dada pela Lei nº 6.923/81, parcialmente alterada pela Lei nº 7.672, de 23-9-1988, ambas recepcionadas pela nova ordem constitucional.

No tocante aos estabelecimentos prisionais, a Lei nº 7.210/84 (Lei das Execuções Penais), igualmente recepcionada, em seu art. 24, estabelece que a assistência religiosa, com liberdade de culto, será prestada aos presos e aos internados, permitindo-lhes a participação nos serviços organizados no estabelecimento penal, bem como a posse de livros de instrução religiosa. Além disso, prevê-se que no estabelecimento prisional haverá local apropriado para os cultos religiosos e que *nenhum preso ou internado poderá ser obrigado a participar de atividades religiosas*.

Não nos parece procedente a crítica que alguns doutrinadores fazem a esse inciso da Constituição Federal, afirmando que não há compatibilidade entre um Estado-laico e a previsão, como direito individual, de prestação de assistência religiosa (cf. Alcino Pinto Falcão. *Comentários...* Op. cit. p. 181), uma vez que o Estado brasileiro, apesar de laico, não é ateu, como comprova o preâmbulo constitucional, e, além disso, trata-se de um direito subjetivo e não de uma obrigação, preservando-se, assim, a plena liberdade religiosa daqueles que não professam nenhuma crença.

Assistência religiosa e auxílio na ressocialização do condenado: STJ – *"HABEAS CORPUS. ESTUPRO SEGUIDO DE MORTE. PROGRESSÃO DE REGIME. BENEFÍCIO DE SAÍDA TEMPORÁRIA. VISITAÇÃO A AGENTE RELIGIOSO. PECULIARIDADE DO CASO. ATIVIDADE QUE CONCORRE PARA O RETORNO AO CONVÍVIO SOCIAL. ORDEM CONCEDIDA. I. Hipótese em que o paciente pleiteia o deferimento de visitação a agente religioso que o aconselhou por cerca de cinco anos no cárcere. II. O benefício de visita periódica ao lar somente é cabível nas hipóteses estipuladas no art. 122 da Lei nº 7.210/84. III. Apesar da impossibilidade de enquadramento da presente hipótese ao disposto no inciso I do art. 122 da Lei de Execuções Penais, em interpretação extensiva do termo família para abarcar pessoa amiga, a visitação do paciente ao seu conselheiro consiste em atividade que concorre para o retorno ao convívio social, nos termos do inciso III, do mesmo artigo. IV. Situação peculiar em que o agente religioso prestou auxílio espiritual ao paciente por período de cerca de cinco anos, com habitualidade, o que demonstra a seriedade de seu trabalho. V. O fortalecimento dos ensinamentos morais ao paciente, oportunizado tanto pela possibilidade de convivência no lar do conselheiro, quando pela recompensa advinda de um benefício obtido pela demonstração de interesse em acolher uma vida ética e digna, devem ser, de fato, considerados como uma atividade que contribuirá para seu retorno ao convívio social"* (STJ – 5ª T. – HC 175674/RJ – Rel. Min. Gilson Dipp, decisão: 10-5-2011).

IX – é livre a expressão da atividade intelectual, artística, científica e de comunicação, independentemente de censura ou licença.

5.22 Impossibilidade de censura prévia

A *censura prévia* significa o controle, o exame, a necessidade de permissão que se submete, previamente e com caráter vinculativo, qualquer texto ou programa que pretende ser exibido ao público em geral. O caráter preventivo e vinculante é o traço marcante da censura prévia, sendo a restrição à livre manifestação de pensamento sua finalidade antidemocrática.

O texto constitucional repele frontalmente a possibilidade de censura prévia. Essa previsão, porém, não significa que a liberdade de imprensa é absoluta, não encontrando restrições nos demais direitos fundamentais, pois a responsabilização posterior do autor e/ou responsável pelas notícias injuriosas, difamantes, mentirosas sempre será cabível, em relação a eventuais danos materiais e morais.

Como salienta Miguel Ángel Ekmekdjian, a proibição à censura prévia, como garantia à liberdade de imprensa, implica uma forte limitação ao controle estatal preventivo, mas não impede a responsabilização posterior em virtude do abuso no exercício desse direito. O autor, inclusive, cita julgado da Corte Suprema de Justiça argentina onde se afirmou: "apesar de no regime democrático a liberdade de expressão ter um lugar eminente que obriga a particular cautela enquanto se trata de decidir responsabilidades por seu desenvolvimento, pode-se afirmar sem vacilação que ela não se traduz no propósito de assegurar a impunidade da imprensa" (*Tratado...* Op. cit. p. 523).

A liberdade de imprensa em todos os seus aspectos, inclusive mediante a *vedação de censura prévia*, deve ser exercida com a necessária responsabilidade que se exige em um Estado Democrático de Direito, de modo que o desvirtuamento da mesma para o cometimento de fatos ilícitos, civil ou penalmente, possibilitará aos prejudicados plena e integral indenização por danos materiais e morais, além do efetivo direito de resposta.

5.23 Expressão da atividade intelectual, artística, científica e de comunicação

A garantia constitucional de liberdade de comunicação social, prevista no art. 220, é verdadeiro corolário da norma prevista no art. 5º, IX, que consagra *a liberdade de expressão da atividade intelectual, artística, científica e de comunicação, independentemente de censura ou licença*. O que se pretende proteger nesse novo artigo é o *meio* pelo qual o *direito individual constitucionalmente garantido* será difundido, por intermédio dos meios de comunicação de massa. Essas normas, apesar de não se confundirem, completam-se, pois a liberdade de comunicação social refere-se aos meios específicos de comunicação.

Pode-se entender meio de comunicação como toda e qualquer forma de desenvolvimento de uma informação, seja através de sons, imagens, impressos, gestos. A Constituição Federal, porém, regulamenta o sentido mais estrito da noção de comunicação: jornal, revista, rádio e televisão (cf. TOURINO, Arx. A família e os meios de comunicação. *Revista de Informação Legislativa* nº 125/141).

A manifestação do pensamento, a criação, a expressão e a informação, sob qualquer forma, processo ou veículo não sofrerão qualquer restrição, observado o disposto na Constituição, que *proíbe*: a edição de lei que contenha dispositivo que possa constituir embaraço à plena liberdade de informação jornalística em qualquer veículo de comunicação social, observado o disposto no art. 5º, IV, V, X, XIII e XIV; toda e qualquer censura de natureza política, ideológica e artística; a exigência de licença de autoridade para publicação de veículo impresso de comunicação, permitindo-se, porém, a sujeição da propaganda comercial de tabaco, bebidas alcoólicas, agrotóxicos, medicamentos e terapias a restrições legais, bem como, se necessário, a advertência sobre os malefícios decorrentes de seu uso.

Apesar da vedação constitucional da censura prévia, há necessidade de compatibilizar a comunicação social com os demais preceitos constitucionais, por exemplo, a proteção dos direitos da criança e do adolescente (CF, arts. 226 a 230), a saúde pública.

Dessa forma, o legislador constituinte conferiu à União a competência para edição de lei federal para: regular as diversões e espetáculos públicos, cabendo ao poder público informar sobre a natureza deles, as faixas etárias a que não se recomendem, locais e horários em que sua apresentação se mostre inadequada; estabelecer os meios legais que garantam à pessoa e à família a possibilidade de se defenderem de programas ou programações de rádio e televisão que contrariem o disposto no art. 221, bem como da propaganda de produtos, práticas e serviços que possam ser nocivos à saúde e ao meio ambiente.

Em conclusão, a liberdade de expressão e de manifestação de pensamento não pode sofrer qualquer tipo de limitação, no tocante à censura de natureza política, ideológica e artística. Isso, porém, não significa que a extinção da censura prévia acarretou a inexistência de limites de horário e idade para a exibição de determinados eventos ou programas (TJ/SP – AI nº 10.903-0 – Câmara Especial – rel. Des. Onei Raphael, decisão: 23-11-89; *RT*, 532/241; *RT* 616/40). Assim, é possível à lei ordinária a regulamentação das diversões e espetáculos, classificando-os por faixas etárias a que não se recomendem, bem como definir locais e horários que lhes sejam inadequados (TRF – *RJ* 139/119). Caberá também à lei estabelecer meios de defesa das pessoas e das famílias quanto a programas de rádio e televisão que descumpram os princípios determinados no art. 221, I a IV, como por exemplo, o respeito aos valores éticos e sociais da pessoa e da família (art. 220, § 3º, e 221). Contudo, a inviolabilidade prevista no inciso X, do art. 5º, traça os limites tanto para a liberdade de expressão do pensamento como para o direito à informação, vedando-se o atingimento à intimidade, à vida privada, à honra e à imagem das pessoas.

Portanto, a classificação prévia de espetáculos cinematográficos, teatrais e televisivos poderá ser realizada somente no sentido de fixação de horários para exibição ou faixa etária de assistência, nunca no sentido de utilizar-se essa previsão constitucional como sustentáculo de uma censura prévia taxativamente proibida, de forma a impedir a transmissão ou mesmo impor cortes no programa a ser exibido.

Livre manifestação de pensamento e liberdade de expressão do jornalismo. Impossibilidade de regulação estatal quanto às qualificações profissionais: STF – "O jornalismo é uma profissão diferenciada por sua estreita vinculação ao pleno exercício das liberdades de expressão e de informação. O jornalismo é a própria manifestação e difusão do pensamento e da informação de forma contínua, profissional e remunerada. Os jornalistas são aquelas pessoas que se dedicam profissionalmente ao exercício pleno da liberdade de expressão. O jornalismo e a liberdade de expressão, portanto, são atividades que estão imbricadas por sua própria natureza e não podem ser pensadas e tratadas de forma separada. Isso implica, logicamente, que a interpretação do art. 5º, VIII, da Constituição, na hipótese da profissão de jornalista, se faça, impreterivelmente, em conjunto com os preceitos do art. 5º, IV, IX, XIV, e do art. 220 da Constituição, que asseguram as liberdade de expressão, de informação e de comunicação em geral (...) No campo da profissão de jornalista, não há espaço para a regulação estatal quanto às qualificações profissionais" (STF – Pleno – RE 511.961 – Rel. Min. Gilmar Mendes, decisão: 13-11-2009). **Observe-se que o Supremo Tribunal Federal no referido julgamento declarou a inconstitucionalidade de exigência de diploma de curso superior para o exercício da profissão de jornalismo, e, consequentemente, declarou não recepcionado o art. 4º, V, DL 972/1969.**

Liberdade de expressão e direito de crítica: STF – "LIBERDADE DE EXPRESSÃO – DIREITO DE CRÍTICA – PRERROGATIVA POLÍTICO-JURÍDICA DE ÍNDOLE CONSTITUCIONAL – ENTREVISTA JORNALÍSTICA NA QUAL SE VEICULA OPINIÃO EM TOM DE CRÍTICA – DENÚNCIA DE IRREGULARIDADES NO MUNDO ESPORTIVO – CIRCUNSTÂNCIA QUE EXCLUI O INTUITO DE OFENDER – AS EXCLUDENTES ANÍMICAS COMO FATOR DE DESCARACTERIZAÇÃO DO 'ANIMUS INJURIANDI VEL DIFFAMANDI' – AUSÊNCIA DE ILICITUDE NO COMPORTAMENTO DO PROFISSIONAL DE IMPRENSA – INOCORRÊNCIA DE ABUSO DA LIBERDADE DE MANIFESTAÇÃO DO PENSAMENTO – CARACTERIZAÇÃO, NA ESPÉCIE, DO REGULAR EXERCÍCIO DA LIBERDADE CONSTITUCIONAL DE EXPRESSÃO – A QUESTÃO DA LIBERDADE DE MANIFESTAÇÃO DO PENSAMENTO (E DO DIREITO DE CRÍTICA NELA FUNDADO) EM FACE DE FIGURAS PÚBLICAS OU NOTÓRIAS – JURISPRUDÊNCIA – DOUTRINA – SUBSISTÊNCIA, NO CASO, DA DECLARAÇÃO DE IMPROCEDÊNCIA DA AÇÃO INDENIZATÓRIA – 'AGRAVO REGIMENTAL' IMPROVIDO. – A liberdade de expressão – que não traduz concessão do Estado, mas, ao contrário, representa direito fundamental dos cidadãos – é condição inerente e indispensável à caracterização e à preservação de sociedades livres, organizadas sob a égide dos princípios estruturadores do regime democrático. O Poder Judiciário, por isso mesmo, não pode ser utilizado como instrumento de injusta restrição a essa importantíssima franquia individual cuja legitimidade resulta da própria declaração constitucional de direitos. – A liberdade de manifestação do pensamento traduz prerrogativa político-jurídica que representa, em seu próprio e essencial significado, um dos fundamentos em que repousa a ordem democrática. Nenhuma autoridade, por tal razão, inclusive a autoridade judiciária, pode prescrever (ou impor), segundo suas próprias convicções, o que será ortodoxo em política, ou em outras questões que envolvam temas de natureza filosófica, ideológica ou confessional, nem estabelecer padrões de conduta cuja observância implique restrição aos meios de divulgação do pensamento. – O exercício regular do direito de crítica, que configura direta emanação da liberdade constitucional de manifestação do pensamento, ainda que exteriorizado em entrevista jornalística, não importando o conteúdo ácido das opiniões nela externadas, não se reduz à dimensão do abuso da liberdade de expressão, qualificando-se, ao contrário, como verdadeira excludente anímica, que atua, em tal contexto, como fator de descaracterização do intuito doloso de ofender. Precedentes do Supremo Tribunal Federal. Jurisprudência comparada (Corte Europeia de Direitos Humanos e Tribunal Constitucional Espanhol)" (STF – 1ª T. – Ag. Reg no AI 675276/RJ – Rel. Min. Celso de Mello).

Competência para legislar sobre propaganda comercial: CF, art. 22, XXIX – Compete, privativamente, à União legislar sobre propaganda comercial.

> X – são invioláveis a intimidade, a vida privada, a honra e a imagem das pessoas, assegurado o direito a indenização pelo dano material ou moral decorrente de sua violação.

5.24 Intimidade e vida privada

Os direitos à intimidade e à própria imagem formam a proteção constitucional à vida privada e aos dados pessoais, salvaguardando um espaço íntimo intransponível por intromissões ilícitas externas. A proteção constitucional refere-se, inclusive, à necessária proteção à própria imagem frente aos meios de comunicação em massa (televisão, rádio, jornais, revistas etc.).

Os conceitos constitucionais de *intimidade* e *vida privada* apresentam grande interligação, podendo porém ser diferenciados por meio da menor amplitude do primeiro que se encontra no âmbito de incidência do segundo. Assim, o conceito de *intimidade* relaciona-se às relações subjetivas e de trato íntimo da pessoa humana, suas relações familiares e de amizade, enquanto o conceito de *vida privada* envolve todos os relacionamentos da pessoa, inclusive os objetivos, tais como relações comerciais, de trabalho, de estudo etc. (Cf.: FERREIRA FILHO, Manoel Gonçalves. *Comentários à constituição brasileira de 1988*. 2. ed. São Paulo: Saraiva, 1997. p. 35).

Encontra-se em clara e ostensiva contradição com o fundamento constitucional da *dignidade da pessoa humana* (CF, art. 1º, III), com o direito à honra, a intimidade e vida privada (CF, art. 5º, X), converter em instrumento de diversão ou entretenimento assuntos de natureza tão íntima quanto falecimentos, padecimentos ou quaisquer desgraças alheias, que não demonstrem nenhuma finalidade pública e caráter jornalístico em sua divulgação. Assim, não existe qualquer dúvida de que a divulgação de fotos, imagens ou notícias apelativas, injuriosas, desnecessárias para a informação objetiva e de interesse público (CF, art. 5º, XIV) que acarretem injustificado dano à dignidade humana autoriza a ocorrência de indenização por danos materiais e morais, além do respectivo direito à resposta.

No restrito âmbito familiar, os direitos à intimidade e vida privada devem ser interpretados de uma forma mais ampla, levando em conta as delicadas, sentimentais e importantes relações familiares, devendo haver maior cuidado em qualquer intromissão externa. Dessa forma concluímos como Antonio Magalhães, no sentido de que "as intromissões na vida familiar não se justificam pelo interesse de obtenção da prova, pois, da mesma forma do que sucede em relação aos segredos profissionais, deve ser igualmente reconhecida a *função social* de uma *vivência conjugal e familiar à margem de restrições e intromissões*" (*Direito à prova no processo penal*. São Paulo: Revista dos Tribunais, 1997. p. 128).

Honra e ofensas em campanhas eleitorais: STF – "Crime contra a honra e discussão político-eleitoral: limites de tolerância. As discussões políticas, particularmente as que se travam no calor de campanhas eleitorais renhidas, são inseparáveis da necessidade de emissão de juízos, necessariamente subjetivos, sobre qualidades e defeitos dos homens públicos nelas diretamente envolvidos, impondo critério de especial tolerância na sua valoração penal, de modo a não tolher a liberdade de crítica, que os deve proteger; *mas a tolerância há de ser menor, quando, ainda que situado no campo da vida pública ou da vida privada de relevância pública do militante político, o libelo do adversário ultrapassa a linha dos juízos desprimorosos para a imputação de fatos mais ou menos concretos, sobretudo, se invadem ou tangenciam a esfera da criminalidade*" (Pleno – Inquérito nº 503/RJ – questão de ordem – v.u. – rel. Min. Sepúlveda Pertence, *Diário da Justiça*, Seção I, 26 mar. 1993, p. 5001). No mesmo sentido: STF – Pleno – Inquérito nº 496/DF – v.u. – rel. Min. Ilmar Galvão, *Diário da Justiça*, Seção I, 12 nov. 1993, p. 24022; STJ – 1ª Seção – CC nº 22/PR – rel. Min. José de Jesus – *Ementário* nº 01/267.

Acesso à informação (CF, art. 5º, XIV) e inviolabilidade à honra: STJ – "Não responde civilmente o órgão de divulgação que, sem ofender a vida privada dos figurantes de fatos, *noticia crimes*, apurados em inquérito policial" (4ª T. – REsp nº 42.844-0/SP – rel. Min. Dias Trindade – *Ementário STJ* nº 09/232).

Fiscalização popular e direito à honra: TJ/SP – "Os políticos estão sujeitos de forma especial às críticas públicas, e é fundamental que se garanta não só ao povo em geral larga margem de fiscalização e censura de suas atividades, mas sobretudo à imprensa, ante a relevante utilidade pública da mesma, e em contrapartida dá-lhes a sistemática constitucional de imunidade para, por sua vez, criticarem e censurarem outrem" (Apelação Cível nº 235.627-1 – Barretos – rel. Marco César – CCivil 5 – v.u. – 20-10-94).

Direito à imagem: STF – "Direito a proteção da própria imagem, diante da utilização de fotografia em anúncio com fim lucrativo, sem a devida autorização da pessoa correspondente. Indenização pelo uso indevido da imagem. Tutela jurídica resultante do alcance do direito positivo" (2ª T. – RExtr. nº 91.328/SP – v.u. – rel. Min. Djaci Falcão, *Diário da Justiça*, Seção I, 11 dez. 1981, p. 12605). No mesmo sentido: STF – 1ª T. – RExtr. nº 95.872/RJ – rel. Min. Rafael Mayer, *Diário da Justiça*, Seção I, 1 out. 1982, p. 9830.

Dano moral e pessoa jurídica: STJ – "A honra objetiva da pessoa jurídica pode ser ofendida pelo protesto indevido de título cambial, cabendo indenização pelo dano extrapatrimonial daí decorrente" (4ª T. – REsp nº 60033/MG – rel. Min. Ruy Rosado de Aguiar, *Diário da Justiça*, Seção I, 27 nov. 1995, p. 40893).

Fixação do dano moral: TJ/SP – "*Indenização*. Responsabilidade civil. Ato ilícito. Dano moral. Verba devida. Irrelevância de que esteja, ou não, associado ao dano patrimonial. Art. 5º, X, da Constituição da República. Arbitramento determinado. Art. 1.533 do Código Civil. Recurso provido para esse fim. A Constituição da República é expressa no garantir a indenizabilidade da lesão moral, independente de estar, ou não, associada a dano ao patrimônio físico. A indenização por dano moral é arbitrável, pois, nada dispondo a lei a respeito, não há critérios objetivos para cálculo, e esse dano nada tem com as repercussões econômicas do ilícito" (2ª CCivil – AC nº 170.376-1 – rel. Des. Cezar Peluzo – JTJ/SP-*Lex* 142/94).

Serviço de proteção ao crédito e dano moral: TJ/SP – "A sensação de ser humilhado, de ser visto como mau pagador, quando não se é, constitui violação do patrimônio ideal que é a imagem idônea, a dignidade do nome, a virtude de ser honesto" (15ª CCivil – AC nº 257.849-2 – rel. Des. Ruy Camilo – JTJ/SP-*Lex* 176/77).

Uso de algemas e tratamento desumano e degradante: Conferir comentários ao art. 5º, III.

5.25 Inviolabilidade à honra e imunidade do advogado

A inviolabilidade do advogado, por seus atos e manifestações no exercício da profissão, não é absoluta, sujeitando-se aos limites legais (STF – RHC nº 69.619-8, rel. Min. Carlos Velloso, *Diário da Justiça*, Seção I, 20 ago. 1993, p. 16319; STF – HC nº 69.085-8/RJ, rel. Min. Celso de Mello, *Diário da Justiça*, Seção I, 26 mar. 1993, p. 5003), tendo inclusive o Supremo Tribunal Federal, na Adin. nº 1.127-8, rel. Min. Paulo Brossard, suspendida liminarmente a eficácia da expressão "*ou desacato*" contida no art. 7º, § 2º, da Lei nº 8.906, de 4-7-1994 (Estatuto da Ordem dos Advogados do Brasil), que alargava a abrangência da imunidade material dos advogados.

Assim, como também decidiu o Superior Tribunal de Justiça, "seria odiosa qualquer interpretação da legislação vigente conducente à conclusão absurda de que o novo Estatuto da OAB teria instituído, em favor da nobre classe dos advogados, imunidade penal ampla e absoluta, *nos crimes contra a honra* e até no desacato, imunidade essa não conferida ao cidadão brasileiro, às partes litigantes, nem mesmo aos juízes e promotores. O nobre exercício da advocacia não se confunde com um ato de guerra em que todas as armas, por mais desleais que sejam, possam ser utilizadas" (STJ – 5ª T.; Rec. em HC nº 4.889; rel. Min. Assis Toledo; j. 2-10-95; v.u.; ementa – Publicada na *AASP*, nº 1957, p. 50-e; STJ – 5ª T.; Rec. em HC nº 4.979-MG; rel. Min. Assis Toledo; j. 25-10-1995; v.u.; ementa – Publicado no *AASP*, nº 1958, p. 53-e; STJ – 6ª T., HC nº 3.381-7-SP, rel. Min. Luiz Vicente Cernicchiaro; j. 24-4-1995, v.u.).

Analisando a referida imunidade, o Superior Tribunal de Justiça afirmou ainda que "os advogados prestam importante serviço e contribuição para o bom exercício da Justiça, sendo natural que, no exercício regular da atividade, o façam, até, com ardor e veemência. Nunca, porém, deixando de lado o essencial, que é a defesa da causa, para uma luta contra o colega adverso, ou contra o representante do Ministério Público, ou ofendendo a honra, desabusada e desnecessariamente, fora dos limites da causa ou da defesa de direitos e prerrogativas de que desfrutam" (STJ – 5ª T.; HC nº 4.539-RO; rel. Min. Jesus Costa Lima; j. 2-8-1995; v.u. No mesmo sentido, em relação a ofensas contra membro do Ministério Público: *RT* 72/486). Como salientado por Vicente Grecco Filho,

> "haverá excesso impunível se a ofensa irrogada for vinculada à atividade funcional e pertinente à pretensão que esteja o advogado defendendo em juízo, o que é razoável e adequado e não viola qualquer princípio constitucional nem a dignidade do Poder Judiciário. Todavia, não há imunidade quando a ofensa for gratuita, desvinculada do exercício profissional e impertinente na discussão da causa. Daí resulta que a análise de cada caso é que definirá se as palavras ou atitudes do advogado representam mero abuso, sancionado pela disciplina da OAB, ou se extrapolam o *jus conviciand* e, portanto, são penalmente puníveis" (Imunidade do advogado. In *Boletim Informativo Saraiva*, out. 94, p. 10. Nesse sentido: STJ – RHC nº 3.068-2-SP, *Diário da Justiça*, 11 dez. 1989, p. 18142/3, e ainda, *RTJ* 92/1118, 121/157, 126/628; e *RT* 610/426, 624/378).

Ressalte-se, ainda, que a imunidade profissional do advogado não alcança abusos cometidos em entrevistas aos meios de comunicação (STJ – Recurso em *Habeas corpus* nº 4804/RS – 6ª T. – v.u. – rel. Min. Anselmo Santiago, *Diário da Justiça*, Seção I, 23 set. 1996).

5.26 Inviolabilidade constitucional da privacidade dos dados bancários e fiscais

O sigilo de dados é previsão com sede constitucional recente, pois trazida com a Constituição Federal de 1988. Com a inovação, vieram inúmeras dúvidas e consequências jurídicas. A inviolabilidade do sigilo de dados (art. 5º, XII) complementa a previsão ao direito à *intimidade* e *vida privada* (art. 5º, X), sendo ambas previsões de defesa da privacidade, como ressalta Tercio Sampaio Ferraz Junior, regidas pelo *princípio da exclusividade*, que "visa a assegurar ao indivíduo a sua identidade diante dos riscos proporcionados pela niveladora pressão social e pela incontrastável impositividade do poder político. Aquilo que é exclusivo é o que passa pelas opções pessoais, afetadas pela subjetividade do indivíduo e que não é guiada nem por normas nem por padrões objetivos. No recôndito da privacidade se esconde pois a intimidade. A intimidade não exige publicidade porque não envolve direitos de terceiros. No âmbito da privacidade, a intimidade é o mais exclusivo dos seus direitos" (Sigilo de dados: o direito à privacidade e os limites à função fiscalizadora do Estado. *Cadernos de Direito Constitucional e Ciência Política*, São Paulo: Revista dos Tribunais, 01/78).

Com relação a essa necessidade de proteção à privacidade humana, incluindo-se nela os dados pessoais sensíveis, não podemos deixar de considerar que as informações fiscais e bancárias seja as constantes nas próprias instituições financeiras, seja as constantes na Receita Federal ou organismos congêneres do Poder Público, constituem parte da vida privada da pessoa física ou jurídica.

Lembremo-nos, ainda, de que inúmeras informações bancárias são fornecidas pelos Correios (extratos, contas a pagar, comprovante de depósitos etc.), bem como dados relativos à Receita Federal (confirmação da restituição ou saldo devedor ao Fisco), e caso não estivessem protegidos pelo sigilo bancário e fiscal, respectivamente, estar-se-ia, sobretudo, desrespeitando-se a inviolabilidade das correspondências.

Não há dúvida, portanto, de que o desrespeito ao sigilo constitucionalmente protegido acarretaria violação a diversas garantias constitucionais. Obviamente, porém, a inviolabilidade dos sigilos bancário e fiscal não é absoluta, podendo ser afastada quando os mesmos estiverem sendo utilizados para ocultar a prática de atividades ilícitas e presentes os seguintes requisitos:

- autorização judicial ou determinação de Comissão Parlamentar de Inquérito (CF, art. 58, § 3º);
- indispensabilidade dos dados constantes em determinada instituição financeira, Receita Federal ou Fazendas Públicas. Assim, a quebra do sigilo bancário e/ou fiscal só deve ser decretada, e sempre em caráter de absoluta excepcionalidade, quando existentes fundados elementos de suspeita que se apoiem em indícios idôneos, reveladores de possível autoria de prática delituosa por parte daquele que sofre a investigação;
- individualização do investigado e do objeto da investigação;
- obrigatoriedade da manutenção do sigilo em relação às pessoas estranhas à causa;
- utilização de dados obtidos somente para a investigação que lhe deu causa;
- os sigilos bancário e fiscal são relativos e apresentam limites, podendo ser devassados pela Justiça Penal ou Civil, pelas Comissões Parlamentares de Inquérito e, excepcionalmente, pelo Ministério Público, em hipóteses restritas de investigação de recursos públicos, uma vez que a proteção constitucional do sigilo não deve servir para detentores de cargos públicos que realizam negócios escusos e não transparentes ou de devedores que tiram proveito deles para não honrar seus compromissos. O Supremo Tribunal Federal declarou a constitucionalidade da legislação federal (LC nº 104/2001, art. 1º; LC nº 105/2001, arts. 1º, §§ 3º e 4º, 3º, §§ 3º, 5º e 6º; Decreto nº 3.724/2001; Decreto nº 4.489/2002; e Decreto nº 4.545/2002), que permite a utilização, mesmo sem ordem judicial, de dados bancários e fiscais acobertados por sigilo constitucio-

nal, pelas autoridades da fiscalização tributária, uma vez que entendeu pela não ocorrência de quebra de sigilo, "mas de 'transferência de sigilo' dos bancos ao Fisco. Nessa transmutação, inexistiria qualquer distinção entre uma e outra espécie de sigilo que pudesse apontar para uma menor seriedade do sigilo fiscal em face do bancário. Ao contrário, os segredos impostos às instituições financeiras – muitas das quais de natureza privada – se manteria, com ainda mais razão, com relação aos órgãos fiscais integrantes da Administração Pública, submetidos à mais estrita legalidade" (STF – Pleno – ADI 2.390/DF, 2.386, 2.397, 2.859 – Rel. Min. Dias Toffoli, 24-2-2016). Da mesma maneira, entendeu pela possibilidade de fornecimento de informações financeiras ao fisco sem autorização judicial, uma vez que tal hipótese, prevista no art. 6º da LC nº 105/2001, "não ofende o direito ao sigilo bancário, porque realiza a igualdade em relação aos cidadãos, por meio do princípio da capacidade contributiva, bem como estabelece requisitos objetivos e o translado do dever de sigilo da esfera bancária para a fiscal" (STF – Repercussão Geral – RE 601.314/SP – Rel. Min. Edson Fachin, 24-2-2016). O Supremo Tribunal Federal decidiu, ainda, que: "1. É constitucional o compartilhamento dos relatórios de inteligência financeira da UIF e da íntegra do procedimento fiscalizatório da Receita Federal do Brasil (RFB), que define o lançamento do tributo, com os órgãos de persecução penal para fins criminais, sem a obrigatoriedade de prévia autorização judicial, devendo ser resguardado o sigilo das informações em procedimentos formalmente instaurados e sujeitos a posterior controle jurisdicional. 2. O compartilhamento pela UIF e pela RFB, referente ao item anterior, deve ser feito unicamente por meio de comunicações formais, com garantia de sigilo, certificação do destinatário e estabelecimento de instrumentos efetivos de apuração e correção de eventuais desvios" (Tema 990 da Repercussão Geral – RE 1.055.941/SP – Pleno – rel. Min. Dias Toffoli – j. 4-12-2019).

- impossibilidade de "compartilhamento com a Receita Federal de informações obtidas por meio de quebra de sigilo bancário do investigado", tendo o Supremo Tribunal Federal entendido que "tais dados deveriam permanecer adstritos ao objeto da investigação", concluindo a Suprema Corte que "o compartilhamento requerido para compor a instrução de procedimento administrativo fiscal feriria a cláusula constitucional do devido processo legal, que poderia implicar nulidade de eventual crédito tributário que viesse a ser constituído". Eventual prova emprestada, nessas hipóteses, seria absolutamente ilícita;

- o mandado de segurança, e, segundo novo entendimento do Supremo Tribunal Federal, o *habeas corpus*, quando houver "a possibilidade destes (quebra de sigilos bancário e fiscal) resultarem em constrangimento à liberdade do investigado", são as ações constitucionais adequadas para resguardar direito líquido e certo, portanto idôneo para o Judiciário reconhecer o direito de não quebrar os sigilos bancário e fiscal, salvo em hipóteses excepcionais;

- a quebra do sigilo bancário, desde que presentes os requisitos já estudados, não afronta o art. 5º, incisos X e XII, da Constituição Federal;
- o princípio do contraditório não prevalece na fase inquisitorial, permitindo-se a quebra do sigilo sem oitiva do investigado;
- o próprio Código Tributário Nacional, ao estabelecer o sigilo, não o faz de forma absoluta. Dessa forma, não há qualquer ofensa à Constituição Federal, nem ao antigo art. 299 do Código Civil, revogado e substituído pela norma do art. 388 do Código de Processo Civil, na quebra desta inviolabilidade por decisões judiciais;
- a Justiça competente para a decretação da quebra do sigilo bancário será estabelecida pelas regras normais previstas tanto pela Constituição Federal, quanto pelas leis infraconstitucionais, não tendo sido fixado como critério a natureza do estabelecimento que deverá fornecer os dados, pois o pedido não se reveste, em relação a estes, de caráter contencioso, não se enquadrando nos casos previstos no art. 109, da Constituição Federal. Assim, ora será competente a Justiça Federal, ora a Comum. Em respeito ao princípio do juiz natural, somente a autoridade judiciária competente poderá decretar a quebra de sigilo bancário ou fiscal do investigado. Dessa forma, nos casos de competências originárias dos tribunais, o juiz de 1ª instância não poderá determinar a medida. Neste sentido orientou-se o Supremo Tribunal Federal, que decidiu pela impossibilidade de decretação de quebra de sigilo bancário de parlamentar por parte de Tribunal Regional Eleitoral em investigação criminal, uma vez que a competência originária é do próprio Pretório Excelso, e pela impossibilidade de qualquer outra modalidade de medida cautelar de autoridade que possua foro privilegiado (por exemplo: medida cautelar de prisão de deputado estadual decidida por juiz de direito).

Sigilo bancário e fiscal: cf. MORAES, Alexandre de. *Direito constitucional*. 22. ed. São Paulo: Atlas, 2007; FERRAZ JR., Tercio Sampaio. Sigilo de dados: o direito à privacidade e os limites à função fiscalizadora do Estado. *Cadernos de Direito Constitucional e Ciência Política*, São Paulo: Revista dos Tribunais 01/67; BASTOS, Celso. *Estudos e pareceres de direito público*. São Paulo: Revista dos Tribunais, 1993. p. 63; VASCONCELOS, Vital Ramos. Proteção constitucional ao sigilo. *Revista FMU-Direito* nº 06/17; MELLO F., José Celso. Investigação parlamentar estadual: as comissões especiais de inquérito. *Justitia* – Revista do Ministério Público do Estado de São Paulo, nº 121/150; COMPARATO, Fábio Konder. *Direito público*: estudos e pareceres. São Paulo: Saraiva, 1996. p. 91.

Sigilos bancário e fiscal como cláusulas pétreas: O Supremo Tribunal Federal entendeu que essas espécies de sigilos encontram-se resguardadas pelo direito à intimidade, vida privada e sigilo de dados (CF, art. 5º, X e XII) e, portanto, insuscetíveis de supressão por parte de emenda constitucional (CF, art. 60, § 4º, IV). Cf. a respeito: MORAES, Alexandre de. *Direito...* Op. cit. p. 74.

Excepcionalidade da quebra de sigilo: STF – "em face do art. 5º, X, da CF, que protege o direito à intimidade, à vida privada, à honra e à imagem das pessoas, a quebra do sigilo não poderia implicar devassa indiscriminada, devendo circunscrever-se aos nomes arrolados pelo Ministério Público como objeto de investigação no inquérito e estar devidamente justificada" (STF – Inq. 2245 AgR/MG – rel. Min. Joaquim Barbosa, rel. p/ acórdão Min. Cármen Lúcia, decisão: 29-11-2006 – *Informativo STF* nº 450, Seção I, p. 1).

Possibilidade excepcional de quebra de sigilo fiscal por decisão judicial devidamente fundamentada: STF – "SIGILO DE DADOS – AFASTAMENTO. Conforme disposto no inciso XII do art. 5º da Constituição Federal, a regra é a privacidade quanto à correspondência, às comunicações telegráficas, aos dados e às comunicações, ficando a exceção – a quebra do sigilo – submetida ao crivo de órgão equidistante – o Judiciário – e, mesmo assim, para efeito de investigação criminal ou instrução processual penal. SIGILO DE DADOS BANCÁRIOS – RECEITA FEDERAL. Conflita com a Carta da República norma legal atribuindo à Receita Federal – parte na relação jurídico-tributária – o afastamento do sigilo de dados relativos ao contribuinte" (STF – Pleno – RE 389808/PR – Rel. Min. Marco Aurélio, decisão: 15-12-2010). **Conferir, ainda:** STF – 1ª T. – HC 95485/AL – Rel. Min. Marco Aurélio, decisão: 24-5-2011. **No mesmo sentido, afirmando a necessidade de decisão judicial fundamentada para o afastamento dos sigilos constitucionalmente protegidos:** STF – "São consideradas ilícitas as provas produzidas a partir da quebra dos sigilos fiscal, bancário e telefônico, sem a devida fundamentação" (STF – 2ª T. – HC 96056/PE – Rel. Min. Gilmar Mendes, decisão: 8-6-2011). **Trata-se do mesmo entendimento do Superior Tribunal de Justiça:** STJ – "A proteção ao sigilo fiscal não é direito absoluto, podendo ser quebrado quando houver a prevalência do direito público sobre o privado, na apuração de fatos delituosos, desde que a decisão esteja adequadamente fundamentada na necessidade da medida" (STJ – 3ª T. – Resp 1028315/BA – Rel. Min. Nancy Andrighi, decisão: 14-6-2011). **No mesmo sentido:** STJ – "RECURSO ORDINÁRIO EM MANDADO DE SEGURANÇA. QUEBRA DE SIGILOS FISCAL E BANCÁRIO. DECISÃO FUNDAMENTADA. DEVIDO PROCESSO LEGAL. OCORRÊNCIA. EXCESSO DE PRAZO. RAZOABILIDADE. DESPROVIMENTO DO RECURSO. 1. A ocorrência da quebra do sigilo no curso da instrução do processo criminal tem a finalidade de identificar dados e registros que possam ter pertinência para o esclarecimento de fatos e situações controversas, mas que sejam necessários para o bom andamento da instrução criminal. 2. Correta a manutenção da decisão de quebra de sigilos bancário e fiscal, motivada na presença de indícios de que os recorrentes estariam sendo alvo irregular de transferência de patrimônio do investigado, motivo pelo qual entendeu o Juízo de 1º grau, com força de fundamento, ocorrer vínculo material estabelecido entre eles" (STJ – 5ª T. – RMS 27180/RJ – Rel. Min. Adilson Vieira Macabu (Desembargador convocado do TJ-RJ), decisão: 19-5-2011). **Conferir, ainda:** TSE – Pleno – Agravo Regimental no Recurso Especial Eleitoral 7875839-60/DF – Rel. Min. Marcelo Ribeiro, decisão: 3-2-2011.

Constitucionalidade da quebra do sigilo bancário: STF – "EMENTA: Inquérito. Agravo regimental. Sigilo bancário. Quebra. Afronta ao art. 5º, X e XII, da CF: inexistência. Investigação criminal. Contraditório. Não prevalece. A quebra do sigilo bancário não afronta o art. 5º, X e XII, da Constituição Federal (Precedente: Pet: 577). O princípio do contraditório não prevalece na fase inquisitória (HC 55447 e HC 69372; RE 136239, *inter alia*). Agravo regimental não provido" (Pleno – AgrInq. 897/DF – rel. Min. Francisco Rezek, *Diário da Justiça*, Seção I, 24 mar. 1995, p. 6806 – *Ementário de Jurisprudência*, v. 1.780-01). No mesmo sentido: STF – Pleno – MS nº 21.729-4/DF – rel. p. Acórdão Min. Francisco Rezek, *Diário da Justiça*, Seção I, 16 out. 1995, p. 34571.

Possibilidade de quebra do sigilo bancário por requisição do Ministério Público quando se tratar de envolvimento de dinheiro ou verbas públicas: A maioria dos Ministros do Supremo Tribunal Federal (Sepúlveda Pertence, Néri da Silveira, Moreira Alves, Octávio Gallotti, Sidney Sanches e Carlos Velloso) reconheceu a possibilidade de o Ministério Público requisitar diretamente as informações revestidas de sigilo bancário às instituições financeiras quando se tratar de envolvimento de dinheiro ou verbas públicas, com base no poder de requisição e na publicidade dos atos governamentais. Os Ministros Marco Aurélio, Maurício Corrêa, Ilmar Galvão e Celso de Mello entenderam pela possibilidade de o Ministério Público obter informações resguardadas pelo sigilo bancário somente através do Poder Judiciário. O ex-Ministro Francisco Rezek votou pela inexistência de previsão do sigilo bancário dentro do art. 5º, ou seja, dentro dos direitos e garantias individuais, portanto, passível de quebra por requisição ministerial (MS nº 21.729-4/DF – rel. p. Acórdão: Min. Francisco Rezek. Conferir: *Informativos STF* nºs 8 e 27). No mesmo sentido: TRF/1ª Região – "O Pretório Excelso outorgou ao Ministério Público o direito de pedir quebra do mesmo (sigilo bancário), quando o indiciado ou réu estiver sendo acusado de apropriação de bens públicos" (4ª T. – MS nº 92.01.20115-0-RO – rel. Juíza Eliana Calmon; j. 18-12-95; v.u. – *AASP* nº 1979 – 27-1 a 3-12-96, p. 95-e).

Sigilo bancário não envolvendo dinheiro ou verbas públicas: O Supremo Tribunal Federal vem entendendo pela necessidade do Ministério Público requerer judicialmente: STF – Inquérito nº 903-2 – Distrito Federal, rel. Paulo Brossard, *Diário da Justiça* 10 out. 1994, p. 27043; STF – Inquérito nº 908-3 – Distrito Federal, rel. Ilmar Galvão, *Diário da Justiça*, 10 out. 1994, p. 27043.

Quebra de sigilo bancário e intervenção da liquidação extrajudicial ou falência de instituição financeira: STF – "entendeu-se que seria dispensável a autorização judicial para a quebra do sigilo bancário, haja vista a prerrogativa do BACEN de examinar, em liquidação extrajudicial, a contabilidade, os arquivos, os comentos, os valores e demais elementos das instituições, quantas vezes julgar necessário (Lei nº 6.024/74, art. 41, § 3º, *a*). Asseverou-se também haver permissão legal expressa para a autarquia analisar, quando decretada a intervenção da liquidação extrajudicial ou a falência da instituição financeira, a contabilidade e os arquivos de terceiros com os quais a entidade tiver negociado (Lei nº 6.024/74, art. 41, § 3º, *e*), o que ocorrera na hipótese. Por conseguinte, considerou-se que a fiscalização e a investigação realizadas pelo BACEN deram-se nos limites legais" (STF – 2ª T. – HC nº 87167/BA – rel. Min. Gilmar Mendes, decisão: 29-8-2006 – *Informativo STF* nº 438, seção I, p. 3).

Proteção aos sigilos bancário e fiscal e Justiça Eleitoral: TSE – "O direito à privacidade – nele incluídos os sigilos fiscal e bancário – previstos no inciso X, do art. 5º da Constituição Federal deve ser preservado, mediante a observância do procedimento acima descrito (ordem judicial)" (TSE – Pleno – Agravo Regimental no Recurso Especial Eleitoral 7875839-60/DF – Rel. Min. Marcelo Ribeiro, decisão: 3-2-2011). **Conferir, ainda:** TSE – Pleno – Agravo Regimental no Recurso Especial Eleitoral 13166-43/BA – Rel. Min. Marcelo Ribeiro, *Dje* 23-2-2011.

***Habeas corpus* e quebra de sigilo bancário e fiscal:** Conforme novo entendimento do STF, quando houver "a possibilidade destes (quebra de sigilos bancário e fiscal) resultarem em constrangimento à liberdade do investigado" (STF – 2ª T. – AI 573623/RJ – questão de ordem – Rel. Min. Gilmar Mendes, decisão: 31 out. 2006, *Informativo STF* nº 447) o *habeas corpus* é a ação constitucional adequada para resguardar direito líquido e certo, portanto idôneo para o Judiciário reconhecer o direito de não quebrar os sigilos bancário e fiscal, salvo em hipóteses excepcionais (STJ – RMS nº 0002265/92-PB, 6ª T., *Diário da Justiça*, 12 abr. 1993, p. 6.084).

Impossibilidade de compartilhamento com a Receita Federal de informações obtidas por meio de quebra de sigilo bancário do investigado: STF – "Tais dados deveriam permanecer adstritos ao objeto da investigação", concluindo a Suprema Corte que "o compartilhamento requerido para compor a instrução de procedimento administrativo fiscal feriria a cláusula constitucional do devido processo legal, que poderia implicar nulidade de eventual crédito tributário que viesse a ser constituído" (STF – Inq. 2593 AgR/ DF, Rel. Min. Ricardo Lewandowski, 9-12-2010). **Dessa forma, eventual prova emprestada, nessas hipóteses, seria absolutamente ilícita.** Com essa decisão, o STF reafirmou sua posição histórica em defesa das liberdades públicas, analisando o mérito da questão e afastando qualquer possibilidade de interpretação equivocada, em sentido contrário que o julgamento da AC 33 MC/PR, Rel. p/Acórdão Min. Joaquim Barbosa, em 24-11-2010, pudesse induzir, pelo fato do Plenário ter negado referendo a medida cautelar em ação cautelar em que se objetivava a concessão de efeito suspensivo a recurso extraordinário admitido pela Corte, sob a fundamentação da inconstitucionalidade do dispositivo legal que autoriza a requisição e a utilização de informações bancárias pela Receita Federal. Nesse julgamento, a questão foi processual, diferentemente do Inq. 2.593, onde se decidiu diretamente sobre a extensão da quebra do sigilo, proibindo-a.

Impossibilidade da determinação de quebra de sigilo bancário dos correntistas pelo BACEN: STF – "(...) A atuação fiscalizadora do Banco Central do Brasil não encerra a possibilidade de, no campo administrativo, alcançar dados bancários de correntistas, afastando o sigilo previsto no inciso XII do art. 5º da Constituição Federal" (STF – 1ª T. – RE 461366/DF – rel. Min. Marco Aurélio, decisão 3-8-2007, *Informativo* nº 474).

Impossibilidade de quebra do sigilo bancário, genericamente, por requisição do Ministério Público: STJ – "Requisição de informações bancárias requisitadas pelo Ministério Público – Sigilo bancário. O art. 192 da Constituição Federal estabelece que o sistema financeiro nacional será regulado em lei complementar. Ante a ausência de norma disciplinadora, a Lei nº 4.595/64, que instituiu o referido sistema, restou recepcionada pela vigente Constituição da República, passando a vigorar com força de lei complementar, só podendo, destarte, ser alterada por preceito de igual natureza. Assegurado no art. 38 da Lei nº 4.595/64, o sigilo bancário, as requisições feitas pelo Ministério Público que impliquem em violação ao referido sigilo, devem submeter-se, primeiramente, à apreciação do Judiciário, que poderá, de acordo com a conveniência, deferir ou não, sob pena de se incorrer em abuso de autoridade" (5ª T. – HC nº 2.019-7/RJ – rel. Min. Cid Flaquer Scartezzini – *Ementário STJ* nº 09/716).

Possibilidade de quebra dos sigilos bancário e fiscal diretamente por requisição do Ministério Público: A única limitação constitucional ao poder de requisição do Ministério Público é a determinação de regulamentá-lo por meio de lei complementar (CF, art. 129, VI). Uma vez que houve a citada regulamentação (LC 75/93), e, expressamente, se proibiu a alegação da exceção de sigilo às requisições dos membros do Ministério Público (LC 75/93 – art. 8º, § 2º), não pode restar dúvida que tanto o Ministério Público da União quanto os Ministérios Públicos estaduais (Lei nº 8.625/93 – art. 81) poderão requisitá-los diretamente. Conferir a respeito detalhada análise: MORAES, Alexandre de. *Direito constitucional*. Op. cit. p. 72-74.

Impossibilidade de quebra do sigilo bancário por autoridade administrativa-fiscal: STF – "CRIME CONTRA A ORDEM TRIBUTÁRIA. LEI Nº 8.137/90 (art. 1º, I, II e V). NULIDADES DO PROCEDIMENTO FISCAL. 1. Inexistência de irregularidades no procedimento que culminou com a quebra do sigilo bancário. Providência que teve o endosso do Judiciário e que, de regra, é efetivado em procedimento inquisitorial, sob pena de frustração da medida" (STF – 2ª T. – HC nº 85.088/ES – Rel. Min. Ellen Gracie, *Diário da Justiça*, Seção I, 23 set. 2005, p. 50 e *RTJ* 195/978). **Conforme destacou a Ministra Ellen Gracie**, "o acesso às informações derivadas da quebra do sigilo bancário do paciente, que serviram de justa causa à ação penal ora em trâmite, foi logrado a partir do requerimento do Ministério Público Federal perante o Judiciário. Tal autorização foi baseada em indícios constantes de um dossiê remetido pela Receita Federal e não de procedimento administrativo tributário. Sem respaldo, portanto, a alegação do impetrante de que esse procedimento teria sido irregular". **Mais recentemente, reafirmando a imprescindibilidade de autorização judicial, o STF entendeu que:** STF – "Possibilidade de quebra de sigilo bancário pela autoridade administrativa sem prévia autorização do Judiciário. Recurso extraordinário provido monocraticamente para afastar a aplicação do art. 8º da Lei nº 8.021/1990 ('Iniciado o procedimento fiscal, a autoridade fiscal poderá solicitar informações sobre operações realizadas pelo contribuinte em instituições financeiras, inclusive extratos de contas bancárias, não se aplicando, nesta hipótese, o disposto no art. 38 da Lei nº 4.595, de 31 de dezembro de 1964') e restabelecer a sentença de primeira instância. A aplicação de dispositivo anterior em detrimento de norma superveniente, por fundamentos extraídos da Constituição, equivale à declaração de sua inconstitucionalidade" (STF – RE 261.278-AgR, Rel. p/ o ac. Min. Gilmar Mendes, julgamento em 1º-4-2008, Segunda Turma, *DJE* de 1º-8-2008). **Acerca do tema, conferir ainda:** STJ – "O sigilo bancário do contribuinte não pode ser quebrado com base em procedimento administrativo-fiscal, por implicar indevida intromissão na privacidade do cidadão, garantia esta expressamente amparada pela Constituição Federal (art. 5º, inciso X) (...). Apenas o Poder Judiciário, por um de seus órgãos, pode eximir as instituições financeiras do dever de segredo em relação às matérias arroladas em lei" (STJ – 1ª T. – REsp. nº 37.566-5/RS – rel. Min. Demócrito Reinaldo – *Ementário STJ*, nº 9/313). **No mesmo sentido:** STJ – "Constitucional – Sigilo bancário – Quebra – Impossibilidade – Procedimento administrativo-fiscal – CF/88, art. 5º, X – Lei nº 4.595/64, art. 38, § 5º – CTN, art. 197, II e § 1º. Tributário. Sigilo bancário. Quebra com base em procedimento administrativo-fiscal. Impossibilidade. O sigilo bancário do contribuinte não pode ser quebrado com base em procedimento administrativo-fiscal, por implicar indevida intromissão na privacidade do cidadão, garantia esta expressamente amparada pela Constituição Federal (art. 5º, inciso X). Por isso, cumpre às instituições financeiras manter sigilo acerca de qualquer informação ou documentação pertinente à movimentação ativa e passiva do correntista/contribuinte, bem como dos serviços bancários a ele prestados. Observadas tais vedações, cabe-lhes atender às demais solicitações de informações encaminhadas pelo Fisco, desde que decorrentes de procedimento fiscal regularmente instaurado e subscritas por autoridade administrativa competente. Apenas o Poder Judiciário, por um de seus órgãos, pode eximir as instituições financeiras do dever de segredo em relação às matérias arroladas em lei. Interpretação integrada e sistemática dos arts. 38, § 5º, da Lei nº 4.595/64 e 197, inciso II e § 1º do CTN" (STJ – 1ª T. – REsp. nº 121.642-0/DF – Rel. Min. Demócrito Reinaldo – *Diário da Justiça*, Seção I, 22-9-1997. *Ementário STJ*, nº 19/147). **Conferir, ainda:** STF – "Questão de ordem. Solicitação da Delegacia da Receita Federal em Brasília do fornecimento de cópia da documentação resultante da quebra do sigilo bancário do indiciado para a instrução de inquérito penal. Impossibilidade do atendimento desse pedido em face do disposto no § 1º do art. 38 da Lei nº 4.595, de 31-12-64. Indeferimento da solicitação em causa" (*RTJ* 164/477).

Sigilo bancário – Determinação de quebra pelo Tribunal de Contas – Impossibilidade: STF – "Mandado de Segurança. Tribunal de Contas da União. Banco Central do Brasil. Operações financeiras. Sigilo. 1. A Lei Complementar nº 105, de 10-1-01, não conferiu ao Tribunal de Contas da União poderes para determinar a quebra do sigilo bancário de dados constantes do Banco Central do Brasil. O legislador conferiu esses poderes ao Poder Judiciário (art. 3º), ao Poder Legislativo Federal (art. 4º), bem como às Comissões Parlamentares de Inquérito, após prévia aprovação do pedido pelo Plenário da Câmara dos Deputados, do Senado Federal ou do plenário de suas respectivas comissões parlamentares de inquérito (§§ 1º e 2º do art. 4º). 2. Embora as atividades do TCU, por sua natureza, verificação de contas e até mesmo o julgamento das contas das pessoas enumeradas no art. 71, II, da Constituição Federal, justifiquem a eventual quebra de sigilo, não houve essa determinação na lei específica que tratou do tema, não cabendo a interpretação extensiva, mormente porque há princípio constitucional que protege a intimidade e a vida privada, art. 5º, X, da Constituição Federal, no qual está inserida a garantia ao sigilo bancário. 3. Ordem concedida para afastar as determinações do acórdão nº 72/96 – TCU – 2ª Câmara (fl. 31), bem como as penalidades impostas ao impetrante no Acórdão nº 54/97 – TCU – Plenário" (STF – Pleno – MS 22801/DF – rel. Min. Menezes Direito, j. 17-12-2007). **No mesmo sentido:** STF – "O TCU não detém legitimidade para requisitar diretamente informações que importem quebra de sigilo bancário" (STF – 2ª T. – MS 22934/DF – Rel. Min. Joaquim Barbosa, decisão: 17-4-2012).

Utilização dos dados obtidos com a quebra do sigilo somente para a investigação que lhe deu causa: STF – "De acordo com o § 1º do art. 38 da Lei nº 4.595/64, *as informações e esclarecimentos ordenados pelo Poder Judiciário, prestados pelo Banco Central do Brasil ou pelas instituições financeiras, e a exibição de livros e documentos em Juízo, se revestirão sempre do mesmo caráter sigiloso, só podendo a eles ter acesso as partes legítimas na causa, que deles não poderão servir-se para fins estranhos à mesma*. Com base nesse dispositivo, o Tribunal indeferiu pedido de autoridade fiscal formulado em inquérito no qual se apuram fatos relacionados com o chamado *escândalo do orçamento*, no sentido de que fosse autorizada a extração de cópia de documentos que chegaram aos autos em virtude de quebra de sigilo bancário do indiciado, e que poderiam ser úteis à fiscalização tributária" (*Informativo STF* nº 27 – Inq. 923-DF, rel. Min. Moreira Alves, 18-4-96).

Sigilo bancário – Determinação de quebra pelo Tribunal de Contas – Impossibilidade: STF – "Mandado de Segurança. Tribunal de Contas da União. Banco Central do Brasil. Operações financeiras. Sigilo. 1. A Lei Complementar nº 105, de 10/1/01, não conferiu ao Tribunal de Contas da União poderes para determinar a quebra do sigilo bancário de dados constantes do Banco Central do Brasil. O legislador conferiu esses poderes ao Poder Judiciário (art. 3º), ao Poder Legislativo Federal (art. 4º), bem como às Comissões Parlamentares de Inquérito, após prévia aprovação do pedido pelo Plenário da Câmara dos Deputados, do Senado Federal ou do plenário de suas respectivas comissões parlamentares de inquérito (§§ 1º e 2º do art. 4º). 2. Embora as atividades do TCU, por sua natureza, verificação de contas e até mesmo o julgamento das contas das pessoas enumeradas no art. 71, II, da Constituição Federal, justifiquem a eventual quebra de sigilo, não houve essa determinação na lei específica que tratou do tema, não cabendo a interpretação extensiva, mormente porque há princípio constitucional que protege a intimidade e a vida privada, art. 5º, X, da

Constituição Federal, no qual está inserida a garantia ao sigilo bancário. 3. Ordem concedida para afastar as determinações do acórdão nº 72/96 – TCU – 2ª Câmara (fl. 31), bem como as penalidades impostas ao impetrante no Acórdão nº 54/97 – TCU – Plenário" (STF – Pleno – MS 22801/DF – Rel. Min. Menezes Direito, j. 17-12-2007).

Individualização do investigado e quebra do sigilo bancário: TRF/2ª Região – "A prestação de informações genéricas sobre todos os seus clientes, por instituição bancária, devassaria tanto os negócios lícitos como os ilícitos. Assim, somente após a individualização de um provável ilícito mediante o devido processo legal, é que se pode elidir o sigilo bancário" (1ª T. – AMS nº 91.02.05436-0/RJ – rel. Juiz Henry Barbosa, *Diário da Justiça*, Seção II, 9 jan. 1991, p. 110).

Tutela da inviolabilidade de dados (sigilo bancário e fiscal) – mandado de segurança e *habeas corpus*: Observe-se, porém, que, segundo novo entendimento do Supremo Tribunal Federal, a tutela da inviolabilidade de dados poderá ser realizada pela via do *habeas corpus*, quando houver "a possibilidade destes (quebra de sigilos bancário e fiscal) resultarem em constrangimento à liberdade do investigado" (STF – 2ª T. – AI 573623/RJ – questão de ordem – rel. Min. Gilmar Mendes, decisão: 31 out. 2006, *Informativo STF* nº 447). **Conforme entendimento anterior**: STJ – "O mandado de segurança é ação constitucional para resguardar direito líquido e certo. Idôneo para o Judiciário reconhecer na espécie, é direito de não quebrar o sigilo bancário. Não se confunde, aí, com o *habeas corpus*, que visa a preservar o direito de locomoção" (STJ – 1ª T. – RMS nº 2.265/PB – rel. Min. Luiz Vicente Cernicchiaro, *Diário da Justiça*, Seção I, 12 abr. 1993, p. 6084).

> *XI – a casa é asilo inviolável do indivíduo, ninguém nela podendo penetrar sem consentimento do morador, salvo em caso de flagrante delito ou desastre, ou para prestar socorro, ou, durante o dia, por determinação judicial.*

5.27 Inviolabilidade domiciliar

O preceito constitucional consagra a inviolabilidade do domicílio, direito fundamental enraizado mundialmente, a partir das tradições inglesas, conforme verificamos no discurso de Lord Chatham no Parlamento britânico: *O homem mais pobre desafia em sua casa todas as forças da Coroa, sua cabana pode ser muito frágil, seu teto pode tremer, o vento pode soprar entre as portas mal ajustadas, a tormenta pode nela penetrar, mas o Rei da Inglaterra não pode nela entrar*.

A inviolabilidade domiciliar constitui uma das mais antigas e importantes garantias individuais de uma Sociedade civilizada, pois engloba a tutela da intimidade, da vida privada, da honra, bem como a proteção individual e familiar do sossego e tranquilidade, que não podem ceder – salvo excepcionalmente – à persecução penal ou tributária do Estado.

No sentido constitucional, o termo *domicílio* tem amplitude maior do que no direito privado ou do senso comum, não sendo somente a residência, ou ainda, a habitação com intenção definitiva de estabelecimento, mas inclusive, quarto de hotel habitado.. Considera-se, pois, domicílio todo local, delimitado e separado, que alguém ocupa com exclusividade, a qualquer título, inclusive profissionalmente (Serviço de Jurisprudência do STF, *Ementário STJ* nº 1804-11), pois nessa relação entre pessoa e espaço preserva-se mediatamente a vida privada do sujeito (BARILE, Paolo. *Diritti dell'uomo e libertà fondamentali*. Bolonha: Il Molino, 1984. p. 154).

A proteção constitucional à inviolabilidade domiciliar, portanto, abrange todo local, delimitado e separado, que alguém ocupa com exclusividade a qualquer título, inclusive profissionalmente, pois nessa relação entre pessoa e espaço preservaram-se, imediatamente, a intimidade e a vida privada do indivíduo. Como destacado pelo Ministro Celso de Mello, "a extensão do domicílio ao compartimento habitado e outras moradias, além de locais não abertos ao público, no qual exerce a pessoa sua profissão ou atividade, há que ser entendida como um reforço de proteção à intimidade e à privacidade, igualmente exercitadas e merecedoras de tutela em locais não incluídos no rígido conceito de 'residência' e domicílio" (STF, HC 106.566/SP).

A própria Constituição Federal, porém, estabelece as exceções à inviolabilidade domiciliar. Assim, a casa é asilo inviolável do indivíduo, ninguém nela podendo penetrar sem consentimento do morador, salvo em caso de flagrante delito ou desastre, ou para prestar socorro, ou, *durante o dia*, por determinação judicial.

Obviamente, em face da extensão da garantia constitucional da inviolabilidade domiciliar, não se pode considerar caracterizado o crime de resistência ou desobediência, daquele que se recusa a permitir o acesso de autoridades policiais ou administrativas em sua residência ou escritório profissional fora das hipóteses excepcionais previstas pelo texto constitucional.

O Supremo Tribunal Federal já decidiu que mesmo sendo a casa o asilo inviolável do indivíduo, não pode ser transformado em garantia de impunidade de crimes, que em seu interior se praticam (*RTJ* 74/88 e 84/302).

Assim, violação de domicílio legal, sem consentimento do morador, é permitida, porém somente nas hipóteses constitucionais:

- **DIA** – flagrante delito (*RT 670/273;* TJSP – *RT 688/293) ou desastre ou para prestar socorro, ou ainda por determinação judicial. Somente durante o dia a proteção constitucional deixará de existir por determinação judicial.*

- **NOITE** – flagrante delito ou desastre ou para prestar socorro.

Observe-se que, como definido de maneira vinculante pelo STF, "a entrada forçada em domicílio sem mandado judicial só é lícita, mesmo em período noturno, quando amparada em fundadas razões, devidamente justificadas *a posteriori*, que indiquem que dentro da casa ocorre situação de flagrante delito, sob pena de responsabilidade disciplinar, civil e penal do agente ou da autoridade, e de nulidade dos atos praticados." (Pleno, Repercussão Geral, RE 603616/RO, rel. Min. Gilmar Mendes, 4 e 5-11-2015).

Conceito de "casa" em caráter amplo (qualquer aposento ocupado de habitação coletiva) e ilicitude de prova obtida em desrespeito à inviolabilidade domiciliar: STF – "Prova Penal – Banimento constitucional das provas ilícitas (CF, art. 5º, LVI) – Ilicitude (originária e por derivação) – Inadmissibilidade – Busca e apreensão de materiais e equipamentos realizada, sem mandado judicial, em quarto de hotel ainda ocupado – Impossibilidade – Qualificação jurídica desse espaço privado (quarto de hotel, desde que ocupado) como 'casa', para efeito da tutela constitucional da inviolabilidade domiciliar – Garantia que traduz limitação constitucional ao poder do Estado em tema de persecução penal, mesmo em sua fase pré-processual – Conceito de 'casa' para efeito da proteção constitucional (CF, art. 5º, XI e CP, art. 150, § 4º, II) – Amplitude dessa noção conceitual, que também compreende os aposentos de habitação coletiva (como, por exemplo, os quartos de hotel, pensão, motel e hospedaria, desde que ocupados): necessidade, em tal hipótese, de mandado judicial (CF, art. 5º, XI). Impossibilidade de utilização, pelo Ministério Público, de prova obtida com transgressão à garantia da inviolabilidade domiciliar – Prova ilícita – Inidoneidade jurídica – Recurso ordinário provido. Busca e apreensão em aposentos ocupados de habitação coletiva (como quartos de hotel) – Subsunção desse espaço privado, desde que ocupado, ao conceito de 'casa' – Consequente necessidade, em tal hipótese, de mandado judicial, ressalvadas as exceções previstas no próprio texto constitucional" (STF – 2ª T. – RHC nº 90.376/RJ – Rel. Min. Celso de Mello, j. 3-4-2007. *Informativo STF* nº 467). **É o mesmo entendimento do Superior Tribunal de Justiça:** STJ – "Idênticas as situações fático-processuais do corréu, a decisão que determinou o trancamento da ação penal de nº 2005.51.01.538057-5, por estar em desacordo com o disposto no artigo 5º, inciso XI, da Constituição Federal, isto é, sem autorização judicial e em afronta à garantia de inviolabilidade de domicílio, deve ser igualmente estendida aos demais, uma vez que o material obtido configura prova ilícita, hábil a contaminar toda a ação penal" (STJ, PExt no HC 109.778/RJ, Rel. Min. Celso Limongi (Desembargador convocado), 6ª T., *DJe* 24-8-2009). **No mesmo sentido:** STJ – "Indevida obtenção de prova ilícita, porquanto colhida em desconformidade com preceito legal. Ausência de Razoabilidade" (STJ, HC 149.250/SP, Rel. Ministro Adilson Vieira Macabu (Desembargador convocado), *DJe* de 5 de setembro de 2011). **E, também, do Tribunal de Justiça de São Paulo:** TJ/SP: "Nulidade. Prova ilícita. Busca e apreensão sem mandado judicial" (TJ/SP – Revisão criminal nº 9015719-93.2005.8.26.0000, 3º Grupo de Direito Criminal, Rel. Des. Sérgio Ribas, julgamento: 15-9-2011); TJ/SP – "Ausência de autorização judicial. Prova Ilícita. Teoria dos frutos da árvore envenenada. Desentranhamento. Consequente insubsistência de qualquer elemento que relacione a prática delitiva" (TJ/SP – HC 0418722-71.2010.8.26.0000, Rel. Des. Almeida Toledo, julgamento: 16-11-2010). **Conferir comentários ao artigo 5º, LVI.**

Inviolabilidade domiciliar e "cláusula de reserva jurisdicional": STF – "A cláusula constitucional da reserva de jurisdição – que incide sobre determinadas matérias, como a busca domiciliar (CF, art. 5º, XI), a interceptação telefônica (CF, art. 5º, XII) e a decretação da prisão de qualquer pessoa, ressalvada a hipótese de flagrância (CF, art. 5º, LXI) – traduz a noção de que, nesses temas específicos, assiste ao Poder Judiciário, não apenas o direito de proferir a última palavra, mas, sobretudo, a prerrogativa de dizer, desde logo, a primeira palavra, excluindo-se, desse modo, por força e autoridade do que dispõe a própria Constituição, a possibilidade do exercício de iguais atribuições por parte de quaisquer outros órgãos ou autoridades do Estado" (MS 23.452, Rel. Min. CELSO DE MELLO, julgamento em 16-9-1999).

Violação de domicílio por decisão administrativa. Impossibilidade: STF – "a essencialidade da *ordem judicial* para efeito de realização das medidas de busca e apreensão *domiciliar* nada mais representa, dentro do *novo* contexto normativo emergente da Carta Política de 1988, senão a *plena* concretização da garantia constitucional pertinente à inviolabilidade do domicílio. Daí a advertência – que cumpre ter presente – feita por Celso Ribeiro Bastos, no sentido de que "é forçoso reconhecer que deixou de existir a possibilidade de invasão por decisão de autoridade administrativa, de natureza policial ou não. Perdeu portanto a Administração a possibilidade da autoexecutoriedade administrativa" (Pleno – Ação Penal 307-3-DF, trecho de voto do Ministro-relator Ilmar Galvão, Serviço de Jurisprudência do STF, *Ementário STJ* nº 1804-11, *DJU* 13 out. 1995).

Inviolabilidade domiciliar e Fisco: STF – "esse amplo sentido conceitual da noção jurídica de *'casa'* revela-se plenamente consentâneo com a exigência constitucional de proteção à esfera de liberdade individual e de privacidade pessoal (*RT* 214/409; *RT* 467/385; *RT* 635/341). É por essa razão que a doutrina – ao destacar o caráter abrangente desse conceito jurídico – adverte que o princípio da inviolabilidade estende-se ao espaço em que alguém exerce, com exclusão de terceiros, qualquer atividade de índole profissional (MIRANDA, Pontes de. *Comentários à Constituição de 1967 com a emenda n° 1 de 1969*, 2. ed. São Paulo: Revista dos Tribunais, 1974. t. 5, p. 187; CRETELLA JÚNIOR, José. *Comentários à Constituição de 1988*. Rio de Janeiro: Forense, 1989. v. 1, p. 261, item nº 150; FERREIRA, Pinto. *Comentários à Constituição brasileira*. São Paulo: Saraiva, 1989. v. 1, p. 82; FERREIRA FILHO, Manoel Gonçalves. *Comentários à Constituição brasileira de 1988*. São Paulo: Saraiva, 1990. v. 1, p. 36-37; MAXIMILIANO, Carlos. *Comentários à Constituição brasileira*. Rio de Janeiro: Freitas Bastos, 1948. v. 3, p. 61; GROTTI, Dinorá Adelaide Musetti. *Inviolabilidade do domicílio na Constituição*. São Paulo: Malheiros, 1983. p. 70-78, *v. g.*). Sendo assim, nem a Polícia Judiciária nem a administração tributária podem, afrontando direitos assegurados pela Constituição da República, invadir domicílio alheio com o objetivo de apreender, durante o período diurno, e *sem ordem judicial*, quaisquer objetos que possam interessar ao Poder Público. A Constituição Federal prescreve, no art. 145, § 1º, que a administração tributária está sujeita, na efetivação das medidas e na adoção de providências que repute necessárias, ao respeito incondicional aos direitos individuais, dentre os quais avulta, por sua indiscutível importância, o direito à inviolabilidade domiciliar. Daí a observação de Ives Gandra Martins – reiterada por Sacha Calmon Navarro Coelho – no sentido de que os poderes de investigação do Fisco estão essencialmente limitados pelas cláusulas *subordinantes* da Constituição Federal cujas prescrições proclamam a necessidade de *efetiva submissão* do Poder Estatal aos direitos individuais assegurados pela Lei Fundamental. Por isso mesmo, assinala Ives Gandra Martins (*Comentários a Constituição do Brasil*. São Paulo: Saraiva, 1990. v. 6, t. 1, p. 64): "De início, o direito de fiscalizar é um direito inerente à Administração dentro das regras próprias do direito administrativo. E como a Constituição garante os direitos individuais, à evidência, garante a inviolabilidade do domicílio nos termos do art. 5º, XI, com o que o Fisco, pela nova Constituição, não tem mais direitos do que aqueles que tinha com a Constituição pretérita" (STF – Pleno – Ação Penal nº 307-3-DF, Serviço de Jurisprudência do STF, *Ementário STJ* nº 18.094-11). **Nesse mesmo sentido:** STF – "A circunstância de a administração estatal achar-se investida de poderes excepcionais que lhe permitem exercer a fiscalização em sede tributária não a exonera do dever de observar, para efeito do legítimo desempenho de tais prerrogativas, os limites impostos pela Constituição e pelas leis da República, sob pena de os órgãos governamentais incidirem em frontal desrespeito às garantias constitucionalmente asseguradas aos cidadãos em geral e aos contribuintes em particular. – Os procedimentos dos agentes da administração tributária que contrariem os postulados consagrados pela Constituição da República revelam-se inaceitáveis e não podem ser corroborados pelo Supremo Tribunal Federal, sob pena de inadmissível subversão dos postulados constitucionais que definem, de modo estrito, os limites – inultrapassáveis – que restringem os poderes do Estado em suas relações com os contribuintes e com terceiros" (STF – 2ª T. – HC 82.788/RJ – rel. Min. Celso de Mello, *Diário da Justiça*, Seção I, 2 jun. 2006, p. 43). **Importante ressaltar, porém, que o STF entendeu inexistir a inviolabilidade domiciliar para efeitos fiscais, se houver consentimento para o ingresso no estabelecimento comercial**: STF – "O Tribunal, por maioria, indeferiu o *habeas corpus*, impetrado em favor de pacientes acusados de suprimirem tributos (Lei nº 8.137/90, art. 1º, I e II), em que se alegava, em face do princípio da inviolabilidade do domicílio (CF, art. 5º, XI), a inconstitucionalidade da busca e da apreensão de papéis feita pela Receita Federal, sem autorização judicial, consubstanciando prova obtida por meio ilícito (CF, art. 5º, LVI). O Tribunal, sem se comprometer com a tese da defesa, indeferiu o pedido, uma vez que houve o consentimento dos pacientes à entrada dos agentes do fisco em seu estabelecimento comercial. Vencido o Min. Marco Aurélio, que deferia a ordem por entender que a busca e apreensão de documentos dependem de autorização judicial" (STF – Pleno – HC nº 79.512/RJ – rel. Min. Sepúlveda Pertence, decisão: 16-12-1999. *Informativo STF* nº 175).

Invasão de domicílio e estado de flagrância: O estado de flagrância caracterizado afasta a exigência do mandado judicial (STF – 2ª T. – HC nº 70.909/SP – rel. Min. Paulo Brossard, *Diário da Justiça*, Seção I, 25 nov. 1994, p. 32299).

Inviolabilidade domiciliar e proibição da realização de devassas: STF – "De que vale declarar a Constituição que 'a casa é asilo inviolável do indivíduo' (art. 5º, XI) se moradias são invadidas por policiais munidos de mandados que consubstanciem verdadeiras cartas brancas, mandados com poderes de a tudo devassar, só porque o habitante é suspeito de um crime? Mandados expedidos sem justa causa, isto é, sem especificar o que se deve buscar e sem que a decisão que determina sua expedição seja precedida de perquirição quanto à possibilidade de adoção de meio menos gravoso para chegar-se ao mesmo fim. A polícia é autorizada, largamente, a apreender tudo quanto possa vir a consubstanciar prova de qualquer crime, objeto ou não da investigação. Eis aí o que se pode chamar de autêntica 'devassa'. Esses mandados ordinariamente autorizam a apreensão de computadores, nos quais fica indelevelmente gravado tudo quanto respeite à intimidade das pessoas e possa vir a ser, quando e se oportuno, no futuro usado contra quem se pretenda atingir" (STF – HC 95.009, rel. Min. Eros Grau, julgamento em 6-11-2008, Plenário, *DJE* de 19-12-2008).

Inviolabilidade domiciliar e escritório de advocacia – Possibilidade excepcional de violação – Princípio da proporcionalidade: STF – "O Tribunal concluiu julgamento de inquérito (...). Alega o Ministério Público Federal que os denunciados compõem, em níveis diversos, uma organização criminosa voltada à exploração ilegal das atividades de bingos e máquinas caça-níqueis no Estado do Rio de Janeiro (...). Afastou-se (...) a preliminar de ilicitude das provas obtidas mediante instalação de equipamento de captação acústica e acesso a documentos no ambiente de trabalho do último acusado, porque, para tanto, a autoridade, adentrara o local três vezes durante o recesso e de madrugada. Esclareceu-se que o relator, de fato, teria autorizado, com base no art. 2º, IV, da Lei nº 9.034/1995, o ingresso sigiloso da autoridade policial no escritório do acusado, para instalação dos referidos equipamentos de captação de sinais acústicos, e, posteriormente, determinara a realização de exploração do local, para registro e análise de sinais ópticos. Observou-se, de início, que tais medidas não poderiam jamais ser realizadas com publicidade alguma, sob pena de intuitiva frustração, o que ocorreria caso fossem praticadas durante o dia, mediante apresentação de mandado judicial. Afirmou-se que a Constituição, no seu art. 5º, X e XI, garante a inviolabilidade da intimidade e do domicílio dos cidadãos, sendo equiparados a domicílio, para fins dessa inviolabilidade, os escritórios de advocacia, locais não abertos ao público, e onde se exerce profissão (...), e que o art. 7º, II, da Lei nº 8.906/1994 expressamente assegura ao advogado a inviolabilidade do seu escritório, ou local de trabalho, de seus arquivos e dados, de sua correspondência, e de suas comunicações, inclusive telefônicas ou afins, salvo caso de busca ou apreensão determinada por magistrado e acompanhada de representante da OAB. Considerou-se, entretanto, que tal inviolabilidade cederia lugar à tutela constitucional de raiz, instância e alcance superiores quando o próprio advogado seja suspeito da prática de crime concebido e consumado, sobretudo no âmbito do seu escritório, sob pretexto de exercício da profissão. Aduziu-se que o sigilo do advogado não existe para protegê-lo quando cometa crime, mas proteger seu cliente, que tem direito à ampla defesa, não sendo admissível que a inviolabilidade transforme o escritório no único reduto inexpugnável de criminalidade. Enfatizou-se que os interesses e valores jurídicos, que não têm caráter absoluto, representados pela inviolabilidade do domicílio e pelo poder-dever de punir do Estado, devem ser ponderados e conciliados à luz da proporcionalidade quando em conflito prático segundo os princípios da concordância. Não obstante a equiparação legal da oficina de trabalho com o domicílio, julgou-se ser preciso recompor a *ratio* constitucional e indagar, para efeito de colisão e aplicação do princípio da concordância prática, qual o direito, interesse ou valor jurídico tutelado por essa previsão. Tendo em vista ser tal previsão tendente à tutela da intimidade, da privatividade e da dignidade da pessoa humana, considerou-se ser, no mínimo, duvidosa, a equiparação entre escritório vazio com domicílio *stricto sensu*, que pressupõe a presença de pessoas que o habitem. De toda forma, concluiu-se que as medidas determinadas foram de todo lícitas por encontrarem suporte normativo explícito e guardarem precisa justificação lógico-jurídico constitucional, já que a restrição consequente não aniquilou o núcleo do direito fundamental e está, segundo os enunciados em que desdobra o princípio da proporcionalidade, amparada na necessidade da promoção de fins legítimos de ordem pública" (STF – Inq. 2.424, rel. Min. Cezar Peluso, julgamento em 19 e 20-11-2008, Plenário, *Informativo* nº 529).

Inviolabilidade domiciliar e apreensão de livros contábeis em escritório de contabilidade: STF – "Fiscalização tributária. Apreensão de livros contábeis e documentos fiscais realizada, em escritório de contabilidade, por agentes fazendários e policiais federais, sem mandado judicial. Inadmissibilidade. Espaço privado, Não aberto ao público, Sujeito à proteção constitucional da inviolabilidade domiciliar (CF, art. 5º, XI). Subsunção ao conceito normativo de 'casa'. Necessidade de ordem judicial. Administração pública e fiscalização tributária. Dever de observância, por parte de seus órgãos e agentes, dos limites jurídicos impostos pela constituição e pelas leis da República. Impossibilidade de utilização, pelo Ministério Público, de prova obtida com transgressão à garantia de inviolabilidade domiciliar. Prova ilícita. Inidoneidade jurídica (...)" (STF – HC 93.050, rel. Min. Celso de Mello, julgamento em 10-6-2008, 2ª T., *DJE* de 1º-8-2008).

Consentimento do morador: STJ – "Policiais que, em diligência, pela madrugada, *autorizados pelo morador*, ingressam em residência para verificação de denúncia de ocultação de drogas. Hipótese não contemplada pelo art. 5º, XI, da Constituição Federal, que pressupõe o não consentimento do morador" (5ª T. – RHC nº 4225/MS – rel. Min. Assis Toledo, *Diário da Justiça*, Seção I, 6 mar. 1995, p. 4374).

Inviolabilidade domiciliar e crime de resistência: STF – "(...) A garantia constitucional do inciso XI do art. 5º da Carta da República, a preservar a inviolabilidade do domicílio durante o período noturno, alcança também ordem judicial, não cabendo cogitar de crime de resistência (STF – 1ª T. – RE 460.880/RS – rel. Min. Marco Aurélio, decisão 25-9-2007, *Informativo STF* nº 496).

5.28 Questão do dia e da noite

Para José Afonso da Silva, dia é o período das 6:00 horas da manhã às 18:00, ou seja, *"sol alto, isto é, das seis às dezoito"*, esclarecendo Alcino Pinto Falcão que durante o dia a tutela constitucional é menos ampla, visto que a lei ordinária pode ampliar os casos de entrada na casa durante aquele período, que se contrapõe ao período da noite (*Comentários à Constituição*. Rio de Janeiro: Freitas Bastos, 1990. v. 1. p. 186). Para Celso de Mello, deve ser levado em conta o critério físico-astronômico, como o intervalo de tempo situado entre a aurora e o crepúsculo (*Constituição*... Op. cit. p. 442).

Entendemos que a aplicação conjunta de ambos os critérios alcança a finalidade constitucional de maior proteção ao domicílio durante a noite, resguardando-se a possibilidade de invasão domiciliar com autorização judicial, mesmo após as 18:00 horas, desde que, ainda, não seja noite (por exemplo: horário de verão).

Esse *critério misto* compatibiliza-se com a *ratio* constitucional, no sentido de proteção da casa durante o período noturno, possibilitando um descanso seguro a seus moradores, bem como diminuindo a possibilidade de arbitrariedades que estariam melhor acobertadas pelo manto da escuridão.

Em excelente monografia sobre o tema, Dinorá Adelaide Musetti Grotti esclarece que

> "a jurisprudência brasileira tem decidido que por *noite* deve-se entender o tempo compreendido entre o ocaso, isto é, o desaparecimento do sol no horizonte, e o seu nascimento. O espaço de tempo que vai desde o crepúsculo da tarde até o crepúsculo da manhã (*JTACrim* 46/155, 70/216; *RT* 555/357). Portanto, o período variará de acordo com a época do ano, sendo mais longo no inverno e bem mais curto no verão" (*Inviolabilidade do domicílio na Constituição*. São Paulo: Malheiros, 1993. p. 114).

> XII – *é inviolável o sigilo da correspondência e das comunicações telegráficas, de dados e das comunicações telefônicas, salvo, no último caso, por ordem judicial, nas hipóteses e na forma que a lei estabelecer para fins de investigação criminal ou instrução processual penal.*

5.29 Sigilo de correspondência e de comunicação

É inviolável o sigilo da correspondência e das comunicações telegráficas, de dados e das comunicações telefônicas, salvo, no último caso, por ordem judicial, nas hipóteses e na forma que a lei estabelecer para fins de investigação criminal ou instrução processual penal. Ocorre, porém, que apesar de a exceção constitucional expressa referir-se somente à interceptação telefônica, entende-se que *nenhuma liberdade individual é absoluta*, conforme já estudado na primeira parte dessa obra, sendo possível, respeitados certos parâmetros, a interceptação das correspondências e comunicações sempre que as liberdades públicas estiverem sendo utilizadas como instrumento de salvaguarda de práticas ilícitas.

A interpretação do presente inciso deve ser feita de modo a entender que a lei ou a decisão judicial poderão, excepcionalmente, estabelecer hipóteses de quebra das inviolabilidades da correspondência, das comunicações telegráficas e de dados, sempre visando salvaguardar o interesse público e impedir que a consagração de certas liberdades públicas possa servir de incentivo à prática de atividades ilícitas. No tocante, porém, à inviolabilidade das comunicações telefônicas, a própria Constituição Federal antecipou-se e previu os requisitos que deverão, de forma obrigatória, ser cumpridos para o afastamento dessa garantia.

A análise do direito comparado reforça a ideia de relatividade dessas inviolabilidades. O art. 72 da Constituição do Reino da Dinamarca, promulgada em 5-6-1953, expressamente prevê que *qualquer violação do segredo de correspondência postal, telegráfica e telefônica, somente poderá ocorrer, se nenhuma lei justificar uma exceção particular, após decisão judicial*. O art. 12 da Lei Constitucional da Finlândia prevê que *será inviolável o segredo das comunicações postais, telegráficas e telefônicas, salvo as exceções estabelecidas em lei*. Igualmente, o art. 15 da Constituição Italiana prevê que *a liberdade e o segredo da correspondência e de qualquer outra forma de comunicação são invioláveis. Sua limitação pode ocorrer somente por determinação da autoridade judiciária, mantidas as garantias estabelecidas em lei*.

Importante destacar que a previsão constitucional, além de estabelecer expressamente a inviolabilidade das correspondências e das comunicações em geral, implicitamente proíbe o conhecimento ilícito de seus conteúdos por parte de terceiros. O *segredo das correspondências e das comunicações* é verdadeiro princípio corolário das *inviolabilidades* previstas na Carta Maior.

O preceito que garante o sigilo de dados engloba o uso de informações decorrentes da informática. Essa nova garantia, necessária em virtude da existência de uma nova forma de armazenamento e transmissão de informações, deve coadunar-se com as garantias de intimidade, honra e dignidade humanas, de forma a impedir-se as interceptações ou divulgações por meios ilícitos.

Relatividade do sigilo de dados, inclusive do sigilo de correspondência: STF – "Sigilo de dados – Quebra – Indícios – Embora a regra seja a privacidade, mostra-se possível o acesso a dados sigilosos para o efeito do inquérito ou persecução penal e por ordem judicial, ante indícios de prática criminosa" (STF – 1ª T. – HC 89.083 – Rel. Min. Marco Aurélio, decisão: 19-8-2008). **Em relação à relatividade do sigilo de correspondência**: STF: HC 70.814-SP, *DJ* 24-6-1994, STJ: HC 93.874-DF, *DJe* 2-8-2010; STJ – Quinta Turma – HC 203.371/RJ – Rel. Min. Laurita Vaz, julgado em 3-5-2012.

Invasão domiciliar e desrespeito ao sigilo de correspondência: STF: "De que vale declarar a Constituição que 'a casa é o asilo inviolável do indivíduo' (art. 5º, XI) se moradias são invadidas por policiais municiados de mandados que consubstanciem verdadeiras cartas brancas, mandando com poderes de a tudo devassar, só porque o habitante é suspeito de crime? (...) Esses mandados ordinariamente autorizam a apreensão de computadores, nos quais fica indelevelmente gravado tudo quanto respeite à intimidade das pessoas e possa vir a ser, quando e se oportuno, no futuro, usado contra quem se pretenda atingir. De que vale a Constituição dizer que 'é inviolável o sigilo da correspondência' (art. 5º, XII) se ela, mesmo eliminada ou 'deletada', é neles encontrada? E a apreensão de toda a sorte de coisas, o que eventualmente privará a família do acusado da posse de bens que poderiam ser convertidos em recursos financeiros com os quais seriam eventualmente enfrentados os tempos amargos que se seguem a sua prisão. A garantia constitucional da pessoalidade da pena (art. 5º, XLV) para nada vale quando esses excessos tornam-se rotineiros" (STF – Pleno – HC 95.009 – Rel. Min. Eros Grau, decisão: 6-11-2008).

Inviolabilidade das correspondências e Lei das Execuções Penais: STF – "Carta de presidiário interceptada pela administração penitenciária – Possibilidade excepcional e desde que respeitada a norma do art. 41, parágrafo único da Lei nº 7.210/84 – Inviolabilidade do sigilo epistolar não pode constituir instrumento de salvaguarda de práticas ilícitas" (1ª Turma, HC nº 70.814-5/SP, rel. Min. Celso de Mello, *Diário da Justiça*, Seção I, 24 jun. 1994, p. 16650 – *RT* 709/418).

5.30 Possibilidade de interceptação telefônica

Nos casos de interceptações telefônicas, a própria Constituição Federal, no citado inciso XII, do art. 5º, abriu uma exceção, qual seja, a possibilidade de violação das comunicações telefônicas, desde que presentes três requisitos:

- ordem judicial;
- para fins de investigação criminal ou instrução processual penal;
- nas hipóteses e na forma que a lei estabelecer.

Em relação ao último requisito (*nas hipóteses e na forma que a lei estabelecer*), a doutrina dividia-se sobre a recepção e a possibilidade de utilização do Código de Telecomunicações, enquanto não fosse editada lei regulamentando as interceptações telefônicas, tendo porém o Plenário do Supremo Tribunal Federal, decidindo a questão, afirmado a não recepção do art. 57, II, *e*, da Lei nº 4.117/62 (Código Brasileiro de Telecomunicações), vedando-se qualquer espécie de interceptação telefônica, até edição da legislação exigida constitucionalmente, sob pena de decretar-se a ilicitude da prova por esse meio obtida.

Ressalte-se que o entendimento do Pretório Excelso sobre a impossibilidade de interceptação telefônica, mesmo com autorização judicial, na investigação criminal ou instrução processual penal, *ausente a edição da lei exigida constitucionalmente*, foi mantido até a edição da Lei nº 9.296, de 24-7-1996, quando então a hipótese foi regulamentada.

Constitucionalidade das interceptações telefônicas perante o direito ao silêncio e ao direito à não autoincriminação: STF – "Interceptação telefônica. Ofensa ao direito ao silêncio e à não autoincriminação. Inocorrência. Inteligência do art. 5º, XII, CF. 3.

Acompanhamento de inquérito policial. Parcialidade do Magistrado. Inocorrência. Cumprimento das funções jurisdicionais. 4. Constrangimento não evidenciado" (STF – 2ª T. – HC 103236/ES – rel. Min. Gilmar Mendes, *DJe*-164, 2-9-2010).

Interceptação telefônica e necessidade de lei regulamentadora do inciso XII, do art. 5º, da Constituição Federal: STF – "Prova ilícita: Escuta Telefônica mediante autorização judicial: Afirmação pela maioria da exigência de lei, até agora não editada, para que, nas hipóteses e na forma por ela estabelecidas, possa o juiz, nos termos do art. 5º, XII, da Constituição, autorizar a interceptação de comunicação telefônica para fins de investigação criminal" (Pleno – HC nº 69.912-0/RS – rel. Min. Sepúlveda Pertence, maioria (10 + 1), *Diário da Justiça*, Seção I, 26 nov. 1993, p. 25531/2). No mesmo sentido, cf., ainda: STF – HC nº 74.586-5/SP – medida liminar – rel. Min. Marco Aurélio, *Diário da Justiça*, Seção I, 5 nov. 1996, p. 42605; STF – HC nº 74.639-0/RJ – medida liminar – rel. Min. Marco Aurélio, *Diário da Justiça*, Seção I, 31 out. 1996, p. 42035; STF – HC nº 73.101/SP – rel. p/ Acórdão: Min. Maurício Corrêa.

Necessidade da verificação dos requisitos constitucionais para a decretação da interceptação telefônica: STF – "PROVA – DEFESA – Ante o devido processo legal, cumpre acolher diligência visando a esclarecer a legitimidade de interceptações telefônicas" (STF – 1ª T. – HC 99646/RJ – rel. Min. Marco Aurélio, *DJe*-055, 25-3-2010). **No mesmo sentido, exigindo autorização judicial:** STF – "*HABEAS CORPUS*. PENAL E PROCESSUAL PENAL. INTERCEPTAÇÃO TELEFÔNICA SEM AUTORIZAÇÃO JUDICIAL. INEXISTÊNCIA. COGITAÇÃO. INÉPCIA DA DENÚNCIA. ORDEM CONCEDIDA A CORRÉU NO HC Nº 84.388. PACIENTE DESTE HC EM IDÊNTICA SITUAÇÃO PROCESSUAL. EXTENSÃO. 1. Interceptação telefônica sem autorização judicial (art. 10 da Lei nº 9.296/96), atribuída a corréu. Ausência de descrição da conduta típica. Concessão da ordem no HC nº 84.388/SP para trancar a ação penal, por inépcia da denúncia. 2. Paciente igualmente denunciado com fundamento em trechos de interceptações telefônicas realizadas no curso da "Operação Anaconda", cujas transcrições revelam mera cogitação do crime tipificado no art. 10 da Lei nº 9.296/96. 3. Situações processuais idênticas, no que tange à inépcia da denúncia, impondo-se a extensão da decisão que beneficiou o paciente do *Habeas Corpus* nº 84.388/SP. Ordem concedida" (STF – 2ª T. – HC 85360/SP – rel. p/Acórdão Min. Eros Grau, *DJe*-176, 17-9-2009).

Necessidade de fundamentação da decisão judicial que decreta interceptação telefônica e suas renovações: STF – "É lícita a interceptação telefônica, determinada em decisão judicial fundamentada, quando necessária, como único meio de prova, à apuração de fato delituoso" (STF – Pleno – Inq. 2.424 – Rel. Min. Cezar Peluso, decisão: 26-11-2008); STF – "Não há nulidade na decisão, que, embora sucinta, apresenta fundamentos essenciais para a decretação da quebra do sigilo telefônico, ressaltando, inclusive que o *modus operandi* dos envolvidos 'dificilmente' poderia 'ser esclarecido por outros meios'" (STF – 1ª T. – HC 94.028 – Rel. Min. Cármen Lúcia, decisão: 22-4-2009). **Conferir, no mesmo sentido:** STF – HC 103418/PE – Rel. Min. Dias Toffoli – *Informativo STF* nº 648; STJ – 5ª T. – HC 104005/RJ – Rel. Min. Jorge Mussi, decisão: 8-11-2011. **Nesse sentido**, entendeu nossa Corte Suprema não configurar decisão devidamente fundamentada aquela em que o Juiz não aponta fatos concretos que justifiquem sua real necessidade, optando, apenas por se "reportar aos argumentos deduzidos pelo Ministério Público" (STF – 2ª T. – HC 96056/PE – Rel. Min. Gilmar Mendes, decisão: 28-6-2011).

Indispensabilidade da interceptação telefônica como meio de prova: STF – "É lícita a interceptação telefônica, determinada em decisão judicial fundamentada, quando necessária, como único meio de prova, à apuração de fato delituoso" (STF – 2ª T. – HC nº 105.527/DF – Rel. Min. Ellen Gracie, *DJe* de 13-5-11). **Conferir, ainda:** STF – 1ª T. – HC 94.028 – Rel. Min. Cármen Lúcia, decisão: 22-4-2009; STF – Pleno – Inq. 2.424 – Rel. Min. Cezar Peluso, decisão: 26-11-2008. **Conforme decidiu o Superior Tribunal de Justiça:** STJ – "O pedido de interceptação telefônica não pode ser a primeira providência investigatória realizada pela autoridade policial. *In casu*, ao formular o pedido de quebra do sigilo telefônico, a autoridade policial descreveu quais eram os ilícitos que estariam sendo praticados, quais tipos de pessoas integravam a organização criminosa, bem como qual era a sua forma de atuação no cometimento dos crimes. Ficou evidenciado que a quebra do sigilo telefônico não foi a primeira medida efetivada pela autoridade policial. Pelo contrário, tal providência teve suporte em elementos já colhidos que demonstravam que as investigações em curso levantaram indícios da prática criminosa e apontavam para a imprescindibilidade do deferimento da medida excepcional, segundo o disposto no art. 2º da Lei nº 9.296/1996. Precedentes citados: HC 85.502-SP, *DJe* 9-5-2011, e HC 43.234-SP, *DJe* 21-5-2011" (STJ – 6ª T – **HC 130.054-PE, Rel. Min. Sebastião Reis Júnior, julgado em 7-2-2012**).

Interceptação telefônica no Superior Tribunal de Justiça e estrita observância aos requisitos da Lei nº 9.296/96: STJ – "A medida foi realizada nos estreitos moldes determinados na Lei nº 9.296/96, porque determinada pelo Juiz a requerimento da autoridade policial, na investigação policial (art. 3º, I); foi demonstrada a necessidade de sua realização à apuração da infração penal; foi determinada pelo prazo legal de 15 dias, prorrogada por igual período através da comprovação de sua indispensabilidade como meio de prova. IV. A interceptação correu em autos apartados, conforme determina o art. 8º da Lei nº 9.296/96, e posteriormente apensados aos autos do inquérito policial, afastando a alegação de sua irregularidade" (STJ – 5ª T. – RHC 19789/RS – rel. Min. Gilson Dipp, *Diário da Justiça*, Seção I, 5 fev. 2007, p. 263). **Nesse mesmo sentido, decidiu o Ministro Hamilton Carvalhido**, "não há falar em prova ilícita decorrente da interceptação telefônica realizada pela Polícia Federal, eis que, como assentado no acórdão impugnado, o foi mediante autorização judicial para prova em investigação criminal, fundada em indícios razoáveis da participação do paciente na organização criminosa, 'ressalvando-se ainda, a imprescindibilidade do meio de prova ora questionado até à dimensão do delito apurado', à luz do art. 1º da Lei nº 9.296, de 24 de julho de 1996, que regulamentou o art. 5º, XII, parte final, da Constituição Federal" (STJ – 6ª T. – HC 50.365/SP – rel. Min. Hamilton Carvalhido, *Diário da Justiça*, Seção I, 19 mar. 2007, p. 395). **Igualmente, destacou o Ministro Hélio Quaglia Barbosa:** "São lícitas as interceptações telefônicas efetuadas no decorrer da investigação criminal e autorizadas pela autoridade judicial, com base nos fortes indícios da participação do paciente e demais co-réus na empreitada criminosa" (STJ – 6ª T. – HC nº 49.682/SP, rel. Min. Hélio Quaglia Barbosa). **Conferir ainda:** STJ – "As interceptações e gravações telefônicas ocorreram por determinação judicial e perduraram pelo tempo necessário à elucidação dos fatos delituosos, revestidos de complexidade e envolvendo organização criminosa, com o que não se violou a Lei nº 9.296/96 (art. 10)" (STJ – 6ª T. – HC nº 34.008/SP, rel. Min. José Arnaldo da Fonseca, *Diário da Justiça*, Seção I, 25 abril 2004). **No mesmo sentido:** STJ – 5ª T. – HC nº 60.776/RJ – rel. Min. Laurita Vaz, *Diário da Justiça*, Seção I, 12 mar. 2007, p. 278; STJ – 6ª T. – HC nº 50.319/SP, rel. Min. Felix Fischer, *Diário da Justiça*, Seção I, 1º ago. 2006; STJ – 6ª T. – HC nº 34.008/SP, rel. Min. José Arnaldo da Fonseca, *Diário da Justiça*, Seção I, 25 abr. 2004. **Diversa será a**

hipótese de interceptação telefônica sem autorização judicial, onde flagrante será a ilicitude da prova. A 6ª Turma do Superior Tribunal de Justiça, seguindo a jurisprudência amplamente dominante tanto no Supremo Tribunal Federal, quanto no próprio STJ, entende inadmissível a utilização de prova obtida através de interceptação telefônica sem autorização judicial como se verifica no julgamento do RMS nº 5.352/GO, onde decidiu, em caso gravíssimo (a esposa para facilitar seu caso espúrio ministrava "Lexotan" às suas duas filhas menores) pelo desentranhamento de prova obtida através de interceptação telefônica realizada pelo marido traído, de conversa de sua esposa com amante (rel. Min. Luiz Vicente Cernicchiaro, *Diário da Justiça*, 25 nov. 1996, p. 46227), concluindo que "ainda que impulsionado por motivo relevante, acabou por violar a intimidade individual de sua esposa, direito garantido constitucionalmente". Excepcionalmente, porém, a 6ª Turma admitiu essa prova ilícita, aplicando-se o critério da proporcionalidade, tendo afirmado que "Réu condenado por formação de quadrilha armada, que se acha cumprindo pena em penitenciária, não tem como invocar direitos fundamentais próprios do homem livre para desentranhar prova (decodificação de fita magnética) feita pela polícia. O inciso LVI do art. 5º da Constituição que fala que '*são inadmissíveis... as provas obtidas por meio ilícito*', não tem conotação absoluta. Há sempre um substrato ético a orientar o exegeta na busca de valores maiores na construção da sociedade" (STJ – 6ª T. – RMS nº 6.129/RJ – rel. Min. Adhemar Maciel, *Diário da Justiça*, Seção I, 12 ago. 1996, p. 27942).

Interceptação telefônica – Prova emprestada – Processo disciplinar: STF – "(...) 1. A medida pleiteada pelo Conselho de Ética e Decoro Parlamentar da Câmara dos Deputados se mostra adequada, necessária e proporcional ao cumprimento dos objetivos do § 2º do art. 55 da Constituição Federal de 1988. 2. Possibilidade de compartilhamento dos dados obtidos mediante interceptação telefônica, judicialmente autorizada, para o fim de subsidiar apurações de cunho disciplinar. Precedente específico: Segunda Questão de Ordem no Inquérito 2.424 (Ministro Cezar Peluso). 3. Questão de Ordem que se resolve no sentido do deferimento da remessa de cópia integral dos autos ao Sr. Presidente do Conselho de Ética e Decoro Parlamentar da Câmara dos Deputados, a quem incumbirá a responsabilidade pela manutenção da cláusula do sigilo de que se revestem as informações fornecidas" (STF – Pleno – Quest. Ord. E, Inq. 2.725/SP – rel. Min. Carlos Britto, j. 25-6-2008).

Não cabimento de *habeas corpus* preventivo para evitar eventual autorização judicial para interceptação telefônica: STF – "Entendeu-se que *habeas corpus* era meio processual inadequado aos fins pretendidos, uma vez que se buscava preservar e proteger o direito à intimidade dos advogados e seus eventuais clientes sem que houvesse a necessária conexão com a tutela da liberdade de locomoção física dos pacientes" (STF – Pleno – agravo regimental – HC nº 83966 – Rel. Min. Celso de Mello, decisão: 23 jun. 2004, *Informativo STF* nº 353, p. 1).

Impossibilidade de interceptação telefônica em procedimento extradicional: STF – "Extradição. Prisão Cautelar decretada. Interceptação telefônica pretendida pela autoridade policial para efeito de execução do mandado de prisão. Hipótese que não se ajusta às exceções taxativamente previstas na Constituição. O súdito estrangeiro, embora submetido a processo extradicional, não se despoja da sua condição de sujeito de direitos e de titular de garantias constitucionais plenamente oponíveis ao Estado brasileiro. Pedido de interceptação indeferido" (STF – Pleno – Extr. 1.021-2/República Francesa – rel. Min. Celso de Mello, decisão: 6-3-2007 e *Informativo STF* nº 458).

5.31 Lei nº 9.296, de 24-7-1996 – Interceptações telefônicas

A Lei nº 9.296, de 24-7-1996, foi editada para regulamentar o inciso XII, parte final do art. 5º, da Constituição Federal, determinando que a interceptação de comunicações telefônicas, de qualquer natureza, para prova em investigação criminal e em instrução processual penal, dependerá de ordem do juiz competente da ação principal, sob segredo de justiça, aplicando-se, ainda, à interceptação do fluxo de comunicações em sistemas de informática e telemática, cessando assim a discussão sobre a possibilidade ou não deste meio de prova, e, consequentemente, sobre sua licitude, *desde que realizado após a edição da lei, que não contém efeito retroativo*.

A citada lei vedou a realização de interceptação de comunicações telefônicas quando não houver indícios razoáveis da autoria ou participação em infração penal ou a prova puder ser feita por outros meios disponíveis, consagrando a necessidade da presença do *fumus boni iuris*, pressuposto exigível para todas as medidas de caráter cautelar (FERNANDES, Antonio S. Interceptações telefônicas: aspectos processuais da lei. *Boletim IBCCRIM*, São Paulo, ago. 1996, nº 45, p. 15), afirmando Antonio Magalhães Gomes Filho que deve ser perquirida a exclusividade deste meio de prova, "diante da forma de execução do crime, da urgência na sua apuração, ou então da excepcional gravidade da conduta investigada, a ponto de justificar-se a intromissão" (A violação do princípio da proporcionalidade pela Lei nº 9.296/96. *Boletim IBCCRIM*, São Paulo, ago. 1996, nº 45, p. 14).

Importante ressaltar, ainda, que somente será possível a autorização para a interceptação quando o fato investigado constituir infração penal punida com *reclusão*, o que, entendemos, não desautoriza a utilização, como meio de prova, de eventuais gravações relacionadas com crimes apenados com detenção, desde que conexos como o objeto principal da investigação e obtidas no mesmo procedimento.

Nesse sentido, importante lição do Ministro Nelson Jobim, que, ao questionar – "Não é possível a utilização de procedimento legal e legítimo de interceptação telefônica já executada para demonstrar a presença de novos crimes conexos aos primeiros?" –, conclui que "se a escuta telefônica – repito, executada de forma legal – acabou por trazer novos elementos probatórios de outros crimes que não geraram o pleito das gravações, especialmente quando são conexos, podem e devem ser levados em consideração. De outra forma, nunca seria possível a interceptação telefônica para a investigação de crimes apenados com reclusão quando forem estes conexos com crimes punidos com detenção" (STF – Pleno – HC nº 83515/RS – Rel. Min. Nelson Jobim, *Informativo STF* nº 365).

Assim, a partir da edição da citada lei, fixando as hipóteses e a forma para a interceptação das comunicações telefônicas, a mesma poderá ser determinada pelo juiz, de ofício ou a requerimento da autoridade policial (somente na investigação criminal) ou do representante do Ministério Público (tanto na investigação criminal, quanto na instrução processual penal), sempre descrevendo-se com clareza a situação objeto da investigação, inclusive com a indicação e qualificação dos investigados, salvo impossibilidade manifesta, devidamente justificada.

Feito o pedido de interceptação de comunicação telefônica, que conterá a demonstração de que a sua realização é necessária à apuração de infração penal e a indicação dos meios a serem empregados, o juiz terá o prazo máximo de vinte e quatro horas para decidir, indicando também a forma de execução da diligência, que não poderá exceder o prazo de quinze dias, renovável por igual tempo, uma vez comprovada a indispensabilidade do meio de prova. Haverá autuação em autos apartados, preservando-se o sigilo das diligências, gravações e transcrições respectivas.

Entendemos, melhor refletindo sobre o tema, que há circunstâncias onde a indispensabilidade desse meio de prova possibilitará sucessivas renovações (por exemplo: combate ao tráfico ilícito de entorpecentes), desde que, a cada nova renovação o magistrado analise detalhadamente a presença dos requisitos e a razoabilidade da manutenção dessa medida devastadora da intimidade e privacidade, sob pena de inversão dos valores constitucionais.

Haverá autuação em autos apartados, preservando-se o sigilo das diligências, gravações e transcrições respectivas.

Como observado pelo Ministro Luiz Vicente Cernicchiaro, a lei adotou o sistema de verificação prévia da legalidade condicionando a interceptação à autorização judicial, ressaltando porém que "melhor seria se a lei houvesse optado, como exceção, pelo sistema da verificação posterior da legalidade. Em outras palavras, a autoridade policial e o representante do Ministério Público poderiam tomar a iniciativa; concluída a diligência encaminhariam-na ao magistrado; se não contivesse vício e fosse pertinente, seria anexada aos autos. Caso contrário, destruída, implicando eventual responsabilidade criminal. Nessa direção, o moderno Código de Processo Penal da Itália (art. 267.2). Com efeito a prova é caracterização de um fato; poderá ser passageiro. O crime não tem hora marcada. Acontece a qualquer momento, mesmo fora do expediente Judiciário. Se não for tomada medida imediata, perderá importância. Não creio que a autorização verbal (art. 4º, § 1º) possa cobrir todas as hipóteses" (Lei nº 9.296/96 – Interceptação telefônica. *Boletim IBCCRIM*. São Paulo, ago. 1996, nº 45, p. 14).

A diligência será conduzida pela autoridade policial, que poderá requisitar auxílio aos serviços e técnicos especializados às concessionárias de serviço público, sempre com prévia ciência do Ministério Público, que poderá acompanhá-la, se entender necessário. Caso houver possibilidade de gravação da comunicação interceptada, será determinada a sua transcrição, encaminhando-se ao juiz competente, acompanhada com o devido auto circunstanciado, que deverá conter o resumo das operações realizadas.

Após o término da diligência, a prova colhida permanecerá em segredo de Justiça, devendo então, caso já haja ação penal, ser possibilitado ao defensor sua análise, em respeito aos princípios do devido processo legal, contraditório e ampla defesa. Ressalte-se que a natureza da diligência impede o conhecimento anterior do investigado e de seu defensor, pois, como ressalta Antonio Scarance Fernandes, "obviamente, se informado o réu ou o investigado, nunca iria ele efetuar qualquer comunicação comprometedora. O *contraditório será deferido*, garantindo-se, após a gravação e transcrição, ao investigado e ao acusado o direito de impugnar a prova obtida e oferecer contraprova" (Op. cit. p. 16). Desta forma, a produção dessa espécie de prova em juízo está em plena consonância com o princípio do contraditório e da ampla defesa, permitindo-se à defesa impugná-la amplamente.

Ressalte-se, por fim, que não haverá possibilidade de interceptação da comunicação telefônica entre o acusado e seu defensor, pois o sigilo profissional do advogado, no exercício da profissão, é garantia do próprio devido processo legal. A interceptação somente será possível se o advogado estiver envolvido na atividade criminosa, pois nesta hipótese não estará atuando como defensor, mas como participante da infração penal.

A Resolução nº 59, de 9-9-2008, editada pelo Conselho Nacional de Justiça disciplinou e uniformizou as rotinas visando ao aperfeiçoamento do procedimento de interceptação de comunicações telefônicas e de sistemas de informática e telemática nos órgãos jurisdicionais do Poder Judiciário.

Excepcionalmente entendemos que se admite a possibilidade de gravação clandestina com autorização judicial, mesmo ausente lei específica que regulamente o assunto, observado o princípio da razoabilidade, apesar de entender o Supremo Tribunal Federal que não se exige a cláusula constitucional de reserva de jurisdição nessas hipóteses.

A Lei nº 13.964/2019 acrescentou dispositivos legais à Lei nº 9.296/96, permitindo que, nas investigações ou instruções criminais, o juiz autorize, a requerimento da autoridade policial ou do Ministério Público, a captação ambiental de sinais eletromagnéticos, ópticos ou acústicos, quando (a) a prova não puder ser feita por outros meios disponíveis e igualmente eficazes; e (b) houver elementos probatórios razoáveis de autoria e participação em infrações criminais cujas penas máximas sejam superiores a 4 (quatro) anos ou em infrações penais conexas.

A lei exige que o requerimento descreva circunstanciadamente o local e a forma de instalação do dispositivo de captação ambiental, que não poderá exceder o prazo de 15 (quinze) dias, renovável por decisão judicial por iguais períodos, se comprovada a indispensabilidade do meio de prova e quando presente atividade criminal.

Irretroatividade da Lei nº 9.296/96: STF – "É ilícita a prova produzida mediante escuta telefônica autorizada por magistrado, **antes do advento da Lei nº 9.296, de 24-7-96**, que regulamentou o art. 5º, XII, da Constituição Federal; são igualmente ilícitas, por contaminação, as dela decorrentes: aplicação da doutrina norte-americana dos *frutos da árvore venenosa*" (2ª T. – HC nº 74.116/SP – rel. Min. Néri da Silveira, *Diário da Justiça*, Seção I, 14 mar. 1997, p. 6903).

Juízo competente para decretação de interceptação telefônica: Nos termos do art. 1º da Lei nº 9.296/96, a interceptação telefônica dependerá de *ordem do juiz competente para a ação principal*. Essa regra, porém, deve ser interpretada em consonância com as demais normas de competência, seja de natureza constitucional, seja de natureza infraconstitucional, de maneira a permitir – sem que tenha havido violação ou fraude ao princípio do juízo natural – a aceitação das provas produzidas por ordem de juiz, que, *futuramente, demonstrou-se incompetente para a ação principal*. O Superior Tribunal de Justiça consagra a necessidade de respeito ao princípio do juízo natural nas decretações de interceptação telefônica ("Somente o juiz natural da causa, a teor do disposto no art. 1º, Lei nº 9.296/96, pode, sob segredo de justiça, decretar a interceptação de comunicações telefônicas" – STJ – 5ª T. – HC nº 49.179/RS – rel. Min. Laurita Vaz, *Diário da Justiça*, Seção I, 30 out. 2006, p. 341), tendo, porém, relativizado a regra de competência prevista no art. 1º da Lei nº 9.296/96, autorizando a interceptação telefônica por juiz diverso do juiz competente para a ação principal, **tanto na hipótese de tratar-se de medida cautelar** ("Não é ilícita a interceptação telefônica autorizada por juízo diverso do competente para a ação principal, quando deferida como medida cautelar, realizada no curso da investigação criminal" – STJ – 5ª T. – RHC 20026/SP – rel. Min. Félix Fischer, *Diário da Justiça*, Seção I, 26 fev. 2007, p. 616); **quanto na hipótese de alteração futura declinação de competência** ("Verificada a ocorrência de roubos na comarca de Porto Alegre/RS, os autos do Inquérito Policial foram para lá remetidos. Essa declinação de competência não tem o condão de invalidar as interceptações requeridas pelo Juízo anterior, pois na fase em que a medida foi autorizada, nada se sabia a respeito de eventuais delitos ocorridos em outra Comarca" – STJ – 5ª T. – RHC 19789/RS – rel. Min. Gilson Dipp, *Diário da Justiça*, Seção I, 5 fev. 2007, p. 263).

Interceptação telefônica e contraditório diferido: STF – "O direito do indiciado, por seu advogado, tem por objeto as informações já introduzidas nos autos do inquérito, não as relativas à decretação e às vicissitudes da execução de diligências em curso (cf. L. 9296, atinente às interceptações telefônicas, de possível extensão a outras diligências); dispõe, em consequência a autoridade policial de meios legítimos para obviar inconvenientes que o conhecimento pelo indiciado e seu defensor dos autos do inquérito policial possa acarretar à eficácia do procedimento investigatório" (STF – 1ª T. – HC nº 90.232/AM – rel. Min. Sepúlveda Pertence, *Diário da Justiça*, Seção I, 2 mar. 2007, p. 38); STF – "O sistema normativo brasileiro assegura, ao Advogado regularmente constituído pelo indiciado (ou por aquele submetido a atos de persecução estatal), o direito de pleno acesso aos autos de investigação penal, mesmo que sujeita a regime de sigilo (necessariamente excepcional), limitando-se, no entanto, tal prerrogativa jurídica, às provas já produzidas e formalmente incorporadas ao procedimento investigatório, excluídas, consequentemente, as informações e providências investigatórias ainda em curso de execução e, por isso mesmo, não documentadas no próprio inquérito" (STF – HC nº 87.725/DF – rel. Min. Celso de Mello, *Diário da Justiça*, Seção I, 2 fev. 2007, p. 167). **Conferir ainda**: STF – HC nº 89.930/PR – rel. Min. Carmen Lúcia, *Diário da Justiça*, Seção I, 13 nov. 2006, p. 75; STF – HC nº 88.190/RJ – MC – rel. Min. Cezar Peluso, *Diário da Justiça*, Seção I, 3 ago. 2006, p. 29; STF – 1ª T. – HC nº 87.827/RJ – rel. Min. Sepúlveda Pertence, *Diário da Justiça*, Seção I, 23 junho 2006, p. 53; STF – HC nº 86.058/PR – MC – rel. Min. Celso de Mello, *Diário da Justiça*, Seção I, 30 jun. 2005, p. 145; STF – HC nº 85.228/ES – MC – rel. Min. Cezar Peluso, *Diário da Justiça*, Seção I, 10 fev. 2005, p. 1; e STF – 1ª T. – HC nº 82.354/PR – rel. Min. Sepúlveda Pertence, *Diário da Justiça*, Seção I, 24 set. 2004, p. 42. **No mesmo sentido**: STJ – "Conforme recente orientação firmada pelo Pretório Excelso, não se pode negar o acesso do advogado constituído, aos autos de procedimento investigatório, ainda que nele decretado o sigilo. Contudo, tal prerrogativa não se estende a atos que por sua própria natureza não dispensam a mitigação da publicidade, como v. g. a futura realização de interceptações telefônicas, que, por sua vez, não se confundem com o seu resultado (Precedentes do c. STF e desta Corte)" (STJ – 5ª T. – HC nº 67.114/SP – rel. Min. Félix Fischer, *Diário da Justiça*, Seção I, 26 fev. 2007, p. 627). **Defendendo a inconstitucionalidade da ausência de contraditório para a produção dessa espécie de prova**: Roberto Delmanto e Roberto Delmanto Júnior afirmam que "apesar da nova lei estar em aparente consonância com o art. 5º, XII, da CF/88, que permite a violação das comunicações telefônicas *para fins de in-*

vestigação criminal ou instrução processual penal, parece-nos que a interceptação telefônica *durante a instrução judicial* colide com as garantias constitucionais da igualdade (art. 5º, *caput*), do contraditório e da ampla defesa (art. 5º, LV), do direito à lealdade processual (*fair play*), abrangido pela garantia do devido processo legal (art. 5º, LIV), e da própria inviolabilidade do exercício da advocacia (art. 133), esta última no caso de interceptação de comunicação telefônica entre o acusado e seu defensor" (A Permissão Constitucional e a Nova Lei de Interceptação Telefônica. *Boletim IBCCrim* nº 47 – out. 1996, p. 2).

Interceptação telefônica e necessidade de comprovação da indispensabilidade do meio de prova: STF – "A interceptação somente teria sido autorizada após uma série de investigações da polícia e da CPI estadual, instalada para investigar o crime organizado no Estado do Rio Grande do Sul, nas quais se teriam empregado diversos meios de prova que se demonstraram insuficientes para apuração de determinados fatos constantes da denúncia, tendo-se lançado mão da interceptação por ser medida indispensável para esse fim" (STF – Pleno – HC nº 83.515/RS – Rel. Min. Nelson Jobim, *Informativo STF* nº 361, p. 2).

Possibilidade de quebra de sigilo telefônico baseada em denúncia anônima: STF – "A 1ª Turma, por maioria, indeferiu *habeas corpus* no qual se pleiteava o trancamento de investigação ou qualquer persecução criminal iniciada com base exclusivamente em denúncias anônimas. (...). Destacou-se, de início, entendimento da Corte no sentido de que a denúncia anônima, por si só, não serviria para fundamentar a instauração de inquérito policial, mas que, a partir dela, poderia a polícia realizar diligências preliminares para apurar a veracidade das informações obtidas anonimamente e, então, instaurar o procedimento investigatório propriamente dito. Salientou-se que, no caso, a partir de informações obtidas por colaboradores, e, posteriormente, somadas às mencionadas ligações anônimas, policiais – ainda sem instaurar o pertinente inquérito policial – diligenciaram no sentido de apurar as identidades dos investigados e a veracidade das respectivas ocupações funcionais, tendo eles confirmado tratar-se de oficiais de justiça, cujos nomes eram os mesmos fornecidos pelos "denunciantes". Asseverou-se que, somente após essas explicitações, o delegado representara ao Judiciário local pela necessidade de quebra do sigilo telefônico dos investigados, considerando-se, no ponto, que os procedimentos tomados pela autoridade policial estariam em perfeita consonância com a jurisprudência do STF. Registrou-se, ademais, que o juízo monocrático, em informações prestadas, comunicara o devido recebimento da denúncia, porquanto demonstrada a existência da materialidade dos crimes imputados e indícios suficientes de autoria, não sendo o caso de rejeição sumária. Vencido o Min. Marco Aurélio, que deferia o *writ* para trancar a ação penal em curso contra os pacientes. Afirmava estar-se diante de um ato de constrição maior, a afastar a privacidade quanto às comunicações telefônicas, que é inviolável (CF, art. 5º, XII), não se podendo ter a persecução criminal simplesmente considerada denúncia anônima. Frisava que, no caso, simplesmente se buscara saber se aqueles indicados como a beneficiarem, quanto a cumprimento de mandados, delinquentes seriam, ou não, oficiais de justiça. Aduzia ser muito pouco para se chegar a este ato extremo, saindo-se da estaca zero para o ponto de maior constrição, que é o da interceptação telefônica, na medida em que não se investigara coisa alguma. Considerava que, se assim o fosse, bastaria um ofício ao tribunal local para que este informasse sobre a identidade dos oficiais de justiça. Precedente citado: HC 84827/TO (*DJE* de 23-11-2007)" (STF – 1ª T. – HC 95244/PE, rel. Min. Dias Toffoli, 23-3-2010. *Informativo STF* nº 580).

Termo inicial para a interceptação telefônica: STJ – "A Lei nº 9.296/1996, que regula a quebra de sigilo das comunicações telefônicas, estabelece em 15 dias o prazo para duração da interceptação, porém não estipula termo inicial para cumprimento da ordem judicial. No caso, a captação das comunicações via telefone iniciou-se pouco mais de três meses após o deferimento, pois houve greve da Polícia Federal no período, o que interrompeu as investigações. A Turma entendeu que não pode haver delonga injustificada para o começo da efetiva interceptação e deve-se atentar sempre para o princípio da proporcionalidade, mas, na hipótese, sendo a greve evento que foge ao controle direto dos órgãos estatais, não houve violação do mencionado princípio. Assim, a alegação de ilegalidade das provas produzidas, por terem sido obtidas após o prazo de 15 dias, não tem fundamento, uma vez que o prazo é contado a partir do dia em que se iniciou a escuta, e não da data da decisão judicial que a autorizou. Precedente citado: HC 135.771-PE, *DJe* 24-8-2011" (STJ – 6ª T. – HC 113.477-DF, Rel. Min. Maria Thereza de Assis Moura, julgado em 20-3-2012).

Possibilidade de renovação do prazo quinzenal nas interceptações telefônicas: STF – "O art. 5º da Lei 9.296/96 permitiu as renovações sucessivas de prazo quinzenal para a interceptação e as mesmas, no caso, teriam sido deferidas por serem imprescindíveis à elucidação dos fatos, tendo em conta a sua natureza e complexidade, bem como a quantidade de réus envolvidos (...) a Lei 9.296/96 não exigiu que o pedido de renovação fosse precedido da transcrição completa das conversas já interceptadas, o que poderia tornar inexequível a própria investigação, mas de mero relatório circunstanciado da polícia com a explicação do teor das conversas interceptadas e, no caso de pedido de renovação, da necessidade da continuidade das investigações com a utilização desse procedimento, o que teria sido cumprido na espécie" (STF – Pleno – HC nº 83.515/RS – Rel. Min. Nelson Jobim, *Informativo STF* nº 361, p. 2). **Mais recentemente, decidiu o STF que:** "Constitucional. Processual Penal. Interceptação telefônica. Crime de quadrilha, contrabando, falsificação de papéis públicos e lavagem de dinheiro. Eventual ilegalidade da decisão que autorizou a interceptação telefônica e sua prorrogação por 30 (trinta) dias consecutivos. Não ocorrência. Possibilidade de se prorrogar o prazo de autorização para a interceptação telefônica por períodos sucessivos quando a intensidade e a complexidade das condutas delitivas investigadas assim o demandarem. Precedentes. Decisão proferida com a observância das exigências de fundamentação previstas na lei de regência (Lei nº 9.296/96, art. 5º). Trancamento da ação penal. Medida excepcional não demonstrada no caso. Ordem denegada. 1. É da jurisprudência desta Corte o entendimento de ser possível a prorrogação do prazo de autorização para a interceptação telefônica, mesmo que sucessiva, especialmente quando o fato é complexo, a exigir investigação diferenciada e contínua (HC nº 83.515/RS, Tribunal Pleno, Relator o Ministro Nelson Jobim, *DJ* de 4-3-2005). 2. Conforme manifestação ministerial, 'o prazo de 30 dias nada mais é do que a soma dos períodos consignados na representação do delegado, ou seja, 15 dias prorrogáveis por mais 15 dias, em função da quantidade de pessoas investigadas e da complexidade da organização criminosa.' 3. Considerando o entendimento jurisprudencial e doutrinário acerca da possibilidade de se prorrogar o prazo de autorização para a interceptação telefônica por períodos sucessivos, quando a intensidade e a complexidade das condutas delitivas investigadas assim o demandarem, não há que se falar, na espécie, em nulidade da referida escuta, uma vez que foi autorizada pelo Juízo de piso, com a observância das exigências de fundamentação previstas na lei de regência (Lei nº 9.296/96, art. 5º). 4. O trancamento da ação penal na via do *habeas corpus* é medida excepcional, justificando-se quando despontar, fora de dúvida, atipicidade da conduta, causa extintiva da punibilidade ou ausência de indícios de autoria, o que não ocorre na espécie. 5. Ordem denegada. ((STF – 1ª T. – HC 102.601/MS – Rel. Min. Dias Toffoli, decisão: 4-10-2011); **No mesmo sentido**: STF – "(...) 5. PROVA. Criminal. Interceptação telefônica. Prazo legal de autorização. Prorrogações sucessivas. Admissibilidade. Fatos complexos e graves. Necessidade de investigação diferenciada e contínua. Motivações diversas. Ofensa ao art. 5º, *caput*, da Lei nº 9.296/96. Não ocorrência. Preliminar rejeitada. Voto vencido. É lícita a prorrogação do prazo legal de autorização para interceptação telefônica, ainda que de modo sucessivo, quando o fato seja complexo e, como tal, exija investigação diferenciada e contínua" (STF – Pleno – Inq. nº 2424/RJ, Rel. Min. Cezar Peluso, decisão 19 e 20-11-2008). **Conferir ainda**: STF – "Não haver óbice à renovação do pedido por mais de uma vez, já que presentes os pressupostos que conduziram à decretação das mesmas e a devida fundamentação judicial. Asseverou que a questão deveria ser analisada sob o ângulo da razoabilidade, porquanto uma autorização judicial com o prazo limitado de 30 dias não teria nenhuma efetividade em nosso país, considerando o trâmite a ser superado a fim de que a decisão jurisdicional seja cumprida e a complexidade dos delitos que envolvem a investigação" (STF – 2ª T. – HC 84.388/SP – Rel. Min. Joaquim Barbosa – *Informativo STF* nº 367, p. 4). **Conferir ainda**: STF – "A aparente limitação imposta pelo art. 5º da Lei 9.296/1996 não constitui óbice à viabilidade das múltiplas renovações das autorizações" (STF – 2ª T. – HC nº 84.388/SP – Rel. Min. Joaquim Barbosa, *Diário da Justiça*, Seção I, 19 maio 2006, p. 33). **E, ainda**: STF – 2ª T. – HC nº 84.301/SP – Rel. Min. Joaquim Barbosa, *Diário da Justiça*, Seção I, 24 mar. 2006, p. 167. **No mesmo sentido, decidiu o Superior Tribunal de Justiça**: STJ – "as interceptações telefônicas podem ser prorrogadas sucessivas vezes pelo tempo necessário para a produção da prova, especialmente quando o caso for complexo e a prova, indispensável, sem que a medida configure ofensa ao art. 5º, *caput*, da Lei nº 9.296/1996. Sobre a necessidade de fundamentação da prorrogação, esta pode manter-se idêntica à do pedido original, pois a repetição das razões que justificaram a escuta não constitui, por si só, ilicitude. Precedentes citados: RHC 13.274-RS, DJ 29/9/2003; HC 151.415-SC, *DJe* 2-12-2011; HC 134.372-DF, *DJe* 17-11-2011; HC 153.994-MT, *DJe* 13-12-2010; HC 177.166-PR, *DJe* 19-9-2011, e HC 161.660-PR, *DJe* 25-4-2011" (STJ – 5ª T. – **HC 143.805-SP, Rel. originário Min. Adilson Vieira Macabu (Desembargador Convocado do TJRJ), Rel. para o acórdão Min. Gilson Dipp, julgado em 14-2-2012). Analisar, ainda**: STJ – "Provas (licitude). Interceptação telefônica (meio). Prazo (prorrogação). Nulidade (não ocorrência). 1. O prazo de 15 (quinze) dias estabelecido pelo art. 5º da Lei nº 9.296/96 é relativo, podendo a interceptação telefônica ser prorrogada tantas vezes quantas forem necessárias, mediante decisão devidamente fundamentada que demonstre a inequívoca indispensabilidade da prova. 2. No caso, é lícita a prova obtida por meio de interceptação telefônica, realizada durante 6 (seis) meses, pois era providência necessária e foi devidamente autorizada" (STJ – 6ª T. – HC nº 50.193/ES – Rel. Min. Nilson Naves, *Diário da Justiça*, Seção I, 21 ago. 2006, p. 279); STJ – "1. O prazo previsto para a realização de interceptação telefônica é de 15 dias, nos termos do art. 5º da Lei nº 9.296/96. 2. A jurisprudência assente e remansosa aponta, contudo, para a possibilidade de esse prazo ser renovado, quantas vezes for necessário, até que se ultimem as investigações, desde que comprovada a necessidade" (STJ – 5ª T. – HC nº 43.958/SP – Rel. Min. Laurita Vaz, *Diário da Justiça*, Seção I, 12 jun. 2006, p. 507). **Conferir ainda**: STJ – 5ª T. – HC nº 42.220/SP – Rel. Min. Félix Fischer, *Diário da Justiça*, Seção I, 10 abr. 2006, p. 238).

Desnecessidade de inquérito policial para decretação de interceptação telefônica: STF – "Vê-se, de forma literal, que o dispositivo legal (art. 3º, L. 9.296/96) confere aos membros do Ministério Público a prerrogativa de requerer ao Juízo seja determinada a interceptação das comunicações telefônicas indispensáveis à elucidação das infrações penais, tanto nas investigações criminais, bem como no curso da instrução processual penal. É de observar-se que o inciso II do art. 3º da Lei nº 9.296/96 não exige a instauração de inquérito policial para que seja requerida a interceptação telefônica. Basta, sim, que o órgão do Ministério Público julgue necessária a referida interceptação para a formação de seu convencimento durante procedimento de investigação criminal preliminar" (STF – 2ª T. – RE-ED 449206/PR – rel. Min. Carlos Velloso, *Diário da Justiça*, Seção I, 25 nov. 2005, p. 33).

Lei nº 9.296/96 – Interceptação telefônica e ausência de prévia ciência do Ministério Público – análise sobre a ilicitude da prova obtida: STF – "Na linha do art. 6º, *caput*, da L. 9.296/96, a obrigação de cientificar o Ministério Público das diligências efetuadas é prioritariamente da polícia. O argumento da falta de ciência do MP é superado pelo fato de que a denúncia não sugere surpresa, novidade ou desconhecimento do procurador, mas sim envolvimento próximo com as investigações e conhecimento pleno das providências tomadas" (STF – Pleno – HC nº 83.515/RS – rel. Min. Nelson Jobim, *Diário da Justiça*, Seção I, 4 mar. 2005, p. 11). **Em sentido diverso, porém anteriormente ao decidido pelo STF, entendeu a Procuradoria-Geral de Justiça de São Paulo a necessidade da prévia ciência, excluindo a prova obtida no inquérito policial, por ilicitude** (Protocolado nº 36.386/98 – Art. 28 – CPP – IP nº 79/98 – *DOE*, Seção I, 24 jul. 1998, p. 43).

Interceptação telefônica e CPI: STF – "(...) Comissão parlamentar de inquérito não tem poder jurídico de, mediante requisição, a operadoras de telefonia, de cópias de decisão nem de mandado judicial de interceptação telefônica, quebrar sigilo imposto a processo sujeito a segredo de justiça. Este é oponível a comissão parlamentar de inquérito, representando expressiva limitação aos seus poderes constitucionais" (STF – MS 27.483-REF-MC, rel. Min. Cezar Peluso, j. 14-8-2008, Plenário, *DJE* de 10-10-2008.)

5.31.1 Excepcionalidade na utilização dos dados obtidos mediante interceptação telefônica fora das hipóteses restritas de sua decretação: limitação subjetiva (descoberta de novos partícipes), limitações objetivas ("crime-achado" e investigações diversas) e prova emprestada

Não raras vezes, são decretadas interceptações telefônicas pela autoridade judicial competente para a investigação de fato certo, tipificado pela lei penal como crime apenado com reclusão, e, no curso de sua efetivação, outras infrações penais são descobertas ("crime-achado"), inclusive em relação a outros autores e partícipes, ou mesmo acabam sendo produzidas provas em relação a outras investigações já em andamento.

A interpretação das *limitações subjetivas* e *objetivas* na obtenção de provas mediante a autorização judicial para interceptações telefônicas deve visar garantir a efetividade da proteção aos direitos fundamentais consagrados no texto constitucional, em especial a intimidade, vida privada, sigilo das comunicações telefônicas; além da inadmissibilidade das provas obtidas por meios ilícitos.

Enquanto entendo inexistir obstáculos à possibilidade de utilização das provas obtidas em relação às pessoas diversas dos investigados, porém que participaram da ação criminosa, mesmo que, em face dessa participação, haja deslocamento de competência (como, por exemplo, na hipótese da descoberta de participação criminosa de detentor de foro especial em razão da função), em relação ao denominado "crime-achado", ou seja, àquela infração penal desconhecida e, portanto, até aquele momento não investigada, entendo que deva existir maiores cuidados na aceitação da prova obtida, sob pena de excessiva relativização do inciso XII, do art. 5º do texto constitucional e, consequentemente, de afastamento da proteção prevista no inciso LVI, do art. 5º (inadmissibilidade das provas obtidas por meios ilícitos).

Na hipótese de o "crime-achado" ser conexo com o crime objeto principal da investigação, descabível seria a decretação da ilicitude da prova, independentemente de o mesmo ser apenado com reclusão ou detenção.

Nas demais hipóteses, como regra, para a preservação das liberdades públicas consagradas constitucionalmente, a prova obtida mediante interceptação telefônica em relação à infração penal diversa daquela investigada somente deverá ser considerada lícita se, além de presentes todos os requisitos constitucionais e legais na decretação da interceptação telefônica original, não se verificar nenhuma hipótese de desvio de finalidade ou mesmo simulação ou fraude para obtenção da mesma, como, por exemplo, a realização de um simulacro de investigação em crime apenado com reclusão somente para obtenção de ordem judicial decretando interceptação telefônica, porém, com o claro objetivo de descobrir e produzir provas em crimes apenados com detenção, ou ainda, para produção de provas a serem, posteriormente, utilizadas em processos civil ou administrativo-disciplinar.

A mesma interpretação deve ser dada à obtenção de prova – via interceptação telefônica – em relação à infração penal investigada em outro procedimento. Presentes todos os requisitos constitucional e legalmente exigidos e ausentes desvio de finalidade, simulação ou fraude para obtenção da prova (como por exemplo: mediante negativa da autoridade judicial competente para decretação de interceptação telefônica em determinada investigação simula-se outra investigação perante outro juízo e contra outras pessoas, com o claro propósito de obter a prova anteriormente negada pelo juiz competente), plenamente aceitável sua utilização no processo, pois inexistente a intenção de ferimento aos direitos fundamentais consagrados constitucionalmente.

Esse mesmo raciocínio deverá ser utilizado no tocante à possibilidade de utilização no processo civil ou administrativo – como prova emprestada – de dados obtidos por meio de interceptação telefônica regularmente determinada pela autoridade judicial no curso de investigação criminal ou instrução processual penal, cuja impossibilidade somente deverá existir quando verificado o desvio de finalidade, a simulação ou a fraude no curso da investigação, no sentido de burlar a vedação constitucional de decretação de interceptações telefônicas no processo civil ou administrativo.

O STF decidiu pela plena licitude de compartilhamento de prova produzida por meio de interceptação telefônica, autorizada em outra investigação, para crimes diversos (HC 128102/SP).

Interceptação telefônica e "crime-achado", apenado com detenção, conexos com o objeto da investigação criminal: STF – "A interceptação teria sido realizada de forma legal e legítima para apuração de crimes puníveis com reclusão. Dessa forma, os elementos probatórios levantados a partir desse procedimento em relação a outros crimes conexos puníveis com detenção poderiam e deveriam ser levados em consideração para fundamentar denúncia quanto a estes, sob pena de se inviabilizar a interceptação telefônica para a investigação de crimes apenados com reclusão quando estes forem conexos com crimes punidos com detenção" (STF – Pleno – HC nº 83.515/RS – rel. Min. Nelson Jobim, *Informativo STF* nº 361, p. 2). **Mais recentemente, decidiu o STF que:** "(...) 5. PROVA. Criminal. Interceptação telefônica. Prazo legal de autorização. Prorrogações sucessivas. Admissibilidade. Fatos complexos e graves. Necessidade de investigação diferenciada e contínua. Motivações diversas. Ofensa ao art. 5º, *caput*, da Lei nº 9.296/96. Não ocorrência. Preliminar rejeitada. Voto vencido. É lícita a prorrogação do prazo legal de autorização para interceptação telefônica, ainda que de modo sucessivo, quando o fato seja complexo e, como tal, exija investigação diferenciada e contínua" (STF – Pleno – Inq. 2424/RJ – rel. Min. Cezar Peluso, decisão 19 e 20-11-2008). **Conferir, ainda:** STJ – "Afasta-se a hipótese de não cabimento das interceptações telefônicas no presente caso – que teriam sido realizadas a partir da ocorrência de delito de ameaça (enquadrada na exceção do inciso III do art. 2º da lei 9.296/96) – se consta do próprio inquérito policial que o mesmo instaurado com vistas à apuração dos delitos de crimes de quadrilha, receptação, roubo qualificado e outros" (STJ – 5ª T. – RHC 19.789/RS – rel. Min. Gilson Dipp, *Diário da Justiça*, Seção I, 5 fev. 2007, p. 263).

Interceptação telefônica e limitação subjetiva: Conforme decidiu o STF, a "autorização para interceptação telefônica abrange a participação de qualquer interlocutor nos fatos objeto da apuração, não havendo, portanto, limitação subjetiva quanto à utilização da prova obtida mediante tal procedimento" (STF – MS nº 24.464/DF – rel. Min. Ellen Gracie, *Diário da Justiça*, Seção I, 5 mar. 2003, p. 27).

Interceptação telefônica e limitação subjetiva com alteração de competência: STJ – "Não é ilícita a interceptação telefônica autorizada por juízo diverso do competente para a ação principal, quando deferida como medida cautelar, realizada no curso da investigação criminal" (STJ – 5ª T. – RHC 20026/SP – rel. Min. Félix Fischer, *Diário da Justiça*, Seção I, 26 fev. 2007, p. 616); STJ – "Verificada a ocorrência de roubos na comarca de Porto Alegre/RS, os autos do Inquérito Policial foram para lá remetidos. Essa declinação de competência não tem o condão de invalidar as interceptações requeridas pelo Juízo anterior, pois na fase em que a medida foi autorizada, nada se sabia a respeito de eventuais delitos ocorridos em outra Comarca" (STJ – 5ª T. – RHC 19.789/RS – rel. Min. Gilson Dipp, *Diário da Justiça*, Seção I, 5 fev. 2007, p. 263).

Interceptação telefônica e limitação objetiva: STJ – "A captação de conversas telefônicas obtidas dentro dos padrões legais, mesmo que aclarando realidade nova, pode sustentar uma persecução autônoma, ainda mais quando o seu conteúdo se mostrar fiel ao transcurso da investigação originária. Inteligência do art. 5º, inciso XII, da Constituição Federal, bem assim, da Lei nº 9.296/96" (STJ – Corte Especial – Apn. 425/ES

– Ação Penal – rel. Min. José Arnaldo da Fonseca, *Diário da Justiça*, Seção I, 15 maio 2006, p. 141).

Possibilidade de utilização de material obtido mediante interceptação telefônica para investigação criminal ou instrução processual penal como prova emprestada nos processos disciplinar e civil: STF – "PROVA EMPRESTADA. Penal. Interceptação telefônica. Escuta ambiental. Autorização judicial e produção para fim de investigação criminal. Suspeita de delitos cometidos por autoridades e agentes públicos. Dados obtidos em inquérito policial. Uso em procedimento administrativo disciplinar, contra outros servidores, cujos eventuais ilícitos administrativos teriam despontado à colheita dessa prova. Admissibilidade. Resposta afirmativa a questão de ordem. Inteligência do art. 5º, inc. XII, da CF, e do art. 1º da Lei federal nº 9.296/96. Precedente. Voto vencido. Dados obtidos em interceptação de comunicações telefônicas e em escutas ambientais, judicialmente autorizadas para produção de prova em investigação criminal ou em instrução processual penal, podem ser usados em procedimento administrativo disciplinar, contra a mesma ou as mesmas pessoas em relação às quais foram colhidos, ou contra outros servidores cujos supostos ilícitos teriam despontado à colheita dessa prova" (STF – Pleno – Inq. 2424 – QO – rel. Min. Cezar Peluso, decisão: 20 junho 2007). **No mesmo sentido:** STF – " INTERCEPTAÇÃO TELEFÔNICA LICITAMENTE CONDUZIDA. ENCONTRO FORTUITO DE PROVA DA PRÁTICA DE CRIME PUNIDO COM DETENÇÃO. LEGITIMIDADE DO USO COMO JUSTA CAUSA PARA OFERECIMENTO DE DENÚNCIA. AGRAVO REGIMENTAL DESPROVIDO. 1. O Supremo Tribunal Federal, como intérprete maior da Constituição da República, considerou compatível com o art. 5º, XII e LVI, o uso de prova obtida fortuitamente através de interceptação telefônica licitamente conduzida, ainda que o crime descoberto, conexo ao que foi objeto da interceptação, seja punido com detenção" (STF – 2ª T. – AI 626214 AgR/MG – rel. Min. Joaquim Barbosa, DJe-190, 8 outubro 2010). **Conferir, ainda:** STF – 1ª T. – AI 761706 AgR/SP – rel. Min. Carmen Lúcia, DJe-076, 29 abril 2010; STF – 1ª T. – RMS 24.956 – rel. Min. Marco Aurélio, DJ, 18-11-2005. **No mesmo sentido:** STF – "PROVA EMPRESTADA. Penal. Interceptação telefônica. Documentos. Autorização judicial e produção para fim de investigação criminal. Suspeita de delitos cometidos por autoridades e agentes públicos. Dados obtidos em inquérito policial. Uso em procedimento administrativo disciplinar, contra outros servidores, cujos eventuais ilícitos administrativos teriam despontado à colheita dessa prova. Admissibilidade. Resposta afirmativa a questão de ordem. Inteligência do art. 5º, inc. XII, da CF, e do art. 1º da Lei federal nº 9.296/96. Precedentes. Voto vencido. Dados obtidos em interceptação de comunicações telefônicas, judicialmente autorizadas para produção de prova em investigação criminal ou em instrução processual penal, bem como documentos colhidos na mesma investigação, podem ser usados em procedimento administrativo disciplinar, contra a mesma ou as mesmas pessoas em relação às quais foram colhidos, ou contra outros servidores cujos supostos ilícitos teriam despontado à colheita dessas provas" (STF – Pleno – Pet. 3683 – QO – rel. Min. Cezar Peluso, decisão: 13 agosto 2008), **e, ainda:** STF – "PROVA EMPRESTADA. Penal. Interceptação telefônica. Escuta ambiental. Autorização judicial e produção para fim de investigação criminal. Suspeita de delitos cometidos por autoridades e agentes públicos. Dados obtidos em inquérito policial. Uso em procedimento administrativo disciplinar, contra outros servidores, cujos eventuais ilícitos administrativos teriam despontado à colheita dessa prova. Admissibilidade. Resposta afirmativa a questão de ordem. Inteligência do art. 5º, inc. XII, da CF, e do art. 1º da Lei federal nº 9.296/96. Precedente. Voto vencido. Dados obtidos em interceptação de comunicações telefônicas e em escutas ambientais, judicialmente autorizadas para produção de prova em investigação criminal ou em instrução processual penal, podem ser usados em procedimento administrativo disciplinar, contra a mesma ou as mesmas pessoas em relação às quais foram colhidos, ou contra outros servidores cujos supostos ilícitos teriam despontado à colheita dessa prova" (STF – Pleno – Inq. 2424 – QO – rel. Min. Cezar Peluso, decisão: 20-6-2007). **Conferir, ainda**: STF – "na interpretação das normas contidas no art. 5º, XII, da CF e no art. 1º da Lei nº 9.296/96, devem ser discernidos, à luz dos valores nelas ponderados e tutelados, dois âmbitos semânticos: o da produção da prova, inerente aos resultados documentais da interceptação, e o do seu uso processual em sentido lato. Relativamente ao primeiro, ressaltou-se que a restrição constitucional tem por escopo a preservação da intimidade como bem jurídico privado, essencial à dignidade da pessoa, até o limite em que esse valor, surgindo como óbice à repressão criminal, cede à manifesta superioridade do interesse público na apuração e punição de crime grave enquanto o mais conspícuo dos atentados às condições fundamentais da subsistência da vida social. No que se refere ao segundo, asseverou-se caber ao intérprete questionar a existência, ou não, de algum interesse público transcendente que, ligando-se a consequências de outra qualificação jurídico-normativa do mesmo ato ilícito objeto da investigação criminal, deva prevalecer, mais uma vez, na esfera ou na instância não penal competente, sobre a garantia de uma intimidade já devassada, para o efeito de aplicar ao autor daquele ato, por conta de sua simultânea ilicitude de outra ordem, a sanção legal não penal que lhe convém ou corresponde, a título de resposta estratégica do ordenamento, à violação de norma jurídica diversa. Tendo isso em conta, embora salientando não ser possível encontrar, como tese de alcance absoluto, esse interesse legitimante nos objetos dos processos meramente civis em que haja disputa sobre bens ou interesses jurídicos privados e disponíveis, considerou-se não afrontar à Constituição Federal ou à lei o entendimento de que a prova decorrente de interceptação lícita, autorizada e realizada em procedimento criminal, inquérito ou processo-crime, contra certa pessoa, na condição de suspeito, indiciado ou réu, possa ser-lhe oposta, na esfera própria, pelo mesmo Estado, encarnado por órgão administrativo ou judiciário a que esteja o agente submisso, como prova do mesmo ato visto sob a qualificação jurídica de ilícito administrativo ou disciplinar. Aduziu-se que outra interpretação do art. 5º, XII, da CF, e do art. 1º da Lei nº 9.296/96 equivaleria a impedir que o mesmo Estado, que já conhece o fato na sua expressão histórica correspondente à figura criminosa e, como tal, já licitamente apurado na esfera penal, invocasse sua prova oriunda da interceptação para, sob as garantias do devido processo legal, no procedimento próprio, aplicar ao agente a sanção cabível à gravidade do eventual ilícito administrativo, em tutela de relevante interesse público e restauração da integridade do ordenamento jurídico. Vencido o Min. Marco Aurélio, que, ao fundamento de que a extensão da quebra do sigilo ofende o art. 5º, XII, da CF, negava a autorização apenas com relação aos elementos submetidos a sigilo" (STF – Pleno – INQ 2424 QO/RJ – rel. Min. Cezar Peluso, decisão: 25-4-2007. *Informativo STF* nº 464). **Conforme destacado pelo Ministro Cezar Peluso**, "ademais, uma vez quebrado o sigilo telefônico do impetrante, para fins de instrução criminal conduzida pelo Superior Tribunal de Justiça, nos limites permitidos pela Constituição Federal e pela legislação de regência (CF, art. 5º, inc. XII; Lei nº 9.296, de 24-7-96, arts. 1º e ss.), não é disparatado sustentar-se que nada impedia nem impede, noutro procedimento de interesse substancial do mesmo Estado, agora na vertente da administração pública, o uso da prova assim produzida em processo criminal, também sigiloso, movido contra a mesma pessoa. Essa prova emprestada é, como objeto de tese ampla, admitida, não sem boas razões, de prestigiosa doutrina" (STF – MS 26.249/ DF – medida cautelar – rel. Min. Cezar Peluso, *Diário da Justiça*, Seção I, 14 março 2007, p. 32). **Conferir, ainda:** STF – Pleno – HC nº 91.207/RJ – medida cautelar – rel. Min. Marco Aurélio, decisão: 6-6-2007. **No mesmo sentido:** STJ – "Interceptação Telefônica. Pleito de utilização da prova já produzida no processo penal como prova emprestada na esfera cível. Superveniente revogação da proibição pela autoridade impetrada. Perda superveniente do interesse recursal. Recurso prejudicado. 1. Sobrevindo informação de que a vedação quanto à utilização da prova produzida por meio de interceptação telefônica foi revogada pela Autoridade Impetrada, esvazia-se o objeto do pedido formulado nesta instância superior" (STJ – 5ª T. – RMS 17.488/PR – rel. Min. Laurita Vaz, *Diário da Justiça*, Seção I, 14 maio 2007, p. 331). **Tendo destacado a Ministra Laurita Vaz:** "Ressalte--se que, muito embora a revogação tenha sido levada a efeito para permitir a utilização da prova colhida '**exclusivamente** para instrução do processo administrativo' (fl. 187), resta evidenciada a perda superveniente do interesse recursal também no que diz respeito ao pleito de utilização da prova para instrução de ação civil pública, na medida em que a vedação respectiva, acostada aos autos às fls. 28/31, também está embasada no mesmo item III da decisão de fls. 54/62 – que foi revogado pela decisão supracitada."

5.32 Constitucionalidade do parágrafo único do art. 1º da Lei nº 9.296/96 (interceptações do fluxo de comunicações em sistemas de informática e telemática)

A Constituição Federal determina ser inviolável o sigilo da correspondência e das comunicações telegráficas, de dados e das comunicações telefônicas.

No caso, porém, da inviolabilidade das interceptações telefônicas, a própria Constituição Federal, no inciso XII, do art. 5º, abriu uma exceção expressa, exigindo para sua aplicação a presença de três requisitos: ordem judicial; finalidade de investigação criminal ou instrução processual penal e *hipóteses e forma estabelecidas na lei.*

A ausência da edição da necessária lei estabelecendo as hipóteses e forma permissivas para as interceptações telefônicas fez com que o Supremo Tribunal Federal reiteradas vezes julgasse a utilização desse meio de prova como ilícito, tornando-o, bem como todas as provas dela derivadas, inadmissíveis no processo.

O Congresso Nacional, ao editar já citada Lei nº 9.296, de 24-7-1996, aproveitou e regulamentou a possibilidade de *interceptação do fluxo de comunicações em sistemas de informática e telemática*, mediante os requisitos previstos nessa mesma lei.

Passou-se, então, à discussão da possibilidade de a referida lei regulamentar a *interceptação do fluxo de comunicações em sistemas de informática e telemática*, uma vez que sua ementa diz: "Regulamenta o Inciso XII, Parte Final, do art. 5º da Constituição Federal", entendendo Vicente Greco Filho que esta extensão é inconstitucional (*Interceptação telefônica*. São Paulo: Saraiva, 1996. p. 12).

Data venia, não podemos concordar com essa conclusão, por três motivos:

1º A interpretação das normas constitucionais exige que a uma norma constitucional seja atribuído o sentido que maior eficácia lhe conceda (Canotilho), sendo vedada a interpretação que lhe suprima ou diminua a finalidade (Jorge Miranda).

2º Assim, apesar de a exceção constitucional (CF, art. 5º, XI, *in fine*) expressamente referir-se somente à interceptação telefônica, nada impede que nas outras espécies de inviolabilidades haja possibilidade de relativização da norma constitucional, por exemplo, na permissão da gravação clandestina com autorização judicial (*RT* 692/370), pois *entende-se que nenhuma liberdade individual é absoluta, sendo possível, respeitados certos parâmetros, a interceptação das correspondências, das comunicações e de dados, sempre que essas liberdades públicas estiverem sendo utilizadas como instrumento de salvaguarda de práticas ilícitas*, pois como salienta o Tribunal de Justiça do Estado de São Paulo, "afirmar que um direito é absoluto significa que ele é inviolável pelos limites que lhe são assinalados pelos motivos que o justificam" (*TJSP* – Cam. Esp. MS 13.176-0/2-SP – rel. Des. Denio Garcia).

3º Finalmente, o fato da ementa da lei afirmar que "*Regulamenta o Inciso XII, Parte Final, do art. 5º da Constituição Federal*", de forma alguma impede que o texto legal discipline outros assuntos, uma vez que a lei que veicula matéria estranha ao enunciado constante de sua ementa, por só esse motivo, não ofende qualquer postulado constitucional, não vulnerando tampouco as regras de processo legislativo constitucional, pelo que excluída da possibilidade de declaração de inconstitucionalidade (STF – Pleno – ADin. nº 1.096-4 – medida liminar – rel. Min. Celso de Mello, *Diário da Justiça*, Seção I, 22 set. 1995, p. 30589), pois inexistente no vigente sistema de direito constitucional brasileiro regra idêntica à prevista pelo art. 49 da Constituição Federal de 1934. ("*Os projectos de lei serão apresentados com a respectiva ementa, enunciando, de fórma succinta, o seu objectivo, e não poderão conter matéria estranha ao seu enunciado.*")

Em conclusão, entendemos pelos motivos já expostos que inexiste qualquer inconstitucionalidade da norma de extensão prevista no parágrafo único do art. 1º da Lei nº 9.296, de 24-7-1996, que expressamente determina "o disposto nesta Lei aplica-se à interceptação do fluxo de comunicação em sistemas de informática e telemática".

No mesmo sentido exposto, Damásio E. de Jesus manifestou-se pela constitucionalidade do citado parágrafo, afirmando que "a alegação de que o fluxo de comunicações, faz-se mediante transmissão de dados, não impressiona. A circunstância de a CF expressamente só abrir exceção no caso da comunicação telefônica não significa que o legislador ordinário não possa permitir a interceptação na hipótese de transmissão de dados" (Interceptação de comunicações telefônicas: notas à Lei nº 9.296, de 24-9-1996. *RT 735/458*).

Luiz Flávio Gomes também posiciona-se pela constitucionalidade do referido texto legal, expondo que "o texto legal é legítimo, integralmente legítimo, e vale pelo que nele está escrito. Como vimos no número anterior (26), a Lei nº 9.296/96 tem incidência em qualquer forma de comunicação telefônica, assim como nas comunicações telemáticas (independentes do uso da telefonia). A CF só exigiu (explicitamente) lei regulamentadora no que concerne às comunicações, é verdade, mas isso não exprimia impedimento para que o legislador disciplinasse outras formas de comunicação (...) Em conclusão: entendemos que o parágrafo único em questão é absolutamente legítimo, inquestionavelmente constitucional" (GOMES, Luiz Flávio, CERVINI, Raúl. *Interceptação telefônica*. São Paulo: Revista dos Tribunais, 1997. p. 171-176. Nesse mesmo sentido: STRECK, Lenio Luiz. *As interceptações telefônicas e os direitos fundamentais*. Porto Alegre: Livraria do Advogado, 1997. p. 42).

5.33 Gravação clandestina e direito à intimidade e à vida privada (CF, art. 5º, X)

Elimar Szaniawski, ao expor as diferenças entre as gravações lícitas e ilícitas, afirma que

> "as primeiras (gravações lícitas) consistem na realização do registro de conversações, depoimentos, conferências ou narrativas dos mais diversos fatos como a ocorrência de acidente, desabamentos, homicídios, fenômenos naturais etc. Nesta espécie de gravação, as lícitas, verificamos que sua principal característica é que, no momento em que foi realizada a captação do som, voz ou imagem do indivíduo, tinha este o pleno conhecimento da feitura das gravações ou dos interlocutores, tratando-se de fixação de uma conversação. Pode, ainda, a gravação ser realizada perante autoridade policial ou administrativa onde se assegurem todas as garantias constitucionais de respeito à liberdade da pessoa humana, de sua dignidade e o respeito à sua pessoa. Já o segundo grupo, o das *gravações ilícitas*, se caracteriza pelo fato do desconhecimento por parte do indivíduo, interlocutores, ou grupos de pessoas, de que sua voz, ou imagem estejam sendo captadas e registradas por intermédio de algum aparelho em fitas para poder ser reproduzida. Inclui-se na espécie a captação da imagem por meio de fotografias do tipo chapa fotográfica, filme negativo, dispositivos (*slides*) ou outros meios de fixação da imagem. As gravações ilícitas podem ser classificadas em: interpolações, montagens e gravações sub-reptícias" (*Direitos de personalidade e sua tutela*. São Paulo: Revista dos Tribunais, 1993. p. 188).

Em relação à gravação sub-reptícia, continua dizendo ser aquela

"que se dá clandestinamente, isto é, quando a voz, a imagem ou a imagem e a voz, simultaneamente, são fixadas por aparelhos sem o conhecimento da pessoa que fala e cuja imagem aparece. São captações clandestinas geralmente realizadas por aparelhos ocultos ou disfarçados. A maioria dos autores denomina *degravações ilícitas* aquelas que são realizadas às ocultas sem conhecimento por parte daquele cuja voz ou imagem estejam sendo gravadas. Para nós, qualquer desses meios de se captar a voz ou a imagem, clandestinamente, bem como qualquer tipo de distorção de uma gravação, constitui-se em gravação ilícita, nesta última, mesmo que a gravação original tenha sido realizada com o conhecimento e expressa autorização da pessoa cuja voz ou imagem tenham sido captadas, qualquer espécie de corte ou outro tipo de distorção ou alteração caracterizam sua ilicitude".

Assim, a tutela constitucional das comunicações pretende tornar inviolável a manifestação de pensamento que não se dirige ao público em geral, mas a pessoa ou pessoas determinadas. Consiste, pois, no direito de escolher o destinatário da transmissão.

Nelson Nery Junior relata que no tocante ao processo civil, houve caso líder decidido pelo Supremo Tribunal Federal, não admitindo prova de adultério obtida por gravação clandestina em fita magnética, em ação de antigo desquite (*RTJ* 84/609, No mesmo sentido: *RTJ* 110/798, *RT* 603/178. In: *Princípios do processo civil na Constituição Federal*. 2. ed. São Paulo: Revista dos Tribunais, 1995. p. 143).

O plenário da Corte Suprema, por muito tempo, decidiu pela inadmissibilidade, como meio prova, de laudo de degravação de conversa telefônica obtido por meios ilícitos (art. 5º, LVI, da Constituição Federal), por se tratar de gravação realizada por um dos interlocutores, sem conhecimento do outro, havendo a degravação sido feita com inobservância do princípio do contraditório, e utilizada com violação à privacidade alheia, consagrada no art. 5º, X, da Constituição Federal.

A atual composição do Supremo Tribunal Federal, porém, alterando posicionamento anterior passou a admitir a gravação telefônica clandestina realizada por um dos interlocutores, estendendo essa permissão, inclusive, no tocante a gravações ambientais.

Como regra geral, não se pode deixar de reconhecer que toda gravação apresenta grandes possibilidades de manipulações, por meio de sofisticados meios eletrônicos e computadorizados, pelos quais se pode suprimir trechos da gravação, efetuar montagens com textos diversos, alterar completamente o sentido de determinadas conversas, ou ainda, utilizando-se de aparelhos moderníssimos, realizar a montagens de frases utilizando-se de padrões vocais de determinada pessoa, motivos pelos quais devem ser inadmitidas como prova.

Além dessa possibilidade de manipulação probatória, também é mister reconhecer que a realização clandestina de conversas acaba por atentar frontalmente com diversos direitos constitucionalmente garantidos, e, principalmente, contra a inviolabilidade da vida privada e da intimidade.

Novo posicionamento do Supremo Tribunal Federal. Admissibilidade da gravação clandestina, inclusive reconhecendo a repercussão geral do assunto: STF – "Criminal. Conversa telefônica. Gravação clandestina, feita por um dos interlocutores, sem conhecimento do outro. Juntada da transcrição em inquérito policial, onde o interlocutor requerente era investigado ou tido por suspeito. Admissibilidade. Fonte lícita de prova. Inexistência de interceptação, objeto de vedação constitucional. Ausência de causa legal de sigilo ou de reserva da conversação. Meio, ademais, de prova da alegada inocência de quem a gravou. Improvimento ao recurso. Inexistência de ofensa ao art. 5º, incs. X, XII e LVI, da CF. Precedentes. Como gravação meramente clandestina, que se não confunde com interceptação, objeto de vedação constitucional, é lícita a prova consistente no teor de gravação de conversa telefônica realizada por um dos interlocutores, sem conhecimento do outro, se não há causa legal específica de sigilo nem de reserva da conversação, sobretudo quando se predestine a fazer prova, em juízo ou inquérito, a favor de quem a gravou" (STF – 2ª T – RE 402717/PR – rel. Min. Cezar Peluso, *DJe*-030, 12-2-2009). **Conferir, ainda:** STF – "AÇÃO PENAL. Prova. Gravação ambiental. Realização por um dos interlocutores sem conhecimento do outro. Validade. Jurisprudência reafirmada. Repercussão geral reconhecida. Recurso extraordinário provido. Aplicação do art. 543-B, § 3º, do CPC. É lícita a prova consistente em gravação ambiental realizada por um dos interlocutores sem conhecimento do outro" (STF – RE 583937 QO-RG/RJ – REPERCUSSÃO GERAL NA QUESTÃO DE ORDEM NO RECURSO EXTRAORDINÁRIO – rel. Min. Cezar Peluso, *DJe*-237, 17-12-2009).

Supremo Tribunal Federal e antigo posicionamento sobre gravação clandestina: O Plenário da Corte Suprema acolheu a preliminar da defesa, para declarar inadmissível a prova consistente no laudo de degravação de conversa telefônica realizada por um dos interlocutores sem o conhecimento do outro, vencidos os Ministros Carlos Velloso, Sepúlveda Pertence e Néri da Silveira. "EMENTA – GRAVAÇÃO CLANDESTINA – Intimidade e laudos de degravação de conversa telefônica e de registros contidos na memória de microcomputador, obtidos por meios ilícitos: STF – Inadmissibilidade, como prova, de laudos de degravação de conversa telefônica e de registros contidos na memória de microcomputador, obtidos por meios ilícitos (art. 5º, LVI, da Constituição Federal); no primeiro caso, por se tratar de gravação realizada por um dos interlocutores, sem conhecimento do outro, havendo a degravação sido feita com inobservância do princípio do contraditório, e utilizada com violação à privacidade alheia (art. 5º, X, da CF); e, no segundo caso, por estar-se diante de microcomputador que, além de ter sido apreendido com violação de domicílio, teve a memória nele contida sido degravada ao arrepio da garantia da inviolabilidade da intimidade das pessoas (art. 5º, X e XI, da CF)" (Pleno – Ação Penal nº 307-3/DF – rel. Min. Ilmar Galvão – Serviço de Jurisprudência – *Ementário STF* nº 1.804-11).

Antigo posicionamento do Supremo Tribunal Federal entendendo inconstitucional por violação ao princípio da intimidade a realização de gravação clandestina sem conhecimento de um dos interlocutores: STF, Ação Penal 307-3-DF, Plenário, rel. Min. Ilmar Galvão, *Diário da Justiça*, Seção I, 13 out. 1995, vencidos os Ministros Carlos Velloso, Sepúlveda Pertence e Néri da Silveira. Nesse mesmo sentido: RE 100.094-5, rel. Min. Rafael Mayer, *RTJ* 110/798; HC 63.834-1, rel. Min. Aldir Passarinho, *DJU* 5 jun. 1987, p. 11112; STF, *RTJ* 122/47). Como salientava o Ministro Celso de Mello, "a gravação de conversação com terceiros, feita através de fita magnética, sem o conhecimento de um dos sujeitos da relação dialógica, não pode ser contra este utilizada pelo Estado em juízo, uma vez que esse procedimento – precisamente por realizar-se de modo sub-reptício – envolve quebra evidente de privacidade, sendo, em consequência, nula a eficácia jurídica da prova coligida por esse meio. O fato de um dos interlocutores desconhecer a circunstância de que a conversação que mantém com outrem está sendo objeto de gravação atua, em juízo, como causa obstativa desse meio de prova. O reconhecimento constitucional do direito à privacidade (CF, art. 5º, X) desautoriza o valor probante do conteúdo de fita magnética que registra, de forma clandestina, o diálogo mantido com alguém que venha a sofrer a persecução penal do Estado. A gravação de diálogos privados, quando executada com total desconhecimento de um dos seus partícipes, apresenta-se eivada de absoluta desvalia, especialmente quando o órgão da acusação penal postula, com base nela, a prolação de um decreto condenatório" (STF, voto proferido na Ação Penal 307-3-DF, Serviço de jurisprudência do STF, *Ementário STF* nº 1804-11. No mesmo sentido: STF – 1ª T. – HC nº 69.818-2 – SP – rel. Min. Sepúlveda Pertence – v.u. – *Diário da Justiça*, 27 nov. 1992, p. 22302/3).

Possibilidade, excepcional, de gravação de conversa telefônica por um dos interlocutores, sem o conhecimento do outro, mediante autorização judicial: STF – "Gravação magnética de conversação mantida entre vítima e réu. Ilegalidade inexistente. Realização, ademais, com autorização judicial. *Habeas corpus* denegado" (*RT* 692/370).

Possibilidade, excepcional, de gravação por inexistência de ferimento à intimidade ou vida privada: STF – "Não ofende a garantia constitucional da intimidade (CF, art. 5º, X) a gravação realizada por ocupante de imóvel residencial que instala, em sua própria vaga de garagem, equipamento de filmagem com o objetivo de identificar autor de danos criminosos provocados em seu automóvel. (...) Considerou-se válida a prova questionada, uma vez que a gravação realizada, pelo próprio morador na sua vaga de garagem, não fora realizada com o intuito de promover indevida intrusão na esfera privada da vida pessoal de terceiro. Ressaltou-se, ainda, que o paciente não estava sendo vigiado em sua própria residência ou tendo a sua imagem e intimidade devassadas, e que ele próprio é que ingressara em vaga alheia com a intenção dolosa de praticar o crime de dano no veículo que lá estava estacionado" (STF – 2ª T. – HC 84203/RS – rel. Min. Celso de Mello – decisão: 19-10-2004, *Informativo STF* nº 366, p. 3).

Possibilidade de utilização de gravação clandestina realizada em repartição pública: STF – "HABEAS CORPUS. FALSIDADE IDEOLÓGICA. INTERCEPTAÇÃO AMBIENTAL POR UM DOS INTERLOCUTORES. ILICITUDE DA PROVA. INOCORRÊNCIA. REPORTAGEM LEVADA AO AR POR EMISSORA DE TELEVISÃO. *NOTITIA CRIMINIS*. DEVER-PODER DE INVESTIGAR. 1. Paciente denunciado por falsidade ideológica, consubstanciada em exigir quantia em dinheiro para inserir falsa informação de excesso de contingente em certificado de dispensa de incorporação. Gravação clandestina realizada pelo alistando, a pedido de emissora de televisão, que levou as imagens ao ar em todo o território nacional por meio de conhecido programa jornalístico. O conteúdo da reportagem representou *notitia criminis*, compelindo as autoridades ao exercício do dever-poder de investigar, sob pena de prevaricação. 2. A ordem cronológica dos fatos evidencia que as provas, consistentes nos depoimentos das testemunhas e no interrogatório do paciente, foram produzidas em decorrência da *notitia criminis* e antes da juntada da fita nos autos do processo de sindicância que embasou o Inquérito Policial Militar. 3. A questão posta não é de inviolabilidade das comunicações e sim da proteção da privacidade e da própria honra, que não constitui direito absoluto, devendo ceder em prol do interesse público. (Precedentes). Ordem denegada" (STF – 1ª T. – HC nº 87.341-3/PR – rel. Min. Eros Grau, decisão: 7-2-2006). **Conforme destacado pelo Ministro Sepúlveda Pertence**, "entendo que não há nenhuma ilicitude na documentação cinematográfica da prática de um crime, a salvo, é claro, se o agente se encontra numa situação de intimidade. Obviamente não é o caso de uma corrupção passiva praticada em repartição pública".

Possibilidade de utilização de gravação clandestina em face da presença de hipótese configuradora de legítima defesa das liberdades públicas: STF – "De outro lado, o telefone equipado com gravadores pertencia à família da vítima, principal interessada na recuperação de seu ente querido (que não ocorreu, porque foi ele assassinado logo após o sequestro). Nenhum telefone dos sequestradores foi objeto de interceptação, antes da multicitada lei, mesmo porque suas ligações originavam de aparelhos instalados em vias públicas (orelhões). As gravações das conversas telefônicas foram feitas através de telefones da família da vítima, com seu conhecimento, o que não torna ilícita a prova, porque equiparadas às gravações feitas por um dos interlocutores" (STF – 2ª T. – HC nº 76.171/SP – rel. Min. Nelson Jobim, decisão: 9-12-97). **Conferir, ainda:** STF – 2ª T. – HC nº 84.169/SP – rel. Min. Eros Grau, *Diário da Justiça*, Seção I, 17 set. 2004, p. 85 e *RTJ 163/759*. **No mesmo sentido:** STJ – "A gravação de conversa realizada por um dos interlocutores é considerada como prova lícita, não configurando interceptação telefônica, e serve como suporte para o oferecimento da denúncia, tanto no que tange à materialidade do delito como em relação aos indícios de sua autoria" (STJ – 5ª T. – RMS 19785/RO – rel. Min. Arnaldo Esteves Lima, *Diário da Justiça*, Seção I, 30 out. 2006, p. 335). **Tendo sido destacado pelo Ministro-relator Arnaldo Esteves Lima** que "no caso dos autos, a gravação reputada clandestina foi realizada pela própria vítima, no momento em que era negociado o valor da propina requerida pelo recorrente para reduzir o valor de multa fiscal, de modo que não há falar em ilicitude de tal prova". **Conferir, ainda:** STJ – 5ª T. – HC nº 52.989/AC – rel. Min. Félix Fischer, *Diário da Justiça*, Seção I, 1º ago. 2006, p. 484; STJ – 6ª T. – HC nº 28.467/SP – rel. Min. Hamilton Carvalhido, *Diário da Justiça*, Seção I, 2 maio 2006, p. 391.

5.34 Inadmissibilidade da gravação de conversa telefônica por um dos interlocutores sem o conhecimento do outro – Tese vencedora no STF

Importante para melhor compreensão da matéria transcrevermos trechos decisivos para a consagração da tese vencedora, no sentido da inadmissibilidade de gravação de conversa telefônica por um dos interlocutores sem o conhecimento do outro.

MINISTRO ILMAR GALVÃO (relator): "A temática é de difícil construção teórica, justificando a oscilação doutrinária e jurisprudencial existente acerca dos reais limites e efeitos da prova ilícita ou ilegítima, em salvaguarda aos bens jurídicos tutelados. Doutrinariamente entretanto, construiu-se a tese de que as provas ilícitas são as produzidas com violação de normas materiais, que se referem a valores consagrados no ordenamento jurídico (*v. g.*: intimidade, vida privada, integridade física etc.), enquanto as ilegítimas estariam relacionadas a proibição estabelecida em normas processuais, colocadas 'em função de interesses atinentes à lógica e à finalidade do processo' (Ada Pellegrini Grinover, As Nulidades no Processo Penal, Malheiros Editores, 1993, p. 113). No caso, a imprestabilidade do texto da conversa telefônica resultaria de a gravação haver sido feita sem o conhecimento de uma das partes. A garantia violada com tal gravação seria justamente a da *intimidade*, em que envolta a conversação telefônica, cujo sigilo é estabelecido pelo art. 5º, inc. XII, da Carta Federal. Uma abordagem do tema da nulidade da prova decorrente de gravação de conversa telefônica foi posta em discussão no julgamento do Inq. 657, Relator Ministro Carlos Velloso, quando alguns votos, é bem verdade, consideraram que a reprodução, por um dos interlocutores, do conteúdo de um diálogo que se teria travado, não por meio telefônico, mas na presença física dos envolvidos, não consubstanciava nem violação do sigilo das comunicações, nem coleta ilícita de prova. A questão ora se atualiza para o deslinde da espécie: **seria possível, então, admitir-se como prova a gravação de uma conversa telefônica, efetuada por um dos interlocutores, mas sem o conhecimento da outra parte**? (...). No caso em tela, revela-se, por um lado, a ausência de permissivo e de forma legal, já que, repita-se, ainda não veio à luz a lei regulamentadora da garantia constitucional, sem a qual, de outra parte, ainda que requerida – o que não aconteceu –, não haveria como ser concedida a necessária autorização legal, seja para a gravação, seja para a degravação da conversa telefônica em foco, ordem a que pudesse vir a ser utilizada como prova neste processo. Tais as circunstâncias, não há senão reputar-se por írrita a aludida prova, não havendo como ser aqui considerada, em face da norma do art. 5º, inc. LVI, da Constituição Federal, segundo a qual 'são inadmissíveis, no processo, as provas obtidas por meios ilícitos'" (Pleno – Ação Penal nº 307-3/DF – rel. Min. Ilmar Galvão – Serviço de Jurisprudência – *Ementário STF* nº 1.804-11).

MINISTRO SYDNEY SANCHES: "Sr. Presidente, a rigor, nada teria a acrescentar aos votos dos eminentes Ministros ILMAR GALVÃO, MOREIRA ALVES e CELSO DE MELLO, nos pontos em que, com base na Constituição Federal, nas leis penal, processual penal e civil, na doutrina e na jurisprudência, inclusive desta Corte, demonstraram o caráter ilícito das provas obtidas, seja com a reprodução, nos autos, da degravação de comunicações telefônicas entre Bernardo Cabral e Sebastião Curió, Paulo César Farias e Sebastião Curió, seja com a apreensão e decodificação de dados de computador da empresa Verax, em São Paulo. Com efeito, é bastante claro o inciso LVI do art. 5º da Constituição Federal, ao dizer que 'são inadmissíveis, no processo, as provas obtidas por meios ilícitos'. No caso, se já não foi violado, pelo próprio Sebastião Curió, interlocutor em ambas as ligações telefônicas, o princípio da inviolabilidade do sigilo de tais comunicações, com a gravação sub-reptícia, que fez, essa violação ocorreu, pelo menos, quando a respectiva degravação foi revelada integralmente nos autos, pois o inc. XII do art. 5º somente admite a violação do sigilo das comunicações telefônicas, se houver ordem judicial, nas hipóteses e na forma que a lei estabelecer. E, no caso, não havia sequer ordem judicial, menos ainda baseada em lei reguladora da forma de quebra do sigilo para tais fins. De resto, nem se pode invocar semelhança com a hipótese do art. 233 do Código de Processo Penal, mais precisamente de seu parágrafo único, pois a exibição da gravação à Polícia e à Justiça não se fez por quem estava sendo acusado de algum crime, e, portanto, para facilitar o exercício de seu direito de defesa, mas, sim, por uma simples testemunha e para produzir efeito contra dois acusados, neste processo: Fernando Affonso Collor de Mello e Paulo César Farias, este último um dos interlocutores, em uma das comunicações telefônicas, e que também não deu consentimento para a quebra do respectivo sigilo. Ilícita, por conseguinte, a prova obtida com a degravação, reproduzida nos autos, das conversas telefônicas entre Bernardo Cabral e Sebastião Curió, e entre este e Paulo César Farias. E porque obtida por meios ilícitos, inadmissível no processo (art. 5º, inc. LVI, da CF)" – (Pleno – Ação Penal nº 307-3/DF – rel. Min. Ilmar Galvão – Serviço de Jurisprudência – *Ementário STF* nº 1.804-11).

MINISTRO CELSO DE MELLO: "Tendo para mim que a gravação de conversação com terceiros, feita através de fita magnética, sem o conhecimento de um dos sujeitos da relação dialógica, não pode ser contra este utilizada pelo Estado em juízo, uma vez que esse procedimento – precisamente por realizar-se de modo sub-reptício – envolve quebra evidente de privacidade, sendo, em consequência, nula a eficácia jurídica da prova coligida por esse meio. O fato de um dos interlocutores desconhecer a circunstância de que a conversação que mantém com outrem está sendo objeto de gravação atua, em juízo, como causa obstativa desse meio de prova. O reconhecimento constitucional do direito à privacidade (CF, art. 5º, X) desautoriza o valor probante do conteúdo de fita magnética que registra, de forma clandestina, o diálogo mantido com alguém que venha a sofrer a persecução penal do Estado. A gravação de diálogos privados, quando executada com total desconhecimento de um dos seus partícipes, apresenta-se eivada de absoluta desvalia, especialmente quando o órgão da acusação penal postula, com base nela, a prolação de um decreto condenatório (...). Devo salientar, neste ponto, Sr. Presidente, que não questiono a possibilidade de utilização das gravações em fita magnética como meio de prova idôneo em processo penal, desde que o registro da conversação tenha sido efetuado ostensivamente, com o conhecimento inequívoco desse fato por parte daqueles que intervieram no diálogo, sem prejuízo da comprovação pericial da integridade e da autenticidade da reprodução mecânica. A busca da verdade real constitui o objetivo último perseguido pelo processo penal condenatório. Essa perseguição da realidade, no entanto, sofre decisivas limitações impostas pelas exigências ético-jurídicas que informam o nosso ordenamento positivo. O desenvolvimento dos recursos tecnológicos e a necessidade de preservar a esfera de privacidade do indivíduo reclamam – para que se conciliem, em nome do interesse público, as relações que antagonizam, no âmbito do processo penal, a acusação e a defesa – que a prova penal consistente na reprodução magnética de conversações mantidas pelo acusado com terceiros decorra de procedimento lícito" (Pleno – Ação Penal nº 307-3/DF – rel. Min. Ilmar Galvão – Serviço de Jurisprudência – *Ementário STF* nº 1.804-11).

5.35 Admissibilidade da gravação clandestina de conversa telefônica por um dos interlocutores sem o conhecimento do outro – Tese vencida no STF

Igualmente, entendemos interessante e necessário para maior aprofundamento da matéria apresentar uma síntese dos fundamentos da tese vencida no Supremo Tribunal Federal, no sentido da possibilidade da gravação clandestina de conversa telefônica por um dos interlocutores sem o conhecimento do outro.

MINISTRO CARLOS VELLOSO: "Faço a distinção entre uma gravação efetuada por terceiro, que intercepta uma conversa de duas outras pessoas, da gravação que se faz para documentar uma conversa entre duas pessoas. Neste caso, não tenho como ofendido preceito constitucional e nem como ilícita a prova, dado que não há, na ordem jurídica brasileira, nenhuma lei que impeça a gravação feita por um dos interlocutores de uma conversa, inclusive para documentar o texto dessa conversa, futuramente. No voto que proferi no Inquérito nº 657, do Distrito Federal, caso 'Magri', deixei expresso que pode haver, em tal caso, violação a preceitos éticos. Nenhum homem de bem gravará conversa que tenha tido com outrem, sem que dê conhecimento ao seu interlocutor, de que a conversa está sendo gravada. Mas a questão fica no campo ético. Não há proibição legal" (Pleno – Ação Penal nº 307-3/DF – rel. Min. Ilmar Galvão – Serviço de Jurisprudência – *Ementário STF* nº 1.804-11).

MINISTRO SEPÚLVEDA PERTENCE: "Sempre li, aqui, como a garantia constitucional de que duas pessoas, estando a dialogar pelo telefone, tenham a segurança de que terceiro não pode interceptar esse telefonema, seja para tomar conhecimento pessoal do que se está falando, seja, muito menos, para documentá-lo mediante gravação. Parece-me que, aqui, há modalidade de proteção do sigilo de correspondência, de uma de suas derivações modernas, fruto da evolução tecnológica (...). Sr. Presidente, muito se falou aqui, também, em proteção da intimidade. E dela se tem falado alhures, a propósito, também, do problema da gravação de telefonemas por um dos interlocutores. Creio que, na linha da melhor doutrina e da jurisprudência prevalente no direito comparado, o problema não admite uma solução apriorística: a proteção à intimidade, é tautológico, tem o seu círculo próprio no âmbito da intimidade. Não é o simples fato de a conversa se passar entre duas pessoas que dá, ao diálogo, a nota de intimidade, a confiabilidade na discrição do interlocutor, a favor da qual, aí sim, caberia invocar o princípio constitucional da inviolabilidade do círculo de intimidade, assim como da vida privada. Não é o caso, evidentemente, de nenhum dos três diálogos em questão (...). Quanto ao problema da gravação telefônica, peço vênia ao eminente Ministro-Relator e aos que o acompanharam para somar o meu voto ao do Sr. Ministro Carlos Velloso" (Pleno – Ação Penal nº 307-3/DF – rel. Min. Ilmar Galvão – Serviço de Jurisprudência – *Ementário STF* nº 1.804-11).

Inadmissibilidade da gravação clandestina e Superior Tribunal de Justiça: cf. nesse sentido: STJ – 6ª T. – RMS nº 5.352 (95.03246-5)/GO – rel. p/Acórdão: Min. Adhemar Maciel, *Diário da Justiça*, Seção I, 25 nov. 1996, p. 46227, cujo teor da ementa afirma: *"Constitucional e Processual Civil. Mandado de Segurança. Escuta Telefônica. Gravação feita por marido traído. Desentranhamento da prova requerido pela esposa: Viabilidade, uma vez que se trata de prova ilegalmente obtida, com violação da intimidade individual. Recurso Ordinário Provido."* E, ainda, afirmando que gravação clandestina em fita magnética, de conversa telefônica, não é meio de prova legal e moralmente legítimo: STJ – 4ª T. – Resp. nº 2.194-0/RJ – rel. Min. Fontes de Alencar, *Diário da Justiça*, 1º jul. 1996.

Inadmissibilidade da gravação clandestina e Tribunal de Justiça do Estado de São Paulo: "Fita magnética. Invalidade. Resguardo constitucional da intimidade que não admite a modalidade no âmbito civil, máxime quando obtida clandestina e licitamente. Aplicação do art. 5º, X, XII e LVI, da CF e inteligência do art. 383 e parágrafo único do CPC. Declaração de voto" (TJSP – AI 124.954-1 (segredo de justiça) – 4ª C. – rel. Des. Olavo Silveira – J. em 23-11-89 – *RT* 649/65). No mesmo sentido, TJSP – 9ª Câm. de Direito Privado; Ag. de Instr. nº 12.224-4/0-SP; rel. Des. Flanklin Neiva, onde se afirma que "*A gravação oculta de diálogo, sem autorização expressa de interlocutor, viola a sua intimidade, resguardada pelo art. 5º, X, da CF, e assim, tal gravação, em fita magnética, representa meio de prova tanto ilícito quanto imoral, o que conduz a sua inadmissão por ferir o devido processo legal (art. 5º, LVI, da CF). E, nos termos do art. 332 do CPC, os meios de prova não previstos especialmente em lei subordinam-se ao requisito da legitimidade moral*" (*AASP – Ementário* – nº 1.988 – 29-1 a 4-2-97, p. 9-e). Em sentido contrário: "Não representa gravação clandestina, de modo a qualificar-se como prova obtida por meio ilícito, a gravação de conversa entre os próprios interlocutores, ainda que a pessoa que se encontra do outro lado da linha não tenha conhecimento de que a conversa estaria sendo gravada" (*JTJ/SP-Lex* 143/199). Ainda, pela admissibilidade: TRF/3ª Região – 2ª T. – HC 91.03.031730/SP – rel. Juiz Fauzi Achoa, *Diário da Justiça*, Seção II, 23 mar. 1994, p. 11523.

XIII – é livre o exercício de qualquer trabalho, ofício ou profissão, atendidas as qualificações profissionais que a lei estabelecer.

5.36 Livre exercício de profissão

A Constituição Federal estabeleceu no inciso XIII do art. 5º o livre exercício de qualquer trabalho, ofício ou profissão, atendidas as qualificações profissionais estabelecidas em lei. Dessa forma, consagrou-se o *direito ao livre exercício de profissão* como norma constitucional de eficácia contida, pois previu a possibilidade da edição de lei que estabeleça as qualificações necessárias a seu exercício.

Assim, e sendo as *normas constitucionais de eficácia contida* aquelas

> "que o legislador constituinte regulou suficientemente os interesses relativos a determinada matéria, mas deixou margem à atuação restritiva por parte da competência discricionária do poder público, nos termos que a lei estabelecer ou nos termos de conceitos gerais nelas enunciados" (SILVA, José Afonso. *Aplicabilidade das normas constitucionais*. São Paulo: Revista dos Tribunais, 1982. p. 89-91).

A legislação somente poderá estabelecer condicionamentos capacitários que apresentem nexo lógico com as funções a serem exercidas, jamais qualquer requisito discriminatório ou abusivo, sob pena de ferimento do princípio da igualdade (STF – 1ª T. – Agravo regimental em agravo de instrumento nº 134.449/SP – rel. Min. Sepúlveda Pertence, *Diário da Justiça*, Seção I, 21 set. 1990, p. 9784 e STF – *RT* 666/230).

Liberdade de profissão e possibilidade de a lei exigir estágio profissional de dois anos para concurso de ingresso no Ministério Público: STF – "Não se tem, no caso, desde logo, como desarrazoada a norma de lei complementar, que prevê o interstício de dois anos, a partir do término do curso jurídico, para o bacharel em direito concorrer ao provimento de cargo do Ministério Público da União" (Pleno – ADin. nº 1.040/DF – medida cautelar – rel. Néri da Silveira, *Diário da Justiça*, Seção I, 17 mar. 1995, p. 5788).

Liberdade de profissão e vedação eleitoral ao apresentador ou comentarista de rádio ou televisão: STF – "Tais normas, a um primeiro exame do Tribunal, para efeito de medida cautelar, não estabelecem nova hipótese de inelegibilidade ou outra condição de elegibilidade, nem obstam o exercício de profissão a qualquer apresentador ou comentarista de rádio ou televisão. E se destinam a impedir que, durante a propaganda eleitoral, por esses veículos de comunicação, o candidato, pelo exercício de tal profissão, se coloque, nesse ponto, em posição de nítida vantagem em relação aos candidatos que só terão acesso ao público, pelos mesmos meios, nos horários e com as restrições a que se referem as normas específicas da mesma Lei nº 8.713/93 (arts. 59 a 62, 66 e ss.). Com isso, visam tais dispositivos a observância do princípio da isonomia, entre os candidatos, durante a propaganda eleitoral" (Pleno – ADin. nº 1.062/DF – medida cautelar – rel. Min. Sydney Sanches, *Diário da Justiça*, Seção I, 1 jul. 1994, p. 17496).

Regulamentação de profissão e criação de cargos e empregos correspondentes: STJ – "Inexiste obrigação de natureza constitucional ou legal no sentido de que, regulamentada uma profissão, as entidades públicas criem em seus Quadros e Tabelas cargos e empregos a ela correspondentes" (Corte Especial – MI nº 18/DF – rel. Min. Armando Rollemberg – *Ementário STJ*, 02/41).

Liberdade de profissão e representação comercial: STJ – "Os arts. 2º e 5º da Lei nº 4.886/65, por incompatíveis com norma constitucional que assegura o livre exercício de qualquer trabalho, ofício ou profissão, não subsistem válidos e dotados de eficácia normativa, sendo de todo descabida a exigência de registro junto a Conselho Regional de Representantes Comerciais para que o mediador de negócios mercantis faça jus ao recebimento de remuneração" (4ª T. – REsp nº 26.388-1/SP – rel. Min. Sálvio de Figueiredo – *Ementário STJ*, 08/99).

Norma constitucional de eficácia contida: A Constituição Federal remeteu à legislação ordinária o estabelecimento de condições para o exercício de qualquer trabalho, ofício ou profissão (Cf. TRF/3ª Região – 2ª T. – REO 91.03.026461/SP – rel. Juiz Aricê Amaral, *Diário da Justiça*, Seção II, 26 jul. 1995, p. 46075).

Liberdade de profissão e proteção à propriedade industrial: TJ/SP – "Cláusula vedando que uma das partes contrate o funcionário ou ex-funcionário da outra, visando à proteção da propriedade industrial. Liberdade de trabalho não violada" (JTJ/SP-*Lex* 159/159).

Livre exercício de profissão e jornalista: STF – "A Constituição de 1988, ao assegurar a liberdade profissional (art. 5º, XIII), segue um modelo de reserva legal qualificada presente nas Constituições anteriores, as quais prescreviam à lei a definição das 'condições de capacidade' como condicionantes para o exercício profissional. No âmbito do modelo de reserva legal qualificada presente na formulação do art. 5º, XIII, da Constituição de 1988, paira uma imanente questão constitucional quanto à razoabilidade e proporcionalidade das leis restritivas, especificamente, das leis que disciplinam as qualificações profissionais como condicionantes do livre exercício das profissões. Jurisprudência do STF: Rp 930, Rel. p/ o ac. Min. Rodrigues Alckmin, *DJ* de 2-9-1977. A reserva legal estabelecida pelo art. 5º, XIII, não confere ao legislador o poder de restringir o exercício da liberdade profissional a ponto de atingir o seu próprio núcleo essencial. (...) O jornalismo é uma profissão diferenciada por sua estreita vinculação ao pleno exercício das liberdades de expressão e de informação. O jornalismo é a própria manifestação e difusão do pensamento e da informação de forma contínua, profissional e remunerada. Os jornalistas são aquelas pessoas que se dedicam profissionalmente ao exercício pleno da liberdade de expressão. O jornalismo e a liberdade de expressão, portanto, são atividades que estão imbricadas por sua própria natureza e não podem ser pensadas e tratadas de forma separada. Isso implica, logicamente, que a interpretação do art. 5º, XIII, da Constituição, na hipótese da profissão de jornalista, se faça, impreterivelmente, em conjunto com os preceitos do art. 5º, IV, IX, XIV, e do art. 220 da Constituição, que asseguram as liberdades de expressão, de informação e de comunicação em geral" (STF – RE 511.961, Rel. Min. Gilmar Mendes, julgamento em 17-6-2009, Plenário, *DJE* de 13-11-2009).

Livre exercício de profissão e músico: STF – "A Turma, acolhendo proposta formulada pelo Min. Gilmar Mendes, deliberou afetar ao Plenário julgamento de recurso extraordinário interposto contra acórdão do TRF da 4ª Região que, com base no art. 5º, IX e XIII, da CF, entendera que a atividade de músico não depende de registro ou licença e que a sua livre expressão não pode ser impedida por interesses do órgão de classe, haja vista que este dispõe de meios próprios para executar anuidades devidas, sem vincular sua cobrança à proibição do exercício da profissão. A recorrente, Ordem dos Músicos do Brasil/OMB – Conselho Regional de Santa Catarina, sustenta, na espécie, a inadequação do *mandamus* contra lei em tese e a afronta aos arts. 5º, IX, XIII, e 170, parágrafo único, ambos da CF, sob a alegação de que o livre exercício de qualquer profissão ou trabalho está condicionado pelas referidas normas constitucionais às qualificações específicas de cada profissão e que, no caso dos músicos, a Lei nº 3.857/60 estabelece essas restrições. Aduz, ainda, que possui poder de polícia" (STF – 2ª T. – RE 414426/SC, rel. Min. Ellen Gracie, 17-11-2009. *Informativo STF* nº 568).

XIV – é assegurado a todos o acesso à informação e resguardado o sigilo da fonte, quando necessário ao exercício profissional.

5.37 Liberdade de informação

A manifestação do pensamento, a criação, a expressão, a informação, e a livre divulgação dos fatos devem ser interpretadas em conjunto com a inviolabilidade à honra e à vida privada (CF, art. 5º, X), bem como com a proteção à imagem (CF, art. 5º, XXVII, *a*), sob pena de responsabilização do agente divulgador por danos materiais e morais (CF, art. 5º, V e X).

O direito de receber *informações verdadeiras* é um direito de liberdade e caracteriza-se essencialmente por estar dirigido a todos os cidadãos, independentemente de raça, credo ou convicção político-filosófica, com a finalidade de fornecimento de subsídios para a formação de convicções relativas a assuntos públicos.

A proteção constitucional às *informações verdadeiras* também engloba aquelas eventualmente errôneas ou não comprovadas em juízo, desde que não tenha havido comprovada negligência ou má-fé por parte do informador. A Constituição Federal não protege as informações levianamente não verificadas ou astuciosa e propositadamente errôneas, transmitidas com total desrespeito à verdade, pois as liberdades públicas não podem prestar-se a tutela de condutas ilícitas.

A proteção constitucional à informação é relativa, havendo a necessidade de distinguir-se as informações de fatos de interesse público, da vulneração de condutas íntimas e pessoais, protegidas pela inviolabilidade à vida privada, e que não podem ser devassadas de forma vexatória ou humilhante.

Jean François Revel faz importante distinção entre a livre manifestação de pensamento e o direito de informar, apontando que *a primeira deve ser reconhecida inclusive aos mentirosos e loucos, enquanto o segundo, diferentemente, deve ser **objetivo, proporcionando informação exata e séria** (El conocimiento inútil.* Barcelona: Planeta, 1989. p. 207).

O campo de interseção entre *fatos de interesse público* e *vulneração de condutas íntimas e pessoais* é muito grande quando se trata de personalidades públicas. Nessas hipóteses, a interpretação constitucional ao direito de informação deve ser alargada, enquanto a correspondente interpretação em relação à vida privada e intimidade devem ser restringidas, uma vez que por opção pessoal as assim chamadas pessoas públicas (políticos, atletas profissionais, artistas etc.) colocaram-

-se em posição de maior destaque e interesse social. Porém, mesmo em relação às pessoas públicas, a incidência da proteção constitucional à vida privada, intimidade, dignidade e honra permanece intangível, não havendo possibilidade de ferimento por parte de informações que não apresentem nenhuma relação com o interesse público ou social, ou ainda com as funções exercidas por elas. Os responsáveis por essas informações deverão ser integralmente responsabilizados.

Liberdade de informação e divulgação e inviolabilidade à honra e vida privada: STJ – "Se, de um lado, a Constituição assegura a liberdade de informação, certo é que, de outro, há limitações, como se extrai no § 1º do art. 220, que determina seja observado o contido no inciso X do art. 5º, mostrando-se consentâneo o segredo de justiça disciplinado na lei processual com a inviolabilidade ali garantida" (3ª T. – RMS nº 3.292-2/PR – rel. Min. Costa Leite – *Ementário STJ* 12/254).

Liberdade de divulgação e indenização por dano moral: STJ – "É indenizável o dano moral decorrente de noticiário veiculado pela imprensa, considerado ofensivo à honra do autor (art. 49, inciso I, da Lei nº 5.250, de 9-2-67)" (4ª T. – REsp nº 2.187/RJ – rel. Min. Barros Monteiro – *Ementário STJ* 04/160). No mesmo sentido: 3ª T. – REsp nº 15.672-0/PR – rel. Min. Dias Trindade – *Ementário STJ*, 05/153.

A liberdade de informação deve ser compatibilizada com a inviolabilidade à honra e imagem das pessoas: TJ/SP – rel. Barreto Fonseca – Mandado de Segurança nº 213.144-1 – São Paulo – 24-2-94.

5.38 Sigilo da fonte

A Constituição Federal, ao proclamar a inviolabilidade do sigilo da fonte, quando necessário ao exercício profissional, tem por finalidade garantir a toda a sociedade a ampla e total divulgação dos fatos e notícias de interesse público, auxiliando, inclusive, a fiscalização da gestão da coisa pública e pretendendo evitar as arbitrariedades do Poder Público, que seria proporcionado pela restrição do acesso às informações.

Dessa forma, a *livre divulgação de informações*, resguardando-se o sigilo da fonte, surge como corolário da garantia constitucional do *livre acesso à informação*, tendo sido o art. 71 da Lei nº 5.250/67 (Lei de Imprensa), ao determinar que *"nenhum jornalista ou radialista, ou em geral, as pessoas referidas no art. 25, poderão ser compelidos ou coagidos a indicar o nome de seu informante ou a fonte de suas informações, não podendo o silêncio, a respeito, sofrer qualquer sanção, direta ou indireta, nem qualquer espécie de penalidade"*, amplamente recepcionado, por constituir uma dupla garantia ao Estado Democrático de Direito: *proteção à liberdade de imprensa e proteção ao acesso das informações pela sociedade*.

Imprensa e sigilo da fonte: STF – "a proteção constitucional que confere ao jornalista o direito de não proceder à *disclosure* da fonte de informação ou de não revelar a pessoa de seu informante desautoriza qualquer medida tendente a pressionar ou a constranger o profissional da Imprensa a indicar a origem das informações a que teve acesso, eis que – não custa insistir – os jornalistas, em tema de sigilo da fonte, não se expõem ao poder de indagação do Estado ou de seus agentes e não podem sofrer, por isso mesmo, em função do exercício dessa legítima prerrogativa constitucional, a imposição de qualquer sanção penal, civil ou administrativa" (Inquérito nº 870-2/RJ – rel. Min. Celso de Mello, *Diário da Justiça*, Seção I, 15 abr. 1996, p. 11462).

> *XV – é livre a locomoção no território nacional em tempo de paz, podendo qualquer pessoa, nos termos da lei, nele entrar, permanecer ou dele sair com seus bens.*

5.39 Liberdade de locomoção

A Constituição Federal consagra o direito à livre locomoção no território nacional em tempo de paz, autorizando diretamente a qualquer pessoa o ingresso, a saída e a permanência, inclusive com os próprios bens.

Em caso de guerra, *contrario sensu* do próprio texto constitucional, haverá possibilidades de maior restrição legal que, visando à segurança nacional e à integridade do território nacional, poderá prever hipóteses e requisitos menos flexíveis.

O direito à *liberdade de locomoção* resulta da própria natureza humana, como já salientado por Pimenta Bueno, em comentário à Constituição do Império, onde ensinava que

> "posto que o homem seja membro de uma nacionalidade, ele não renuncia por isso suas condições de liberdade, nem os meios reacionais de satisfazer suas necessidades ou gozos. Não se obriga ou reduz à vida vegetativa, não tem raízes, nem se prende à terra como escravo do solo. A faculdade de levar consigo os seus bens é um respeito devido ao direito de propriedade" (*Direito público brasileiro e análise da Constituição do Império*. Rio de Janeiro: Ministério da Justiça e Negócios Interiores, 1958. p. 388).

Esse raciocínio é complementado por Canotilho e Moreira, ao afirmarem que "a liberdade de deslocação interna e de residência e a liberdade de deslocação transfronteiras constituem, em certa medida, simples corolários do direito à liberdade" (*Constituição da República Portuguesa anotada*. 3. ed. Coimbra: Coimbra Editora, 1993. p. 251) e por Paolo Barile, que relaciona esse direito com a própria dignidade e personalidade humanas (*Diritti dell'uomo e libertà fondamentali*. Bolonha: Il Molino, 1984. p. 172).

Dessa forma, podemos concluir que a liberdade de locomoção engloba quatros situações:

- direito de acesso e ingresso no território nacional;
- direito de saída do território nacional;
- direito de permanência no território nacional;
- direito de deslocamento dentro do território nacional.

A destinação constitucional do direito à *livre locomoção* abrange tantos os brasileiros quanto os estrangeiros, sejam ou não residentes no território nacional, conforme já estudado em tópico inicial sobre os destinatários do art. 5º da CF.

Trata-se, porém, de norma constitucional de eficácia contida, cuja lei ordinária pode delimitar a amplitude, por meio de requisitos de forma e fundo, nunca, obviamente, de previsões arbitrárias. Assim, poderá o legislador ordinário estabelecer restrições referentes ao ingresso, saída, circulação interna de pessoas e patrimônio.

Além disso, o próprio texto constitucional, em hipótese excepcional, limita o direito de locomoção ao prever no art. 139 a possibilidade de *na vigência do estado de sítio decretado ser fixada obrigação de as pessoas permanecerem em localidade determinada*.

Excepcionalidade da restrição à liberdade de locomoção: STF – "Para que a liberdade de locomoção dos cidadãos seja legitimamente restringida, é necessário que o órgão judicial competente se pronuncie de modo expresso, fundamentado e, na linha da jurisprudência deste STF, com relação às prisões preventivas em geral, deve indicar elementos concretos aptos a justificar a constrição cautelar desse direito fundamental" (STF – 2ª T. – HC 89.645 – Rel. Min. Gilmar Mendes, decisão: 11-9-2007).

Direito de locomoção e Estado de Direito Democrático: A liberdade é indisponível no Estado de Direito Democrático. Desta forma, entende o Superior Tribunal de Justiça que a admissibilidade da desistência do *habeas corpus* não pode prejudicar o paciente, mesmo porque, cumpre ao Judiciário expedir a ordem de ofício uma vez caracterizados seus pressupostos. (*Ementário STJ* nº 13/212 – HC nº 3.287-0 – RJ. rel. Min. Luiz Vicente Cernicchiaro. 6ª T. Unânime. *DJ* 19-6-95).

Comissões Parlamentares de Inquérito e direito de locomoção: STF – "Possibilidade de intimação para depor, por parte da CPI, contendo em si a possibilidade de condução coercitiva da testemunha que se recusar a comparecer" (Pleno – HC nº 71.261/RJ – rel. Min. Sepúlveda Pertence, *Diário da Justiça*, Seção I, 24 jun. 1994, p. 16651).

Proteção plena ao direito de locomoção: STJ – "A impetração de *habeas corpus* e interposição de apelação são conciliáveis, ainda que articulem os mesmos fatos e busquem a mesma situação jurídica. A ação constitucional não encontra obstáculo na legislação ordinária, em homenagem à *liberdade de locomoção*. A doutrina e a jurisprudência referem-se ao *habeas corpus* substitutivo (denominação imprópria, embora consagrada). A ação e o recurso devem ser apreciados, embora, eventualmente, um julgamento fosse repercutir no outro" (6ª T. – RHC nº 2.107-3/PI – rel. Min. Vicente Cernicchiaro – *Ementário STJ*, 06/664). No mesmo sentido: 6ª T. – HC nº 1.527-6/RS – rel. Min. Vicente Cernicchiaro – *Ementário STJ*, 07/296.

Direito de ir e vir: STJ – "Não pode o Judiciário assenhorar-se das prerrogativas do Legislativo, criando novas formas inibidoras ao direito de ir e vir, sem a devida fundamentação e forma prescrita em lei" (6ª T. – RHC nº 1.944/SP – rel. Min. Pedro Acioli, *Diário da Justiça*, Seção I, 24 ago. 1992, p. 13001).

Ingresso no país com moeda estrangeira: "Inexiste proibição constitucional ou legal à entrada de alienígena no território nacional portando moeda estrangeira" (TRF/3ª Região – 2ª T. – HC nº 91.03.33971/SP – rel. Juiz Aricê Amaral, *DOE* de 23-3-92, p. 110), ou mesmo o "simples porte ou circulação interna de moeda estrangeira (no caso, dólares americanos), por si só, não constitui infração penal" (TRF/3ª Região – 1ª T. – AMS nº 90.03.024761/SP – rel. Juiz Sinval Antunes, *Diário da Justiça*, Seção II, 25 out. 1994, p. 61011).

5.40 Regulamentação e restrições ao direito de locomoção

A regulamentação do direito de locomoção foi estabelecida pelo Decreto Presidencial nº 678, de 6-11-1992, promulgando tratado internacional devidamente ratificado pelo Congresso Nacional, nos termos do art. 49, I, da Constituição Federal, que estabelece: *1. toda pessoa que se ache legalmente no território de um Estado tem direito de circular nele e de nele residir em conformidade com as disposições legais. 2. Toda pessoa tem direito de sair livremente de qualquer país, inclusive do próprio. 3. O exercício dos direitos acima mencionados não pode ser restringido senão em virtude de lei, na medida indispensável, numa sociedade democrática, para prevenir infrações penais ou para proteger a segurança nacional, a segurança ou ordem públicas, a moral, ou a saúde pública, ou os direitos e liberdade das demais pessoas. 4. O exercício dos direitos reconhecidos no nº 1 pode também ser restringido pela lei, em zonas determinadas, por motivo de interesse público. 5. Ninguém pode ser expulso do território do Estado do qual for nacional, nem ser privado do direito de nele entrar. 6. O estrangeiro que se ache legalmente no território de um Estado-parte nesta convenção só poderá dele ser expulso em cumprimento de decisão adotada de acordo com a lei. 7. Toda pessoa tem o direito de buscar e receber asilo em território estrangeiro, em caso de perseguição por delitos políticos ou comuns conexos com delitos políticos e de acordo com a legislação de cada Estado e com os convênios internacionais. 8. Em nenhum caso o estrangeiro pode ser expulso ou entregue a outro país, seja ou não de origem, onde seu direito à vida ou a liberdade pessoal, esteja em risco de violação por causa da raça, nacionalidade, religião, condição social ou de suas opiniões políticas. 9. É proibida a expulsão coletiva de estrangeiros.*

Ressalte-se que, diferentemente dos *brasileiros natos e naturalizados*, que não poderão jamais ser banidos ou expulsos do território nacional, tampouco privados do direito de nele entrar, os *estrangeiros* poderão ser, na forma da lei, expulsos e deportados, como se estudará nos comentários aos incisos LI e LII do presente artigo, bem como poderá a lei exigir que os mesmos preencham certos requisitos para a obtenção de visto de entrada no território nacional. A obtenção de *visto de entrada* é ato de soberania estatal, não configurando direito subjetivo dos estrangeiros, mesmo que preenchidos todos os requisitos legais (cf. MELLO FILHO, José Celso. *Constituição Federal anotada*. 2. ed. São Paulo: Saraiva, 1985. p. 473).

Restrições em tempo de guerra tanto aos brasileiros quanto aos estrangeiros: "(...) assenta-se em várias situações em que o direito de locomoção dos nacionais também fica cerceado. Na Segunda Guerra Mundial, os brasileiros natos, sem ligações de parentesco com alemães, italianos e japoneses, foram obrigados a retirar o *salvo conduto* que a pouca idade do autor citado (refere-se à posição de Celso Bastos) provavelmente impediu de conhecer e que eu os possuo, e que pertenciam aos meus pais. Também o *direito de locomoção* pode ser cerceado aos brasileiros residentes, enquanto durar o *estado de sítio*, pode determinar 'obrigação de permanência em localidade determinada' (art. 139, I, CF). Vê-se que nem sempre os nacionais têm a liberdade de locomoção que pretendem e nem se trata de um direito absoluto dos brasileiros natos ou naturalizados, quer em tempo de guerra ou de paz" (FERREIRA, Wolgran Junqueira. *Direitos e garantias individuais*. Bauru: Edipro, 1997. p. 207).

> *XVI – todos podem reunir-se pacificamente, sem armas, em locais abertos ao público, independentemente de autorização, desde que não frustrem outra reunião anteriormente convocada para o mesmo local, sendo apenas exigido prévio aviso à autoridade competente.*

5.41 Direito constitucional de reunião

O art. 16 da Declaração de Pensilvânia, de 1776, já previa o direito de reunião, afirmando: *O povo tem o direito de se reunir, de deliberar para o bem comum, de dar instruções a seus representantes e de solicitar à legislatura, por meio de mensagens, de petições ou de representações, a emenda dos erros que considere por ela praticados.*

A Constituição Federal garante que todos podem reunir-se pacificamente, sem armas, em locais abertos ao público, independentemente de autorização, desde que não frustrem outra reunião anteriormente convocada para o mesmo local, sendo apenas exigido prévio aviso à autoridade competente, tratando-se, pois, de direito individual o coligar-se com outras pessoas, para fim lícito.

O direito de reunião é uma manifestação coletiva da liberdade de expressão, exercitada por meio de uma associação transitória de pessoas e tendo por finalidade o intercâmbio de ideias, a defesa de interesses, a publicidade de problemas e de determinadas reivindicações. O direito de reunião apresenta-se, ao mesmo tempo, como um direito individual em relação a cada um de seus participantes e um direito coletivo no tocante a seu exercício conjunto.

O direito de reunião configura-se como um dos princípios basilares de um Estado Democrático, sendo um direito público subjetivo de grande abrangência, pois não se compreenderia a liberdade de reuniões sem que os participantes pudessem discutir, tendo que limitar-se apenas ao direito de ouvir, quando se sabe que o direito de reunião compreende não só o direito de organizá-la e convocá-la, como também o de total participação ativa.

Nesse sentido, o Supremo Tribunal Federal declarou a inconstitucionalidade de ato normativo que limitava a participação popular nas reuniões, vedando a utilização de carros, aparelhos e objetos sonoros.

Paolo Barile bem qualifica o direito de reunião como, simultaneamente, um direito individual e uma garantia coletiva, uma vez que consiste tanto na possibilidade de determinados agrupamentos de pessoas reunir-se para livre manifestação de seus pensamentos, concretizando a titularidade desse direito inclusive para as minorias, quanto na livre opção do indivíduo de participar ou não dessa reunião (*Diritti dell'uomo e libertà fondamentali*. Bolonha: Il Molino, 1984. p. 182-183).

Alcino Pinto Falcão (Op. cit. p. 121) lembra que a doutrina norte-americana, após a Emenda Constitucional nº 1, passou a admitir que o direito de reunião é um desdobramento do antigo direito de petição, tendo, inclusive, a Suprema Corte afirmado que "a verdadeira ideia de governo na forma republicana implica no direito de se reunirem pacificamente os cidadãos para se consultarem sobre os negócios públicos e requererem reparação de agravos".

São elementos da reunião: *pluralidade de participantes, tempo, finalidade e lugar*.

Pluralidade de participantes: a reunião é considerada forma de ação coletiva.

Tempo: toda reunião deve ter duração limitada, em virtude de seu caráter temporário e episódico.

Finalidade: a reunião pressupõe a organização de um encontro com propósito determinado, finalidade lícita, pacífica e sem armas. Anote-se, porém, como lembra Celso de Mello, que não será motivo para dissolução da reunião o fato de alguma pessoa estar portando arma. Nesses casos, deverá a Polícia desarmar ou afastar tal pessoa, prosseguindo-se a reunião, normalmente, com os demais participantes que não sejam armados (Op. cit. p. 475).

Lugar: a reunião deverá ser realizada em local delimitado, em área certa, mesmo que seja um percurso móvel, desde que predeterminada. Assim, as passeatas, os comícios, os desfiles estão englobados no direito de reunião, sujeitando-se, tão somente, aos requisitos constitucionais, da mesma forma que os cortejos e banquetes com índole política.

Liberdade de reunião e de manifestação pública: STF – "Liberdade de reunião e manifestação pública. Limitações. Ofensa ao art. 5º, XVI, da CF. A liberdade de reunião e de associação para fins lícitos constitui uma das mais importantes conquistas da civilização, enquanto fundamento das modernas democracias políticas. A restrição ao direito de reunião estabelecida pelo Decreto distrital 20.098/1999, a toda evidência mostra-se inadequada, desnecessária e desproporcional quando confrontada com a vontade da Constituição" (STF – Pleno – ADI 1.969 – Rel. Min. Ricardo Lewandowski, julgamento: 28-6-2007).

Direito de reunião e "marcha da maconha": "O Supremo Tribunal Federal, 'por entender que o exercício dos direitos fundamentais de reunião e de livre manifestação do pensamento devem ser garantidos a todas as pessoas' concedeu intepretação conforme ao art. 287 do CP, com efeito vinculante, 'de forma a excluir qualquer exegese que possa ensejar a criminalização da defesa da legalização das drogas, ou de qualquer substância entorpecente específica, inclusive através de manifestações públicas e eventos públicos', salientando, porém, que a decisão não permite a incitação, incentivo ou estímulo ao consumo de entorpecentes na sua realização, bem como determinando a não participação de crianças e adolescentes" na denominada 'Marcha da Maconha'" (STF – Pleno – ADPF 187/ DF, Rel. Min. Celso de Mello, decisão: 15-6-2011). **No mesmo sentido:** STF – Pleno – ADI 427/DF – Rel. Min. Ayres Britto, decisão: 23-11-2011. Conferir, ainda: STF – Pleno – AC 2965/MC – Rel. Min. Celso de Mello, decisão: 25-11-2010.

Liberdade de convicção política e direito de reunião: STF – "Segurança nacional – Não caracteriza o crime do art. 2º, III, da Lei nº 1.802, a só realização de conferência ou só a presença em reunião, que se supõe comunista" (*RTJ* 47/437).

5.42 Desnecessidade de autorização da autoridade pública e interferência da polícia

A Constituição Federal determina que o direito de reunião deverá ser exercido independentemente de autorização, assim, veda atribuição às autoridades públicas para análise da conveniência ou não de sua realização, impedindo as interferências nas reuniões pacíficas e lícitas em que não haja lesão ou perturbação da ordem pública.

Isso não exclui, por óbvio, a necessidade constitucional de comunicação prévia às autoridades a fim de que exercitem as condutas a elas exigíveis, tais como a regularização do trânsito, a garantia da segurança e da ordem pública, o impedimento de realização de outra reunião (*RT* 258/511).

Como ensina Manoel Gonçalves Ferreira Filho (*Curso... Op. cit.* p. 259), se a intenção policial for a de frustrar a reunião, seu comportamento é até criminoso.

Por fim, anote-se que nas hipóteses excepcionais do Estado de Defesa (CF, art. 136, § 1º, I, *a*) e do Estado de Sítio (CF, art. 139, IV) poderá haver restrições ao direito de reunião, ainda que exercida no seio das associações, permitindo-se inclusive, neste último caso, a própria suspensão temporária deste direito individual.

5.43 Instrumento de tutela do direito de reunião

A tutela jurídica do direito de reunião se efetiva pelo mandado de segurança, e não pelo *habeas corpus*, pois nesses casos a liberdade de locomoção, eventualmente atingida, é simples direito-meio para o pleno exercício de outro direito individual, o de reunião (*RTJ* 107/331; *RT* 423/327).

Mandado de segurança e direito de reunião: STF – "Direito de reunião. Mandado de segurança que o assegura" (2ª T. – RExtr. nº 97.278/MA – rel. Min. Cordeiro Guerra, *Diário da Justiça*, Seção I, 11 mar. 1983, p. 2475).

> *XVII – é plena a liberdade de associação para fins lícitos, vedada a de caráter paramilitar;*
>
> *XVIII – a criação de associações e, na forma da lei, a de cooperativas independem de autorização, sendo vedada a interferência estatal em seu funcionamento;*

XIX – as associações só poderão ser compulsoriamente dissolvidas ou ter suas atividades suspensas por decisão judicial, exigindo-se, no primeiro caso, o trânsito em julgado;

XX – ninguém poderá ser compelido a associar-se ou a permanecer associado;

XXI – as entidades associativas, quando expressamente autorizadas, têm legitimidade para representar seus filiados judicial ou extrajudicialmente.

5.44 Direito de associação

A liberdade de associação é plena, desde que para fins lícitos, sendo vedada constitucionalmente a associação de caráter paramilitar. Dessa forma, ninguém poderá ser compelido a associar-se ou mesmo a permanecer associado.

A lei poderá estabelecer requisitos objetivos para a criação das associações, que, porém, independem de qualquer autorização discricionária do poder público, sendo, igualmente, vedada a interferência estatal em seu funcionamento.

O direito à livre associação, embora atribuído a cada pessoa (titular), somente poderá ser exercido de forma coletiva, com várias pessoas.

A existência de uma associação como pessoa jurídica depende somente do ato voluntário de seus membros e não do reconhecimento do Estado, do mesmo modo que o nascimento das pessoas naturais não se confunde com o registro das mesmas. Assim, o Estado não pode limitar a existência de associação, salvo nos casos previstos na Constituição, podendo tão só estabelecer requisitos para classificação das associações em diversas categorias (civis, mercantis – sociedades anônimas, responsabilidade limitada etc.), que consequentemente produzirão efeitos jurídicos diversos.

Observe-se que em relação à finalidade da associação, a ilicitude não está ligada somente às normas de direito penal, pois a ordem jurídica pode reprovar dados comportamentos sem chegar ao ponto de cominar-lhes uma sanção de natureza penal (*RDA* 141/76).

O caráter paramilitar deverá ser analisado, para o fiel cumprimento deste requisito constitucional: se as associações, com ou sem armas, se destinam ao treinamento de seus membros a finalidades bélicas. Anote-se, porém, que a nomenclatura de seus postos, a utilização ou não de uniformes, por si só, não afastam de forma absoluta o caráter paramilitar de uma associação, devendo-se observar a existência de organização hierárquica e o princípio da obediência.

A interferência arbitrária do Poder Público no exercício desse direito individual pode acarretar responsabilidade tríplice: (a) de natureza penal, constituindo, eventualmente, crime de abuso de autoridade, tipificado na Lei nº 13.869/2019; (b) de natureza político-administrativa, caracterizando-se, em tese, crime de responsabilidade, definido na Lei nº 1.079/50; e (c) de natureza civil, possibilitando aos prejudicados indenizações por danos materiais e morais.

Plena liberdade associativa: STJ – "A Constituição assegura plena liberdade de associação. Não podem prevalecer as restrições da Lei nº 6.251/75 face à Constituição Federal de 1988. Ninguém é obrigado a associar-se ou permanecer associado. As associações são dotadas de autonomia de organização e funcionamento" (1ª Seção – MS nº 1.291-0/DF rel. Min. Garcia Vieira – *Ementário STJ* 06/280).

Finalidade da liberdade associativa: STJ – "A liberdade de associação profissional e sindical está erigida como significativa realidade constitucional, favorecendo o *fortalecimento das categorias profissionais*" (1ª Seção – MS nº 916-0/DF – rel. Min. Milton Luiz Pereira. *Ementário STJ*, 05/269). No mesmo sentido: STJ – MS nº 1.703-0/DF – rel. Min. Milton Luiz Pereira – *Ementário STJ* 09/314.

Desnecessidade de autorização judicial: STJ – "É vedado ao Estado a interferência e a intervenção na organização sindical, a ingerência em qualquer assunto ligado à sua vida e à autonomia é curial que o sindicato fundado, para adquirir personalidade jurídica, há de se submeter ao regime comum adotado para a formação das associações, *ut* art. 18 do Cód. Civ., que não *dependem de autorização governamental*" (1ª Seção – MS nº 362/DF – rel. Min. Pedro Acioli – *Ementário STJ*, 04/044). Nesse mesmo sentido, *impedindo a criação de restrições às associações sindicais*: STJ – 1ª Seção – MS nº 209/DF – rel. Min. Garcia Vieira, *Ementário STJ* 04/243).

Inconstitucionalidade de exigência de cobrança compulsória de associação de moradores: STF – "ASSOCIAÇÃO DE MORADORES – MENSALIDADE – AUSÊNCIA DE ADESÃO. Por não se confundir a associação de moradores com o condomínio disciplinado pela Lei nº 4.591/64, descabe, a pretexto de evitar vantagem sem causa, impor mensalidade a morador ou a proprietário de imóvel que a ela não tenha aderido. Considerações sobre o princípio da legalidade e da autonomia da manifestação de vontade – artigo 5º, incisos II e XX, da Constituição Federal" (STF – 1ª T. – RE 432.106/RJ – Rel. Min. Marco Aurélio, decisão: 20-9-2011).

Liberdade de associação e liberdade sindical: STJ – "*A liberdade de associação para fins lícitos* do inciso XVII do art. 5º da Constituição é uma variante da *liberdade sindical* insculpida no art. 8º da mesma Lei Maior. Logo, deve ter *aplicação imediata* por força do § 1º do mesmo art. 5º. Assim, até que lei ordinária crie um órgão específico para o registro, o *órgão competente* (Constituição, art. 8º, I) pode ser o do próprio Ministério do Trabalho, que já vinha exercendo tal atividade. Os artigos da CLT que não são incompatíveis com a nova Constituição continuam eficazes" (1ª Seção – MS nº 12/DF – rel. Min. Adhemar Maciel – *Ementário STJ* 01/143). **No mesmo sentido:** STF – "Decreto 20.098/1999 do Distrito Federal. Liberdade de reunião e de manifestação pública. Limitações. Ofensa ao art. 5º, XVI, da CF. A liberdade de reunião e de associação para fins lícitos constitui uma das mais importantes conquistas da civilização, enquanto fundamento das modernas democracias políticas. A restrição ao direito de reunião estabelecida pelo Decreto distrital 20.098/1999, a toda evidência, mostra-se inadequada, desnecessária e desproporcional quando confrontada com a vontade da Constituição (*Wille zur Verfassung*)" (STF – ADI 1.969 – rel. Min. Ricardo Lewandowski, j. 28-6-2007, Plenário, *DJ* de 31-8-2007).

Registro de associação: STJ – "Compete ao Juízo Estadual dirimir controvérsia acerca do registro de associação profissional, vez que falece interesse do Poder Público na lide, vedada que é sua interferência na criação de entidades do tipo" (1ª Seção – CC nº 9.337-6/SP – rel. Min. Américo Luz – *Ementário STJ* 10/260).

Obrigatoriedade de filiação a entidade para obtenção de seguro-desemprego: STF – "Art. 2º, IV, a, b e c, da Lei nº 10.779/2003. Filiação à colônia de pescadores para habilitação ao seguro-desemprego (...). Viola os princípios constitucionais da liberdade de associação (art. 5º, XX) e da liberdade sindical (art. 8º, V), ambos em sua dimensão negativa, a norma legal que condiciona, ainda que indiretamente, o recebimento do benefício do seguro-desemprego à filiação do interessado a colônia de pescadores de sua região" (STF – ADI 3.464, rel. Min. Menezes Direito, j. 29-10-2008, Plenário, *DJE* de 6-3-2009.)

5.45 Dissolução das associações

As associações só poderão ser compulsoriamente dissolvidas ou ter suas atividades suspensas por decisão judicial, exigindo-se, no primeiro caso, o trânsito em julgado. Dessa forma, qualquer ato normativo editado pelos poderes Executivo ou Legislativo, no sentido de dissolução compulsória, será *inconstitucional*. A Constituição Federal limita a atuação do Poder Judiciário, autorizando-o à dissolução somente quando a finalidade buscada pela associação for ilícita.

Dissolução judicial das associações: O Decreto-lei nº 41/66, art. 3º, confere legitimidade ao MP para mover ação destinada a dissolver as sociedades civis de fins assistenciais, quando não mais atendem às finalidades sociais ou ao bem comum (NERY JR., Nelson, NERY, Rosa Maria Andrade. *Código de...* Op. cit. p. 135).

5.46 Representação dos associados

As entidades associativas devidamente constituídas, quando expressamente autorizadas, têm legitimidade para representar seus filiados judicial ou extrajudicialmente, possuindo legitimidade *ad causam* para, em substituição processual, defender em juízo direito de seus associados, nos termos do art. 5º, XXI, da Constituição Federal, sendo desnecessária a expressa e específica autorização de cada um de seus integrantes, desde que a abrangência dos direitos defendidos seja suficiente para assumir a condição de interesses coletivos. Dessa forma, não haverá sempre necessidade de prévia autorização específica, no caso concreto, dos associados para que as associações representem-nos judicial ou extrajudicialmente, desde que a mesma exista de *forma genérica* na própria lei que criou a entidade, ou em seus atos constitutivos de pessoa jurídica.

Legitimidade das associações. "Embora o texto constitucional fale em representação, a hipótese é de legitimação das associações para a tutela de direitos individuais de seus associados, configurando verdadeira *substituição processual* (CPC 6º) (Barbosa Moreira, *RP* 61/190). A autorização pode estar prevista em lei, nos estatutos, ser dada pelos associados individualmente ou ocorrer em assembleia. Havendo urgência pode a associação ajuizar a demanda desde logo, providenciando posteriormente a autorização exigida. O associado pode fazer parte da coletividade titular do direito (coletivo ou difuso) ou ser o titular mesmo do direito (individual). Em qualquer das hipóteses pode a associação, em nome próprio, defender em juízo o direito de seu associado (Celso Bastos. *Coment*. 2º, 113). Entendendo prestar-se a norma para a tutela de direitos coletivos da categoria e individuais de seus membros, mas não para direitos difusos, Grinover, *RP* 57/1000" (NERY JR., Nelson, NERY, Rosa Maria Andrade. *Código de...* Op. cit. p. 135).

Legitimidade de sindicato para atuar como substituto processual: STF – "Esta Corte firmou o entendimento segundo o qual o sindicato tem legitimidade para atuar como substituto processual na defesa de direitos e interesses coletivos ou individuais homogêneos da categoria que representa. (...) Quanto à violação ao art. 5º, LXX e XXI, da Carta Magna, esta Corte firmou entendimento de que é desnecessária a expressa autorização dos sindicalizados para a substituição processual" (STF – RE 555.720-AgR, voto do rel. Min. Gilmar Mendes, j. em 30-9-2008, 2ª T., *DJE* de 21-11-2008).

Associações: alcance da expressão "quando expressamente autorizados": STF – "A representação prevista no inciso XXI do art. 5º da CF surge regular quando autorizada a entidade associativa a agir judicial ou extrajudicialmente mediante deliberação em assembleia. Descabe exigir instrumentos de mandatos subscritos pelos associados" (STF – 2ª T. – RE 192.305 – Rel. Min. Marco Aurélio, decisão: 15-12-1998); STF – "O Tribunal iniciou julgamento de recurso extraordinário em que se discute o alcance da expressão quando expressamente autorizados, constante do inciso XXI do art. 5º da CF (...). O Min. Ricardo Lewandowski, salientando que a Constituição Federal, no seu art. 5º, XXI, não fez qualquer alusão à forma como se dará a autorização dos filiados, mas apenas consignou que esta deveria ser expressa, afirmou, reportando-se a precedente da Corte (AO 152/RS, DJU de 3-3-2000), que a locução quando expressamente autorizados significaria 'quando existir manifesta anuência', o que se daria quando a autorização adviesse do estatuto da associação para que ajuíze ações de interesses de seus membros ou de deliberação tomada por eles em assembleia geral. Asseverou que a exigência, não prevista na Constituição, de se colher uma autorização individual dos filiados para cada ação ajuizada pelas associações, esvaziaria a atribuição de tais entidades de defender o interesse de seus membros, múnus que se inseriria nos quadros da democracia participativa adotada pela CF/88, de forma complementar à democracia representativa tradicionalmente praticada no país. Observou, ademais, que a ACMP invocaria sua qualidade de substituta dos membros do Ministério Público que atuaram no período de 1994 a 1999 como promotores eleitorais em Santa Catarina, tendo por base, para isso, tanto a autorização contida no seu estatuto quanto o disposto no art. 5º, XXI, da CF. Concluiu que, na linha daquele e de outros precedentes do Supremo, qualquer filiado, independentemente de ter autorizado expressamente a associação para a propositura da ação, poderia promover a execução da sentença, desde que sua pretensão estivesse compreendida no âmbito da eficácia subjetiva do título judicial. Em divergência, o Min. Marco Aurélio também conheceu em parte do recurso, mas, na parte conhecida, deu-lhe provimento, por reputar não ser possível, na fase de realização do título executivo judicial, alterar-se esse título, para incluir-se pessoas que não foram apontadas como beneficiárias na inicial da ação de conhecimento e que não autorizaram a ACMP, como exigido no art. 5º, XXI, da CF" (STF – Pleno – RE 573232/SC, rel. Min. Ricardo Lewandowski, 25-11-2009. *Informativo STF* nº 569). **O julgamento encontra-se suspenso em função de pedido de vista do Min. Joaquim Barbosa.**

Necessidade de representação: STJ – "Carece de legitimidade para representar seus filiados juridicamente, a associação que não tem autorização ou mandato outorgado por aqueles" (2ª T. – RMS nº 1.360-0/MG – rel. Min. Américo Luz – *Ementário STJ* 11/525). Nesse mesmo sentido: "Ausente a expressa autorização de que trata o art. 5º, XXI, da CF de 1988, ilegítimo o pleito da associação, em nome dos associados" (STJ – 1ª Seção – MS nº 003/DF rel. Min. Pedro Accioli – *Ementário STJ* 01/142).

Associações e mandado de segurança: STJ – "A exemplo dos sindicatos e das *associações*, também os partidos políticos só podem impetrar mandado de segurança coletivo em assuntos integrantes de seus fins sociais em nome de filiados seus, quando devidamente autorizados pela lei ou por seus Estatutos. Não pode ele vir a juízo defender direitos subjetivos de cidadãos a ele não filiados ou interesses difusos e sim direito de natureza política, como, por exemplo, os previstos nos arts. 14 a 16 da Constituição Federal" (1ª Seção – EDcl no MS nº 197/DF – rel. Min. Garcia Vieira – *Ementário STJ* 04/421).

Autorização para defesa de interesse dos associados: STJ – "Para a comprovação do nexo entre o direito ou interesse dos referidos produtores de trigo e o direito ou interesse dos impetrantes é indispensável que os próprios interessados, os filiados, membros ou associados, sejam ouvidos ou tenham, previamente, autorizado as organizações sindicais, entidades de classe ou associações, às quais sejam filiados, a agirem em seu nome para determinado fim, porque as entidades associativas, só 'quando expressamente autorizadas, têm legitimidade para representar seus filiados judicial ou extrajudicialmente' (CF, art. 5º, XXI)" (1ª Seção – MS nº 1.043-0/DF – rel. Min. Garcia Vieira – *Ementário STJ* 05/506).

Autorização estatutária: TJ/SP – "Entidade Associativa – Nunciação de obra nova – Legitimidade *ad causam* – Associação com autorização expressa em seus estatutos para representar seus filiados na defesa de direitos relacionados com o loteamento – Pressuposto processual satisfeito – Aplicação do art. 5º, XXI, da CF" (*RT* 654/81).

> *XXII – é garantido o direito de propriedade;*
>
> *XXIII – a propriedade atenderá a sua função social;*
>
> *XXIV – a lei estabelecerá o procedimento para desapropriação por necessidade ou utilidade pública, ou por interesse social, mediante justa e prévia indenização em dinheiro, ressalvados os casos previstos nesta Constituição.*

5.47 Direito de propriedade

Toda pessoa, física ou jurídica, tem direito à propriedade, podendo o ordenamento jurídico estabelecer suas modalidades de aquisição, perda, uso e limites. O direito de propriedade, constitucionalmente consagrado, garante que dela ninguém poderá ser privado arbitrariamente, pois somente a necessidade ou utilidade pública ou o interesse social permitirão a desapropriação.

Dessa forma, a Constituição Federal adotou a moderna concepção de *direito de propriedade*, pois, ao mesmo tempo em que o consagrou como direito fundamental, *deixou de caracterizá-lo como incondicional e absoluto*.

A referência constitucional à *função social* como elemento estrutural da definição do direito à propriedade privada e da limitação legal de seu conteúdo demonstra a substituição de uma concepção abstrata de âmbito meramente subjetivo de livre domínio e disposição da propriedade por uma concepção social de propriedade privada, reforçada pela existência de um conjunto de obrigações para com os interesses da coletividade, visando também à finalidade ou utilidade social que cada categoria de bens objeto de domínio deve cumprir.

Função social da propriedade: STF – "O direito de propriedade não se reveste de caráter absoluto, eis que, sobre ele, pesa grave hipoteca social, a significar que, descumprida a função social que lhe é inerente (CF, art. 5º, XXIII), legitimar-se-á a intervenção estatal na esfera dominial privada, observados, contudo, para esse efeito, os limites, as formas e os procedimentos fixados na própria Constituição da República. O acesso à terra, a solução dos conflitos sociais, o aproveitamento racional e adequado do imóvel rural, a utilização apropriada dos recursos naturais disponíveis e a preservação do meio ambiente constituem elementos de realização da função social da propriedade" (STF – Pleno – ADI 2.213-MC – Rel. Min. Celso de Mello, decisão: 4-4-2002). No mesmo sentido: STJ – "O direito privado de propriedade, seguindo-se a dogmática tradicional (Código Civil, arts. 524 e 527), à luz da Constituição Federal (art. 5º, XXII, CF), dentro das modernas relações jurídicas, políticas, sociais e econômicas, com limitações de uso e gozo, deve ser reconhecido com sujeição a disciplina e exigência da sua função social (arts. 170, II e III, 182, 183, 185 e 186, CF). É a passagem do Estado proprietário para o Estado solidário, transportando-se do 'monossistema' para o 'polissistema' do uso do solo (arts. 5º, XXIV, 22, II, 24, VI, 30, VIII, 182, §§ 3º e 4º, 184 e 185, CF)" (1ª Seção – MS nº 1.856-2/DF – rel. Min. Milton Luiz Pereira – *Ementário STJ* 08/318).

Restrições ao direito de propriedade: STJ – "As restrições ou limitações ao direito de propriedade, tendo em conta a sua feição social, entre as quais se insere o tombamento, decorre do poder de polícia inerente ao Estado, que há de ser exercitado com estrita observância ao princípio da legalidade e sujeição ao controle do Poder Judiciário. Cabe a este dizer, à vista do caso concreto, se se trata de simples limitação administrativa ou de interdição ou supressão do direito de propriedade, hipótese esta que só pode ser alcançada por meio de desapropriação" (2ª T – REsp nº 30.519-0/RJ – rel. Min. Antônio de Pádua Ribeiro – *Ementário STJ* 10/107).

Meio ambiente e direito de propriedade: STJ – "O direito de instituir parques nacionais, estaduais ou municipais há de respeitar o direito de propriedade, assegurado na Constituição Federal. Da queda do Muro de Berlim e do desmantelamento do Império Comunista Russo sopram ventos liberais em todo o mundo. O Estado todo poderoso e proprietário de todos os bens e que preserva apenas o interesse coletivo, em detrimento dos direitos e interesses individuais, perde a sobrevivência" (1ª T. – REsp nº 32.222/PR – rel. Min. Garcia Vieira – *RSTJ* 48/412).

Bloqueio dos cruzados: TRF/2ª Região – "Inconstitucionalidade das medidas que permitiram o bloqueio das contas em cruzados novos. Violação do direito de propriedade" (1ª T. – MS nº 92.02.12565/RJ – rel. Juiz Frederico Gueiros, *Diário da Justiça*, Seção I, 1º dez. 1992, p. 40326).

5.48 Desapropriação

A transformação que a ideia de um Estado social introduz no conceito de direito à propriedade privada, ao assinalar uma função social com efeitos delimitadores de seu conteúdo, e as complicações cada vez mais frequentes da vida moderna, especialmente no setor econômico, determinaram uma importante revisão do instituto da desapropriação, que se converteu, de *limite negativo* do direito absoluto de propriedade, em *instrumento positivo* posto à disposição do poder público para o cumprimento de suas finalidades de ordenação e conformação da sociedade a imperativos crescentes de justiça social, frente aos quais o direito de propriedade perde suas características clássicas de *absolutismo* e *exclusividade*. Lembremo-nos de que a possibilidade de relativização do direito à propriedade privada em virtude de *funções sociais* serve de instrumento para efetivação dos objetivos fundamentais da República Federativa do Brasil, consagrados constitucionalmente no art. 3º, entre eles: a *construção de uma sociedade livre, justa e solidária*, bem como a *erradicação da pobreza e da marginalização e a redução das desigualdades sociais e regionais*.

A Constituição Federal exige para a desapropriação os requisitos alternativos de necessidade ou utilidade pública, ou a existência de interesse social. O ato do poder público que desapropria determinado bem imóvel, sem que exista qualquer desses requisitos, demonstrando a existência de eventual favorecimento a interesses privados, padece de nulidade, devendo, portanto, ser assim declarado pelo Poder Judiciário, em sede de ação ordinária, uma vez que o decreto expropriatório é ato administrativo, não se revestindo de conteúdo de ato normativo, passível de ação direta de inconstitucionalidade (STF – 2ª T. – RExtr. nº 97.693/MG – rel. Min. Néri da Silveira. Cf., ainda: *RTJ* 57/53; 71/331; 72/479).

A norma constitucional exige ainda como requisito para a desapropriação, a *prévia e justa indenização*. Entendemos que a efetividade da indenização *justa* deve ser realizada *previamente* ao momento em que o expropriado sofrerá a perda do exercício de qualquer dos poderes relativos à propriedade, dentre eles a posse. Assim sendo, a imissão provisória na posse por parte do Poder Público somente deve ser realizada após o depósito do valor justo e integral, sob pena de desrespeito à Constituição Federal.

Porém, em relação à prévia e justa indenização, a jurisprudência do Supremo Tribunal Federal firmou-se no sentido de que essa garantia constitucional diz respeito ao *pagamento do valor definitivo do preço fixado* (STF – 1ª T. – RExtr. nº 141.795/SP – rel. Min. Ilmar Galvão), mantendo, pois, o entendimento anteriormente firmado na vigência da Constituição anterior, sobre o qual só quando houver perda da propriedade é que deverá haver a justa e prévia indenização, não alcançando tal garantia a *imissão da posse* (STF – 1ª T. – RExtr. nº 195.586-4 – rel. Min. Octávio Gallotti).

Na utilização desse *instrumento político positivo*, o Estado-expropriante deve respeitar as garantias constitucionais básicas do particular-expropriado:

- existência de uma **causa expropiandi** *ligada a necessidade, utilidade pública ou interesse social*;
- *direito a prévia e justa indenização*;
- *respeito ao devido processo expropriatório previsto na legislação infraconstitucional* – essa garantia estabelece-se em benefício do particular e tem por objetivo proteger seus direitos à igualdade e à segurança jurídica, estabelecendo o respeito e a submissão do Poder Público às normas gerais de procedimento legalmente preestabelecidas, cuja observância impede expropriações discriminatórias ou arbitrárias.

Justa indenização: STF – "O direito do proprietário à percepção de justa e adequada indenização, reconhecida no diploma legal impugnado, afasta a alegada violação ao art. 5º, XXII, da CF, bem como ao ato jurídico perfeito e ao direito adquirido" (STF – Pleno – ADI 3.112 – Rel. Min. Ricardo Lewandowski, decisão: 2-5-2007). É pacífica a posição doutrinária e jurisprudencial de que na desapropriação o preço deve ser justo, conforme mandamento da Constituição (STJ – 2ª T. – REsp nº 854/SP – rel. Min. Vicente Cernicchiaro – *Ementário STJ*, 02/22), portanto, corrigido monetariamente (STJ – REsp nº 49.764-7/RS – rel. Min. Demócrito Reinaldo, *Ementário STJ* 10/37). Assim, "tanto a EC de 1969, como a recém-promulgada Constituição, consagraram o postulado de a justa indenização não sofrer restrição de qualquer natureza" (STJ – 1ª Seção – MS nº 254/DF – rel. Min. Geraldo Sobral – *Ementário STJ* 02/006). Consequentemente, inclusive "a correção monetária, no resgate dos títulos de dívida agrária, é devida para assegurar a justa indenização da propriedade expropriada" (1ª Seção – MS nº 008/DF – rel. Min. Garcia Vieira – *Ementário STJ* 03/379).

Justa indenização e enriquecimento sem causa: STJ – "A indenização, por desapropriação, deve ser justa, isto é, integral. O art. 100, § 1º, da Constituição, impede enriquecimento sem justa causa. Impõe obrigação de atualizar o valor formal do débito. Em havendo desvalorização da moeda, entre a última correção e o pagamento, independentemente da data, cumpre completar a diferença" (2ª T. – REsp nº 4.524/SP – rel. Min. Vicente Cernicchiaro – *Ementário STJ* 03/295). No mesmo sentido: STJ – 2ª T. – REsp nº 2.102/SP – rel. Min. Vicente Cernicchiaro, *Ementário STJ* 03/384; 2ª T. – REsp nº 12.245-0/SP – rel. Min. Peçanha Martins, *Ementário STJ* 05/010.

Imissão na posse e prévia indenização I: STF – "Com efeito, esta Suprema Corte, ao versar a questão ora em análise – e mantendo estrita fidelidade à jurisprudência construída sob a égide da Carta Federal de 1969 (*RTJ 88/345 – RTJ 101/717*) –, proclamou que o depósito prévio, ainda que em limite inferior ao valor real do bem atingido pela declaração expropriatória, não se revela conflitante com a exigência constitucional inscrita no art. 5º, XXIV, da Lei Fundamental da República, eis que o *quantum* em referência destina-se, unicamente, a legitimar a simples imissão provisória do poder expropriante na posse do bem imóvel" (1ª T. – RExtr. nº 141.632-7 – rel. Min. Celso de Mello, *Diário da Justiça*, Seção I, 26 maio 1997, p. 22431).

Imissão na posse e prévia indenização II: STJ – "Na desapropriação, o bem só se transfere ao expropriante depois do pagamento definitivo do preço, mas isso não impede que, mediante depósito prévio de importância estabelecida em laudo de perito, seja o expropriante imitido imediatamente, na posse. O art. 15 da Lei nº 3.365, em combinação com o art. 3º do Decreto-lei nº 1.075/70, constitui uma conciliação entre as hipóteses de premente necessidade do expropriante e o preceito constitucional que preconiza a justa e prévia indenização. O depósito prévio, como previsto na lei, não tem o objetivo de cobrir, em sua inteireza, o *quantum* da indenização, que só será identificável, a final. A indenização integralizada, por determinação constitucional, condiz com o direito de propriedade, e é devida na oportunidade em que o domínio (e não a posse provisória) se transfere ao expropriante, com definitividade. O art. 5º, inciso XXIV e o § 3º do art. 182 da Constituição Federal, em nada diferem na respectiva dicção, em relação às Cartas Federais anteriores, que impliquem numa compreensão diferente, sobre vedarem a imissão provisória na posse do bem expropriado, na forma da legislação ordinária em vigor" (1ª T. – REsp nº 28.262-0/SP – rel. Min. Demócrito Reinaldo – *Ementário STJ* 08/038). No mesmo sentido: STJ – 2ª T. – REsp nº 12.350-0/SP. Rel. Min. Antônio de Pádua Ribeiro, *Ementário STJ* 08/028; 2ª T. – REsp nº 16.414-0/SP – rel. Min. Hélio Mosimann, *Ementário STJ* 08/25. Em sentido contrário: STJ – "Os arts. 3º e 4º do Decreto-lei nº 1.075/70 não foram recepcionados pela Constituição Federal vigente, em seus arts. 5º, XXIV, e 182, § 3º, proclamadores dos princípios do justo preço e pagamento prévio" (2ª T. – REsp nº 23.278-1/SP – rel. Min. Peçanha Martins – *Ementário STJ* 06/24); e ainda, STJ – REsp nº 33.425-5/SP – rel. Min. Peçanha Martins, *Ementário STJ* 11/022.

Imissão na posse e prévia indenização III: "Prévia indenização significa o pagamento do valor real do bem antes de o expropriante exercer qualquer dos poderes derivados do domínio, principalmente a imissão na posse. Conquanto seja constitucional e legal a imissão provisória na posse (*RTJ* 101/717), o expropriante deve depositar o valor real, integral e atualizado do bem para poder valer-se dessa prerrogativa, sem o que não terá sido cumprido o mandamento constitucional da prévia indenização" (NERY JR., Nelson, NERY, Rosa Maria Andrade. *Código de...* Op. cit. p. 135).

5.49 Desapropriação para fins de reforma agrária

A Constituição Federal concedeu à União a competência para desapropriar por interesse social, para fins de *reforma agrária*, o imóvel rural. Reforma agrária deve ser entendida como o conjunto de notas e planejamentos estatais mediante intervenção do Estado na economia agrícola com a finalidade de promover a repartição da propriedade e renda fundiária.

Igualmente, foi concedida à União competência privativa para legislar sobre desapropriação (CF, art. 22, II), que editou a Lei nº 8.629/93 que regula a desapropriação para fins de reforma agrária.

São exigidos, entretanto, os seguintes requisitos permissivos para a reforma agrária:

- *imóvel não esteja cumprindo sua função social* (expropriação – sanção). A função social é cumprida quando a propriedade rural atende, simultaneamente, segundo critérios e graus de exigência estabelecidos em lei, aos seguintes requisitos (CF, art. 186): aproveitamento racional e adequado; utilização adequada dos recursos naturais disponíveis e preservação do meio ambiente; observância das disposições que regulam as relações de trabalho; exploração que favoreça o bem-estar dos proprietários e dos trabalhadores;

- *prévia e justa indenização em títulos da dívida agrária*, com cláusula de preservação do valor real, resgatáveis no prazo de até 20 anos, a partir do segundo ano de sua emissão, e cuja utilização será definida em lei. Observe-se que o orçamento fixará anualmente o volume total de títulos da dívida agrária, assim como o montante de recursos para atender ao programa de reforma agrária no exercício;
- *indenização em dinheiro das benfeitorias úteis e necessárias*;
- *edição de decreto* que:
    a) declare o imóvel como de interesse social, para fins de reforma agrária;
    b) autorize a União a propor a ação de desapropriação;
- *isenção de impostos federais, estaduais e municipais* para as operações de transferência de imóveis desapropriados para fins de reforma agrária.

A análise dos requisitos constitucionais leva à conclusão de que a finalidade do legislador constituinte foi garantir um *tratamento constitucional especial* à propriedade produtiva, vedando-se sua desapropriação e prevendo a necessidade de edição de lei que fixe requisitos relativos ao cumprimento de sua função social. Note-se que a Constituição veda a desapropriação da propriedade produtiva que cumpra sua função social.

Assim, são insuscetíveis de desapropriação para fins de reforma agrária (CF, art. 185):

- a pequena e média propriedade rural, assim definida em lei, desde que seu proprietário não possua outra;
- a propriedade produtiva.

Os beneficiários da distribuição de imóveis rurais pela reforma agrária, homens ou mulheres, independentemente do estado civil, receberão títulos de domínio ou de concessão de uso, inegociáveis pelo prazo de 10 anos (CF, art. 189).

Ampliando o conceito de função social da propriedade, a EC nº 81, de 5 de julho de 2014, estabeleceu a possibilidade de expropriação não só de propriedades rurais, mas também de urbanas, de qualquer região do País, onde forem localizadas culturas ilegais de plantas psicotrópicas ou a exploração de trabalho escravo, que poderão ser destinadas à reforma agrária e a programas de habitação popular, sem qualquer indenização ao proprietário.

Reforma agrária e função social da propriedade: STF – "A desapropriação de imóvel rural, por interesse social, para fins de reforma agrária, constitui modalidade especial de intervenção do poder público na esfera dominial privada. Dispõe de perfil jurídico--constitucional próprio e traduz, na concreção do seu alcance, uma reação do Estado à descaracterização da função social que inere à propriedade privada. A *expropriação--sanção* foi mantida pela Constituição de 1988, que a previu para o imóvel rural que não esteja cumprindo sua função social (art. 184, *caput*), hipótese em que o valor da justa indenização – embora prévia – será pago em títulos da dívida pública. A exigência constitucional da justa indenização representa consequência imediatamente derivada da garantia de conservação que foi instituída pelo legislador constituinte em favor do direito de propriedade" (Pleno – MS nº 21.348/MS – rel. Celso de Mello, *Diário da Justiça*, Seção I, 8 out. 1993, p. 21012).

Desapropriação – sanção e devido processo legal (necessidade de vistoria e prévia notificação): STF – "O postulado constitucional do *due process of law*, em sua destinação jurídica, também está vocacionado à proteção da propriedade. Ninguém será privado de seus bens sem o devido processo legal (CF, art. 5º, LIV). A União Federal – mesmo tratando-se de execução e implementação do programa de reforma agrária – não está dispensada da obrigação de respeitar, no desempenho de sua atividade de expropriação, por interesse social, os princípios constitucionais que, em tema de propriedade, protegem as pessoas contra a eventual expansão arbitrária do poder estatal. A cláusula de garantia dominial que emerge do sistema consagrado pela Constituição da República tem por objetivo impedir o injusto sacrifício do direito de propriedade" (Pleno – MS nº 22.164/SP – rel. Min. Celso de Mello, *Diário da Justiça*, Seção I, 17 nov. 1995, p. 39206). No mesmo sentido: STF-MS 22.164-SP (*DJ* 17-11-95); MS 22.165-MG (*DJ* 7-12-95). MS 22.320-SP, rel. Min. Moreira Alves, 11-11-96 – cf. *Informativo STF* nº 53.

XXV – no caso de iminente perigo público, a autoridade competente poderá usar de propriedade particular, assegurada ao proprietário indenização ulterior, se houver dano.

5.50 Direito de requisição

A Constituição Federal prevê a possibilidade de a autoridade competente utilizar propriedade particular em caso de iminente perigo público, sempre resguardado ao proprietário o direito à posterior indenização, caso tenha havido dano ao mesmo.

Trata-se de um direito com *dupla titularidade*, Estado e particular, pois enquanto se garante ao Poder Público a realização de suas tarefas em casos de iminente perigo público, resguardando-se dessa forma o bem-estar social, não permite que o particular seja espoliado de seus bens, e, eventualmente, sofra prejuízos.

O Poder Público, em algumas hipóteses de iminente perigo público, está autorizado pela Lei Maior a utilizar-se de propriedade alheia, sem necessidade de prévia indenização. Porém, se de algum modo o uso da *res* gerar um prejuízo a seu proprietário – *danos emergentes* e *lucros cessantes* –, este terá garantida a indenização, de forma a não sofrer um empobrecimento por força estatal.

Ressalte-se que pelo instrumento da requisição não haverá transferência de propriedade, mas tão só utilização por parte do Poder Público.

Os pressupostos para o exercício do direito de requisição são quatro:

- perigo público iminente (calamidades públicas, convulsões sociais);
- decretação pela autoridade competente;
- finalidade de uso;
- indenização posterior no caso de prejuízo.

A Constituição Federal prevê, ainda, outra hipótese de requisição de bens, no art. 139, VII, possibilitando-a na vigência do estado de sítio. Note-se que, apesar da ausência de previsão expressa da justa e posterior indenização, o citado preceito deverá compatibilizar-se com o art. 5º da Constituição Federal; bem como com o Estado Democrático de Direito que impede o confisco arbitrário de bens dos particulares. Dessa forma, mesmo nas hipóteses de vigência do estado de sítio, o particular deverá ser ressarcido de eventuais prejuízos sofridos em virtude da requisição de seus bens pela União.

Inconstitucionalidade de requisição do Presidente da República de bens e serviços municipais já afetos a prestação de serviços de saúde: O STF declarou inconstitucional Decreto Presidencial com os seguintes fundamentos predominantes: "(i) a requisição de bens e serviços do Município do Rio de Janeiro, já afetados à prestação de serviços de saúde, não tem amparo no inciso XIII do art. 15 da Lei 8.080/1990, a despeito da invocação desse dispositivo no ato atacado; (ii) nesse sentido, as determinações impugnadas do decreto presidencial configuram-se efetiva intervenção da União no Município, vedada pela Constituição; (iii) inadmissibilidade da requisição de bens municipais pela União em situação de normalidade institucional, sem a decretação de estado de defesa ou estado de sítio. Suscitada também a ofensa à autonomia municipal e ao pacto federativo" (STF – Pleno – MS 25.295 – Rel. Min. Joaquim Barbosa, decisão: 20-4-2005).

Requisição e finalidade pública: TJ/SP – "Requisição por Município de Leitos Hospitalares – Alternativa apta ao enfrentamento de situação anômala, de que poderia resultar falta de atendimento a enfermos, de responsabilidade do Poder Público. Exerce atribuição de índole constitucional o Município que assegura atendimento hospitalar a seus munícipes (art. 30, VII, da CR). Entidade política que ao desincumbir-se desta competência, pode chegar *a usar de propriedade particular, assegurada ao proprietário indenização ulterior, se houver dano* (art. 5º, XXV da CR)" (Agravo Regimental em Mandado de Segurança nº 12.021-0/SP, rel. Des. Aniceto Aliende, d. 10-10-90).

Requisição da propriedade particular e necessidade de indenização: TJ/SP – "Indenização – Requisição – Propriedade particular – Fins hospitalares – Prejuízo relativo ao desapossamento temporário – Danos emergentes e lucros cessantes – Ação procedente – Verba devida" (rel. Cezar Peluso – Apelação Cível nº 164.560-1 – Cubatão – 7-4-92).

XXVI – a pequena propriedade rural, assim definida em lei, desde que trabalhada pela família, não será objeto de penhora para pagamento de débitos decorrentes de sua atividade produtiva, dispondo a lei sobre os meios de financiar o seu desenvolvimento.

5.51 Proteção à pequena propriedade rural

A Constituição Federal pretende, ao estabelecer ao proprietário da pequena propriedade rural uma garantia de impenhorabilidade para pagamento de débitos decorrentes de sua atividade produtiva, desde que trabalhada pela família, alavancar o desenvolvimento rural do País, assentando a família na terra, ao mesmo tempo em que pretende evitar que uma verdadeira legião de antigos pequenos proprietários, despojados de suas propriedades, venham engrossar as fileiras dos menos favorecidos nas cidades.

A concretização dessa garantia constitucional depende da verificação de três requisitos:

- pequena propriedade rural, segundo a definição da legislação ordinária (cf. Lei nº 4.504/64 – Estatuto da Terra);
- propriedade trabalhada pela própria família;
- conexão direta entre o débito e a atividade produtiva.

Cf. Estatuto da Terra – Lei nº 4.504, de 30-11-1964.

Aplicabilidade imediata com efeitos retroativos da proteção à pequena propriedade rural: STF – "Impenhorabilidade da pequena propriedade rural de exploração familiar (CF, art. 5º, XXVI): aplicação imediata. A norma que torna impenhorável determinado bem desconstitui a penhora anteriormente efetivada, sem ofensa de ato jurídico perfeito ou de direito adquirido do credor: precedentes sobre hipótese similar. A falta de lei anterior ou posterior necessária à aplicabilidade de regra constitucional – sobretudo quando criadora de direito fundamental ou garantia fundamental – pode ser suprimida por analogia: donde, a validade da utilização, para viabilizar a aplicação do art. 5º, XXVI, CF, do conceito de 'propriedade familiar' do Estatuto da Terra" (STF – Pleno – RE 136.753 – Rel. Min. Sepúlveda Pertence, decisão: 13-2-1997).

Noção de pequena propriedade e sucessão *mortis causa*: STF – "Desapropriação – Enquadramento do imóvel como revelador de pequena ou média propriedade – Sucessão *mortis causa*. Aberta a sucessão, o domínio e a posse da herança transmitem-se, desde logo, aos herdeiros, legítimos e testamentários – art. 1.572 do Código Civil. Daí a insubsistência de decreto para fins de desapropriação, no qual restou considerado o imóvel como um todo, olvidando-se o Estatuto da Terra – Lei nº 4.504, de 30-11-1964, no que, mediante o preceito do § 6º, do art. 46, dispõe que, no caso de imóvel rural em comum, por força da herança, as partes ideais, para fins nele previstos, são consideradas como se divisão houvesse" (Pleno – MS nº 22.045/ES – rel. Min. Marco Aurélio, *Diário da Justiça*, Seção I, 30 jun. 1995, p. 20408).

XXVII – aos autores pertence o direito exclusivo de utilização, publicação ou reprodução de suas obras, transmissível aos herdeiros pelo tempo que a lei fixar;

XXVIII – são assegurados, nos termos da lei:

a) a proteção às participações individuais em obras coletivas e à reprodução da imagem e voz humanas, inclusive nas atividades desportivas;

b) o direito de fiscalização do aproveitamento econômico das obras que criarem ou de que participarem aos criadores, aos intérpretes e às respectivas representações sindicais e associativas.

5.52 Direitos autorais

A Constituição Federal prevê no inciso XXVII, de seu art. 5º, o *direito de propriedade imaterial*, uma vez que protege os direitos sobre a utilização, publicação ou reprodução de obras artísticas, intelectuais ou científicas.

Os direitos autorais, também conhecidos como *copyright* (direito de cópia), são considerados bens móveis, podendo ser alienados, doados, cedidos ou locados. Ressalte-se que a permissão a terceiros de utilização de criações artísticas é *direito do autor*.

O autor de obra é titular de *direitos morais* – reconhecimento de sua criação, ideias, personalidade e trabalho –; *direito à integridade da obra* – consistente da impossibilidade de alteração sem seu expresso consentimento –; e *direitos patrimoniais* – exploração comercial de sua obra, dependendo de autorização qualquer forma de utilização da mesma. Assim, caso ocorra ofensa a esses direitos constitucionalmente consagrados, cumulam-se indenizações por dano moral e material (STJ – 3ª T. – REsp nº 13.575-0/SP – rel. Min. Nilson Naves – *Ementário STJ* 06/038).

Além da responsabilização civil, a violação de direito autoral mediante a reprodução por qualquer meio, com finalidade comercial, sem expressa autorização do autor, enseja a propositura de ação penal pública incondicionada, nos termos do art. 186 do Código Penal (STJ – 5ª T. – REsp nº 19.866-0/RS – rel. Min. Costa Lima – *Ementário STJ* 05/302).

A proteção constitucional abrange o *plágio* e a *contrafação*. Enquanto o primeiro caracteriza-se pela difusão de obra criada ou produzida por terceiros, como se fosse própria, a segunda configura a reprodução de obra alheia sem a necessária permissão do autor.

A própria norma constitucional já prevê, expressamente, a possibilidade de fiscalização, por parte dos autores, do aproveitamento econômico das obras que criarem ou de que participarem, nos termos do art. 5º, XXVIII, *b*.

Cf. art. 30, § 2º da Lei nº 9.610/98 (direitos autorais).

Proteção ao direito moral do autor: Alcino Pinto Falcão aponta uma falha na proteção do presente inciso, afirmando que "os nossos constituintes perderam, porém, a oportunidade de proteger o direito *moral* do autor, a que faz referência a Declaração Universal dos Direitos do Homem" para concluir que "o direito *moral* do autor deve ter vida mais longa do que o privilégio que lhe é outorgado (e aos herdeiros) para a exploração *econômica* da obra, devendo subsistir séculos afora, mesmo (e principalmente) depois de cair a obra no domínio público, dando margem a adaptações injuriosas à pessoa do autor, abrindo espaço para irresponsabilidade de tradutores iletrados, tudo fazendo parte daquilo que se pode chamar de próspera pirataria em torno das obras intelectuais" (*Comentários...* Op. cit. v. 1. p. 244). Entendemos que essa proteção existe, não só pela redação do presente inciso, como também pela redação dos incisos V e X do art. 5º da Constituição Federal que protegem a honra e a imagem das pessoas, inclusive em relação aos sucessores, garantindo-lhes direitos a indenização por danos materiais e morais, como já salientado.

Amplitude da proteção aos direitos autorais: STJ – "Todo ato físico literário, artístico ou científico resultante da produção intelectual do homem, criado pelo exercício do intelecto, merece a proteção legal. O logotipo, sinal criado para ser o meio divulgador do produto, por demandar esforço de imaginação, com a criação de cores, formato e modo de veiculação, caracteriza-se como obra intelectual. II – Sendo a logomarca tutelada pela Lei de Direitos Autorais, são devidos direitos respectivos ao seu criador, mesmo ligada a sua produção a obrigação decorrente de contrato de trabalho. III – A norma de eficácia contida, embora dependa em parte de regulamentação, produz efeitos de imediato até que o regulamento venha para limitar o seu campo de atuação" (4ª T – REsp. nº 57.449/RJ – rel. Min. Sálvio de Figueiredo, *Diário da Justiça*, Seção I, 8 set. 1997, p. 42506).

Música ambiente e Súmula 63 do Superior Tribunal de Justiça: "São devidos direitos autorais pela retransmissão radiofônica de músicas em estabelecimentos comerciais." **Nesse sentido:** STJ – "Entende a Seção de Direito Privado, por maioria, que a utilização de música em estabelecimento comercial, mesmo quando em retransmissão radiofônica, está sujeita ao pagamento de direitos autorais, por caracterizado o lucro indireto, através da captação de clientela" (2ª Seção – REsp nº 983/RJ – rel. Min. Sálvio de Figueiredo – *Ementário STJ*, 04/25). No mesmo sentido: STJ – 4ª T. – REsp nº 1.444/RJ – rel. Min. Barros Monteiro, *Ementário STJ*, 04/117; STJ – 4ª T. – REsp nº 31.533-9/RS – rel. Min. Barros Monteiro – *Ementário STJ*, 07/169. **Em sentido contrário, antes da edição da Súmula:** STJ – "A singela música ambiente, apresentada pela sintonização de emissoras de rádio, não se constitui em execução que enseja o pagamento de direitos autorais, tanto mais porque a cobrança nesses casos seria o *bis in idem*, já pagos os direitos pelas emissoras" (3ª T. – REsp nº 518/SP – rel. Min. Gueiros Leite – *Ementário STJ* 01/398). No mesmo sentido: STJ – 3ª T. – REsp nº 983/RJ – rel. Min. Waldemar Zveiter.

Fotografias e direitos autorais: STJ – "À editora que, sem autorização e correta indicação de autoria, publica fotografias captadas por pessoa com a qual não mantém vínculo empregatício impõe-se carrear obrigação indenizatória, que se justifica pelo só interesse econômico despertado e pela efetiva vantagem financeira auferida com a divulgação, mostrando-se despidas de qualquer relevo para esse efeito a natureza das fotos, se documentais ou artísticas, e a qualidade de quem as produziu, se fotógrafo profissional ou não" (4ª T. – REsp nº 10.556-0/SP – rel. Min. Sálvio De Figueiredo – *Ementário STJ*, 09/186). Assim, "não viola a lei de regência a decisão que manda indenizar o titular do direito a fotografias publicadas em livro de sua edição e reproduzidas em obra sem caráter científico, didático ou religioso" (3ª T. – REsp nº 5.154/SP – rel. Min. Cláudio Santos – *Ementário STJ*, 03/70).

Execução de música em clube social e direito autoral: STJ – "A execução ou a transmissão de composição musical, em clube social, obriga ao pagamento de direitos autorais" (3ª T. – REsp nº 6.962-0/PR – rel. Min. Cláudio Santos – *Ementário STJ*, 08/188).

Mecanismos de defesa dos direitos autorais: STF – "Não se pode em causa de mandado de segurança decidir a controvérsia sobre cessão de diretos autorais" (Pleno – RMS nº 5.371 – rel. Min. Hahnemann Guimarães, *Diário da Justiça*, 7 mar. 1960, p. 566). STJ – "Sendo o direito autoral uma propriedade, legítima a defesa de tal direito via ação de interdito proibitório" (3ª T. – REsp nº 41.813-5/RS – rel. Min. Cláudio Santos – *Ementário STJ*, 11/151).

Divulgação de último capítulo de novela e direitos autorais: STJ – "A divulgação (publicação) em revista de cenas do último capítulo de novela, com transcrição integral e literal de significativa parte do respectivo *script*, realizada sem autorização do autor e cerca de uma semana antes de referido capítulo ser transmitido pela televisão, é procedimento que encerra ofensa aos direitos autorais, tanto de ordem patrimonial como moral, não estando albergado ou amparado pelo direito de citação, tampouco pelo de informação" (4ª T. – REsp nº 23.746-8/SP – rel. Min. Sálvio de Figueiredo – *Ementário STJ*, 13/138).

5.53 Proteção da imagem e da voz humanas

A presente proteção prevista pela Constituição de 1988 veio reforçar a titularidade dos direitos do autor, de maneira a garantir-lhe propriedade também em relação à exploração de sua própria imagem e voz, fator muito importante em face da proliferação dos meios de comunicação de massa (rádio, televisão, *outdoor*, por exemplo).

Em relação a hipóteses que envolvem autoridades públicas, políticos, artistas ou assemelhados, o presente direito constitucional deve ser interpretado de maneira mais elástica, em virtude da existência de maior exposição à mídia, decorrente inclusive da própria natureza das funções exercidas. Além disso, não raro os fatos que envolvem essas pessoas dizerem respeito ao interesse público, devem ser expostos ao conhecimento de todos, sempre, porém, respeitando-se o direito à vida privada e à honra, da forma do já analisado nos comentários ao inciso XIV do art. 5º da Constituição Federal.

Tutela à própria imagem: STF – "Direito à proteção da própria imagem, diante da utilização de fotografia, em anúncio com fim lucrativo, sem a devida autorização da pessoa correspondente. Indenização pelo uso indevido da imagem. Tutela jurídica resultante do alcance do direito positivo" (2ª T. – RExtr. nº 91.328/SP – rel. Min. Djaci Falcão, *Diário da Justiça*, Seção I, 11 dez. 1981, p. 12605).

Direito à imagem e indenização: STF – "Direito à imagem. Fotografia. Publicidade comercial. Indenização. A divulgação da imagem da pessoa, sem o seu consentimento, para fins de publicidade comercial, implica em locupletamento ilícito à custa de outrem, que impõe a reparação do dano" (1ª T. – RExtr. nº 95.872/RJ – rel. Min. Rafael Mayer, *Diário da Justiça*, Seção I, 1 out. 1982, p. 9830). No mesmo sentido: TJ/SP – rel. Walter Moraes – Apelação Cível nº 195.773-1 – São Paulo – 19-4-94; TJ/SP – rel. Antonio Marson – Apelação Cível 181.495-1 – São Paulo – 4-11-92.

Tutela de propriedade da marca: STF – "A propriedade da marca goza de proteção em todo território nacional. Não há se cogitar da coexistência do uso em Estados diferentes" (STF – 2ª T. – RE 114.601 – Rel. Min. Célio Borja, decisão: 14-2-1989).

Foro competente para ação de reparação do dano pelo uso indevido de imagem da pessoa: STJ – "Pretensão de que competente seja o foro do domicílio do autor. Improcedência, porque à espécie não se aplica o art. 100, parágrafo único, do Código de Processo Civil, não podendo, em consequência, o autor optar entre o seu foro e o do local do fato" (3ª T. – REsp nº 27.231-6/RJ – rel. Min. Nilson Naves – *Ementário STJ*, 07/456).

5.54 Atividades esportivas e direito de arena

A proteção constitucional incide em relação à exploração da imagem nas atividades esportivas, inclusive existindo regulamentação do chamado *direito de arena* (Lei nº 5.989/73 e art. 42 da Lei nº 9.615/98). Importante, porém, ressaltar a especificidade da autorização de exploração da própria imagem, pois o *direito de arena* que a lei atribui às entidades esportivas limita-se à fixação, transmissão e retransmissão do espetáculo desportivo público, mas não compreende o *uso da imagem dos jogadores* fora da situação específica do espetáculo, como na reprodução de fotografias para compor "álbum de figurinhas", em *outdoors*, em propagandas comerciais diversas etc. (STJ – 4ª T. – REsp nº 46.420-0/SP – rel. Min. Ruy Rosado de Aguiar – *Ementário STJ*, 11/149).

> *XXIX – a lei assegurará aos autores de inventos industriais privilégio temporário para sua utilização, bem como proteção às criações industriais, à propriedade das marcas, aos nomes de empresas e a outros signos distintivos, tendo em vista o interesse social e o desenvolvimento tecnológico e econômico do país.*

5.55 Dos privilégios

O verbete *inventor* (autor de inventos), do latim *inventore*, assume perante o texto constitucional o sentido "*daquele que fez uma descoberta ou criou coisa nova, industrializável*" (cf. Aurélio). Dessa forma, interessa à presente proteção que a *descoberta* ou *coisa nova* (maquinário, aparelhagem, instrumentos etc.) deva produzir resultados à indústria.

Trata-se de norma constitucional de eficácia limitada que prevê a edição de legislação ordinária garantindo aos autores de inventos industriais o privilégio temporário para sua utilização, bem como a proteção a suas criações industriais, à propriedade de marcas, aos nomes de empresas e a outros signos distintivos, *tendo em vista o interesse social e o desenvolvimento tecnológico e econômico do país*.

O art. 6º da Lei nº 9.279, de 14-5-1996, prevê ao autor de invenção ou modelo de utilidade o direito de obter a patente que lhe garanta a propriedade e o uso exclusivo (*privilégio*).

A patente confere a seu titular o direito de impedir terceiro, sem seu consentimento, de produzir, usar, colocar a venda, vender ou importar com estes propósitos o produto objeto de patente, ou, ainda, processo ou produto obtido diretamente por processo patenteado, assegurando-lhe o direito de obter indenização pela exploração indevida de seu objeto.

A lei ressalta ser patenteável a invenção que atenda aos requisitos de novidade, atividade inventiva e aplicação industrial (art. 8º). Além disso, afirma ser patenteável como modelo de utilidade o objeto de uso prático, ou parte deste, suscetível de aplicação industrial, que apresente nova forma ou disposição, envolvendo ato inventivo, que resulte em melhoria funcional em seu uso ou em sua fabricação (art. 9º).

Importante ressaltar que a própria lei estabelece expressamente que não são patenteáveis o que for contrário à moral, aos bons costumes e à segurança, à ordem e à saúde públicas; as substâncias, matérias, misturas, elementos ou produtos de qualquer espécie, bem como a modificação de suas propriedades físico-químicas e os respectivos processos de obtenção ou modificação, quando resultantes de transformação do núcleo atômico; e o todo ou parte dos seres vivos, exceto os micro-organismos transgênicos que atendam aos três requisitos de patenteabilidade – novidade, atividade inventiva e aplicação industrial (art. 18).

O art. 40 da citada lei estabelece que a patente de invenção vigorará pelo prazo de 20 (vinte) anos e a de modelo de utilidade pelo prazo de 15 (quinze) anos contados da data de depósito. E, em seu parágrafo único, prevê que o prazo de vigência não será inferior a 10 (dez) anos para a patente de invenção e a 7 (sete) anos para a patente de modelo de utilidade, a contar da data de concessão, ressalvada a hipótese de o INPI estar impedido de proceder ao exame de mérito do pedido, por pendência judicial comprovada ou por motivo de força maior.

Cf. Lei nº 9.279, de 14-5-1996 que revogou a Lei nº 5.722/71.

Produtos farmacêuticos ou veterinários: O art. 80 da Lei nº 5.772/71 prevê a possibilidade de serem registradas como marcas, denominações semelhantes destinadas a distinguir produtos farmacêuticos ou veterinários, com a mesma finalidade terapêutica, salvo se houver possibilidade de erro, dúvida ou confusão para o consumidor (cf. STF – Pleno – RExtr. nº 93.721/RJ – rel. Min. Cunha Peixoto, *Diário da Justiça*, Seção I, 16 abr. 1982, p. 3407).

Desrespeito ao privilégio e dever de indenizar: STJ – "A utilização de patente de modelo de utilidade, para a fabricação de mesas dobráveis, mediante novo sistema de articulação e travas, sem respeitar o direito de propriedade e de uso exclusivo (art. 5º da Lei nº 5.772/71), acarreta o dever de indenizar, na forma do art. 23 e seu parágrafo único" (4ª T. – REsp nº 15.424-0/SP – rel. Min. Ruy Rosado de Aguiar – *Ementário STJ*, 11/238).

5.56 Das marcas de indústria, de comércio e de serviço e das expressões ou sinais de propaganda

A Lei nº 9.279/96, em seu art. 122, prevê que são suscetíveis de registro como marca os sinais distintivos visualmente perceptíveis, não compreendidos nas proibições legais.

A lei prevê proteção especial, em todos os ramos de atividade, à marca registrada no Brasil considerada de alto renome, bem como à marca notoriamente conhecida em seu ramo de atividade, independentemente de estar previamente depositada ou registrada no Brasil (*marcas notórias*).

A propriedade da marca adquire-se pelo registro validamente expedido de acordo com a citada lei, assegurado ao titular seu uso exclusivo em todo o território nacional. O registro da marca vigorará pelo prazo de 10 (dez) anos, contados da data da concessão do registro, prorrogável por períodos iguais e sucessivos.

Podemos apontar os seguintes preceitos básicos de proteção às marcas de indústria, comércio e de serviço e das expressões ou sinais de propaganda:

- o registro de marca deve obedecer aos requisitos de distinguibilidade, novidade relativa, veracidade e licitude;
- a lei pretende evitar registros de marcas idênticas ou semelhantes que levem terceiros a erro;
- a lei consagra o princípio da *anterioridade* de nomes e marcas, em regra dentro da mesma classe correspondente a determinada atividade (*especificidade* – cf. *RT*, 710/186), conferindo proteção aos proprietários que obtiveram o registro com antecedência;
- a lei permite a existência de registros de marcas e nomes idênticos ou semelhantes em classes correspondentes às atividades diversas, desde que *não se trate de marca notória ou que não haja possibilidade de confusão quanto à origem dos produtos, mercadorias ou serviços, ou ainda prejuízo para a reputação da marca.*

Finalidade do registro de marcas: STJ – "O registro de marca deve obedecer os requisitos de distinguibilidade, novidade relativa, veracidade e licitude. Buscam, além disso, evitar repetições ou imitações que levem terceiros, geralmente o consumidor, a engano. De outro lado, cumpre observar a natureza da mercadoria. Produtos diferentes, perfeitamente identificáveis e inconfundíveis, podem, porque não levam àquele engano, apresentar marcas semelhantes" (1ª Seção – MS nº 328/DF – rel. Min. Vicente Cernicchiaro – *Ementário STJ*, 03/202).

Registro de marcas e proteção ao consumidor: STJ – "No estágio atual da evolução social, a proteção da marca não se limita apenas a assegurar direitos e interesses meramente individuais, mas a própria comunidade, por proteger o grande público, *o consumidor*, o tomador de serviços, o usuário, o povo em geral, que melhores elementos terá na aferição da origem do produto e do serviço prestado" (4ª T. – REsp nº 3.230/DF – rel. Min. Sálvio de Figueiredo – *Ementário STJ*, 03/203).

Função da marca: TJ/SP – "A função da marca é distinguir e a lei veda registro de outra que possa confundir, em lugar de diferenciar, consagrando-se o fato da anterioridade de nomes e marcas, prendendo-se a seus proprietários, que lograram registrá-los com antecedência. Ademais, os objetivos das firmas litigantes são os mesmos, tratando-se ambas de confecção de roupas femininas" (rel. Munhoz Soares – Apelação Cível nº 166.879-1 – São Paulo – 21-5-92).

Produtos distintos e mesma marca: STJ – "O art. 59 do Código de Propriedade Industrial assegura ao titular de marca registrada o direito ao seu uso, e a existência de produtos distintos (um produto alimentício; outro, utilidade doméstica) com a mesma marca" (3ª T. – REsp nº 2.690/SP – rel. Min. Cláudio Santos – *Ementário STJ*, 04/209).

Registro de marca e exclusividade: STJ – "O direito à exclusividade ao uso de marca, em decorrência de seu registro no INPI, é limitado à classe para a qual foi deferido, não abrangendo pois produtos outros, não similares, enquadrados em outras classes, excetuadas as hipóteses de marcas *notórias*" (4ª T. – REsp nº 14.367-0/PR – rel. Min. Athos Carneiro – *Ementário STJ*, 06/258). **Em sentido contrário:** TJ/SP – "O nome comercial representa também um direito exclusivo, como as marcas, título do estabelecimento ou insígnias, cuja proteção *não deve ficar restrita ao ramo de atividade*, pois envolve a própria identificação do comerciante ou industrial, em suas relações negociais e de crédito, nunca se limitando ao aspecto concorrencial" (rel. J. Roberto Bedran – Embargos Infringentes nº 119.241-1 – São Paulo – 22-3-94).

Registro de marcas semelhantes e inexistência de erro, dúvida ou confusão: STJ – "Somente não se mostra registrável como marca um nome comercial se a empresa titular deste o puder utilizar para os mesmos fins identificatórios pretendidos pela empresa solicitante do registro da marca (...). Possível é a coexistência de duas marcas no universo mercantil, mesmo que a mais recente contenha reprodução parcial da mais antiga e que ambas se destinem à utilização em um mesmo ramo de atividade (...) se inexistente a possibilidade de erro, dúvida ou confusão a que alude o art. 67, nº 17, da Lei nº 5.772/71" (4ª T. – REsp nº 37.646-7/RJ – rel. Min. Sálvio De Figueiredo – *Ementário STJ*, 10/249). Ainda nesse sentido: TJ/SP – "O registro de marca em certa classe pré-exclui o registro de marca idêntica, ou parecida, noutra classe, quando, a despeito da diferença dos artigos, haja possibilidade de confusão, erro, ou dúvida, apurável à luz dos ramos de atividade que guardem alguma relação, ou sejam afins. As classes deixaram de servir de base para o exame da colidência de marcas, passando a ter função meramente administrativa" (rel. Cezar Peluso – Embargos Infringentes nº 181.759-1 – São Paulo – 5-4-94); e, TJ/SP – "Marca Comercial – Denominações semelhantes – Produtos que, embora na mesma classe, são de subclasses diversas e dirigidos a público distinto – Fato que *impossibilita confusão e consequente prejuízo* – Abstenção de uso de marca improcedente – Inteligência do Ato Normativo 51/81 do Instituto Nacional de Marcas e Patentes" (*RT* 653/96). Também cf. rel. Reis Kuntz – Apelação Cível nº 202.435-1 – Guarulhos – 10-3-94.

Palavras de domínio público: TJ/SP – "Propriedade Industrial – Marca – Uso da expressão *baguetterie* – Pretendida abstenção de uso – Improcedência – Hipótese em que não se utiliza a palavra como marca de produto mas, sim, para *designação de sua atividade comercial* de panificação – Palavra, ademais, que é de domínio público" (rel. Álvaro Lazzarini – Apelação Cível 128.964-1 – 5-3-91 – Santos).

XXX – é garantido o direito de herança.

5.57 Direito de herança

A Constituição Federal consagrou, ao garantir por meio do inciso XXX, o direito de herança e o direito a sucessão, que é, no dizer de Sílvio Rodrigues, "o conjunto de princípios jurídicos que disciplinam a transmissão do patrimônio de uma pessoa que morreu, a seus sucessores" (*Direito civil*. São Paulo: Saraiva, 1989. v. 7. p. 3).

O direito a herança consubstancia-se em verdadeiro corolário ao direito de propriedade, uma vez que o reafirma mesmo após a morte do titular dos bens, com a consequente transmissão a seus herdeiros.

Ressalte-se que entidade familiar, inclusive para fins de herança, também é a comunidade formada por qualquer dos pais e seus descendentes, não havendo possibilidade de qualquer discriminação relativa à filiação em relação aos filhos, havidos ou não da relação do casamento, ou por adoção. Assim, todos os filhos terão os mesmos direitos sucessórios (CF, arts. 226, § 4º, e 227, § 6º).

Sucessão e irretroatividade da norma constitucional: STF – "Rege-se, a capacidade de suceder, pela lei da época da abertura da sucessão, não comportando, assim, eficácia retroativa, o disposto no art. 227, parágrafo único, da Constituição" (1ª T. – RExtr. nº 162.350/SP – rel. Min. Octávio Gallotti, *Diário da Justiça*, Seção I, 8 set. 1995, p. 28366). No sentido da irretroatividade das normas definidoras da sucessão: STJ – 6ª T. – REsp nº 46.374-2/SP – rel. Min. Luiz Vicente Cernicchiaro – *Ementário STJ*, 10/069.

Direito de herança e prazo prescricional: STJ – "É de vinte anos o prazo para o herdeiro, que não foi citado e não participou do processo de inventário, postular seu quinhão hereditário com a decorrente anulação da partilha em que foi preterido" (4ª T. – REsp nº 11.668-0/SP – rel. Min. Athos Carneiro – *Ementário STJ*, 05/466). No mesmo sentido: STJ – 3ª T. – REsp nº 17.556-0/MG – rel. Min. Waldemar Zveiter – *Ementário STJ*, 07/129.

XXXI – a sucessão de bens de estrangeiros situados no país será regulada pela lei brasileira em benefício do cônjuge ou dos filhos brasileiros, sempre que não lhes seja mais favorável a lei pessoal do de cujus.

5.58 Sucessão de bens de estrangeiros situados no país

A presente norma constitucional protege os herdeiros brasileiros (cônjuge supérstite ou descendentes) em relação à *sucessão de bens de estrangeiros situados no país*, determinando a aplicação da lei que lhes seja mais favorável.

Ressalte-se que a locução constitucional utilizada, *sucessão de bens*, engloba todas as normas referentes à transmissão de bens em virtude da morte, ou seja, a sucessão legítima ou testamentária, incluindo-se, concorrentemente, os direitos dos herdeiros naturais (ordem de vocação hereditária), testamentários e legatários.

O presente preceito constitucional que favorece o cônjuge e os filhos brasileiros na sucessão de bens de estrangeiros situados no país também abrange os netos brasileiros, desde que sejam herdeiros, pois a finalidade constitucional é a proteção dos descendentes brasileiros convocados à herança. Existe, nesse sentido, antigo precedente do Supremo Tribunal Federal totalmente aplicável à Constituição atual (Pleno – RExtr. nº 31.064 – rel. Min. Luis Gallotti, *Diário da Justiça*, Seção I, 24 jul. 1961, p. 220 – *RTJ* 16/63). O referido acórdão foi prolatado na vigência da Constituição de 1946, que dava ao assunto o mesmo tratamento, prevendo em seu art. 165: *"A vocação para suceder em bens de estrangeiros existentes no Brasil será regulada pela lei brasileira e em benefício do cônjuge ou de filhos de brasileiros, sempre que lhes não seja mais favorável a lei nacional do* **de cujus**.*"*

Note-se que poderemos ter duas situações diversas, solucionadas com a aplicação desse mesmo direito constitucional.

O *de cujus* estrangeiro poderia ser domiciliado no Brasil, quando então sua sucessão reger-se-ia, em regra, pela própria lei brasileira, salvo se a lei de seu país de origem fosse mais favorável ao cônjuge supérstite ou a seus descendentes brasileiros, quando aplicar-se-ia em relação aos bens aqui situados. Nessa hipótese, teríamos a aplicação do critério *jus patriae*.

Por outro lado, o *de cujus* estrangeiro poderia ser domiciliado no Exterior, quando então seria a lei estrangeira que, em regra, regeria sua sucessão. Nesse caso, porém, se a lei brasileira for mais favorável ao cônjuge supérstite ou aos descendentes brasileiros, será a que regerá a sucessão dos bens aqui situados, aplicando-se o chamado critério *forum rei sitae*.

Como salientou Celso de Mello, na vigência da Constituição anterior, cujo art. 153, § 33, continha idêntica previsão, "essa regra constitucional se aplica tanto à sucessão aberta no exterior como à ocorrida no Brasil" (*Constituição Federal anotada*. 2. ed. São Paulo: Saraiva, 1985, p. 484).

XXXII – o Estado promoverá, na forma da lei, a defesa do consumidor.

5.59 Defesa do consumidor

Tratando-se de novidade constitucional em termos de direitos individuais, o inciso XXXII do art. 5º da Constituição Federal de 1988 demonstra a preocupação do legislador constituinte com as modernas relações de consumo, e com a necessidade de proteção do hipossuficiente economicamente. A inexistência de instrumentos eficazes de proteção ao consumidor para fazer valer seus direitos mais básicos, como, por exemplo, a saúde, o transporte, a alimentação, fez sua defesa ser erigida como um direito individual, de modo a determinar-se a edição de norma ordinária regulamentando não só as relações de consumo, mas também os mecanismos de proteção e efetividade dos direitos do consumidor.

O próprio Ato das disposições constitucionais transitórias, em seu art. 48, demonstrou a preocupação do legislador constituinte com essa matéria, ao determinar que o Congresso Nacional deveria, dentro de 120 dias da promulgação da Constituição, elaborar código de defesa do consumidor. Apesar do descumprimento do prazo, o citado código acabou sendo editado.

A edição do Código de Defesa do Consumidor (Lei nº 8.078/90), regulamentou o presente preceito constitucional, estabelecendo as regras necessárias à proteção das relações de consumo e do próprio consumidor.

Essa nova visão constitucional, em termos de inovação do rol dos direitos humanos fundamentais, de proteção ao consumidor, deve ser compatibilizada com preceitos tradicionais em nossas Constituições, como a livre iniciativa e a livre concorrência.

Necessidade de compatibilização dos direitos do consumidor e a livre iniciativa: STF – "Em face da atual Constituição, para conciliar o fundamento da livre iniciativa e do princípio da livre concorrência com os da defesa do consumidor e da redução das desigualdades sociais, em conformidade com os ditames da justiça social, pode o Estado, por via legislativa, regular a política de preços de bens e de serviços, abusivo que é o poder econômico que visa ao aumento arbitrário dos lucros" (STF – Pleno – Adin nº 319/DF – Questão de ordem – Rel. Min. Moreira Alves, *Diário da Justiça*, Seção I, 30 abr. 1993, p. 7563). **No mesmo sentido**: STF – "O princípio da defesa do consumidor se aplica a todo o capítulo constitucional da atividade econômica. Afastam-se as normas especiais do Código Brasileiro da Aeronáutica e da Convenção de Varsóvia quando implicarem retrocesso social ou vilipêndio aos direitos assegurados pelo Código de Defesa do Consumidor" (STF – RE 351.750, Rel. p/ o ac. Min. Carlos Britto, j. 17-3-2009, 1ª T., *DJE*, de 25-9-2009).

Proteção ao consumidor e serviços aéreos: STF – "Aplica-se o Código de Defesa do Consumidor nos casos de indenização por danos morais e materiais por má prestação de serviço em transporte aéreo" (STF – 2ª T. – RE 575.803-AgR – Rel. Min. Cezar Peluso, decisão: 1º-12-2009). **No mesmo sentido**: STF – 1ª T. – RE 351.750 – Rel. Min. Ayres Britto, decisão: 17-3-2009).

Irretroatividade do Código de Defesa do Consumidor: STJ – "Correta a decisão que afastou a incidência do Código do Consumidor, o qual não pode alcançar contrato constituído antes de sua vigência, por força do princípio da irretroatividade" (5ª T. – REsp nº 38.639-0/SP – rel. Min. Edson Vidigal – *Ementário STJ*, 10/181). Cf, ainda, STJ – 4ª T. – REsp nº 37.846-0/SP – rel. Min. Sálvio de Figueiredo – *Ementário STJ*, 11/127; STJ – 4ª T. – REsp nº 48.431-6/SP – rel. Min. Barros Monteiro; STJ – 3ª T. – AgRg no Ag. nº 58.430-5/SP – rel. Min. Cláudio Santos – *Ementário STJ*, 12/137; STJ – 3ª T. – REsp nº 78.787-0/MG – rel. Min. Costa Leite – *Ementário STJ*, 16/90.

Proteção do consumidor e informações pessoais negativas: STJ – "Consoante o disposto no § 1º do art. 43, da Lei nº 8.078/90, nenhum dado negativo persistirá em bancos de dados e cadastros de consumidores, por prazo superior a cinco anos. Tratando-se, entretanto, de dívida não paga, não se fornecerá a seu respeito informação, pelos Sistemas de Proteção ao Crédito, de que possa resultar dificuldade de acesso ao crédito, se, em prazo menor, verificar-se a prescrição" (3ª T. – REsp nº 14.624-0/RS – rel. Min. Eduardo Ribeiro – *Ementário STJ*, 06/008). **No mesmo sentido:** STJ – 4ª T. – REsp nº 22.337-8/RS – rel. Min. Ruy Rosado de Aguiar. *Ementário STJ*, 12/006.

Código de Defesa do Consumidor e instituições financeiras: STF – "1. As instituições financeiras estão, todas elas, alcançadas pela incidência das normas veiculadas pelo Código de Defesa do Consumidor. 2. 'Consumidor', para os efeitos do Código de Defesa do Consumidor, é toda pessoa física ou jurídica que utiliza, como destinatário final, atividade bancária, financeira e de crédito. 3. O preceito veiculado pelo art. 3º, § 2º, do Código de Defesa do Consumidor deve ser interpretado em coerência com a Constituição, o que importa em que o custo das operações ativas e a remuneração das operações passivas praticadas por instituições financeiras na exploração da intermediação de dinheiro na economia estejam excluídas da sua abrangência. 4. Ao Conselho Monetário Nacional incumbe a fixação, desde a perspectiva macroeconômica, da taxa base de juros praticável no mercado financeiro. 5. O Banco Central do Brasil está vinculado pelo dever-poder de fiscalizar as instituições financeiras, em especial na estipulação contratual das taxas de juros por elas praticadas no desempenho da intermediação de dinheiro na economia. 6. Ação direta julgada improcedente, afastando-se a exegese que submete às normas do Código de Defesa do Consumidor [Lei nº 8.078/90] a definição do custo das operações ativas e da remuneração das operações passivas praticadas por instituições financeiras no desempenho da intermediação de dinheiro na economia, sem prejuízo do controle, pelo Banco Central do Brasil, e do controle e revisão, pelo Poder Judiciário, nos termos do disposto no Código Civil, em cada caso, de eventual abusividade, onerosidade excessiva ou outras distorções na composição contratual da taxa de juros" (STF – Pleno – ADI nº 2.591-1/DF – rel. Min. Carlos Velloso, *Diário da Justiça*, Seção I, 29 set. 2006, p. 31).

Código de defesa do consumidor e companhias aéreas: STF – "Aplica-se o Código de Defesa do Consumidor nos casos de indenização por danos morais e materiais por má prestação de serviço em transporte aéreo" (STF – RE 575.803-AgR, Rel. Min. Cezar Peluso, j. 1º-12-2009, 2ª T., *DJE* de 18-12-09). **Conferir ainda:** STF – RE 351.750, Rel. p/ o ac. Min. Carlos Britto, j. 17-3-2009, 1ª T., *DJE* de 25-9-2009.

Código de Defesa do Consumidor e Serviço Público: STJ – Súmula 601: "O Ministério Público tem legitimidade ativa para atuar na defesa de direitos difusos, coletivos e individuais homogêneos dos consumidores, ainda que decorrentes da prestação de serviço público."

XXXIII – todos têm direito a receber dos órgãos públicos informações de seu interesse particular, ou de interesse coletivo ou geral, que serão prestadas no prazo da lei, sob pena de responsabilidade, ressalvadas aquelas cujo sigilo seja imprescindível à segurança da sociedade e do Estado;

XXXIV – são a todos assegurados, independentemente do pagamento de taxas:

b) a obtenção de certidões em repartições públicas, para defesa de direitos e esclarecimento de situações de interesse pessoal.

5.60 Direito de certidão

Tradicional previsão constitucional, o chamado *direito de certidão*, novamente, foi consagrado como o direito líquido e certo de qualquer pessoa à obtenção de certidão para defesa de um direito (*RTJ* 18/77), desde que demonstrado seu legítimo interesse (*RTJ* 109/1200). A esse direito corresponde a obrigatoriedade do Estado, salvo nas hipóteses constitucionais de sigilo, em fornecer as informações solicitadas, sob pena de responsabilização política, civil e criminal.

Ressalte-se que o direito à expedição de certidão engloba o esclarecimento de situações já ocorridas, jamais sob hipóteses ou conjecturas relacionadas a situações ainda a serem esclarecidas (*RTJ* 128/627).

A negativa estatal ao fornecimento das informações englobadas pelo direito de certidão configura o desrespeito a um direito líquido e certo, por ilegalidade ou abuso de poder, passível, portanto, de correção por meio de mandado de segurança (STJ – 6ª T. – RMS nº 5.195-1/SP; STJ – 6ª T. – RMS nº 3.735-5-MG – rel. Min. Vicente Leal – *Ementário STJ*, 15/203; *RT* 294/454).

Celso de Mello aponta os pressupostos necessários para a utilização do direito de certidão: *legítimo interesse* (existência de direito individual ou da coletividade a ser defendido); *ausência de sigilo; res habilis* (atos administrativos e atos judiciais são objetos certificáveis). Como salienta o autor, "é evidente que a administração pública não pode certificar sobre documentos inexistentes em seus registros" e *indicação de finalidade* (*Constituição federal anotada*. 2. ed. São Paulo: Saraiva, 1985. p. 488).

O art. 5º, XXXIV, da Constituição Federal assegura a obtenção de certidões em repartições públicas, para defesa de direitos e esclarecimentos de situações de interesse pessoal, independentemente do pagamento de taxas. A exceção ocorrerá na hipótese de sigilo imposto pela segurança da sociedade e do Estado. Nesse sentido, os arts. 25 e ss. da Lei nº 12.527/2011, determinam que o acesso aos documentos públicos de interesse particular ou de interesse coletivo ou geral será ressalvado exclusivamente nas hipóteses em que o sigilo seja ou permaneça imprescindível à segurança da sociedade e do Estado.

A citada lei estabelece, ainda, que os documentos públicos que contenham informações relacionadas à intimidade, vida privada, honra e imagem de pessoas, e que sejam ou venham a ser de livre acesso poderão ser franqueados por meio de certidão ou cópia do documento, desde que se proteja o preceito constitucional do art. 5º, inciso X, não apresentando esses dados. Os arts. 23 a 25 da Lei nº 12.527/2011, inclusive, estabelecem a possibilidade de classificação regulamentar – no mais alto grau de sigilo – de documentos públicos que contenham informações sigilosas e imprescindíveis à segurança da sociedade e do Estado.

Cf. Lei nº 9.051/95 – Art. 1º As certidões para a defesa e esclarecimentos de situações, requeridas aos órgãos da administração centralizada ou autárquica, às empresas públicas, às sociedades de economia mista e às fundações públicas da União, dos Estados, do Distrito Federal e dos Municípios, deverão ser expedidas no prazo improrrogável de quinze dias, contado do registro do pedido no órgão expedidor – Art. 2º Nos requerimentos que objetivam a obtenção das certidões a que se refere esta Lei, deverão os interessados fazer constar esclarecimentos relativos aos fins e razões do pedido.

Amplitude constitucional do Direito de Certidão: STF – "O direito à certidão traduz prerrogativa jurídica de extração constitucional destinada a viabilizar em favor do indivíduo ou de uma determinada coletividade (como a dos segurados do sistema de previdência social), a defesa (individual ou coletiva) de direitos ou o esclarecimento de situações. A injusta recusa estatal em fornecer as certidões, não obstante presentes os pressupostos legitimadores dessa pretensão, autorizará a utilização de instrumentos processuais adequados, como o mandado de segurança ou a própria ação civil pública. O Ministério Público tem legitimidade ativa para a defesa, em juízo, dos direitos e interesses individuais homogêneos, quando impregnados de relevante natureza social, como sucede com o direito de petição e o direito de obtenção de certidão em repartições públicas" (STF – 2ª T. – RE 472.489-AgR – Rel. Min. Celso de Mello, decisão: 29-4-2008). **Conferir, ainda:** STF – 2ª T. – RE 167.118-AgR – Rel. Min. Joaquim Barbosa, decisão: 20-4-2010.

Finalidade do direito de certidão: STF – "O direito à certidão traduz prerrogativa jurídica, de extração constitucional, destinada a viabilizar, em favor do indivíduo ou de uma determinada coletividade (como a dos segurados do sistema de previdência social), a defesa (individual ou coletiva) de direitos ou o esclarecimento de situações. A injusta recusa estatal em fornecer certidões, não obstante presentes os pressupostos legitimadores dessa pretensão, autorizará a utilização de instrumentos processuais adequados, como o mandado de segurança ou a própria ação civil pública. O Ministério Público tem legitimidade ativa para a defesa, em juízo, dos direitos e interesses individuais homogêneos, quando impregnados de relevante natureza social, como sucede com o direito de petição e o direito de obtenção de certidão em repartições públicas" (RE 472.489-AgR, rel. Min. Celso de Mello, julgamento em 29-4-08, 2ª T., *DJE* de 29-8-08).

Natureza individual do direito de certidão: STJ – "A garantia constitucional que assegura a todos a *obtenção de certidões* em repartições públicas é de natureza individual, sendo obrigatória a sua expedição quando se destina à defesa de direitos e esclarecimento de situações de interesse pessoal do requerente. Tal garantia não pode ser invocada por advogado que pretende obter cópia de procedimento disciplinar instaurado contra servidor do qual não detém mandato de patrocínio" (6ª T. – RMS nº 3.735-5-MG – rel. Min. Vicente Leal – *Ementário STJ*, 15/203).

Direito à informação e Súmula Vinculante 14: "É direito do defensor, no interesse do representado, ter acesso amplo aos elementos de prova que, já documentados em procedimento investigatório realizado por órgão com competência de polícia judiciária, digam respeito ao exercício do direito de defesa."

Informações sigilosas em concurso público: STJ – "Em concurso público, o candidato deve ser ouvido sobre informações pejorativas, capazes de o excluírem do certame. Somente assim, dá-se eficácia à garantia constitucional do contraditório (CF, art. 5º, LV). O sigilo que reveste as informações prestadas no procedimento de concurso público não alcança o candidato a quem tais informes se referem. A este, deve ser facilitado o acesso e reconhecido o direito de certidão (CF, art. 5º, XXXIV)" (1ª T. – RMS nº 1.922-6/SP – rel. Min. Humberto Gomes de Barros – *Ementário STJ*, 09/013).

Direito de certidão, inquérito policial e proteção à honra: STJ – "A instauração do inquérito policial, em princípio, é conduta lícita. O Estado busca identificar autoria e recolher elementos da materialidade de infração penal. Daí a possibilidade de alguém solicitar certidão para identificá-lo. Cumpre, porém, considerar, consoante a nossa cultura, os efeitos negativos decorrentes dessa certidão, evidenciando, até prova em contrário, que o indiciado praticou a infração penal. O exato significado jurídico do inquérito só é conhecido de técnicos. A expedição de certidão, por isso, deve ser disciplinada, evitando-se publicidade negativa, às vezes desairosa, que estigmatiza a pessoa antes da condenação. Ultrapassado o prazo legal para concluir o inquérito, a certidão somente será expedida por solicitação de Magistrado, membro do Ministério Público, autoridade policial ou agente do Estado, em requerimento fundamentado, explicitando o uso do documento." (6ª T. – RMS nº 5.195-1/SP – rel. Min. Adhemar Maciel – j. 17-10-1995 – v.u – *AASP* nº 1993, 5 a 11-3-1997 p. 20 – *e*).

Direito de certidão e fato atípico: STJ – "Sendo atípica a conduta do acusado, resultando, por isso, em trancamento da Ação Penal, não há registro a fazer que possa lhe causar prejuízo. Na hipótese dos autos, é direito líquido e certo do recorrente, inerente à cidadania, obter a Certidão da Repartição de Registro das Distribuições Criminais com a anotação de 'nada consta' " (5ª T. – RMS nº 1.495-0/SP – rel. Min. Edson Vidigal – *Ementário STJ*, 05/272).

Direito de certidão e reabilitação: STJ – "Condenações anteriores não serão mencionadas na folha de antecedentes do reabilitado, nem em certidão extraída dos livros do juízo, salvo quando requisitado por Juízo Criminal. A reabilitação alcança quaisquer penas aplicadas em sentença definitiva, assegurando ao condenado o sigilo dos registros sobre seu processo e condenação. *O livre acesso aos terminais do Instituto de Identificação fere direito daqueles protegidos pelo manto da reabilitação*. Impõe-se, assim, a exclusão das anotações no Instituto, mantendo-se tão somente nos arquivos do Poder Judiciário" (2ª T. – RMS nº 5.452/SP – rel. Min. Hélio Mosimann – *Ementário STJ*, 14/545).

Obrigatoriedade do direito de certidão: TJ/SP – "Exceção feita às ressalvas legais referentes à segurança da sociedade e do Estado, ao que se impõe sigilo, não pode a Administração Pública recusar-se a fornecer as informações solicitadas, sob nenhum pretexto. Não fosse assim, estaria aquela exercitando conduta à margem da lei e assim violando direito líquido e certo" (14ª CCível – Ap. Cível nº 271.054-2-6/SP – rel. Des. Franklin Neiva; j. 5-9-1995).

XXXIV – são a todos assegurados, independentemente do pagamento de taxas:

a) o direito de petição aos poderes públicos em defesa de direitos ou contra ilegalidade ou abuso de poder.

5.61 Direito de petição

Historicamente, o *direito de petição* nasceu na Inglaterra, durante a Idade Média, por meio do *right of petition*, consolidando-se no *Bill of Rights* de 1689, que permitiu aos súditos que dirigissem petições ao rei. Igualmente, foi previsto nas clássicas Declarações de Direitos, como a da Pensilvânia de 1776 (art. 16), e também na Constituição francesa de 1791 (art. 3º).

Pode ser definido como o direito que pertence a uma pessoa de invocar a atenção dos poderes públicos sobre uma questão ou uma situação.

A Constituição Federal consagra no art. 5º, XXXIV, o direito de petição aos Poderes Públicos, assegurando-o a todos, independentemente do pagamento de taxas, em defesa de direitos ou contra ilegalidade ou abuso de poder. A Constituição Federal de 1988 não obsta o exercício do *direito de petição coletiva ou conjunta*, por meio da interposição de petições, representações ou reclamações efetuadas conjuntamente por mais de uma pessoa. Observe-se que essa modalidade não se confunde com as *petições em nome coletivo*, que são aquelas apresentadas por uma pessoa jurídica em representação dos respectivos membros (CANOTILHO, J. J. Gomes, MOREIRA, Vital. *Constituição*... Op. cit. p. 279).

O direito em análise constitui uma prerrogativa democrática, de caráter essencialmente informal, apesar de sua forma escrita, e independe do pagamento de taxas. Dessa forma, como instrumento de participação político-fiscalizatório dos negócios do Estado que tem por finalidade a defesa da legalidade constitucional e do interesse público geral, seu exercício está desvinculado da comprovação da existência de qualquer lesão a interesses próprios do peticionário (TRF 1ª R. – REO 90.01.03175-7 – DF – 2ª T. – Rel. Juiz Hércules Quasímodo – *Diário da Justiça*, Seção II, 15 abr. 1990, TRF 1ª R. – AMS 89.01.24751-8 – MG – 2ª T. – rel. Juiz Souza Prudente – *Diário da Justiça*, Seção II, 5 nov. 1990).

Acentue-se que, pela Constituição brasileira, apesar do direito de representação possuir objeto distinto do direito de petição, instrumentaliza-se por meio deste.

A Constituição Federal assegura a qualquer pessoa, física ou jurídica, nacional ou estrangeira, o direito de apresentar reclamações aos Poderes Públicos, Legislativo, Executivo e Judiciário, bem como ao Ministério Público, contra ilegalidade ou abuso de poder.

A finalidade do *direito de petição* é dar-se notícia do fato ilegal ou abusivo ao Poder Público, para que providencie as medidas adequadas. O exercício do *direito de petição* não exige seu endereçamento ao órgão competente para tomada de providências, devendo, pois, quem recebê-la, encaminhá-la à autoridade competente (*RDA* 30/142. No mesmo sentido: CANOTILHO, J. J. Gomes, MOREIRA, Vital. *Constituição...* Op. cit. p. 280).

Na legislação ordinária, exemplo de exercício do direito de petição vem expresso na Lei nº 13.869/2019 (Lei de Abuso de Autoridade).

O direito de petição possui eficácia constitucional, obrigando as autoridades públicas endereçadas ao recebimento, ao exame e, se necessário for, à resposta em prazo razoável, sob pena de configurar-se violação ao direito líquido e certo do peticionário, sanável por intermédio de mandado de segurança. Note-se que, apesar da impossibilidade de obrigar-se o Poder Público competente à adoção de medidas para sanar eventuais ilegalidades ou abusos de poder, haverá possibilidade, posterior, de responsabilizar o servidor público omisso, civil, administrativa e penalmente.

O Direito de Petição não poderá ser utilizado como sucedâneo da ação penal, de forma a oferecer-se, diretamente em juízo criminal, acusação formal em substituição ao Ministério Público. A Constituição Federal prevê uma única e excepcional norma sobre ação penal privada subsidiária da pública (CF, art. 5º, LIX), que somente poderá ser utilizada quando da *inércia do Ministério Público*, ou seja, quando esgotado o prazo legal não tiver o *Parquet* oferecido denúncia, requisitado diligências ou proposto o arquivamento, ou ainda, nas infrações penais de menor potencial ofensivo, oferecido a transação penal (STF – Inquérito nº 1.111-8/BA – rel. Min. Ilmar Galvão, *Diário da Justiça*, Seção I, 15 ago. 1996, p. 27941; STF – Inquérito nº 1.158-4 DF – rel. Min. Octávio Gallotti, *Diário da Justiça*, Seção I, 5 mar. 1996, p. 5514; STF – Pleno – Inquérito nº 726 (AgRg)/RJ, rel. Min. Sepúlveda Pertence, *RTJ*, 154/410; *STF* – Inquérito nº 929-6/MG – rel. Min. Sydney Sanches, *Diário da Justiça*, Seção I, 21 maio 1996, p. 16877).

Finalidade do direito de petição: STF – "O direito de petição, presente em todas as Constituições brasileiras, qualifica-se como importante prerrogativa de caráter democrático. Trata-se de instrumento jurídico-constitucional posto à disposição de qualquer interessado – mesmo aqueles destituídos de personalidade jurídica – com a explícita finalidade de viabilizar a defesa, perante as instituições estatais, de direitos ou valores revestidos tanto de natureza pessoal quanto de significação coletiva" (Pleno – ADin. nº 1247/PA – medida cautelar – rel. Min. Celso de Mello, *Diário da Justiça*, Seção I, 8 set. 1995, p. 28354). **No mesmo sentido:** STF – "O direito de petição, fundado no art. 5º, XXXIV, *a*, da Constituição não pode ser invocado, genericamente, para exonerar qualquer dos sujeitos processuais do dever de observar as exigências que condicionam o exercício do direito de ação, pois, tratando-se de controvérsia judicial, cumpre respeitar os pressupostos e os requisitos fixados pela legislação processual comum. A mera invocação do direito de petição, por si só, não basta para assegurar a parte interessada o acolhimento da pretensão que deduziu em sede recursal" (STF – 2ª T. – AI 258.867-AgR – Rel. Min. Celso de Mello, decisão: 26-9-2000).

Efetividade das garantais constitucionais: STF – "As garantias constitucionais do direito de petição e da inafastabilidade da apreciação do Poder Judiciário, quando se trata de lesão ou ameaça de direito, reclamam para o seu exercício a observância do que preceitua o direito processual (art. 5º, XXXIV, a e XXXV, da CB/88)" (STF – Pleno – Pet. 4.556-AgR – Rel. Min. Eros Grau, decisão: 25-6-2009). **Conferir, no mesmo sentido:** STF – 2ª T. – AI 258.867-AgR – Rel. Min. Celso de Mello, decisão: 26-9-2000.

Direito de petição e direito de ação: STF – "O exercício do direito de petição, junto aos poderes públicos, de que trata o art. 5º, XXXIV, *a*, da Constituição, não se confunde com o de obter decisão judicial a respeito de qualquer pretensão, pois para esse fim é imprescindível a representação do peticionário por advogado" (Pleno – Agravo regimental em petição nº 762/BA – rel. Min. Sydney Sanches, *Diário da Justiça*, Seção I, 8 abr. 1994, p. 7.240). No mesmo sentido: STF – "O direito de petição não implica, por si só, a garantia de estar em juízo, litigando em nome próprio ou como representante de terceiro, se, para isso, não estiver devidamente habilitado, na forma da lei. Constituem exceções as hipóteses em que o cidadão, embora não advogado inscrito na OAB, pode requerer, perante juízos e Tribunais" (Pleno – Agravo regimental em petição nº 607/CE – rel. Min. Néri da Silveira, *Diário da Justiça*, Seção I, 2 abr. 1993, p. 5615). Assim, excepcionalmente, continua existindo a possibilidade de a lei outorgar o *ius postulandi* a qualquer pessoa, como já ocorre no *habeas corpus* e na revisão criminal.

Inexistência de legitimidade popular para propositura da ação penal: STF – "Qualquer do povo tem direito a *delatio criminis*, mas não é parte legítima para comandar a ação popular penal. Se há notícia veemente e verossímil de crimes nas peças dos autos, remetam-se cópias ou os próprios autos ao Chefe do Ministério Público, em cumprimento ao art. 40 do CPP" (*RTJ* 51/409).

Direito de petição e recurso administrativo: TJ/SP – "Recusa da autoridade impetrada em receber a petição de recurso administrativo – Ato manifestamente inconstitucional, violado o direito de petição do recorrente – art. 5º, XXXIV, *a*, da Constituição da República (...). Tem-se inconstitucional a recusa ao recebimento de petição referente a recurso administrativo, pouco importando haver-se competente ou não a autoridade para sua apreciação, igualmente irrelevante ter razão ou não o recorrente" (rel. Nelson Schiesari – Apelação Cível nº 199.114-2 – São Vicente – 30-3-93).

> *XXXV – a lei não excluirá da apreciação do Poder Judiciário lesão ou ameaça a direito.*

5.62 Apreciação de ameaça ou lesão a direito pelo Poder Judiciário

O princípio da legalidade é basilar na existência do Estado de Direito, determinando a Constituição Federal sua garantia, sempre que houver violação do direito, mediante lesão ou ameaça (art. 5º, XXXV). Dessa forma, será chamado a intervir o Poder Judiciário, que, no exercício da jurisdição, deverá aplicar o direito ao caso concreto. Assim, conforme salienta Nelson Nery Junior (*Princípios do processo civil na Constituição Federal*. São Paulo: Revista dos Tribunais, 1994. p. 91), "podemos verificar que o direito de ação é um direito cívico e abstrato, vale dizer, é um direito subjetivo à sentença *tout court*, seja essa de acolhimento ou de rejeição da pretensão, desde que preenchidas as condições da ação".

Importante, igualmente, salientar que o Poder Judiciário, desde que haja plausibilidade da ameaça ao direito, é obrigado a efetivar o pedido de prestação judicial requerido pela parte de forma regular, pois a indeclinabilidade da prestação judicial é princípio básico que rege a jurisdição (*RTJ* 99/790), uma vez que a toda violação de um direito responde uma ação correlativa, independentemente de lei especial que a outorgue.

O fato de a Constituição Federal reconhecer a todas as pessoas o direito a obter a tutela judicial efetiva por parte dos juízes ou Tribunais no exercício de seus direitos e interesses legítimos não as desobriga ao cumprimento às condições da ação e dos pressupostos processuais legalmente estabelecidos. Dessa forma, essas previsões não encontram qualquer incompatibilidade com a norma constitucional, uma vez que se trata de requisitos objetivos e genéricos, que não limitam o acesso à Justiça, mas sim regulamentam-no.

Portanto, a necessidade de serem preenchidas as condições da ação e os pressupostos processuais, bem como a observância dos prazos prescricionais e decadenciais para o exercício do direito de ação, são previsões que, apesar de limitadoras, caracterizam-se pela plausibilidade e constitucionalidade.

Não há, porém, confundir-se *negativa da prestação jurisdicional* com ausência de julgamento do mérito por *carência de ação* (STF – 1ª T. – RExtr. nº 145.023/RJ – rel. Min. Ilmar Galvão, *Diário da Justiça*, Seção I, 18 dez. 1992, p. 24388) ou extinção de punibilidade (STJ – 6ª T. – Ag. Rg. no Ag. nº 242/SP – rel. Min. Costa Leite – *Ementário*, 01/165), ou ainda, com prestação jurisdicional *contrária à pretensão* da parte (STF – 2ª T. – Agravo Regimental em Agravo de Instrumento nº 135850/SP – rel. Min. Carlos Velloso, *Diário da Justiça*, Seção I, 24 maio 1991, p. 6774), mesmo que seja *errônea* (STF – 1ª T. – Agravo regimental em agravo de instrumento ou de petição nº 157.933/SP – rel. Min. Moreira Alves, *Diário da Justiça*, Seção I, 18 ago. 1995, p. 24923). Todas essas hipóteses são plausíveis e constitucionais com o inciso XXV, do art. 5º.

Acesso ao Judiciário e Súmula Vinculante 21: "É inconstitucional a exigência de depósito ou arrolamento prévios de dinheiro ou bens para admissibilidade de recurso administrativo."

Acesso ao Judiciário e Súmula Vinculante 28: "É inconstitucional a exigência de depósito prévio como requisito de admissibilidade de ação judicial na qual se pretenda discutir a exigibilidade de crédito tributário."

Essência da prestação jurisdicional I: STF – "A ordem jurídico-constitucional assegura aos cidadãos o acesso ao Judiciário em concepção maior. Engloba a entrega da prestação jurisdicional da forma mais completa e convincente possível" (2ª T. – RExtr. nº 158.655-9/PA – rel. Min. Marco Aurélio, *Diário da Justiça*, Seção I, 2 maio 1997, p. 16567).

Essência da prestação jurisdicional II: STF – "A garantia constitucional alusiva ao acesso ao Judiciário engloba a entrega da prestação jurisdicional de forma completa, emitindo o Estado-juiz entendimento explícito sobre as matérias de defesa veiculadas pelas partes. Nisto está a essência da norma inserta no inciso XXXV do art. 5º da Carta da República" (2ª T. – RExtr. nº 172.084/MG – rel. Min. Marco Aurélio, *Diário da Justiça*, Seção I, 3 mar. 1995, p. 4111).

Judiciário e efetiva prestação jurisdicional: STF – "Poder Nacional, jungido à garantia constitucional da jurisdição (CF, art. 5º, XXXV), ao Judiciário incumbe prover, em casos inadiáveis, para que a interrupção dos serviços de um setor do seu mecanismo não frustre o direito dos que reclamam a prestação de Justiça" (1ª T. – HC nº 68653/DF – rel. Min. Sepúlveda Pertence, *Diário da Justiça*, Seção I, 28 jun. 1991, p. 8906).

Consultas ao Poder Judiciário não estão inseridas na garantia da inafastabilidade do controle jurisdicional: STF – "Já decidiu o Plenário desta Corte, no julgamento da ADIn 1.057-MC-ED (rel. Min. Celso de Mello, DJ de 6-4-2001), que 'são insuscetíveis de apreciação quaisquer petições recursais que veiculem consulta dirigida aos órgãos do Poder Judiciário, eis que postulações dessa natureza refogem ao domínio de atuação institucional dos Tribunais e revelam-se incompatíveis com a própria essência da atividade jurisdicional'" (RE 435.691-ED, voto do rel. Min. Cezar Peluso, julgamento em 12-2-08, 2ª T., *DJE* de 7-3-08).

Recurso administrativo e inconstitucionalidade de exigência de depósito prévio: STF – "Ação direta de inconstitucionalidade. Art. 19, *caput*, da Lei Federal nº 8.870/94. Discussão judicial de débito para com o INSS. Depósito Prévio do valor monetariamente corrigido e acrescido de multa e juros. Violação do disposto no art. 5º, incisos XXXV e LV, da Constituição do Brasil" (STF – Pleno – ADI 1074/ES – rel. Min. Eros Grau, *Diário da Justiça*, Seção I, 25 maio 2007, p. 63). **Conforme destacou o Ministro Eros Grau**, "ao dispor de forma genérica que 'as ações judiciais, inclusive cautelares, que tenham por objeto a discussão de débito para com o INSS serão, obrigatoriamente, precedidas do depósito preparatório', o art. 19 da Lei nº 8.870/94 consubstancia barreira ao acesso ao Poder Judiciário. A mera leitura do texto normativo impugnado dá conta da imposição de condição à propositura das ações cujo objeto seja a discussão de créditos tributários, ainda que não estejam em fase de execução". **No mesmo sentido:** STF – "Administrativo. Depósito prévio. Requisito de admissibilidade. Inconstitucionalidade das normas que o exigem. Violação ao art. 5º, LV, da CF. Recurso extraordinário provido. Precedentes do Plenário. É inconstitucional toda exigência de depósito ou arrolamento prévios de dinheiro ou bens, para admissibilidade de recurso administrativo" (STF – 2ª T. – RREE 546375/RJ e 546385/RJ – rel. Min. Cezar Peluso, *Diário da Justiça*, Seção I, 15 jun. 2007). **E, ainda:** STF – "A exigência de depósito ou arrolamento prévio de bens e direitos como condição de admissibilidade de recurso administrativo constitui obstáculo sério (e intransponível, para consideráveis parcelas da população) ao exercício do direito de petição (CF, art. 5º, XXXIV), além de caracterizar ofensa ao princípio do contraditório (CF, art. 5º, LV). A exigência de depósito ou arrolamento prévio de bens e direitos pode converter-se, na prática, em determinadas situações, em supressão do direito de recorrer, constituindo-se, assim, em nítida violação ao princípio da proporcionalidade" (STF – Pleno – ADI 1976/DF – rel. Min. Joaquim Barbosa, *Diário da Justiça*, Seção I, 18 maio 2007, p. 64); e: "É inconstitucional a exigência de depósito prévio como condição de admissibilidade de recurso na esfera administrativa" (STF – Pleno –

RE 388359/PE – rel. Min. Marco Aurélio, decisão: 28-3-2007, *Informativo STF* nºˢ 461 e 462). **Conferir, também:** STF – 2ª T. – AC 1.566-9/MG – medida cautelar – rel. Min. Celso de Mello, *Diário da Justiça*, Seção I, 23 fev. 2007, p. 41 e *Informativo STF* nº 456. **No mesmo sentido:** STF – "Na linha da jurisprudência firmada no julgamento dos recursos extraordinários antes referidos, o Tribunal deu provimento a dois agravos regimentais em agravos de instrumento, e, convertendo-os em recursos extraordinários, deu-lhes provimento para declarar a inconstitucionalidade do art. 250 do Decreto-lei 5/75, com a redação da Lei nº 3.188/99, ambos do Estado do Rio de Janeiro" (STF – Pleno – AI 398933 AgR/RJ e AI 408914 AgR/RJ – rel. Min. Sepúlveda Pertence, decisão: 28-3-2007). **Conferir, ainda, a Súmula Vinculante 21 do STF:** "É inconstitucional a exigência de depósito ou arrolamento prévios de dinheiro ou bens para admissibilidade de recurso administrativo."

Taxa judiciária e acesso à Justiça: A fixação de taxa judiciária para o exercício do direito de ação não encontra óbice na Carta Magna, porém sua excessividade, de modo a criar obstáculos discriminatórios de acesso a justiça, será inconstitucional (*RTJ* 112/34).

Legitimação de titular de função pública para mandado de segurança: STF – "Incensurável, pois, a jurisprudência brasileira, quando reconhece a legitimação do titular de uma função pública para requerer segurança contra ato do detentor de outra, tendente a obstar ou usurpar o exercício da integralidade de seus poderes ou competências: *A solução negativa importaria em subtrair da apreciação do Poder Judiciário lesão ou ameaça de direito*" (Pleno – MS nº 21.239/DF – rel. Min. Sepúlveda Pertence, *Diário da Justiça*, Seção I, 23 abr. 1993, p. 6920).

Controle jurisdicional do *impeachment*: STF – "Controle judicial do *impeachment*: possibilidade, desde que se alegue lesão ou ameaça a direito. CF, art. 5º, XXXV. Precedentes do STF: MS nº 20.941/DF (*RTJ* 142/88); MS nº 21.564/DF e MS nº 21.623/DF" (Pleno – MS nº 21689/DF – rel. Min. Carlos Velloso, *Diário da Justiça*, Seção I, 7 abr. 1995, p. 8871).

Concurso – critérios subjetivos de avaliação – desrespeito ao art. 5º, XXXV: STF – "Exame e avalização de candidato com base em critérios subjetivos, como, por exemplo, a verificação sigilosa sobre a conduta, pública e privada, do candidato, excluindo-o do concurso sem que sejam fornecidos os motivos. Ilegitimidade do ato, que atenta contra o princípio da inafastabilidade do conhecimento do Poder Judiciário de lesão ou ameaça a direito. É que, se a lesão é praticada com base em critérios subjetivos, ou em critérios não revelados, fica o Judiciário impossibilitado de prestar a tutela jurisdicional porque não terá como verificar o acerto ou o desacerto de tais critérios. Por via oblíqua, estaria sendo afastada da apreciação do Judiciário, lesão a direito" (Pleno – RExtr. nº 25.556/PR – rel. Min. Carlos Velloso, *Diário da Justiça*, Seção I, 15 maio 1992, p. 6786).

Extinção de punibilidade: STJ – "A extinção da punibilidade pela prescrição da pretensão punitiva prejudica o exame do mérito da apelação. Inexistência de ofensa ao item XXXV, art. 5º da Constituição" (6ª T. – Ag. Rg. no Ag. nº 242/SP – rel. Min. Costa Leite – *Ementário STJ*, 01/165).

Direito de ação: "Todos têm acesso à justiça para postular tutela jurisdicional preventiva ou reparatória de um direito individual, coletivo ou difuso. Ter direito constitucional de ação significa poder deduzir pretensão em juízo e também poder dela defender-se. A facilitação do acesso do necessitado à justiça, com a assistência jurídica integral (CF, art. 5º, LXXIV) é manifestação do princípio do direito de ação. Todo expediente destinado a impedir ou dificultar sobremodo a ação ou a defesa no processo civil constitui ofensa ao princípio constitucional do direito de ação. É preciso, contudo, que a parte preencha as condições da ação (CPC, art. 267, VI) para que possa obter sentença de mérito" (NERY JR., Nelson, NERY, Rosa Maria Andrade. *Código de...* Op. cit. p. 136).

Direito de ação II: "Os princípios constitucionais que garantem o livre acesso ao Poder Judiciário, o contraditório e a ampla defesa, não são absolutos e hão de ser exercidos, pelos jurisdicionados, por meio das normas processuais que regem a matéria. Não se constituindo negativa de prestação jurisdicional e cerceamento de defesa a inadmissão de recursos quando não observados os procedimentos estatuídos nas normas instrumentais" (STF – Pleno – Agravo Regimental nº 152.676/PR – Rel. Min. Maurício Corrêa, *Diário da Justiça*, Seção I, 3 nov. 1995). No mesmo sentido: STF – 2ª T. – Agravo de Instrumento nº 209.860-6/PB – rel. Min. Néri da Silveira, *Diário da Justiça*, Seção I, 23 mar. 1998, p. 33.

5.63 Inexistência da jurisdição condicionada ou instância administrativa de curso forçado

Inexiste a obrigatoriedade de esgotamento da instância administrativa para que a parte possa acessar o Judiciário. A Constituição Federal de 1988, diferentemente da anterior, afastou a necessidade da chamada jurisdição condicionada ou instância administrativa de curso forçado, pois já se decidiu pela inexigibilidade de exaurimento das vias administrativas para obter-se o provimento judicial (*RP* 60/224), uma vez que excluiu a permissão, que a Emenda Constitucional nº 7 à Constituição anterior estabelecera, de que a lei condicionasse o ingresso em juízo à exaustão das vias administrativas, verdadeiro obstáculo ao princípio do livre acesso ao Poder Judiciário.

Desnecessidade do esgotamento da via administrativa como condição da ação: STF – "Não há previsão constitucional de esgotamento da via administrativa como condição da ação que objetiva o reconhecimento de direito previdenciário" (RE 549.238-AgR, rel. Min. Ricardo Lewandowski, julgamento em 5-5-09, 1ª T., *DJE* de 5-6-09). **No mesmo sentido:** STF – Pleno – ADI 2.139-MC e ADI 2.160-MC – voto do Relator Ministro Marco Aurélio, decisão: 13-5-2009.

Inconstitucionalidade da obrigatoriedade da submissão das reclamações à Comissão de Conciliação Prévia: STF – "Por reputar caracterizada, em princípio, a ofensa ao princípio do livre acesso ao Judiciário (CF, art. 5º, XXXV), o Tribunal, por maioria, deferiu parcialmente medidas cautelares em duas ações diretas de inconstitucionalidade (...) para dar interpretação conforme a Constituição Federal relativamente ao art. 625-D, introduzido pelo art. 1º da Lei nº 9.958/2000 – que determina a submissão das demandas trabalhistas à Comissão de Conciliação Prévia – a fim de afastar o sentido da obrigatoriedade dessa submissão. Vencidos os Ministros Octavio Gallotti, relator, e Cezar Peluso, que indeferiam a liminar". (ADI 2139 MC/DF e ADI 2160 MC/DF, rel. orig. Min. Octávio Gallotti, red. p/ o acórdão Min. Marco Aurélio, 13-5-2009. *Informativo STF* nº 546).

Esgotamento das vias administrativas: Não pode a lei infraconstitucional condicionar o acesso ao Poder Judiciário ao esgotamento da via administrativa como ocorria no sistema revogado (CF/67, art. 153, § 4º) (NERY JR., Nelson, NERY, Rosa Maria Andrade. *Código de...* Op. cit. p. 137).

5.64 Acesso ao Judiciário e à justiça desportiva

A própria Constituição Federal exige, excepcionalmente, o prévio acesso às instâncias da justiça desportiva, nos casos de ações relativas à disciplina e às competições desportivas, reguladas em lei (CF, art. 217, § 1º), sem, porém, condicionar o acesso ao Judiciário ao término do processo administrativo, pois a justiça desportiva terá o prazo máximo de 60 dias, contados da instauração do processo, para proferir decisão final (CF, art. 217, § 2º).

Para Manoel Gonçalves Ferreira Filho, trata-se de uma exceção ao art. 5º, XXXV, afirmando que é *"uma exceção escandalosa, já que não é prevista quanto a outras modalidades de contencioso administrativo que se conhecem no País"* (*Comentários...* Op. cit. v. 4. p. 89). Por sua vez, Pinto Ferreira critica a previsão de prazo de 60 dias, dizendo que *"não andou bem, entretanto, na fixação do prazo. Deveria dizer que a decisão final deve ser proferida obrigatoriamente em prazo que nunca cause prejuízo ao adiamento e à conclusão da competição"* (*Comentários...* Op. cit. v. 7. p. 186).

5.65 Inexistência da obrigatoriedade de duplo grau de jurisdição

Menciona a Constituição Federal a existência de juízes e Tribunais, bem como prevê a existência de alguns recursos (ordinários constitucionais, especial, extraordinário), porém não existe a obrigatoriedade do duplo grau de jurisdição. Dessa forma, há competências originárias em que não haverá o chamado *duplo grau de jurisdição*, como, por exemplo, nas ações de competência originária dos Tribunais. Como observa Nelson Nery Junior,

> "as constituições que se lhe seguiram (à de 1824), limitaram-se a apenas mencionar a existência de tribunais, conferindo-lhes competência recursal. Implicitamente, portanto, havia previsão para a existência do recurso. Mas, frise-se, não garantia absoluta ao duplo grau de jurisdição" (*Princípios...* Op. cit. p. 152).

O mesmo ocorre, por exemplo, no direito português, como salientado por Canotilho, onde

> "o Tribunal Constitucional tem entendido que o direito de acesso aos tribunais não garante, necessariamente, e em todos os casos, o direito a um duplo grau de jurisdição (cfr. Ac 38/87, *in* DR I, nº 63 de 17-3-87; Ac 65/88, *in* DR II, nº 192 de 20-8-88; Ac 359/86, *in* DR II, nº 85 de 11-4-87; Ac 358/86, *in* DR I, nº 85 de 11-4-87. Outros acórdãos no mesmo sentido: Ac TC, nº 219/89, *in* DR II, nº 148 de 30-6-89; Ac TC, nº 124/90, *in* DR II, nº 33 de 8-2-91; Ac TC, nº 340/90). O direito a um duplo grau de jurisdição não é, *prima facie*, um direito fundamental, mas a regra – que não poderá ser subvertida pelo legislador, não obstante a liberdade de conformação

deste, desde logo quanto ao valor das alçadas, é a da existência de duas instâncias quanto a *matéria de fato* e de uma instância de revisão quanto a *questões de direito*" (*Direito...* Op. cit. p. 653),

e no direito alemão, como analisado por Alcino Pinto Falcão, que deixa consignado que

"a cláusula não obriga por si só a que para todas as hipóteses tenha que haver duplo grau de jurisdição; é o que realça o juiz constitucional alemão Benhard Wolff, em estudo sobre a jurisprudência do Tribunal Constitucional, citando acórdão do mesmo (estudo monográfico vindo a lume no referido Jahrbuch, ano de 1958, v. II, p. 127)" (*Comentários...* Op. cit. v. 1. p. 255).

Não obrigatoriedade do duplo grau de jurisdição: STF – "O Senado, quando julga o Presidente da República, não procede como órgão legislativo, mas como órgão judicial, exercendo jurisdição recebida da Constituição, e de cujas decisões não há recurso para nenhum tribunal. Isto nada tem de inaudito. Da decisão do STF nas infrações penais comuns em que figure como acusado o Presidente da República (bem como o Vice-presidente, os membros do Congresso, os seus próprios Ministros e o Procurador-geral da República), art. 102, I, *a*, da CF, também não há recurso algum, nem para outro tribunal, nem para o Senado" (Pleno – MS nº 21.689-1/DF – rel. Min. Paulo Brossard, *Diário da Justiça*, Seção I, 7 abr. 1995, p. 18871). No mesmo sentido, proclamou o Supremo Tribunal Federal que "o duplo grau de jurisdição, no âmbito da recorribilidade ordinária, não consubstancia garantia constitucional" (STF – 2ª T. – Agravo Reg. em Agravos de Instrumento nºs 209.954-1/SP e 210.048-0/SP – rel. Min. Marco Aurélio, *Diário da Justiça*, Seção I, 4 dez. 1998, p. 15).

XXXVI – *a lei não prejudicará o direito adquirido, o ato jurídico perfeito e a coisa julgada.*

5.66 Direito adquirido, ato jurídico perfeito e coisa julgada

A Constituição Federal afirma que a lei não prejudicará o direito adquirido, o ato jurídico perfeito e a coisa julgada.

Não se pode desconhecer, porém, que em nosso ordenamento positivo inexiste definição constitucional de direito adquirido. Na realidade, o conceito de direito adquirido ajusta-se à concepção que lhe dá o próprio legislador ordinário, a quem assiste a prerrogativa de definir, normativamente, o conteúdo evidenciador da ideia de situação jurídica definitivamente consolidada (STF, AI 135.632-4, rel. Min. Celso de Mello, *Diário da Justiça*, Seção I, 24 maio 1995, p. 14753). Em nível doutrinário, o *direito adquirido*, segundo Celso Bastos (*Dicionário de direito constitucional*. São Paulo: Saraiva, 1994. p. 43).

"constitui-se num dos recursos de que se vale a Constituição para limitar a retroatividade da lei. Com efeito, esta está em constante mutação; o

Estado cumpre o seu papel exatamente na medida em que atualiza as suas leis. No entanto, a utilização da lei em caráter retroativo, em muitos casos, repugna porque fere situações jurídicas que já tinham por consolidadas no tempo, e esta é uma das fontes principais da segurança do homem na terra".

Anote-se a impossibilidade de alegar-se direito adquirido em face de norma constitucional originária, salvo nas hipóteses em que a própria nova Constituição o consagra. O mesmo não ocorre em relação às normas constitucionais derivadas, nascentes de emendas constitucionais, cujo processo legislativo deve respeitar, entre outras normas, as chamadas *limitações expressas materiais*, conhecidas como *cláusulas pétreas*. Entre elas, a previsão do art. 60, § 4º, IV, da Constituição Federal (*direitos e garantias individuais*), especificamente, o art. 5º, XXXVI (*direito adquirido*).

O *ato jurídico perfeito*:

"É aquele que se aperfeiçoou, que reuniu todos os elementos necessários a sua formação, debaixo da lei velha. Isto não quer dizer, por si só, que ele encerre em seu bojo um direito adquirido. Do que está o seu beneficiário imunizado é de oscilações de forma aportadas pela lei nova" (BASTOS, Celso. *Dicionário...* Op. cit.).

O princípio constitucional do respeito ao ato jurídico perfeito se aplica às leis de ordem pública, pois

"em linha de princípio, o conteúdo da convenção que as partes julgaram conveniente, ao contratar, é definitivo. Unilateralmente, não é jurídico entender que uma das partes possa modificá-lo. Questão melindrosa, todavia, se põe, quando a alteração de cláusulas do ajuste se opera pela superveniência de disposição normativa. Não possui o ordenamento jurídico brasileiro preceito semelhante ao do art. 1.339, do Código Civil italiano, ao estabelecer: *As cláusulas, os preços de bens ou de serviços, impostos pela lei, são insertos de pleno direito no contrato, ainda que em substituição das cláusulas diversas estipuladas pelas partes.* A inserção de cláusulas legais, assim autorizadas, independentemente da vontade das partes, reduz, inequivocamente, a autonomia privada e a liberdade contratual. Decerto, nos países cuja legislação consagra regra da extensão do preceito transcrito do direito italiano, as modificações dos contratos em cujo conteúdo se introduzem, por via da lei, cláusulas novas em substituição às estipuladas pelas partes contratantes, a aplicação imediata das denominadas leis interventivas aos contratos em curso há de ser admitida, como mera consequência do caráter estatutário da disciplina a presidir essas relações jurídicas, postas sob imediata inspiração do interesse geral, enfraquecido, pois, o equilíbrio decorrente do acordo das partes, *modo privato*, da autonomia da vontade. Essa liberdade de o legislador dispor sobre a sorte dos negócios jurídicos, de índole contratual, neles intervindo, com modificações decorrentes de disposições legais novas não pode ser visualizada, com idêntica desenvoltura, quando o sistema jurídico, prevê, em norma de hierarquia constitucional, limite à ação do legislador, de referência aos atos jurídicos perfeitos. Ora, no Brasil, estipulando o sistema constitucional, no art. 5º, XXXVI, da Carta Política de 1988, *que a lei não prejudicará o direito adquirido, o ato jurídico perfeito e a coisa julgada*, não logra assento, assim, na ordem jurídica, a assertiva segundo a qual certas leis estão excluídas da incidência do preceito maior mencionado" (STF – RExtr. nº 198.993-9/RS, rel. Min. Néri da Silveira, *Diário da Justiça*, Seção I, 22 ago. 1996, p. 29102).

Por fim, *coisa julgada*

"'é a decisão judicial transitada em julgado', ou seja, 'a decisão judicial de que já não caiba recurso' (LiCC, art. 6º, § 3º) (...). Na coisa julgada, o direito incorpora-se ao patrimônio de seu titular por força da proteção que recebe da imutabilidade da decisão judicial. Daí falar-se em coisa julgada formal e material. Coisa julgada formal é aquela que se dá no âmbito do próprio processo. Seus efeitos restringem-se, pois, a este, não o extrapolando. A coisa julgada material, ou substancial, existe, nas palavras de Couture, quando à condição de inimpugnável no mesmo processo, a sentença reúne a imutabilidade até mesmo em processo posterior (Fundamentos do direito processual civil). Já para Wilson de Souza Campos Batalha, coisa julgada formal significa sentença transitada em julgado, isto é, preclusão de todas as impugnações, e coisa julgada material significa o bem da vida, reconhecido ou denegado pela sentença irrecorrível. O problema que se põe, do ângulo constitucional, é o de saber se a proteção assegurada pela Lei Maior é atribuída tão somente à coisa julgada material ou também à formal. O art. 5º, XXXIV, da Constituição Federal, não faz qualquer discriminação; a distinção mencionada é feita pelos processualistas. A nosso ver, a Constituição assegura uma proteção integral das situações de coisa julgada" (*Dicionário...* Op. cit. p. 20).

A proteção constitucional incide sobre a coisa julgada material (*auctoritas rei judicatae*), que, como recordam Nelson e Rosa Nery, é aquela "entendida como a qualidade que torna imutável e indiscutível o comando que emerge da parte dispositiva da sentença de mérito não mais sujeita a recurso ordinário ou extraordinário" (Op. cit. p. 138).

Ressalte-se que a possibilidade de previsão no ordenamento jurídico de revisão criminal ou ação rescisória não é incompatível com a Constituição Federal, uma vez que devem existir instrumentos de controle da sentença judicial transitada em julgado quando essa apresentar graves vícios, perturbadores da ordem jurídica.

Súmula Vinculante 1: "Ofende a garantia constitucional do ato jurídico perfeito a decisão que, sem ponderar as circunstâncias do caso concreto, desconsidera a validez e a eficácia de acordo constante de termo de adesão instituído pela lei complementar 110/2001." **Em relação às súmulas vinculantes, conferir**: MORAES, Alexandre de. *Direito constitucional. 36.* ed. São Paulo: Atlas, 2020. Cap. 10.

Crime de estelionato e condição de procedibilidade. Segurança jurídica e respeito ao ato jurídico perfeito: STF – "*Habeas corpus.* Estelionato. Ação penal pública condicionada a partir da Lei n. 13.964/2019 ('pacote anticrime'). Irretroatividade aos casos em que já oferecida a denúncia. Princípios da segurança jurídica e da legalidade que direcionam a interpretação da disciplina legal aplicável. Ato jurídico perfeito que obstaculiza a interrupção da ação. Ausência de norma especial a prever a necessidade de representação superveniente. Inexistência de ilegalidade. *Habeas corpus* indeferido. 1.Excepcionalmente, em face da singularidade da matéria, e de sua relevância, bem como da multiplicidade de *habeas corpus* sobre o mesmo tema e a necessidade de sua definição pela Primeira Turma, supero a Súmula 691 e conheço da presente impetração. 2.Em face da natureza mista (penal/processual) da norma prevista no § 5º do art. 171 do Código Penal, sua aplicação retroativa será obrigatória em todas as hipóteses onde ainda não tiver sido oferecida a denúncia pelo Ministério Público, independentemente do momento da prática da infração penal, nos termos do art. 2º, do Código de Processo Penal, por tratar-se de verdadeira 'condição de procedibilidade da ação penal'. 3. Inaplicável a aplicação retroativa do § 5º do art. 171 do Código Penal, às hipóteses onde o Ministério Público tiver oferecido a denúncia antes da entrada em vigor da Lei 13.964/19; uma vez que, naquele momento a norma processual então aplicável definia a ação para o delito de estelionato como pública incondicionada, não exigindo qualquer condição de procedibilidade para a instauração da persecução penal em juízo" (1ª T – HC 187.341/SP – rel. Min. Alexandre de Moraes, j. 13-10-2020).

Princípio da segurança jurídica, coisa julgada e investigação de paternidade: Conferir destacado Voto-vista do Ministro Luiz Fux, onde relativizou a coisa julgada em relação à ação de investigação de paternidade (STF – Pleno – RE 363889/DF – Rel. Min. Dias Toffoli, decisão: 2-6-2011. **Conferir a compatibilização da "coisa julgada" com o "Direito fundamental ao conhecimento da própria ancestralidade"** (investigação de paternidade) em detalhado estudo no voto do Ministro Celso de Mello, no RE 649154/MG (*Informativo* STF nº 663).

Aplicação genérica do art. 5º, XXXVI, da Constituição Federal: STF – "O Plenário do Supremo Tribunal Federal, no julgamento da Adin 493, relatada pelo Ministro Moreira Alves, firmou o seguinte entendimento: 'o disposto no art. 5º, XXXVI, da Constituição Federal, se aplica a toda e qualquer lei infraconstitucional, sem qualquer distinção entre lei de direito público e lei de direito privado, ou entre lei de ordem pública e lei dispositiva' (*RTJ* 143/724)" (AI nº 200767-2/RS – rel. Min. Sydney Sanches, *Diário da Justiça*, Seção I, 23 jun. 1997, p. 29006).

Incidência obrigatória do preceito previsto no art. 5º, XXXVI, da Constituição Federal a todas as leis e atos normativos: STF – Agravos Regimentais em Recursos Extraordinários nºˢ 193.569-4, 194.098-1, 198.294-3, 199.335-0, 199.370-8, 199.409-7, 199.636-7, julgados na sessão de 10-6-96 da 2ª Turma, de todos relator o Ministro Maurício Corrêa; nos Recursos Extraordinários nºˢ 193.789-1, 195.985-1, 198.985-8, 199.015-5, 199.185-2, 199.249-2, 201.017-1, julgados na sessão de 18-6-96 da 2ª Turma, de todos relator o Ministro Carlos Velloso; e no Agravo Regimental em Agravo de Instrumento nº

147.924-9, julgado na sessão de 27-9-94 da 1ª Turma, publicado no *DJU* de 2-6-95, relator o Ministro Ilmar Galvão.

Inexistência de direito adquirido em face de norma constitucional originária: STF – "A supremacia jurídica das normas inscritas na Carta Federal não permite, ressalvadas as eventuais exceções proclamadas no próprio texto constitucional, que contra elas seja invocado o direito adquirido" (Pleno – ADin nº 248/RJ – rel. Min. Celso de Mello – *Diário da Justiça*, Seção I, 8 abr. 1994, p. 7222). No mesmo sentido: *RTJ* 137/398.

Lei processual e respeito ao ato jurídico processual perfeito: "A lei processual tem aplicação imediata e alcança os processos em curso, observados os atos processuais já praticados e aperfeiçoados, que têm proteção constitucional, pois são atos jurídicos (processuais) perfeitos. A lei processual não pode retroagir seus efeitos e atingir ato processual já praticado" (NERY JR, Nelson, NERY, Rosa Maria Andrade. Op. cit. p. 138).

Coisa julgada e sentença absolutória: TACRIM/SP – "A sentença absolutória atinge a coisa julgada formal e material no mesmo momento, pois se sobrepõe à condenatória, ainda que posterior a esta. A coisa julgada absolutória é a falta do poder-dever de punir, e não pode mais ser atacada com qualquer ato rescisório ou revisional. O indivíduo não está sujeito à nova acusação dos mesmos fatos, ainda que sob qualificação diferente" (TACRIM – 5ª Câm.; Revisão nº 262.126-5 São Paulo; rel. Juiz Sérgio Pitombo; j. 15-3-1995 – *Boletim AASP*, nº 1911, p. 226-j).

Requisitos para a invocação da exceção da coisa julgada: STF – "Para que a exceção de coisa julgada seja acolhida é preciso que haja identidade de partes, objeto e fundamentos do pedido" (HC 93.917, rel. Min. Joaquim Barbosa, julgamento em 2-6-09, 2ª T., *DJE* de 1º-7-09).

Impossibilidade da desconstituição coisa julgada pelo Tribunal de Contas: STF – O Tribunal de Contas da União não dispõe, constitucionalmente, de poder para rever decisão judicial transitada em julgado (RTJ 193/556-557) nem para determinar a suspensão de benefícios garantidos por sentença revestida da autoridade da coisa julgada (RTJ 194/594), ainda que o direito reconhecido pelo Poder Judiciário não tenha o beneplácito da jurisprudência prevalecente no âmbito do Supremo Tribunal Federal, pois a "res judicata" em matéria civil só pode ser legitimamente desconstituída mediante ação rescisória. (...) Os postulados da segurança jurídica, da boa-fé objetiva e da proteção da confiança, enquanto expressões do Estado Democrático de Direito, mostram-se impregnados de elevado conteúdo ético, social e jurídico, projetando-se sobre as relações jurídicas, mesmo as de direito público (RTJ 191/922, Rel. p/ o acórdão Min. GILMAR MENDES), em ordem a viabilizar a incidência desses mesmos princípios sobre comportamentos de qualquer dos Poderes ou órgãos do Estado (os Tribunais de Contas, inclusive), para que se preservem, desse modo, situações administrativas já consolidadas no passado. A fluência de longo período de tempo – percepção, no caso, há mais de 16 (dezesseis) anos, de vantagem pecuniária garantida por decisão transitada em julgado – culmina por consolidar justas expectativas no espírito do administrado e, também, por incutir, nele, a confiança da plena regularidade dos atos estatais praticados, não se justificando – ante a aparência de direito que legitimamente resulta de tais circunstâncias – a ruptura abrupta da situação de estabilidade em que se mantinham, até então, as relações de direito público entre o agente estatal, de um lado, e o Poder Público, de outro. Doutrina. Precedentes. (STF – MS nº 27.962 MC/DF, Rel. Min. Celso de Mello, j. 19-3-2010 – *DJE* nº 55 de 23-3-2010).

Possibilidade de lei superveniente alterar política salarial estabelecida em norma coletiva: STF – "O Supremo Tribunal Federal fixou jurisprudência no sentido de que a legislação superveniente que altera a política salarial fixada em norma coletiva de trabalho não viola o direito adquirido, o ato jurídico perfeito e a coisa julgada" (RE 593.126-AgR, rel. Min. Eros Grau, julgamento em 10-2-2009, 2ª T., *DJE* de 13-3-2009). **No mesmo sentido:** RE 276.026, rel. Min. Gilmar Mendes, julgamento em 15-12-2009, 2ª T., *DJE* de 19-2-2010.

XXXVII – não haverá juízo ou tribunal de exceção;

LIII – ninguém será processado nem sentenciado senão pela autoridade competente.

5.67 Princípio do juiz natural

A imparcialidade do Judiciário e a segurança do povo contra o arbítrio estatal encontram no princípio do juiz natural uma de suas garantias indispensáveis. Boddo Dennewitz afirma que a instituição de um tribunal de exceção implica uma ferida mortal ao Estado de Direito, visto que sua proibição revela o *status* conferido ao Poder Judiciário na democracia (*Kommentar zum Bonner Grundgesetz*: Bonner Kommentar. Hamburgo: Joachin Hestmann, 1950. art. 101).

O juiz natural é somente aquele integrado no Poder Judiciário, com todas as garantias institucionais e pessoais previstas na Constituição Federal. Assim, afirma José Celso de Mello Filho que somente os juízes, tribunais e órgãos jurisdicionais previstos na Constituição se identificam ao juiz natural, princípio que se estende ao poder de julgar também previsto em outros órgãos, como o Senado, nos casos de impedimento de agentes do Poder Executivo (A tutela judicial da liberdade. *RT* 526/291).

O referido princípio deve ser interpretado em sua plenitude, de forma a não só se proibir a criação de Tribunais ou juízos de exceção, como também exigir-se respeito absoluto às regras objetivas de determinação de competência, para que não seja afetada a independência e a imparcialidade do órgão julgador.

O direito a um juiz imparcial constitui garantia fundamental na administração da Justiça em um Estado de Direito e serve de substrato para a previsão ordinária de hipóteses de *impedimento* e *suspeição* do órgão julgador. Sempre, repita-se, no intuito de garantir a imparcialidade do órgão julgador.

Observe-se que as justiças especializadas no Brasil não podem ser consideradas justiças de exceção, pois devidamente constituídas e organizadas pela própria Constituição Federal e demais leis de organização judiciária. Portanto, como ressalva a doutrina, a proibição de existência de tribunais de exceção não abrange a justiça especializada, que é atribuição e divisão da atividade jurisdicional do Estado entre vários órgãos do Poder Judiciário.

Da mesma forma, os tribunais de ética instituídos em determinadas ordens profissionais, como a Ordem dos Advogados do Brasil, não são tribunais de exceção, pois constituem-se em organismos disciplinares cujas decisões estão sujeitas no País a uma revisão judicial.

Finalidade do Princípio do Juiz Natural: STF – "O princípio da naturalidade do Juízo – que traduz significativa conquista do processo penal liberal, essencialmente fundado em bases democráticas – atua como fator de limitação dos poderes persecutórios do Estado e representa importante garantia de imparcialidade dos juízes e tribunais" (1ª T. – HC nº 69.601/SP – rel. Min. Celso de Mello, *Diário da Justiça*, Seção I, 18 dez. 1992, p. 24377). STF – "O postulado do juiz natural, por encerrar uma expressiva garantia de ordem constitucional, limita, de modo subordinante, os poderes do Estado – que fica, assim, impossibilitado de instituir juízo *ad hoc* ou de criar tribunais de exceção –, ao mesmo tempo que assegura ao acusado o direito ao processo perante autoridade competente abstratamente designada na forma da lei anterior, vedados, em consequência, os juízos *ex post facto*" (STF – 1ª T. – AI 177.313-AgR – Rel. Min. Celso de Mello, decisão: 23-4-1996).

Constitucionalidade de Julgamento realizado por juízes convocados para compor órgão colegiado não viola o Princípio do Juiz Natural: STF – "O Tribunal, por maioria, denegou *habeas corpus*, afetado ao Pleno pela 1ª Turma, em que se sustentava a nulidade do julgamento da apelação do paciente pela 11ª Câmara Criminal "B" do Tribunal de Justiça do Estado de São Paulo, ao fundamento de ofensa ao princípio do juiz natural, já que, à exceção do desembargador que presidira a sessão, todos os demais membros do órgão eram juízes de primeiro grau convocados" (STF – Pleno – HC 96821/SP, rel. Min. Ricardo Lewandowski, 8-4-2010. *Informativo STF* nº 581).

Especialização de vara – Inexistência de ofensa ao Princípio do Juiz Natural: STF – "(...) 1. Denúncia por crime sexual contra menor. 2. Especialização da 11ª Vara de Natal/RN por Resolução do Tribunal de Justiça local. 3. Remessa dos autos ao Juízo competente. 4. Ofensa ao princípio do juiz natural [art. 5º, incisos XXXVII e LIII da Constituição do Brasil] e à reserva de lei. Inocorrência" (STF – 2ª T. – HC nº 91.509-RN, Rel. Min. Eros Grau, j. 27-10-2009 – *DJE* nº 027 de 11-2-2010).

Princípio do Juiz Natural e constitucionalidade de legislação estadual (Lei 6.806/2007) que cria vara especializada para processo e julgamento de delitos praticados por organizações criminosas, com exclusão dos delitos contra a vida cuja competência será do Tribunal do Júri: STF – "No que se refere ao inciso I do art. 9º ['Art. 9º Para os efeitos da competência estabelecida no art. 1º desta Lei, considera-se crime organizado (...): I – os crimes de especial gravidade, ou seja, todos aqueles cominados com pena mínima em abstrato igual ou superior a quatro anos de reclusão'], deu-se ao dispositivo interpretação conforme a Constituição, para excluir exegese que levasse ao julgamento, por essa vara, dos crimes dolosos contra a vida, de competência do Tribunal do Júri. Aludiu-se que os magistrados da 17ª Vara, no caso de crime organizado, poderiam – nos termos da lei – instruir processos e presidir sessões de Tribunal do Júri, seguido o rito do CPP. Advertiu-se que, de acordo com este diploma, o Tribunal do Júri seria competente para julgar crimes conexos aos dolosos contra a vida, e a lei estadual estabeleceria inversão, ao considerar, como elemento de conexão, as 'organizações criminosas' a atrair a competência para a 17ª Vara. Assim, apontou-se violado o art. 5º, XXXVIII, *d*, da CF" (STF – Pleno – ADI 4414/AL – Rel. Min. Luiz Fux, decisão: 30 e 31-5-2012).

Princípio do Juiz Natural e constitucionalidade de lei estadual de organização judiciária estabelecer órgão colegiado de juízes de 1º grau para processo e julgamento de infrações penais praticadas por organizações criminosas (5 MAGISTRADOS): STF – "No que respeita ao art. 2º, primeira parte ('A 17ª Vara Criminal da Capital terá titularidade coletiva, sendo composta por cinco Juízes de Direito'), decidiu-se, por maioria, pela sua constitucionalidade. Articulou-se possível que lei estadual instituísse órgão jurisdicional colegiado em 1º grau. Rememoraram-se exemplos equivalentes, como Tribunal do Júri, Junta Eleitoral e Turma Recursal. Analisou-se que a composição de órgão jurisdicional inserir-se-ia na competência legislativa concorrente para versar sobre procedimentos em matéria processual (CF, art. 24, XI). Assim, quando a norma criasse órgão jurisdicional colegiado, isso significaria que determinados atos processuais seriam praticados mediante a chancela de mais de um magistrado, questão meramente procedimental. Avaliou-se que a lei estadual teria atuado em face de omissão de lei federal, relativamente ao dever de preservar a independência do juiz na persecução penal de crimes a envolver organizações criminosas. Observou-se que o capítulo do CPP referente à figura do magistrado não seria suficiente para cumprir, em sua inteireza, o mandamento constitucional do juiz natural (CF, art. 5º, XXXVII e LIII), porque as organizações criminosas representariam empecilho à independência judicial, na forma de ameaças e outros tipos de molestamentos voltados a obstaculizar e desmoralizar a justiça. A corroborar essa tese, citou-se o II Pacto Republicano de Estado, assinado em 2009, a estabelecer como diretriz a criação de colegiado para julgamento em 1º grau de crimes perpetrados por organizações criminosas, para trazer garantias adicionais aos magistrados, em razão da periculosidade das organizações e de seus membros (...) Ao analisar o art. 4º, *caput* e parágrafo único ["Art. 4º Os cinco (5) Juízes da 17ª Vara Criminal da Capital, após deliberação prévia da maioria, decidirão em conjunto todos os atos judiciais de competência da Vara. Parágrafo único. Os atos processuais urgentes, quer anteriores ou concomitantes à instrução prévia, quer os da instrução processual, poderão ser assinados por qualquer um dos juízes, e, os demais, por pelo menos três deles'], o Plenário, por maioria, assentou sua constitucionalidade. Salientou-se que a Corte entendera possível a composição colegiada da 17ª Vara. Esclareceu-se que procedimento abrangeria forma e estrutura de pronunciamentos judiciais. Explicitou-se que a colegialidade funcionaria como reforço à independência dos julgadores. Ocorre que o conteúdo da decisão tomada no colegiado, por definição, não poderia ser imputado a um único juiz, e tornaria difusa a responsabilidade de seus membros, a mitigar alguns riscos. Invocou-se, ainda, o art. 24, § 3º, da CF. Vencido o Min. Marco Aurélio ao fundamento de que a norma, no ponto, seria inconstitucional" (STF – Pleno – ADI 4414/AL – Rel. Min. Luiz Fux, decisão: 30 e 31-5-2012).

Observância do Princípio do Juiz Natural, da inamovibilidade e da identidade física do Juiz no combate à criminalidade organizada: STF – "No que concerne ao art. 2º, segunda parte ['todos indicados e nomeados pelo Presidente do Tribunal de Justiça do Estado de Alagoas, com aprovação do Pleno, para um período de dois (2) anos, podendo, a critério do Tribunal, ser renovado'], declarou-se sua inconstitucionalidade. Enfatizou-se a inobservância do que preconizado no art. 93, II e VIII-A, da CF, bem como afronta à garantia de inamovibilidade dos magistrados. Elucidou-se a importância da independência dos juízes como garantia de justiça. Nesse sentido, o magistrado inamovível não poderia ser dispensado ou transferido segundo o poder discricionário da autoridade administrativa. Ressurtiu-se que o sistema de remuneração, promoção e remoção dos juízes deveria atender a parâmetros preestabelecidos, fixados pela Constituição. Assim, a nomeação de magistrado, para a titularidade da 17ª Vara, por meio de simples indicação e nomeação, de forma política, pelo Presidente do Tribunal, com aprovação do Pleno, afastaria os critérios constitucionais e enfraqueceria a instituição. Ademais, a fixação de mandato para a titularidade de vara criminal iria de encontro à identidade física do juiz (CPP, art. 399, § 2º), porquanto, especialmente nas causas a envolver crime organizado, a limitação temporal da atividade do julgador inviabilizaria que ele fosse o mesmo perante o qual produzidas as provas e conduzidos os debates. No ponto, dessumiu-se que o princípio da oralidade estaria obstaculizado, de igual modo, pela lei alagoana" (STF – Pleno – ADI 4414/AL – Rel. Min. Luiz Fux, decisão: 30 e 31-5-2012).

Justiça Militar e réu civil: STF – "Qualquer tentativa de submeter os réus civis a procedimentos penais-persecutórios instaurados perante órgãos da Justiça Militar estadual representa, no contexto de nosso sistema jurídico, clara violação ao princípio constitucional do juiz natural (CF, art. 5º, LIII)" (1ª T. – HC nº 70.604/SP – rel. Min. Celso de Mello, *Diário da Justiça*, Seção I, 1 jul. 1994, p. 17497).

5.68 Juízos naturais constitucionais

Autoridade	Infração	Órgão julgador
Presidente	comum	STF (art. 102, I, *b*)
	responsabilidade	Senado Federal (art. 86)
Vice-presidente	comum	STF (art. 102, I, *b*)
	responsabilidade	Senado Federal (52, I)
Parlamentares Federais	comum	STF (art. 102, I, *b*)
	responsabilidade	Casa correspondente (art. 55, § 2º)
Ministros do STF	comum	STF (art. 102, I, *b*)
	responsabilidade	Senado Federal (art. 52, II)
Procurador-Geral da República	comum	STF (art. 102, I, *b*)
	responsabilidade	Senado Federal (art. 52, II)
Ministros de Estado	comum	STF (art. 102, I, *c*)
	responsabilidade	STF (art. 102, I, *c*)
	responsabilidade conexo com Presidente da República	Senado Federal (art. 52, I)
Advogado-Geral da União	comum	STF (art. 102, I, *b*) *status* de Ministro
	responsabilidade	Senado Federal (art. 52, II)

Autoridade	Infração	Órgão julgador
Tribunais Superiores (STJ, TSE, STM, TST) e diplomatas	comum/responsabilidade	STF (art. 102, I, c)
Tribunal de Contas da União	comum/responsabilidade	STF (art. 102, I, c)
Membros dos TRT/TRE/TCE/TCM e TRF	comum/responsabilidade	STJ (art. 105, I, a)
Desembargadores	comum/responsabilidade	STJ (art. 105, I, a)
Juízes Federais incluídos os da Justiça Militar e da Justiça do Trabalho	comum/responsabilidade	TRF (art. 108, I, a)
Governador de Estado	comum/eleitoral responsabilidade	STJ (art. 105, I, a) depende da Constituição Estadual ou Tribunal Misto previsto na Lei 1.079/51 (posição do STF)
Vice-Governador de Estado	comum responsabilidade	depende da Constituição Estadual (em regra, Tribunal de Justiça) depende da Constituição Estadual ou Tribunal Misto previsto na Lei 1.079/51 (posição do STF)
Parlamentares estaduais	comum responsabilidade	depende da Constituição Estadual (em regra Tribunal de Justiça) Observe-se, porém, que em se tratando de crimes praticados em detrimento de bens, serviços ou interesses das entidades autárquicas da União, a competência será do Tribunal Regional Federal. Assembleia Legislativa
Procurador-Geral de Justiça	comum responsabilidade responsabilidade com o Governador	TJ (art. 96, III) Poder Legislativo Estadual ou Distrital (art. 128, § 4º) depende da Constituição Estadual
Membros do Ministério Público Estadual	comum/responsabilidade eleitoral	TJ (art. 96, III) TRE
Tribunal de Justiça Militar/ Juízes de Direito	comum/responsabilidade eleitoral	TJ (art. 96, III) TRE

Autoridade	Infração	Órgão julgador
Desembargadores	comum/eleitoral/responsabilidade	STJ (art. 105, I, *a*)
Prefeitos	comum eleitoral responsabilidade	TJ (art. 29, X) TRE (arts. 29, X, e 108) Câmara dos Vereadores (art. 31)

Importante destacar o significado da expressão *crimes ou infrações penais comuns* prevista tanto no art. 102, I, *b* e *c* quanto no art. 105, I, *a*, definidora ou infrações penais da competência do Supremo Tribunal Federal e do Superior Tribunal de Justiça em matéria criminal. Essa locução abrange todas as modalidades de infrações penais (*RTJ* 33/590), estendendo-se aos delitos eleitorais (*RTJ* 63/1 e *Cadernos de Direito Constitucional e Eleitoral*, nº 27 – Acórdão TSE – 117.515), alcançando até mesmo as contravenções penais (*RTJ* 91/423).

Alterando entendimento anterior, o Supremo Tribunal Federal passou a definir que, em relação aos Governadores de Estado, a transferência de competência do processo e julgamento por infração penal comum para o Superior Tribunal de Justiça retirou a possibilidade de cada *Constituição Estadual* estabelecer a prévia e necessária autorização da Assembleia Legislativa para o processo. As previsões estaduais nesse sentido foram julgadas inconstitucionais, afastando-se, portanto, a possibilidade de se seguir o modelo federal relativo às infrações penais cometidas pelo Presidente da República.

Em relação aos chamados crimes de responsabilidade, será a própria Constituição de cada Estado que fixará a competência para o processo e julgamento. A fixação realizada pelo legislador constituinte estadual será politicamente livre, somente não podendo usurpar a função do legislador constituinte nacional, estabelecendo acréscimos às competências taxativamente previstas na Constituição Federal. Assim, será vedado às constituições estaduais preverem como juiz natural para o processo e julgamento por crimes de responsabilidade dos Governadores de Estado o Supremo Tribunal Federal, o Superior Tribunal de Justiça, o Tribunal Superior Eleitoral, por exemplo.

Somente a título exemplificativo, no Estado de São Paulo, o art. 49, § 1º, da Constituição Estadual prevê a existência do chamado *Tribunal Especial*, constituído de 15 (quinze) membros, sendo sete Deputados Estaduais e sete Desembargadores, sorteados pelo Presidente do Tribunal de Justiça, que também o presidirá, que terá competência para o processo e julgamento do Governador do Estado, desde que haja licença de 2/3 da Assembleia Legislativa.

Observe-se, porém, não se tratar da posição do Supremo Tribunal Federal, para quem somente a legislação federal poderá estabelecer o órgão julgador para processo e julgamento dos governadores de Estado em crimes de responsabilidade.

Impossibilidade do Estado-membro definir crimes de responsabilidade e fixar normas sobre processo e julgamento. Prevalência da Lei nº 1.079/50 (Tribunal Misto): O Supremo Tribunal Federal suspendeu as normas da Constituição do Estado de Santa Catarina, que previam o processo e julgamento do Governador do Estado, nos crimes de responsabilidade, pela Assembleia Legislativa, determinando a aplicação da Lei nº 1.079/50 e, consequentemente, definindo como órgão julgador o Tribunal Misto, composto de 11 membros, sendo 5 desembargadores, 5 deputados estaduais e presididos pelo Presidente do Tribunal de Justiça. Salientou o relator Ministro Nelson Jobim "que a definição dos crimes de responsabilidade, como também o estabelecimento de normas de processo e julgamento, é da competência da União Federal", concluindo estar "vigente a lei federal por sobre as normas estaduais" (STF – Pleno – Adin nº 1.628/SC – medida liminar – rel. Nelson Jobim – *RTJ* 166/155). **No mesmo sentido, em relação à Constituição do Estado de São Paulo:** STF – Pleno – Adin nº 2.220/SP – rel. Min. Octávio Gallotti, 1º-8-00. *Informativo STF*, nº 196).

Governador e crime eleitoral: STF – "É competente o Superior Tribunal de Justiça e não o Tribunal Superior Eleitoral, para o processo e julgamento de Governador do Estado, por crime eleitoral. Constituição, art. 105, I, *a*. Entre os *crimes comuns*, a que se refere o dispositivo constitucional, se compreendem os *crimes eleitorais*" (Pleno – CJ nº 7.000-4/PE, rel. Min. Néri da Silveira, *Diário da Justiça*, Seção I, 7 ago. 1992, p. 11779).

Governadores de Estado e inconstitucionalidade de exigência de prévia licença da assembleia legislativa para o processo e julgamento por infração penal comum pelo Superior Tribunal de Justiça: STF – ADI 185/PB – Rel. Min. Alexandre de Moraes – julgamento 16-5-2017; ADIs 4799/RN, 218/PB e 4806/SE – Rel. Min. Alexandre de Moraes – julgamento 15-5-2017; ADIs 4777/BA, 4674/RS, 4362/DF – Rel. orig. Min. Dias Toffoli, red. p/ o acórdão Min. Roberto Barroso – julgamento 9-8-2017.

5.69 Prefeitos municipais e princípio do juiz natural

O Prefeito é o chefe do Poder Executivo, cabendo-lhe a direção administrativa e política do Município. Conforme a própria Constituição Federal prevê, será eleito, juntamente com o Vice-Prefeito, para um mandato de quatro anos, permitida a reeleição para um único período subsequente.

Importante previsão constitucional é a disposição originariamente prevista no art. 29, VIII, e atualmente, em virtude da Emenda Constitucional nº 1, de 31-3-1992, no art. 29, X.

O inciso X do art. 29 da Constituição Federal inovou a competência para processo e julgamento das infrações penais cometidas por prefeitos municipais, concedendo-lhes foro privilegiado, ao dispor que somente serão julgados pelo Tribunal de Justiça respectivo, seja pelo Plenário ou por órgão fracionário competente (STF – 1ª T. – *Habeas corpus* nº 71.429-3/SC – rel. Min. Celso de Mello, *Diário da Justiça*, Seção I, 14 set. 1995, p. 29364; STF – 1ª T. – *Habeas corpus* nº

73.429-4/RO – rel. Min. Sydney Sanches, *Diário da Justiça*, Seção I, 13 set. 1996, p. 33232).

No entanto, o legislador constituinte não foi claro quanto à fixação dessa competência, ao não se referir, expressamente, ao tipo de infração penal cometida (comum, eleitoral, dolosa contra a vida e federal), cabendo à Jurisprudência essa definição.

Assim, as atribuições jurisdicionais originárias do Tribunal de Justiça, constitucionalmente definido como juízo natural dos Prefeitos Municipais, restringem-se, no que concerne aos processos penais, unicamente às hipóteses pertinentes aos delitos sujeitos à competência da Justiça local, havendo competência, nos crimes praticados contra bens, serviços ou interesse da União, de suas autarquias ou de empresas públicas federais, do Tribunal Regional Federal (TRF, HC 68.967-PR; STF, RE 141.021-SP; STF, Inq. 406 – Questão de ordem; STF, HC 72.506-6/MG).

A competência da Justiça Federal, porém, mesmo nesses casos, é afastada quando houver processo e julgamento de Prefeito Municipal por desvio de verbas recebidas em virtude de convênio firmado com a União Federal, a teor do enunciado da Súmula nº 133 do extinto Tribunal Federal de Recursos (Plenário do TRF, da 1ª Região – Brasília, Inq. 94.01.07209-4, rel. Juiz Fernando Gonçalves, j. 9 mar. 1995, v.u., *DJU*, 2ª Seção, 27 mar. 1995, p. 15919).

Nesse mesmo sentido, a Súmula 209 do Superior Tribunal de Justiça estabelece que "compete à Justiça Estadual processar e julgar Prefeito por desvio de verba transferida e incorporada ao patrimônio municipal". Observe-se, porém, que essa regra é exceptuada no caso da necessidade de prestação de contas perante órgão federal, nos termos da Súmula 208 do STJ, que determina que "compete à Justiça Federal processar e julgar prefeito municipal por desvio de verba sujeita a prestação de contas perante órgão federal".

Por outro lado, tratando-se de delitos eleitorais, o Prefeito Municipal deverá ser processado e julgado, originariamente, pelo Tribunal Regional Eleitoral (STJ, *DJU* 17 ago. 1992, 3ª Seção, p. 12480; STJ, *DJU* 25 maio 1992, 3ª Seção, p. 7353, ambos relatados pelo Ministro José Dantas; STJ, CC 6.812-6, AM, rel. Min. Pedro Acioli, v. u., j. 7 abr. 1994, *DJU* 25 abr. 94, 3ª Seção, p. 9191).

No tocante aos delitos dolosos contra a vida, em face da maior especialidade, aplica-se, aos Prefeitos Municipais, o art. 29, X, da Constituição Federal, afastando-se, pois, o art. 5º, XXXVIII, recaindo a competência nos Tribunais de Justiça, e não no Tribunal do Júri (STJ, 5ª T., HC 2.259-9-MT, rel. Min. Jesus Costa Lima, v. u., j. 2 fev. 1994, *DJU* 28 fev. 1994, p. 2900).

Tais normas, previstas na Constituição, por serem regras processuais de competência, têm aplicabilidade imediata, alcançando, desde logo, todos os processos penais em curso no momento da vigência da nova Constituição, conforme reconheceu o Plenário do Supremo Tribunal Federal (*RTJ* 129/257).

Assim ocorre porque os preceitos de uma nova Constituição aplicam-se imediatamente com eficácia *ex nunc* (STF Ag. 139.647-SP, rel. Min. Celso de Mello, 1ª Turma, *DJU* 11 jun. 1993).

A ação penal contra prefeito municipal, por crimes comuns, tipificados inclusive no art. 1º do Decreto-lei nº 201/67, pode ser instaurada mesmo após a extinção do mandato, conforme atual e pacífica jurisprudência do Supremo Tribunal Federal (STF, HC 71.991-1, 1ª Turma, rel. Min. Sydney Sanches, *DJU*, 2 mar. 1995, p. 4020; STF, HC 70.671-1 – Piauí, rel. Min. Carlos Velloso. E, ainda, STF – 1ª T. – *Habeas corpus* nº 72.033-1/AM – rel. Min. Octávio Gallotti, *Diário da Justiça*, Seção I, 27 out. 1995, p. 36332; STF – HC 72.033-1-AM, 1ª Turma, rel. Min. Octávio Gallotti, j. 22 ago. 1995, *Diário da Justiça*, 27 out. 1995, p. 36332) e do Superior Tribunal de Justiça (Súmula 164 – "O prefeito municipal, após a extinção do mandato, continua sujeito ao processo por crime previsto no art. 1º, Decreto-lei nº 201/67"). Porém, se a denúncia for recebida durante o exercício do mandato, o Tribunal de Justiça ou seu órgão fracionário decidirão pelo afastamento temporário ou permanência nas funções do prefeito durante a instrução processual penal (STF – 1ª T. – *Habeas corpus* nº 71.429-3/SC – rel. Min. Celso de Mello, *Diário da Justiça*, Seção I, 14 set. 1995, p. 29364; STF – 1ª T. – *Habeas corpus* nº 73.429-4/RO – rel. Min. Sydney Sanches, *Diário da Justiça*, Seção I, 13 set. 1996, p. 33232).

Dessa forma, imprescindível observarmos, quer seja competência da Justiça comum, quer seja da Justiça federal ou eleitoral, a partir da nova Constituição, a 2ª instância é o juízo natural para processo e julgamento das infrações penais cometidas pelo Prefeito Municipal.

Em relação, entretanto, aos chamados crimes de responsabilidade cometidos pelo Prefeito Municipal, primeiramente, há necessidade de classificá-los em próprios e impróprios. Enquanto os primeiros são infrações político-administrativas, cuja sanção corresponde à perda do mandato e suspensão dos direitos políticos previstos no art. 4º do Decreto-lei nº 201, de 1967; os segundos são verdadeiras infrações penais, apenados com penas privativas de liberdade e previstos no art. 1º do mesmo decreto-lei.

Os crimes denominados de responsabilidade, tipificados no art. 1º do Decreto-lei nº 201, de 1967, são crimes comuns, que deverão ser julgados pelo Poder Judiciário, independentemente do pronunciamento da Câmara de Vereadores (art. 1º), são de ação pública e punidos com pena de reclusão e de detenção (art. 1º, § 1º) e o processo é o comum, do Código de Processo Penal, com pequenas modificações (art. 2º), cujo estudo foi feito anteriormente. No art. 4º, o Decreto-lei nº 201, de 1967, cuida das infrações político-administrativas dos prefeitos sujeitas ao julgamento pela Câmara de Vereadores e sancionadas com a cassação do mandato. Essas infrações é que podem, na tradição do direito brasileiro, ser denominadas crimes de responsabilidade.

Assim, nos termos do art. 29, X, da Constituição Federal, compete ao Tribunal de Justiça processar e julgar os crimes (comuns e de responsabilidades impróprios) praticados pelos Prefeitos Municipais (STJ, HC 14.183-AL, 6ª Turma, rel. Min. Adhemar Maciel, v. u., j. 15 dez. 1992, *DJU*, 1 mar. 1993, p. 2536).

No tocante, porém, às infrações político-administrativas (crimes de responsabilidade próprios), a competência para julgamento é da Câmara Municipal, uma vez que trata-se de responsabilidade política do chefe do Poder Executivo local, a ser devida e politicamente apurada pelo Poder Legislativo Municipal (STF – 1ª T. – *Habeas corpus* nº 71.991-1/MG – rel. Min. Sydney Sanches, *Diário da Justiça*, Seção I, 2 mar. 1995, p. 4022).

Possibilidade de julgamento de prefeitos municipais por órgão fracionário do Tribunal de Justiça: STF – "Uma vez respeitada a regra de competência constitucional que define o Tribunal de Justiça como *juiz natural* dos Prefeitos Municipais nas causas de índole penal, nada impede que o Estado-membro – que dispõe de atribuição privativa para legislar sobre organização judiciária local – venha a prescrever, em lei estadual, que o julgamento das ações penais originárias seja pelo Pleno do Tribunal de Justiça ou por qualquer de seus órgãos fracionários. A competência penal originária do Tribunal de Justiça, para processar e julgar Prefeitos Municipais, não se limita e nem se restringe ao Plenário ou, onde houver, ao respectivo Órgão Especial, podendo ser atribuída a qualquer de seus órgãos fracionários (Câmaras, Turmas, Seções)" (1ª T. – HC nº 71.429/SC – rel. Celso de Mello, *Diário da Justiça*, Seção I, 25 ago. 1995, p. 26023).

5.70 *Princípio do promotor natural*

O referido preceito constitucional, ao proclamar que *ninguém será processado senão pela autoridade competente*, também acaba por referir-se aos membros do Ministério Público, pois são esses que, em regra, possuem legitimação para o ajuizamento de ações penais e ações civis públicas (cf. NERY JR, Nelson; NERY, Rosa Maria Andrade. Op. cit. p. 139). Dessa forma, consagrou-se em nível constitucional o princípio do *promotor natural*.

O Plenário do Supremo Tribunal Federal reconheceu a existência do presente princípio por maioria de votos, no sentido de proibir-se designações casuísticas efetuadas pela Chefia da Instituição, que criariam a figura do *promotor de exceção*, em incompatibilidade com a Constituição Federal, que determina que somente o promotor natural é que deve atuar no processo, pois ele intervém de acordo com seu entendimento pelo zelo do interesse público, garantia esta destinada a proteger, principalmente, a imparcialidade da atuação do órgão do Ministério Público, tanto em sua defesa, quanto essencialmente em defesa da sociedade, que verá a Instituição atuando técnica e juridicamente.

Conforme salientou Pretório Excelso,

> "o postulado do Promotor Natural, que se revela imanente ao sistema constitucional brasileiro, repele, a partir da vedação de designações casuísticas efetuadas pela Chefia da Instituição, a figura do *acusador de exceção*. Esse princípio consagra uma garantia de ordem jurídica, destinada tanto a proteger o membro do Ministério Público, na medida em que lhe assegura o exercício pleno e independente do seu ofício, quanto a tutelar a própria coletividade, a quem se reconhece o direito de ver atuando, em quaisquer causas, apenas o Promotor cuja intervenção se justifique a partir de critérios abstratos e predeterminados, estabelecidos em lei. A matriz constitucional desse princípio assenta-se nas cláusulas da independência funcional e na inamovibilidade dos membros da Instituição. O postulado do Promotor Natural limita, por isso mesmo, o poder do Procurador-Geral que, embora expressão visível da unidade institucional, não deve exercer a Chefia do Ministério Público de modo hegemônico e incontrastável. Posição dos Ministros Celso de Mello (relator), Sepúlveda Pertence, Marco Aurélio e Carlos Velloso. Divergência, apenas, quanto à aplicabilidade imediata do princípio do Promotor Natural: necessidade da *interpositio legislatoris* para efeito de atuação do princípio (Ministro Celso de Mello); incidência do postulado, independentemente de intermediação legislativa (Ministros Sepúlveda Pertence, Marco Aurélio e Carlos Velloso). Reconhecimento da possibilidade de instituição do princípio do Promotor Natural mediante lei (Ministro Sydney Sanches). Posição de expressa rejeição à existência desse princípio consignada nos votos dos Ministros Paulo Brossard, Octávio Gallotti, Néri da Silveira e Moreira Alves (HC nº 67.759/RJ, rel. Min. Celso de Mello, *RTJ*, 150/123. No mesmo sentido: HC 74.052-RJ, rel. Min. Marco Aurélio, 20-8-96, *Informativo STF* – Brasília, 28-8-1966, nº 41).

É inadmissível, portanto, após o advento da Constituição Federal, regulamentada pela Lei nº 8.625/93, que o Procurador-Geral faça designações arbitrárias de Promotores de Justiça para uma Promotoria ou para as funções de outro Promotor, que seria afastado compulsoriamente de suas atribuições e prerrogativas legais, porque isso seria ferir a garantia da inamovibilidade prevista no texto constitucional. Essa inamovibilidade é ampla, protegendo o cargo e a função, pois seria um contrassenso ilógico subtrair as respectivas funções aos próprios cargos.

O próprio art. 10 da Lei Orgânica Nacional do Ministério Público afasta qualquer possibilidade de *designações arbitrárias*, prevendo somente competir, excepcionalmente, ao Procurador-Geral a designação de membro do Ministério Público para acompanhar inquérito policial ou diligência investigatória, devendo, porém, recair a escolha sobre o membro do Ministério Público com atribuição para, em tese, oficiar no feito, segundo as regras ordinárias de distribuição de serviços, para assegurar a continuidade dos serviços, em caso de vacância, afastamento temporário, ausência, impedimento ou suspeição de titular de cargo, *ou com con-*

sentimento deste, para, por ato excepcional e fundamentado, exercer as funções processuais afetas a outro membro da instituição, submetendo sua decisão previamente ao Conselho Superior do Ministério Público.

Impossibilidade de designações arbitrárias de Promotores de Justiça para uma Promotoria ou para as funções de outro Promotor de Justiça, que seria afastado compulsoriamente de suas atribuições legais, após a edição da Lei nº 8.625/93: STF – 1ª T. – HC nº 71.429 – rel. Min. Celso de Mello, *Diário da Justiça*, Seção I, 25 ago. 1995, p. 26023; STF – 1ª T. – AGCRA nº 169169 – rel. Min. Ilmar Galvão, *Diário da Justiça*, Seção I, 1 dez. 1995, p. 41695; STF – 2ª T. – HC nº 68.966 – rel. Min. Francisco Rezek, *Diário da Justiça*, Seção I, 7 maio 1993, p. 8328; STF – Pleno – HC nº 69.599 – rel. Min. Sepúlveda Pertence, *Diário da Justiça*, Seção I, 27 ago. 1997, p. 17020.

Inexistência de aplicabilidade do Princípio do Promotor Natural antes da edição da Lei nº 8.625/93 (Lei Orgânica dos Ministérios Públicos dos Estados): STF – "Sendo a denúncia anterior à Lei nº 8.625/93 – segundo a maioria do STF, firmada no HC 67.759 (vencido, no ponto, o relator) – não se poderia opor-lhe a validade do chamado princípio do Promotor Natural, pois, a falta de legislação que se reputou necessária a sua eficácia, estaria em pleno vigor o art. 7º, V, da LC nº 40/81, que conferia ao Procurador-Geral amplo poder de substituição para, 'mesmo no curso do processo, designar outro membro do Ministério Público para prosseguir na ação penal, dando-lhe orientação no que for cabível no caso concreto' " (Pleno – HC nº 69.599/RJ – rel. Min. Sepulveda Pertence, *Diário da Justiça*, Seção I, 27 ago. 1993, p. 17020).

Princípio do Promotor natural é direito subjetivo da sociedade: STJ – "O Promotor ou o Procurador não pode ser designado sem obediência ao critério legal, a fim de garantir julgamento imparcial, isento. Veda-se, assim, designação de Promotor ou Procurador *ad hoc* no sentido de fixar prévia orientação, como seria odioso indicação singular de magistrado para processar e julgar alguém. Importante, fundamental é prefixar o critério de designação. O Réu tem direito público, subjetivo de conhecer o órgão do Ministério Público, como ocorre com o juízo natural" (6ª T. – RMS nº 5.867-0/SP – rel. Min. Luiz Vicente Cernicchiaro – *Ementário STJ*, 16/475).

XXXVIII – é reconhecida a instituição do júri, com a organização que lhe der a lei, assegurados:

a) *a plenitude de defesa;*

b) *o sigilo das votações;*

c) *a soberania dos veredictos;*

d) *a competência para o julgamento dos crimes dolosos contra a vida.*

5.71 Tribunal do júri

A Constituição Federal reconhece, no art. 5º, XXXVIII, a instituição do Júri, com a organização que lhe der a lei, assegurados a plenitude de defesa, o sigilo das votações, a soberania dos veredictos e a competência para o julgamento dos crimes dolosos contra a vida.

A instituição do Júri, de origem anglo-saxônica, é vista como uma prerrogativa democrática do cidadão, que deverá ser julgado por seus semelhantes, apontando-se seu caráter místico e religioso, pois tradicionalmente constituído de 12 membros em lembrança dos 12 apóstolos que haviam recebido a visita do Espírito Santo.

O Júri é um tribunal popular, de essência e obrigatoriedade constitucional, regulamentado na forma da legislação ordinária, e, atualmente, composto por um Juiz de Direito, que o preside, e por 25 jurados, que serão sorteados entre cidadãos que constem do alistamento eleitoral do Município, formando o Conselho de Sentença com sete deles. Como salienta Pinto Ferreira (*Comentários à Constituição Brasileira*. Op. cit. p. 154-156), citando Black (*Jury*. In: *Black's law dictionary*, p. 768), o Júri corresponde a

> "certo número de homens e mulheres escolhidos de acordo com a lei, e jurados (*jurati*) para inquirição de certas matérias de fato e declarar a verdade de acordo com a prova que lhes é apresentada".

A Constituição Federal expressamente prevê quatro preceitos de observância obrigatória à legislação infraconstitucional que organizará o Tribunal do Júri: *plenitude de defesa, sigilo das votações, soberania dos veredictos e competência para julgamento dos crimes dolosos contra a vida*.

Logicamente, a *plenitude de defesa* encontra-se dentro do princípio maior da *ampla defesa*, previsto no art. 5º, LV, da Constituição Federal. Além disso, conforme salienta Pontes de Miranda, na plenitude de defesa inclui-se o fato de serem os jurados tirados de todas as classes sociais e não apenas de uma ou de algumas (*Comentários...* Op. cit. p. 270).

O preceito constitucional do *sigilo das votações* significa que a liberdade de convicção e opinião dos jurados deverá sempre ser resguardada, devendo a legislação ordinária prever mecanismos para que não se frustre o mandamento constitucional.

Em relação à soberania dos veredictos, entende-se que a possibilidade de recurso de apelação, prevista no Código de Processo Penal, quando a decisão dos jurados for manifestamente contrária à prova dos autos, bem como a possibilidade de protesto por novo júri, ou ainda, de revisão criminal, não são incompatíveis com a Constituição Federal, uma vez que em relação às duas primeiras hipóteses, a nova decisão também será dada pelo Tribunal do Júri; e em relação à segunda, prevalecerá o *princípio da inocência* do réu.

Assim entende o Supremo Tribunal Federal, que declarou que a garantia constitucional da soberania do veredicto do Júri *não exclui a recorribilidade de suas decisões*. Assegura-se tal soberania com o retorno dos autos ao Tribunal do Júri para novo julgamento (STF, HC 71.617-2, 2ª T., rel. Min. Francisco Rezek, *DJU*, Seção 1, 19 maio 1995, p. 13995; STF, RE 176.726-0, 1ª Turma, rel. Min. Ilmar Galvão, *DJU*, Seção 1, 26 maio 1995, p. 15165).

A Constituição Federal, como último preceito, prevê regra mínima e inafastável de competência do Tribunal do Júri (*julgamento dos crimes dolosos contra a vida*), não impedindo, contudo, que o legislador infraconstitucional lhe atribua outras e diversas competências.

Ressalte-se que a competência prevista no art. 5º, XXXVIII, *d*, da Constituição Federal não deve ser entendida de forma absoluta, uma vez que existirão hipóteses, sempre excepcionais, em que os crimes dolosos contra vida não serão julgados pelo Tribunal do Júri. Essas hipóteses referem-se, basicamente, às competências especiais por prerrogativa de função.

Assim, todas as autoridades com foro de processo e julgamento previsto diretamente pela Constituição Federal, mesmo que cometam crimes dolosos contra a vida, estarão excluídas da competência do Tribunal do Júri, pois no conflito aparente de normas da mesma hierarquia, a de natureza especial prevalecerá sobre a de caráter geral definida no art. 5º, XXXVIII, da CF.

Esta regra aplica-se nas infrações penais comuns cometidas pelo Presidente da República, Vice-Presidente, membros do Congresso Nacional, Ministros do Supremo Tribunal de Justiça, Procurador-Geral da República, Ministros de Estado, membros dos Tribunais Superiores, do Tribunal de Contas da União e os chefes de missão diplomática de caráter permanente, conforme jurisprudência pacífica, pois já se firmou posição no sentido de que a locução constitucional *crimes comuns*, prevista no art. 102, I, *b* e *c*, da Constituição Federal, abrange todas as modalidades de infrações penais, inclusive os crimes dolosos contra a vida, que serão processados e julgados pelo Supremo Tribunal Federal (*RTJ*, 33/590).

Igualmente, aplica-se nos denominados *crimes comuns* praticados pelos Governadores dos Estados e do Distrito Federal, desembargadores dos Tribunais de Justiça dos Estados e do Distrito Federal, os membros do Tribunal de Contas dos Estados e do Distrito Federal, os dos Tribunais Regionais Federais, dos Tribunais Regionais Eleitorais e do Trabalho, os membros dos Conselhos ou Tribunais de Contas dos Municípios e os do Ministério Público da União que oficiem perante tribunais, que sempre serão, nos termos do art. 105, I, *a*, da Constituição Federal, processados e julgados pelo Superior Tribunal de Justiça (STF, Plenário, CJ nº 7.000-4 – PE, rel. Min. Néri da Silveira, *DJU* 7 ago. 1992, p. 11779).

Ainda, no caso de crimes dolosos contra a vida praticados por Prefeito Municipal, em face da maior especialidade, aplica-se o art. 29, X, da Constituição Federal, competindo o processo e julgamento ao Tribunal de Justiça (STJ, 5ª Turma, HC 2.259-9-MT, rel. Min. Jesus Costa Lima, v. u., j. 2 fev. 1994, *DJU* 28-2-1994, p. 2900).

Ressalte-se, por fim, que o processo e julgamento dos crimes dolosos contra a vida praticados pelos órgãos do Poder Judiciário e pelos membros do Ministério Público, em razão de determinação do foro competente por norma direta da Constituição Federal não serão julgados pelo Tribunal do Júri, mas pelo Tribunal competente, por prevalência da norma de caráter especial (STF, HC

68.935-3-RJ, 1ª Turma, rel. Min. Ilmar Galvão, *Diário da Justiça*, seção I, 25 out. 1991, *RJ* 172/134).

Em conclusão, a competência do Tribunal do Júri não é absoluta, afastando-a a própria Constituição Federal, no que prevê, em face da dignidade de certos cargos e da relevância destes para o Estado, a competência de Tribunais, conforme determinam os arts. 29, inciso VIII, 96, inciso III, 108, inciso I, alínea *a*, 105, inciso I, alínea *a*, e 102, inciso I, alíneas *b* e *c* (*RTJ* 150/832-3).

Também nas hipóteses de conexão ou continência entre duas infrações penais, uma crime doloso contra a vida e a outra com foro por prerrogativa de função, inexistirá atração, prevalecendo a regra do juiz natural, havendo, necessariamente, a separação dos processos.

As respectivas Constituições Estaduais, também, com base no exercício do poder constituinte derivado decorrente de auto-organização, corolário da autonomia federal prevista no art. 18 da Carta Federal, poderão atribuir a seus agentes políticos as mesmas prerrogativas de função de natureza processual penal, que a Constituição Federal concedeu aos seus, que lhes são correspondentes (*RTJ* 102/54). Assim, poderão estabelecer para o processo e julgamento de todos os crimes, inclusive os dolosos, dos membros do Poder Legislativo e dos Secretários de Estado, a mais alta Corte de Justiça estadual, da mesma forma que a Constituição Federal o fez em relação aos Congressistas e Ministros de Estado.

Portanto, desde que expressamente previsto na Constituição Estadual, os deputados estaduais e secretários de Estado serão processados e julgados nos crimes dolosos contra a vida pelo Tribunal de Justiça de seu respectivo Estado.

Relatividade da previsão constitucional da "soberania dos veredictos": Conforme decidiu o Supremo Tribunal Federal, "Se os jurados reconhecem, soberanamente, a configuração do delito de homicídio qualificado (CP, art. 121, § 2º, IV), torna-se inviável, na via sumaríssima do processo de 'habeas corpus', desclassificar esse ilícito penal para o tipo definido no art. 121, 'caput', do Código Penal (homicídio simples)" (STF – 1ª T. – HC nº 69.412-8/RJ – rel. Min. Celso de Mello, *Diário da Justiça*, Seção I, 6 nov. 2006, p. 37). **No mesmo sentido, entende o Superior Tribunal de Justiça:** STJ – "Não há que se falar em decisão manifestamente contrária à prova dos autos se os jurados, diante de duas teses que sobressaem do conjunto probatório, optam por uma delas, exercitando, assim, a sua soberania, nos termos do artigo 5º, inciso XXXVIII, alínea *c*, da Constituição da República" (STJ – 6ª T. – HC 134742/SP – Rel. Min. Thereza de Assis Moura, decisão: 20-9-2011). **Isso não significa, porém, ser a "soberania dos veredictos" absoluta**, pois: STF – "A soberania dos veredictos do Júri – não obstante a sua extração constitucional – ostenta valor meramente relativo, pois as decisões emanadas do Conselho de Sentença não se revestem de intangibilidade jurídico-processual. A competência do Tribunal do Júri, embora definida no texto da Lei Fundamental da República, não confere, a esse órgão especial da Justiça comum, o exercício de um poder incontrastável e ilimitado. As decisões que dele emanam expõem-se, em consequência, ao controle recursal do próprio Poder Judiciário, a cujos Tribunais compete pronunciar-se sobre a regularidade dos veredictos. A apelabilidade das decisões emanadas do Júri, nas hipóteses de conflito evidente com a prova dos autos, não ofende o postulado constitucional que assegura a soberania dos veredictos do Tribunal Popular. – A mera possibilidade jurídico-processual de o Tribunal de Justiça invalidar, em sede recursal (CPP, art. 593, III, 'd'), a decisão emanada do Conselho de Sentença, quando esta se achar em evidente conflito com a prova dos autos, não ofende a cláusula constitucional que assegura a soberania do veredicto do Júri. É que, em tal hipótese, o provimento da apelação, pelo Tribunal de Justiça, não importará em resolução do litígio penal, cuja apreciação remanescerá na esfera do Júri. Precedentes. Doutrina. – Inexiste, entre o art. 593, III, 'd', do CPP e o texto da Constituição promulgada em 1988 (CF, art. 5º, XXXVIII, 'c'), qualquer relação de incompatibilidade vertical" (STF – 1ª T. – HC nº 70.193-1/RS – rel. Min. Celso de Mello, *Diário da Justiça*, Seção I, 6 nov. 2006, p. 37).

Soberania dos veredictos e possibilidade de apelação pelo mérito: STF – "A garantia constitucional da soberania do veredicto do Júri não exclui a recorribilidade de suas decisões. Assegura-se tal soberania com o retorno dos autos ao Tribunal do Júri para novo julgamento" (2ª T. – HC nº 71.617-2 – rel. Min. Francisco Rezek, *Diário da Justiça*, Seção I, 19 maio 1995, p. 13995). No mesmo sentido: STF – "Esta Corte já firmou o entendimento de que não fere a garantia da soberania dos veredictos do Tribunal do Júri (art. 5º, XXXVIII, *a*, da Constituição Federal) o cabimento de apelação contra suas decisões por se mostrarem manifestamente contrárias às provas dos autos" (1ª T. – RExtr. nº 176.726-0 – rel. Min. Ilmar Galvão, *Diário da Justiça*, Seção I, 26 maio 1995, p. 15165). E ainda: STF – "A soberania dos veredictos do Tribunal do Júri não exclui a recorribilidade de suas decisões, quando manifestamente contrárias à prova dos autos" (2ª T. – HC nº 73.721-8/RJ – rel. Min. Carlos Velloso, *Diário da Justiça*, Seção I, 14 nov. 1996, p. 44470). Cf, ainda: STF – 2ª T. – HC nº 71.617-2/RS – rel. Min. Francisco Rezek; j. 22-11-1994 e STF – 2ª T. – HC nº 71.380-7/RS – rel. Min. Marco Aurélio; j. 20-6-1994.

Alteração do procedimento do Tribunal do Júri pela Lei nº 11.689/08 – *Tempus regit actum*: STF – "No processo penal vige o princípio *tempus regit actum*, segundo o qual a lei rege os fatos praticados durante a sua vigência; portanto, apesar da superveniência da Lei nº 11.689/08, que alterou todo o capítulo relativo ao procedimento do Tribunal do Júri, aplica-se à espécie a antiga redação do art. 449 do Código de Processo Penal. Conforme se extrai dos autos, o julgamento da sessão do Júri foi adiado em razão da ausência do defensor constituído do paciente, e remarcado para a sessão seguinte. Diante do não comparecimento do defensor constituído ao julgamento remarcado, foi nomeado defensor dativo ao paciente. Rigorosamente observado o que dispõe a lei processual, inexiste o pretendido prejuízo à defesa do paciente" (HC 97.313, rel. Min. Ellen Gracie, julgamento em 29-9-09, 2ª T., *DJE* de 16-10-09).

Soberania dos veredictos e possibilidade de revisão criminal: TJ/SP – "Tratando-se de decisão do Júri, a revisão é pertinente, quando a decisão se ofereça manifestamente contrária à prova dos autos, de forma dupla. Primeiro porque o veredicto do Júri, por se revestir de garantia constitucional da soberania, só poderá ser anulado, quando proferido de forma arbitrária, absolutamente distorcida de prova. Segundo porque a própria natureza da revisão sempre pressupõe decisão manifestamente contrária à evidência da prova" (*RT* 677/341). No mesmo sentido, afirmando ser "pacífica a jurisprudência que admite a revisão criminal contra decisões condenatórias com trânsito em julgado emanadas no Tribunal do Júri" (*RT* 548/330).

Soberania dos veredictos e protesto por novo Júri: Admitindo a possibilidade de protesto por novo Júri após a Constituição Federal de 1988 – STF, *RT* 510/461; STJ, *Ementários STJ*, 01/516; 11/685; 14/622. E ainda: TJ/SP – *RT* 444/334.

Júri e bipartição dos processos envolvendo dois juízos naturais constitucionalmente previstos: STF – "A competência do Tribunal do Júri não é absoluta. Afasta-a a própria Constituição Federal, no que prevê, em face da dignidade de certos cargos e da relevância destes para o Estado, a competência de tribunais – arts. 29, VIII (atual X); 96, inciso III; 108, inciso I, alínea *a*; 105, inciso I, alínea *a* e 102, inciso I, alíneas *b* e *c*. A conexão e a continência – arts. 76 e 77 do Código de Processo Penal – não consubstanciam forma de fixação da competência, mas de alteração, sendo que nem sempre resultam na unidade dos julgamentos – arts. 79, incisos I, II e §§ 1º e 2º, e 80 do Código de Processo Penal. O envolvimento de corréus em crime doloso contra a vida, havendo em relação a um deles a prerrogativa de foro como tal definida constitucionalmente, não afasta, quanto ao outro, o juiz natural revelado pela alínea *d* do inciso XXXVIII do art. 5º da Carta Federal. A continência, porque disciplinada mediante norma de índole instrumental comum, não é conducente, no caso, a reunião dos processos. A atuação de órgãos diversos integrantes do Judiciário, com duplicidade de julgamento, decorre do próprio texto constitucional, isto por não se lhe poder sobrepor preceito de natureza estritamente legal. Envolvidos em crime doloso contra a vida Prefeito e cidadão comum, biparte-se a competência, processando e julgando o primeiro o Tribunal de Justiça e o segundo o Tribunal do Júri. Conflito aparente entre as normas dos arts. 5º, inciso XXXVIII, alínea *d*, 29 inciso VIII (atual X)" (2ª T. – HC nº 70.581/AL – rel. Min. Marco Aurélio, *Diário da Justiça*, Seção I, 29 out. 1993, p. 22935). **Nesse mesmo sentido**, o Supremo Tribunal Federal afirmou que "envolvidos em crime doloso contra a vida conselheiro do Tribunal de Contas do Município e cidadão comum, biparte-se a competência, processando e julgando o primeiro o Superior Tribunal de Justiça e o segundo o Tribunal do Júri" (Pleno – HC nº 69.325-3/GO – rel. Min. Néri da Silveira, *Diário da Justiça*, Seção I, 4 dez. 1992, p. 23058). **Nesse mesmo sentido ainda:** STF – 2ª T. – HC nº 73.235-6/DF – rel. Min. Néri da Silveira, *Diário da Justiça*, Seção I, 18 out. 1996, p. 39845, tratando-se de desmembramento de processo por crime doloso contra a vida envolvendo ex-Secretário da Segurança Pública (Tribunal de Justiça do Estado) e outros (Tribunal do Júri).

Crimes dolosos contra a vida e foros especiais decorrentes de prerrogativa de função estadual ou distrital – I: STF – "Pode a Constituição do Estado-membro, com base no poder implícito que reconhece a este de atribuir a seus agentes políticos as mesmas prerrogativas de função de natureza processual penal, que a Constituição Federal outorga aos seus, que lhes são correspondentes, estabelecer que o foro por prerrogativa de função de deputado estadual é o Tribunal de Justiça do Estado, para todos os crimes da competência da justiça desse Estado-membro, inclusive os *dolosos contra a vida*" (*RTJ* 102/54 – HC-58.410/RJ – rel. Min. Moreira Alves).

Crimes dolosos contra a vida e foros especiais decorrentes de prerrogativa de função estadual ou distrital – II: O Supremo Tribunal Federal decidiu no sentido que deve prevalecer a previsão local do foro especial (Tribunal de Justiça) decorrente de prerrogativa de função (Secretário de Segurança Pública do Distrito Federal), em correspondência com o disposto na Constituição Federal relativamente aos Ministros de Estado (Pleno – HC nº 65.132/DF – rel. Min. Octávio Gallotti, *Diário da Justiça*, Seção I, 4 set. 1987, p. 18286).

Aplicabilidade imediata da Lei nº 9.299, de 1996, que prevê que os crimes dolosos contra a vida praticados por militar contra civil passaram a ser julgados pelo Tribunal do Júri, e não mais pela Justiça Militar: "Competência. Crime Militar. Policial. Aplicação Imediata da Lei nº 9.299, de 1996 – Ao definir a competência da Justiça Comum para os crimes contra a vida, cometidos por militar contra civil, a Lei nº 9.299, de 1996, é de aplicação imediata, a teor do disposto no art. 2º do CPP" (STJ – Recurso de *Habeas corpus* nº 5.660/SP, rel. Min. William Patterson, *Diário da Justiça*, Seção I, 23 set. 1996, p. 35156).

Crime doloso contra a vida e Promotor de Justiça: STF – HC 71.654-7, 1ª T., rel. Min. Ilmar Galvão, *Diário da Justiça*, Seção I, 30 ago. 1996, p. 30605, onde se afirma a competência do Tribunal de Justiça para o julgamento de crime praticado por Promotor de Justiça, no exercício do cargo, ainda que ocorrido antes do advento da nova Carta, tratando-se de foro especial, por prerrogativa de função, instituído pelo art. 96, III, da CF/88, norma que, não apenas por sua natureza constitucional e processual, mas também por contemplar, não o ocupante do cargo, mas a dignidade da função, é de aplicação imediata. No mesmo sentido: STF – HC nº 73.112-1/MG – rel. Min. Ilmar Galvão, *Diário da Justiça*, Seção I, 31 maio 1996, p. 18801. **No mesmo sentido:** STJ – "HC – Constitucional – Tribunal do Júri – Promotor Público – Competência – A Constituição da República reeditou a instituição do Tribunal do Júri, atribuindo-lhe competência para processar e julgar os crimes dolosos contra a vida (art. 5º, XXXIX). A Carta Política, igualmente, estabeleceu ser da competência do Tribunal de Justiça processar e julgar os membros do Ministério Público, nos crimes comuns e de responsabilidade, ressalvada a competência da Justiça Eleitoral (art. 96, III). Interpretação sistemática da Constituição (norma especial derroga norma geral) autoriza concluir, porque o homicídio é crime comum, ser da competência do Tribunal de Justiça processar e julgar Promotor Público acusado desse delito" (STJ – 6ª T. – HC nº 3.316-0/PB – rel. Min. Luiz Vicente Cernicchiaro, *Ementário STJ*, 18/443).

5.71-A Constitucionalidade do recurso de apelação, previsto no art. 593, III, "d", do Código de Processo Penal, quando a decisão dos jurados for manifestamente contrária à prova dos autos

O Tribunal do Júri é o órgão constitucionalmente competente para o julgamento dos crimes dolosos contra a vida, e, como tal, é a instância exauriente na apreciação dos fatos e provas, certo que as suas decisões não podem ser materialmente substituídas por decisões proferidas por juízes ou Tribunais togados.

O texto constitucional estabelece a soberania dos veredictos, consagrando que um tribunal formado por juízes togados não pode modificar, no mérito, a decisão proferida pelo Conselho de Sentença, que é soberano na sua decisão, sob pena de desrespeito ao juízo constitucionalmente definido como natural.

Em nosso ordenamento jurídico, entretanto, embora soberana enquanto decisão emanada do Juízo Natural constitucionalmente previsto para os crimes dolosos contra a vida, o específico pronunciamento do Tribunal do Júri não é inatacável, incontrastável ou ilimitado, devendo respeito ao duplo grau de jurisdição, em que pese, com cognição muito mais restrita do que nas demais hipóteses, pois a possibilidade de recurso de apelação, prevista no art. 593, III, "d", do Código de Processo Penal, quando a decisão dos jurados for manifestamente contrária à prova dos autos, não é definitiva, mas sim, em respeito à soberania do Júri, meramente devolutiva, pois ao rescindir a decisão atacada, entrega novamente ao Júri popular a ampla cognição sobre a matéria, cujo mérito, definitivamente será analisado, sem a possibilidade de uma segunda apelação com base no citado artigo do diploma processual penal.

Nos crimes dolosos contra a vida, somente o Tribunal do Júri possui cognição plena para a análise da autoria e materialidade, para a valoração das provas que fundamentem a absolvição ou condenação e, eventualmente, para o reconhecimento de excludentes; sendo vedado aos Tribunais de 2º grau – mesmo que entendam ter sido o julgamento manifestamente contrário a prova dos autos – substituir a vontade do Conselho de Sentença pelo seu próprio entendimento quanto ao mérito; restando, tão somente, a possibilidade de devolver ao próprio Tribunal do Júri o exame da questão.

Essa possibilidade não é incompatível com a Constituição Federal, pois não conflita com o princípio constitucional da soberania dos veredictos, uma vez que a nova decisão também será dada, obrigatoriamente, pelo Tribunal do Júri, em que pese, por um novo Conselho de Sentença.

Trata-se de entendimento tradicional em nosso ordenamento jurídico, pois, desde meados do século passado, essa Corte já entendia constitucional o novo julgamento pelo Tribunal do Júri quando a decisão fosse contrária a prova dos autos. Um dos cases mais lembrados é o do HC 32.271/SP, Rel. Min. Luiz Galotti, Tribunal Pleno, *DJ* de 24/09/1953, ocasião em que o Min. Nelson Hungria evoluiu no seu entendimento e votou pela constitucionalidade da Lei n. 263, de 23 de fevereiro de 1948, que previa o novo julgamento pelo Tribunal do Júri quando o resultado fosse contrário à prova dos autos. Nas palavras do Min. Nelson Hungria: "Já fui daqueles que adotaram esse ponto de vista, mas o reexame da matéria me convenceu de que não havia nessa duplicidade uma ofensa ao princípio constitucional da anacrônica soberania do Júri, uma vez que o segundo julgamento era devolvido ao próprio tribunal de jurados, que, assim, seria o único a rever sua própria decisão".

A existência do recurso apelatório, portanto, não substitui a previsão constitucional de exclusividade do Tribunal do Júri na análise de mérito dos crimes dolosos contra a vida, pois, repita-se, ao afastar a primeira decisão do Conselho de Sentença, simplesmente, determina novo julgamento de mérito pelo próprio Júri, dessa feita definitivo no mérito, pois há proibição de segundo recurso interposto em face de decisões manifestamente contrárias à prova dos autos.

O entendimento consagrado tradicionalmente em nosso ordenamento jurídico configura um meio termo entre, em regra, ao que se aplica, de um lado nos Estados Unidos da América e Inglaterra e de outro, na maioria da Europa continental, no tocante a efetividade das decisões do Tribunal do Júri.

No plano do Direito Comparado, existem diversos sistemas normativos em relação à recorribilidade das decisões do Tribunal do Júri, uns com forte tendência a obstaculizar, tanto à acusação como à defesa, recurso contra decisão do Tribunal do Júri, seja condenatória, seja absolutória; outros tendentes a permitir que ambas as partes utilizem o segundo grau de jurisdição no processo penal. A forma como se trata a matéria instrumental em relação à soberania do Júri, a forma de quesitação e a possibilidade de recurso se alteram de país a país.

Nos Estados Unidos, a vedação a um segundo julgamento é conclamada pela 5ª Emenda à Constituição ("*ninguém poderá pelo mesmo crime ser duas vezes ameaçado em sua vida ou saúde*"), impedindo, em regra, tanto a acusação como a defesa de requererem um novo julgamento ao Júri por insuficiência de provas, homenageando a *Double Jeopardy Clause*. Reiterados precedentes da Suprema Corte dos EUA vêm densificando referida cláusula, afirmando que a acusação não pode recorrer de decisões absolutórias (*Fong Foo v. United States*, 1962), havendo exceção quando o acusado suborna o Juiz para obter uma absolvição: *Harry Aleman v. Judges of the Criminal Division*. Para a defesa, referida cláusula é abrandada, incluindo hipóteses de instruções incorretas, questões sobre admissibilidade de provas determinantes para o veredicto ou má-conduta da acusação ou do juízo (*Burks v. United States*).

Todavia, os recursos, tanto da acusação como da defesa, não adentram ao mérito da causa, circunscrevendo-se a algumas nulidades formais. Referida posição, em geral assente na jurisprudência de países adotantes da *common law*, como também na Inglaterra (*House of Lords, Connely v. DPP*), é afastada por outros sistemas normativos que adotam apenas subsidiariamente o Tribunal do Júri e permitem tanto a cassação da decisão do Júri como a prolação de outra sentença em seu lugar por um tribunal togado, seja qual parte for a recorrente.

Assim é na União Europeia, onde o Tribunal Recursal possui amplos poderes de revisão da decisão do Júri, delimitados, no entanto, pela legislação aplicável de cada Estado-Membro (Tribunal de Direitos do Homem, Judge v. the United Kingdom). Apenas a título exemplificativo, cito dois Países. Na República Alemã, qualquer das partes pode apelar (*Strafprozeßordnung, StPO, seção 312*). Na Espanha, há precedentes do Tribunal Constitucional admitindo a cassação da decisão absolutória do Júri se houver falta de motivação do veredicto (sentenças 115/2006, 246/2004, 169/2004).

No Brasil, sendo constitucionalmente possível a realização de um novo julgamento pelo próprio Tribunal do Júri, dentro do sistema acusatório consagrado pelo nosso ordenamento jurídico como garantia do devido processo legal, não é possível o estabelecimento de distinção interpretativa para fins de recursos apelatórios entre acusação e defesa, sob pena de ferimento ao próprio princípio do contraditório, que impõe a condução dialética do processo (*par conditio*).

A legislação brasileira é clara ao, expressamente, prever o recurso de apelação no Tribunal do Júri, tanto pela defesa, quanto pelo Ministério Público; e, não sendo interposto o apelo do Parquet, também pelo ofendido – ou seu cônjuge, ascendente, descendente ou irmão –, ainda que este não tenha sido habilitado como assistente, conforme prevê o art. 598, do Código de Processo Penal.

Essa paridade quanto às hipóteses de interposição de apelação pela acusação e pela defesa garante proteção tanto ao acusado, como à sociedade, como corolário do duplo grau de jurisdição, pois prevalece o entendimento segundo o qual é cabível recurso de apelação, tanto pela acusação quanto pela defesa, contra decisões do Tribunal do Júri, uma vez que o Tribunal de Justiça ou o Tribunal Regional Federal não estarão substituindo a decisão dos jurados, mas apenas reconhecendo o manifesto equívoco na apreciação da prova e determinando a realização de outro julgamento pelo Tribunal do Júri, que será definitivo em relação ao mérito (MIRABETE, Júlio Fabbrini. Código de Processo Penal Interpretado, 11ª ed., Editora Atlas, 2008, p. 1487-1488; HUNGRIA, Nelson, citado em obra de ESPÍNOLA FILHO. Código de Processo Penal Brasileiro Anotado, 1ª ed., Vol. VI, Editora Bookseller, 2000, p. 171-172; LIMA, Renato Brasileiro. Código de Processo Penal Comentado, 3ª ed., Editora Juspodivm, 2018, p. 1450-1451, NUCCI, Guilherme de Souza (Tribunal do Júri, 7ª ed., Editora Forense, 2018, p. 434; SILVA, Amauri. O novo Tribunal do Júri, Editora J. H. Mizuno, 2009, p. 52).

É inconcebível que uma decisão manifestamente contrária à prova dos autos não possa ser revista por meio de recurso, o que poderia inclusive caracterizar afronta ao princípio do duplo grau de jurisdição, previsto implicitamente na Constituição Federal, e explicitamente na Convenção Americana sobre Direitos Humanos (Dec. 678/92, artigo 8, nº 2, alínea "h"), o qual confere à parte prejudicada a possibilidade de buscar o reexame da matéria por órgão jurisdicional superior.

> XXXIX – *não há crime sem lei anterior que o defina, nem pena sem prévia cominação legal.*

5.72 Princípios da reserva legal e da anterioridade em matéria penal

A norma constitucional contém dois princípios:

- princípio da reserva legal – *não há crime sem lei que o defina; não há pena sem cominação legal*;
- princípio da anterioridade – *não há crime sem lei **anterior** que o defina; não há pena sem **prévia** cominação legal.*

Esses princípios, como garantia essencial de um Estado de Direito, asseguram que a regulamentação da amplitude do exercício do direito sancionador do Estado, e consequentemente da liberdade do indivíduo, depende exclusivamente da prévia manifestação de vontade dos representantes populares, detentores de mandatos eletivos, diretamente eleitos pelo povo, conforme o parágrafo único do art. 1º da Constituição Federal.

Os princípios da reserva legal e da anterioridade no âmbito penal (*nullum crimen, nulla poena sine praevia lege*) exigem a existência de lei formal devidamente elaborada pelo Poder Legislativo, por meio das regras de processo legislativo constitucional (*lex scripta*); que a lei seja anterior ao fato sancionado (*lex previa*); e, que a lei descreva especificamente um fato determinado (*lex certa*).

Essa previsão é tradicional nas Constituições que caracterizam os Estados de Direito, e foi consagrada pelo art. 8º da Declaração francesa dos Direitos do Homem e do Cidadão, de 26-8-1789, com a seguinte redação: "A lei apenas deve estabelecer penas estrita e evidentemente necessárias, e ninguém pode ser punido senão em virtude de uma lei estabelecida e promulgada antes do delito e legalmente aplicada."

Anote-se que a competência privativa para legislar sobre direito penal é da União (CF, art. 22, I).

Essas exigências constitucionais impedem a utilização de aplicação analógica *in peius* das normas penais como fonte criadora de infrações penais e respectivas sanções; bem como que no exercício jurisdicional o juiz se converta em legislador, criando novas figuras típicas ou novas sanções. Dessa forma, o princípio da reserva legal não permite a condenação por analogia ou por considerações de conveniência social (*RTJ* 40/47).

Para reforçar a proteção aos direitos humanos fundamentais, a própria Constituição Federal proíbe a existência de delegação legislativa sobre *nacionalidade, cidadania, direitos individuais, políticos e eleitorais* (art. 68, § 1º, II). Além disso, não se deve admitir a edição de medidas provisórias, nos casos de relevância e urgência (CF, art. 62), para disciplinar matérias ligadas a direitos fundamentais, basicamente a liberdade individual, exigindo-se, portanto, espécie normativa, formalmente editada pelo Poder Legislativo.

Damásio E. de Jesus leciona que

> "com o advento da *teoria da tipicidade*, o princípio de reserva legal ganhou muito de técnica. Típico é o fato que se amolda à conduta criminosa descrita pelo legislador. É necessário que o tipo (conjunto de elementos descritivos do crime contido na lei penal) tenha sido definido antes da prática delituosa. Daí falar-se em anterioridade da lei penal incriminadora" (*Direito penal*. 14. ed. São Paulo: Saraiva, 1990. v. 1, p. 54).

Princípio da reserva legal: STF – "A reserva de lei constitui postulado revestido de função excludente, de caráter negativo, pois veda, nas matérias a ela sujeitas, quaisquer intervenções normativas, a título primário, de órgãos estatais não legislativos. Essa cláusula constitucional, por sua vez, projeta-se em uma dimensão positiva, eis que a sua incidência reforça o princípio, que, fundado na autoridade da Constituição, impõe, à administração e à jurisdição, a necessária submissão aos comandos estatais emanados, exclusivamente, do legislador. Não cabe, ao Poder Judiciário, em tema regido pelo postulado constitucional da reserva de lei, atuar na anômala condição de legislador positivo (RTJ 126/48 – RTJ 143/57 – RTJ 146/461 – 462 – RTJ 153/765, v. g.), para, em assim agindo, proceder à imposição de seus próprios critérios, afastando, desse modo, os fatores que, no âmbito de nosso sistema constitucional, só podem ser legitimamente definidos pelo Parlamento. É que, se tal fosse possível, o Poder Judiciário – que não dispõe de função legislativa – passaria a desempenhar atribuição que lhe é institucionalmente estranha (a de legislador positivo), usurpando, desse modo, no contexto de um sistema de poderes essencialmente limitados, competência que não lhe pertence, com evidente transgressão ao princípio constitucional da separação de poderes" (STF – Pleno – MS 22.690-1/CE – rel. Min. Celso de Mello, *Diário da Justiça*, Seção I, 7 dez. 2006, p. 36).

Princípio da reserva legal e tipicidade penal: STF – "A tipicidade penal não pode ser percebida com o trivial exercício de adequação do fato concreto à norma abstrata. Além da correspondência formal, para a configuração da tipicidade, é necessária uma análise materialmente valorativa das circunstâncias do caso concreto, no sentido de se verificar a ocorrência de alguma lesão grave, contundente e penalmente relevante do bem jurídico tutelado" (STF – 1ª T. – HC 97.772 – Rel. Min. Carmen Lúcia, decisão: 3-11-2009).

Inconstitucionalidade de definição de criminalidade organizada para efeitos penais por lei estadual: STF – "No que se refere ao art. 9º, *caput* e parágrafo único ['Art. 9º Para os efeitos da competência estabelecida no art. 1º desta Lei, considera-se crime organizado, desde que cometido por mais de dois agentes, estabelecida a divisão de tarefas, ainda que incipiente, com perpetração caracterizada pela vinculação com os poderes constituídos, ou por posição de mando de um agente sobre os demais (hierarquia), praticados através do uso da violência física ou psíquica, fraude, extorsão, com resultados que traduzem significante impacto junto à comunidade local ou regional, nacional ou internacional: (...) Parágrafo único. Consideram-se ainda como crime organizado aqueles atos praticados por organizações criminosas, não se observando as características trazidas no *caput* deste artigo: I – referidos na Convenção das Nações Unidas sobre o Crime Organizado Transnacional, de 15 de novembro de 2000 (Convenção de Palermo), conforme o item 2, *a*, da Recomendação nº 3, de 30 de maio de 2006, do Conselho Nacional de Justiça; e II – conexos por relação teleológica ou consequencial aos previstos nos incisos do *caput* deste artigo, consideradas as condições estabelecidas nele e no inciso anterior'], reportou-se ao que discutido em assentada anterior e decidiu-se pela inconstitucionalidade da expressão 'crime organizado, desde que cometido por mais de dois agentes, estabelecida a divisão de tarefas, ainda que incipiente, com perpetração caracterizada pela vinculação com os poderes constituídos, ou por posição de mando de um agente sobre os demais (hierarquia), praticados através do uso da violência física ou psíquica, fraude, extorsão, com resultados que traduzem significante impacto junto à comunidade local ou regional, nacional ou internacional', constante do *caput*. Inferiu-se que a definição de 'organização criminosa' e de 'crime organizado', apesar da Convenção de Palermo – incorporada ao ordenamento pátrio desde 2004 –, só poderia ser fixada por lei federal, à luz do princípio da reserva legal. Sob o mesmo fundamento, concluiu-se pela inconstitucionalidade do parágrafo único do art. 9º e do art. 10 ['Também para os efeitos da competência estabelecida no art. 1º, considera-se organização criminosa: I – o grupo de mais de duas pessoas voltadas para atividades ilícitas e clandestinas que possua uma hierarquia própria e capaz de planejamento empresarial, que compreende a divisão do trabalho e o planejamento de lucros. Suas atividades se baseiam no uso da violência e da intimidação, tendo como fonte de lucros a venda de mercadorias ou serviços ilícitos, no que é protegido por setores do Estado. Tem como características distintas de qualquer outro grupo criminoso um sistema de clientela, a imposição da lei do silêncio aos membros ou pessoas próximas e o controle pela força de determinada porção de território; e II – aquela estruturada de três ou mais pessoas, ainda que seus membros não tenham funções formalmente definidas, existente há certo tempo e agindo concertadamente com a finalidade de cometer os crimes referidos nos incisos do *caput* do art. 9º desta Lei, ou crimes enunciados na Convenção das Nações Unidas sobre o Crime Organizado Transnacional (*v. g.* Corrupção, Lavagem de Dinheiro, Obstrução à Justiça), com intenção de obter, direta ou indiretamente, benefício econômico, material ou político'])" (STF – Pleno – ADI 4414/AL – Rel. Min. Luiz Fux, decisão: 30 e 31-5-2012).

Sistema de substituição nos tribunais e reserva legal: STF – "O sistema de substituição externa nos Tribunais judiciários constitui, no plano de nosso direito positivo, matéria sujeita ao domínio temático da lei. Subordina-se, em consequência, ao princípio da reserva legal absoluta, cuja incidência afasta, por completo, a possibilidade de tratamento meramente regimental da questão. (...) Essa orientação, firmada pelo Pleno do Supremo Tribunal Federal, prestigia o postulado do juiz natural, cuja proclamação deriva de expressa referência contida na Lei fundamental da República (art. 5º, LIII)" (1ª T. – HC nº 69.601/SP – rel. Min. Celso de Mello, *Diário da Justiça*, Seção I, 18 dez. 1992, p. 24377).

Crimes militares e reserva legal: STF – "Os crimes militares situam-se no campo da exceção. As normas em que previstos são exaustivas. Jungidos ao princípio constitucional da reserva legal" (Pleno – HC nº 72.022/PR – rel. Min. Néri da Silveira, *Diário da Justiça*, Seção I, 28 abr. 1995, p. 11136).

Reserva legal e impossibilidade da utilização de analogia: STF "Não pode o julgador, por analogia, estabelecer sanção sem previsão legal, ainda que para beneficiar o réu, ao argumento de que o legislador deveria ter disciplinado a situação de outra forma. Em face do que dispõe o § 4º do art. 155 do Código Penal, não se mostra possível aplicar a majorante do crime de roubo ao furto qualificado"(STF – HC 92.626, Rel. Min. Ricardo Lewandowski, julgamento em 25-3-08, 1ª T., *DJE* de 2-5-08). **No mesmo sentido:** HC 95.398, rel. Min. Cármen Lúcia, julgamento em 4-8-09, 1ª T., *DJE* de 4-9-09.

Remuneração do servidor público e lei formal: STF – "A disciplina jurídica da remuneração devida aos agentes públicos em geral está sujeita ao princípio da reserva legal absoluta. Esse postulado constitucional submete ao domínio normativo da lei formal a veiculação de regras pertinentes ao instituto do estipêndio funcional. O princípio da divisão funcional do poder impede que, estando em plena vigência o ato legislativo, venham os Tribunais a ampliar-lhe o conteúdo normativo e a estender a sua eficácia jurídica a situações subjetivas nele não previstas, ainda que a pretexto de tornar efetiva a cláusula isonômica inscrita na Constituição" (1ª T. – RMS nº 21.662/DF – rel. Min. Celso de Mello, *Diário da Justiça*, Seção I, 20 maio 1994, p. 12248).

5.73 Princípio da reserva legal e medidas provisórias

O art. 62 da Constituição Federal não previa, originariamente, vedação material à edição da medida provisória. Com a promulgação das Emendas Constitucionais nᵒˢ 6 e 7, foi criado o art. 246, que veda, expressamente, a adoção de medida provisória na regulamentação de artigo da Constituição Federal cuja redação tenha sido alterada por meio de emenda promulgada a partir de 1995.

Essa vedação material, porém, foi alterada com a edição da EC nº 32/01, que, modificando a redação do art. 246, estabeleceu termo final para essa proibição, determinando que o prazo final para a vedação à adoção de medidas provisórias na regulamentação de artigos da Constituição cuja redação tenha sido alterada por meio de emenda promulgada a partir de 1º de janeiro de 1995, seja a data de sua própria promulgação, ou seja, 11 de setembro de 2001.

Portanto, a partir dessa data, o Presidente da República poderá retornar à utilização de medidas provisórias, nas hipóteses de relevância e urgência, para regulamentar artigo da Constituição alterado por emenda constitucional promulgada após 11 de setembro de 2001.

A EC nº 32/01, porém, trouxe grandes e significativas limitações materiais à edição de medidas provisórias.

Primeiramente, o legislador reformador, seguindo a linha lógica e coerente do art. 68 da Constituição Federal, estabeleceu as mesmas limitações materiais à edição de medidas provisórias já existentes em relação às leis delegadas, ou seja, a proibição de o Presidente da República editá-las sobre matéria relativa a: nacionalidade, cidadania, direitos políticos e direito eleitoral; organização do Poder Judiciário e do Ministério Público, a carreira e a garantia de seus membros; planos plurianuais, diretrizes orçamentárias, orçamento e créditos adicionais e suplementares, ressalvado o previsto no art. 167, § 3º.

Ora, se o legislador constituinte entendeu indelegáveis essas matérias pelo Poder Legislativo ao Poder Executivo, lógica e coerentemente, não seria possível manter a possibilidade de o Presidente da República, unilateralmente por medidas provisórias, discipliná-las.

A possibilidade de edição de medidas provisórias em matéria penal, tributária e nos casos em que o legislador constituinte reservou à edição de lei complementar sempre foram assuntos muito discutidos na doutrina e acabaram por ser regulamentados pela EC nº 32/01.

A EC nº 32/01, em defesa dos direitos fundamentais e atendendo aos reclamos da doutrina, consagrou a absoluta vedação à edição de medidas provisórias sobre matéria de direito penal e processual penal.

A vedação constitucional atual em matéria de direito penal é absoluta, não se permitindo, tampouco, a edição de medidas provisórias sobre matéria penal benéfica.

Celso de Mello Filho coloca-se contra a possibilidade de edição de medida provisória em matéria penal, afirmando que

> "a privação, mesmo cautelar, da liberdade individual, a tipificação de novas entidades delituosas e a cominação de penas não podem constituir objeto de medidas provisórias, em face, até, da irreversibilidade das situações geradas por essa espécie normativa" (Medidas provisórias. *Revista PGE/SP* jun. 1990).

Igualmente, Alberto Silva Franco diz:

> "com tais características, pode a medida provisória servir de instrumento normativo adequado à abordagem da disciplina penal? A resposta à indagação só poderá ser negativa. Tal como o decreto-lei, a medida provisória ocupa um lugar de inferioridade, em relação à lei em sentido estrito. Não se argumente com o fato de que o texto constitucional relativo à medida provisória não sofre nenhuma restrição em seu raio de incidência. O dispositivo não pode ser interpretado isoladamente, mas deve ser submetido a uma interpretação sistemática para a qual contribuem outros princípios constitucionais tais como o da legalidade e da separação de poderes" (*Lex-RJTJESP* 123/16).

Por igual, na órbita tributária, a norma constitucional exige a anterioridade da lei. E medida provisória não é lei, mas espécie normativa excepcional, transitoriamente investida de "força de lei". Como salientado por Marcelo Figueiredo, a imediatidade das medidas provisórias é incompatível com as normas tributárias (*A medida provisória na Constituição*. São Paulo: Atlas, 1991. p. 42), que não podem conter disposições que levem a situações irreversíveis (GRECO, Marco Aurélio. *Medidas provisórias*. São Paulo: Revista dos Tribunais, 1991. p. 37).

À época do decreto-lei, figura que guarda semelhança estreita com a medida provisória – já que também possuía a "força de lei" – Nelson de Souza Sampaio afirmava, sobre a aplicabilidade do decreto-lei no campo tributário:

> "Não menos restrita é, ao nosso ver, a admissibilidade do decreto-lei no terreno tributário. A Constituição vigente manteve o princípio da legalidade para a criação e aumento dos tributos e o da autorização orçamentária para a sua cobrança" (*O processo legislativo*. 2. ed. São Paulo: Saraiva, 1996. p. 53).

No mesmo sentido, pronunciamento do Egrégio Tribunal de Justiça do Estado de São Paulo, nos autos de Ação Direta de Inconstitucionalidade nº 11.643-0/0, em que ficou afirmado que

> "o art. 150, inciso I, da Constituição Federal, veda com força de garantia dada ao contribuinte, a União, aos Estados, ao Distrito Federal e aos Municípios exigir ou aumentar tributo sem lei anterior que o estabeleça e, no inciso III, veda a cobrança de tributos, item *a*, em relação aos fatos geradores ocorridos antes do início da vigência da lei que os houver instituído ou aumentado. Não se dispensa, pois, ao tributo a reserva legal, o princípio da legalidade, que não poderia abranger a medida provisória, que não é lei, ainda que se equipare à mesma, até pela diversidade quanto ao âmbito de iniciativa e de processo legislativo".

Conclui-se, portanto, com Roque Carrazza, que "em relação aos tributos submetidos ao princípio da anterioridade, as medidas provisórias inequivocamente não os podem criar ou aumentar" (*Curso de direito constitucional tributário*. 2. ed. São Paulo: Revista dos Tribunais, 1991. p. 159).

A posição do Supremo Tribunal Federal, porém, não adotou a corrente doutrinária majoritária, permitindo a edição de medidas provisórias para criação ou majoração de tributos, desde que, quando necessário, fosse respeitado o princípio da anterioridade em matéria tributária.

A EC nº 32/01, seguindo essa orientação do Supremo Tribunal Federal, determinou possível a edição de medidas provisórias para instituição ou majoração de impostos, desde que respeitado o princípio da anterioridade.

Observe-se, porém, que a atual redação do § 2º, do art. 62, representou grande avanço em relação à posição jurisprudencial anterior, pois, enquanto o Supremo Tribunal Federal entendia satisfeito o princípio da anterioridade tributária desde que a primeira medida provisória que trata da instituição ou majoração de impostos tivesse sido editada no exercício financeiro anterior, a redação dada pela EC nº 32/01 exige que a medida provisória tenha sido convertida em lei até o último dia do exercício financeiro anterior, para que possa produzir efeitos.

Além disso, em respeito ao princípio da segurança jurídica e receando repetição de absurdos planos econômicos, a Constituição passou a vedar a edição de medidas provisórias que vise a detenção ou sequestro de bens, de poupança popular ou qualquer outro ativo financeiro.

Ainda, vedou-se a edição de medidas provisórias sobre matéria já disciplinada em projeto de lei aprovado pelo Congresso Nacional e pendente de sanção ou veto do Presidente da República, hipótese que consistiria em flagrante desrespeito à Separação de Poderes e em matéria processual civil, como analisado em item anterior.

No tocante à edição de medida provisória em matéria reservada à lei complementar, parece-nos que assiste razão à Marcelo Figueiredo (Op. cit. p. 35) e Leon Frejda Szklarowsky (Op. cit. p. 36, ressalvando que *apenas o Ministro Moreira Alves e o juiz Hugo de Brito Machado defendem a tese de que a medida provisória pode veicular matéria de lei complementar)*, que afirmam a impossibilidade dessa hipótese, uma vez que o legislador constituinte originário expressamente estabeleceu uma reserva de competência à edição de lei complementar, a ser deliberada por maioria absoluta dos membros de ambas as Casas Legislativas, incompatível, pois, com a unipessoalidade na edição das medidas provisórias. Além disso, como afirma Marco Aurélio Greco, o "art. 62 prevê a conversão da medida provisória em lei e não em lei complementar" *(Medidas provisórias*. São Paulo: Revista dos Tribunais, 1991. p. 36).

Esse entendimento foi consagrado pela EC nº 32/01, que passou a vedar expressamente a edição de medidas provisórias sobre matéria reservada a lei complementar.

Entre as várias e salutares alterações propostas pela EC nº 32/01 ao art. 62 da Constituição Federal, a vedação de edição de medidas provisórias em matéria processual civil, de maneira salutar à Democracia e à Separação de Poderes, reiterou a impossibilidade de utilização desse mecanismo para restringir a concessão de medidas cautelares e liminares pelo Poder Judiciário.

XL – a lei não retroagirá, salvo para beneficiar o réu.

5.74 Irretroatividade da lei penal in pejus

A presente norma penal prevê dois princípios que regem eventuais conflitos de leis penais no tempo: *irretroatividade da lei mais severa (lex gravior)* e *retroatividade da lei mais benigna (lex mitior)*.

A regra geral em matéria de direito penal é a *irretroatividade da lei penal*, sem a qual, como salienta Damásio E. de Jesus, "não haveria segurança nem liberdade na sociedade, uma vez que se poderia punir fatos lícitos após sua realização, com a abolição do postulado consagrado no art. 1º do CP" *(Direito penal*. 14. ed. São Paulo: Saraiva, 1990. v. 1, p. 62), e igualmente, com total desrespeito ao art. 5º, XXXIX, da Constituição Federal.

Porém, admite-se constitucionalmente, sempre a favor do agente da prática do fato delituoso, a retroatividade da lei penal mais benigna.

O princípio da irretroatividade da lei penal, salvo se benigna, possui diversas características:

- A lei penal mais benigna tem aplicação retroativa, inclusive em relação à eficácia da coisa julgada (STF – 2ª T. – HC nº 31.776 – rel. Min. Orosimbo Nonato, *Diário da Justiça*, 21 fev. 1952, p. 00811; 1ª T. – HC nº 33.736 – rel. Min. Nelson Hungria, *Diário da Justiça*, 14 jan. 1957, p. 128).

- O princípio da retroatividade da *lex mitior*, que inclui o princípio da irretroatividade da lei penal mais grave, também aplica-se durante o processo da execução da pena, e, consequentemente a todos os seus incidentes, inclusive às substituições de penas e livramento condicional, sendo de competência do juiz de execuções penais a sua aplicação.
- O princípio da retroatividade da *lex mitior* não autoriza a combinação de duas normas que se conflitam no tempo para desse embate extrair-se um *tercius genius* que mais beneficie o réu (*RTJ* 142/564).
- Nas hipóteses de lei penal em branco, para efeitos de retroatividade benéfica deve ser considerado o complemento administrativo. Assim, caso a alteração de previsão por parte da autoridade administrativa seja favorável ao agente, o complemento deve retroagir, em caso contrário não (*RTJ* 139/216).
- A lei penal benéfica possui *extra-atividade*, uma vez que poderá ser *ultra-ativa*, aplicando-se a fatos praticados durante sua vigência, mesmo que haja posterior revogação, desde que a lei revogadora seja mais severa; ou, ainda, poderá ser *retroativa*, no caso de revogar a lei penal mais severa e vigente à época dos fatos praticados pelo agente.
- Em relação à lei penal mais severa vige o *princípio da não extra-atividade*, uma vez que não retroagirá para aplicar-se a fatos pretéritos, tampouco permanecerá aplicando-se a fatos praticados durante sua vigência, se houver sido revogada pela lei mais benéfica ao agente.

Retroatividade da lei penal mais benéfica: STF – "A retroatividade da lei penal mais favorável consiste basicamente em imputar as consequências jurídicas benéficas aos fatos nela previstos, embora ocorridos anteriormente a sua vigência, sem, contudo, poder fazer retroceder o próprio curso do tempo" (1ª T. – HC nº 70.641/SP – rel. Min. Sepúlveda Pertence, *Diário da Justiça*, Seção I, 26 ago. 1994, p. 21890). **No mesmo sentido**: STF – "Contudo, as normas de direito penal que tenham conteúdo mais benéfico aos réus devem retroagir para beneficiá-los, à luz do que determina o art. 5º, XL, da CF. Interpretação conforme ao art. 90 da Lei 9.099/95 para excluir de sua abrangência as normas de direito penal mais favoráveis aos réus contidas nessa lei" (STF – Pleno – ADI 1.719 – Rel. Min. Joaquim Barbosa, decisão: 18-6-2007).

Irretroatividade da *lex gravior*: STF – "Advento da nova Lei de Drogas (Lei 11.343/06), cujo art. 44 veda, expressamente, quanto aos delitos nele referidos, a conversão em penas restritivas de direitos, da pena privativa de liberdade – Inaplicabilidade, contudo, desse novo diploma legislativo (*Lex gravior)* a crimes cometidos em momento anterior, quando ainda vigente a Lei 6.368/76 (*Lex mitior)*" (STF – 2ª T. – HC 95.662 – Rel. Min. Celso de Mello, decisão: 14-4-2009). **Conferir, ainda:** STF – 1ª T. – RE 452.991 – Rel. Min. Marco Aurélio, decisão: 7-4-2009).

Concessão de indulto e crime anterior: STF – "Benefício de indulto concedido. Crime cometido antes da edição da Lei 8.930/1994. Não invocável o princípio da reserva legal ou da irretroatividade da lei penal mais severa, a teor do art. 5º, XL, da Lei Maior. A natureza dos crimes cometidos abrangidos pelo indulto, há de ser conferida à época do decreto do benefício" (STF – 2ª T. – RE 274.265 – Rel. Min. Néri da Silveira – decisão: 14-8-2001). **Conferir, no mesmo sentido**: STF – 2ª T. – HC 101.238 – Rel. Min. Eros Grau, decisão: 2-2-2010.

Extinção de punibilidade em decorrência da descriminalização do trágico de cloreto de etila (lança-prefume) entre 7-12-00 a 15-12-00: STF – "A Turma deferiu *habeas corpus* para declarar extinta a punibilidade de denunciado pela suposta prática do delito de tráfico ilícito de substância entorpecente (Lei 6.368/76, art. 12) em razão de ter sido flagrado, em 18-2-98, comercializando frascos de cloreto de etila (lança-perfume). Tratava-se de *writ* em que se discutia a ocorrência, ou não, de *abolitio criminis* quanto ao cloreto de etila ante a edição de resolução da Agência Nacional de Vigilância Sanitária – ANVISA que, 8 dias após o haver excluído da lista de substâncias entorpecentes, novamente o incluíra em tal listagem. (...) Concluiu-se que atribuir eficácia retroativa à nova redação da Resolução ANVISA RDC 104 – que tornou a definir o cloreto de etila como substância psicotrópica – representaria flagrante violação ao art. 5º, XL, da CF. Em suma, assentou-se que, a partir de 7-12-00 até 15-12-00, o consumo, o porte ou o tráfico da aludida substância já não seriam alcançados pela Lei de Drogas e, tendo em conta a disposição da lei constitucional mais benéfica, que se deveria julgar extinta a punibilidade dos agentes que praticaram quaisquer daquelas condutas antes de 7-12-00" (HC 94.397, rel. Min. Cezar Peluso, julgamento em 9-3-10, 2ª T., *Informativo* nº 578).

Unificação dos arts. 213 e 214 do CP – Norma mais benéfica – Possibilidade de retroação: STF – "A Turma deferiu *habeas corpus* em que condenado pelos delitos previstos nos arts. 213 e 214, na forma do art. 69, todos do CP, pleiteava o reconhecimento da continuidade delitiva entre os crimes de estupro e atentado violento ao pudor. Observou-se, inicialmente, que, com o advento da Lei nº 12.015/2009, que promovera alterações no Título VI do CP, o debate adquirira nova relevância, na medida em que ocorrera a unificação dos antigos arts. 213 e 214 em um tipo único. Nesse diapasão, por reputar constituir a Lei nº 12.015/2009 norma penal mais benéfica, assentou-se que se deveria aplicá-la retroativamente ao caso, nos termos do art. 5º, XL, da CF, e do art. 2º, parágrafo único, do CP" (HC 86.110, rel. Min. Cezar Peluso, julgamento em 2-3-10, 2ª T., *Informativo* nº 577).

Nova lei de tóxicos – Inaplicabilidade do art. 44 a crimes cometidos anteriormente à sua promulgação: STF – "Advento da nova lei de drogas (Lei nº 11.343/2006), cujo art. 44 veda, expressamente, quanto aos delitos nele referidos, a conversão, em penas restritivas de direito, da pena privativa de liberdade. Inaplicabilidade, contudo, desse novo diploma legislativo (*lex gravio*) a crimes cometidos em momento anterior, quando ainda vigente a Lei nº 6.368/76 (*lex mitior*)" (HC 95.662, rel. Min. Celso de Mello, j. 14-4-09, 2ª T., *DJE* de 26-6-09).

Revogação da hipótese do '*subsequens matrimonium*' com causa de extinção de punibilidade no caso de crimes contra os costumes – Ultratividade da lei mais benéfica: STF – "*Habeas corpus*. Crime contra os costumes. Delito de estupro presumido. Casamento do agente com a vítima. Fato delituoso que ocorreu em momento anterior à revogação, pela Lei nº 11.106/2005, do inciso VII do art. 107 do Código Penal, que definia o '*subsequens matrimonium*' como causa extintiva de punibilidade. '*Novatio legis in pejus*'. Impossibilidade constitucional de aplicar, ao caso, esse novo diploma legislativo ('*lex gravior*'). Ultratividade, na espécie, da '*lex mitior*' (CP, art. 107, VII, na redação anterior ao advento da Lei nº 11.106/2005). Necessária aplicabilidade da norma penal benéfica (que possue força normativa residual) ao fato delituoso cometido no período de vigência temporal da lei revogada. Eficácia ultrativa da 'lex mitior', por efeito do que impõe o art. 5º, inciso XL, da Constituição (RTJ 140/514 – RTJ 151/525 – RTJ 186/252, v. g.). Incidência, na espécie, da causa extintiva da punibilidade prevista no art. 107, inciso VII, do Código Penal, na redação anterior da Lei nº 11.106/2005 ('lex gravior'). *Habeas corpus* deferido. O sistema constitucional brasileiro impede que se apliquem leis penais supervenientes mais gravosas, como aquelas que afastam a incidência de causas extintivas da punibilidade sobre fatos delituosos cometidos em momento anterior ao da edição da 'lex gravior'. A eficácia ultrativa da norma penal mais benéfica – sob cuja égide foi praticado o fato delituoso – deve prevalecer por efeito do que prescreve o art. 5º, XL, da Constituição, sempre que, ocorrendo sucessão de leis penais no tempo, constatar-se que o diploma legislativo anterior qualificava-se como estatuto legal mais favorável ao agente. Doutrina. Precedentes do Supremo Tribunal Federal. A derrogação do inciso VII do art. 107 do Código Penal não tem – nem pode ter – o efeito de prejudicar, em tema de extinção da punibilidade, aqueles a quem se atribuiu a prática de crime cometido no período abrangido pela norma penal benéfica. A cláusula de extinção da punibilidade, por afetar a pretensão punitiva do Estado, qualifica-se como norma penal de caráter material, aplicando-se, em consequência, quando mais favorável, aos delitos cometidos sob o domínio de sua vigência temporal, ainda que já tenha sido revogada pela superveniente edição de uma 'lex gravio', a Lei nº 11.106/2005, no caso" (STF – HC 90.140, rel. Min. Celso de Mello, j. 11-3-08, 2ª T., *DJE* de 17-10-08).

Irretroatividade da "Lei do Colarinho Branco": STJ – "Descrevendo a denúncia fatos ocorridos anteriormente à 'Lei do Colarinho Branco' (Lei nº 7.492/86), não se pode, pois, retroagir sua incidência, para abranger crimes que, embora afetem o sistema financeiro, não estavam previstos no citado diploma legal, e assim deslocar a competência para a Justiça Federal" (3ª Seção – CC nº 2.997-0/RJ – rel. Min. Flaquer Scartezzini – *Ementário*, 06/635).

XLI – a lei punirá qualquer discriminação atentatória dos direitos e liberdades fundamentais.

5.75 Proteção aos direitos e liberdades fundamentais

Trata-se de garantia constitucional de eficácia limitada, portanto não autoexecutável e dependente de integração legislativa ordinária, prevista como verdadeiro instrumental à proteção, basicamente, do princípio da igualdade, consagrado no *caput* e inciso I, do art. 5º da Constituição Federal.

Concordamos com Alcino Pinto Falcão, para quem o termo utilizado pela Constituição deveria ter sido *violação* e não *discriminação*, por sua característica mais abrangente e adequada (*Comentários...* Op. cit. p. 271).

Ressalte-se, pela importância, que é a *proteção judicial* que torna efetiva a garantia e os direitos fundamentais assegurados pela Constituição (STJ – 6ª T. – REsp nº 37.287-9/SP – rel. Min. Adhemar Maciel – *Ementário*, 12/19), devendo, portanto, o legislador ordinário, em cumprimento ao presente mandamento constitucional, fornecer ao Poder Judiciário os instrumentos necessários ao combate à discriminação atentatória dos direitos e liberdades fundamentais.

A própria Constituição Federal prevê em seu art. 102, § 1º (redação dada pela EC nº 03, de 17-3-1993), que a arguição de *descumprimento de preceito fundamental* (entre eles os direitos e liberdades fundamentais), decorrente da Constituição, será apreciada pelo Supremo Tribunal Federal, na forma da lei, tendo o Pretório Excelso reconhecido tratar-se de norma constitucional de eficácia limitada, dependente de edição de lei ordinária, até então inexistente (STF – Pleno – Agravo regimental em Petição nº 1.140-7 – rel. Min. Sydney Sanches, *Diário da Justiça*, Seção I, 31 maio 1996, p. 18803).

Cf. Lei nº 7.716, de 5-1-1989 e Lei nº 9.459, de 13-5-1997, que definem os crimes resultantes de preconceito de raça ou de cor.

Cf. Lei nº 9.455, de 7-4-1997, que define os crimes de tortura.

Discriminação atentatória aos direitos fundamentais e definição legal de genocídio: STF – "Genocídio. Definição legal. Bem jurídico protegido. Tutela penal da existência do grupo racial, étnico, nacional ou religioso, a que pertence a pessoa ou pessoas imediatamente lesionadas. Delito de caráter coletivo ou transindividual. Crime contra a diversidade humana como tal. Consumação mediante ações que, lesivas à vida, integridade física, liberdade de locomoção e a outros bens jurídicos individuais, constituem modalidade executórias. Inteligência do art. 1º da Lei nº 2.889/56, e do art. 2º da Convenção contra o genocídio, ratificada pelo Decreto nº 30.822/52. O tipo penal do delito de genocídio protege, em todas as suas modalidades, bem jurídico coletivo ou transindividual, figurado na existência do grupo racial, étnico ou religioso, a qual é posta em risco por ações que podem também ser ofensivas a bens jurídicos individuais, como o direito à vida, à integridade física ou mental, à liberdade de locomoção etc." (STF – Plenário – RE 351.487-3/RO – rel. Min. Cezar Peluso, *Diário da Justiça*, Seção I, 10 nov. 2006, p. 50).

> *XLII – a prática do racismo constitui crime inafiançável e imprescritível, sujeito à pena de reclusão, nos termos da lei.*

5.76 Combate ao racismo

A legislação ordinária define os crimes resultantes de preconceitos de raça ou de cor, por meio da Lei nº 7.716, de 5-1-1989.

Dessa forma, serão punidos os crimes resultantes de preconceitos de raça ou de cor, etnia, religião ou procedência nacional. O *caput* do art. 20 da citada Lei nº 7.716, de 5-1-1989, com a redação dada pela Lei nº 9.459, de 13-5-1997, prevê como figura típica apenada com reclusão de um a três anos e multa a conduta de *praticar, induzir ou incitar a discriminação ou preconceito de raça, etnia, religião ou procedência nacional*.

Prevê-se, ainda, como crime apenado com reclusão de dois a cinco anos e multa, a conduta de *fabricar, comercializar, distribuir ou veicular símbolos, embalagens, ornamentos, distintivos ou propaganda que utilizem a cruz suástica ou gamada, para fins de divulgação do racismo*.

Essas condutas são qualificadas se praticadas por intermédio dos meios de comunicação social ou publicação de qualquer natureza, sendo prevista a pena de reclusão de dois a cinco anos e multa. Essa limitação à liberdade de imprensa em virtude de veiculação de propagandas preconceituosas a determinadas raças, etnias, religiões ou procedências nacionais é plenamente constitucional, uma vez que as liberdades públicas não podem ser utilizadas para acobertar finalidades ilícitas (STF – 1ª T. – RExtr. nº 25.348/MG – rel. Min. Ribeiro da Costa, *Diário da Justiça*, Seção I, 5 maio 1955, p. 5017).

A presente legislação protetiva também prevê como crime qualquer conduta que impeça ou obstaculize o livre acesso a lugares públicos ou de finalidades públicas (restaurantes, bares, hotéis etc.), ao ensino, a cargos, funções ou empregos públicos ou privados, ao uso de transportes públicos, em face tão-somente da raça, etnia, religião ou procedência da pessoa.

Além disso, impedir ou obstar de forma discriminatória o casamento ou convivência familiar ou social também é considerado crime e apenado com dois a quatro anos de reclusão.

Acrescente-se, por fim, que o legislador ordinário, para garantir maior eficácia do preceito constitucional, protetor da igualdade e inimigo das discriminações, estabeleceu como figura típica diferenciada a injúria consistente na utilização de elementos referentes a raça, cor, etnia, religião ou origem, apenando-a com reclusão de um a três anos e multa (CP, art. 140, § 3º).

Supremo Tribunal Federal e alcance do crime de racismo: STF – "Concluído o julgamento de *habeas corpus* em que se discutia o alcance da expressão '*racismo*', contida no inciso XLII do art. 5º ('*a prática do racismo constitui crime inafiançável e imprescritível, sujeito à pena de reclusão, nos termos da lei;*'). Tratava-se, na espécie, de *habeas corpus* impetrado em favor de condenado como incurso no art. 20 da Lei nº 7.716/89 (na redação dada pela Lei nº 8.081/90) pelo delito de discriminação contra os judeus, por ter, na qualidade de escritor e sócio de editora, publicado, distribuído e vendido ao público obras antissemitas, delito este ao qual foi atribuída a imprescritibilidade prevista no art. 5º, XLII, da CF (v. *Informativos* 294, 304, 314 e 318). O Tribunal, por maioria, acompanhou o voto proferido pelo Min. Maurício Corrêa no sentido do indeferimento do *writ*, sob o entendimento de que o racismo é antes de tudo uma realidade social e política, sem nenhuma referência à raça enquanto caracterização física ou biológica, refletindo, na verdade, reprovável comportamento que decorre da convicção de que há hierarquia entre os grupos humanos, suficiente para justificar atos de segregação, inferiorização e até de eliminação de pessoas. Vencidos os Ministros Moreira Alves, relator, e Marco Aurélio, que deferiram a ordem para declarar a extinção da punibilidade pela ocorrência da prescrição da pretensão punitiva do Estado, por entenderem não caracterizada na espécie a prática do delito de racismo. O Min. Marco Aurélio, ao proferir seu voto, salientando a necessidade do exame da causa em face da realidade social brasileira – na qual não há predisposição para a prática de discriminação contra o povo judeu, diferentemente do que ocorre com o negro, para o qual a CF/88 conferiu a proteção prevista no inciso XLII do art. 5º –, e tendo em conta a colisão entre os direitos fundamentais da liberdade de expressão e da proteção à dignidade do povo judeu, considerou não demonstrado que a conduta do paciente pudesse resultar em incitação à prática de discriminação ou colocar em risco a segurança do povo judeu, a justificar limitação do direito à liberdade de expressão. Vencido, também, o Min. Carlos Britto, que concedia a ordem de ofício para absolver o paciente, por reconhecer a atipicidade da conduta a ele imputada" (STF – Pleno – HC nº 82.424/RS – Rel. orig. Min. Moreira Alves, Red. para o acórdão Min. Maurício Corrêa, *Informativo STF* nº 321, p. 1).

Liberdade de expressão em face do antissemitismo e racismo: STF – "Escrever, editar, divulgar e comerciar livros *'fazendo apologia de ideias preconceituosas e discriminatórias'* contra a comunidade judaica (Lei nº 7716/89, art. 20, na redação dada pela Lei nº 8.081/90) constitui crime de racismo sujeito às cláusulas de inafiançabilidade e imprescritibilidade (CF, art. 5º, XLII). Aplicação do princípio da prescritibilidade geral dos crimes: se os judeus não são uma raça, segue-se que contra eles não pode haver discriminação capaz de ensejar a exceção constitucional de imprescritibilidade. Inconsistência da premissa. Raça humana. Subdivisão. Inexistência. Com a definição e o mapeamento do genoma humano, cientificamente não existem distinções entre os homens, seja pela pigmentação da pele, formato dos olhos, altura, pelos ou por quaisquer outras características físicas, visto que todos se qualificam como espécie humana. Não há diferenças biológicas entre os seres humanos. Na essência são todos iguais. Raça e racismo. A divisão dos seres humanos em raças resulta de um processo de conteúdo meramente político-social. Desse pressuposto origina-se o racismo que, por sua vez, gera a discriminação e o preconceito segregacionista. Fundamento do núcleo do pensamento do nacional-socialismo de que os judeus e os arianos formam raças distintas. Os primeiros seriam *raça inferior, nefasta e infecta*, características suficientes para justificar a segregação e o extermínio: inconciabilidade com os padrões éticos e morais definidos na Carta Política do Brasil e do mundo contemporâneo, sob os quais se ergue e se harmoniza o estado democrático. Estigmas que por si só evidenciam crime de racismo. Concepção atentatória dos princípios nos quais se erige e se organiza a sociedade humana, baseada na respeitabilidade e dignidade do ser humano e de sua pacífica convivência no meio social. Condutas e evocações a éticas e imorais que implicam repulsiva ação estatal por se revestirem de densa intolerabilidade, de sorte a afrontar o ordenamento infraconstitucional e constitucional do País. Adesão do Brasil a tratados e acordos multilaterais, que energicamente repudiam quaisquer discriminações raciais, aí compreendidas as distinções entre os homens por restrições ou preferências oriundas de *raça*, cor, credo, descendência ou origem nacional ou étnica, inspiradas na pretensa superioridade de um povo sobre outro, de que são exemplos a xenofobia, 'negrofobia', 'islamafobia' e o antissemitismo. A Constituição Federal de 1988 impôs aos agentes de delitos dessa natureza, pela gravidade e repulsividade da ofensa, a cláusula de imprescritibilidade, para que fique, *ad perpetuam rei memoriam*, verberado o repúdio e a abjeção da sociedade nacional à sua prática. Racismo. Abrangência. Compatibilização dos conceitos etimológicos, etnológicos, sociológicos, antropológicos ou biológicos, de modo a construir a definição jurídico-constitucional do termo. Interpretação teleológica e sistêmica da Constituição Federal, conjugando fatores e circunstâncias históricas, políticas e sociais que regeram sua formação e aplicação, a fim de obter-se o real sentido e alcance da norma. Direito comparado. A exemplo do Brasil as legislações de países organizados sob a égide do estado moderno de direito democrático igualmente adotam em seu ordenamento legal punições para delitos que estimulem e propaguem segregação racial. Manifestações da Suprema Corte Norte-Americana, da Câmara dos Lordes da Inglaterra e da Corte de Apelação da Califórnia nos Estados Unidos que consagraram entendimento que aplicam sanções àqueles que transgridem as regras de boa convivência social com grupos humanos que simbolizem a prática de racismo. A edição e publicação de obras escritas veiculando ideias antissemitas, que buscam resgatar e dar credibilidade à concepção racial definida pelo regime nazista, negadoras e subversoras de fatos históricos incontroversos como o holocausto, consubstanciadas na pretensa inferioridade e desqualificação do povo judeu, equivalem à incitação ao discrímen com acentuado conteúdo racista, reforçadas pelas consequências históricas dos atos em que se baseiam. Explícita conduta do agente responsável pelo agravo revelador de manifesto dolo, baseada na equivocada premissa de que os judeus não só são uma raça, mas, mais do que isso, um segmento racial atávica e geneticamente menor e pernicioso. Discriminação que, no caso, se evidencia como deliberada e dirigida especificamente aos judeus, que configura ato ilícito de prática de racismo, com as consequências gravosas que o acompanham. Liberdade de expressão. Garantia constitucional que não se tem como absoluta. Limites morais e jurídicos. O direito à livre expressão não pode abrigar, em sua abrangência, manifestações de conteúdo imoral que implicam ilicitude penal. As liberdades públicas não são incondicionais, por isso devem ser exercidas de maneira harmônica, observados os limites definidos na própria Constituição Federal (CF, art. 5º, § 2º, primeira parte). O preceito fundamental de liberdade de expressão não consagra o *'direito à incitação ao racismo'*, dado que um direito individual não pode constituir-se em salvaguarda de condutas ilícitas, como sucede com os delitos contra a honra. Prevalência dos princípios da dignidade da pessoa humana e da igualdade jurídica. *'Existe um nexo estreito entre a imprescritibilidade, este tempo jurídico que se escoa sem encontrar termo, e a memória, apelo do passado à disposição dos vivos, triunfo da lembrança sobre o esquecimento'*. No estado de direito democrático devem ser intransigentemente respeitados os princípios que garantem a prevalência dos direitos humanos. Jamais podem se apagar da memória dos povos que se pretendam justos os atos repulsivos do passado que permitiram e incentivaram o ódio entre iguais por motivos raciais de torpeza inominável. 16. A ausência de prescrição nos crimes de racismo justificasse como alerta grave para as gerações de hoje e de amanhã, para que se impeça a reinstauração de velhos e ultrapassados conceitos que a consciência jurídica e histórica não mais admitem. Ordem denegada" (STF – Pleno – *Habeas Corpus* nº 82.424-2/RS – Rel. originário Min. Moreira Alves, Rel. p/ acórdão Min. Maurício Corrêa, *Diário da Justiça*, Seção I, 19 mar 2004, p. 17).

Incitação ao preconceito racial e elemento subjetivo: STJ – "Incitação ao preconceito racial. Consideração de inexistência de dolo com base em provas. Desconstituição. Impossibilidade. Incitar, consoante a melhor doutrina é instigar, provocar ou estimular e o elemento subjetivo consubstancia-se em ter o agente vontade consciente dirigida a estimular a discriminação ou preconceito racial. Para a configuração do delito, sob esse prisma, basta que o agente saiba que pode vir a causá-lo ou assumir o risco de produzi-lo (dolo direto ou eventual)" (STJ – 5ª T. – REsp. nº 157.805/DF – Rel. Min. Jorge Scartezzini, *Diário da Justiça*, Seção I, 13 set. 1999, p. 87).

Equiparação de homofobia e transfobia ao crime de racismo: STF – "Até que sobrevenha lei emanada do Congresso Nacional destinada a implementar os mandados de criminalização definidos nos incisos XLI e XLII do art. 5º da Constituição da República, as condutas homofóbicas e transfóbicas, reais ou supostas, que envolvem aversão odiosa à orientação sexual ou à identidade de gênero de alguém, por traduzirem expressões de racismo, compreendido este em sua dimensão social, ajustam-se, por identidade de razão e mediante adequação típica, aos preceitos primários de incriminação definidos na Lei nº 7.716, de 08/01/1989, constituindo, também, na hipótese de homicídio doloso, circunstância que o qualifica, por configurar motivo torpe (Código Penal, art. 121, § 2º, I, 'in fine') (...)" (Pleno – STF – ADO nº 56/DF – Rel. Min. Celso de Mello – j. 13-6.2019, *DJe* 6-10-2019).

XLIII – *a lei considerará crimes inafiançáveis e insuscetíveis de graça ou anistia a prática da tortura, o tráfico ilícito de entorpecentes e drogas afins, o terrorismo e os definidos como crimes hediondos, por eles respondendo os mandantes, os executores e os que, podendo evitá-los, se omitirem.*

5.77 Crimes hediondos

A lei considerará crimes inafiançáveis e insuscetíveis de graça ou anistia a prática da tortura, o tráfico ilícito de entorpecentes e drogas afins, o terrorismo e os definidos como crimes hediondos, por eles respondendo os mandantes, os executores e os que, podendo evitá-los, se omitirem.

O legislador brasileiro optou pelo critério legal na definição dos crimes hediondos, prevendo-os, taxativamente, no art. 1º da Lei nº 8.072/90. Assim, crime hediondo, no Brasil, não é aquele que se mostra *repugnante, asqueroso, sórdido, depravado, abjeto, horroroso, horrível,* por sua gravidade objetiva, ou por seu modo ou meio de execuções, ou pela finalidade que presidiu ou iluminou a ação criminosa, ou pela adoção de qualquer critério válido, mas sim *aquele crime que, por um verdadeiro processo de colagem, foi rotulado como tal pelo legislador ordinário,* uma vez que não há em nível constitucional qualquer linha mestra dessa figura criminosa.

O art. 1º da Lei nº 8.072/90, de acordo com o art. 1º da Lei nº 8.930/94, de 6-9-1994, passou a prever:

"São considerados hediondos os seguintes crimes, todos tipificados no Decreto-lei nº 2.848, de 7-12-1940 – Código Penal, consumados ou tentados:

I – homicídio (art. 121), quando praticado em atividade típica de grupo de extermínio, ainda que cometido por um só agente, e homicídio qualificado (art. 121, § 2º, incisos I, II, III, IV, V, VI, VII e VIII); (Redação dada pela Lei nº 13.964, de 2019)

I-A – lesão corporal dolosa de natureza gravíssima (art. 129, § 2º) e lesão corporal seguida de morte (art. 129, § 3º), quando praticadas contra autoridade ou agente descrito nos arts. 142 e 144 da Constituição Federal, integrantes do sistema prisional e da Força Nacional de Segurança Pública, no exercício da função ou em decorrência dela, ou contra seu cônjuge, companheiro ou parente consanguíneo até terceiro grau, em razão dessa condição; (Incluído pela Lei nº 13.142, de 2015)

II – roubo: (Redação dada pela Lei nº 13.964, de 2019)

a) circunstanciado pela restrição de liberdade da vítima (art. 157, § 2º, inciso V); (Incluído pela Lei nº 13.964, de 2019)

b) circunstanciado pelo emprego de arma de fogo (art. 157, § 2º-A, inciso I) ou pelo emprego de arma de fogo de uso proibido ou restrito (art. 157, § 2º-B); (Incluído pela Lei nº 13.964, de 2019) *c)* qualificado pelo resultado lesão corporal grave ou morte (art. 157, § 3º); (Incluído pela Lei nº 13.964, de 2019)

III – extorsão qualificada pela restrição da liberdade da vítima, ocorrência de lesão corporal ou morte (art. 158, § 3º); (Redação dada pela Lei nº 13.964, de 2019)

IV – extorsão mediante sequestro e na forma qualificada (art. 159, *caput* e §§ 1º, 2º e 3º);

V – estupro (art. 213, *caput* e §§ 1º e 2º); (Redação dada pela Lei nº 12.015, de 2009)

VI – estupro de vulnerável (art. 217-A, caput e §§ 1º, 2º, 3º e 4º); (Redação dada pela Lei nº 12.015, de 2009)

VII – epidemia com resultado morte (art. 267, § 1º). (Inciso incluído pela Lei nº 8.930, de 1994)

VII-A – (VETADO) (Inciso incluído pela Lei nº 9.695, de 1998)

VII-B – falsificação, corrupção, adulteração ou alteração de produto destinado a fins terapêuticos ou medicinais (art. 273, *caput* e § 1º, § 1º-A e § 1º-B, com a redação dada pela Lei nº 9.677, de 2 de julho de 1998). (Inciso incluído pela Lei nº 9.695, de 1998)

VIII – favorecimento da prostituição ou de outra forma de exploração sexual de criança ou adolescente ou de vulnerável (art. 218-B, *caput*, e §§ 1º e 2º). (Incluído pela Lei nº 12.978, de 2014)

IX – furto qualificado pelo emprego de explosivo ou de artefato análogo que cause perigo comum (art. 155, § 4º-A). (Incluído pela Lei nº 13.964, de 2019)

Parágrafo único. Consideram-se também hediondos, tentados ou consumados: (Redação dada pela Lei nº 13.964, de 2019)

I – o crime de genocídio, previsto nos arts. 1º, 2º e 3º da Lei nº 2.889, de 1º de outubro de 1956; (Incluído pela Lei nº 13.964, de 2019)

II – o crime de posse ou porte ilegal de arma de fogo de uso proibido, previsto no art. 16 da Lei nº 10.826, de 22 de dezembro de 2003; (Incluído pela Lei nº 13.964, de 2019)

III – o crime de comércio ilegal de armas de fogo, previsto no art. 17 da Lei nº 10.826, de 22 de dezembro de 2003; (Incluído pela Lei nº 13.964, de 2019)

IV – o crime de tráfico internacional de arma de fogo, acessório ou munição, previsto no art. 18 da Lei nº 10.826, de 22 de dezembro de 2003; (Incluído pela Lei nº 13.964, de 2019)

V – o crime de organização criminosa, quando direcionado à prática de crime hediondo ou equiparado. (Incluído pela Lei nº 13.964, de 2019)

5.78 Tráfico ilícito de entorpecentes, tortura e terrorismo

O tráfico ilícito de entorpecentes, a tortura e o terrorismo não são crimes hediondos, como podemos verificar pelo próprio texto constitucional, porém a eles se aplicam as regras previstas na lei. Em relação à tortura, conferir a Lei nº 9.455, de 7-4-1997, que define os crimes de tortura.

Importante ressaltar que somente os delitos previstos nos arts. 33, *caput* e § 1º, 34 e 37 da Lei nº 11.343/06 foram definidos como assemelhados aos hediondos, pois o delito do art. 28 refere-se ao usuário e não à realização do tráfico de entorpecentes.

Interpretação do art. 44 da nova Lei de Drogas e possibilidade de apelação em liberdade: STF – "Tráfico de entorpecentes. (...) Prisão em flagrante. Óbice ao apelo em liberdade. Inconstitucionalidade: necessidade de adequação do preceito veiculado pelo art. 44 da Lei nº 11.343/06 e do art. 5º, inciso XLII aos arts. 1º, inciso III, e 5º, incisos LIV e LVII da constituição do Brasil. (...) Apelação em liberdade negada sob o fundamento de que o art. 44 da Lei nº 11.343/06 veda a liberdade provisória ao preso em flagrante por tráfico de entorpecentes. Entendimento respaldado na inafiançabilidade desse crime, estabelecida no art. 5º, inciso XLIII da Constituição do Brasil. Afronta escancarada aos princípios da presunção de inocência, do devido processo legal e da dignidade da pessoa humana. Inexistência de antinomias na Constituição. Necessidade de adequação, a esses princípios, da norma infraconstitucional e da veiculada no art. 5º, inciso XLIII, da Constituição do Brasil. A regra estabelecida na Constituição, bem assim na legislação infraconstitucional, é a liberdade. A prisão faz exceção a essa regra, de modo que, a admitir-se que o art. 5º, inciso XLIII estabelece, além das restrições nele contidas, vedação à liberdade provisória, o conflito entre normas estaria instalado. A inafiançabilidade não pode e não deve – considerados os princípios da presunção de inocência, da dignidade da pessoa humana, da ampla defesa e do devido processo legal – constituir causa impeditiva da liberdade provisória. Não se nega a acentuada nocividade da conduta do traficante de entorpecentes. Nocividade aferível pelos malefícios provocados no que concerne à saúde pública, exposta a sociedade a danos concretos e a riscos iminentes. Não obstante, a regra consagrada no ordenamento jurídico brasileiro é a liberdade; a prisão, a exceção. A regra cede a ela em situações marcadas pela demonstração cabal da necessidade da segregação *ante tempus*. Impõe-se porém ao Juiz, nesse caso o dever de explicitar as razões pelas quais alguém deva ser preso cautelarmente, assim permanecendo" (HC 101.505, rel. Min. Eros Grau, julgamento em 15-12-09, 2ª T., *DJE* de 12-2-10). **No mesmo sentido:** HC 100.742, rel. Min. Celso de Mello, julgamento em 3-11-09, 2ª T., *Informativo* nº 566; HC 101.055, rel. Min. Cezar Peluso, julgamento em 3-11-09, 2ª T., *DJE* de 18-12-09. **Em sentido contrário:** HC 93.229, rel. Min. Cármen Lúcia, julgamento em 1º-4-08, 1ª T., *DJE* de 25-4-08.

Tráfico de entorpecentes – Possibilidade da redução de pena: A 2ª Turma deferiu *habeas corpus* impetrado pela Defensoria Pública da União em favor de condenado por tráfico ilícito de entorpecentes na vigência da Lei nº 6.368/76 para determinar que magistrado de 1ª instância aplique a causa de diminuição de pena trazida pelo § 4º do art. 33 da Lei nº 11.343/2006, bem assim para que fixe regime de cumprimento compatível com a quantidade de pena apurada após a redução. Consignou-se que a Constituição Federal determina que a lei penal não retroagirá, salvo para beneficiar o réu (CF, art. 5º, XL) e, tendo em conta que o § 4º do art. 33 da Lei nº 11.343/2006 consubstancia *novatio legis in mellius*, entendeu-se que ele deveria ser aplicado em relação ao crime de tráfico de entorpecentes descrito em lei anterior (STF – 2ª T. – HC 101511/MG, rel. Min. Eros Grau, 9-2-2010. *Informativo STF* nº 574). **Por outro lado, a re-**

dução da penal não é possível caso o agente se dedique a atividade criminosa: STF – Habeas corpus. Tráfico ilícito de entorpecentes. Impossibilidade de aplicação da redução de pena prevista no § 4º do art. 33 da Lei nº 11.343/06. Paciente que se dedicava à atividade criminosa (STF – 1ª T. – HC nº 98.366-MG, rel. Min. Dias Toffoli, j. 1º-12-2009 – *DJE* nº 022 de 5-2-2010).

Tráfico de entorpecentes – Possibilidade de progressão de regime – Estrangeiro sem domicílio no país: STF – EXECUÇÃO PENAL. Pena privativa de liberdade. Progressão de regime. Admissibilidade. Condenação por tráfico de drogas. Estrangeira sem domicílio no país e objeto de processo de expulsão. Irrelevância. HC concedido. Voto vencido. O fato de o condenado por tráfico de droga ser estrangeiro, estar preso, não ter domicílio no país e ser objeto de processo de expulsão, não constitui óbice à progressão de regime de cumprimento da pena (STF – 2ª T.– HC nº 97.147-MT, rel. p/ o acórdão Min. Cezar Peluso, 4-8-2009 – *DJE* 027 de 12-2-2010).

Crime de tortura e perda do cargo público: STF – "Crime de tortura. Condenação que implica na perda do cargo ou função pública. (...) O acórdão recorrido está em consonância com a jurisprudência do Supremo Tribunal Federal no sentido que é permitida a decretação de perda do cargo ou função pública, no caso de condenação por crime de tortura (art. 1º, § 5º, da Lei nº 9.455/97)" (AI 748.600-AgR, rel. Min. Eros Grau, julgamento em 23-6-09, 2ª T., *DJE* de 7-8-09).

5.79 Lei dos crimes hediondos e indulto

A Constituição Federal dispõe que os crimes hediondos e assemelhados serão insuscetíveis de anistia e graça, tendo a legislação infraconstitucional acrescentado o indulto.

Concordamos com a maioria da doutrina, Damásio E. de Jesus, Antônio Lopes Monteiro e Ministro Luiz Vicente Cernicchiaro, para quem,

> "em se analisando, finalisticamente, o art. 5º, XLIII, percebe-se que a proibição constitucional significa excluir da *clemencia principis* os autores de crimes hediondos. Não faz sentido, pela Constituição, afastar o favor do Presidente da República, individualmente concedido, mas autorizar o benefício só porque, no mesmo decreto, foram contempladas outras pessoas. Sufragar-se-ia conclusão meramente formal, em dado simplesmente numérico. Realça, aqui, o significado altamente negativo do crime hediondo, incompatível com a tradicional clemência" (CERNICCHIARO, Luiz Vicente; COSTA JR., Paulo José. *Direito penal na Constituição*. 3. ed. São Paulo: Revista dos Tribunais, 1995. p. 172).

Em sentido contrário se posicionam Francisco de Assis Toledo e Alberto Silva Franco, para quem é inaceitável a proibição do indulto por lei ordinária, pois, no art. 84, XII, a Constituição prevê expressamente o indulto e o atribui à competência discricionária do Chefe do Executivo. Dessa forma, esse poder discricionário somente encontra seus efeitos no próprio texto constitucional, não podendo ser restringido pelo legislador ordinário.

Data venia desse entendimento, não nos parece haver incompatibilidade entre o art. 84, XII, da Constituição Federal e a previsão da Lei dos crimes hediondos, uma vez que o citado artigo constitucional não pode ser interpretado isoladamente, mas sim em conjunto com o art. 5º, XLIII, de maneira que ambas as disposições legais tenham validade. Esse exercício de hermenêutica leva-nos à conclusão de que compete, privativamente, ao Presidente da República conceder indulto, desde que não haja proibição expressa ou implícita no próprio texto constitucional, como ocorre em relação aos crimes hediondos e assemelhados, para quem, a própria Constituição Federal entendeu necessário o afastamento das espécies de *clemencia principis*.

Ressalte-se, por fim, que em relação ao crime de tortura, definido na Lei nº 9.455, de 7-4-1997, o § 6º, do art. 1º expressamente afirmou: *O crime de tortura é insuscetível de graça ou anistia*. Dessa forma, acabou por revogar a proibição à concessão do indulto ao *crime de tortura*, prevista anteriormente pela Lei nº 8.072/90, uma vez que *a lei posterior também revoga a lei anterior quando regule inteiramente a matéria de que tratava a lei anterior* (LINDB, art. 2º, § 1º).

Indulto e crimes hediondos: STF – "O Decreto presidencial, que concede indulto coletivo, pode ser parcial, ou seja, beneficiar os condenados por certos delitos e excluir os condenados por outros. Essa exclusão pode fazer-se com a simples referência aos crimes que a lei classifica como hediondos" (1ª T. – HC nº 71.643/RS – rel. Min. Sydney Sanches, *Diário da Justiça*, Seção I, 25 nov. 1994, p. 32301).

5.80 Lei dos crimes hediondos e liberdade provisória

O legislador constitucional previu no art. 5º, XLIII, que a lei considerará crimes inafiançáveis a prática da tortura, o tráfico ilícito de entorpecentes e drogas afins, o terrorismo e os definidos como crimes hediondos. Ocorre, porém, que na Lei nº 8.072/90, o legislador ordinário, além de vedar a fiança (o que poderia fazer por expressa manifestação no plano constitucional), considerou também inadmissível, nos crimes hediondos, de tortura, de tráfico ilícito de entorpecentes e drogas afins e de terrorismo, *a concessão da liberdade provisória*.

Não nos parece padecer de inconstitucionalidade o referido dispositivo constitucional, uma vez que o tratamento das hipóteses de liberdade provisória é meramente infraconstitucional, sendo, em regra, realizado pelo próprio Código de Processo Penal. Dessa forma, nada impede que outra espécie normativa ordinária (Lei nº 8.072/90), de idêntica hierarquia ao Código de Processo Penal, possa prever algumas hipóteses proibitivas de concessão de liberdade provisória.

Ressalte-se que a lei somente não poderia autorizar a concessão de fiança nas hipóteses em que, expressamente, o legislador constituinte vedou-as, sob pena de flagrante inconstitucionalidade, o restante deve ser regulamentado em nível ordinário.

Em relação ao crime de tortura, definido na Lei nº 9.455, de 7-4-1997, o § 6º, do art. 1º expressamente afirmou: *O crime de tortura é inafiançável*. Dessa forma, acabou por revogar a proibição à concessão de liberdade provisória ao *crime de tortura*, prevista anteriormente pela Lei nº 8.072/90, uma vez que *a lei posterior também revoga a lei anterior quando regule inteiramente a matéria de que tratava a lei anterior* (LINDB, art. 2º, § 1º).

Proibição de concessão de liberdade provisória em crimes hediondos e equiparados: STF – "A proibição de liberdade provisória, nos casos de crimes hediondos e equiparados, decorre da própria inafiançabilidade imposta pela Constituição da República à legislação ordinária (Constituição da República, art. 5º, inc. XLIII): Precedentes. O art. 2º, inc. II, da Lei nº 8.072/90 atendeu o comando constitucional, ao considerar inafiançáveis os crimes de tortura, tráfico ilícito de entorpecentes e drogas afins, o terrorismo e os definidos como crimes hediondos. Inconstitucional seria a legislação ordinária que dispusesse diversamente, tendo como afiançáveis delitos que a Constituição da República determina sejam inafiançáveis. Desnecessidade de se reconhecer a inconstitucionalidade da Lei nº 11.464/07, que, ao retirar a expressão 'e liberdade provisória' do art. 2º, inc. II, da Lei nº 8.072/90, limitou-se a uma alteração textual: a proibição da liberdade provisória decorre da vedação da fiança, não da expressão suprimida, a qual, segundo a jurisprudência deste Supremo Tribunal, constituía redundância. Mera alteração textual, sem modificação da norma proibitiva de concessão da liberdade provisória aos crimes hediondos e equiparados, que continua vedada aos presos em flagrante por quaisquer daqueles delitos. A Lei nº 11.464/07 não poderia alcançar o delito de tráfico de drogas, cuja disciplina já constava de lei especial (Lei nº 11.343/06, art. 44, *caput*), aplicável ao caso vertente. Irrelevância da existência, ou não, de fundamentação cautelar para a prisão em flagrante por crimes hediondos ou equiparados: Precedentes. Licitude da decisão proferida com fundamento no art. 5º, inc. XLIII, da Constituição da República, e no art. 44 da Lei nº 11.343/06, que a jurisprudência deste Supremo Tribunal considera suficiente para impedir a concessão de liberdade provisória" (HC 93.302, rel. Min. Cármen Lúcia, julgamento em 25-3-08, 1ª T., *DJE* de 9-5-08). **No mesmo sentido**: HC 101.259, rel. Min. Dias Toffoli, julgamento em 1º-12-09, 1ª T., *DJE* de 5-2-10; HC 97.059, rel. Min. Carlos Britto, julgamento em 19-5-09, 1ª T., *DJE* de 19-6-09; HC 95.539, rel. Min. Eros Grau, julgamento em 25-11-08, 2ª T., *DJE* de 24-4-09; HC 92.495, rel. Min. Ellen Gracie, julgamento em 27-5-08, 2ª T., *DJE* de 13-6-08; HC 93.940, rel. Min. Ricardo Lewandowski, julgamento em 6-5-08, 1ª T., *DJE* de 6-6-08. **Em sentido contrário**: HC 100.742, rel. Min. Celso de Mello, julgamento em 3-11-09, 2ª Turma, *Informativo* nº 566; HC 101.505, rel. Min. Eros Grau, julgamento em 15-12-09, 2ª T., *DJE* de 12-2-10.

Proibição de concessão de liberdade em crimes hediondos e equiparados: STF – "HABEAS CORPUS. IMPETRAÇÃO CONTRA DECISÃO MONOCRÁTICA DE RELATORA QUE, NO SUPERIOR TRIBUNAL DE JUSTIÇA, NEGOU SEGUIMENTO AO *WRIT*. MÉRITO NÃO ANALISADO. SUPRESSÃO DE INSTÂNCIA. TRÁFICO DE DROGAS. PRISÃO EM FLAGRANTE. CRIME HEDIONDO. LIBERDADE PROVISÓRIA. INADMISSIBILIDADE. VEDAÇÃO CONSTITUCIONAL. DELITOS INAFIANÇÁVEIS. ART. 5º, XLIII, DA CONSTITUIÇÃO. NÃO CONFIGURADO O CONSTRANGIMENTO ILEGAL. *HABEAS CORPUS* NÃO CONHECIDO. I – O Supremo Tribunal Federal é incompetente para apreciar, originariamente, os atos emanados do Tribunal Regional Federal da 3ª Região e da Juíza da 1ª Vara Federal da Subsecção Judiciária de Piracicaba/SP. II – A Ministra Relatora do Superior Tribunal de Justiça indeferiu a inicial do *writ* impetrado naquela Corte, com base na jurisprudência dos Tribunais Superiores no sentido de não se conhecer de *habeas corpus* impetrado contra indeferimento de medida liminar, no caso, pelo Tribunal Regional Federal da 3ª Região, nos mesmos termos da Súmula 691 do STF. III – Essa decisão não analisou a matéria de fundo que agora é submetida à apreciação, em patente supressão de instância. Precedentes. IV – Apesar de o tema ainda não ter sido decidido definitivamente pelo Plenário desta Suprema Corte, a atual jurisprudência é firme no sentido de que é legítima a proibição de liberdade provisória nos crimes de tráfico ilícito de entorpecentes, uma vez que ela decorre da inafiançabilidade prevista no art. 5º, XLIII, da Carta Magna e da vedação estabelecida no art. 44 da Lei nº 11.343/2006. V – Inocorrência, destarte, flagrante ilegalidade, abuso de poder ou teratologia na decisão atacada, que permita a superação do verbete desta Suprema Corte acima citado. VI – *Habeas corpus* não conhecido" (STF – 1ª T. – HC 102112/SP – rel. Min. Ricardo Lewandowisk, *DJe*-159, 26-8-2010). **No mesmo sentido**: STF – *"HABEAS CORPUS*. PACIENTE PRESO EM FLAGRANTE POR RECEPTAÇÃO (ART. 180 DO CP), POSSE IRREGULAR DE ARMA DE FOGO DE USO PERMITIDO (ART. 12 DA LEI Nº 10.826/03) E TRÁFICO DE ENTORPECENTES E RESPECTIVA ASSOCIAÇÃO (ARTS. 33 E 35 DA LEI Nº 11.343/06). PEDIDO DE LIBERDADE PROVISÓRIA INDEFERIDO. OBSTÁCULO DIRETAMENTE CONSTITUCIONAL: INCISO XLIII DO ART. 5º (INAFIANÇABILIDADE DO DELITO DE TRÁFICO DE ENTORPECENTES). JURISPRUDÊNCIA DA PRIMEIRA TURMA DO SUPREMO TRIBUNAL FEDERAL. ORDEM DENEGADA. 1. Se o crime é inafiançável e preso o acusado em flagrante delito, o instituto da liberdade provisória não tem como operar. O inciso II do art. 2º da Lei nº 8.072/90, quando impedia a 'fiança e a liberdade provisória', de certa forma incidia em redundância, dado que, sob o prisma constitucional (inciso XLIII do art. 5º da CF/88), tal ressalva era desnecessária. Redundância que foi reparada pelo art. 1º da Lei nº 11.464/07, ao retirar o excesso verbal e manter, tão somente, a vedação do instituto da fiança. 2. Manutenção da jurisprudência desta Primeira Turma, no sentido de que 'a proibição da liberdade provisória, nessa hipótese, deriva logicamente do preceito constitucional que impõe a inafiançabilidade das referidas infrações penais: [...] seria ilógico que, vedada pelo art. 5º, XLIII, da Constituição, a liberdade provisória mediante fiança nos crimes hediondos, fosse ela admissível nos casos legais de liberdade provisória sem fiança' (HC 83.468, da relatoria do ministro Sepúlveda Pertence). 3. Correto esse entendimento jurisprudencial, na medida em que o título prisional em que o flagrante consiste opera por si mesmo; isto é, independentemente da presença dos requisitos do art. 312 do CPP. Há uma presunção constitucional de periculosidade da conduta protagonizada pelo agente que é flagrado praticando crime hediondo ou equiparado. A Constituição parte de um juízo apriorístico (objetivo) de periculosidade de todo aquele que é surpreendido na prática de delito hediondo, o que já não comporta nenhuma discussão. Todavia, é certo, tal presunção opera tão somente até a prolação de eventual sentença penal condenatória. Novo título jurídico, esse, que há de ostentar fundamentação específica quanto à necessidade, ou não, de manutenção da custódia processual, conforme estabelecido no parágrafo único do art. 387 do CPP. Decisão, agora sim, a ser proferida com base nas coordenadas do art. 312 do CPP: seja para o acautelamento do meio social (garantia da ordem pública), seja para a garantia da aplicação da lei penal. Isso porque o julgador teve a chance de conhecer melhor o acusado, vendo-o, ouvindo-o; enfim, pôde aferir não só a real periculosidade do agente, como também a respectiva culpabilidade, elemento que foi necessário para fazer eclodir o próprio decreto condenatório. 4. Isso não obstante, esse entendimento jurisprudencial comporta abrandamento quando de logo avulta a irregularidade do próprio flagrante (inciso LXV do art. 5º da CF/88), ou diante de uma injustificada demora da respectiva custódia, nos termos da Súmula 697 do STF ('A proibição de liberdade provisória nos processos por crimes hediondos não veda o relaxamento da prisão processual por excesso de prazo'). O que não é o caso dos autos. 5. Ordem denegada" (STF – 1ª T. – HC 103399/SP – rel. Min. Ayres Britto, *DJe*-154, 19-8-2010).

Proibição de concessão de liberdade provisória – constitucionalidade: STJ – "A lei recusa liberdade provisória a acusado de crime hediondo" (5ª T. – RHC nº 2.520-0/CE – rel. Min.

Edson Vidigal, *Ementário*, 07/707). Ainda: STJ – "A primariedade e os bons antecedentes não asseguram ao agente o direito de responder solto a crime de tráfico de entorpecentes, diante da proibição legal (art. 2º, II, da Lei nº 8.072/90)" (6ª T. – RHC nº 1.138/RS – rel. Min. Carlos Thibau, *Diário da Justiça*, Seção I, 10 jun. 1991, p. 7858). No mesmo sentido: STJ – "Latrocínio é crime hediondo, insuscetível do benefício da liberdade provisória" (5ª T. – HC nº 932-0/SP – rel. Min. Edson Vidigal – *Ementário STJ*, 05/291).

Vedação de liberdade provisória em crimes hediondos e assemelhados. Competência do legislador ordinário: TJ/SP – "A lei deve ser cumprida. Tal e qual pretendeu o legislador, que, em grave momento, em que se tem como certa a disseminação extraordinária dos tóxicos, em todo o mundo, houve por bem, entre nós, editar lei de rigor mais dilatado, que não se reveste de nenhuma inconstitucionalidade. É, no caso, lei ordinária, emanada do poder competente, que em nada arranhou as garantias individuais asseguradas pela Lei Maior" (Rec. 108.716-3/6, rel. Des. Djalma Lofrano).

5.81 Constitucionalidade do cumprimento integral em regime fechado dos crimes hediondos e assemelhados

A obrigatoriedade legal do cumprimento integral da pena, em caso de condenação por crimes hediondos ou assemelhados, em regime fechado, não ofende o princípio da individualização da pena, uma vez que trata-se de matéria infraconstitucional a ser disciplinada por lei ordinária. Assim, da mesma forma pela qual o legislador ordinário tem a discricionariedade para a criação de regimes de cumprimento de pena, bem como das hipóteses de progressão e regressão entre os diversos regimes previstos, poderá também instituir algumas hipóteses em que a progressão estará absolutamente vedada.

Note-se que, em face do art. 1º, § 7º, da Lei nº 9.455, de 7-4-1997, que definiu os crimes de tortura (*"O condenado por crime previsto nesta Lei, salvo a hipótese do § 2º, iniciará o cumprimento da pena em regime fechado"*), haverá naquelas hipóteses possibilidade de progressão aos demais regimes de cumprimento de pena.

Posteriormente, seguindo a tendência da Lei nº 9455/97, foi editada a Lei nº 11.464/07, que estabeleceu o regime fechado como "inicial" para os crimes hediondos, passando a permitir a progressão.

Entendemos que a alteração foi uma opção legislativa, como a anterior, que previa o cumprimento em regime fechado, não havendo em nenhuma das hipóteses qualquer inconstitucionalidade.

Inconstitucionalidade do art. 2º, § 1º, da Lei nº 8.072/90: Em novo julgamento, a composição atual do Supremo Tribunal Federal, por seis votos a cinco, declarou a inconstitucionalidade do § 1º, do art. 2º, da Lei nº 8.072/90 (Lei dos Crimes Hediondos), que veda a progressão de regime para os condenados por crimes hediondos e assemelhados. A favor do novo posicionamento, votaram os Ministros Marco Aurélio, Carlos Ayres Britto, Gilmar Mendes, Cezar Peluso, Eros Grau e Sepúlveda Pertence; enquanto os Ministros Carlos Velloso, Joaquim Barbosa, Ellen Gracie, Celso de Mello e Nelson Jobim mantiveram o anterior posicionamento da Corte, no sentido da constitucionalidade do referido preceito (STF – Pleno – HC nº 82.959/SP – rel. Min. Marco Aurélio, decisão: 23-2-2006). **Conferir ainda:** STF – HC nº 88.183-1/DF – rel. Min. Marco Aurélio, *Diário da Justiça*, Seção I, 27 mar. 2006, p. 7.

O posicionamento anterior do Supremo Tribunal Federal era pela constitucionalidade do art. 2º, § 1º, da Lei nº 8.072/90: STF – "À Lei ordinária compete fixar os parâmetros dentro dos quais o julgador poderá efetivar ou a concreção ou a individualização da pena. Se o legislador ordinário dispôs, no uso da prerrogativa que lhe foi deferida pela norma constitucional, que nos crimes hediondos o cumprimento da pena será no regime fechado, significa que não quis ele deixar, em relação aos crimes dessa natureza, qualquer discricionariedade ao juiz na fixação do regime prisional" (Pleno – HC nº 69.603-1/SP – rel. Min. Paulo Brossard, *Diário da Justiça*, Seção I, 23 abr. 1993. p. 6922). **Neste mesmo sentido diversos julgados do STF:** HC 59.657.1-SP, rel. Min. Francisco Rezek, *DJU*, 18 jun. 1993, p. 12111; HC 70.657.6-MS, 2ª T., rel. Min. Marco Aurélio, *DJU*, 29 abr. 1994, p. 9716; HC 70.044.6-SP, 2ª T., rel. Min. Paulo Brossard, *DJU*, 7 maio 1993, p. 8330; HC 70.121.3-SP, 2ª T., rel. Min. Marco Aurélio, *DJU*, 16 abr. 1993, p. 6430. **Igualmente, o Superior Tribunal de Justiça:** 6ª T. – REsp 5.261-SP – rel. Min. José Cândido, *DJU*, 3 dez. 1990, p. 14332 e 5ª T. – REsp 60.733-7-SP – rel. Min. José Dantas.

Nova redação ao art. 2º, § 1º, da Lei nº 8.072/1990 conferida pela Lei nº 11.464/2007: STF – "A fixação do regime inicial fechado de cumprimento de pena para os crimes hediondos decorre de expressa previsão legal. A Lei nº 11.464/2007, no que tange à alteração promovida na redação do art. 2º, § 1º, da Lei nº 8.072/1990, deve ter aplicação retroativa por ser considerada mais benéfica ao sentenciado." (HC 97.984, rel. Min. Ricardo Lewandowski, julgamento em 17-11-09, 1ª T., *DJE* de 18-12-09). **No mesmo sentido:** HC 91.360, rel. Min. Joaquim Barbosa, julgamento em 13-5-09, 2ª T., *DJE* de 20-6-09; HC 92.997, rel. Min. Ellen Gracie, julgamento em 24-6-08, 2ª T., *DJE* de 29-8-08.

Súmula Vinculante nº 26: "Para efeito de progressão de regime no cumprimento de pena por crime hediondo, ou equiparado, o juízo da execução observará a inconstitucionalidade do art. 2º da Lei nº 8.072, de 25 de julho de 1990, sem prejuízo de avaliar se o condenado preenche, ou não, os requisitos objetivos e subjetivos do benefício, podendo determinar, para tal fim, de modo fundamentado, a realização de exame criminológico."

> *XLIV – constitui crime inafiançável e imprescritível a ação de grupos armados, civis ou militares, contra a ordem constitucional e o Estado Democrático.*

5.82 Proteção à ordem constitucional e ao Estado Democrático – Repressão à ação de grupos armados

Ao estabelecer mais um mecanismo protetivo da ordem constitucional e do Estado Democrático de Direito, o legislador constituinte pretendeu solidificar a ideia de democracia na República Federativa do Brasil, no intuito de afastar qualquer possibilidade futura de quebra da normalidade. Conforme salienta Wolgran Junqueira Ferreira, "é fácil distinguir que o intento da emenda aprovada tinha outro objetivo: tentar impedir futuros golpes militares" (*Direitos...* Op. cit. p. 343).

Concordamos com a crítica feita pela doutrina em relação à localização do presente preceito, uma vez que não encerra nenhuma norma garantidora de um direito ou garantia individual, mas garantidora da defesa do Estado e das instituições democráticas, pelo que deveria constar no Título V da Constituição Federal (FALCÃO, Alcino Pinto. *Comentários...* Op. cit. p. 276; BASTOS, Celso, MARTINS, Ives Gandra da Silva. *Comentários...* Op. cit. v. 2. p. 227; FERREIRA, Wolgran Junqueira. *Direitos...* Op. cit. p. 343).

A norma constitucional, porém, não tem aplicabilidade imediata, uma vez que não é definidora de tipo penal, mas tão-só estabeleceu um instrumento de defesa da democracia e uma obrigatoriedade ao Congresso Nacional (CF, art. 22, I), correspondente à edição de lei penal descrevendo as condutas típicas referentes ao presente inciso, e, desde logo, já previu duas consequências para essas figuras penais a serem criadas: *inafiançabilidade* e *imprescritibilidade*.

Ressalte-se que os princípios da reserva legal e da anterioridade, conforme já analisado no inciso XXXIX, exigem a existência de lei formal devidamente elaborada pelo Poder Legislativo, por meio das regras de processo legislativo constitucional (*lex scripta*); que a lei seja anterior ao fato sancionado (*lex previa*); que a lei descreva especificamente um fato determinado (*lex certa*). Além disso, há necessidade de que o fato seja descrito na lei como típico, ou seja, deve ser amoldada a conduta criminosa ao conjunto de elementos descritivos do crime contido na lei penal.

Dessa forma, o sentido imperativo do texto constitucional não está a excluir a necessidade de edição de uma lei penal descritiva da conduta criminosa praticada por grupos armados, civis ou militares, contra a ordem constitucional e o Estado Democrático, mas muito pelo contrário, exige e determina, de forma vinculada ao legislador ordinário, a edição dessa lei penal.

Não é outra a conclusão de Cernicchiaro, ao afirmar que

> "o dispositivo constitucional, embora qualifique aquela conduta como crime, não o definiu. Insuficiente referência genérica. Urge descrição específica, por exigência da própria Constituição" (CERNICCHIARO, Luiz Vicente; COSTA JR., Paulo José. *Direito penal na Constituição*. 3. ed. São Paulo: Revista dos Tribunais, 1995. p. 198).

XLV – nenhuma pena passará da pessoa do condenado, podendo a obrigação de reparar o dano e a decretação do perdimento de bens ser, nos termos da lei, estendidas aos sucessores e contra eles executadas, até o limite do valor do patrimônio transferido;

XLVI – a lei regulará a individualização da pena e adotará, entre outras, as seguintes:

a) privação ou restrição da liberdade;

b) perda de bens;

c) multa;

d) prestação social alternativa;

e) suspensão ou interdição de direitos.

5.83 Princípio da pessoalidade ou incontagiabilidade ou intransmissibilidade da pena

A Constituição Federal consagrou a incontagiabilidade da pena, proclamando que nenhuma pena passará da pessoa do condenado. Pena, na definição de Damásio E. de Jesus,

"é a sanção aflitiva imposta pelo Estado, mediante ação penal, ao autor de uma infração (penal), como retribuição de seu ato ilícito, consistente na diminuição de um bem jurídico, e cujo fim é evitar novos delitos" (*Direito penal*. 14. ed. São Paulo: Saraiva, 1990. p. 457).

Dessa forma, garante-se tanto a proibição de transmissão da pena para familiares, parentes, amigos ou terceiros em geral, quanto exige-se que a lei infraconstitucional preveja a extinção da punibilidade em caso de morte do agente, uma vez que não haveria sentido na continuidade, por parte do Estado, na persecução penal, pela total impossibilidade de aplicação das sanções. Conclui-se, portanto, pela obrigatoriedade emanada do texto constitucional da lei ordinária prever como causa extintiva da punibilidade a morte do agente (no Código Penal, vem prevista no art. 107, I. No Código Penal Militar, art. 123, I).

O princípio da incontagiabilidade ou intransmissibilidade da pena também se aplica em relação à obrigação de reparação do dano, bem como quanto à decretação do perdimento de bens. A norma constitucional somente permite que essas duas medidas sejam estendidas aos sucessores e contra eles executadas, até o *limite do patrimônio transferido em virtude da herança*, nunca, portanto, com prejuízo de patrimônio próprio e originário dos mesmos.

Analisando semelhante dispositivo na Constituição portuguesa (art. 30º 3 – "As penas são insusceptíveis de transmissão"), Canotilho e Moreira expõem que

"as penas são intransmissíveis, estando sujeitas ao *princípio da pessoalidade*, o que implica: (a) extinção da pena e do procedimento criminal com a morte do agente; (b) proibição da transmissão da pena para familiares, parentes ou terceiros; (c) impossibilidade de sub-rogação no cumprimento das penas" (*Constituição...* Op. cit. p. 197).

Intransmissibilidade da pena: TJ/SP – "Em nosso Direito vigora o princípio constitucional de que a pena não passará da pessoa do delinquente, não podendo suas consequências atingir terceiros, estranhos à atividade daquele" (*RT* 338/223).

Prestação de serviços à comunidade por terceiros e princípio da intransmissibilidade da pena: STF – "A prestação de serviços à comunidade constitui sanção jurídica revestida de caráter penal. Trata-se de medida alternativa ou substitutiva da pena privativa de liberdade. Submete-se, em consequência, ao regime jurídico-constitucional das penas e sofre todas as limitações impostas pelos princípios tutelares da liberdade individual. A exigência judicial de doação de sangue não se ajusta aos parâmetros conceituais, fixados pelo ordenamento positivo, pertinentes à própria inteligência da expressão legal 'prestação de serviços à comunidade', cujo sentido, claro e inequívoco, veicula a ideia de realização, pelo próprio condenado, de encargos de caráter exclusivamente laboral. Tratando-se de exigência conflitante com o modelo jurídico-legal peculiar ao sistema de penas alternativas ou substitutivas, não há como prestigiá-la e nem mantê-la. A intransmissibilidade da pena traduz postulado de ordem constitucional. A sanção penal não passará da pessoa do delinquente. Vulnera o princípio da incontangibilidade da pena a decisão judicial que permite ao condenado fazer-se substituir, por terceiro absolutamente estranho ao ilícito penal, na prestação de serviços a comunidade" (STF – 1ª T. – HC nº 68.309/DF – Rel. Min. Celso de Mello, *Diário da Justiça*, Seção I, 8 mar. 1991, p. 2202).

5.84 Princípio da individualização da pena

O princípio da individualização da pena exige uma estreita correspondência entre a responsabilização da conduta do agente e a sanção a ser aplicada, de maneira que a pena atinja suas finalidades de prevenção e repressão. Assim, a imposição da pena depende do juízo individualizado da culpabilidade do agente (censurabilidade de sua conduta).

A legislação ordinária aponta os mecanismos para a individualização da pena. Assim, o art. 59 do Código Penal estabelece que

> "o juiz, atendendo à culpabilidade, aos antecedentes, à conduta social, à personalidade do agente, aos motivos, às circunstâncias e consequências do crime, bem como ao comportamento da vítima, estabelecerá, conforme seja necessário e suficiente para reprovação e prevenção do crime: I – as penas aplicáveis dentre as cominadas; II – a quantidade de pena aplicável, dentro dos limites previstos; III – o regime inicial de cumprimento da pena privativa de liberdade; IV – a substituição da pena privativa de liberdade aplicada, por outra espécie de pena, se cabível".

A própria Constituição Federal já prevê o rol de penas a serem previstas pela legislação ordinária: privação ou restrição de liberdade; perda de bens; multa; prestação social alternativa; suspensão ou interdição de direitos.

Logicamente, a aplicação das penas constitucionalmente previstas depende de expressa previsão e regulamentação legal, em cumprimento ao princípio da reserva legal (CF, art. 5º, XXXIX).

Perdimento e participação no ilícito: STJ – "A pena de perdimento do veículo, utilizado em contrabando ou descaminho, somente tem aplicação quando devidamente comprovada a responsabilidade do proprietário no ilícito praticado pelo motorista transportador das mercadorias apreendidas" (1ª T. – REsp nº 15.085-0/DF – rel. Min. Gomes de Barros – *Ementário STJ*, 06/067). No mesmo sentido: STF – 1ª T. – REsp nº 63.539-/DF – rel. Min. Garcia Vieira – *Ementário STJ*, 13/227.

Perdimento e *habeas corpus*: STF – "Decisão em ação penal, que decreta perdimento de automóvel apreendido em poder do condenado, por infração ao art. 12, da Lei nº 6.368/1976. *Habeas corpus* incabível, na espécie" (2ª T. – HC 71.619/SP – rel. Néri da Silveira, *Diário da Justiça*, Seção I, 27 set. 1996, p. 36151). No mesmo sentido: STF – Pleno – HC 68.969/SP – rel. Min. Paulo Brossard, *Diário da Justiça*, Seção I, 20 mar. 1992, p. 3322.

Tráfico de entorpecentes e confisco: TJ/SP – "Veículo – Confisco – Utilização para tráfico de tóxico – Perdimento em favor do Estado – Admissibilidade – Art. 34 da Lei Federal nº 6.368/76" (rel. Augusto Marin – Apelação Criminal nº 162.577-3 – Santos – 20-6-94).

> XLVII – não haverá penas:
> a) de morte, salvo em caso de guerra declarada, nos termos do art. 84, XIX;
> b) de caráter perpétuo;
> c) de trabalhos forçados;
> d) de banimento;
> e) cruéis.

5.85 Espécies de penas inaplicáveis no Direito brasileiro

A Constituição Federal de 1988 consagrou como garantia individual do sentenciado a impossibilidade de aplicação de determinadas espécies de penas, a saber: pena de morte, salvo no caso de guerra declarada; prisão perpétua; trabalhos forçados; banimento e penas cruéis. Essa previsão decorre de as finalidades da pena (*retribuição e prevenção*) não serem vingativas e do necessário respeito à dignidade humana.

Percebe-se, pela própria redação constitucional, que a única exceção foi em relação à pena de morte, permitida em caráter excepcional em caso de guerra declarada.

5.86 Pena de morte

A norma constitucional não veda de forma absoluta a aplicação da pena de morte, desde que, logicamente, prevista em lei anterior (princípios da reserva legal e anterioridade), e, em *tempo de guerra*, devidamente declarada nos moldes constitucionais, ou seja, pelo Presidente da República, no caso de agressão estrangeira, devidamente autorizado pelo Congresso Nacional ou referendado por ele, quando ocorrida no intervalo das sessões legislativas (CF, art. 84, XIX).

Assim, a Constituição Federal de 1988 repetiu uma proibição constante já na 1ª Constituição Republicana, de 24-2-1891, que, em seu art. 72, § 21, estabelecia: *"Fica igualmente abolida a pena de morte, reservadas as disposições* da legislação militar em tempo de guerra". Essa exceção constitucional, em relação à legislação militar em tempo de guerra, é prevista em outras Constituições, como, por exemplo, a italiana (art. 27 – "(...) *Não é admitida a pena de morte, salvo nos casos previstos pelas leis militares de guerra)*."

Existe previsão infraconstitucional de aplicação de pena de morte para determinados crimes militares no art. 55, *a*, do Código Penal Militar (Decreto-lei nº 1.001/69), nesse aspecto recepcionado pela nova ordem constitucional.

A pena de morte será, portanto, aplicada somente em caso de guerra declarada, e será executada por fuzilamento, conforme preleciona o art. 56 do CPM. Anote-se que a sentença condenatória com trânsito em julgado que tiver aplicado a pena de morte deverá ser comunicada ao Presidente da República, e somente poderá ser executada após 7 (sete) dias dessa comunicação, uma vez que sempre haverá a possibilidade de o Presidente da República conceder graça ao condenado (CF, art. 84, XII).

Excepcionalmente, porém, a legislação penal militar admite a possibilidade de execução imediata da pena quando o exigir o interesse da ordem e da disciplina militares (CPM, art. 57 e parágrafo único). Entendemos que esse preceito infraconstitucional deve ser interpretado conforme os direitos e garantias fundamentais da Constituição de 1988, basicamente, em face do direito à vida e do direito de ampla defesa, que extrapola a simples defesa processual, englobando todos os atos possíveis para a defesa do sentenciado, e, em especial, para preservação de sua vida. Dessa forma, apesar da possibilidade de execução imediata da pena, em face do *interesse da ordem e da disciplina militares*, a medida nunca poderá ser tomada antes da prévia ciência do Presidente da República, Comandante Constitucional Supremo das Forças Armadas (CF, art. 84, XIII), a fim de que possa analisar a possibilidade de concessão de graça. Não se argumente, em face da modernidade dos meios de comunicação, que a necessidade de mera ciência ao Presidente da República poderia colocar em risco o interesse da ordem e da disciplina militares.

A execução da pena de morte vem disciplinada pelos arts. 707 e 708 do Código de Processo Penal Militar (Decreto-lei nº 1.002/69), da seguinte maneira:

> "O militar que tiver de ser fuzilado sairá da prisão com uniforme comum e sem insígnias, e terá os olhos vendados, salvo se o recusar, no momento em que tiver de receber as descargas. As vozes de fogo serão substituídas por sinais. § 1º O civil ou assemelhado será executado nas mesmas condições, devendo deixar a prisão decentemente vestido. § 2º Será permitido ao condenado receber socorro espiritual."

Prevê-se, ainda, que "da execução da pena de morte lavrar-se-á ata circunstanciada que, assinada pelo executor e duas testemunhas, será remetida ao comandante-chefe, para ser publicada em boletim" (art. 708).

Crimes militares cometidos em tempo de guerra que permitem a aplicação da pena de morte, todos previstos no Código Penal Militar (Decreto-lei nº 1.001/69):

- traição (art. 355);
- favorecimento do inimigo (art. 356);
- tentativa contra a soberania do Brasil (art. 357);
- coação a comandante militar (art. 358);
- informação ou auxílio ao inimigo (art. 359);
- aliciamento de militar (art. 360);
- ato prejudicial à eficiência da tropa (art. 361);
- traição imprópria (art. 362);
- covardia qualificada (art. 364);
- fuga em presença do inimigo (art. 365);
- espionagem (art. 366);
- motim, revolta ou conspiração (art. 368);
- incitamento à desobediência em presença do inimigo (art. 371);
- rendição ou capitulação (art. 372);
- falta qualificada de cumprimento de ordem (art. 375, parágrafo único);
- separação reprovável (art. 378);
- abandono qualificado do comboio (art. 379, § 1º);
- dano especial (art. 383);
- dano em base de interesse militar (art. 384);
- envenenamento, corrupção ou epidemia (art. 385);
- crimes de perigo comum (art. 386);
- insubordinação (art. 387);
- violência (art. 389);
- abandono de posto em presença do inimigo (art. 390);
- deserção (art. 392);
- libertação (art. 394);
- evasão (art. 395);
- amotinamento de prisioneiros (art. 396);
- homicídio qualificado (art. 400);
- genocídio (art. 401);
- roubo ou extorsão (art. 405);
- saque (art. 406);
- violência carnal qualificada (art. 408, parágrafo único, b).

5.87 Pena de caráter perpétuo

A vedação às penas de caráter perpétuo decorre do princípio da natureza temporária, limitada e definida das penas e compatibiliza-se com a garantia constitucional à liberdade e à dignidade humana. Como salientado por Celso Bastos,

> "a prisão perpétua priva o homem da sua condição humana. Esta exige sempre um sentido de vida. Aquele que estiver encarcerado sem perspectiva de saída, está destituído dessa dimensão espiritual, que é a condição mínima para que o homem viva dignamente" (*Comentários...* Op. cit. v. 2. p. 241).

Além disso, entende Alcino Pinto Falcão que "tal pena estaria às testilhas com o princípio de que a pena, entre outros fins, tem o de servir à regeneração e readaptação do condenado à vida civil" (*Comentários...* Op. cit. v. 1. p. 280).

5.88 Extradição e pena de morte e prisão perpétua

Em relação à extradição, a legislação brasileira exige para sua concessão a comutação, por parte do país estrangeiro, da pena de morte aplicada ou aplicável ao extraditando (*RTJ* 143/470), salvo nos casos em que o Brasil a admite ("(...) *guerra declarada, nos termos do art. 84, XIX*").

Ressalte-se, ainda, que em relação à extradição não há que se fazer qualquer ressalva à possibilidade de o país estrangeiro aplicar pena de prisão perpétua ou mesmo de trabalhos forçados (*RTJ* 132/1083; 150/391).

5.89 Pena de trabalhos forçados

A norma constitucional, ao proibir a aplicação e execução da pena de trabalhos forçados, pretende evitar a imposição aflitiva de labores desnecessários e afrontadores à dignidade humana. Como lembrado por Celso Bastos,

> "é preciso atentar-se para possíveis abusos passíveis de ocorrência nesse campo, como nos dá conta Dostoievski, em *Recordações da casa dos mortos*, ao narrar que o pior castigo enfrentado pelos detidos era o terem de carregar pedras de um lado para outro e, depois, recolocá-las no lugar de origem. O trabalho privado de significação prática é execrável" (*Comentários...* Op. cit. v. 2. p. 242).

Saliente-se que as penas de trabalho forçado não se confundem com a previsão de trabalho remunerado durante a execução penal, previsto nos arts. 28 ss da Lei nº 7.210/84 (Lei das Execuções Penais). O trabalho do condenado, conforme previsão legal, como dever social e condição de dignidade humana, terá sempre finalidade educativa e produtiva; sendo, igualmente, remunerado, mediante tabela prévia, não podendo ser inferior a três quartos do salário-mínimo (art. 29 da citada lei). A própria lei prevê que o sentenciado deve realizar trabalhos na medida de suas aptidões e capacidade. Essa previsão é plenamente compatível com a Constituição Federal, respeitando a dignidade humana e visando a reeducação do sentenciado (cf. nesse sentido: FALCÃO, Alcino Pinto. *Comentários...* Op. cit. v. 1. p. 281; BASTOS, Celso, MARTINS, Ives Gandra da Silva. *Comentários...* Op. cit. v. 2. p. 242; FERREIRA, Wolgran Junqueira. *Direitos...* Op. cit. p. 371).

Pacto de San José da Costa Rica e trabalhos forçados: Art. 6º – 3 – "Não constituem trabalhos forçados ou obrigatórios para os efeitos deste artigo: (a) os trabalhos ou serviços normalmente exigidos pela pessoa reclusa em cumprimento de sentença ou resolução formal expedida pela autoridade judiciária competente. Tais trabalhos ou serviços devem ser executados sobre a vigilância e controle das autoridades públicas e os indivíduos que os executarem não devem ser postos à disposição de particulares, companhias ou pessoas jurídicas de caráter privado; (b) serviço militar e, nos países em que se admite a isenção por motivo de consciência, qualquer serviço nacional que a lei estabelecer em lugar daquele; (c) serviço exigido em casos de perigo ou de calamidade que ameacem a existência ou bem-estar da comunidade; (d) o trabalho ou serviço que faça parte das obrigações cívicas normais."

5.90 Pena de banimento

Banimento ou desterro é a retirada forçada de um nacional de seu país, em virtude da prática de determinado *fato no território nacional*. A Constituição Federal proíbe a aplicação dessa pena. Note-se que a impossibilidade de banimento não impossibilitará, em excepcionais casos previstos na própria Constituição, a concessão de extradição do brasileiro naturalizado, como será adiante analisado nos incisos LI e LII, uma vez que a extradição é motivada por crime praticado no exterior.

5.91 Penas cruéis

A vedação à aplicação de *penas cruéis* já constava na Inglaterra, do *Bill of Rights* de 13-2-1689, que, em seu item 10 previa *"que não devem ser exigidas cauções demasiadamente elevadas, não devem ser aplicadas multas excessivas, nem infligidas **penas cruéis** e fora do comum"*.

Igualmente, a Emenda nº VIII à Constituição dos Estados Unidos da América, aprovada em 25-9-1789 e ratificada em 15-12-1791, previa que *"não seriam exigidas cauções demasiadamente elevadas, nem aplicadas multas excessivas, nem infligidas **penas cruéis** ou aberrantes"*.

Também a Constituição portuguesa de 23-9-1822, importante marco de declaração dos direitos humanos fundamentais, previa em seu art. 11, expressamente, que *"toda pena deve ser proporcionada ao delito; e nenhuma passará da pessoa do delinquente. Fica abolida a tortura, a confiscação de bens, a infâmia, os açoites, o baraço e pregão, a marca de ferro quente e todas as penas cruéis ou infamantes"*.

A primeira Constituição brasileira – *Constituição Política do Império do Brasil, jurada a 25-3-1824* – determinava em seu art. 179, inciso XIX, que *"desde já ficam abolidos os açoites, a tortura, a marca de ferro quente e todas as mais penas cruéis"*.

A ideia de proibição à aplicação de penas cruéis completa a previsão constitucional que proíbe a tortura e o tratamento desumano e degradante (CF, art. 5º, III) e segue uma tendência do direito penal moderno, como pode ser verificado, por exemplo, na Constituição italiana (art. 27 – (...). *"As penas não podem comportar tratamentos contrários ao senso de humanidade e devem visar à reeducação do condenado"*), e na Lei Fundamental da Suécia – Instrumento de Governo (art. 5º – *"Todos os cidadãos serão protegidos contra castigos corporais, torturas, influências de drogas químicas ou abusos com o propósito de extrair ou impedir declarações"*).

Assim, dentro da noção de *penas cruéis* deve estar compreendido o conceito de tortura ou de tratamentos desumanos ou degradantes, que são, em seu significado jurídico, noções graduadas de uma mesma escala que, em todos seus ramos, acarretam padecimentos físicos ou psíquicos ilícitos e infligidos de modo vexatório para quem os sofre.

O Estado não poderá prever em sua legislação ordinária a possibilidade de aplicação de penas que por sua própria natureza acarretem sofrimentos intensos (penas inumanas) ou que provoquem humilhação.

Esse preceito constitucional vai ao encontro do art. 16 da Convenção contra a tortura e outros tratamentos ou penas cruéis, desumanos ou degradantes, adotada pela Resolução nº 39/46 da Assembleia Geral das Nações Unidas, em 10-12-1984, que estabelece que *"cada Estado-parte se comprometerá a proibir, em qualquer território sob a sua jurisdição, outros atos que constituam tratamentos ou penas cruéis, desumanos ou degradantes"*.

Como salientava Pimenta Bueno ao comentar a vedação às penas cruéis pela Constituição do Império,

> "o homem por ser delinquente não deixa de pertencer à humanidade; é de mister que seja punido, mas por modo consentâneo, com a razão, próprio de leis e do governo de uma sociedade civilizada" (*Direito público brasileiro e análise da Constituição do Império*. Rio de Janeiro: Ministério da Justiça e Negócios Interiores, 1958. p. 408).

5.92 Imutabilidade da presente proibição

Importante ressaltar a total impossibilidade de emenda constitucional que altere o presente inciso da Constituição Federal de forma a possibilitar a criação, pela legislação penal ordinária, de penas de morte – salvo no caso de guerra declarada, nos termos do art. 84, XIX –, caráter perpétuo, trabalhos forçados, banimento e cruéis, em face da previsão do art. 60, § 4º, IV.

> XLVIII – *a pena será cumprida em estabelecimentos distintos, de acordo com a natureza do delito, a idade e o sexo do apenado;*
>
> XLIX – *é assegurado aos presos o respeito à integridade física e moral;*
>
> L – *às presidiárias serão asseguradas condições para que possam permanecer com seus filhos durante o período de amamentação.*

5.93 Direitos humanos fundamentais e execução da pena

A Constituição Federal, ao proclamar o respeito à integridade física e moral dos presos, em que pese à natureza das relações jurídicas estabelecidas entre a Administração Penitenciária e os sentenciados a penas privativas de liberdade, consagra a conservação por parte dos presos de todos os direitos fundamentais reconhecidos à pessoa livre, com exceção, obviamente, daqueles incompatíveis com a condição peculiar de preso, tais como liberdade de locomoção (CF, art. 5º, XV), livre exercício de qualquer profissão (CF, art. 5º, XIII), inviolabilidade domiciliar em relação à cela (CF, art. 5º, XI), exercício dos direitos políticos (CF, art. 15, III). Porém, o preso continua a sustentar os demais direitos e garantias fundamentais, por exemplo, à integridade física e moral (CF, art. 5º, III, V, X e LXIV), à liberdade religiosa (CF, art. 5º, VI), ao direito de propriedade (CF, art. 5º, XXII), entre inúmeros outros, e, em especial, aos *direitos à vida e à dignidade humana*, pois, como muito bem lembrado pelo Ministro Cernicchiaro,

> "o conceito e o processo de execução, de modo algum, podem arranhar a dignidade do homem, garantida contra qualquer ofensa física ou moral. Lei que contrariasse esse estado, indiscutivelmente seria inconstitucional" (CERNICCHIARO, Luiz Vicente, COSTA JR., Paulo José. *Direito penal na Constituição*. 3. ed. São Paulo: Revista dos Tribunais, 1995. p. 144).

Ressalte-se que desde a Constituição Política do Império do Brasil, jurada a 25-3-1824, era previsto que as cadeias deveriam ser seguras, limpas e bem arejadas, havendo, inclusive, diferentes estabelecimentos para separação dos sentenciados, conforme suas circunstâncias e a natureza de seus crimes (art. 179, XXI).

Conforme já salientado anteriormente, a aplicação de sanção por parte do Estado não configura, modernamente, uma vingança social, mas tem como finalidades a retribuição e a prevenção do crime, buscando, além disso, a ressocialização do sentenciado.

A previsão do inciso XLVIII direciona-se no sentido de colaboração à tentativa de recuperação do condenado, fazendo com que a execução da pena seja, na medida do possível, *individualizada*, de forma a ressocializá-lo. Assim, a pena deverá ser cumprida em estabelecimentos distintos, de acordo com a natureza do delito, a idade e o sexo do apenado.

A previsão ordinária (Lei nº 7.210/84 – Lei das Execuções Penais) compatibiliza-se plenamente com o mandamento constitucional, determinando a classificação dos condenados, segundo seus antecedentes e sua personalidade, para orientar a individualização da execução penal (art. 5º). Além disso, fixa-se a necessidade de realização de exame criminológico no condenado ao cumprimento de pena privativa de liberdade, em regime fechado, para a obtenção dos elementos necessários a uma adequada classificação e com vistas à individualização da execução (art. 8º). Ressalte-se, ainda, que a Lei nº 9.460, de 4-6-1997, alterou o art. 82, § 1º, da Lei nº 7.210, de 11-7-1984 (Lei das Execuções Penais), que passou a vigorar com a seguinte redação: "A mulher e o maior de sessenta anos, separadamente, serão recolhidos a estabelecimento próprio e adequado à sua condição pessoal".

Importante destacar que a previsão constitucional de direitos dos sentenciados, bem como de preservação da dignidade humana durante a execução da pena, encontra respaldo em vários ordenamentos jurídicos constitucionais, dos quais, pela sintética e completa definição, destaca-se a Constituição da República da Nicarágua, publicada em 9-1-1987:

> "art. 39 – Na Nicarágua, o sistema penitenciário é humanitário e tem como objetivo fundamental a transformação do interno para reintegrá-lo à sociedade. Por meio de um sistema progressivo promove a unidade familiar, a saúde, o desenvolvimento educativo, cultural e a ocupação produtiva com remuneração salarial para o interno. As penas têm um caráter reeducativo. As mulheres condenadas cumprirão suas penas em estabelecimentos penais distintos dos homens e se procurará que os guardas sejam do mesmo sexo."

Direito ao convívio familiar: STF – "Tanto quanto possível, incumbe ao Estado adotar medidas preparatórias ao retorno do condenado ao convívio social. Os valores humanos fulminam os enfoques segregacionistas. A ordem jurídica em vigor consagra o direito do preso de ser transferido para local em que possua raízes, visando a indispensável assistência pelos familiares" (STF – 2ª T. – HC nº 71.179/PR – rel. Min. Marco Aurélio, *Diário da Justiça*, Seção I, 3 jun. 1994, p. 13855). **No mesmo sentido, o STF admitiu a possibilidade da remoção de preso para o cumprimento de pena em outra unidade da Federação:** STF – "A 2ª T. deferiu *habeas corpus* para autorizar a remoção de condenado para estabelecimento penal localizado em outra unidade da federação. No caso, sustentava a impetração que o paciente – encarcerado em presídio paulista – teria o direito de ver cumprida sua pena corporal em município localizado no Estado da Bahia, na medida em que nesse residiriam os seus familiares. Alegava, ainda, que o próprio Diretor do Conjunto Penal baiano informara haver disponibilidade de vaga e que a unidade prisional comportaria presos em regime fechado. Entendeu-se que, pelo que se poderia constatar dos autos, as penitenciárias seriam congêneres, haja vista que ambas seriam aptas a receber presos condenados no regime fechado, não havendo preponderância do estabelecimento atual em relação àquele para o qual se pretenderia a transferência, sobretudo no concernente ao quesito segurança máxima. Asseverou-se, ademais, que, ao adotar tal posicionamento, ter-se-ia que o direito à assistência familiar e seu respectivo exercício ficariam sobremaneira facilitados, assim como deflagrado o processo de ressocialização, mitigando a distância e a dificuldade do contato do preso com a família" (STF – 2ª T.– HC 100087/SP, rel. Min. Ellen Gracie, 16-3-2010. *Informativo STF* nº 579).

5.94 Regras internacionais de proteção aos direitos dos reclusos – ONU

A Organização das Nações Unidas prevê regras mínimas para o tratamento de reclusos por meio da publicação do Centro de Direitos do Homem das Nações Unidas – GE. 94-15440.

Conforme especifica nas considerações preliminares, as normas mínimas de tratamento de reclusos devem ser observadas de forma relativa, tendo em conta a grande variedade das condições legais, sociais, econômicas e geográficas do mundo. Porém, devem servir como estímulo de esforços constantes para ultrapassar dificuldades práticas em sua aplicação. Além disso, o que se pretende é o estabelecimento de princípios básicos de uma boa organização penitenciária e as práticas relativas ao tratamento de reclusos.

A ONU subdividiu o instrumento normativo em duas partes: a primeira trata das matérias relativas à administração geral dos estabelecimentos penitenciários e é aplicável a todas as categorias de reclusos, dos foros criminal ou civil, em regime de prisão preventiva ou já condenados, incluindo os que estejam detidos por aplicação de medidas de segurança ou que sejam objeto de medidas de reeducação ordenadas pelo juiz competente; a segunda parte contém regras que são especificamente aplicáveis às categorias de reclusos de cada seção.

Importante, ainda, ressaltar que as regras previstas pela ONU não são aplicáveis à organização dos estabelecimentos para jovens delinquentes, por merecerem tratamento diferenciado em virtude de sua condição de pessoas em desenvolvimento.

Como princípio básico no tratamento dos reclusos, a ONU consagra a igualdade, afirmando que *"as regras que se seguem devem ser aplicadas, imparcialmente. Não haverá discriminação alguma com base em raça, cor, sexo, língua, religião, opinião política ou outra, origem nacional ou social, meios de fortuna, nascimento ou outra condição. Por outro lado, é necessário respeitar as crenças religiosas e os preceitos morais do grupo a que pertença o recluso".*

A ONU prevê, ainda, a necessidade de separação dos reclusos em diversas categorias, tendo em consideração o respectivo sexo e idade, antecedentes penais, razões para a detenção e medidas necessárias a aplicar.

As regras básicas em relação à separação em categorias de reclusos são:

- na medida do possível, homens e mulheres devem estar detidos em estabelecimentos separados; nos estabelecimentos que recebam homens e mulheres, a totalidade dos locais destinados às mulheres será completamente separada;
- presos preventivos devem ser mantidos separados dos condenados;
- pessoas presas por dívidas ou outros reclusos do foro civil devem ser mantidos separados de reclusos do foro criminal;
- os jovens reclusos devem ser mantidos separados dos adultos.

As regras de aplicação geral preveem, igualmente, as condições dos locais de reclusão e os direitos relacionados à higiene pessoal, vestuário e roupa de cama, exercício e desporto, serviços médicos, informação e direito de queixa dos reclusos, contatos com o mundo exterior, biblioteca, religião.

Por fim, é estabelecido um sistema de disciplina e sanções, pois, como afirma o instrumento normativo internacional, "a ordem e a disciplina devem ser mantidas com firmeza, mas sem impor mais restrições do que as necessárias para a manutenção da segurança e da boa organização da vida comunitária".

Na segunda parte do instrumento normativo, a ONU prevê as diversas regras diferenciadas em razão da espécie do recluso. Além das Regras da ONU, importante salientar que o Pacto Internacional dos Direitos Civis e Políticos (1966) prevê em seu art. 10 que toda pessoa privada de sua liberdade deverá ser tratada com humanidade e respeito à dignidade inerente à pessoa humana, estabelecendo que "as pessoas processadas deverão ser separadas, salvo em circunstâncias excepcionais, das pessoas condenadas e receber tratamento distinto, condizente com sua condição de pessoas não condenadas; e, as pessoas jovens processadas deverão ser separadas das adultas e julgadas o mais rápido possível." Por fim, o citado instrumento normativo internacional consagra que o *"regime penitenciário consistirá em um tratamento cujo objetivo principal seja a reforma e reabilitação moral dos prisioneiros. Os delinquentes juvenis deverão ser separados dos adultos e receber tratamento condizente com sua idade e condição jurídica".*

O Pacto de São José da Costa Rica, igualmente, prevê regras protetivas aos direitos dos reclusos e, em seu art. 5º, determina que os processados devem ficar separados dos condenados, salvo em circunstâncias excepcionais, e devem ser submetidos a tratamento adequado a sua condição de pessoas não condenadas. Além disso, estipula que os menores, quando puderem ser processados, devem ser separados dos adultos e conduzidos a tribunal especializado, com a maior rapidez possível para seu tratamento. O referido pacto define a finalidade essencial das penas privativas de liberdade como "*a reforma e a readaptação social dos condenados*".

Legislação internacional – Regras para tratamento de presos da Comissão Internacional Penitenciária, 1929, com alterações em 1933 e aprovação pela Liga das Nações em 1934; Declaração Universal dos Direitos Humanos da ONU, 1948 (*no tocante à proibição de tortura, tratamento cruel, desumano e degradante*; "Regras mínimas" para tratamento de reclusos, aprovadas em Genebra pela ONU, em 1955; Pacto Internacional dos Direitos Civis e Políticos, 1966 (arts. 9º e 10); Recomendação do IV Congresso das Nações Unidas em Kioto, para aplicação das regras mínimas, 1970; Convenção contra a tortura e outros tratamentos ou penas cruéis desumanos ou degradantes, 1984 (art. 14 – no tocante à indenização); Regras mínimas para o tratamento de reclusos, publicação do Centro de Direitos do Homem das Nações Unidas – GE. 94-15440); Convenção Americana de Direitos Humanos, 1969 (Pacto de San José da Costa Rica – arts. 52 e 62).

Legislação – Cf. *Instrumentos internacionais de proteção dos direitos humanos*. Centro de Estudos da Procuradoria Geral do Estado de São Paulo, 1996.

5.95 Direito ao aleitamento materno

Trata-se de inovação em termos de direitos humanos fundamentais garantir-se o direito às presidiárias de amamentarem seus filhos. A destinação dessa previsão é dúplice, pois ao mesmo tempo que garante à mãe o direito ao contato e amamentação com seu filho, garante a esse o direito à alimentação natural, por meio do aleitamento.

Interessante raciocínio é feito por Wolgran Junqueira Ferreira ao analisar o presente inciso, pois afirma que "como o item XLV declara expressamente que a *pena não passará do condenado*, seria uma espécie de contágio da pena retirar do recém-nascido o direito ao aleitamento materno" (Op. cit. p. 401).

Entendemos, porém, que, apesar de importante, esse aspecto foi secundário na fixação desse preceito, que demonstra precipuamente o respeito do constituinte à *dignidade humana*, no que ela tem de mais sagrado: a *maternidade*.

Presidiária e as condições para permanência com filho lactente (art. 5º, L, da CF): TACrim/SP – "Direito subjetivo próprio, líquido e certo. Pretensão a ser amparada via MS. Conhecimento como tal do HC impetrado, remédio inadequado uma vez que a prisão decorrente da sentença condenatória não se erige em ilegal restrição à liberdade de locomoção. Irrelevância de não reclamado o direito em 1ª instância. Segurança concedida uma vez provado o nascimento da criança, ora sob guarda e responsabilidade de terceiro, devendo o Juízo de 1º grau, do processo de conhecimento e da execução, tomar as providências cabíveis e necessárias para garantia do direito reconhecido" (Apelação Criminal nº 192.010-8 – 9ª C. – rel. Juiz Barbosa de Almeida – J. 11-4-90 – *RT* 659/278).

LI – nenhum brasileiro será extraditado, salvo o naturalizado, em caso de crime comum, praticado antes da naturalização, ou de comprovado envolvimento em tráfico ilícito de entorpecentes e drogas afins, na forma da lei;

LII – não será concedida extradição de estrangeiro por crime político ou de opinião.

5.96 Extradição

Extradição, conforme define Hildebrando Accioly,

"é o ato pelo qual um Estado entrega um indivíduo, acusado de um delito ou já condenado como criminoso, à justiça do outro, que o reclama, e que é competente para julgá-lo e puni-lo" (*Manual de direito internacional público*. 8. ed. São Paulo: Saraiva, 1968. p. 105).

A natureza jurídica do pedido extradicional perante o Estado brasileiro, conforme entende o Supremo Tribunal Federal,

"constitui – quando instaurada a fase judicial de seu procedimento – ação de índole especial, de caráter constitutivo, que objetiva a formação de título jurídico apto a legitimar o Poder Executivo da União a efetivar, com fundamento em tratado internacional ou em compromisso de reciprocidade, a entrega do súdito reclamado" (STF, Extradição 667-3-República Italiana, rel. Min. Celso de Mello, j. 25 set. 1995, *DJU*, 29 set. 1995, p. 31998-99).

Quanto à extradição, a Constituição Federal prevê tratamento diferenciado aos brasileiros natos, naturalizados e aos estrangeiros, dispondo nos incisos LI e LII, do art. 5º, da seguinte forma:

"LI – nenhum brasileiro será extraditado, salvo o naturalizado, em caso de crime comum, praticado antes da naturalização, ou de comprovado envolvimento em tráfico ilícito de entorpecentes e drogas afins, na forma da lei;

LII – não será concedida extradição de estrangeiro por crime político ou de opinião".

Dessa forma, somente nas hipóteses constitucionais será possível a concessão da extradição, podendo, porém, a legislação infraconstitucional determinar outros requisitos formais.

Há duas espécies de extradição:

- *ativa*: é requerida pelo Brasil a outros Estados Soberanos;
- *passiva*: é a que se requer ao Brasil, por parte dos Estados Soberanos.

As restrições constitucionais e legais pátrias incidem sobre os pedidos de extradição passiva, requeridos por Estados Soberanos à República Federativa do Brasil, sendo, pois, o objeto de nosso estudo.

Legitimidade para o pedido de extradição ativa: STF – "O Supremo Tribunal Federal, no sistema constitucional brasileiro, somente dispõe de competência originária para processar e julgar as extradições passivas, requeridas, ao Governo do Brasil, por Estados estrangeiros. Não compete à Suprema Corte apreciar, nem julgar da legalidade de extradições ativas, pois estas deverão ser requeridas, diretamente, pelo Estado brasileiro, aos Governos estrangeiros, em cujo território esteja a pessoa reclamada pelas autoridades nacionais. Os pedidos de extradição, por envolverem uma relação de caráter necessariamente intergovernamental, somente podem ser formulados por Estados soberanos, falecendo legitimação, para tanto, a meros particulares" (STF – Ext. 955/DF – rel. Min. Celso de Mello – *Informativo STF* nº 374, p. 4 e *Diário da Justiça*, Seção I, 1º fev. 2005, p. 2).

5.97 Hipóteses constitucionais para a extradição

1. O *brasileiro nato* nunca será extraditado.
2. O *brasileiro naturalizado* somente será extraditado em dois casos:
   a. por crime comum, praticado antes da naturalização;
   b. quando da participação comprovada em tráfico ilícito de entorpecentes e drogas afins, na forma da lei, independentemente do momento do fato, ou seja, não importa se foi antes ou depois da naturalização.

3. O *português equiparado*, nos termos do § 1º do art. 12 da Constituição Federal, tem todos os direitos do brasileiro naturalizado, assim, poderá ser extraditado nas hipóteses descritas no item 2. Porém, em virtude de tratado bilateral assinado com Portugal, convertido no Decreto Legislativo nº 70.391/72 pelo Congresso Nacional, posteriormente substituído pelo Decreto nº 3.927, de 19-9-2001, que promulgou o Tratado de Cooperação, Amizade e Consulta Brasil/Portugal, somente poderá ser extraditado para Portugal (conferir a respeito: BOHNENBERGER, Alan. *Expulsão de estrangeiros no Brasil*. Monografia de láurea acadêmica. Porto Alegre: UFRGS, 2002).

4. O *estrangeiro* poderá, em regra, ser extraditado, havendo vedação apenas nos crimes políticos ou de opinião. Essas exceções, via de regra, são adotadas nos ordenamentos jurídicos alienígenas, como observa Paolo Barile, ao afirmar que é vedada a extradição na Itália por crime político, excluído o genocídio e podendo ser excluído o crime de terrorismo (Op. cit. p. 339). Observe-se que o caráter político do crime deverá ser analisado pelo Supremo Tribunal Federal, inexistindo prévia definição constitucional ou legal sobre a matéria.

Impossibilidade absoluta de extradição de brasileiro nato: STF – "O brasileiro nato, quaisquer que sejam as circunstâncias e a natureza do delito, não pode ser extraditado, pelo Brasil, a pedido de Governo estrangeiro, pois a Constituição da República, em cláusula que não comporta exceção, impede, em caráter absoluto, a efetivação da entrega extradicional daquele que é titular, seja pelo critério do 'jus soli', seja pelo critério do 'jus sanguinis', de nacionalidade brasileira primária ou originária" (STF – Pleno – Questão de Ordem – *Habeas Corpus* nº 83.113-3/DF – Rel. Ministro Celso de Melo, *Diário da Justiça*, 29 ago. 2003). **Ressalte-se que**, na hipótese de perda da nacionalidade brasileira originária decretada pelo Ministro da Justiça, o STF entendeu possível a extradição, uma vez que a extraditando passou a ostentar a nova condição jurídica de estrangeira (1ª T – Ext. 1462/DF – Rel. Min. Roberto Barroso, 28-3-2017).

Possibilidade de realização de opção de nacionalidade durante o procedimento extradicional: STF – "Tendo em conta a pendência de decisão final no processo de opção de nacionalidade ajuizado pelo requerente, o Tribunal, resolvendo questão de ordem suscitada pelo Min. Sepúlveda Pertence, relator, indeferiu o pedido de medida liminar em ação cautelar, em que se pretendia, com fundamento na alegada condição de brasileiro nato do requerente, o relaxamento da prisão preventiva contra ele decretada para fins de extradição, e a consequente denegação do pedido extradicional. Entretanto, ante as circunstâncias excepcionais do caso concreto – cuidar-se de estrangeiro filho de mãe brasileira, comprovadamente residente no Brasil há 24 anos –, o Tribunal, de ofício, determinou a suspensão do processo de extradição, concedendo-lhe prisão domiciliar, até julgamento final do processo de opção de nacionalidade" (STF – Pleno – AC nº 70-MC-QO/RS – Rel. Min. Sepúlveda Pertence, *Informativo STF* nº 322, p. 1).

Extradição e brasileiro naturalizado: STF – "Se a naturalização é anterior ao cometimento de crimes que não tipificam tráfico de entorpecentes e drogas afins, verifica-se fato impeditivo que afeta o mérito da extradição. Questão de ordem que se resolve com a revogação do despacho que decretou a prisão do extraditando, rejeitando-se o pedido de extradição e declarando-se extinto o processo no mérito" (STF – Plenário – Extr. nº 743-3/República Italiana – Rel. Min. Nelson Jobim – *Diário da Justiça*, nº 194-E, Seção I, 6 out. 2000, p. 80).

Extradição de brasileiro naturalizado e momento da obtenção da nacionalidade brasileira: STF – "Por não ser constitucionalmente admissível a extradição de brasileiro naturalizado fora das 2 únicas hipóteses previstas no art. 5º, LI, da CF, a 2ª Turma indeferiu pleito extradicional, formulado pela República do Equador para cumprimento de execução de sentença condenatória proferida por tribunal do Estado requerente. Em consequência, o STF determinou a imediata soltura do extraditando (...) De início, realizou-se histórico sobre o marco a partir do qual o estrangeiro torna-se nacional do Brasil. Nesse aspecto, reafirmou-se a jurisprudência da Corte a respeito da aquisição da condição de brasileiro naturalizado, a qual, não obstante já deferida pelo Ministério da Justiça, só ganha eficácia jurídica, inclusive para fins extradicionais, após a entrega solene, pela Justiça Federal, do certificado de naturalização ao estrangeiro naturalizado (Estatuto do Estrangeiro, art. 122)" (STF – 2ª T. – Ext./ 1223 – República do Equador – Rel. Min. Celso de Mello, decisão: 22-11-2011 – *Informativo STF* nº 649).

Tráfico ilícito de entorpecentes e efetiva comprovação da participação: STF – "Para a extradição de brasileiro naturalizado, acusado da prática de tráfico de entorpecentes e drogas afins, é imprescindível a comprovação de seu efetivo envolvimento no delito" (STF – Pleno – questão de ordem – Ext. nº 934/República Oriental do Uruguai – Rel. Min. Eros Grau, *Informativo STF* nº 360, p. 2).

Extradição e Estatuto dos Refugiados: STF – "Tendo em conta o disposto no art. 33 da Lei nº 9.474/97, que define mecanismos para a implementação do Estatuto dos Refugiados de 1951, o Tribunal, por maioria, não conheceu de pedido extradicional formulado pela República da Colômbia, de nacional colombiano, e, julgando extinto o processo, determinou a expedição de alvará de soltura em seu favor (Lei nº 9.474/97: 'Art. 33. O reconhecimento da condição de refugiado obstará o seguimento de qualquer pedido de extradição baseado nos fatos que fundamentaram a concessão de refúgio'). Na espécie, o Comitê Nacional para os Refugiados – CONARE reconhecera ao extraditando a condição de refugiado, sob caráter humanitário e com base no inciso I do art. 1º da Lei nº 9.474/97 ('Art. 1º Será reconhecido como refugiado todo indivíduo que: I – devido a fundados temores de perseguição por motivos de raça, religião, nacionalidade, grupo social ou opiniões políticas encontre-se fora de seu país de nacionalidade e não possa ou não queira acolher--se à proteção de tal país;'). Reportou-se ao voto proferido pelo Min. Sepúlveda Pertence no julgamento da Ext 785 QO-QO/Estados Unidos Mexicanos (*DJU* de 14-11-2003), no qual se afastara afronta, pela Lei dos Refugiados, à competência do Supremo para julgar o processo de extradição. Asseverou-se que a competência, uma vez que lhe seja encaminhado pelo Poder Executivo o pedido de extradição para aferir débito da legalidade, é do Supremo. Esclareceu-se que nada vincula, entretanto, o Poder Executivo, condutor da política de relações internacionais do país, a submeter ao Tribunal um pedido de extradição que entenda, de logo, inadmissível, se concede refúgio ao extraditando. Vencido o Min. Gilmar Mendes, relator, que, não vislumbrando diferenças substanciais entre os institutos do asilo e do refúgio, e afirmando não estar o Supremo vinculado ao juízo formulado pelo Poder Executivo na concessão administrativa do benefício, na linha da orientação fixada pela Corte na Ext 232/República de Cuba (*DJU* de 17-12-62) e na Ext. 524/Governo do Paraguai (*DJU* de 8-3-91), conferia ao art. 33 da Lei nº 9.474/97 interpretação conforme a Constituição, no sentido de que só haveria óbice à extradição nos casos em que se imputasse ao extraditando crime político ou de opinião ou, ainda, quando as circunstâncias subjacentes à ação do Estado requerente demonstrassem a configuração de inaceitável extradição política disfarçada" (STF – Pleno – Ext. 1008/República da Colômbia, rel. orig. Min. Gilmar Mendes, rel. p/ o Acórdão Min. Sepúlveda Pertence, decisão: 21-3-2007, *Informativo STF* nº 460).

Extradição e condição reconhecida de refugiado: STF "(...) 1. Pedido de extradição formulado pelo Governo da Argentina em desfavor do nacional argentino GUSTAVO FRANCISCO BUENO pela suposta prática dos crimes de privação ilegítima da liberdade agravada e ameaças. 2. No momento da efetivação da referida prisão cautelar, apreendeu-se, em posse do extraditando, documento expedido pelo Alto Comissariado da ONU para Refugiados – ACNUR dando conta de sua possível condição de refugiado. 3. O Presidente do Comitê Nacional para os Refugiados – CONARE atesta que o extraditando é um refugiado reconhecido pelo Governo Brasileiro, conforme o documento nº 326, datado de 12.06.1989. 4. O fundamento jurídico para a concessão ou não do refúgio, anteriormente à Lei nº 9.474/97, eram as recomendações do ACNUR e, portanto, o cotejo era formulado com base no amoldamento da situação concreta às referidas recomendações, resultando daí o deferimento ou não do pedido de refúgio. 5. O extraditando está acobertado pela sua condição de refugiado, devidamente comprovado pelo órgão competente – CONARE –, e seu caso não se enquadra no rol das exceções autorizadoras da extradição de agente refugiado. 6. Parecer da Procuradoria-Geral da República pela extinção do feito sem resolução de mérito e pela imediata concessão de liberdade ao extraditando. 7. Extradição indeferida. 8. Prisão preventiva revogada (STF – Pleno – Ext. nº 1.170 – REPÚBLICA ARGENTINA, rel. Min. Ellen Gracie, j. 18-3-2010 – *DJE* nº 071 de 26-4-2010).

5.98 Requisitos infraconstitucionais para a extradição

O Estado estrangeiro que pretender obter a extradição deverá fundar seu pedido nas hipóteses constitucionais e nos requisitos formais legais, ou seja: *hipóteses materiais*: incisos LI e LII da Constituição Federal de 1988; *requisitos formais*: Lei de Migração (Lei 13.445/2017) e Regimento Interno do STF (arts. 207 a 214), entre eles:

1. o pedido extradicional somente poderá ser atendido quando o Estado estrangeiro requerente se fundamentar em tratado internacional ou quando, inexistente este, prometer reciprocidade de tratamento ao Brasil (*RTJ* 97/1);

2. competência exclusiva da Justiça do Estado requerente para processar e julgar o extraditando, da qual decorre incompetência do Brasil para tanto;

3. existência de título penal condenatório ou de mandado de prisão emanados de juiz, tribunal ou autoridade competente do Estado estrangeiro;

4. ocorrência de dupla tipicidade. Como define o Supremo Tribunal Federal, "revela-se essencial, para a exata aferição do respeito ao postulado da dupla incriminação, que os fatos atribuídos ao extraditando – não obstante a incoincidência de sua designação formal – *revistam-se* de tipicidade penal e sejam *igualmente* puníveis tanto pelo ordenamento jurídico doméstico quanto pelo sistema de direito positivo do Estado requerente. Precedente: *RTJ* 133/1075" (*Informativo STF* – Brasília, 4 a 8-3-1996 – nº 22). Assim, não será possível a concessão da extradição se o fato, apesar de crime no ordenamento jurídico estrangeiro, for tipificado como contravenção no ordenamento jurídico brasileiro ou fato atípico;

5. inocorrência de prescrição da pretensão punitiva ou executória, seja pelas leis brasileiras, seja pela lei do Estado estrangeiro;

6. ausência de caráter político da infração atribuída ao extraditado. Conforme determina a Lei de Migração, nessa hipótese a extradição poderá ocorrer quando o fato constituir, principalmente, infração à lei penal comum ou quando o crime comum, conexo ao delito político, constituir o fato principal;

7. não sujeição do extraditando a julgamento, no Estado requerente, perante tribunal ou juízo de exceção;

8. não cominar a lei brasileira, ao crime, pena inferior a dois anos de prisão. Na vigência do revogado Estatuto dos Estrangeiros, somente não se permitia a extradição se a lei brasileira estipulasse pena igual ou inferior a um ano de prisão;

9. compromisso formal do Estado requerente em:
   a) efetuar a detração penal, computando o tempo de prisão que, no Brasil, foi cumprido por força da extradição;
   b) comutar a pena de morte, ressalvados os casos em que a lei brasileira permite a sua aplicação (art. 5º, XLVII – "(...) salvo em caso de guerra declarada, nos termos do art. 84, XIX"), em pena privativa de liberdade, respeitado o limite máximo de cumprimento autorizado pela legislação brasileira, que, a partir da vigência da Lei nº 13.964, de 24 de janeiro de 2019, que alterou o artigo 75 do Código Penal, será de 40 (quarenta) anos;
   c) não agravar a pena ou a situação do sentenciado por motivos políticos;
   d) não efetuar nem conceder a reextradição (entrega do extraditando, sem consentimento do Brasil, a outro Estado que o reclame);
   e) não submeter o extraditando a tortura ou outros tratamentos ou penas cruéis, desumanos ou degradantes;
   f) não submeter o extraditando a prisão ou processo por fato anterior ao pedido de extradição.

Dessa forma, o Estado estrangeiro deverá indicar em síntese objetiva e articulada os fatos subjacentes à extradição, limitando o âmbito temático de sua pretensão.

O ônus jurídico de definir o alcance do pedido extradicional, como afirma o Pretório Excelso,

"com a necessária síntese descritiva dos fatos, incide sobre o Estado requerente, não se justificando que este, mediante sumária nota verbal, transfira o encargo em causa a esta Suprema Corte, que se veria na contingência de extrair, das peças documentais – com inadmissível substituição da atividade processual que compete, inicialmente, ao autor da ação de extradição passiva –, os elementos à própria delimitação material da presente extradição. O dever de expor, ainda que sucintamente, mas sempre de modo claro e objetivo, os episódios motivadores da postulação extradicional pertence ao Estado requerente, até mesmo em função da exigência legal que impõe, em sede de extradição, a observância do princípio da dupla tipicidade" (STF, Extradição 667 – 3 – República Italiana, rel. Min. Celso de Mello, j. 25-9-1995, *DJU*, 29-9-1995, p. 31998-99).

Observe-se, ainda, que não será concedida a extradição quando o extraditando estiver respondendo a processo ou já houver sido condenado ou absolvido no Brasil pelo mesmo fato em que se fundar o pedido; e, também, quando for beneficiário de refúgio, nos termos da Lei nº 9.474, de 22 de julho de 1997, ou de asilo territorial.

Desta forma, o Estado estrangeiro deverá indicar, em síntese objetiva e articulada, os fatos subjacentes à extradição, limitando o âmbito temático de sua pretensão.

A Lei de Migração regulamentou a extradição da mesma pessoa pelo mesmo fato por mais de um Estado requerente, estabelecendo a preferência do pedido daquele em cujo território a infração foi cometida. Na hipótese de crimes diversos, terá preferência, sucessivamente, o Estado:

- requerente em cujo território tenha sido cometido o crime mais grave, segundo a lei brasileira;
- que em primeiro lugar tenha pedido a entrega do extraditando, se a gravidade dos crimes for idêntica;
- de origem, ou, em sua falta, o domiciliar do extraditando, se os pedidos forem simultâneos.

A Lei nº 13.445/2017 estabeleceu, ainda, que, em hipóteses não regulamentadas, o órgão competente do Poder Executivo decidirá sobre a preferência do pedido, priorizando o Estado requerente que mantiver tratado de extradição com o Brasil.

Relembre-se que não impede a extradição o fato de o extraditando ser casado com cônjuge brasileiro ou possuir filho brasileiro (*RTJ* 112/493; STF – Extradição nº 560-0/Bélgica, rel. Min. Moreira Alves, *Diário da Justiça*, Seção I, 17 maio 1996, p. 16319; STF – Pleno – HC nº 71.402-RJ, rel. Min. Celso de Mello; *RTJ* 129/30, STF – Extradição nº 571, rel. Min. Celso de Mello, *Diário da Justiça*, Seção I, 17 set. 1993), inclusive encontrando-se essa posição sumulada pelo STF (Súmula 421 – *Não impede a extradição a circunstância de ser o extraditando casado com brasileira ou ter filho brasileiro*).

Obrigatoriedade da estrita observância dos requisitos legais: STF – Pleno – Ext. 933/Reino da Espanha – rel. Min. Eros Grau, decisão: 13-9-2006, *Informativo STF* nº 440.

Extradição e promessa de reciprocidade: "Fundando-se o pedido em promessa de reciprocidade de tratamento para casos análogos, está assim atendido o requisito autorizativo da medida, previsto no art. 76 da Lei nº 6.815/80, alterada pela Lei nº 6.964/81" (*RTJ* 162/452). Nesse sentido, o Supremo Tribunal Federal negou a extradição em virtude da promessa de reciprocidade feita pelo Governo alemão de incluir hipótese de brasileiro naturalizado, apesar de a Lei Fundamental alemão não permitir extradição de alemão naturalizado (STF – Pleno – Extr. nº 1.010 – questão de ordem – República Federal Alemã – rel. Min. Joaquim Barbosa, decisão: 24-5-2006, *Informativo STF* nº 428). **No mesmo sentido:** STF – Pleno – Ext. 1.003 – Alemanha – rel. Min. Joaquim Barbosa, decisão: 18-10-2006.

Necessidade da existência de tratado extradicional ou promessa de reciprocidade: STF – "1. O pedido formulado pela República Federal da Alemanha, com promessa de reciprocidade, atende aos pressupostos necessários ao seu deferimento, nos termos da Lei nº 6.815/80. 2. A falta de tratado bilateral de extradição entre o Brasil e o país requerente não impede a formulação e o eventual atendimento do pedido extradicional desde que o Estado requerente, como na espécie, prometa reciprocidade de tratamento ao Brasil, mediante expediente (Nota Verbal) formalmente transmitido por via diplomática. 3. Os fatos delituosos imputados ao extraditando correspondem, no Brasil, ao crime de tráfico ilícito de entorpecentes, previsto no art. 33 da Lei nº 11.343/06, satisfazendo, assim, ao requisito da dupla tipicidade, previsto no art. 77, inc. II, da Lei nº 6.815/80. (STF – Pleno – Ext nº 1.120 – República Federal da Alemanha – rel. Min. Menezes Direito, j. 11-12-2008 – *DJE* 025 de 6-2-2009). **No mesmo sentido**: STF – "Fundando-se o pedido em promessa de reciprocidade de tratamento para casos análogos, está assim atendido o requisito autorizativo da medida, previsto no art. 76 da Lei nº 6.815/80, alterada pela Lei nº 6.940/81" (*RTJ* 162/452). Nesse sentido, o Supremo Tribunal Federal negou a extradição em virtude da promessa de reciprocidade feita pelo Governo alemão de incluir hipótese de brasileiro naturalizado, apesar de a Lei Fundamental alemão não permitir extradição de alemão naturalizado (STF – Pleno – Extr. nº 1010 – questão de ordem – República Federal Alemã – rel. Min. Joaquim Barbosa, decisão: 24-5-2006, *Informativo STF* nº 428). **Conferir ainda**: STF – Pleno – Ext. 1003 – Alemanha – rel. Min. Joaquim Barbosa, decisão: 18-10-2006.

Prevalência das normas extradicionais especiais previstas em tratados bilaterais, devidamente incorporados, em relação ao Estatuto do Estrangeiro – posteriormente, revogado pela Lei 13.445/2017 – (Princípio da Especialidade): STF – "No sistema brasileiro, ratificado e promulgado, o tratado bilateral de extradição se incorpora, com força de lei especial, ao ordenamento jurídico interno, de tal modo que a cláusula que limita a prisão do extraditando ou determina a sua libertação, ao termo de certo prazo, cria direito individual em seu favor, contra o qual não é oponível disposição mais rigorosa da lei geral. De qualquer modo, ainda quando se pudesse admitir, em questão de liberdade individual, que ao Estado requerente fosse dado invocar, ao invés do tratado que o vincula ao Brasil, a norma a ele mais favorável da lei brasileira de extradição, só o poderia fazer mediante promessa específica de reciprocidade: ao contrário, pedida a prisão preventiva com base no Tratado, e somente nele, há de prevalecer o que nele se pactuou" (*RTJ* 162/822). **Conferir, ainda**: STF – Ext. 1196/Reino da Espanha – Rel. Min. Dias Toffoli, decisão: 16-6-2011.

Extradição e vedação a julgamento por Tribunal de Exceção: STF – "Extraditando que não será julgado por tribunal de exceção, notadamente porque o objetivo do presente pedido extradicional é o processamento e julgamento do Extraditando pelo Poder Judiciário argentino, plenamente capaz de assegurar aos réus, em juízo criminal, a garantia plena de um julgamento imparcial, justo e regular" (STF – Pleno – Ext. 1150/República Argentina – Rel. Min. Carmen Lúcia, decisão: 19-5-2011).

Atos de terrorismo e descaracterização da natureza política do crime: STF – "os atos delituosos de natureza terrorista, considerados os parâmetros consagrados pela vigente Constituição da República, não se subsumem à noção de criminalidade política, pois a Lei Fundamental proclamou o repúdio ao terrorismo como um dos princípios essenciais que devem reger o Estado brasileiro em suas relações internacionais" (STF – Pleno – Ext. 855-2, rel. Min. Celso de Mello – *Informativo STF* nº 394, p. 4).

Homicídio – Ausência de conotação política – Não caracterização de crime político: STF – "Em conclusão de julgamento, o Tribunal, por maioria, deferiu pedido de extradição executória formulado pelo Governo da Itália contra nacional italiano condenado à pena de prisão perpétua pela prática de quatro homicídios naquele país. Prevaleceu o voto do Min. Cezar Peluso, relator, que, após reconhecer a ilegalidade do ato de concessão de refúgio ao extraditando, entendeu que os crimes a ele atribuídos teriam natureza comum, e não política, os quais não estariam prescritos, considerando atendidos os demais requisitos previstos na Lei nº 6.815/80 e no tratado de extradição firmado entre o Brasil e a Itália." (...) Aduziu que os crimes cometidos pelo extraditando, sobre não apresentar nenhum traço de conotação política, entrariam com folga na classe dos crimes comuns graves, qualificados de hediondos, nos termos do art. 1º da Lei nº 8.072/90, e que a incidência dessa lei, no caso, não importaria agravamento da situação jurídico-penal do extraditando enquanto réu, senão mera qualificação jurídica da sua distinta situação de pretendente de reconhecimento da condição de refugiado. (...) O relator atestou a não ocorrência da causa impeditiva prevista no inciso VII do art. 77 da Lei nº 6.815/80, objeto da garantia consagrada no inciso LII do art. 5º da CF (...). Reafirmando a competência da Corte para aquilatar, com exclusividade, o caráter das infrações que informam o pedido extradicional, julgou comuns os crimes cometidos pelo extraditando, sobretudo quando confrontados com o princípio da preponderância (Lei nº 6.815/90, art. 77, § 1º). Frisou, no ponto, consubstanciarem homicídios dolosos, perpetrados com premeditação, os quais não guardariam relação com fins altruístas que caracterizariam movimentos políticos voltados à implantação de nova ordem econômica e social, mas revelariam, pelo contrário, puro intuito de vingança pessoal" (Ext 1.085, rel. Min. Cezar Peluso, julgamento em 18-11-09, Plenário, *Informativo* nº 568).

Pena de prisão igual ou superior a um ano pela lei brasileira: "Não há como acolher-se a tese segundo a qual a extradição não poderá ser concedida, ao argumento de que a pena mínima prevista para o crime de estelionato é apenas de um ano, porquanto esse delito não se agrupa nos crimes que a *lei brasileira* impõe pena de prisão igual ou inferior a um ano, mas sim igual ou superior a um ano" (*RTJ* 162/452).

Possibilidade de extradição de estrangeiro casado com cônjuge brasileiro: "O fato de o alienígena haver contraído matrimônio com cidadã brasileira não obsta o conhecimento e o deferimento do pedido, tendo em vista tratar-se de extradição e não de expulsão" (*RTJ* 162/452). **No mesmo sentido**: STF – "O fato de o extraditando possuir filhos brasileiros não possui relevância para o processo de extradição. O disposto na Súmula 421 deste Tribunal mostra-se plenamente compatível com a nova ordem constitucional" (STF – 1ª T. – Ext. 967-2/BE – rel. Min. Ricardo Lewandowski, *Diário da Justiça*, Seção I, 7 dez. 2006, p. 35).

Conceito de dupla tipicidade: STF – "Revela-se essencial, para a exata aferição do respeito ao postulado da dupla incriminação, que os fatos atribuídos ao extraditando – não obstante a incoincidência de sua designação formal – revistam-se de tipicidade penal e sejam igualmente puníveis tanto pelo ordenamento jurídico doméstico quanto pelo sistema de direito positivo do Estado requerente. Precedente: RTJ 133/1075" (STF – Pleno – Extradição nº 669/EUA – Rel. Min. Celso de Mello – *Diário da Justiça*, Seção I, 29 mar. 1996, p. 9.343). **Conferir, ainda**: STF – Pleno – Ext. 1150/República Argentina – Rel. Min. Carmen Lúcia, decisão: 19-5-2011; STF – 1ª T. – Ext. nº 1206/República da Polônia – Rel. Min. Ricardo Lewandowski, decisão: 28-6-2011; STF – Ext. 1196/Reino da Espanha – Rel. Min. Dias Toffoli, decisão: 16-6-2011.

Dupla tipicidade e impossibilidade de concessão de pedido extradicional quando o fato é atípico no Brasil: STF – "EMENTA: 1. EXTRADIÇÃO. Passiva. Executória. República Portuguesa. Acusações de burla informática e de falsidade informática. Presença do requisito da dupla tipicidade, apenas quanto ao delito tipificado no art. 221º, nº 1 a 5, do Código Penal português. Delito de execução vinculada. Correspondência com o tipo do art. 171 do Código Penal brasileiro. Quanto ao fato atribuído ao extraditando, falta de correspondência normativa do delito de falsidade informática, previsto no art. 4º da Lei portuguesa nº 109/91. Extradição concedida apenas em parte. Embora de execução vinculada, o delito de burla informática, tipificado no art. 221º do Código Penal português, encontra correspondência normativa com a figura do estelionato, descrita no art. 171 do Código Penal brasileiro, e, como tal, justifica deferimento de extradição. Não o encontra, porém, quanto a certos fatos, o crime de falsidade informática, previsto no art. 4º da Lei portuguesa nº 109/91. 2. CRIME. Estelionato. Tipicidade. Caracterização. Sujeito passivo. Delito que teria sido cometido em dano patrimonial de pessoa jurídica. Indução a erro doutras pessoas. Irrelevância. Inteligência do art. 171 do CP. O sujeito passivo do delito de estelionato pode ser qualquer pessoa, física ou jurídica. Mas a pessoa que é iludida ou mantida em erro ou enganada pode ser diversa da que sofre a lesão patrimonial" (STF – Pleno – Ext. 1029/República Portuguesa – rel. Min. Cezar Peluso, decisão: 13-9-2006, *Diário da Justiça*, Seção I, 10 nov. 2006, p. 49. Conferir, ainda, o mesmo julgado no *Informativo STF* nº 440). **No mesmo sentido**: STF – Extradição passiva – Caráter instrutório – Existência de tratado bilateral de extradição – Postulado da dupla tipicidade não atendido no que concerne à conduta consistente em portar *chave de fenda* e *cano de plástico* – Instrumentos que não se ajustam ao conceito de arma de fogo (*Estatuto do Desarmamento*) – Fato que obsta, quanto a tal conduta, o acolhimento do pedido extradicional (STF – Pleno – EXT. nº 1.145-Reino Unido da Grã-Bretanha e da Irlanda do Norte, rel. Min. Celso de Mello, j. 18-12-2009 – *DJE* 38 de 27-2-2010). **Conferir ainda**: STF – Pleno – Ext. 753-0 – Estados Unidos da América – rel. Min. Moreira Alves, *Diário da Justiça*, Seção I, 26 nov. 1999, p. 83. **Conferir, ainda**: STF – Pleno – Ext. 753-0 – Estados Unidos da América – rel. Min. Moreira Alves, *Diário da Justiça*, Seção I, 26 nov. 1999, p. 83). **A ausência de dupla tipicidade impossibilita a extradição**: STF – Plenário – Ext. nº 1029 – rel. Cezar Peluso, decisão 13-9-2006 – *Informativo STF* nº 440, p. 1.

5.99 Procedimento e decisão

O pedido deverá ser feito pelo Governo do Estado Estrangeiro Soberano por via diplomática, nunca por mera carta rogatória (*RTJ* 64/22; *RTJ* 99/1003), e endereçado ao Presidente da República, autoridade autorizada constitucionalmente a manter relações com Estados Estrangeiros (art. 84, VII). Uma vez feito o pedido, ele será encaminhado ao Supremo Tribunal Federal, pois não se concederá extradição sem seu prévio pronunciamento sobre a legalidade e a procedência do pedido (CF, art. 102, I, g, e RiSTF, art. 207), que somente dará prosseguimento ao pedido se o extraditando estiver preso e à disposição do Tribunal, salvo raras excepcionalidades, como na hipótese de prisão domiciliar concedida em virtude de grave doença cardiovascular e necessidade de intervenção cirúrgica (STF, Pleno, Ext. 974/QO).

Note-se que a prisão administrativa decretada pelo Ministro da Justiça, prevista no procedimento de extradição, não foi recepcionada pela nova ordem constitucional. A hipótese da prisão do extraditando permanece no ordenamento jurídico, com a denominação de *prisão preventiva para extradição* (STF – Prisão Preventiva para extradição nº 81-9, *Diário da Justiça*, Seção I, 2 set. 1996, p. 30995), porém, a competência para sua decretação será do Ministro-relator sorteado, que ficará prevento para a condução do processo extradicional (*RT* 638/335).

Uma vez preso o extraditando, dar-se-á início ao processo extradicional, que é de caráter especial, sem dilação probatória, pois incumbe ao Estado requerente o dever de subsidiar a atividade extradicional do Governo brasileiro, apresentando-lhe, *ex ante,* os elementos de instrução documental considerados essenciais em função de exigências de ordem constitucional, legal ou de índole convencional.

Nos termos da Lei nº 13.445/2017, o relator designará dia e hora para o interrogatório do extraditando, após o qual, no prazo de 10 dias, deverá ser apresentada defesa por advogado constituído ou designado, que somente poderá contestar a identidade da pessoa reclamada, defeito de forma de documento apresentado ou ilegalidade da extradição.

A Lei de Migração, em seu artigo 87, passou a admitir que o extraditando submeta ao Supremo Tribunal Federal declaração expressa e assistida por advogado pleiteando sua entrega voluntária ao Estado requerente, mediante prévia advertência de que tem direito ao processo judicial de extradição e à proteção que tal direito encerra.

Trata-se de importante alteração legislativa, pois na vigência do revogado Estatuto dos Estrangeiros o Supremo Tribunal Federal entendia não existir possibilidade de o extraditando renunciar ao procedimento extradicional, pois mesmo sua concordância em retornar a seu país não dispensava o controle da legalidade do pedido; havendo, porém, conforme decidido pelo STF, a possibilidade de aplicação do regime simplificado de extradição entre os Estados membros da Comunidade dos Países de Língua Portuguesa, que autoriza a entrega imediata do extraditando às autoridades competentes do Estado requerente, sempre que o súdito estrangeiro manifestar, de forma livre e de modo voluntário e inequívoco, o seu desejo de ser extraditado.

Findo o procedimento extradicional, se a decisão do Supremo Tribunal Federal, após a análise das hipóteses materiais e requisitos formais, for contrária à extradição, vinculará o Presidente da República, ficando vedada a extradição e não sendo possível novo pedido baseado nos mesmos fatos. Se, no entanto, a decisão for favorável, o Chefe do Poder Executivo, discricionariamente, determinará ou não a extradição, pois não pode ser obrigado a concordar com o pedido de extradição, mesmo que, legalmente correto e deferido pelo STF, uma vez que o deferimento ou recusa do pedido de extradição é direito inerente à soberania.

A extradição ficará suspensa e somente poderá ser executada após a conclusão do processo ou do cumprimento da pena, se o extraditando estiver sendo processado ou ostentar condenação criminal no Brasil por outros crimes apenados com pena privativa de liberdade, salvo em se tratando de infração de menor potencial ofensivo.

Uma vez autorizada a entrega do extraditando pelo órgão competente do Poder Executivo, o Estado requerente será comunicado e terá o prazo de 60 dias para retirá-lo do território nacional. Caso não o retire, o extraditando será posto em liberdade, sem prejuízo de outras medidas aplicáveis.

Ressalte-se, ainda, a possibilidade de desistência do pedido extradicional pelo país estrangeiro, seja expressamente, seja tacitamente, quando demonstra desinteresse em retirar o extraditando do território nacional.

Findo o procedimento extradicional, se a decisão do Supremo Tribunal Federal, após a análise das hipóteses materiais e requisitos formais, for contrária à extradição, vinculará o Presidente da República, ficando vedada a extradição. Se, no entanto, a decisão for favorável, o Chefe do Poder Executivo, *discricionariamente*, determinará ou não a extradição, pois não pode ser obrigado a concordar com o pedido de extradição, mesmo que legalmente correto e deferido pelo STF, uma vez que o deferimento ou recusa do pedido de extradição é direito inerente à soberania (STF-*RF* 221/275).

Requisitos necessários para o pedido extradicional: STF – "O processo de extradição passiva ostenta, em nosso sistema jurídico, o caráter de processo documental, pois ao Estado requerente é exigível a obrigação de produzir, dentre outros elementos, aqueles que constituem os documentos indispensáveis à própria instauração do juízo extradicional. A exigência estabelecida pelo art. 80, *caput*, da Lei nº 6.815/80 – que reclama indicações precisas sobre os diversos aspectos concernentes ao fato delituoso – não se tem por satisfeita quando, embora desatendida pelo mandado de prisão provisória, revela-se passível de suprimento por outros elementos de caráter informativo existentes *aliunde*. A indicação precisa e minuciosa de todos os dados concernentes ao fato delituoso há de conter-se, exclusivamente – como requer e ordena a lei brasileira –, nas peças, que são de produção necessária, referidas no *caput* do art. 80 do Estatuto do Estrangeiro. As imprecisões e omissões concernentes ao local, data, natureza e circunstâncias do fato delituoso impedem o exercício, pelo STF, do seu poder de controle sobre a legalidade do pedido extradicional. A insuficiência instrutória do pedido e o desatendimento das exigências impostas pelo art. 80, *caput*, do Estatuto do Estrangeiro justificam o indeferimento liminar da postulação extradicional formulada por Estado estrangeiro (*RTJ* 147/894, rel. Min. Celso de Mello)" (STF, Extradição 667-3 – República Italiana – rel. Min. Celso de Mello, *Diário da Justiça*, Seção I, 29 set. 1995, p. 31998-99).

Possibilidade do súdito estrangeiro manifestar seu desejo de ser extraditado: STF – "A homologação judicial, pelo Supremo Tribunal Federal, de declaração de consentimento do extraditando equivalerá, para todos os efeitos, à decisão final do processo de extradição" (STF – 2ª T. – Ext. 1476/DF – Rel. Min. Celso de Mello – julgamento em 9-5-2017).

Extradição e prescrição: STF – "Resolvendo questão de ordem suscitada pelo Min. Maurício Corrêa, relator, a vista da manifesta extinção da punibilidade do extraditando pela prescrição da pretensão executória perante a lei brasileira – o tipo penal em que incurso o extraditando corresponde, na lei brasileira, ao crime de roubo qualificado cuja prescrição em caso de fuga consuma se quando completados 20 anos a partir da data do evento, que, na espécie, ocorreu, em 8-7-1965 –, o Tribunal negou seguimento ao pedido de extradição de Ronald Arthur Biggs, conforme previsto no artigo 3º, I, *e*, ii, do Tratado de extradição celebrado entre o Brasil e o Reino Unido da Grã-Bretanha" (STF – Pleno – Extradição nº 721 – Reino Unido da Grã-Bretanha – Rel. Min. Maurício Corrêa, decisão: 12-12-1997 – *Informativo STF*, nº 92 – dez. 1997). **Conferir, ainda:** STF – Pleno – Ext. 1150/República Argentina – Rel. Min. Carmen Lúcia, decisão: 19-5-2011; STF – Ext. 1196/Reino da Espanha – Rel. Min. Dias Toffoli, decisão: 16-6-2011; STF – 1ª T. – Ext. nº 1206/República da Polônia – Rel. Min. Ricardo Lewandowski, decisão: 28-6-2011.

Irrelevância da aquiescência do extraditando: STF – "Aquiescência do extraditando – A aquiescência do extraditando não é suficiente, por si só, à colocação, em plano secundário, do exame da legalidade do pedido" (STF – Extradição nº 639-8 – Rel. Min. Marco Aurélio, *Diário da Justiça*, Seção I, 9 ago. 1995, p. 29507). **Conferir, no mesmo sentido:** STF – Extradição nº 509-0 – Rel. Min. Celso de Mello, *Diário da Justiça*, Seção I, 1º jun. 1990; STF – Extradição nº 643-0 – República da Áustria – Rel. Min. Francisco Rezek, *Diário da Justiça*, Seção I, 10 ago. 1995, p. 23554.

Competência privativa para decidir sobre a extradição – Decisão do Poder Judiciário não vincula o Presidente da República: STF – "O Tribunal, por maioria, acolheu questão de ordem, suscitada nos autos de extradição executória formulada pelo Governo da Itália contra nacional italiano condenado à pena de prisão perpétua pela prática de quatro homicídios naquele país, a fim de retificar a ata do julgamento do aludido feito, para que conste que o Tribunal, por maioria, reconheceu que a decisão de deferimento da extradição não vincula o Presidente da República, nos termos dos votos proferidos pelos Ministros Cármen Lúcia, Joaquim Barbosa, Carlos Britto, Marco Aurélio e Eros Grau. (...). Na presente assentada, tendo em conta, sobretudo, os esclarecimentos prestados pelo Min. Eros Grau quanto aos fundamentos de seu voto, concluiu-se que o que decidido pela maioria do Tribunal teria sido no sentido de que a decisão do Supremo que defere a extradição não vincula o Presidente da República, o qual, entretanto, não pode agir com discricionariedade, ante a existência do tratado bilateral firmado entre o Brasil e a Itália. Os Ministros Marco Aurélio e Carlos Britto não acolhiam a questão de ordem, por considerar que as partes deveriam aguardar a publicação do acórdão para, se o caso, oporem embargos declaratórios" (STF – Pleno Ext. 1085 QO/Governo da Itália, rel. Min. Cezar Peluso, 16-12-2009. *Informativo STF* nº 572).

5.100 Prisão preventiva por extradição

A Lei de Migração regulamentou a prisão cautelar em extradição. Em caso de urgência, tal prisão poderá ser prévia ou conjuntamente solicitada com o pedido extradicional. O pedido deverá ser fundamentado e conter informação sobre o crime cometido, podendo ser apresentado por correio, fax, mensagem eletrônica ou qualquer outro meio que assegure a comunicação por escrito. O pedido de prisão cautelar poderá, ainda, segundo a Lei de Migração, ser transmitido à autoridade competente para extradição no Brasil por meio de canal estabelecido com o ponto focal da Organização Internacional de Polícia Criminal (Interpol) no País.

Na ausência de disposição específica em tratado, o Estado estrangeiro deverá formalizar o pedido de extradição conjuntamente com o pedido de prisão cautelar ou no prazo de 60 (sessenta) dias da data em que tiver sido cientificado da prisão do extraditando. O descumprimento desse prazo acarretará a imediata liberdade do extraditando e não permitirá novo pedido de prisão cautelar pelo mesmo fato sem que a extradição tenha sido devidamente requerida.

Uma vez respeitado o prazo, a eficácia temporal da prisão cautelar poderá ser prorrogada até o julgamento final em relação à legalidade do pedido de extradição. Observe-se, porém, que na vigência do antigo Estatuto dos Estrangeiros, a prisão cautelar do extraditando revestia-se de eficácia temporal limitada, não podendo exceder ao prazo de 90 dias, ressalvada disposição convencional em contrário, eis que a *existência de Tratado, regulando a extradição, quando em conflito com a lei, sobre ela prevalece, porque contém normas específicas* (STF – HC 73.552-5/SP – Rel. Min. Celso de Mello – *Diário da Justiça*, Seção I, 14 fev. 1995, p. 2.730); entretanto, o STF admitia que "com a instauração do processo extradicional, opera-se a novação do título jurídico legitimador da prisão do extraditando, descaracterizando-se, em consequência, eventual excesso de prazo, pois é da natureza da ação de extradição passiva a preservação da anterior custódia que tenha sido cautelarmente decretada contra o extraditando (STF – HC 73.552-5/SP – Rel. Min. Celso de Mello – *Diário da Justiça*, Seção I, 14 fev. 1995, p. 2.730. E, ainda, STF – Pleno – HC 71.402-RJ – Rel. Min. Celso de Mello, e RTJ 118/126).

O revogado Estatuto do Estrangeiro, ao dispor sobre a prisão do extraditando, determinava que esta *perduraria até o julgamento final do Supremo Tribunal Federal, não sendo admitida* a liberdade vigiada, a prisão domiciliar, nem a prisão-albergue (art. 84, parágrafo único).

Esse posicionamento vinha sendo relativizado excepcionalmente pelo Supremo Tribunal Federal, seja com a concessão de prisão domiciliar seja com a concessão de liberdade, pois destacava a Corte Suprema que "a prisão preventiva para fins de extradição haveria de ser analisada caso a caso, sendo, ainda, a ela atribuído limite temporal, compatível com o princípio da proporcionalidade, quando seriam avaliadas sua necessidade, sua adequação e sua proporcionalidade em sentido estrito", para concluir que "em nosso Estado de Direito, a prisão seria uma medida excepcional e, por isso, não poderia ser utilizada como meio generalizado de limitação das liberdades dos cidadãos, não havendo razão, tanto com base na CF quanto nos tratados internacionais com relação ao respeito aos direitos humanos e a dignidade da pessoa humana, para que tal entendimento não fosse aplicado no que tange às prisões preventivas para fins de extradição" (HC 91657/SP). Igualmente, entendeu nossa Corte Suprema conceder liberdade provisória quando a prisão demonstrou-se inadequada, desnecessária e desproporcional (Ext. 1254), e a possibilidade de prisão domiciliar em razão de grave doença cardiovascular e necessidade de intervenção cirúrgica (Ext. 974 QO).

A Lei de Migração, adotando o novo posicionamento do STF, passou a estabelecer expressamente que a Corte, considerando a situação administrativa migratória, os antecedentes do extraditando e as circunstâncias do caso e ouvido o Ministério Público, possa autorizar prisão albergue ou domiciliar ou determinar que o extraditando responda ao processo de extradição em liberdade, com retenção do documento de viagem ou outras medidas cautelares necessárias, até o julgamento da extradição ou a entrega do extraditando.

Mitigação da obrigatoriedade de prisão para fins de procedimento extradicional com base nos princípios da Razoabilidade e Proporcionalidade: STF – "QUESTÃO DE ORDEM. PEDIDO DE LIBERDADE PROVISÓRIA. EXTRADIÇÃO EXECUTÓRIA. EMISSÃO

DE CHEQUES SEM FUNDOS. TÍTULOS PRÉ-DATADOS. PRISÃO PARA FINS DE EXTRA-DIÇÃO. EXAME DA NECESSIDADE E DA PROPORCIONALIDADE DO APRISIONAMEN-TO. ESTRANGEIRO REQUESTADO QUE RESIDE NO BRASIL HÁ MAIS DE SETE ANOS. COMPROVAÇÃO DE QUE EXERCE ATIVIDADE LABORAL LÍCITA. ESPECIALÍSSIMA PRO-TEÇÃO CONSTITUCIONAL À FAMÍLIA. REVOGAÇÃO DA PRISÃO PREVENTIVA PARA FINS EXTRADICIONAIS, MEDIANTE O CUMPRIMENTO DE CONDIÇÕES. 1. Prevalece na jurisprudência do Supremo Tribunal Federal o entendimento de que a prisão preventiva para fins de extradição constitui requisito de procedibilidade da ação extradicional, não se confundindo com a segregação preventiva de que trata o Código de Processo Penal. 2. Esse entendimento jurisprudencial já foi, por vezes, mitigado, diante de uma tão vistosa quanto injustificada demora na segregação do extraditando e em situações de evidente desnecessidade do aprisionamento cautelar do estrangeiro requesitado. 3. O processo de extradição se estabelece num contexto de controle internacional da criminalidade e do combate à proliferação de 'paraísos' ou valhacoutos para trânsfugas penais. O que não autoriza fazer da prisão preventiva para extradição uma dura e fria negativa de acesso aos direitos e garantias processuais de base constitucional, além de enfaticamente proclamados em Tratados Internacionais de que o Brasil faz parte; sobretudo em face da especialíssima proteção à família, pois o certo é que se deve assegurar à criança e ao adolescente o direito à convivência familiar (arts. 226 e 227), já acentuadamente prejudicada com a prisão em si do extraditando. 4. Sendo o indivíduo uma realidade única ou insimilar, irrepetível mesmo na sua condição de microcosmo ou de um universo à parte, todo instituto de direito penal que se lhe aplique há de exibir o timbre da personalização. Em matéria penal é a própria Constituição que se deseja assim personalizada ou orteguianamente aplicada (na linha do 'Eu sou eu e minhas circunstâncias', como enunciou Ortega Y Gasset), a partir dos graves institutos da prisão e da pena, que têm seu regime jurídico central no lastro formal dela própria, Constituição Federal. 5. A prisão preventiva para fins extradicionais é de ser balizada pela necessidade e pela razoabilidade do aprisionamento. Precedentes do Plenário do Supremo Tribunal Federal. 6. No caso, os fatos protagonizados pelo extraditando (emissão de cheques sem fundos) se acham naquela tênue linha que separa os chamados ilícitos penais dos ilícitos civis. A evidenciar a ausência de periculosidade social na liberdade do agente. Aliando-se a isso a falta de elementos concretos que permitam a elaboração de um juízo minimamente seguro quanto a risco de fuga do extraditando ou de qualquer outra forma de retardamento processual. 7. Se a história de vida do extraditando no Brasil não impede o deferimento do pedido de entrega, obriga o julgador a um mais refletido exercício mental quanto às sequelas familiarmente graves da prisão cautelar. Prisão que, na concreta situação deste processo, implicaria a total desassistência material do filho menor do estrangeiro requesitado e de sua esposa doméstica. 8. Questão de ordem resolvida para revogar a prisão preventiva do extraditando, mediante o cumprimento de explicitadas condições" (STF – 2ª T. – Ext. 1254 – QO/Romênia – Rel. Min. Ayres Britto, decisão: 6-9-2011). **Conferir, ainda**: STF – Pleno – HC 91657/SP – Rel. Min. Gilmar Mendes, decisão 13-9-2007. *Informativo STF* nº 479.

Eficácia temporal limitada da prisão cautelar do súdito estrangeiro (90 dias). Descaracterização, porém, de eventual excesso de prazo da prisão cautelar em face do ajuizamento da ação de extradição passiva, que exige a prisão do extraditando até final de julgamento: Conforme entende o STF, "impõe-se ressaltar, desde logo, que a prisão cautelar do súdito estrangeiro reveste-se de eficácia temporal limitada, não podendo exceder ao prazo de (90) noventa dias (Lei nº 6.815/80, art. 82, § 2º), ressalvada disposição convencional em contrário, eis que 'a existência de Tratado, regulando a extradição, quando em conflito com a lei, sobre ela prevalece, porque contém normas específicas'.

Essa circunstância – o ajuizamento da ação de extradição passiva – assume relevante qualificação de ordem processual, pois tem o condão de descaracterizar possível superação dos prazos legais ou convencionais concernentes ao tempo de duração da prisão cautelar dos súditos estrangeiros... Com a instauração do processo extradicional, opera-se a novação do título jurídico legitimador da prisão do súdito estrangeiro, descaracterizando-se, em consequência, eventual excesso de prazo que possa estar configurado. É da essência da ação de extradição passiva a preservação da anterior custódia que tenha sido cautelarmente decretada contra o extraditando. A superveniente formalização do pedido extradicional prejudica o *habeas corpus*, quando este, tendo por objeto a prisão preventiva do extraditando que foi anteriormente decretada, insurge-se contra o próprio ato judicial que ordenou a privação cautelar da liberdade individual do súdito estrangeiro" (STF – Pleno – HC nº 71.402/RJ – Rel. Min. Celso de Mello). Instaurado o pedido extradicional e posto o extraditando à disposição do STF, fica superado o pedido de *habeas corpus* que tem por objeto a prisão provisória do extraditando e seu fundamento" (*RTJ* 118/126). **Assim**, "a prisão atua, nesse contexto, como requisito essencial ao próprio prosseguimento do processo extradicional no Supremo Tribunal Federal (RiSTF, art. 208). A compulsoriedade de sua decretação e execução atua, pois, como condição de procedibilidade da ação de extradição. Formalizado o pedido extradicional pelo Estado requerente, torna-se 'indeclinável a prisão, devendo perdurar até o julgamento da causa'" (STF – Pleno – HC nº 73.552-5/SP – rel. Min. Celso de Mello – *Diário da Justiça*, Seção I, 14 fev. 1996, p. 2730). **Conferir, ainda**: *RTJ* 70/333; *RTJ* 118/126; *RT* 554/434; STF – Pleno – *Habeas corpus* 71.402-RJ, rel. Min. Celso de Mello.

Revogação da Súmula 2 do STF: Ressaltamos que a Súmula 2/STF ("concede-se liberdade vigiada ao extraditando que estiver preso por prazo superior a sessenta dias") já não mais prevalece em nosso sistema de direito positivo desde a revogação, pelo Decreto-lei nº 941/69 (art. 95, § 1º), do art. 9º do Decreto-lei nº 394/38, sob cuja égide foi editada a formulação sumular em questão. **Neste sentido**: STF – Extradição nº 332 – rel. Min. Thompson Flores, *Diário da Justiça*, Seção I, 17 jun. 1975, p. 4251.

Necessidade de manutenção da privação da liberdade durante todo o procedimento extradicional: O Estatuto do Estrangeiro, ao dispor sobre a prisão do extraditando, determina que esta perdurará até o julgamento final do STF, não sendo admitida a liberdade vigiada, a prisão domiciliar, nem a prisão-albergue (art. 84, parágrafo único). **Nesse sentido**: STF – *Habeas corpus* 73.552-5/SP, rel. Min. Celso de Mello, *Diário da Justiça*, Seção I, 14 fev. 1995, p. 2730; STF – Pleno – HC nº 81.709-2/DF – rel. Min. Ellen Gracie, *Diário da Justiça*, Seção I, 31 maio 2002, p. 42. **Em novo posicionamento, porém, o STF vem mitigando essa obrigatoriedade: Extradição e possibilidade excepcional de prisão domiciliar em razão de grave doença cardiovascular e necessidade de intervenção cirúrgica**: STF – "PRISÃO – EXTRADITANDO – PRISÃO DOMICILIAR. Ante as circunstâncias do caso, possível é a transformação da prisão fechada em domiciliar" (STF – Pleno – Ext. 974 QO/República Argentina, rel. Min. Marco Aurélio, 19-12-2008, *Informativo STF* nº 533).

Impossibilidade de prisão especial durante o procedimento extradicional (posicionamento anterior do Supremo Tribunal Federal): STF – "O Tribunal, por maioria, confirmando despacho do Ministro Celso de Mello, Presidente, indeferiu pedido feito por súdito estrangeiro, submetido à prisão preventiva para extradição, no sentido de que lhe fosse concedido o direito à prisão especial garantido aos parlamentares nacionais, sob a alegação de ser membro de parlamento estrangeiro. Entendeu-se que o art. 295 do CPP ('Serão recolhidos a quartéis ou a prisão especial, à disposição da autoridade competente, quando sujeitos a prisão antes de condenação definitiva: ... III – Os membros do Parlamento Nacional, do Conselho de Economia Nacional e das Assembleias Legislativas dos Estados') comporta interpretação restritiva, não sendo possível estender o benefício excepcional da prisão especial por analogia. Vencido o Min. Marco Aurélio, que entendia aplicável à espécie o referido dispositivo, tendo em vista a inviolabilidade do direito à igualdade garantido aos estrangeiros residentes no País (CF, art. 5º)" (STF – Pleno – Prisão Preventiva para Extradição (Ag. Rg.) 315 – Áustria – rel. Min. Octávio Gallotti, decisão: 20-8-1998. *Informativo STF* nº 119 e *Diário da Justiça*, Seção I, 10 ago. 1998, p. 129).

Impossibilidade do extraditando aguardar em liberdade a publicação do acórdão que concedeu a extradição: STF – "A relativa demora na publicação do acórdão que concedeu a extradição de estrangeiro não constitui motivo para que o extraditando aguarde em liberdade o julgamento dos embargos declaratórios. Com base nesse entendimento, o Tribunal indeferiu *habeas corpus* em que se suscitava excesso de prazo de prisão, que perdurava em razão da demora na publicação do acórdão. O Tribunal entendeu que a prisão do extraditando tem como objetivo assegurar a execução de eventual ordem de extradição, devendo ela perdurar até o julgamento final pelo STF (Lei nº 6.815/80, art. 84, parágrafo único). Precedente citado: HC 71.402-RJ (*DJU* de 23 set. 1994)" (STF – Pleno – HC nº 78.082/RJ – rel. Min. Ilmar Galvão, decisão: 16-6-1999. *Informativo STF* nº 153).

Extradição – Prisão preventiva – Concessão de liberdade – Exceção: Excepcionalmente, o STF entendeu possível a concessão de liberdade ao extraditando, destacando que "a prisão preventiva para fins de extradição haveria de ser analisada caso a caso, sendo, ainda, a ela atribuído limite temporal, compatível com o princípio da proporcionalidade, quando seriam avaliadas sua necessidade, sua adequação e sua proporcionalidade em sentido estrito", para concluir que "em nosso Estado de Direito, a prisão seria uma medida excepcional e, por isso, não poderia ser utilizada como meio generalizado de limitação das liberdades dos cidadãos, não havendo razão, tanto com base na CF quanto nos tratados internacionais com relação ao respeito aos direitos humanos e a dignidade da pessoa humana, para que tal entendimento não fosse aplicado no que tange às prisões preventivas para fins de extradição" (STF – Pleno – HC 91657/SP – rel. Min. Gilmar Mendes, decisão 13-9-2007. *Informativo STF* nº 479).

5.101 Atuação do Judiciário na extradição

O sistema extradicional vigente no direito brasileiro qualifica-se como *sistema de controle limitado,* com predominância da atividade jurisdicional, que permite ao Supremo Tribunal Federal exercer fiscalização concernente à legalidade extrínseca do pedido de extradição formulado pelo Estado estrangeiro, ou ainda, na possibilidade excepcional de análise da comprovada participação do brasileiro naturalizado em tráfico ilícito de entorpecentes (STF – Pleno – Ext. 1.082 – República Oriental do Uruguai – rel. Min. Celso de Mello, j. 19-6-2008), mas não no tocante ao mérito, salvo, excepcionalmente, na análise da ocorrência de prescrição penal, da observância do princípio da dupla tipicidade ou da configuração eventualmente política do delito imputado ao extraditando.

Como salientado pela jurisprudência pacífica da Corte, mesmo nesses casos a apreciação jurisdicional do Supremo Tribunal Federal deverá ter em consideração a versão emergente da denúncia ou da decisão emanadas de órgãos competentes no Estado estrangeiro (STF – Pleno – Extradição nº 669-0 – rel. Min. Celso de Mello, *Diário da Justiça*, Seção I, 29 mar. 1996, p. 9343).

Se o pedido formulado preenche os requisitos impostos pela legislação brasileira, impõe-se o deferimento da extradição (STF – Extradição nº 639-8; rel. Min. Marco Aurélio, v.u.; *DJU*, Seção I, 15 set. 1995, p. 29507), caso contrário não, pois nem a aquiescência do extraditando é suficiente, por si só, à colocação, em plano secundário, do exame da legalidade do pedido (STF – Extradição nº 509-0, rel. Min. Celso de Mello, *Diário da Justiça*, Seção I, 1 jun. 1990; STF – Pleno – Extradição nº 643/6 – República da Áustria, rel. Min. Francisco Rezek, *Diário da Justiça*, Seção I, 10 ago. 1995, p. 23554).

Atividade jurisdicional no pedido de extradição: STF – "No sistema belga – ao qual filiada a lei extradicional brasileira, não afetada pelo Tratado com a Itália – o papel da autoridade judiciária do Estado requerido se limita a um juízo de legalidade extrínseca do pedido, sem penetrar no exame de mérito sobre a procedência, à luz das provas, da acusação formulada no Estado requerente contra o extraditando: a rara e eventual delibação acerca da substância da imputação faz-se na estrita necessidade de decisão de questões como a dúplice incriminação, da qualificação política do crime ou de prescrição, sempre, porém, a partir da versão de fatos escolhidos, no Estado requerente, conforme a peça de acusação ou a decisão judicial que suportar o pedido" (STF – Pleno – Extradição nº 703-3 – rel. Min. Sepúlveda Pertence, *Diário da Justiça*, Seção I, 20 fev. 1998, p. 14). **No mesmo sentido**: STF – Irrelevância, perante o juízo de controle da ilegalidade da extradição, da negativa de autoria da ação criminosa, cujo exame cabe à Justiça do Estado requerente, competente para o exame do merecimento da ação penal. Pedido deferido em parte, com exclusão do delito de posse e venda de armas comuns e de guerra, somente punível, no direito brasileiro, a título de contravenção" (STF – Pleno – Extradição 661-4/República Italiana – rel. Min. Octávio Gallotti, *Diário da Justiça*, Seção I – 14 nov. 1996, p. 44468). **Conferir, ainda**: STF – "O *mandat d'arrêt*, segundo jurisprudência consolidada do Supremo Tribunal Federal, qualifica-se como instrumento idôneo e hábil ao deferimento de pedido extradicional formulado pelo Governo da República Francesa, desde que satisfeitos os demais requisitos e condições impostos pelo ordenamento positivo brasileiro, em tema de extradição passiva. Precedentes. Indagações probatórias em torno do mérito da causa penal subjacente à extradição requerida ao Brasil constituem temas pré-excluídos do âmbito de consideração jurisdicional do Supremo Tribunal Federal, no processo e julgamento da ação de extradição passiva" (STF – Pleno – Extradição nº 558-0/República Francesa – rel. Min. Celso de Mello, *Diário da Justiça*, Seção I, 6 mar. 1998, p. 2). **No mesmo sentido**: STF – Pleno – Extradição nº 703/3 – República Italiana – rel. Min. Sepúlveda Pertence, *Diário da Justiça*, Seção I, 20 fev. 1998, p. 14. **Conferir, ainda**: STF – "A jurisprudência deste Supremo Tribunal Federal tem reiteradamente assinalado que, na ação de extradição, não se confere ao Supremo Tribunal competência para indagar sobre o mérito da pretensão deduzida pelo Estado requerente ou sobre o contexto probatório em que a postulação extradicional apoia-se" (STF – Pleno – Ext. 1150/República Argentina – Rel. Min. Carmen Lúcia, decisão: 19-5-2011).

Término da atuação do Poder Judiciário: STF – "Deferido o pedido extradicional, a pessoa reclamada fica à disposição – para os devidos fins – das autoridades do Poder Executivo. Não mais o Supremo responsável por eventual coação" (*RTJ* 163/254).

Possibilidade de nova análise de pedido extradicional transitado em julgado em virtude de erro material: STF – "Erro material é o resultante de enganos da escrita, de datilografia ou de cálculo e ainda os atribuíveis a flagrante equívoco ou inadvertência do juiz, uma vez que haja nos autos elementos que tornem evidente o engano, quando relativo a matéria do processo. Com base nesse entendimento, o Tribunal, por maioria, vencido o Min. Marco Aurélio, resolveu questão de ordem no sentido de reconhecer erro material na decisão que julgara prejudicado pedido extradicional e negar provimento a agravo regimental interposto contra decisão que determinara a distribuição dos autos da extradição"(STF – Pleno – Ext. 775 Petição Avulsa-QO-AgR/República Argentina, rel. Min. Nelson Jobim, j. 9-6-2005 – *Informativo STF* nº 391, p. 2).

5.102 Extradição, princípio da especialidade e pedido de extensão (Extradição Supletiva)

Aplica-se na extradição o *princípio da especialidade*, ou seja, o extraditado somente poderá ser processado e julgado pelo país estrangeiro pelo delito objeto do pedido de extradição, conforme o art. 96, I da Lei nº 13.445/2017. Porém, o Supremo Tribunal Federal permite o chamado *pedido de extensão*, que consiste na permissão, solicitada pelo país estrangeiro, de processar pessoa já extraditada por qualquer delito praticado antes da extradição e diverso daquele que motivou o pedido extradicional, desde que o Estado requerido expressamente autorize. Nessas hipóteses, deverá ser realizado, igualmente, o estrito controle jurisdicional da legalidade, mesmo já encontrando-se o indivíduo sob domínio territorial de um País soberano (STF – Extradição nº 571-5, Confederação Helvética, rel. Min. Celso de Mello, *Diário da Justiça*, Seção I, 1º ago. 1994, p. 18504).

Extradição e princípio da especialidade: STF – "Com base em norma especial do Tratado de Extradição Brasil-Suíça, segundo a qual a apresentação da nota verbal perante o Estado requerido interrompe a prescrição (Decreto 23.997/34, art. III, *c*), o Tribunal deferiu a extradição de cidadão italiano condenado a uma pena única pelos crimes de 'instigação a incêndio qualificado, furto e engano premeditado da justiça mediante acumulação jurídica', cuja prescrição, segundo as normas gerais previstas na legislação brasileira, teria ocorrido quando o extraditando já se encontrava preso preventivamente em virtude do pedido de extradição (Decreto 23.997/34, art. III, *c*: 'Não será concedida a extradição: ... c) quando a prescrição da ação ou da pena se tiver verificado segundo as leis do país requerido ou do país requerente, antes de chegar o pedido de prisão ou de extradição ao Governo do país requerido')" (STF – Pleno – EXT 834-Suíça – rel. Min. Néri da Silveira, *Informativo STF*, 17 abr. 2002, nº 263, p. 1). **Conferir, ainda, como destacado pelo Ministro Eros Grau**, que "o princípio da especialidade não é obstáculo ao deferimento do pedido de extensão. A regra que se extrai do texto normativo visa a impedir, em benefício do extraditando, que o Estado requerente instaure contra ele – sem o controle de legalidade pelo Supremo Tribunal Federal – ação penal ou execute pena por condenação referente a fatos anteriores àqueles pelos quais foi deferido o pleito extradicional" (STF – Pleno – Extensão na Extr. nº 787 – República Portuguesa, rel. Min. Eros Grau, *Informativo STF* nº 424). **No mesmo sentido:** STF Pleno – Ext. 1052 – Reino dos Países Baixos – rel. Min. Eros Grau, decisão: 9-10-2008.

5.103 Necessidade de comutação da pena de prisão perpétua em pena privativa de liberdade com prazo máximo

A legislação brasileira exige para a concessão da extradição a comutação da pena de morte, ressalvados os casos em que a lei brasileira permite sua aplicação, em pena privativa de liberdade. Em relação à pena de prisão perpétua, porém, reiterada jurisprudência da Corte Suprema entendia ser desnecessária sua comutação em pena privativa de liberdade com prazo máximo de cumprimento (neste sentido, STF, Tribunal Pleno, Extradição nº 507, República Argentina, Relator p/o acórdão Min. Ilmar Galvão, *RTJ* 150/391). O mesmo ocorre em relação à desnecessidade de comutação de eventual pena de trabalhos forçados (*RTJ* 132/1.083, 150/391).

A Lei de Migração expressamente passou a prever a necessidade de o Estado requerente comprometer-se em comutar a pena corporal, perpétua ou de morte, em pena privativa de liberdade, respeitado o limite máximo de cumprimento de 30 (trinta) anos; e de não submeter o extraditando à tortura ou a outros tratamentos ou penas cruéis, desumanos ou degradantes.

A exigência constitucional interpretada pelo Supremo Tribunal Federal diz respeito ao limite máximo de cumprimento de pena privativa de liberdade autorizado pela legislação brasileira, que às partir da vigência da Lei nº 13.964, de 24 de dezembro de 2019, que alterou o artigo 75 do Código Penal, será de 40 (quarenta) anos. Dessa maneira, para fins extradicionais, também deve prevalecer o novo período máximo de cumprimento de pena, sob pena de odioso privilegio ao extraditando em relação àquele condenado pela Justiça brasileira à privação de liberdade.

Extradição e necessidade de detração penal e substituição da pena de prisão perpétua: STF – "Não concorrerá para a pena o eventual fim ou motivo político dos crimes; devendo ser efetuada a detração do tempo de prisão, ao qual foi submetido no Brasil, em razão desse pedido, nem podendo lhe ser aplicada a pena de prisão perpétua" (STF – Pleno – Ext. 1150/República Argentina – Rel. Min. Carmen Lúcia, decisão: 19-5-2011). **Conferir, ainda:** STF – Ext. 1196/Reino da Espanha – Rel. Min. Dias Toffoli, decisão: 16-6-2011.

Necessidade de comutação da pena de prisão perpétua por pena privativa de liberdade com prazo máximo de 30 anos para a concessão da extradição: STF – "O Tribunal, por unanimidade, deferiu a extradição e, por maioria, vencidos os Senhores Ministros Carlos Velloso e o Presidente, Ministro Nelson Jobim, condicionou a entrega do extraditando à comutação das penas de prisão perpétua em penas de prisão temporária de no máximo 30 anos, observados, desde que assim o entenda o Senhor Presidente da República, os arts. 89 e 67 da Lei nº 6.815, de 19 de agosto de 1980" (STF – Pleno – extradição nº 855-2/DF – Rel. Min. Celso de Mello, Diário da Justiça, Seção I, 3 set. 2004, p. 9 e *Informativo STF* nº 358, p. 2 e STF – Pleno – extradição nº 855-2/DF – Rel. Min. Celso de Mello, *Diário da Justiça*, Seção I, 3 set. 2004, p. 9). **Observe-se, porém**, que o Presidente da República não concedeu a extradição, não se aplicando, ainda, na prática, essa alteração jurisprudencial. Essa era a antiga posição minoritária do Supremo Tribunal Federal – necessidade de comutação da pena de prisão perpétua em pena privativa de liberdade de no máximo 30 anos: posição minoritária dos Ministros Celso de Mello, Maurício Corrêa, Sepúlveda Pertence, Néri da Silveira e Marco Aurélio entende necessária a comutação da pena de prisão perpétua em privativa de liberdade com prazo máximo de 30 anos. **Nesse sentido**, o Ministro Celso de Mello defende a comutação da referida pena perpétua para 30 anos de reclusão, pois, como salienta, "constitui a pena mais elevada de privação de liberdade, no Brasil" (*RTJ* 108/41; *RTJ* 150/393). Igual entendimento é defendido pelo Ministro Sepúlveda Pertence (*RTJ* 150/401) e foi defendido pelo Ministro Paulo Brossard (*RTJ* 150/401). **Conferir, nesse sentido:** STF – Pleno – Extradição 1150/República Argentina – Rel. Min. Carmen Lúcia, decisão: 19-5-2011; e, ainda: STF – "Mantida a orientação do Tribunal no sentido de não se exigir do Estado requerente, para o deferimento da extradição, compromisso de comutação da pena de prisão perpétua aplicável ou aplicada ao extraditando na pena máxima de trinta anos. Vencidos os Ministros Celso de Mello, Maurício Corrêa, Sepúlveda Pertence, Néri da Silveira e Marco Aurélio, que condicionavam a entrega do extraditando à prévia formalização, pelo Estado requerente, do compromisso de converter, em pena de prisão temporária, a pena de prisão perpétua imponível ao extraditando. Precedentes citados: Ext. 654 (*RTJ* 158/403), Ext. 507 (*DJU* de 3-9-93); Ext. 426 (*RTJ* 115/969)" (STF – Pleno – Extradição nº 773/Alemanha – Rel. Min. Octávio Gallotti, decisão: 22 mar. 2000. *Informativo STF* nº 182). **O Ministro Moreira Alves entendia que a comutação era necessária**, "para a de trinta anos de reclusão, por ser esta a maior pena criminal de nossa legislação penal comum" (*RTJ* 108/34), tendo, porém, alterado seu posicionamento, pois chegou à conclusão "de que não podemos impor a Estado estrangeiro garantias constitucionais, relativas a penas, que dizem respeito à aplicação dessas pelo nosso país" (*RTJ* 150/401). **O posicionamento anterior do Supremo Tribunal Federal voltava-se** à desnecessidade de pedido de comutação da pena de prisão perpétua para a concessão da extradição: STF – "Mantida a orientação do Tribunal no sentido de não se exigir do Estado requerente, para o deferimento da extradição, compromisso de comutação da pena de prisão perpétua aplicável ou aplicada ao extraditando na pena máxima de trinta anos. Vencidos os Ministros Celso de Mello, Maurício Corrêa, Sepúlveda Pertence, Néri da Silveira e Marco Aurélio, que condicionavam a entrega do extraditando à prévia formalização, pelo Estado requerente, do compromisso de converter, em pena de prisão temporária, a pena de prisão perpétua imponível ao extraditando. Precedentes citados: Ext. 654 (*RTJ* 158/403), Ext. 507 (*DJU* de 3 set. 1993); Ext 426 (*RTJ* 115/969)" (STF – Pleno – Extradição nº 773/Alemanha – Rel. Min. Octávio Gallotti, decisão: 22-3-2000. *Informativo STF*, nº 182). No mesmo sentido: STF – "Para o deferimento da extradição, não se exige do Estado requerente o compromisso de comutação da pena de prisão perpétua, aplicável ou aplicada ao extraditando, na pena máxima de trinta anos. Vencidos, neste ponto, os Ministros Marco Aurélio e Celso de Mello. Precedente citado: Ext. 598-Itália (*RTJ* 152/430)" (STF – Pleno – Extradição nº 711/República Italiana – Rel. Min. Octávio Gallotti, decisão: 18-2-1998. *Informativo STF* nº 100). Conferir, ainda: STF – "O Plenário do Supremo Tribunal Federal firmou jurisprudência no sentido de admitir, sem qualquer restrição, a possibilidade de o Governo brasileiro extraditar o súdito estrangeiro reclamado, mesmo nos casos em que esteja ele sujeito a sofrer pena de prisão perpétua no Estado requerente. Ressalva da posição pessoal do Relator para acórdão (Min. Celso de Mello), que entende necessário comutar, a pena de prisão perpétua, em privação temporária da liberdade, em obséquio ao que determina a Constituição do Brasil" (STF – Pleno – Extradição nº 558-0/República Francesa – Rel. Min. Celso de Mello, *Diário da Justiça*, Seção I, 6 mar. 1998, p. 2). Conferir também: STF – Pleno – Extradição nº 507, *RTJ* 150/391, *RTJ* 115/969, *RTJ* 132/1083 – República Argentina – Rel. p/ Acórdão Min. Ilmar Galvão. Conferir: *RTJ* 150/391.

Impossibilidade da concessão de livramento condicional quando houver decreto de expulsão: STF – "A 1ª Turma indeferiu *habeas corpus* em que se discutia a possibilidade, ou não, de um estrangeiro – com decreto de expulsão em seu desfavor e que reingressa indevidamente no Brasil – obter livramento condicional enquanto cumpre pena por crime aqui praticado naquelas condições. Aplicou-se a jurisprudência do STF no sentido da incompatibilidade entre a concessão do livramento condicional e a expulsão de estrangeiro cujo decreto está subordinado ao cumprimento da pena a que foi condenado no Brasil. Rejeitou-se, ainda, a alegação de já ter sido cumprido o decreto de expulsão do paciente, tendo ele retornado ao Brasil, o que implicaria novo processo criminal. Enfatizou-se que o decreto expulsório subsiste enquanto não revogado, de modo que, se houver retorno indevido, o expulso não responderá por novo processo de expulsão, mas deverá ser encaminhado, mais uma vez, para fora do Brasil. Ademais, afirmou-se que o exame dos requisitos para concessão do referido benefício ultrapassaria os limites estreitos da via eleita. Precedentes citados: HC 83964/MG (*DJU* de 25-3-2004) e HC 83723/MG (*DJU* de 30-4-2004)" (STF – 1ª T. – HC 99400/RJ, rel. Min. Cármen Lúcia, 27.4.2010. *Informativo STF* nº 484).

5.103.1 Extradição e entrega ("surrender")

A extradição não se confunde com o instituto da entrega (*surrender*), previsto no art. 102 do Estatuto de Roma, pois enquanto a extradição é o modo de entregar o indivíduo ao outro Estado por delito nele praticado, o segundo instituto é definido como "a entrega de uma pessoa por um Estado ao Tribunal", nos termos do referido estatuto.

Acerca do instituto da entrega (*surrender*): STF – "ESTATUTO DE ROMA. INCORPORAÇÃO DESSA CONVENÇÃO MULTILATERAL AO ORDENAMENTO JURÍDICO INTERNO BRASILEIRO (DECRETO Nº 4.388/2002). INSTITUIÇÃO DO TRIBUNAL PENAL INTERNACIONAL. CARÁTER SUPRAESTATAL DESSE ORGANISMO JUDICIÁRIO. INCIDÊNCIA DO PRINCÍPIO DA COMPLEMENTARIDADE (OU DA SUBSIDIARIEDADE) SOBRE O EXERCÍCIO, PELO TRIBUNAL PENAL INTERNACIONAL, DE SUA JURISDIÇÃO. COOPERAÇÃO INTERNACIONAL E AUXÍLIO JUDICIÁRIO: OBRIGAÇÃO GERAL QUE SE IMPÕE AOS ESTADOS PARTES DO ESTATUTO DE ROMA (ART. 86). PEDIDO DE DETENÇÃO DE CHEFE DE ESTADO ESTRANGEIRO E DE SUA ULTERIOR ENTREGA AO TRIBUNAL PENAL INTERNACIONAL, PARA SER JULGADO PELA SUPOSTA PRÁTICA DE CRIMES CONTRA A HUMANIDADE E DE GUERRA. SOLICITAÇÃO FORMALMENTE DIRIGIDA, PELO TRIBUNAL PENAL INTERNACIONAL, AO GOVERNO BRASILEIRO. DISTINÇÃO ENTRE OS INSTITUTOS DA ENTREGA ("*SURRENDER*") E DA EXTRADIÇÃO. QUESTÃO PREJUDICIAL PERTINENTE AO RECONHECIMENTO, OU NÃO, DA COMPETÊNCIA ORIGINÁRIA DO SUPREMO TRIBUNAL FEDERAL PARA EXAMINAR ESTE PEDIDO DE COOPERAÇÃO INTERNACIONAL. CONTROVÉRSIAS JURÍDICAS EM TORNO DA COMPATIBILIDADE DE DETERMINADAS CLÁUSULAS DO ESTATUTO DE ROMA EM FACE DA CONSTITUIÇÃO DO BRASIL. O § 4º DO ART. 5º DA CONSTITUIÇÃO, INTRODUZIDO PELA EC Nº 45/2004: CLÁUSULA CONSTITUCIONAL ABERTA DESTINADA A LEGITIMAR, INTEGRALMENTE, O ESTATUTO DE ROMA? A EXPERIÊNCIA DO DIREITO COM-

PARADO NA BUSCA DA SUPERAÇÃO DOS CONFLITOS ENTRE O ESTATUTO DE ROMA E AS CONSTITUIÇÕES NACIONAIS. A QUESTÃO DA IMUNIDADE DE JURISDIÇÃO DO CHEFE DE ESTADO EM FACE DO TRIBUNAL PENAL INTERNACIONAL: IRRELEVÂNCIA DA QUALIDADE OFICIAL, SEGUNDO O ESTATUTO DE ROMA (ART. 27). MAGISTÉRIO DA DOUTRINA. ALTA RELEVÂNCIA JURÍDICO-CONSTITUCIONAL DE DIVERSAS QUESTÕES SUSCITADAS PELA APLICAÇÃO DOMÉSTICA DO ESTATUTO DE ROMA. NECESSIDADE DE PRÉVIA AUDIÊNCIA DA DOUTA PROCURADORIA-GERAL DA REPÚBLICA" (STF – Decisão Monocrática – PET nº 4625/República do Sudão, rel. Min. Celso de Mello, *DJe*, de 4-8-2009).

LIII – ninguém será processado nem sentenciado senão pela autoridade competente.

Cf. análise conjunta do princípio do juiz natural, já realizada, com o inciso XXXVII.

LIV – ninguém será privado da liberdade ou de seus bens sem o devido processo legal;

LV – aos litigantes, em processo judicial ou administrativo, e aos acusados em geral são assegurados o contraditório e a ampla defesa, com os meios e recursos a ela inerentes.

5.104 Devido processo legal, contraditório e ampla defesa

A Constituição Federal de 1988 incorporou o princípio do devido processo legal, que remonta à *Magna Charta Libertatum*, de 1215, de vital importância nos direitos inglês e norte-americano. Igualmente, o art. XI, nº 1, da Declaração Universal dos Direitos do Homem garante que

"todo homem acusado de um ato delituoso tem o direito de ser presumido inocente até que a sua culpabilidade tenha sido provada de acordo com a lei, em julgamento público no qual lhe tenham sido asseguradas todas as garantias necessárias à sua defesa".

Inovando em relação às antigas Cartas, a Constituição atual referiu-se expressamente ao *devido processo legal*, além de fazer referência explícita à privação de bens como matéria a beneficiar-se também dos princípios próprios do direito processual penal.

O devido processo legal configura dupla proteção ao indivíduo, atuando tanto no âmbito material de proteção ao direito de liberdade e propriedade quanto no âmbito formal, ao assegurar-lhe paridade total de condições com o Estado-persecutor e plenitude de defesa (direito à defesa técnica, à publicidade do processo, à citação, de produção ampla de provas, de ser processado e julgado pelo juiz competente, aos recursos, à decisão imutável, à revisão criminal).

O *devido processo legal* tem como corolários a *ampla defesa* e o *contraditório*, que deverão ser assegurados aos litigantes, em processo judicial criminal e civil ou em procedimento administrativo, inclusive nos militares (STF – 2ª T. – Agravo regimental em agravo de instrumento nº 142.847/SP – rel. Min. Marco Aurélio, *Diário da Justiça*, Seção I, 5 fev. 1993, p. 849), e aos acusados em geral, conforme o texto constitucional expresso (art. 5º, LV). Assim, embora no campo administrativo não exista necessidade de tipificação estrita que subsuma rigorosamente a conduta à norma, a capitulação do ilícito administrativo não pode ser tão aberta a ponto de impossibilitar o direito de defesa, pois nenhuma penalidade poderá ser imposta, tanto no campo judicial quanto nos campos administrativos ou disciplinares, sem a necessária amplitude de defesa (*RTJ* 83/385; *RJTJSP* 14/219).

Os princípios do devido processo legal, ampla defesa e contraditório, como já ressaltado, são garantias constitucionais destinadas a todos os litigantes, inclusive nos procedimentos administrativos previstos no Estatuto da Criança e do Adolescente (STJ – 6ª T. – REsp nº 19.710-0/RS – rel. Min. Adhemar Maciel – *Ementário STJ*, 10/674; STJ – 1ª T. – REsp nº 24.450-3/SP – rel. Min. Milton Luiz Pereira – *Ementário STJ*, 10/447). Como ressaltado por Nelson Nery Junior,

> "o processo administrativo, para a apuração de ato infracional cometido por criança ou adolescente (art. 103 ss ECA), é informado pelo contraditório e ampla defesa, pois seu objetivo é a aplicação de medida sócio-educativa pela conduta infracional, que se assemelha à imposição de sanção administrativa" (*Princípios...* Op. cit. p. 127).

Por *ampla defesa*, entende-se o asseguramento que é dado ao réu de condições que lhe possibilitem trazer para o processo todos os elementos tendentes a esclarecer a verdade ou mesmo de calar-se, se entender necessário, enquanto o *contraditório* é a própria exteriorização da ampla defesa, impondo a condução dialética do processo (*par conditio*), pois a todo ato produzido caberá igual direito da outra parte de opor-se-lhe ou de dar-lhe a versão que lhe convenha, ou, ainda, de fornecer uma interpretação jurídica diversa daquela feita pelo autor. Salienta Nelson Nery Júnior que

> "o princípio do contraditório, além de fundamentalmente constituir-se em manifestação do princípio do estado de direito, tem íntima ligação com o da igualdade das partes e o do direito de ação, pois o texto constitucional, ao garantir aos litigantes o contraditório e a ampla defesa, quer significar que tanto o direito de ação, quanto o direito de defesa são manifestação do princípio do contraditório".

A tutela judicial efetiva supõe o estrito cumprimento pelos órgãos judiciários dos princípios processuais previstos no ordenamento jurídico, em especial o contraditório e a ampla defesa, pois não são mero conjunto de trâmites burocráticos, mas um rígido sistema de garantias para as partes visando ao asseguramento de justa e imparcial decisão.

Não há dúvidas de que o reconhecimento constitucional do princípio do devido processo legal, juntamente com os aforismas *nulla poena sine judicio*, ou *sine previo legali judicio*, e com o consagrado princípio *nullum crimen sine lege, nulla poena sine lege*, constituem o triplo fundamento da legalidade penal em um Estado de Direito.

Entre as cláusulas que integram a garantia constitucional à ampla defesa encontra-se a necessidade de defesa técnica no processo, a fim de garantir a paridade de armas entre as partes (*par conditio*) e evitar o desequilíbrio processual, possível gerador de desigualdade e injustiças. Assim, o princípio do contraditório exige a *igualdade de armas* entre as partes no processo, possibilitando a existência das mesmas possibilidades, alegações, provas e impugnações.

Nesse sentido a afirmação de Smanio, de que

> "para atingir sua finalidade de solucionar conflitos de natureza penal, os sujeitos processuais parciais devem ser tratados com igualdade em todo o desenrolar do processo" (*Criminologia e juizado especial criminal*. São Paulo: Atlas, 1997. p. 34).

Dentro da previsão de ampla defesa, igualmente, está o direito constitucionalmente garantido de ser informado da acusação que dará início ao processo, relacionando todos os fatos considerados puníveis que se imputam ao acusado, bem como a narrativa detalhada dos fatos concretos praticados.

Súmula Vinculante 3: Nos processos perante o Tribunal de Contas da União, asseguram-se o contraditório e a ampla defesa quando da decisão puder resultar anulação ou revogação de ato administrativo que beneficie o interessado, excetuada a apreciação da legalidade do ato de concessão inicial de aposentadoria, reforma e pensão. **Em relação aos Tribunais de Contas, conferir**: MORAES, Alexandre de. *Direito constitucional*. 26. ed. São Paulo: Atlas, 2010. Cap. 10.

Devido processo legal e tutela das liberdades públicas: STF – "A submissão de uma pessoa à jurisdição penal do Estado coloca em evidência a relação de polaridade conflitante que se estabelece entre a pretensão punitiva do Poder Público e o resguardo à intangibilidade do *jus libertatis* titularizado pelo réu. A persecução penal rege-se, enquanto atividade estatal juridicamente vinculada, por padrões normativos, que, consagrados pela Constituição e pelas leis, traduzem limitações significativas ao poder do Estado. Por isso mesmo, o processo penal só pode ser concebido – e assim deve ser visto – como instrumento de salvaguarda da liberdade do réu. O processo penal condenatório não é um instrumento de arbítrio do Estado. Ele representa, antes, um poderoso meio de contenção e de delimitação dos poderes de que dispõem os órgãos incumbidos da persecução penal. Ao delinear um círculo de proteção em torno da pessoa do réu – que jamais se presume culpado, até que sobrevenha irrecorrível sentença que, condicionada por parâmetros ético-jurídicos, impõe ao órgão acusador o ônus integral da prova, ao mesmo tempo em que faculta ao acusado que jamais necessita demonstrar a sua inocência, o direito de defender-se e de questionar, criticamente, sob a égide do contraditório, todos os elementos probatórios produzidos pelo MP. A própria exigência de processo judicial representa poderoso fator de inibição do arbítrio estatal e de restrição ao poder de coerção do Estado. A cláusula *nulla poena sine judicio* exprime, no plano do processo penal condenatório, a fórmula de salvaguarda da liberdade individual" (1ª T.– HC nº 73.338/RJ – rel. Min. Celso de Mello – *RTJ* 161/264).

Acusação formalmente precisa e juridicamente apta e princípio da ampla defesa: STF – "O processo penal do tipo acusatório repele, por ofensivas à garantia da plenitude de defesa, quaisquer imputações que se mostrem indeterminadas, vagas, contraditórias, omissas ou ambíguas. Existe, na perspectiva dos princípios constitucionais que regem o processo penal, um nexo de indiscutível vinculação entre a obrigação estatal de oferecer acusação formalmente precisa e juridicamente apta e o direito individual de que dispõe o acusado à ampla defesa. A imputação penal omissa ou deficiente, além de constituir transgressão do dever jurídico que se impõe ao Estado, qualifica-se como causa de nulidade processual absoluta" (1ª T. – HC nº 70.763/DF – rel. Min. Celso de Mello, *Diário da Justiça*, Seção I, 23 set. 1994, p. 514).

Devido processo legal e interrogatório por videoconferência: STJ – "A Turma reafirmou que o interrogatório do acusado realizado por videoconferência antes da regulamentação do procedimento por lei federal (Lei nº 11.900/2009) consubstancia nulidade absoluta, pois viola o princípio constitucional do devido processo legal, por restringir a defesa do acusado sem fundamentação legal idônea. *In casu*, tanto o interrogatório quanto a instrução criminal se valeram do expediente de teleaudiência. Além disso, à época de sua realização (15/6/2007), não havia lei federal que respaldasse o ato, existindo, tão somente a Lei nº 11.819/2005-SP, posteriormente declarada inconstitucional pelo STF. Assim, consignou-se que a realização do interrogatório judicial por meio de videoconferência, antes da vigência da Lei nº 11.900/2009, constitui causa de nulidade absoluta, pois, como dito, opõe-se nitidamente ao interesse público na preservação do devido processo legal. Precedentes citados do STF: AI 820.070-SP, *DJe* 1º-2-2011; do STJ: RHC 26.190-SP, *DJe* 1º/8/2011; HC 193.025-SP, *DJe* 21-9-2011, e HC 179.922-SP, *DJe* 11-5-2011" (STJ – Quinta Turma – HC 193.904/SP – Rel. Min. Adilson Vieira Macabu (desembargador convocado do TJ-RJ), julgado em 22-5-2012).

Devido processo legal, ampla defesa, contraditório e citação: STJ – "Consoante a melhor doutrina a citação é ato fundamental do processo, porque de outro modo não se configuraria este como *actum trium personarum*, desapareceriam o contraditório e o direito de defesa, e inexistiria o devido processo legal" (3ª T. – REsp nº 14.201-0/CE – rel. Min. Waldemar Zveiter – *Ementário STJ*, 06/383).

Revelia e devido processo legal: STF – "O Supremo Tribunal Federal, em interpretação estritamente fiel ao que prescreve a norma legal e atento ao postulado constitucional do *due process of law*, já advertiu que o acusado revel, embora não fique impedido de comparecer aos atos processuais supervenientes a configuração da contumácia, perde, no entanto, o direito de ser cientificado para qualquer novo ato do procedimento penal-persecutório" (1ª T. – HC nº 68.412/DF – rel. Min. Celso de Mello, *Diário da Justiça*, Seção I, 8 mar. 1991, p. 2204).

Contraditório e princípio da igualdade processual: STJ – "O princípio do contraditório, com assento constitucional, vincula-se diretamente ao princípio maior da igualdade substancial, sendo certo que essa igualdade, tão essencial ao processo dialético, não ocorre quando uma das partes se vê cerceada em seu direito de produzir prova ou debater a que se produziu" (4ª T. – REsp nº 998/PA – rel. Min. Sálvio de Figueiredo – *Ementário STJ*, 01/378).

Interrogatório judicial e contraditório: STF – "O interrogatório judicial não está sujeito ao princípio do contraditório. Subsiste, em consequência, a vedação legal – igualmente extensível ao órgão da acusação –, que impede o defensor do acusado de intervir ou de influir na formulação das perguntas e na enunciação das respostas. A norma inscrita no art. 187 do Código de Processo Penal foi integralmente recebida pela nova ordem constitucional" (1ª T. – HC nº 68.929-9/SP – rel. Min. Celso de Mello, *Diário da Justiça*, Seção I, 28 ago. 1992, p. 13453).

Defesa técnica insuficiente: STF – "A presença formal de um defensor dativo, sem que a ela corresponda a existência efetiva de defesa substancial, nada significa no plano do processo penal e no domínio tutelar das liberdades públicas" (1ª T. – HC nº 68.926/MG – rel. Min. Celso de Mello, *Diário da Justiça*, Seção I, 28 ago. 1992, p. 582). No mesmo sentido: STF – 2ª T. – HC nº 71.961-9-SC – rel. Min. Marco Aurélio; j. 6-12-1994. Conferir STF – Súmula 523: "No processo penal, falta da defesa constitui nulidade absoluta, mas a sua deficiência só o anulará se houver prova de prejuízo para o réu."

Ampla defesa – Defesa técnica – Regressão de regime: STF – "Por reputar violados os princípios do contraditório e da ampla defesa, a Turma deu provimento a recurso extraordinário para anular decisão do Juízo de Execuções Penais da Comarca de Erechim – RS, que decretara a regressão de regime de cumprimento de pena em desfavor do recorrente, o qual não fora assistido por defensor durante procedimento administrativo disciplinar instaurado para apurar falta grave. Asseverou-se que, não obstante a aprovação do texto da Súmula Vinculante 5, tal verbete seria aplicável apenas em procedimentos de natureza cível e não em procedimento administrativo disciplinar promovido para averiguar o cometimento de falta grave, tendo em vista estar em jogo a liberdade de ir e vir. Assim, neste caso, asseverou-se que o princípio do contraditório deve ser observado amplamente, com a presença de advogado constituído ou defensor público nomeado, impondo ser-lhe apresentada defesa, em obediência às regras específicas contidas na Lei de Execução Penal, no Código de Processo Penal e na Constituição" (STF – 2ª T. – RE 398269/RS, rel. Min. Gilmar Mendes, 15-12-2009. *Informativo STF* nº 572).

Ampla defesa e sustentação oral: STF – "(...) A sustentação oral – que traduz prerrogativa jurídica de essencial importância – compõe o estatuto constitucional do direito de defesa. A injusta frustração desse direito, por falta de intimação pessoal do Defensor Público para a sessão de julgamento de apelação criminal, afeta, em sua própria substância, o princípio constitucional da amplitude de defesa. O cerceamento do exercício dessa prerrogativa – que constitui uma das projeções concretizadoras do direito de defesa – enseja, quando configurado, a própria invalidação do julgamento realizado pelo Tribunal, em função da carga irrecusável de prejuízo que lhe é ínsita. Precedentes do STF" (STF – HC nº 96958-MC/SP, rel. Min. Celso de Mello, j. 19-12-2008 – *DJE* 22 de 3-2-2009).
Conferir também: STF – "A sustentação oral é uma faculdade concedida às partes, que as utilizam, ou não. Não há de se falar em nulidade do julgamento se o defensor do réu, apesar de regularmente intimado, não comparece ao Tribunal por motivo de força maior,

deixando, assim de fazer sustentação oral. Prejuízo à defesa não demonstrado. Acórdão suficientemente fundamentado. Reconhecimento pessoal que, mesmo sem atender rigorosamente ao disposto no art. 226 do CPP, não é de molde a ensejar a anulação da prova assim obtida. O exame de prova é inviável nos estreitos limites do *habeas corpus*" HC indeferido (STF – 2ª T. – HC nº 73.839-7/RJ – rel. Min. Carlos Velloso, decisão: 29-4-1997).

Procedimentos administrativos e devido processo legal: STJ – "O processo administrativo disciplinar não se submete aos rigores do processo judicial, sendo suficiente que seja obedecido o devido processo legal, assegurada a ampla defesa e o contraditório" (5ª T. – RMS nº 1.911-1/PR – rel. Min. Jesus Costa Lima – *Ementário STJ* 08/055).

Anulação do ato de posse de servidor público e contraditório: STJ – "Inegável à administração o poder revisional de seus atos. Tal poder, no entanto, deve ater-se ao limite de não atingir direitos de outrem, concedidos pelo próprio ato revisado. Se empossado servidor, mediante aprovação em concurso público, só se pode desfazer o ato de posse mediante a concessão do contraditório em toda a sua amplitude" (1ª T. – RMS nº 520/MA – rel. Min. Pedro Acioli – *Ementário STJ*, 03/014).

Aplicação de pena de expulsão na Polícia Militar e necessidade de ampla defesa: STF – "Policial militar do estado de São Paulo. Pena de expulsão aplicada sumariamente, sem oportunidade do exercício da ampla defesa. Acórdão que reconheceu afrontada a regra do inc. LV do art. 5º da Constituição. A Constituição instituiu, em prol dos acusados em geral, a plenitude de defesa com os meios e recursos a ela inerentes. O ato administrativo punitivo praticado com ofensa a essa garantia é visceralmente nulo" (STF – 1ª T. – Rextr. nº 168.081-4/SP – rel. Min. Ilmar Galvão, *Diário da Justiça*, Seção I, 27 fev. 1998, p. 16).

5.105 *Inquérito policial e contraditório*

O contraditório nos procedimentos penais não se aplica aos inquéritos policiais, pois a fase investigatória é preparatória da acusação, inexistindo, ainda, acusado, constituindo, pois, mero procedimento administrativo, de caráter investigatório, destinado a subsidiar a atuação do titular da ação penal, o Ministério Público. Como salienta o Supremo Tribunal Federal,

> "a investigação policial, em razão de sua própria natureza, não se efetiva sob o crivo do contraditório, eis que é somente em juízo que se torna plenamente exigível o dever estatal de observância do postulado da bilateralidade dos atos processuais e da instrução criminal. A inaplicabilidade da garantia do contraditório ao inquérito policial tem sido reconhecida pela jurisprudência do STF. A prerrogativa inafastável da ampla defesa traduz elemento essencial e exclusivo da persecução penal em juízo" (STF – 1ª T. – HC nº 69.372/SP – rel. Min. Celso de Mello, *Diário da Justiça*, Seção I, 7 maio 1993, p. 8328).

Inquérito policial e contraditório: STJ – "O inquérito policial é mera peça informativa, destinada à formação da *opinio delicti do Parquet*, simples investigação criminal, de natureza inquisitiva, sem natureza de processo judicial" (6ª T. – HC nº 2.102-9/RR – rel. Min. Pedro Acioli – *Ementário STJ*, 09/691), assim, "não cabe o amplo contraditório em nome do direito de defesa no Inquérito Policial, que é apenas um levantamento de indícios que poderão instruir ou não denúncia formal que poderá ser recebida ou não pelo Juiz" (5ª T. – RHC nº 3.898-5/SC – rel. Min. Edson Vidigal – *Ementário STJ*, 11/600).

Princípio do contraditório e provas produzidas no inquérito policial: STF – "Somente a prova penal produzida em juízo pelo órgão da acusação penal, sob a égide da garantia constitucional do contraditório, pode revestir-se de eficácia jurídica bastante para legitimar a prolação de um decreto condenatório. Os subsídios ministrados pelas investigações policiais, que são sempre unilaterais e inquisitivas – embora suficientes ao oferecimento da denúncia pelo MP –, não bastam, enquanto isoladamente considerados, para justificar a prolação, pelo Poder Judiciário, de um ato de condenação penal. É nula a condenação penal decretada com apoio em prova não produzida em juízo e com inobservância da garantia constitucional do contraditório" (1ª T.– HC nº 73.338/RJ – rel. Min. Celso de Mello – *RTJ* 161/264).

LVI – são inadmissíveis, no processo, as provas obtidas por meios ilícitos.

5.106 Provas ilícitas

São inadmissíveis, no processo, as provas obtidas por meios ilícitos. É o que garante o art. 5º, LVI, da Constituição Federal, entendendo-as como aquelas colhidas em infringência às normas do direito material (por exemplo, por meio de tortura psíquica, quebra dos sigilos fiscal, bancário e telefônico sem ordem judicial devidamente fundamentada), configurando-se importante garantia em relação à ação persecutória do Estado.

A inadmissibilidade das provas ilícitas no processo deriva da posição preferente dos direitos fundamentais no ordenamento jurídico, tornando impossível a violação de uma liberdade pública para obtenção de qualquer prova.

Conforme decidiu o Plenário do Supremo Tribunal Federal, "é indubitável que a prova ilícita, entre nós, não se reveste da necessária idoneidade jurídica como meio de formação do convencimento do julgador, razão pela qual deve ser desprezada, ainda que em prejuízo da apuração da verdade, no prol do ideal maior de um processo justo, condizente com o respeito devido a direitos e garantias fundamentais da pessoa humana, valor que se sobreleva, em muito, ao que é representado pelo interesse que tem a sociedade em uma eficaz repressão aos delitos. É um pequeno preço que se paga por viver-se em estado de direito democrático. A justiça penal não se realiza a qualquer preço. Existem, na busca da verdade, limitações impostas por valores mais altos que não podem ser violados, ensina Heleno Fragoso, em trecho de sua obra *Jurisprudência criminal*, transcrita pela defesa. A Constituição brasileira, no art. 5º, inc. LVI, com efeito, dispõe, a todas as letras, que são inadmissíveis, no processo, as provas obtidas por meios ilícitos" (STF, Ação Penal 307-3-DF, Plenário, rel. Min. Ilmar Galvão, *DJU*, 13 out. 1995).

No referido julgamento da AP 307-3-DF, em lapidar voto, o Ministro Celso de Mello ensina que

"a norma inscrita no art. 5º, LVI, da Lei Fundamental promulgada em 1988, consagrou, entre nós, com fundamento em sólido magistério doutrinário (Ada Pellegrini Grinover, *Novas tendências do direito processual*, p. 60-82, 1990, Forense Universitária; Mauro Cappelletti, Efficacia di prove illegittimamente ammesse e comportamento della parte, em *Rivista di Diritto Civile*, p. 112, 1961; Vicenzo Vigoriti, Prove illecite e costituzione, em *Rivista di Diritto Processuale*, p. 64 e 70, 1968), o postulado de que a prova obtida por meios ilícitos deve ser repudiada – *e repudiada sempre* – pelos juízes e Tribunais, por mais relevantes que sejam os fatos por ela apurados, uma vez que se subsume ela ao conceito de inconstitucionalidade (Ada Pellegrini Grinover, op. cit., p. 62, 1990, Forense Universitária). A cláusula constitucional do *due process of law* – que se destina a garantir a pessoa do acusado contra ações eventualmente abusivas do Poder Público – tem, no dogma da inadmissibilidade das provas ilícitas, uma de suas projeções concretizadoras mais expressivas, na medida em que o réu tem o impostergável direito de *não ser denunciado*, de *não ser julgado* e de *não ser condenado* com apoio em elementos instrutórios obtidos ou produzidos de forma incompatível com os limites impostos, pelo ordenamento jurídico, ao poder persecutório e ao poder investigatório do Estado. A absoluta invalidade da prova ilícita infirma-lhe, de modo radical, a eficácia demonstrativa dos fatos e eventos cuja realidade material ela pretende evidenciar. Trata-se de consequência que deriva, necessariamente, da garantia constitucional que tutela a situação jurídica dos acusados em juízo penal e que exclui, *de modo peremptório*, a possibilidade de uso, em sede processual, da prova – *de qualquer prova* – cuja ilicitude venha a ser reconhecida pelo Poder Judiciário. A prova ilícita é prova inidônea. Mais do que isso, prova ilícita é prova imprestável. Não se reveste, por essa explícita razão, de qualquer aptidão jurídico-material. Prova ilícita, sendo providência instrutória eivada de inconstitucionalidade, apresenta-se destituída de qualquer grau, *por mínimo que seja*, de eficácia jurídica. Tenho tido a oportunidade de enfatizar, neste Tribunal, que a *Exclusionary Rule*, considerada essencial pela jurisprudência da Suprema Corte dos Estados Unidos da América na definição dos limites da atividade probatória desenvolvida pelo Estado, destina-se, na abrangência de seu conteúdo, *e pelo banimento processual de evidência ilicitamente coligida*, a proteger os réus criminais contra a ilegítima produção ou a ilegal colheita de prova incriminadora (Garrity v. New Jersey, 385 U.S. 493, 1967; Mapp v. Ohio, 367 U.S. 643, 1961; Wong Sun v. United States, 371 U.S. 471, 1962, *v.g.*)".

Saliente-se, porém, que a doutrina constitucional moderna passou a prever uma atenuação à vedação das provas ilícitas, visando corrigir possíveis distorções a que a rigidez da exclusão poderia levar em casos de excepcional gravidade. Essa atenuação prevê, com base no *Princípio da Proporcionalidade*, hipóteses de admissibilidade das provas ilícitas, que, sempre em caráter excepcional e em casos extremamente graves, poderão ser utilizadas, pois nenhuma liberdade pública é absoluta, havendo possibilidade, em casos delicados, em que se perceba que o direito tutelado é mais importante que o direito à intimidade, segredo, liberdade de comunicação, por exemplo, de permitir-se sua utilização.

A concepção atual da teoria da proporcionalidade, conforme aponta Luiz Francisco Torquato Avolio,

> "é, pois, dotada de um sentido técnico no direito público e teoria do direito germânicos, correspondente a uma limitação do poder estatal em benefício da garantia de integridade física e moral dos que lhe estão sub-rogados (...). Para que o Estado, em sua atividade, atenda aos interesses da maioria, respeitando os direitos individuais fundamentais, se faz necessário não só a existência de normas para pautar essa atividade e que, em certos casos, nem mesmo a vontade de uma maioria pode derrogar (Estado de Direito), como também há de se reconhecer e lançar mão de um princípio regulativo para se ponderar até que ponto se vai dar preferência ao todo ou às partes (Princípio da Proporcionalidade), o que também não pode ir além de um certo limite, para não retirar o mínimo necessário a uma existência humana digna de ser chamada assim" (*Provas Ilícitas*. São Paulo: Revista dos Tribunais, 1995. p. 55).

Na jurisprudência pátria, somente se aplica o princípio da proporcionalidade *pro reo*, entendendo-se que a ilicitude é eliminada por causas excludentes de ilicitude (*RJTJSP* 138/526) ou em prol do princípio da inocência (STF – 1ª T. – HC nº 74.678/DF – rel. Min. Moreira Alves – *Informativo STF*, nº 75).

As provas ilícitas não se confundem com as provas ilegais e as ilegítimas. Enquanto, conforme já analisado, as *provas ilícitas* são aquelas obtidas com infringência ao direito material, as *provas ilegítimas* são as obtidas com desrespeito ao direito processual. Por sua vez, as *provas ilegais* seriam o gênero do qual as espécies são as provas *ilícitas* e as *ilegítimas*, pois configuram-se pela obtenção com violação de natureza material ou processual ao ordenamento jurídico.

Finalidade constitucional da vedação à utilização das provas ilícitas: STF – "A Constituição veda expressamente, no seu art. 5º, LVI, o uso da prova obtida ilicitamente nos processos judiciais, no intuito precípuo de tutelar os direitos fundamentais dos atingidos pela persecução penal' (STF – 2ª T. – HC 96056/PE – Rel. Min. Gilmar Mendes, decisão: 8-6-2011).

Diferenciação de provas ilícitas e ilegítimas: STF – "diferenciando prova ilícita – viola norma ou princípio de direito material – de ilegítima – ofende normas ou princípios de direito processual –, aduziu-se que eventual vício na obtenção das provas aconteceria, quando muito, no âmbito processual e que a alegada causa de nulidade estaria sanada em virtude da decisão judicial que depois autorizara a quebra" (STF – 2ª T. – HC nº 87.167/BA – rel. Min. Gilmar Mendes, decisão: 29-8-2006 – *Informativo STF* nº 438, Seção I, p. 3).

Prova ilícita e ausência de nulidade de todo o processo: STF – "Indeferido *habeas corpus* impetrado sob alegação de haver sido o paciente condenado com base em provas ilícitas (informações provenientes de escuta telefônica autorizada por juiz antes da Lei nº 9.296/96). A Turma entendeu que essas informações, embora houvessem facilitado a investigação – iniciada, segundo a polícia, a partir de denúncia anônima –, não foram indispensáveis quer para o flagrante, quer para a condenação" (HC 74.152-SP, rel. Min. Sydney Sanches, 20-8-96 – *Informativo STF*, 28 de ago. de 1996 – nº 41).

Nulidade do processo somente quando houver exclusividade da prova ilícita: STF – "Não cabe anular-se a decisão condenatória com base na alegação de haver a prisão em flagrante resultado de informação obtida por meio de censura telefônica deferida judicialmente. É que a interceptação telefônica – prova tida por ilícita até a edição da Lei nº 9.296, de 24-7-96, e que contaminava as demais provas que dela se originavam – não foi a prova exclusiva que desencadeou o procedimento penal, mas somente veio a corroborar as outras licitamente obtidas pela equipe de investigação policial" (1ª T. – HC nº 74.599/SP – rel. Min. Ilmar Galvão, *Diário da Justiça*, Seção I, 7 fev. 1997, p. 1340). **Nesse mesmo sentido**: STF – 1ª T. – HC nº 74.530/AP – rel. Min. Ilmar Galvão, *Diário da Justiça*, Seção I, 13 dez. 1996, p. 50167; STF – 2ª T. – HC nº 73.101/SP – rel. p/Acórdão: Min. Maurício Correa, *Diário da Justiça*, Seção I, 8 nov. 1996, p. 43201; STF – 1ª T. – HC nº 72.528/MG – rel. Min. Octávio Gallotti, *Diário da Justiça*, Seção I, 2 fev. 1996, p. 851.

Prova ilícita e prosseguimento do processo onde existam provas autônomas e independentes: STF – "A prova ilícita, caracterizada pela violação de sigilo bancário sem autorização judicial, não sendo a única mencionada na denúncia, não compromete a validade das demais provas que, por ela não contaminadas e dela não decorrentes, integram o conjunto probatório... Não estando a denúncia respaldada exclusivamente em provas obtidas por meios ilícitos, que devem ser desentranhadas dos autos, não há por que declarar-se a sua inépcia porquanto remanesce prova lícita e autônoma, não contaminada pelo vício de inconstitucionalidade (2ª T. – RHC nº 74.807-4/MT – rel. Min. Maurício Corrêa, *Diário da Justiça*, Seção I, 20 jun. 1997, p. 28507).

Ilicitude de provas obtidas em desrespeito aos direitos e garantias constitucionais: STF – "Ressaltou-se que a regra seria a inviolabilidade do sigilo das correspondências, das comunicações telegráficas, de dados e das comunicações telefônicas (CF, art. 5º, XII), o que visa, em última análise, a resguardar também direito constitucional à intimidade (CF, art. 5º, X). E, somente, se justificaria a sua mitigação quando razões de interesse público, devidamente fundamentadas por ordem judicial, demonstrassem a conveniência de sua violação para fins de promover a investigação criminal ou instrução processual penal. No caso, o magistrado de primeiro grau não apontara fatos concretos que justificassem a real necessidade da quebra desses sigilos, mas apenas se reportara aos argumentos deduzidos pelo Ministério Público. Asseverou-se, ademais, que a Constituição veda expressamente, no seu art. 5º, LVI, o uso da prova obtida ilicitamente nos processos judiciais, no intuito precípuo de tutelar os direitos fundamentais dos atingidos pela persecução penal" (STF – 2ª T. – HC 96056/PE – Rel. Min. Gilmar Mendes, decisão: 8-6-2011).

Provas obtidas em desrespeito a diversos princípios constitucionais e direitos e garantias individuais – Prova ilícita – Derivação da ilicitude: STJ – "Participação irregular, induvidosamente comprovada, de dezenas de funcionários da Agência Brasileira de Informação (ABIN) e de ex-servidor do SNI em investigação conduzida pela Polícia Federal. Manifesto abuso de poder. Impossibilidade de considerar-se a atuação efetivada como hipótese excepcionalíssima, capaz de permitir compartilhamento de dados entre órgãos integrantes do Sistema Brasileiro de Inteligência. Inexistência de Preceito Legal autorizando-a. Patente ocorrência de intromissão estatal, abusiva e ilegal na esfera privada, no caso concreto. Violações da honra, da imagem e da dignidade da pessoa humana. Indevida obtenção de prova ilícita. Porquanto colhida em desconformidade com preceito legal. Ausência de razoabilidade. As nulidades verificadas na fase pré-processual e demonstradas à exaustão, contaminam a diversos dispositivos de lei. Contrariedade aos princípios da legalidade, da imparcialidade e do devido processo legal. Inquestionavelmente caracterizada a autoridade do juiz está diretamente ligada a sua independência ao julgar e à imparcialidade. Uma decisão judicial não pode ser ditada por critérios subjetivos, norteada pelo abuso de poder ou distanciada dos parâmetros legais. Essas exigências decorrem dos princípios democráticos e dos direitos e garantias individuais inscritos na Constituição. Nulidade dos procedimentos que se impõe, anulando-se, desde o início, a ação penal. 1. Uma análise detida dos 11 (onze) volumes que compõem o HC demonstra que existe uma grande quantidade de provas aptas a confirmar, **cabalmente**, a participação indevida, flagrantemente ilegal e abusiva, da ABIN e do investigador particular contratado pelo Delegado responsável pela chefia da Operação Satiagraha. 2. STJ – 'Não há se falar em compartilhamento de dados entre a ABIN e a Polícia Federal, haja vista que a hipótese dos autos não se enquadra nas exceções previstas na Lei nº 9.883/99. 3. Vivemos em um Estado Democrático de Direito, no qual, como nos ensina a Profa. Ada Pellegrini Grinover, *in* 'Nulidades no Processo Penal', 'o direito à prova está limitado, na medida em que constitui as garantias do contraditório e da ampla defesa, de sorte que o seu exercício não pode ultrapassar os limites da lei e, sobretudo, da Constituição'. 4. No caso em exame, é inquestionável o prejuízo acarretado pelas investigações realizadas em desconformidade com as normas legais, e não convalescem, sob qualquer ângulo que seja analisada a questão, porquanto é manifesta a nulidade das diligências perpetradas pelos agentes da ABIN e um ex-agente do SNI, ao arrepio da lei. 5. Insta assinalar, por oportuno, que o juiz deve estrita fidelidade à lei penal, dela não podendo se afastar a não ser que imprudentemente se arrisque a percorrer, de forma isolada, o caminho tortuoso da subjetividade que, não poucas vezes, desemboca na odiosa perda da imparcialidade. Ele não deve, jamais, perder de vista a importância da democracia e do Estado Democrático de Direito. 6. Portanto, inexistem dúvidas de que tais provas estão irremediavelmente maculadas, devendo ser consideradas ilícitas e inadmissíveis, circunstâncias que as tornam destituídas de qualquer eficácia jurídica, consoante entendimento já cristalizado pela doutrina pacífica e lastreado na torrencial jurisprudência dos nossos tribunais. 7. Pelo exposto, concedo a ordem para anular, todas as provas produzidas, em especial a dos procedimentos nº 2007.61.81.010208-7 (monitoramento telefônico), nº 2007.61.81.011419-3 (monitoramento telefônico), e nº 2008.61.81.008291-3 (ação controlada), e dos demais correlatos, anulando também, desde o início, a ação penal, na mesma esteira do bem elaborado parecer exarado pela douta Procuradoria da República" (STJ – 5ª Turma – HC 149.250/SP – Rel. Min. Adilson Vieira Macabu (desembargador convocado o TJ-RJ), decisão: 7-6-2011.

Tortura: STJ – "A produção de provas precisa obedecer o procedimento legal. Daí a Constituição da República expressar a inadmissibilidade de provas obtidas por meios ilícitos (art. 5º, LVI). Não produzem efeito confissão e testemunho resultantes de tortura física e psicológica. Decorre nulidade. Não acarreta absolvição. Enquanto não incidente a prescrição, é admissível a produção da prova" (6ª T. – RHC nº 2.132-2/BA – rel. Min. Vicente Cernicchiaro – *Ementário STJ*, 06/708).

Habeas corpus e prova ilícita: STF – "Impõe-se a extensão de *habeas corpus*, para anular-se o processo criminal, se a decisão se baseou em prova ilícita, a afastar qualquer caráter pessoal" (1ª T. – HC nº 74.113-1/SP – rel. Min. Ilmar Galvão, *Diário da Justiça*, Seção I, 4 abr. 1997, p. 10521).

Desentranhamento da prova ilícita: STF – "Reconhecida a ilicitude de prova constante dos autos, consequência imediata é o direito da parte, à qual possa essa prova prejudicar, a vê-la desentranhada" (Pleno – Embargos de declaração em inquérito nº 731/DF – rel. Min. Néri da Silveira, *Diário da Justiça*, Seção I, 7 jun. 1996, p. 19847).

Gravação clandestina conhecida por um dos interlocutores – Alteração de posicionamento da Corte Suprema, entendendo a licitude desse meio de prova: O plenário da Corte Suprema entendia pela inadmissibilidade, como prova, de laudo de degravação de conversa telefônica obtida por meios ilícitos (art. 5º, LVI, da Constituição Federal), por se tratar de gravação realizada por um dos interlocutores, sem conhecimento do outro, havendo a degravação sido feita com inobservância do princípio do contraditório, e utilizada com violação à privacidade alheia, consagrada no art. 5º, X, da Constituição Federal. Como salientou o Min. Celso de Mello, "a gravação de conversação com terceiros, feita através de fita magnética, sem o conhecimento de um dos sujeitos da relação dialógica, não pode ser contra este utilizada pelo Estado em juízo, uma vez que esse procedimento – precisamente por realizar-se de modo sub-reptício – envolve quebra evidente de privacidade, sendo, em consequência, nula a eficácia jurídica da prova coligida por esse meio. O fato de um dos interlocutores desconhecer a circunstância de que a conversação que mantém com outrem está sendo objeto de gravação atua, em juízo, como causa obstativa desse meio de prova. O reconhecimento constitucional do direito à privacidade (CF, art. 5º, X) desautoriza o valor probante do conteúdo de fita magnética que registra, de forma clandestina, o diálogo mantido com alguém que venha a sofrer a persecução penal do Estado. A gravação de diálogos privados, quando executada com total desconhecimento de um dos seus partícipes, apresenta-se eivada de absoluta desvalia, especialmente quando o órgão da acusação penal postula, com base nela, a prolação de um decreto condenatório" (STF, voto proferido na Ação Penal nº 307-3/DF, Serviço de jurisprudência do STF, *Ementário STF*, nº 1.804-11. **No mesmo sentido:** STF – HC nº 69.818-2/SP – 1ª T. – Rel. Min. Sepúlveda Pertence – *Diário da Justiça*, 27 nov. 1992, p. 22302-22303 – v. u. **Conferir, ainda:** *RTJ* 84/609; *RTJ* 110/798; *RTJ* 122/47. **Saliente-se, porém, que, excepcionalmente, admitia-se a possibilidade de gravação clandestina com autorização judicial, mesmo ausente lei específica que regulamente o assunto. Nesse sentido:** STF – "Gravação magnética de conversação mantida entre vítima e réu. Ilegalidade inexistente. Realização, ademais, com autorização judicial" (STF – 1ª T. – HC nº 74.678-1/SP – Rel. Min. Moreira Alves, *Diário da Justiça*, Seção I, 15 ago. 1997, *Ementário STF*, nº 1.878-2). **Conforme afirmado pelo Min. Moreira Alves,** "penso que o sistema brasileiro é similar ao italiano, onde a tutela do sigilo das comunicações não abrange a gravação, descabe cogitar na existência da interposição de qualquer outro provimento legislativo regulamentador" (trecho do voto no HC nº 74.678-1/SP – *Ementário STF* nº 1.878-2). **Conferir comentários ao art. 5º, LVI. Atualmente, o STF entende válida essa possibilidade:** STF – "AGRAVO REGIMENTAL EM AGRAVO DE INSTRUMENTO. GRAVAÇÃO AMBIENTAL FEITA POR UM INTERLOCUTOR SEM CONHECIMENTO DOS OUTROS: CONSTITUCIONALIDADE. AUSENTE CAUSA LEGAL DE SIGILO DO CONTEÚDO DO DIÁLOGO. PRECEDENTES. 1. A gravação ambiental meramente clandestina, realizada por um dos interlocutores, não se confunde com a interceptação, objeto cláusula constitucional de reserva de jurisdição. 2. É lícita a prova consistente em gravação de conversa telefônica realizada por um dos interlocutores, sem conhecimento do outro, se não há causa legal específica de sigilo nem de reserva da conversação. Precedentes. 3. Agravo regimental desprovido" (STF – 2ª T. – AI 560223 AgR/SP – Rel. Min. Joaquim Barbosa, decisão: 12-4-2011); STF – "Alegação de ofensa ao art. 5º, XII, LIV e LVI, da CF. Recurso extraordinário que afirma a existência de interceptação telefônica ilícita porque efetivada por terceiros. Conversa gravada por um dos interlocutores. Precedentes do STF. Agravo regimental improvido. Alegação de existência de prova ilícita, porquanto a interceptação telefônica teria sido realizada sem autorização judicial. Não há interceptação telefônica quando a conversa é gravada por um dos interlocutores, ainda que com a ajuda de um repórter" (STF – RE 453.562-AgR, Rel. Min. Joaquim Barbosa, j. 23-9-2008, 2ª T., *DJE*, de 28-11-2008). **No mesmo sentido:** STF – "Criminal. Conversa telefônica. Gravação clandestina, feita por um dos interlocutores, sem conhecimento do outro. Juntada da transcrição em inquérito policial, onde o interlocutor requerente era investigado ou tido por suspeito. Admissibilidade. Fonte lícita de prova. Inexistência de interceptação, objeto de vedação constitucional. Ausência de causa legal de sigilo ou de reserva da conversação. Meio, ademais, de prova da alegada inocência de quem a gravou. Improvimento ao recurso. Inexistência de ofensa ao art. 5º, incs. X, XII e LVI, da CF. Precedentes. Como gravação meramente clandestina, que se não confunde com interceptação, objeto de vedação constitucional, é lícita a prova consistente no teor de gravação de conversa telefônica realizada por um dos interlocutores, sem conhecimento do outro, se não há causa legal específica de sigilo nem de reserva da conversação, sobretudo quando se predestine a fazer prova, em juízo ou inquérito, a favor de quem a gravou" (STF – 2ª T. – RE 402717/PR – Rel. Min. Cezar Peluso, *DJe*-030, 12 fevereiro 2009). **Conferir, ainda:** STF – "AÇÃO PENAL. Prova. Gravação ambiental. Realização por um dos interlocutores sem conhecimento do outro. Validade. Jurisprudência reafirmada. Repercussão geral reconhecida. Recurso extraordinário provido. Aplicação do art. 543-B, § 3º, do CPC. É lícita a prova consistente em gravação ambiental realizada por um dos interlocutores sem conhecimento do outro" (STF – RE 583937 QO-RG/ RJ – REPERCUSSÃO GERAL NA QUESTÃO DE ORDEM NO RECURSO EXTRAORDINÁRIO – Rel. Min. Cezar Peluso, *DJe*-237, 17 dezembro 2009).

Legalidade de gravação ambiental promovida por um dos interlocutores: STF – "AÇÃO PENAL. Prova. Gravação ambiental. Realização por um dos interlocutores sem conhecimento do outro. Validade. Jurisprudência reafirmada. Repercussão geral reconhecida. Recurso extraordinário provido. Aplicação do art. 543-B, § 3º, do CPC. É lícita a prova consistente em gravação ambiental realizada por um dos interlocutores sem conhecimento do outro" (STF – Repercussão Geral por QO no RE nº 583.937/RJ, Rel. Min. Cezar Peluso. Informativo STF nº 572). **No mesmo sentido:** STF – "É lícita a gravação ambiental de diálogo realizada por um de seus interlocutores. Esse foi o entendimento firmado pela maioria do Plenário em ação penal movida contra ex-Prefeito, atual Deputado Federal, e outra, pela suposta prática do delito de prevaricação (CP, art. 319) e de crime de responsabilidade (Decreto-lei nº 201/67, art. 1º, XIV). (...) Vencidos, no que tange à licitude da gravação ambiental, os Ministros Menezes Direito e Marco Aurélio, que a reputavam ilícita" (STF – Pleno – AP 447/RS, rel. Min. Carlos Britto, 18-2-2009. *Informativo STF* nº 536).

5.107 Convalidação de provas obtidas por meios ilícitos com a finalidade de defesa das liberdades públicas fundamentais (legítima defesa)

Conforme já estudado anteriormente, as liberdades públicas não podem ser utilizadas como um *verdadeiro escudo protetivo* da prática de atividades ilícitas, e tampouco como argumento para afastamento ou diminuição da responsabilidade civil ou penal por atos criminosos, sob pena de total consagração ao desrespeito a um verdadeiro Estado de Direito. Dessa forma, aqueles que, ao praticarem atos ilícitos, inobservarem as liberdades públicas de terceiras pessoas e da própria sociedade, desrespeitando a própria dignidade da pessoa humana, não poderão invocar, posteriormente, a ilicitude de determinadas provas para afastar sua responsabilidade civil e criminal perante o Estado.

Exemplificando, poderíamos apontar a possibilidade de utilização de uma gravação realizada pela vítima, sem o conhecimento de um dos interlocutores, que comprovasse a prática de um crime de extorsão, pois o próprio agente do ato criminoso, primeiramente, invadiu a esfera de liberdades públicas da vítima, ao ameaçá-la e coagi-la. Essa, por sua vez, em *legítima defesa de suas liberdades públicas*, obteve uma prova necessária para responsabilizar o agente. Poderíamos, também, apontar a hipótese de utilização de uma gravação de vídeo realizada pelo filho, de forma clandestina e sem conhecimento de seu pai, agressor, para comprovação de maus-tratos e sevícias. Não se poderia argumentar que houve desrespeito à inviolabilidade à intimidade e à imagem do pai agressor, pois sua conduta inicial desrespeitou a incolumidade física e a dignidade de seu filho que, em *legítima defesa*, acabou por produzir a referida prova. Ainda, poderíamos apontar a possibilidade de utilização de uma "carta confidencial" remetida pelo sequestrador aos familiares do sequestrado. Certamente, essa carta poderia ser utilizada em juízo, sem que se falasse em desrespeito ao sigilo das correspondências, pois o sequestrador foi quem, primeiramente, desrespeitou os direitos fundamentais do sequestrado e de seus familiares que, em *legítima defesa*, produziram tal prova.

Note-se que não se trata do acolhimento de provas ilícitas em desfavor dos acusados e, consequentemente, em desrespeito ao art. 5º, LVI, da Constituição Federal. O que ocorre na hipótese é a *ausência de ilicitude* dessa prova, uma vez que aqueles que a produziram agiram em *legítima defesa de seus direitos humanos fundamentais*, que estavam sendo ameaçados ou lesionados em face de condutas ilícitas. Assim agindo – *em legítima defesa* –, a ilicitude na colheita da prova é afastada, não incidindo portanto o inciso LVI, do art. 5º, da Carta Magna.

Como observado pelo Ministro Moreira Alves, em lapidar voto-relator no *Habeas Corpus* nº 74.678-1/SP, "evidentemente, seria uma aberração considerar como violação do direito à privacidade a gravação pela própria vítima, ou por ela autorizada, de atos criminosos, como o diálogo com sequestradores, estelionatários e todo tipo de achacadores. No caso, os impetrantes esquecem que a conduta do réu apresentou, antes de tudo, uma intromissão ilícita na vida privada do ofendido, esta sim merecedora de tutela. Quem se dispõe a enviar correspondência ou a telefonar para outrem, ameaçando-o ou extorquindo-o, não pode pretender abrigar-se em uma obrigação de reserva por parte do destinatário, o que significaria o absurdo de qualificar como confidencial a missiva ou a conversa" (STF – 1ª T. – HC nº 74.678-1/SP – rel. Min. Moreira Alves, votação unânime, *Diário da Justiça*, Seção I, 15 ago. 1997. Serviço de Jurisprudência do Supremo Tribunal Federal – *Ementário* nº 1.878-02).

Nesse mesmo sentido e no referido julgamento, assinalou o Ministro Sepúlveda Pertence a *existência de exclusão da ilicitude* da gravação obtida por um dos interlocutores, vítima de corrupção passiva ou concussão já consumada, apesar do desconhecimento do outro interlocutor, e, consequentemente, a possibilidade de sua utilização.

5.108 Provas derivadas das provas ilícitas

O importante julgamento pelo Supremo Tribunal Federal de um ex-Presidente da República voltou a analisar a questão importantíssima sobre a inadmissibilidade das provas ilícitas e sobre possível contaminação das chamadas *provas derivadas* das provas ilícitas. A Constituição, em seu art. 5º, LVI, consagra a *inadmissibilidade da utilização das provas ilícitas* que, conforme já definidas, são aquelas colhidas em infringência às normas do direito material (por exemplo: inviolabilidade domiciliar, telefônica, direito à intimidade, ao sigilo etc.). Ocorre que o fato de o STF não admitir, de longa data, as provas ilícitas (RE 85.439, rel. Min. Xavier de Albuquerque, *RTJ* 84/609; RE 100.094-5, rel. Min. Rafael Mayer, *RTJ* 110/798; HC 63.834-1, rel. Min. Aldir Passarinho, *DJU*, 5 jun. 1987, p. 11112), não tem o condão de gerar a nulidade de todo o processo, pois como ressalta o Ministro Moreira Alves, a previsão constitucional não afirma "que são nulos os processos em que haja prova obtida por meios ilícitos" (voto do Min. Moreira Alves, no HC-69.912-0/RS, *DJU*, 25 mar. 1994).

Não havendo nulidade processual, devemos delimitar a consequência da inadmissibilidade de uma prova ilícita, definindo se haverá contaminação de todas as demais provas dela resultantes, ou somente desqualificação desta para o julgamento da causa.

O Supremo Tribunal Federal, em duas decisões plenárias e importantíssimas, havia decidido pela inaplicabilidade da doutrina dos *fruits of the poisonous tree* (frutos da árvore envenenada), optando pela prevalência da incomunicabilidade da ilicitude das provas.

No referido julgamento, envolvendo o ex-Presidente, o Tribunal (STF – Ação Penal 307-3/DF) rejeitou a tese da defesa, relativamente à repercussão da prova inadmissível sobre as demais, vencidos os Ministros Celso de Mello e, em menor extensão, os Ministros Carlos Velloso, Sepúlveda Pertence e Néri da Silveira, determinando, pois, que continuam válidas as eventuais provas decorrentes das provas consideradas ilícitas. Confirmou essa decisão plenária posição anterior, em que participaram todos os Ministros, que, igualmente, *admitiu a validade de provas derivadas das provas ilícitas* (HC 69.912-0/RS, Tribunal Pleno, rel. Ministro Sepúlveda Pertence, 16 dez. 1993, publicado no *DJU*, 25 mar. 1994). Nesta decisão, votaram pela licitude das provas decorrentes das provas ilícitas os Ministros Carlos Velloso, Paulo Brossard, Sydney Sanches, Néri da Silveira, Octávio Gallotti e Moreira Alves.

Importante ressaltar que o referido julgamento do HC 69.912-0-RS, que primeiramente indeferiu a ordem, por seis votos a cinco, entendendo pela *incomunicabilidade da ilicitude da prova ilícita às provas derivadas*, acabou sendo anulado pela declaração posterior de impedimento de um dos Ministros (STF – MS 21.750, de 24 nov. 1993, rel. Min. Carlos Velloso). Em novo julgamento, deferiu-se a ordem pela prevalência dos cinco votos vencidos no anterior, uma vez que *o empate favorece o paciente* (RiSTF, art. 150, § 3º), no sentido de que a ilicitude da interceptação telefônica – à falta de lei que, nos termos constitucionais, venha a discipliná-la e viabilizá-la – contaminou, no caso, as demais provas, todas oriundas, direta ou indiretamente, das informações obtidas na escuta (*fruits of the poisonous tree*), nas quais se fundou a condenação do paciente. O fato de ter sido concedida a ordem, naquele momento, não alterou a posição da maioria (seis votos a cinco) da Corte, pela admissibilidade da prova derivada da ilícita, uma vez que não haveria sua contaminação pela comunicabilidade da ilicitude, afastando-se os *fruits of the poisonous tree*.

O que poderia ser uma definição jurisprudencial (seis votos a cinco), novamente transformou-se em dúvida, pois com a aposentadoria do Ministro Paulo Brossard, adepto da incomunicabilidade da prova ilícita ("(...) não me parece seguro concluir que, quando a escuta tivesse sido ilegal e, por consequência, ilícita a prova obtida por seu intermédio, toda a prova ficasse contaminada e imprestável..." – voto no HC 69.912-0-RS), a questão tornou-se pendente de futuro pronunciamento, já com a participação do Ministro Maurício Corrêa, para definir-se a posição da mais alta Corte Judiciária brasileira na questão da teoria dos *fruits of the poisonous tree*.

Essa definição foi tomada pelo Plenário do Supremo Tribunal Federal, que, invertendo a antiga maioria (seis votos a cinco), adotou, em relação às provas derivadas das provas ilícitas, a teoria dos *fruits of the poisonous tree*, ou seja, pela comunicabilidade da ilicitude das provas ilícitas a todas aquelas que dela derivarem (cf. HC nº 72.588/PB – rel. Min. Maurício Corrêa; HC nº 73.351/SP – rel. Min. Ilmar Galvão; HC nº 73.461/SP – rel. Min. Octávio Gallotti).

Assim, a atual posição majoritária do STF entende que a prova ilícita originária contamina as demais provas dela decorrentes, de acordo com a teoria dos frutos da árvore envenenada.

Em conclusão, as provas ilícitas, bem como todas aquelas delas derivadas, são constitucionalmente inadmissíveis, mesmo quando reconduzidas aos autos de forma indireta (STF – 2ª T. – HC 82862/SP – rel. Min. Cezar Peluso, decisão: 19-2-2008) devendo, pois, ser desentranhadas do processo, não tendo, porém, o condão de anulá-lo, permanecendo válidas as demais provas lícitas e autônomas delas não decorrentes, que servirão para a formação da convicção do magistrado.

Em conclusão, a atual posição majoritária do Supremo Tribunal Federal entende que a prova ilícita originária *contamina* as demais provas dela decorrentes, de acordo com a teoria dos *frutos da árvore envenenada*.

Dessa maneira, as provas obtidas diretamente por meios ilícitos, bem como todas aquelas que delas derivarem, serão constitucionalmente inadmissíveis, devendo, pois, ser desentranhadas do processo, não tendo, porém, o condão de anulá-lo, permanecendo válidas as demais provas lícitas e autônomas delas não decorrentes, que servirão para a formação da convicção do magistrado.

Provas ilícitas por derivação e STF – I: "Acusação vazada em flagrante delito viabilizado exclusivamente por meio de operação de escuta telefônica, mediante autorização judicial. Prova ilícita. Ausência de legislação regulamentadora. Art. 5º, XII, da Constituição Federal. *Fruits of the poisonous tree*. O Supremo Tribunal Federal, por maioria de votos, assentou entendimento no sentido de que sem a edição de lei definidora das hipóteses e da forma indicada no art. 5º, inciso XII, da Constituição, não pode o juiz autorizar a interceptação telefônica para fins de investigação criminal. Assentou, ainda, que a ilicitude da interceptação telefônica – a falta de lei que, nos termos do referido dispositivo, venha a discipliná-la e viabilizá-la – contamina outros elementos probatórios eventualmente coligidos, oriundos direta ou indiretamente, das informações obtidas na escuta" (HC 73.351-SP – rel. Min. Ilmar Galvão, 9 maio 1996 – *Informativo STF* nº 30 – cf. IBCCrim – Boletim – Jurisprudência – agosto de 1996). **Conferir, no mesmo sentido:** STF – Inq. nº 1.996/PR – rel. Min. Carlos Velloso, *Diário da Justiça*, Seção I, 25 jun. 2003, p. 70. **Conferir, ainda:** STJ – 5ª Turma – HC 149.250/SP – Rel. Min. Adilson Vieira Macabu (desembargador convocado o TJ-RJ), decisão: 7-6-2011.

Provas ilícitas por derivação e STF – II: " 'FRUTOS DA ÁRVORE ENVENENADA' – Examinando novamente o problema da validade de provas cuja obtenção não teria sido possível sem o conhecimento de informações provenientes de escuta telefônica autorizada por juiz – prova que o STF considera ilícita, até que seja regulamentado o art. 5º, XII, da CF ('*é inviolável o sigilo da correspondência e das comunicações telegráficas, de dados e comunicações telefônicas, salvo, no último caso, por ordem judicial, nas hipóteses e na forma que a lei estabelecer para fins de investigação criminal ou instrução processual penal*') –, o Tribunal, por maioria de votos, aplicando a doutrina dos '*frutos da árvore envenenada*', concedeu *habeas corpus* impetrado em favor de advogado acusado do crime de exploração de prestígio (CP, art. 357, par. único), por haver solicitado a seu cliente (preso em penitenciária) determinada importância em dinheiro, a pretexto de entregá-la ao juiz de sua causa. Entendeu-se que o testemunho do cliente – ao qual se chegara exclusivamente em razão de escuta –, confirmando a solicitação feita pelo advogado na conversa telefônica, estaria 'contaminado' pela ilicitude da prova originária. Vencidos os Ministros Carlos Velloso, Octávio Gallotti, Sydney Sanches, Néri da Silveira e Moreira Alves, que indeferiram o *habeas corpus*, ao fundamento de que somente a prova ilícita – no caso, a escuta – deveria ser desprezada" (HC 72.588-PB – rel. Min. Maurício Corrêa, 12 jun. 1996 – *Informativo STF* – Brasília, 10 a 14 de jun. de 1996 – nº 35).

Provas ilícitas por derivação e STF – III: – STF – "É ilícita a prova produzida mediante escuta telefônica autorizada por magistrado, *antes do advento da Lei nº 9.296, de 24-7-96*, que regulamentou o art. 5º, XII, da Constituição Federal; são igualmente ilícitas, por contaminação, as dela decorrentes: aplicação da doutrina norte-americana dos *frutos da árvore venenosa*" (2ª T. – HC nº 74.116/SP – rel. Min. Néri da Silveira, *Diário da Justiça*, Seção I, 14 mar. 1997, p. 6903).

Momento da análise da derivação da ilicitude: STF – "Só a partir de eventual denúncia ou sentença condenatória e do aproveitamento relevante numa ou noutra de elementos derivados as provas ilícitas é que poderá reacender-se oportunamente a questão dos 'fruits of the poisonous tree' (*HC 80949-9/RJ, Min. Sepúlveda Pertence, DJ de 14-12-2000)*" (STF – 1ª T. – HC nº 84.417/RJ – rel. Min. Sepúlveda Pertence, *Diário da Justiça*, Seção I, 17 ago. 2004, p. 13).

Provas independentes das provas ilícitas: STF – "Descabe concluir pela nulidade do processo quando o decreto condenatório repousa em outras provas que exsurgem independentes, ou seja, não vinculantes à que se aponta como ilícita" (STF – 2ª T. – HC nº 75.892-6/RJ – rel. Min. Marco Aurélio, *Diário da Justiça,* Seção I, 17 abr. 1998), **uma vez que** "a existência nos autos de prova obtida ilicitamente (escuta telefônica autorizada por juiz antes do advento da Lei nº 9.296/99) não basta a invalidação do processo, se há outras provas consideradas autônomas, isto é, colhidas sem necessidade dos elementos informativos revelados pela prova ilícita" (STF – 2ª T. – HC nº 76.231/RJ – rel. Min. Nelson Jobim, decisão: 16-6-1998, *Informativo STF* nº 115). **Conferir, no mesmo sentido:** *RTJ* 164/957; *RTJ* 164/975; STF – 2ª T. – HC nº 87.654/PR – rel. Min. Ellen Gracie, decisão: 7-3-2006, *Informativo STF* nº 418; STF – 1ª T. – HC nº 87.341-3/PR – rel. Min. Eros Grau, decisão: 7-2-2006; STF – 1ª T. – HC nº 74.411-7/SP – rel. Min. Sydney Sanches, *Diário da Justiça*, Seção I, 9 out. 1998).

> *LVII – ninguém será considerado culpado até o trânsito em julgado de sentença penal condenatória.*

5.109 Princípio da presunção de inocência

A Constituição Federal estabelece que *ninguém será considerado culpado até o trânsito em julgado de sentença penal condenatória*, consagrando a presunção de inocência, um dos princípios basilares do Estado de Direito como garantia processual penal, visando à tutela da liberdade pessoal.

Dessa forma, há a necessidade de o Estado comprovar a culpabilidade do indivíduo, que é constitucionalmente presumido inocente, sob pena de voltarmos ao total arbítrio estatal.

A presunção de inocência é uma presunção *juris tantum*, que exige para ser afastada a existência de um mínimo necessário de provas produzidas por meio de um devido processo legal e com a garantia da ampla defesa. Essa garantia já era prevista no art. 9º da Declaração francesa dos Direitos do Homem e do Cidadão, promulgada em 26-8-1789 (*"Todo o acusado se presume inocente até ser declarado culpado"*).

O direito de ser presumido inocente, consagrado constitucionalmente pelo art. 5º, LVII, possui quatro básicas funções:

- limitação à atividade legislativa;
- critério condicionador das interpretações das normas vigentes;
- critério de tratamento extraprocessual em todos os seus aspectos (inocente);
- obrigatoriedade de o ônus da prova da prática de um fato delituoso ser sempre do acusador.

Dessa forma, a *presunção de inocência* condiciona toda condenação a uma atividade probatória produzida pela acusação e veda, taxativamente, a condenação, inexistindo as necessárias provas.

O princípio da *presunção de inocência* consubstancia-se, portanto, no direito de não ser declarado culpado senão mediante sentença judicial com trânsito em julgado, ao término do devido processo legal (*due process of law*), em que o acusado pôde utilizar-se de todos os meios de prova pertinentes para sua defesa (ampla defesa) e para a destruição da credibilidade das provas apresentadas pela acusação (contraditório).

Em virtude disso, podemos apontar três exigências decorrentes da previsão constitucional da *presunção de inocência*:

1. o ônus da prova dos fatos constitutivos da pretensão penal pertence com exclusividade à acusação, sem que se possa exigir a produção por parte da defesa de provas referentes a fatos negativos (*provas diabólicas*);
2. necessidade de colheita de provas ou de repetição de provas já obtidas perante o órgão judicial competente, mediante o devido processo legal, contraditório e ampla defesa;
3. absoluta independência funcional do magistrado na valoração livre das provas.

A existência de interligação entre os princípios da *presunção de inocência, juiz natural, devido processo legal, ampla defesa e contraditório* é, portanto, ínsita ao Estado democrático de Direito, uma vez que somente por meio de uma sequência de atos processuais, realizados perante a autoridade judicial competente, poder-se-á obter provas lícitas produzidas com a integral participação e controle da defesa pessoal e técnica do acusado, a fim de obter-se uma decisão condenatória, afastando-se, portanto, a presunção constitucional de inocência.

A consagração do princípio da inocência, porém, não afasta a constitucionalidade das espécies de prisões provisórias, que continua sendo, pacificamente, reconhecida pela jurisprudência, por considerar a legitimidade jurídico-constitucional da prisão cautelar, que, não obstante a presunção *juris tantum* de não culpabilidade dos réus, pode validamente incidir sobre seu *status libertatis*. Dessa forma, permanecem válidas as prisões temporárias, preventivas, por pronúncia e por sentenças condenatórias sem trânsito em julgado.

Em relação a esta última hipótese, o Plenário do Supremo Tribunal Federal, por seis votos contra cinco, entendeu que a regra do art. 594 do CPP ("o réu não poderá apelar sem recolher-se à prisão"), revogado posteriormente pela Lei nº 11.719/2008, continuava em vigor:

> "não tendo sido revogada pela presunção de inocência do art. 5º, LVII, da CF – que, segundo a maioria, concerne à disciplina do ônus da prova, nem pela aprovação, em 28-5-92, por decreto-legislativo do Congresso Nacional, do Pacto de S. José da Costa Rica" (STF – HC 72.366-SP, rel. Min. Néri da Silveira, sessão de 13-9-95. Ficaram vencidos os Ministros Maurício Corrêa, Francisco Rezek, Marco Aurélio, Ilmar Galvão e Sepúlveda Pertence).

O mesmo entendimento é partilhado pelo Superior Tribunal de Justiça, que sumulou a questão: "A exigência da prisão provisória, para apelar, não ofende a garantia constitucional da presunção de inocência" (Súmula 9).

Além disso, a existência de recurso especial dirigido ao Superior Tribunal de Justiça ou de recurso extraordinário encaminhado ao Supremo Tribunal Federal, ainda pendentes de apreciação, não assegura ao condenado o direito de aguardar em liberdade o julgamento de qualquer dessas modalidades de impugnação recursal, porque despojadas, ambas, de eficácia suspensiva cf.: STF – 1ª T. – HC nº 73.151-1/RJ – rel. Min. Moreira Alves, *Diário da Justiça*, Seção I, 19 abr. 1996, p. 12216).

Diversamente, porém, o lançamento do nome do acusado no rol dos culpados viola o princípio constitucional que, proclamado pelo art. 5º, inciso LVII, da Carta Política, consagra, em nosso sistema jurídico, a presunção *juris tantum* de não culpabilidade daqueles que figurem como réus nos processos penais condenatórios.

A razão da inexistência de efeito suspensivo aos recursos especial e extraordinário decorre da impossibilidade do STJ e STF realizarem análises probatórias e de mérito da questão penal, competência jurisdicional constitucionalmente atribuída às instâncias ordinárias do Poder Judiciário, salvo, obviamente, nas excepcionais hipóteses de prerrogativa de foro.

As exigências decorrentes da previsão constitucional do Princípio da Presunção de Inocência não são desrespeitadas mediante a possibilidade de execução provisória da pena privativa de liberdade imposta por decisão colegiada de Tribunal de 2º grau, que, sendo o juízo natural do réu, esgotou a possibilidade legal das análises fática e probatória, firmando, com absoluta independência, o juízo de culpabilidade do acusado, a partir da valoração de provas obtidas mediante o devido processo legal, contraditório e ampla defesa.

Finalidade do Princípio da Presunção de Inocência: STF – "O postulado constitucional da não culpabilidade impede que o Estado trate, como se culpado fosse, aquele que ainda não sofreu condenação penal irrecorrível. A prerrogativa jurídica da liberdade – que possui extração constitucional (CF, art. 5º, LXI e LXV) – não pode ser ofendida por interpretações doutrinárias ou jurisprudenciais, que fundadas em preocupante discurso de conteúdo autoritário, culminam por consagrar, paradoxalmente, em detrimento dos direitos e garantias fundamentais proclamados pela Constituição da República, a ideologia da lei e da ordem (...) O princípio constitucional da não culpabilidade, em nosso sistema jurídico, consagra uma regra de tratamento que impede o Poder Público de agir e de se comportar em relação ao suspeito, ao indiciado, ao denunciado ou ao réu, como se estes já houvessem sido condenados, definitivamente por sentença do Poder Judiciário" (STF – 2ª T. – HC 89.501 – Rel. Min. Celso de Mello, decisão: 12-12-2006).

Presunção de inocência e concurso público: STF – "Viola o princípio constitucional da presunção de inocência, previsto no art. 5º, LVII, da CF, a exclusão de candidato de concurso público que responde a inquérito ou ação penal sem trânsito em julgado da sentença condenatória" (STF – 1ª T. – RE 559.135-AgR – rel. Ricardo Lewandowski, decisão: 20-5-2008).

Presunção de inocência e promoção de oficial militar: STF – "A jurisprudência do Supremo é no sentido da inexistência de violação do princípio da presunção da inocência (CB/1988, art. 5º, LVII) no fato de a lei não permitir a inclusão de oficial militar no quadro de acesso à promoção em razão de denúncia em processo criminal" (STF – 2ª T. – RE 459.320-AgR – Rel. Min. Eros Grau, decisão: 22-4-2008).

Improbidade Administrativa, Princípio da presunção de inocência e inelegibilidade: Em relação ao pedido da AMB (Associação dos Magistrados do Brasil) para que fossem inelegíveis os candidatos que estivessem sendo processados por improbidade administrativa – mesmo sem o respectivo trânsito em julgado – "O Plenário do Supremo Tribunal Federal, ao julgar a ADPF 144/DF, declarou-a improcedente, em decisão impregnada de efeito vinculante e que estabeleceu conclusões assim proclamadas por esta Corte: (1) a regra inscrita no § 9º do art. 14 da Constituição, na redação dada pela Emenda Constitucional de Revisão nº 4/94, não é autoaplicável, pois a definição de novos casos de inelegibilidade e a estipulação dos prazos de sua cessação, a fim de proteger a probidade administrativa e a moralidade para o exercício do mandato, considerada a vida pregressa do candidato, dependem, exclusivamente, da edição de lei complementar, cuja ausência não pode ser suprida mediante interpretação judicial; (2) a mera existência de inquéritos policiais em curso ou de processos judiciais em andamento ou de sentença penal condenatória ainda não transitada em julgado, além de não configurar, só por si, hipótese de inelegibilidade, também não impede o registro de candidatura de qualquer cidadão; (3) a exigência de coisa julgada a que se referem as alíneas "d", "e" e "h" do inciso I do art. 1º e o art. 15, todos da Lei Complementar nº 64/90, não transgride nem descumpre os preceitos fundamentais concernentes à probidade administrativa e à moralidade para o exercício de mandato eletivo; (4) a ressalva a que alude a alínea "g" do inciso I do art. 1º da Lei Complementar nº 64/90, mostra-se compatível com o § 9º do art. 14 da Constituição, na redação dada pela Emenda Constitucional de Revisão nº 4/94" (STF – Ag.Reg. Rcl. 6.534/MA – rel. Min. Celso de Mello, decisão: 25-9-2008).

Prisão processual e prevalência dos direitos humanos: STJ – "A prisão processual deve ser fundamentada. Significa indicar o fato. Insuficiente apenas a indicação da norma, de que é exemplo, da decisão restringir-se a mencionar que o acusado não preenche os requisitos do art. 408, § 2º, Código de Processo Penal. O combate à violência encontra adesão da sociedade. Urge, entretanto, acatar o sistema jurídico democrático e as penosas e lentas conquistas dos Direitos Humanos" (6ª T. – RHC nº 3.365-7/SP – rel. Min. Luiz Vicente Cernicchiaro – *Ementário STJ*, 10/712).

Constitucionalidade das prisões temporárias: STJ – "Prisão temporária – Lei nº 7.960/89. Legitimidade do ato. Atento ao requisito do art. 5º, LXI, da CF, há considerar-se legítimo o decreto de prisão temporária motivada no art. 1º, I e II, da Lei nº 7.960/89, a qual, por sua vez, também se mostra atenta ao precitado comando constitucional" (5ª T. – RHC nº 1.576-0/SC – rel. Min. José Dantas – *Ementário STJ*, 05/675).

Constitucionalidade da prisão preventiva: STJ – "A Constituição Federal, não paira dúvida, tem como regra geral ficar-se em liberdade, enquanto se aguarda o desenrolar do processo penal. Todo cidadão é inocente até que seja irremediavelmente condenado (art. 5º, LVII). É que o preso, por sofrer restrição em sua liberdade de locomoção, não deixa de ter o direito de ampla defesa diminuído. Mas, por outro lado, pode estar em jogo valor que também deve ser protegido para a apuração da verdade real. Daí a mesma Constituição (que constitui um sistema lógico-político) permitir a prisão em circunstâncias excepcionais (art. 5º, LXI e LXVI), exigindo sempre sua fundamentação, sobretudo por se tratar de exceção (art. 93, IX). Por tal motivo, mesmo o primário e de bons antecedentes pode ser preso sem nenhum arranhão aos princípios constitucionais" (6ª T. – RHC nº 3.715-6/MG – rel. Min. Adhemar Maciel – *Ementário STJ*, 11/690). **No mesmo sentido:** STJ – 5ª T. – RHC nº 511/SP – rel. Min. Costa Lima – *Ementário STJ*, 03/604; STJ – 6ª T. – RHC nº 2.813-0/ES – rel. Min. Pedro Acioli – *Ementário STJ*, 08/760.

Prisão por sentença condenatória sem trânsito em julgado I: STF – "O inciso LVII do art. 5º da Constituição Federal, segundo o qual 'ninguém será considerado culpado até o trânsito em julgado da sentença penal condenatória' é obstáculo, apenas, a que se lance o nome do rol dos culpados, enquanto não estiver definitivamente condenado, mas não a prisão imediata após o julgamento do recurso ordinário, como previsto no art. 637 do Código de Processo Penal" (1ª T. – HC nº 72.171/SP – rel. Min. Sydney Sanches, *Diário da Justiça*, Seção I, 27 out. 1995, p. 36332). No mesmo sentido: STF – 2ª T. – HC nº 71.401-3/MS – rel. Min. Maurício Correa, *Diário da Justiça*, Seção I, 8 set. 1995, p. 28355.

Prisão por sentença condenatória sem trânsito em julgado II – STJ – "A Jurisprudência da Corte, fundada no princípio constitucional da inocência presumida (CF, art. 5º), tem proclamado o entendimento de que a regra do art. 594, do CPP, deve ser concebida de forma atenuada, sendo descabida a submissão do réu à prisão para poder apelar sem a indicação objetiva da necessidade da medida" (6ª T.– RHC nº 4.400-4/SC – rel. Min. Vicente Leal; j. 20-4-1995; v.u.; ementa).

Prisão por pronúncia: STF – "Prisão cautelar – Instituto compatível com o princípio constitucional da não culpabilidade (CF, art. 5º, LVII) – Concessão de liberdade provisória – Mera faculdade judicial (...). O réu pronunciado – ainda que primário e de bons antecedentes – nenhum direito tem à obtenção da liberdade provisória. A preservação do *status libertatis* do acusado traduz, nesse contexto, mera faculdade reconhecida ao juiz" (1ª T. – HC nº 69.026/DF – rel. Min. Celso de Mello, *Diário da Justiça*, Seção I, 4 set. 1992, p. 14091).

Pacto de São José da Costa Rica e direito de recorrer em liberdade: STF – "O Plenário do STF já salientou que a Convenção Americana sobre Direitos Humanos (Pacto de São José da Costa Rica) não assegura, de modo irrestrito, o direito de recorrer em liberdade, ressalvando o disposto na Constituição e nas leis dos Estados-Partes" (1ª T. – HC nº 73.151-1/RJ – rel. Min. Moreira Alves, *Diário da Justiça*, Seção I, 19 abr. 1996, p. 12216).

Lançamento do nome do réu no rol dos culpados: STF – "A norma inscrita no art. 408, § 1º, do CPP – que autoriza o juiz, quando da prolação da sentença de pronúncia, a ordenar o lançamento do nome do réu no rol dos culpados – esta derrogada em face da superveniência de preceito constitucional com ela materialmente incompatível (CF, art. 5º, LVII)" – (Pleno – HC nº 69.696/SP – rel. Min. Celso de Mello, *Diário da Justiça*, Seção I, 1 out. 1993, p. 20213).

5.109-A Execução da pena após decisão de 2ª instância

As exigências decorrentes da previsão constitucional do *princípio da presunção de inocência* não são desrespeitadas mediante a possibilidade de execução da pena privativa de liberdade após decisão de 2ª instância, quando a decisão condenatória observar todos os demais princípios constitucionais interligados; ou seja, quando o juízo de culpabilidade do acusado tiver sido firmado com absoluta independência pelo juízo natural, a partir da valoração de provas obtidas mediante o devido processo legal, contraditório e ampla defesa em dupla instância e a condenação criminal tiver sido imposta, em decisão colegiada, devidamente motivada, de Tribunal de 2º grau, com o consequente esgotamento legal da possibilidade recursal de cognição plena e da análise fática, probatória e jurídica integral em respeito ao princípio da tutela penal efetiva.

A *presunção de inocência* (CF, art. 5º, LVII) condiciona toda condenação a uma atividade probatória produzida pela acusação e veda, taxativamente, a condenação, inexistindo as necessárias provas, devendo o Estado comprovar a culpabilidade do indivíduo, que é constitucionalmente presumido inocente, sob pena de voltarmos ao total arbítrio.

A eficácia do inciso LVII do artigo 5º do texto constitucional estará observada, em cada etapa processual, se as três exigências básicas decorrentes da razão da previsão constitucional da *presunção de inocência* tiverem sido observadas pelo Poder Judiciário: (1) o ônus da prova dos fatos constitutivos da pretensão penal pertencer com exclusividade à acusação, sem que se possa exigir a produção por parte da defesa de provas referentes a fatos negativos (*provas diabólicas*); (2) necessidade de colheita de provas ou de repetição de provas já obtidas, sempre perante o órgão judicial competente, mediante o devido processo legal, contraditório e ampla defesa; (3) absoluta independência funcional dos magistrados na valoração livre das provas, tanto em 1ª quanto em 2ª instância, por possuírem cognição plena.

Da maneira, respeitadas essas três exigências básicas haverá eficácia nas finalidades pretendidas pela previsão constitucional da *presunção de inocência* no tocante a análise de mérito da culpabilidade do acusado, permitindo-se, consequentemente, a plena eficácia dos *princípios da tutela judicial efetiva e do juízo natural* (juízos de 1ª e 2ª instâncias), com a possibilidade das condenações criminais de mérito proferidas pelos Tribunais de 2º grau, no exercício de suas competências jurisdicionais, serem respeitadas, sem o *"congelamento de sua efetividade"* pela existência de competências recursais restritas e sem efeito suspensivo do Superior Tribunal de Justiça e do Supremo Tribunal Federal, cuja atuação não possibilita a realização de novas análises probatórias e de mérito da questão penal, respectivamente, nos recursos especial e extraordinário; uma vez que, essa competência jurisdicional foi constitucionalmente atribuída às instâncias ordinárias do Poder Judiciário; definidas como únicos juízos naturais com cognição fática e probatória ampla.

Ignorar a possibilidade de execução de decisão condenatória de segundo grau, escrita e fundamentada, mediante a observância do devido processo legal, ampla defesa e contraditório e com absoluto respeito as exigências básicas decorrentes do princípio da presunção de inocência perante o juízo natural de mérito do Poder Judiciário – que, repita-se, não é o Superior Tribunal de Justiça, nem tampouco o Supremo Tribunal Federal –, seria atribuir eficácia zero ao *princípio da efetiva tutela jurisdicional,* em virtude de uma aplicação desproporcional e absoluta do *princípio da presunção de inocência,* que não estaria levando em conta na interpretação constitucional o *método da justeza ou conformidade funcional,* que aponta como ensina Vital Moreira, a necessidade dos órgãos encarregados da interpretação da norma constitucional não poderem chegar a uma posição que subverta, altere ou perturbe o esquema organizatório-funcional constitucionalmente estabelecido pelo legislador originário (MOREIRA, Vital. *Fundamentos da Constituição.* Coimbra: Coimbra, 1991, p. 134 ss.).

O *"esquema organizatório-funcional"* estabelecido pelo legislador constituinte no tocante a persecução penal estatal garante aos juízes e tribunais de 2º grau a competência para analisar o conjunto probatório e decidir o mérito das causas penais, afastando a não culpabilidade do réu e impondo-lhe pena privativa de liberdade, pela presença do que o Ministro Néri da Silveira denominava de *"juízo de consistência"* (Voto no HC 72.366/SP).

O *"esquema organizatório-funcional"* consagrado pela Constituição Federal autoriza constitucionalmente a prisão por ordem escrita e fundamentada da autoridade judiciária competente, e, reserva para eventuais abusos dos tribunais de segunda instância a possibilidade do ajuizamento de *Habeas Corpus* perante o Superior Tribunal de Justiça com recurso ordinário constitucional ao Supremo Tribunal Federal.

Exigir o trânsito em julgado ou decisão final do Superior Tribunal de Justiça ou do Supremo Tribunal Federal para iniciar a execução da pena aplicada após a análise de mérito da dupla instância judicial constitucionalmente escolhida como juízo natural criminal seria subverter a lógica de harmonização dos diversos princípios constitucionais penais e processuais penais e negar eficácia aos diversos dispositivos já citados em benefício da aplicação absoluta e desproporcional de um único inciso do artigo 5º, com patente prejuízo ao princípio da tutela judicial efetiva.

Essa interpretação dos dispositivos constitucionais é absolutamente compatível com os tratados internacionais de direitos humanos, pois não há nenhuma exigência normativa, seja na Declaração francesa dos Direitos do Homem e do Cidadão, promulgada em 26-8-1789 (*"Todo o acusado se presume inocente até ser declarado culpado"*) seja na Convenção Americana de Direitos Humanos (Pacto de *San Jose* da Costa Rica), ou na Convenção Europeia dos Direitos do Homem que condicione o início do cumprimento da pena ao trânsito em julgado da sentença condenatória. Todas – respectivamente artigos 9º, 8.2 e 60, 2 – compatibilizam o *princípio da presunção de inocência* com a necessária comprovação da culpabilidade do acusado (nesse sentido, analisar detalhado artigo de JOSÉ RIBAS VIEIRA e RANIERI LIMA RESENDE, denominado *"Execução provisória da pena: Causa para a Corte Interamericana de Direitos Humanos?"*, que, inclusive analisa importantes precedentes relacionados a presente hipótese (casos *Herrera Ulloa vs. Costa Rica, 2004; Ricardo Canese vs. Paraguay, 2004; Rosendo Cantú y outra vs. México, 2011; Mohamed vs. Argentina, 2012*).

Nos 30 anos de vigência da Constituição, a possibilidade de execução provisória de acórdão penal condenatório proferido em grau de apelação foi amplamente majoritária em 23 anos.

Promulgada a Constituição Federal, em 5 de outubro de 1988, a compatibilidade da execução provisória de decisão penal condenatória proferida em 2ª instancia com o princípio da presunção de inocência foi afirmada pela primeira vez, em 29 de março de 1989, na 2ª Turma do STF, que, por unanimidade, entendeu inexistir efeito suspensivo no recurso extraordinário (HC 67.245/MG, rel. Aldir Passarinho). Posteriormente, em 28 de junho de 1991, houve a primeira decisão do Plenário Corte sobre a matéria, e, novamente, por unanimidade, o STF entendeu *"não conflitar com o art. 5º, inciso LVII, da Constituição"* a expedição de mandado de prisão para o início da execução provisória da pena, pois *"exauridas estão as instâncias ordinárias criminais"* (Pleno, HC 68726/DF, rel. Min. Néri da Silveira. Ausentes os Ministros Celso de Mello e Marco Aurélio).

Esse posicionamento somente foi alterado em 05 de fevereiro de 2009, pela decisão proferida pelo Plenário, no HC 84.078, relatado pelo Ministro Eros Grau, onde se passou a exigir o transito em julgado para o início da execução da pena.

Em 17-2-2016, porém, o Plenário do STF decidiu pelo retorno de seu antigo e tradicional posicionamento, autorizando a execução da pena após decisão proferida em 2ª grau, no julgamento do HC 126.292, relatado pelo Ministro Teori Zavascki. Essa posição foi confirmada pela Corte, no julgamento do HC 152752, relatado pelo Ministro Edson Fachin, em 4 de abril de 2018.

Dessa maneira, somente no período compreendido entre 5 de fevereiro de 2009 e 17 de fevereiro de 2019, ou seja, durante 7 anos, prevaleceu a tese contrária que exigia o trânsito em julgado.

Durante os 30 anos de vigência da Constituição Federal, dos 35 (trinta e quatro) Ministros que atuaram na Corte, somente nove Ministros se posicionaram contrariamente a possibilidade de execução provisória da pena após condenação em segunda instância. E, mesmo dentre esses nove Ministros, quatro, em posicionamento anterior, chegaram a considerar constitucional a possibilidade de execução da pena após decisão de 2ª grau. A grande maioria dos ministros da Corte – vinte e três – sempre defendeu a atual jurisprudência. Observe-se que, 3 Ministros não chegaram a posicionar-se sobre o assunto: Rafael Mayer – aposentadoria em 14-5-89, Oscar Correa, aposentadoria em 17-1-89 e Carlos Madeira, aposentadoria em 1990.

A possibilidade de execução provisória da pena, inclusive, foi o pressuposto básico para a edição de duas Súmulas do Supremo Tribunal Federal editadas em sessão Plenária de 24-9-2003:

> **SÚMULA 716:** Admite-se a progressão de regime de cumprimento da pena ou a aplicação imediata de regime menos severo nela determinada, antes do trânsito em julgado da sentença condenatória.
>
> **SÚMULA 717:** Não impede a progressão de regime de execução da pena, fixada em sentença não transitada em julgado, o fato de o réu se encontrar em prisão especial.

Observe-se, ainda, que esse posicionamento não retira a eficácia da previsão constitucional do inciso LVII do artigo 5º do texto constitucional, que sob sua importante perspectiva processual (voto da Min. ELLEN GRACIE no HC 84.078) manterá sua incidência em relação aos demais efeitos da condenação criminal que deverão aguardar os julgamentos dos recursos especiais e extraordinários, com respectivo transito em julgado: efeitos extrapenais (indenização do dano), perda do cargo ou função pública, perda da primariedade e possibilidade de reincidência e aumento do prazo prescricional no caso do cometimento de nova infração penal, por exemplo.

Em julgamento de *habeas corpus*, realizado em 2018, o entendimento pela possibilidade de execução provisória da pena foi confirmada pelo Plenário do STF, por maioria (6x5). Entretanto, em julgamento posterior realizado em novembro de 2019, em ações declaratórias de constitucionalidade, houve inversão da anterior maioria, e a Corte proclamou, com efeitos erga omnes e vinculantes, por 6x5 a constitucionalidade do art. 283 do CPP, no sentido de condicionar o início do cumprimento da pena ao trânsito em julgado do título condenatório.

A necessidade de trânsito em julgado da sentença condenatória para o início da execução da pena não impede que o tribunal de origem mantenha ou mesmo decrete a custódia cautelar, presentes os pressupostos legais; ou seja, vedou-se somente o início imediato e automático do cumprimento da pena após esgotamento da jurisdição de 2ª instância; mantendo-se, porém, a possibilidade da supressão cautelar de liberdade ou mesmo de aplicação de medidas cautelares diversas.

POSIÇÃO ATUAL DO SUPREMO TRIBUNAL FEDERAL – O Princípio da Presunção de Inocência impede a possibilidade de início de execução da pena após decisão de 2ª instância. Maioria de 6x5. Conforme destacado pelo relator, Ministro Marco Aurélio: "a literalidade do preceito não deixa margem a dúvidas: a culpa é pressuposto da sanção, e a constatação ocorre apenas com a preclusão maior" (STF, Pleno, ADCs 43, 44 e 54/DF, rel. Min. Marco Aurélio, j. 7-11-2019). **Em anterior composição da Corte, houve, também, maioria de 7 votos a 4):** "INCONSTITUCIONALIDADE DA CHAMADA 'EXECUÇÃO ANTECIPADA DA PENA'. ART. 5º, LVII, DA CONSTITUIÇÃO DO BRASIL. DIGNIDADE DA PESSOA HUMANA. ART. 1º, III, DA CONSTITUIÇÃO DO BRASIL. 1. O art. 637 do CPP estabelece que '[o] recurso extraordinário não tem efeito suspensivo, e uma vez arrazoados pelo recorrido os autos do traslado, os originais baixarão à primeira instância para a execução da sentença'. A Lei de Execução Penal condicionou a execução da pena privativa de liberdade ao trânsito em julgado da sentença condenatória. A Constituição do Brasil de 1988 definiu, em seu art. 5º, inciso LVII, que 'ninguém será considerado culpado até o trânsito em julgado de sentença penal condenatória'. 2. Daí que os preceitos veiculados pela Lei n. 7.210/84, além de adequados à ordem constitucional vigente, sobrepõem-se, temporal e materialmente, ao disposto no art. 637 do CPP. 3. A prisão antes do trânsito em julgado da condenação somente pode ser decretada a título cautelar. 4. A ampla defesa, não se a pode visualizar de modo restrito. Engloba todas as fases processuais, inclusive as recursais de natureza extraordinária. Por isso a execução da sentença após o julgamento do recurso de apelação significa, também, restrição do direito de defesa, caracterizando desequilíbrio entre a pretensão estatal de aplicar a pena e o direito, do acusado, de elidir essa pretensão. 5. Prisão temporária, restrição dos efeitos da interposição de recursos em matéria penal e punição exemplar, sem qualquer contemplação, nos 'crimes hediondos' exprimem muito bem o sentimento que EVANDRO LINS sintetizou na seguinte assertiva: 'Na realidade, quem está desejando punir demais, no fundo, no fundo, está querendo fazer o mal, se equipara um pouco ao próprio delinquente'. 6. A antecipação da execução penal, ademais de incompatível com o texto da Constituição, apenas poderia ser justificada em nome da conveniência dos magistrados – não do processo penal. A prestigiar-se o princípio constitucional, dizem, os tribunais [leia-se STJ e STF] serão inundados por recursos especiais e extraordinários e subsequentes agravos e embargos, além do que 'ninguém mais será preso'. Eis o que poderia ser apontado como incitação à 'jurisprudência defensiva', que, no extremo, reduz a amplitude ou mesmo amputa garantias constitucionais. A comodidade, a melhor operacionalidade de funcionamento do STF não pode ser lograda a esse preço. 7. No RE 482.006, relator o Ministro Lewandowski, quando foi debatida a constitucionalidade de preceito de lei estadual mineira que impõe a redução de vencimentos de servidores públicos afastados de suas funções por responderem a processo penal em razão da suposta prática de crime funcional [art. 2º da Lei n. 2.364/61, que deu nova redação à Lei n. 869/52], o STF afirmou, por unanimidade, que o preceito implica flagrante violação do disposto no inciso LVII do art. 5º da Constituição do Brasil. Isso porque – disse o relator – 'a se admitir a redução da remuneração dos servidores em tais hipóteses, estar-se-ia validando verdadeira antecipação de pena, sem que esta tenha sido precedida do devido processo legal, e antes mesmo de qualquer condenação, nada importando que haja previsão de devolução das diferenças, em caso de absolvição'. Daí porque a Corte decidiu, por unanimidade, sonoramente, no sentido do não recebimento do preceito da lei estadual pela Constituição de 1988, afirmando de modo unânime a impossibilidade de antecipação de qualquer efeito afeto à propriedade anteriormente ao seu trânsito em julgado. A Corte que vigorosamente prestigia o disposto no preceito constitucional em nome da garantia da propriedade não a deve negar quando se trate da garantia da liberdade, mesmo porque a propriedade tem mais a ver com as elites; a ameaça às liberdades alcança de modo efetivo as classes subalternas. 8. Nas democracias, mesmo os criminosos são sujeitos de direitos. Não perdem essa qualidade, para se transformarem em objetos processuais. São pessoas, inseridas entre aquelas beneficiadas pela afirmação constitucional da sua dignidade (art. 1º, III, da Constituição do Brasil). É inadmissível a sua exclusão social, sem que sejam consideradas, em quaisquer circunstâncias, as singularidades de cada infração penal, o que somente se pode apurar plenamente quando transitada em julgado a condenação de cada qual. Ordem concedida" (STF, Pleno, HC 84078/MG, Rel. Min. Eros Grau, 5-2-2009). **Conferir, ainda:** HC 89.754 MC-BA, rel. Min. Celso de Mello, HC 85.710/RJ, Rel. Min. Cezar Peluso, HC 85.877/PE, Rel. Min. Gilmar Mendes.

ANTERIOR POSIÇÃO DO SUPREMO TRIBUNAL FEDERAL – Possibilidade de início de execução da pena após decisão de 2ª instância. Inexistência de ferimento ao Princípio da Presunção de Inocência. Maioria de 6x5: : "O implemento da execução provisória da pena atua como desdobramento natural da perfectibilização da condenação sedimentada na seara das instâncias ordinárias e do cabimento, em tese, tão somente de recursos despidos de automática eficácia suspensiva, sendo que, assim como ocorre na deflagração da execução definitiva, não se exige motivação particularizada ou de índole cautelar" (HC 152.752/PR, Pleno, Rel. Min. Edson Fachin, j. 4-4-2018). **Em anterior composição da Corte, houve, também, maioria de 7 votos a 4:** "PRINCÍPIO CONSTITUCIONAL DA PRESUNÇÃO DE INOCÊNCIA (CF, ART. 5º, LVII). SENTENÇA PENAL CONDENATÓRIA CONFIRMADA POR TRIBUNAL DE SEGUNDO GRAU DE JURISDIÇÃO. EXECUÇÃO PROVISÓRIA. POSSIBILIDADE. 1. A execução provisória de acórdão penal condenatório proferido em grau de apelação, ainda que sujeito a recurso especial ou extraordinário, não compromete o princípio constitucional da presunção de inocência afirmado pelo artigo 5º, inciso LVII da Constituição Federal. 2. *Habeas corpus* denegado. Conforme destacado pelo Ministro Relator, Teori Zavascki, 'a presunção da inocência não impede que, mesmo antes do trânsito em julgado, o acórdão condenatório produza efeitos contra o acusado', uma vez que, 'A execução da pena na pendência de recursos de natureza extraordinária não compromete o núcleo essencial do pressuposto da não culpabilidade, na medida em que o acusado foi tratado como inocente no curso de todo o processo ordinário criminal, observados os direitos e as garantias a ele inerentes, bem como respeitadas as regras probatórias e o modelo acusatório atual. Não é incompatível com a garantia constitucional autorizar, a partir daí, ainda que cabíveis ou pendentes de julgamento de recursos extraordinários, a produção dos efeitos próprios da responsabilização criminal reconhecida pelas instâncias ordinárias' (STF, Pleno, HC 126292/SP, Rel. Min. Teori Zavascki, 17-2-2016).

Possibilidade da manutenção ou supressão cautelar de liberdade pelo tribunal de origem de maneira fundamentada e presentes os pressupostos legais: HC 174875/MG, 1ª T, red. p/Acórdão Min. Alexandre de Moraes, j. 3-12-19; HC 161822 AgR-AgR/MA, 2ª T, rel. Min. Carmen Lúcia, j. 13-12-19.

Necessidade de comprovação de absoluta necessidade para manutenção de prisão decorrente de sentença condenatória recorrível, em face do princípio da presunção de inocência: HC 71.644-MG, rel. Min. Celso de Mello; HC 84.434-SP, rel. Min. Gilmar Mendes; HC 86.164-RO, rel. Min. Carlos Britto.

Princípio da presunção de inocência e inadmissibilidade de prisão cautelar com fundamento exclusivo na gravidade do crime: STF – HC 111874 MC/BA, Rel. Min. Celso de Mello, decisão: 19-3-2012, *Informativo STF* nº 670.

Execução da pena privativa de liberdade antes do trânsito em julgado da sentença condenatória – Violação ao art. 5º, LVII, da CF: STF – "O Plenário do STF, no julgamento do HC 84.078, pacificou o entendimento de que a execução da pena privativa de liberdade, antes do trânsito em julgado da sentença condenatória, contraria o art. 5º, LVII, da Constituição: STF – "O art. 637 do CPP estabelece que '[o] recurso extraordinário não tem efeito suspensivo, e uma vez arrazoados pelo recorrido os autos do traslado, os originais baixarão à primeira instância para a execução da sentença'. A Lei de Execução Penal condicionou a execução da pena privativa de liberdade ao trânsito em julgado da sentença condenatória. A Constituição do Brasil de 1988 definiu, em seu art. 5º, inciso LVII, que 'ninguém será considerado culpado até o trânsito em julgado de sentença penal condenatória'. Daí que os preceitos veiculados pela Lei nº 7.210/84, além de adequados à ordem constitucional vigente, sobrepõem-se, temporal e materialmente, ao disposto no art. 637 do CPP. A prisão antes do trânsito em julgado da condenação somente pode ser decretada a título cautelar. A ampla defesa, não se a pode visualizar de modo restrito. Engloba todas as fases processuais, inclusive as recursais de natureza extraordinária. Por isso a execução da sentença após o julgamento do recurso de apelação significa, também, restrição do direito de defesa, caracterizando desequilíbrio entre a pretensão estatal de aplicar a pena e o direito, do acusado, de elidir essa pretensão. (...) A antecipação da execução penal, ademais de incompatível com o texto da Constituição, apenas poderia ser justificada em nome da conveniência dos magistrados – não do processo penal. A prestigiar-se o princípio constitucional, dizem, os tribunais [leia-se STJ e STF] serão inundados por recursos especiais e extraordinários e subsequentes agravos e embargos, além do que 'ninguém mais será preso'. Eis o que poderia ser apontado como incitação à 'jurisprudência defensiva', que, no extremo, reduz a amplitude ou mesmo amputa garantias constitucionais. A comodidade, a melhor operacionalidade de funcionamento do STF não pode ser lograda a esse preço. No RE 482.006, Rel. Min. Lewandowski, quando foi debatida a constitucionalidade de preceito de lei estadual mineira que impõe a redução de vencimentos de servidores públicos afastados de suas funções por responderem a processo penal em razão da suposta prática de crime funcional [art. 2º da Lei nº 2.364/61, que deu nova redação à Lei nº 869/52], o STF afirmou, por unanimidade, que o preceito implica flagrante violação do disposto no inciso LVII do art. 5º da Constituição do Brasil. Isso porque – disse o relator – 'a se admitir a redução da remuneração dos servidores em tais hipóteses, estar-se-ia validando verdadeira antecipação de pena, sem que esta tenha sido precedida do devido processo legal, e antes mesmo de qualquer condenação, nada importando que haja previsão de devolução das diferenças, em caso de absolvição'. Daí porque a Corte decidiu, por unanimidade, sonoramente, no sentido do não recebimento do preceito da lei estadual pela Constituição de 1988, afirmando de modo unânime a impossibilidade de antecipação de qualquer efeito afeto à propriedade anteriormente ao seu trânsito em julgado. A Corte que vigorosamente prestigia o disposto no preceito constitucional em nome da garantia da propriedade não a deve negar quando se trate da garantia da liberdade, mesmo porque a propriedade tem mais a ver com as elites; a ameaça às liberdades alcança de modo efetivo as classes subalternas. Nas democracias mesmo os criminosos são sujeitos de direitos. Não perdem essa qualidade, para se transformarem em objetos processuais. São pessoas, inseridas entre aquelas beneficiadas pela afirmação constitucional da sua dignidade (art. 1º, III, da Constituição do Brasil). É inadmissível a sua exclusão social, sem que sejam consideradas, em quaisquer circunstâncias, as singularidades de cada infração penal, o que somente se pode apurar plenamente quando transitada em julgado a condenação de cada qual" (HC 84.078, rel. Min. Eros Grau, julgamento em 5-2-09, Plenário, *DJE* de 26-2-10). **No mesmo sentido**: HC 99.891, rel. Min. Celso de Mello, julgamento em 15-9-2009, 2ª T., *DJE* de 18-12-2009; HC 93.857, rel. Min. Cezar Peluso, julgamento em 25-8-2009, 2ª T., *DJE* de 16-10-2009; HC 97.776, rel. Min. Ellen Gracie, julgamento em 2-6-2009, 2ª T., *DJE* de 19-6-2009; HC 91.676, HC 92.578, HC 92.691 e HC 92.933, rel. Min. Ricardo Lewandowski, julgamento em 12-2-2009, Plenário, *DJE* 1º-7-2009; RHC 93.172, rel. Min. Cármen Lúcia, julgamento em 12-2-2009, Plenário, *Informativo* nº 535; HC 94.778, rel. Min. Carlos Britto, julgamento em 10-2-2009, 1ª T., *DJE* de 13-3-2009.

5.110 *Princípio da presunção de inocência e princípio do* in dubio pro reo

O princípio da presunção de inocência não se confunde com o princípio *in dubio pro reo*, pois, apesar de ambos serem espécies do gênero *favor rei*, existe substancial diferenciação entre eles: enquanto o primeiro sempre tem incidência processual e extraprocessual, o segundo somente incidirá, processualmente, quando o órgão judicial tenha ficado em dúvida em relação às provas apresentadas, devendo então optar pela melhor interpretação que convier ao acusado. Note-se que se a acusação não tiver conseguido provar as alegações ofertadas contra o acusado, não existindo, pois, qualquer dúvida no espírito do magistrado, permanecerá a existência do *princípio da presunção de inocência*, sem contudo ter havido necessidade de utilização do *in dubio pro reo*.

O princípio *in dubio pro reo* impõe ao órgão julgador o decreto absolutório quando não tenha se convencido totalmente da procedência das acusações ofertadas pelo órgão acusador.

Pode-se concluir no sentido de que a previsão do *in dubio pro reo* é um dos instrumentos processuais previstos para garantia de um princípio maior, que é o *princípio da inocência*.

Presunção de inocência e princípio do *in dubio pro reo:* STF – "Nenhuma acusação penal presume provada. Não compete ao réu demonstrar a sua inocência. Cabe ao MP comprovar, de forma inequívoca, a culpabilidade do acusado. Já não mais prevalece, em nosso sistema de direito positivo, a regra, que, em dado momento histórico do processo político brasileiro (Estado Novo), criou, para o réu, com a falta de pudor que caracteriza os regimes autoritários, a obrigação de o acusado provar a sua própria inocência (Decreto-lei nº 88, de 20-12-37, art. 20, nº 5)" (1ª T. – HC nº 73.338/RJ – rel. Min. Celso de Mello – *RTJ* 161/264).

> *LVIII – o civilmente identificado não será submetido a identificação criminal, salvo nas hipóteses previstas em lei.*

5.111 Identificação criminal

Trata-se de norma constitucional de eficácia contida que apresenta um direito fundamental de eficácia imediata e uma exceção consubstanciada em regra cuja eficácia depende de regulamentação. Assim, *o direito fundamental* consiste na impossibilidade de identificar-se criminalmente a pessoa que já se encontra identificada civilmente. Porém, a própria Constituição Federal expressa a relatividade dessa norma, possibilitando exceções previstas em lei ordinária. Ressalte-se, portanto, que, em relação às exceções, há necessidade de norma ordinária regulamentando o presente inciso do texto constitucional.

A identificação exigida pela Constituição Federal como excludente da identificação criminal somente é aquela oficial e regularmente emitida pelos órgãos estatais, ou, ainda, aquela cuja lei conceda equiparação com a cédula de identificação – registro geral (RG).

A primeira regulamentação existente é anterior ao texto constitucional e encontra-se no Código de Processo Penal com a seguinte redação: "Art. 6º *Logo que tiver conhecimento da prática da infração penal, a autoridade policial deverá (...) VIII* – ordenar a identificação do indiciado pelo processo datiloscópico, se possível, e fazer juntar aos autos sua folha de antecedentes. Essa norma ordinária foi recepcionada pela nova Constituição, porém compatibilizando-se com o texto do art. 5º, LVIII." Dessa forma, *a autoridade policial deverá ordenar a identificação do indiciado pelo processo datiloscópico, sempre que o mesmo não possuir identificação civil a ser apresentada naquele momento, ou ainda, se houver fundada dúvida sobre a autenticidade da documentação apresentada.* Caso seja apresentada a documentação civil, a autoridade policial deverá determinar que a mesma sirva de base à identificação criminal, sendo abusivo e constrangedor o ato que determinar ilegalmente a identificação pelo processo datiloscópico.

Entendemos, portanto, que a Súmula 568 do Supremo Tribunal Federal ("*A identificação criminal do indiciado pelo processo datiloscópico não constitui cons-*

trangimento ilegal, ainda que já identificado civilmente") não mais poderá ser utilizada, pois de flagrante incompatibilidade com o novo texto constitucional. Nesse sentido: *RT* 638/300; *RT* 643/358; *RJDTACrim/SP*, 2/195.

Duas outras regulamentações posteriores também tratam do assunto de forma muito tímida e específica. A primeira diz respeito às crianças e aos adolescentes, quando, no art. 109 do ECA, prevê-se a identificação compulsória do adolescente quando existir *fundada dúvida* a respeito de sua identificação civil.

Outra regulamentação posterior também trata do assunto de forma tímida e específica. Diz respeito às crianças e aos adolescentes, quando, no art. 109 do ECA, prevê-se a identificação compulsória do adolescente quando existir fundada dúvida a respeito de sua identificação civil. Não se vislumbra qualquer inconstitucionalidade, uma vez que a identificação criminal somente será realizada se houver fundada suspeita sobre a autenticidade dos documentos apresentados. Assim, preserva-se a ratio da norma constitucional que somente autoriza a identificação criminal quando inexistente, ou mesmo incompleta, falsa ou duvidosa, a identificação civil.

Em conclusão, a *regra* é a impossibilidade de identificar-se criminalmente aquele que apresentar identificação civil. A *exceção constitucional expressa* consiste na possibilidade de a legislação ordinária estabelecer hipóteses em que será necessária a identificação criminal, independentemente da civil. Por fim, a *exceção constitucional implícita* diz respeito à possibilidade de exigir-se a identificação criminal quando houver séria e fundada dúvida sobre a autenticidade da identificação civil apresentada.

Constituição de 1988 e identificação criminal: STF – "Identificação criminal que não se justifica, no caso, após o advento da Constituição de 1988. Precedentes de ambas as Turmas do STF. Recurso provido para determinar o cancelamento da identificação criminal do recorrente" (STF – 2ª T. – RHC 66.471 – Rel. Min. Célio Borja, decisão: 28-2-1989). **No mesmo sentido:** STF – 2ª T. – RHC 66.180 – Rel. Min. Francisco Rezek, decisão: 16-12-1988; STF – 1ª T. – RHC 67.066 – Rel. Min. Octávio Gallotti, decisão: 6-12-1988.

Súmula 568 do STF e CF, art. 5º, LVIII: No sentido do texto, Damásio E. de Jesus entende que "o novo texto constitucional cancelou a Súmula 568. O sujeito identificado civilmente não precisa submeter-se a identificação criminal, salvo em casos excepcionais, que deverão ser expressos em lei, como, *v.g.*, quando não apresenta o documento, este contém rasuras, indícios de falsificação etc. A parte final do art. 5º, LVIII, da CF, quando ressalva as hipóteses previstas em lei, não se refere ao art. 6º, VIII, do CPP, mas a eventuais exceções que venham a ser indicadas pela legislação ordinária" (*Código de processo penal anotado*. 11. ed. São Paulo: Saraiva. 1994, p. 9).

Autoaplicabilidade do art. 5º, LVIII: STF – "Após a edição do texto constitucional promulgado em 5-10-88, o identificado civilmente não será submetido à identificação criminal, salvo exceções que a lei ainda não fixou" (*RT* 647/350). **No mesmo sentido:** STJ – "O civilmente identificado não será submetido a identificação criminal, conforme dispõe o art. 5º, LVIII, da Carta de 1988, que é autoaplicável, como norma geral, até que a exceção prevista na referida regra seja regulamentada em lei" (6ª T. – RHC nº 138/DF – rel. Min. Carlos Thibau – *Ementário STJ*, 02/512).

Desrespeito ao art. 5º, LVIII e constrangimento ilegal: STJ – "Com a vigência da nova Constituição, a identificação criminal de quem já é civilmente identificado constitui constrangimento ilegal, à falta de legislação ordinária dispondo sobre as exceções permitidas, a teor do disposto no seu art. 5º, inciso LVIII" (6ª T. – RHC nº 67/DF – rel. Min. William Patterson – *Ementário STJ*, 01/522).

Estrangeiro e a garantia do art. 5º, LVIII: STJ – "Sem que o estrangeiro prove já ser civilmente identificado, torna-se impossível assegurar-se-lhe a garantia constitucional de dispensa de identificação criminal, afinal não negada pela autoridade coatora" (6ª T. – RHC nº 78/SP – rel. Min. Dias Trindade – *Ementário STJ*, 02/462). *Contrario sensu*, da mesma forma, se o estrangeiro ou o brasileiro já estiverem civilmente identificados, não poderão ser submetidos à identificação criminal.

Identificação por meio de fotografias I: STJ – "Fotografias de frente e de perfil, tiradas para instruir inquérito policial não incidem no inciso LVIII, do art. 5º, da CF/88, pois não se destinam a prontuário, mas a instrução do caderno informativo. O fato pode resultar do exercício do poder de polícia, para evitar a consumação de ameaça pelo paciente, homem temibilíssimo, com 5 (cinco) homicídios. Essa é a nota mais característica do poder de polícia, a prevenção" (6ª T. – RHC nº 4.798/SP, rel. Min. Anselmo Santiago, *Diário da Justiça*, Seção I, 18 nov. 1996, p. 44926).

Identificação por meio de fotografias II: STJ – "A Constituição de 1988, no seu art. 5º, inciso LVIII, veda a identificação criminal do civilmente identificado, salvo nas hipóteses previstas em lei, assim entendida, também a fotografia, a ausência de comando legal que a autorize" (*RSTJ* 39/533).

> *LIX – será admitida ação privada nos crimes de ação pública, se esta não for intentada no prazo legal.*

5.112 Ação penal privada subsidiária

No sistema jurídico brasileiro, por força da Constituição (art. 129, I), o processo criminal somente pode ser deflagrado por denúncia ou por queixa, sendo a ação penal pública privativa do Ministério Público. Não subsistem a portaria ou o auto de prisão em flagrante como procedimentos instauradores da ação penal. Assim, tendo o Ministério Público requerido o arquivamento no prazo legal, não cabe ação privada subsidiária, ou a título originário (CPP, art. 29; CF, art. 5º, LIX).

Como ressaltou o Supremo Tribunal Federal,

> "a admissibilidade da ação penal privada subsidiária da pública pressupõe, nos termos do art. 5º, LIX, da CF, a inércia do Ministério Público em adotar,

no prazo legal (CPP, art. 46), uma das seguintes providências: oferecer a denúncia, requerer o arquivamento do inquérito policial ou requisitar diligências" (*Informativo do STF* nº 43, STF – *Habeas corpus* nº 74.276-RS – rel. Min. Celso de Mello, 3-9-96).

Com base nesse entendimento, o Supremo Tribunal Federal deferiu *habeas corpus* impetrado contra acórdão do Tribunal de Justiça do Estado do Rio Grande do Sul que determinara o prosseguimento de ação penal privada ajuizada contra o paciente após o arquivamento do inquérito policial ordenado em primeira instância a requerimento do Ministério Público formulado dentro do prazo legal. Em consequência, julgou-se extinta a ação penal privada movida contra o paciente.

Portanto, o art. 5º, LIX, da Constituição Federal, não constitui verdadeira exceção ao art. 129, I, mas tão somente um mecanismo de freios e contrapesos constitucional ao exercício, por parte do Ministério Público, dessa função constitucional que constitui *ato de soberania*, nunca permitido se o titular da ação penal pública manifestar-se, ou propondo a respectiva denúncia, ou ainda, promovendo o arquivamento ou requisitando diligências à autoridade policial, ou, nas infrações penais de menor potencial ofensivo, oferecendo a transação penal.

O princípio é absoluto, tendo inclusive o Supremo Tribunal Federal decidido pela incompatibilidade do art. 129, I, da Constituição Federal, com os procedimentos especiais por crime de deserção (*RTJ* 149/825), no ponto em que prescindiam da denúncia efetuada pelo membro do Ministério Público (Código de Processo Penal Militar, art. 451 e seguintes, antes das alterações da Lei nº 8.236/91). Dessa forma, o referido procedimento não foi recepcionado pela nova ordem constitucional, sendo inaplicável sua previsão que permitia a instauração de procedimento, em ação penal pública, sem a intervenção do Ministério Público.

O mesmo se diga em relação ao procedimento por crime de abuso de autoridade, em que somente a inércia do *Parquet*, ou seja, ausência de denúncia, promoção de arquivamento ou mesmo requisição de diligências, possibilitará a queixa-crime de que trata o art. 3º, § 1º, da Lei nº 13.869/2019.

Ministério Público e privatividade da ação penal pública I: STF – "A Constituição Federal deferiu ao Ministério Público o monopólio da ação penal pública (art. 129, I). O exercício do *ius actionis*, em sede processual penal, constitui inderrogável função institucional do Ministério Público, a quem compete promover, com absoluta exclusividade, a ação penal pública (...). Não mais subsistem, em consequência, em face da irresistível supremacia jurídica de que se reveste a norma constitucional, as leis editadas sob regimes constitucionais anteriores, que deferiam a titularidade do poder de agir, mediante ação penal pública, a magistrados, a autoridades policiais ou a outros agentes administrativos" (Pleno – RHC nº 68.314/DF – rel. Min. Celso de Mello, *Diário da Justiça*, Seção I, 15 mar. 1991, p. 2648). **No mesmo sentido:** STF – "Em si mesma, a titularidade privativa da ação penal pública, deferida pela Constituição ao Ministério Público, veda que o poder de iniciativa do processo de ação penal pública se configure a outrem" (Pleno – HC nº 68.413/DF – rel. Min. Sepúlveda Pertence, *Diário da Justiça*, Seção I, 18 out. 1991, p. 14549).

Ministério Público e privatividade da ação penal pública II: STJ – "No sistema jurídico brasileiro, por força da Constituição – art. 129, I – o processo criminal somente pode ser deflagrado por denúncia ou por queixa, sendo a ação penal pública privativa do Ministério Público. Não subsistem a portaria ou o auto de prisão em flagrante como procedimentos instauradores da ação penal" (5ª T. – RHC nº 2.363-0/DF – rel. Min. Jesus Costa Lima – *Ementário STJ*, 07/645).

Ministério Público e crime de deserção: STF – "Ministério Público: Privatividade da ação penal pública (CF, art. 129, I): Incompatibilidade com os procedimentos especiais por crime de deserção, no ponto em que prescindem da denúncia" (1ª T. – HC nº 68.204/RS – rel. Min. Sepúlveda Pertence, *Diário da Justiça*, Seção I, 23 nov. 1990, p. 13623). **E ainda**: STF – "Tendo o art. 129 da atual Carta Magna considerado como função institucional do Ministério Público a promoção privativa da ação penal pública, ficaram revogadas as normas anteriores que admitiam – como sucede com relação aos crimes militares em causa, no âmbito do Exército e das Polícias Militares – se desencadeasse a ação penal pública sem a participação do Ministério Público, na forma da lei" (Pleno – HC nº 67.931 – rel. Min. Moreira Alves). Nesse sentido: STF – 1ª T. – RHC nº 68.265/DF – rel. Min. Sydney Sanches, *Diário da Justiça*, Seção I, 15 mar. 1991, p. 2648.

Arquivamento e titularidade da ação penal pública I: STF – "Na hipótese de um pronunciamento do Procurador-Geral no sentido do arquivamento de inquérito, por falta de tipicidade da conduta, tem-se um juízo negativo acerca de prática delitiva, exercido por quem, de modo legítimo e exclusivo, detém a *opinio delicti* a partir da qual é possível, ou não, instrumentalizar a *persecutio criminis*. A jurisprudência desta Corte, bem por isso, registra que tal pronunciamento deve ser acolhido sem que se questione ou se adentre no mérito da avaliação deduzida pelo titular da ação penal" (Inquérito nº 1.085-5/SP – rel. Min. Ilmar Galvão – *Diário da Justiça*, Seção I, 29 fev. 1996, p. 4853). **No mesmo sentido**, cf.: STF – Inquérito nº 929-6/MG – rel. Min. Sydney Sanches, *Diário da Justiça*, Seção I, 21 maio 1996, p. 16877; STF – Inquérito nº 1.111-8/BA – rel. Ilmar Galvão, *Diário da Justiça*, Seção I, 15 ago. 1996, p. 27941; STF – Inquérito nº 1.158-4/DF – rel. Min. Octávio Gallotti, *Diário da Justiça*, Seção I, 5 mar. 1996, p. 5514.

Arquivamento e titularidade da ação penal pública II: STJ – "O Ministério Público da União perante o STJ, instituição permanente, una, indivisível e de independência funcional, atua pelo Procurador-Geral ou por seus delegados, os Subprocuradores-Gerais da República, cabendo-lhe promover, privativamente, a ação penal pública, na forma da lei. Requerido pelo Ministério Público o arquivamento de *notitia criminis*, a Corte não pode discutir o pedido, senão acolhê-lo" (Corte Especial – Inq. nº 002/SP – rel. Min Costa Lima – *Ementário STJ*, 01/472). **E ainda**: STJ – "Arquivamento determinado pelo Procurador-Geral da República – cabendo-lhe decidir, em última instância, quanto à propositura de ação penal, poderá determinar desde logo o arquivamento, não se fazendo mister requerê-lo ao Judiciário" (Corte Especial – APn nº 67-9/DF – rel. Min. Eduardo

Ribeiro – *Ementário STJ*, 10/725). No mesmo sentido, cf.: STJ – 5ª T. – RMS nº 5.289-3/PA – rel. Min. José Dantas – *Ementário STJ*, 13/656.

LX – A lei só poderá restringir a publicidade dos atos processuais quando a defesa da intimidade ou o interesse social o exigirem.

5.113 Publicidade dos atos processuais

Um regime democrático em um Estado de Direito exige, como regra, a publicidade dos atos processuais, que na Constituição Federal de 1988 veio definida por mandamento constitucional de eficácia contida, uma vez que se possibilita a edição de lei ordinária que, excepcionalmente, nas hipóteses de defesa da intimidade ou do interesse social, a restrinja. O presente preceito é complementado pelo art. 93, IX, da Constituição Federal, que determina serem todos os julgamentos dos órgãos do Poder Judiciário públicos e fundamentadas todas as suas decisões, sob pena de nulidade (cf. Código de Processo Civil, arts. 11, 189 e 368 e Código de Processo Penal, art. 20).

A finalidade da presente norma é dupla, pois ao mesmo tempo em que pretende garantir mais um instrumental no sentido de transparência e fiscalização popular na atuação dos órgãos exercentes das funções estatais, também complementa os princípios do devido processo legal e da ampla defesa, garantindo ao acusado ciência dos fatos pelos quais está sendo acusado e de todo o desenrolar do procedimento (cf. LIEBMAN, Enrico Tulio. Do arbítrio à razão: reflexões sobre a motivação da sentença. Trad. Tereza Alvim. *RP* 29/80).

Como salienta Smanio,

> "pela motivação dos atos decisórios é possível que o delinquente saiba por que está sendo decidido contra sua pretensão; bem como pela publicidade dos atos processuais praticados é possibilitada a ciência e manifestação contraditória das partes" (*Criminologia e juizado especial criminal*. São Paulo: Atlas, 1997. p. 36).

Repudia-se, pois, qualquer hipótese de julgamentos secretos, sem a necessária publicidade, salvo nas hipóteses excepcionais previstas na Constituição Federal, em que se exige o *preenchimento dos requisitos constitucionais da defesa da intimidade ou da defesa do interesse social*.

LXI – ninguém será preso senão em flagrante delito ou por ordem escrita e fundamentada de autoridade judiciária competente, salvo nos casos de transgressão militar ou crime propriamente militar, definidos em lei;

LXVI – ninguém será levado à prisão ou nela mantido quando a lei admitir a liberdade provisória, com ou sem fiança.

5.114 Hipóteses constitucionalmente definidas para privação de liberdade

A tutela à liberdade com a consequente limitação do poder estatal sobre o *status libertatis* do indivíduo consiste em uma das maiores conquistas do Direito Constitucional, sendo clássica a previsão inglesa da *Magna Charta Libertatum*, outorgada por João Sem-Terra em 15-6-1215, que, em seu item 39 estabelecia:

> "Nenhum homem livre será detido ou sujeito a prisão, ou privado de seus bens, ou colocado fora da lei, ou exilado, ou de qualquer modo molestado, e nós não procederemos nem mandaremos proceder contra ele senão mediante um julgamento regular pelos seus pares ou de harmonia com a lei do país."

Como salientam Canotilho e Moreira,

> "O direito à liberdade engloba fundamentalmente os seguintes subdireitos: (a) direito de não ser detido ou preso pelas autoridades públicas, salvo nos casos e termos previstos neste art. (27 da Constituição portuguesa); (b) direito de não ser aprisionado ou fisicamente impedido ou constrangido por parte de outrem; (c) direito à protecção do Estado contra os atentados de outrem à própria liberdade" (*Constituição...* Op. cit. p. 184).

A regra constitucionalmente prevista, portanto, é a *liberdade*, com inúmeros direitos e garantias tuteladores da manutenção desse preceito básico em um Estado de Direito. Porém, a própria Constituição prevê hipóteses de supressão do direito de liberdade, sempre, porém, em caráter excepcional e *taxativo*.

Dessa forma, em relação ao binômio liberdade-prisão, poderíamos apontar a seguinte regulamentação constitucional, referente a todas as espécies de prisões (penais, processuais, civis e disciplinares):

REGRA GERAL
- Liberdade.

EXCEÇÕES EXCEPCIONAIS E TAXATIVAS
- Flagrante delito;
- ordem escrita e fundamentada da autoridade judiciária competente nas hipóteses descritas em lei, salvo nos casos de transgressão militar ou crime propriamente militar, definido em lei.

A Constituição de 1988 restringiu a noção de *autoridade competente* para decretação de prisão. Assim, diferentemente das Constituições de 1824 (art. 179, X); 1891 (art. 72, § 13); 1934 (art. 113, nº 21); 1937 (art. 122, nº 11); 1946 (art.

141, § 20); 1967 (art. 150, § 12), EC nº 01/69 (art. 153, § 10), somente o Poder Judiciário poderá emanar ordens de prisão, não tendo havido recepção das normas infraconstitucionais que permitiam tal conduta à autoridade administrativa. Dessa forma, o art. 282 do Código de Processo Penal ("À exceção do flagrante delito, a prisão não poderá efetuar-se senão em virtude de pronúncia ou nos casos determinados em lei, e mediante ordem escrita da autoridade competente") foi recepcionado complementando-se com o mandamento constitucional, da seguinte forma: *ordem fundamentada da autoridade judicial competente*.

Note-se que, em face do princípio da reserva legal, constitui pressuposto constitucional implícito, porém indispensável ao cerceamento do *status libertatis*, com consequente decretação de prisão, a expressa previsão constitucional ou legal das hipóteses ensejadoras. Dessa forma, não poderá a autoridade judiciária competente, arbitrariamente e sem que haja previsão legal, determinar o cerceamento da liberdade de algum indivíduo (cf. MIRANDA, Pontes de. *Comentários à Constituição de 1946*. Rio de Janeiro: Henrique Cahen, 1946. v. 3. p. 295). Assim, decidiu o Supremo Tribunal Federal:

> "A Carta de 1988 jungiu a perda da liberdade a certos pressupostos, revelando, assim, que esta se constitui em verdadeira exceção. Indispensável para que ocorra é que se faça presente situação enquadrável no disposto no inciso LXI do rol das garantias constitucionais, devendo, se possuidora de contornos preventivos, residir em elementos concretos que sejam passíveis de exame e, portanto, enquadráveis no art. 312 do Código de Processo Penal" (2ª T. – HC nº 71.361/RS – rel. Min. Marco Aurélio, *Diário da Justiça*, Seção I, 23 set. 1994, p. 25330).

No Direito brasileiro, podemos distinguir cinco espécies de prisão, cuja titularidade para decretação, a partir da Constituição de 1988, é exclusiva do Poder Judiciário: *prisão penal, prisão processual, prisão administrativa, prisão civil* e *prisão disciplinar*.

As **prisões penais** são aquelas resultantes do trânsito em julgado da sentença condenatória e aplicáveis pelo Poder Judiciário, após o devido processo legal, em virtude da prática de uma infração penal.

As **prisões processuais** englobam as prisões temporárias (Lei nº 6.850/89), em flagrante delito (CPP, arts. 301 a 310); preventivas (CPP, arts. 311 a 316), resultante de pronúncia (CPP, arts. 282 e 413, § 3º). A constitucionalidade dessas prisões em face do princípio da presunção de inocência já foi estudada nos comentários ao inciso LVII. Anote-se somente que, em relação ao Código de Processo Penal Militar, existe uma espécie de prisão processual denominada *Menagem*, consistente em prisão provisória fora do cárcere, a ser concedida facultativamente pelo juiz-auditor, desde que verificada a natureza do crime, os bons antecedentes do acusado e que a pena privativa de liberdade cominada ao crime não exceda quatro anos (CPPM, arts. 263 ss).

As **prisões administrativas** são previstas no Código de Processo Penal (art. 329) e em leis especiais.

Ressalte-se que, tanto as *hipóteses ensejadoras* de prisões administrativas do art. 319 do Código de Processo Penal quanto as previstas em leis especiais, foram recepcionadas pela nova Constituição, continuando a existir em nosso ordenamento jurídico, porém, nos casos em que a legislação previa o poder de sua decretação à autoridade administrativa, houve alteração da titularidade, constitucionalmente deferida somente ao *Poder Judiciário*. Dessa forma, a autoridade administrativa está absolutamente proibida de decretar a prisão administrativa (STF – 1ª T. – RHC nº 66.905/PR – rel. Min. Moreira Alves, *Diário da Justiça*, Seção I, 10 fev. 1989, p. 383), devendo representar à autoridade judicial competente para que esta analise eventual decretação de prisão. Exemplificando: a hipótese permissiva da antiga prisão administrativa decretada pelo Ministro da Justiça nos procedimentos extradicionais foi recepcionada pela CF/88, tornando-se, porém, hipótese de prisão preventiva para extradição, decretada somente pelo ministro-relator do Supremo Tribunal Federal (*RT* 638/335).

As **prisões civis** são aquelas decretadas pelo Poder Judiciário nas hipóteses de inadimplemento voluntário e inescusável de dívida de alimentos e do depositário infiel (CF, art. 5º, LXVII) e serão estudadas em inciso próprio.

Em relação à **prisão disciplinar**, estudaremos a possibilidade de sua decretação por autoridade administrativa, nos casos de transgressão militar ou crime propriamente militar, definido em lei, no item 5.116.

Concluímos, portanto, pela total insubsistência das chamadas *prisões para averiguações*, inclusive no regime castrense (LOUREIRO NETO, José Silva. *Processo penal militar*. 3. ed. São Paulo: Atlas, 1995. p. 78), que consistem em verdadeiro desrespeito ao direito de liberdade (cf. MELLO FILHO, José Celso. *Constituição...* Op. cit. p. 446; BASTOS, Celso, MARTINS, Ives Gandra da Silva. *Comentários...* Op. cit. v. 2, p. 291; FERREIRA, Pinto. *Comentários...* Op. cit. v. 1, p. 187; MIRABETE, Julio Fabbrini. *Código...* Op. cit. p. 334) e são passíveis de responsabilização civil (indenização por danos morais e materiais), criminal (abuso de autoridade – Lei nº 13.869/2019) e por ato de improbidade administrativa (Lei nº 8.429/92 – art. 11, *caput* e inciso II).

Cf. jurisprudência citada nos comentários ao inciso LVII (princípio da presunção de inocência)

Defesa da tutela constitucional da liberdade física em face do clamor público e do interesse da imprensa: STF – "A prisão preventiva não está fundamentada apenas no clamor público e no interesse da imprensa, como sustentado nas razões da impetração. Além dos indícios de autoria e de materialidade do fato delituoso, há, no decreto prisional, demonstração de que a medida excepcional encontra justificativa na conveniência da instrução criminal" (STF – 2ª T. – HC 96.609 – Re. Min. Eros Grau, decisão: 29-9-2009).
No mesmo sentido: STF – "A prisão cautelar do paciente se apoia, exclusivamente, no

conteúdo de entrevista concedida a programa de televisão. Entrevista pela qual a paciente, com o legítimo propósito de autodefesa, narrou sua própria versão aos fatos criminosos a ela mesma imputados. A análise dos autos evidencia ilegítimo cerceio à liberdade de locomoção da paciente" (STF – 1ª T. – HC 95.116 – Rel. Min. Ayres Britto, decisão: 3-2-2009).

Necessidade de fundamentação do decreto de prisão: STF – "Pela nova ordem constitucional, estão sujeitas a fundamentação todas as decisões judiciais, notadamente aquelas que importem restrição ao *status libertatis* dos cidadãos" (STF – 1ª T. – HC nº 68.862/PA – Rel. Min. Ilmar Galvão, *Diário da Justiça*, Seção I, 4 out. 1991, p. 13781). **Conferir, ainda:** STF – "A legalidade da decisão que decreta a prisão cautelar ou que denega liberdade provisória deverá ser aferida em função dos fundamentos que lhe dão suporte, e não em face de eventual reforço advindo dos julgamentos emanados das instâncias superiores. Precedentes. A motivação há de ser própria, inerente e contemporânea à decisão que decreta o ato excepcional de privação cautelar da liberdade, pois a ausência ou a deficiência de fundamentação não podem ser suprimidas *a posteriori*" (STF – 2ª T. – HC 98.862 – Rel. Min. Celso de Mello, decisão: 23-6-2009). **No mesmo sentido:** STF – Pleno – HC nº 68.357/DF – Rel. Min. Sydney Sanches, *Diário da Justiça*, Seção I, 21 ago. 1992, p. 12.784; STF – 2ª T. – HC nº 70.110/SP – Rel. Min. Paulo Brossard, *Diário da Justiça*, Seção I, 30 abr. 1993, p. 7565.

Prisão processual provisória e princípio da inocência: STF – "A legitimidade jurídico--constitucional das normas legais que disciplinam a prisão provisória em nosso sistema normativo deriva de regra inscrita na própria Carta Federal, que admite – não obstante a excepcionalidade de que se reveste – o instituto da tutela cautelar" (1ª T. – HC nº 69.026/DF – rel. Min. Celso de Mello, *Diário da Justiça*, Seção I, 4 set. 1992, p. 14091). **No mesmo sentido:** STJ – "O preceito constitucional da presunção de inocência não impede a prisão provisória processual, como providência ou medida cautelar, já que expressamente prevista e permitida pela Constituição (art. 5º, inciso LXI)" (5ª T. – HC nº 2.495-8/GO – rel. Min. Assis Toledo – *Ementário STJ*, 10/703). Conferir comentários ao inciso LVII.

Prisão e autoridade competente: STF – "Uma vez declarada a incompetência do Juízo, não subsiste a prisão preventiva por ele determinada" (2ª T. – HC nº 69.877/PB – rel. Min. Marco Aurélio, *Diário da Justiça*, Seção I, 16 abr. 1993, p. 6434). **No mesmo sentido:** STJ – "A prisão preventiva decretada por juízo incompetente não pode subsistir, segundo exsurge do disposto no art. 5º, LXI, da Constituição" (5ª T. – RHC nº 3.924-8/SE – rel. Min. Jesus Costa Lima – *Ementário STJ*, 11/680). **E ainda:** STJ – "Salvo o caso de prisão em flagrante (a autoridade policial deve e qualquer do povo pode efetuá-la), ninguém será preso senão por ordem escrita e fundamentada de autoridade judiciária competente, salvo nos casos de transgressão militar ou crime propriamente militar, definidos em lei (Const., art. 5º, LXI). Prisão preventiva decretada por juiz incompetente é nula. Não produz efeito. O Juiz competente deverá renová-la (inadequada a ratificação), dado o conteúdo decisório" (6ª T. – HC nº 3.040-0/MT – rel. Min. Luiz Vicente Cernicchiaro – *Ementário STJ*, 13/631).

Prisão no procedimento de falência: STJ – "Falência. Prisão cautelar decretada no bojo da sentença da quebra. Possibilidade. Não-violação do inciso LXI do art. 5º da Constituição. Desnecessidade de se aguardar inquéritos. Recurso improvido. I – o recorrente, sócio-gerente da falida, teve sua prisão cautelar decretada no bojo da sentença que declarou a quebra da falida. A prisão cautelar é instituto de direito processual e não do direito penal. Por outro lado, a sentença, por ser proferida por juiz cível (falências), não maltrata o inciso LXI do art. 5º da Constituição, uma vez que decretada por autoridade judicial" (6ª T. – RHC nº 1.756-0/PR – rel. Min. Adhemar Maciel – *Ementário STJ*, 6/659).

Prisão para expulsão: STJ – "Custódia de estrangeiro, mediante liberdade vigiada, para fim de expulsão, decretada administrativamente pelo Ministro da Justiça. Sendo a liberdade vigiada uma forma de confinamento; portanto uma restrição à liberdade de ir e vir, aplica-se-lhe *mutatis mutandis* a exigência constitucional de competência exclusiva do Poder Judiciário para decretá-la (art. 5º, LXI, da Constituição Federal). Concessão de ordem de *habeas corpus* de ofício para determinar a cassação das restrições impostas administrativamente ao paciente, até que o juiz competente decida a respeito" (Corte Especial – Com. nº 1 – DF – rel. Min. Assis Toledo – *Ementário STJ*, 1/136).

Prisão para deportação: STJ – "Ato administrativo. Precedente do Tribunal, sobre conceituar-se como restrição à liberdade de locomoção a liberdade vigiada, da qual é passível o estrangeiro deportando, nas condições do art. 61, parágrafo único, c.c. o art. 73, da Lei nº 6.815/80, e, por isso, subordinar-se a sua aplicação à competência exclusiva do Poder Judiciário, em face da garantia preconizada no art. 5º, inc. LXI, da Constituição Federal" (3ª Seção – HC nº 1.342-5/RJ – rel. Min. José Dantas – *Ementário STJ*, 6/290).

No sentido da ilegalidade das denominadas "prisões para averiguações": *RT* 425/352; *RT* 457/442; *RT* 535/345; *RT* 533/419; *RT* 564/393; *RT* 581/382; *RT* 598/385; *RT* 644/311.

Responsabilização criminal nas hipóteses de "prisões para averiguação": TACrim/SP – "Prisão para averiguações caracterizada – Policial que, a pretexto de esclarecer crimes, conduz menor inimputável à delegacia, onde o retém por várias horas – Constrangimento físico à liberdade que não tem amparo legal e viola as garantias constitucionais – Excludente do estrito cumprimento de dever legal repelida – Inteligência dos arts. 4º, *a*, da Lei nº 4.898/65 e 23, III, do CP" (*RT* 664/295). **No mesmo sentido**: TA/PR – "Atentado à liberdade de locomoção – Prisão para averiguações – Inadmissibilidade – Modalidade não prevista em lei e proibida pela Constituição Federal (art. 5º, LXI) – Delito que absorve o tipificado no art. 4º, *c*, da Lei nº 4.898/65 – Aplicação do art. 3º, *a*, do referido diploma" (*RT* 654/336). **Conferir**: STF – 2ª T. – RHC nº 67.441/SP – rel. Min. Célio Borja, *Diário da Justiça*, Seção I, 12 maio 1989, p. 7794; *RT* 425/352.

5.115 Liberdade provisória com ou sem fiança

A Constituição Federal, reforçando a tutela ao princípio da presunção de inocência e ao direito à liberdade, estabeleceu que ninguém será levado à prisão ou nela mantido, quando a lei admitir a liberdade provisória, com ou sem fiança.

Trata-se de mais um inciso do art. 5º configurador de uma garantia do *status libertatis* do indivíduo, cuja regulamentação foi transferida ao legislador ordinário.

As hipóteses de concessão de liberdade provisória com e sem fiança encontram-se no Capítulo VI do Código de Processo Penal.

No art. 321 do CPP estabelece-se uma espécie de *liberdade provisória obrigatória sem fiança*, pois o réu livrar-se-á solto da prisão, independentemente de fiança *no caso de infração, a que não for, isolada, cumulativa ou alternativamente, cominada pena privativa de liberdade ou quando o máximo da pena privativa de liberdade, isolada, cumulativa ou alternativamente cominada, não exceder a três meses.*

Ressalte-se, ainda, que a Lei nº 9.099/95 (Lei dos Juizados Especiais Civis e Criminais) estabeleceu em seu art. 69, *caput*, nova hipótese de concessão obrigatória de liberdade provisória sem fiança, pois ao autor do fato que, após a lavratura do termo, for imediatamente encaminhado ao Juizado ou assumir o compromisso de a ele comparecer não se importará prisão em flagrante, nem se exigirá fiança (cf. PAZZAGLINI, MORAES, SMANIO, VAGGIONE. *Juizado especial criminal*. 2. ed. São Paulo: Atlas, 1997. p. 39).

Nos demais casos, a liberdade provisória sem fiança será concedida pela autoridade judicial, nos termos do art. 310 do Código de Processo Penal. A primeira hipótese refere-se à concessão de liberdade provisória, caso verifique-se pelo auto de prisão em flagrante delito que o agente praticou o fato acobertado por alguma excludente de ilicitude (CP, art. 23). Na segunda hipótese, genérica e subsidiária, deverá ser concedida liberdade provisória sem fiança pelo juiz, quando verificar-se a inocorrência de qualquer das hipóteses permissivas de prisão preventiva. Dessa forma, o juiz deverá analisar se no caso concreto decretaria a prisão preventiva do acusado; se sua conclusão for negativa, não poderá manter a prisão em flagrante, devendo, pois, conceder a liberdade provisória sem fiança.

Os arts. 322 a 350 do referido diploma processual penal disciplinam o instituto da fiança. Fiança é a garantia efetivada pelo acusado, direta ou indiretamente (terceiros), nas hipóteses previstas em lei, consistente em depósito em dinheiro ou valores, com a finalidade de mantê-lo em liberdade durante o processo. A fiança pretende estabelecer um vínculo entre o acusado e o processo, de maneira a obrigá-lo ao comparecimento a todos os atos do processo. Cabe anotar que o direito processual brasileiro admite a concessão de fiança tanto por parte da autoridade policial, nas infrações punidas com detenção ou prisão simples, quanto pela autoridade judicial em todas as hipóteses.

Presunção constitucional de inocência e Convenção de Palermo: STF – "Cláusulas inscritas nos textos de tratados internacionais que imponham a compulsória adoção por autoridades judiciárias nacionais de medidas de privação cautelar da liberdade individual, ou que vedem, em caráter imperativo, a concessão de liberdade provisória, não podem prevalecer em nosso sistema de direito positivo, sob pena de ofensa à presunção de inocência, dentre outros princípios constitucionais que informam e compõem o estatuto jurídico daqueles que sofrem persecução penal instaurada pelo Estado (...) O legislador não pode substituir-se ao juiz na aferição da existência de situação de real necessidade capaz de viabilizar a utilização, em cada situação ocorrente, do instrumento de tutela cautelar penal. Cabe, unicamente, ao Poder Judiciário, aferir a existência, ou não, em cada caso, da necessidade concreta de se decretar a prisão cautelar" (STF – 2ª T. – HC 94.404, Rel. Min. Celso de Mello, *DJe* de 18-6-2010). Em sentido contrário: STF – 2ª T. – HC 89.143, Rel. Min. Ellen Gracie, *DJe* de 27-6-2008.

Possibilidade de manutenção da prisão de traficante de drogas (grande quantidade e organização criminosa): STF – "A Segunda Turma desta Corte vem decidindo no sentido da impossibilidade do indeferimento da liberdade provisória com fundamento tão somente no art. 44 da Lei 11.343/2006. Todavia, no caso sob exame a grande quantidade de substância entorpecente encontrada em poder do paciente justifica a segregação cautelar para garantia de ordem pública. Precedentes. A circunstância de o paciente integrar organização criminosa habituada ao tráfico justifica igualmente a restrição excepcional de liberdade para garantia da ordem pública" (STF – 2ª T. – HC 101.719, Rel. Min. Eros Grau, *DJe*, 7-5-2010). **No mesmo sentido:** STF – 2ª T. – HC 105.356, Rel. Min. Gilmar Mendes, *DJe*, 11-2-2011).

Fiança e princípio da presunção de inocência: STJ – "Não há incompatibilidade entre os princípios consagrados no art. 5º, incisos LVII e LXVI, da Constituição e a disposição do art. 594, do CPP. A Constituição permite seja o réu levado à prisão ou nela mantido, quando a lei não admitir a liberdade provisória, com ou sem fiança" (6ª T. – HC nº 102/RJ – rel. Min. José Cândido – *Ementário STJ*, 01/541).

No sentido de configurar direito fundamental do preso a análise fundamentada da autoridade competente dos requisitos infraconstitucionais para a fiança ("(...) quando a lei admitir..."): STJ – 5ª T. – REsp. nº 21.021/GO – rel. Min. Assis Toledo, *Diário da Justiça*, Seção I, 17 ago. 1992, p. 12508; STJ – 6ª T. – RHC nº 02.556/SP – rel. Min. Luiz Vicente Cernicchiaro, *Diário da Justiça*, Seção I, 3 maio 1995, p. 7812; STJ – 6ª T. – RHC nº 03.611/RJ – rel. Min. Adhemar Maciel, *Diário da Justiça*, Seção I, 29 ago. 1994, p. 22219. STJ – 6ª T. – RHC nº 3.670/RJ – rel. Min. Adhemar Maciel, *Diário da Justiça*, Seção I, p. 27190; STJ – RHC nº 4.233/RJ – rel. Min. Adhemar Maciel, *Diário da Justiça*, Seção I, 19 jun. 1995, p. 18750.

5.116 Prisões nos casos de transgressões militares ou crimes propriamente militares, definidos em lei

A Constituição Federal exceptua a necessidade de flagrante delito ou ordem escrita e fundamentada da autoridade judiciária competente para a ocorrência de prisão, nos casos de transgressões militares ou crimes propriamente militares, definidos em lei (cf. Decreto-lei nº 1.001/69 – art. 9º). Tal fato deve-se à maior necessidade de disciplina e hierarquia no regime castrense. Assim, conforme preceitua o art. 18 do Código de Processo Penal Militar, independentemente do flagrante delito, o indiciado poderá ficar detido, durante as investigações policiais, até 30 dias, comunicando-se a detenção à autoridade judiciária competente.

Note-se, porém, que esse permissivo constitucional não consagra a possibilidade de arbítrio e ilegalidade no regime castrense. Assim, apesar de o art. 142, § 2º, da Constituição Federal estabelecer que não caberá *habeas corpus* em relação a punições disciplinares militares, tal previsão constitucional deve ser interpretada no sentido de que *não haverá habeas corpus em relação ao* **mérito** *das punições disciplinares militares*.

Dessa forma, a Constituição Federal não impede o exame pelo Poder Judiciário dos pressupostos de legalidade, a saber: hierarquia, poder disciplinar, ato ligado à função e pena susceptível de ser aplicada disciplinarmente (STF – HC 70.648-7/RJ – *Diário da Justiça*, 4 mar. 1994, p. 3289; *JSTJ* 4/452; 34/94).

Pontes de Miranda, na vigência da Constituição de 1946, já admitia a possibilidade de *habeas corpus* para a presente hipótese e explicava que

"quem diz transgressão disciplinar refere-se, necessariamente, a (a) *hierarquia*, através da qual flui o dever de obediência e de conformidade com instruções, regulamentos internos e recebimentos de ordens, (b) *poder disciplinar*, que supõe: a atribuição de direito de punir, disciplinarmente, cujo caráter subjetivo o localiza em todos, ou em alguns, ou somente em algum dos superiores hierárquicos; (c) *ato* ligado à função; (d) *pena*, suscetível de ser aplicada disciplinarmente, portanto, sem ser pela Justiça como Justiça",

para concluir

"*ora desde que há hierarquia, há poder disciplinar, há ato e há pena disciplinar, qualquer ingerência da Justiça na economia moral do encadeamento administrativo seria perturbadora da finalidade mesma das regras que estabelecem o dever de obediência e o direito de mandar*" (MIRANDA, Pontes de. *História e prática*... Op. cit. p. 479).

LXII – *a prisão de qualquer pessoa e o local onde se encontre serão comunicados imediatamente ao juiz competente e à família do preso ou à pessoa por ele indicada;*

LXIII – *o preso será informado de seus direitos, entre os quais o de permanecer calado, sendo-lhe assegurada a assistência da família e de advogado;*

LXIV – *o preso tem direito à identificação dos responsáveis por sua prisão ou por seu interrogatório policial;*

LXV – *a prisão ilegal será imediatamente relaxada pela autoridade judiciária.*

5.117 *Enunciação dos direitos do preso – direito ao silêncio e à não autoincriminação*

Na perspectiva do direito constitucional à ampla defesa, questão fundamental a ser constantemente analisada, em face dos Direitos Fundamentais, diz respeito à amplitude do 'direito ao silêncio', sob a ótica da impossibilidade de alguém ser obrigado a produzir provas contra si mesmo, seja em suas declarações, seja na compulsoriedade de entrega de provas com potencial lesivo.

O "direito ao silêncio", enquanto espécie do gênero direitos humanos fundamentais, logicamente se relaciona diretamente com a garantia de não ingerência do Estado na esfera individual e na consagração da dignidade humana, tendo um universal reconhecimento por parte da maioria dos Estados, seja em nível constitucional, infraconstitucional, seja em nível de direito consuetudinário ou mesmo por tratados e convenções internacionais.

A constitucionalização dos direitos fundamentais não significa mera enunciação formal de princípios, mas sim a plena positivação de direitos, a partir dos quais qualquer indivíduo poderá exigir sua tutela perante o Poder Judiciário para a concretização da democracia. Nesse sentido importante relembrarmos a lição de Afonso Arinos quando afirma que "não se pode separar o reconhecimento dos direitos individuais da verdadeira democracia" (*Curso de direito constitucional brasileiro*. Rio de Janeiro: Forense, 1958. p. 188. v. I).

A proteção judicial é absolutamente indispensável para tornar efetiva a aplicabilidade e o respeito aos direitos humanos fundamentais previstos na Constituição Federal e no ordenamento jurídico em geral, pois o respeito aos direitos humanos fundamentais, principalmente pelas autoridades públicas, é pilastra mestra na construção de um verdadeiro Estado de Direito democrático.

A previsão dos direitos humanos fundamentais direciona-se basicamente para a proteção à dignidade humana em seu sentido mais amplo, de valor espiritual e moral inerente à pessoa, que se manifesta singularmente na autodeterminação consciente e responsável da própria vida e que traz consigo a pretensão ao respeito por parte das demais pessoas, constituindo-se um mínimo invulnerável que todo estatuto jurídico deve assegurar, de modo que, somente excepcionalmente, como já salientado por RUY BARBOSA, possam ser feitas limitações ao exercício dos direitos fundamentais, mas sempre sem *menosprezar a necessária estima que merecem todas as pessoas enquanto seres humanos*.

O "direito ao silêncio", que engloba o *privilege against self-incrimination* do réu em procedimentos criminais é direcionado no intuito de preservar o caráter voluntário de seu julgamento, com um diálogo equitativo entre o indivíduo e o Estado, como bem salientado por T. R. S. Allan (*Constitutional justice*. Oxford: University Press, 2006. p. 12); não existindo dúvidas sobre a importante ligação do princípio da dignidade humana com o direito ao silêncio, em sua tríplice dimensão biológica, espiritual e social, pois esse mandamento constitucional impede, peremptoriamente, qualquer forma de tratamento degradante ou que vise degradar, fisicamente ou moralmente o indivíduo, no sentido de obtenção de provas por parte do Estado, como bem destacado por Frank Moderne (La dignité de la persone comme principe constitutionnel dans les constitutions portugaise et française. In: MIRANDA, Jorge (Coord.). *Perspectivas constitucionais nos 20 anos da Constituição de 1976*. Coimbra: Coimbra Editora, 1996. p. 197-212).

A Constituição de 1988 determinou, como ensinam em prestigiosos estudos Antonio Magalhães Gomes Filho (*Direito à prova no processo penal*. São Paulo: Revista dos Tribunais, 1997. p. 110-114) e Ada Pellegrini Grinover (Interrogatório do réu e direito ao silêncio. *Ciência Penal*, v. 1. p. 15-31) que o preso será informado de seus direitos, entre os quais o de permanecer calado, sendo-lhe assegurada a assistência da família e de advogado.

O preso, igualmente, tem o direito de saber os motivos de sua prisão, qual a identificação das autoridades ou agentes da autoridade policial que estão efetuando sua privação de liberdade, para que possam ser responsabilizadas por eventuais ilegalidade e abusos, além de poder contatar sua família e, eventualmente, seu advogado, indicando o local para onde está sendo levado.

Além disso, deverá obrigatoriamente ser informado sobre seu direito constitucional de *permanecer em silêncio*, e que o exercício desse direito não lhe acarretará nenhum prejuízo.

Percebe-se, portanto, que a cláusula constitucional brasileira mostra-se mais generosa em relação ao *silêncio do* acusado do que a tradicional previsão do direito norte-americano do *privilege against self-incriminatio*, descrita na 5ª Emenda à Constituição, de seguinte teor: "(...) ninguém poderá ser obrigado em qualquer processo criminal a servir de testemunha contra si mesmo..."; pois essa, apesar de permitir o silêncio do acusado, não lhe permite fazer declarações falsas e inverídicas, sob pena de responsabilização criminal.

A participação do réu em seu julgamento não é apenas um meio de assegurar que os fatos relevantes sejam propriamente trazidos à tona e os argumentos pertinentes considerados. Mais do que isso, o direito do acusado em ser ouvido é intrínseco à natureza do julgamento, cujo principal propósito é justificar o veredicto final para o próprio acusado como resultado legal, justamente obtido concedendo-lhe o respeito e a consideração que qualquer cidadão merece.

Dessa forma, toda vez que o acusado é forçado a testemunhar, ou ainda, a produzir prova contra si mesmo, ele não pode ser considerado como participante em um diálogo processual genuíno, consagrado constitucionalmente, por caracterizar o *devido processo legal*, e um de seus principais corolários, o *direito ao contraditório* (CORTE SUPREMA NORTE-AMERICANA – *R. v. Sang* [1980] AC 402).

O direito de permanecer em silêncio, constitucionalmente consagrado, seguiu orientação da Convenção Americana sobre Direitos Humanos, que prevê em seu art. 8º, § 2º, *g*, o direito a toda pessoa acusada de delito não ser obrigada a depor contra si mesma, nem a declarar-se culpada, apresenta-se como verdadeiro complemento aos princípios do *due process of law* e da ampla defesa, garantindo-se dessa forma ao acusado não só o direito ao silêncio puro, mas também o direito a prestar declarações falsas e inverídicas, sem que por elas possa ser responsabilizado, uma vez que não se conhece em nosso ordenamento jurídico o crime de perjúrio. Além disso, o silêncio do réu no interrogatório jamais poderá ser considerado como confissão ficta, pois o silêncio não pode ser interpretado em desfavor do acusado.

Kent Greenawalt salienta que o suspeito está normalmente sujeito ao alcance dos poderes compulsórios necessários para assegurar a confiabilidade da evidência: pode ser necessário que se submeta à busca de sua pessoa ou propriedade, dar suas impressões digitais; e ele pode até mesmo ser preso para que compareça ao interrogatório. Cabe, entretanto, ao suspeito escolher até onde vai auxiliar a acusação oferecendo explicações ou admissões sob a luz das evidências contra ele: seu silêncio não deve ser punido, ou tratado como evidência adicional de culpa (*Silence as a moral and constitutional right*. 23 William & Mary LR 15, 1981. p. 35-36).

Não é constitucionalmente exigível que alguém traia a si mesmo – *nemo debet prodere se ipsum* –, como bem observado por Kent Greenawalt (Conferir, ainda, a SUPREMA CORTE NORTE-AMERICANA: *R. v. Payne* [1963] 1 WLR 637; *R. v. Mason* [1987] 3 All ER 481).

No julgamento do *Habeas corpus* 91414/BA (2ª Turma), relatado pelo Ministro Gilmar Mendes, o SUPREMO TRIBUNAL FEDERAL analisou a conflituosa relação da aplicação efetiva do direito ao silêncio e o combate à criminalidade organizada ("Operação Navalha"), afirmando que "na medida em que o silêncio corresponde a garantia fundamental intrínseca do direito constitucional de defesa, a mera recusa de manifestação por parte do paciente não pode ser interpretada em seu desfavor para fins de decretação de prisão preventiva"; concluindo que "não se justifica a prisão para a mera finalidade de obtenção de depoimento".

O Supremo Tribunal Federal entendeu que a decretação de prisão para obtenção compulsória de depoimento agride frontalmente o Direito ao Silêncio, como pode ser analisado no extenso e detalhado voto do Ministro Gilmar Mendes.

Não resta dúvida, portanto, que a garantia ao direito ao silêncio do acusado, no histórico julgamento norte-americana "Miranda v. Arizona", em 1966 – em que a Suprema Corte, por cinco votos contra quatro, afastou a possibilidade de confissão como meio de prova de interrogatório policial quando não precedido da enunciação dos direitos do preso, em especial "você tem o direito de ficar calado" (*you have the right to remain silent*...), além de consagrar o direito do acusado em exigir a presença imediata de seu advogado –, protege o acusado de ser obrigado a produzir provas contra si mesmo, não podendo o mesmo ser obrigado, como ensina, a facilitar sua própria condenação, pela inquirição ou pela produção de provas contra si mesmo, sob pena do ferimento das mais básicas liberdades públicas, como bem destacado nas lições do Ministro Celso de Mello, nos julgamentos dos *habeas corpus* nº 78.814-9/PR e nº 79.812-8/SP.

O direito do réu ao silêncio, e, consequentemente, o direito de não produzir provas contra si mesmo, também demanda a exclusão de uma confissão impropriamente obtida por outros meios que destroem sua natureza voluntária; qualquer indução de natureza de promessa ou ameaça exteriorizada pela pessoa com autoridade para obter a confissão ou a entrega de documentos e provas desfavoráveis (CORTE SUPREMA NORTE-AMERICANA: *R. v. Baldry* (1852) 2 Den.

430, p. 445; *R. v. Priestley* (1965) 51 Cr App R1, *Ibrahim v. R.* [1914] AC 599; *McDermott v. R.* (1948) 76 CLR 501).

A obrigação de responder perguntas ou de fornecer evidências destruiria claramente a natureza voluntária de qualquer confissão; induzindo, consequentemente, a suspeita de culpa sempre que o acusado não concordasse em produzir as provas solicitadas pela Polícia ou pelo Ministério Público, e, consequentemente, reduzindo drasticamente o âmbito de proteção do direito fundamental à ampla defesa.

Percebe-se, portanto, que a cláusula constitucional brasileira mostra-se mais generosa em relação ao *silêncio* do acusado do que a tradicional previsão do direito norte-americano do *privilege against self-incrimination*, descrita na 5ª Emenda à Constituição, de seguinte teor: "(...) ninguém poderá ser obrigado em qualquer processo criminal a servir de testemunha contra si mesmo..."; pois essa, apesar de permitir o silêncio do acusado, não lhe permite fazer declarações falsas e inverídicas, sob pena de responsabilização criminal.

A expressão *preso* não foi utilizada pelo texto constitucional em seu sentido técnico, pois o presente direito tem como titulares todos aqueles, acusados ou futuros acusados (por exemplo: testemunhas, vítimas), que possam eventualmente ser processados ou punidos em virtude de suas próprias declarações.

Comentando o *direito ao silêncio*, Antonio Magalhães expõe que

"o direito à não autoincriminação constitui uma barreira intransponível ao direito à prova de acusação; sua denegação, sob qualquer disfarce, representará um indesejável retorno às formas mais abomináveis da repressão, comprometendo o caráter ético-político do processo e a própria correção no exercício da função jurisdicional" (*Direito à prova no processo penal*. São Paulo: Revista dos Tribunais, 1997. p. 114).

Observe-se, contudo, que, apesar da consagração ao *direito ao silêncio*, não existirá inconstitucionalidade no fato de a legislação ordinária prever um benefício legal à confissão voluntária do agente de infração penal. O direito constitucionalmente garantido de o acusado *permanecer em silêncio* não é afastado pela confissão espontânea do agente, mas é garantido pela discricionariedade que a Carta Magna lhe confere entre confessar ou calar-se. Dessa forma, plenamente possíveis eventuais previsões infraconstitucionais de espécies de delações premiadas ou mesmo atenuantes genéricas, em que a confissão espontânea do agente criminoso, mediante alguns requisitos, propiciar-lhe-á melhora em sua situação penal. Nesse mesmo sentido orientam-se a doutrina e a jurisprudência espanholas, conforme se verifica em julgados do Tribunal Constitucional espanhol noticiados por Francisco Rubio Llorente (*Derechos...* Op. cit. p. 353-354).

Cf. excelentes estudos sobre as declarações do acusado e o direito ao silêncio: GOMES FILHO, Antonio Magalhães. *Direito à prova no processo penal*. São Paulo: Revista dos Tribunais, 1997. p. 110-114; e GRINOVER, Ada Pellegrini. Interrogatório do réu e direito ao silêncio. *Ciência Penal*, v. 1. p. 15-31.

Crítica ao descumprimento à enunciação dos direitos do acusado: "Como aqui a prisão é seguida de agressões, não sabemos se o preso, em primeiro lugar, irá apanhar, e depois ouvir o dispositivo constitucional, ou se primeiro escuta atentamente seus direitos e depois vai para o 'pau de arara'" (FERREIRA, Wolgran Junqueira. Op. cit. p. 447). No mesmo sentido: "Mas, apesar da forma clara e incisiva com que esse direito é reconhecido entre nós, sua aplicação prática parece longe de ser uma realidade, especialmente diante de uma rotina policial voltada à obtenção de confissões a todo custo, em relação à qual os tribunais não tiveram ainda oportunidade de contrapor, com firmeza, a força do preceito constitucional" (GOMES FILHO, Antonio Magalhães. Op. cit. p. 113).

Efetividade do direito constitucional ao silêncio e impossibilidade de decretação de prisão cautelar como tentativa de desrespeitá-lo: STF – "*Habeas Corpus*. 1. Operação Navalha. Inquérito no 544/BA, do Superior Tribunal de Justiça. 2. Alegações de falta de fundamentação do decreto de prisão preventiva e de ofensa ao direito constitucional do paciente permanecer em silêncio (CF, art. 5º, inciso LXIII e CPP, art. 186). 3. Decreto prisional fundamentado em supostas conveniência da instrução criminal e garantia da ordem pública e econômica. 4. Segundo a jurisprudência do STF, não basta a mera explicitação textual dos requisitos previstos pelo art. 312 do CPP, mas é indispensável a indicação de elementos concretos que demonstrem a necessidade da segregação preventiva. Precedentes. 5. A prisão preventiva é medida excepcional que demanda a explicitação de fundamentos consistentes e individualizados com relação a cada um dos cidadãos investigados (CF, arts. 93, IX e 5º, XLVI). 6. A existência de indícios de autoria e materialidade, por si só, não justifica a decretação de prisão preventiva. 7. A boa aplicação dos direitos fundamentais de caráter processual, principalmente a proteção judicial efetiva, permite distinguir o Estado de Direito do Estado Policial. 8. Na medida em que o silêncio corresponde a garantia fundamental intrínseca do direito constitucional de defesa, a mera recusa de manifestação por parte do paciente não pode ser interpretada em seu desfavor para fins de decretação de prisão preventiva. 9. Não se justifica a prisão para a mera finalidade de obtenção de depoimento. 10. Ausência de correlação entre os elementos apontados pela prisão preventiva no que concerne ao risco de continuidade da prática de delitos em razão da iminência de liberação de recursos do Programa de Aceleração do Crescimento (PAC). 11. Motivação insuficiente. 12. Ordem deferida para revogar a prisão preventiva decretada em face do paciente" (STF – 2ª T. – HC 91414/BA – rel. Min. Gilmar Mendes, *DJe*-074, 24-8-2008).

Direito ao silêncio e princípio da inocência: STF – "O privilégio contra a autoincriminação – que é plenamente invocável perante as Comissões Parlamentares de Inquérito – traduz direito público subjetivo assegurado a qualquer pessoa, que, na condição de testemunha, de indiciado ou de réu, deva prestar depoimento perante órgãos do Poder Legislativo, do Poder Executivo ou do Poder Judiciário. O exercício do direito de permanecer em silêncio não autoriza os órgãos estatais a dispensarem qualquer tratamento que implique restrição à esfera jurídica daquele que regularmente invocou essa prerrogativa fundamental. Precedentes. O direito ao silêncio – enquanto poder jurídico reconhecido a qualquer pessoa relativamente a perguntas cujas respostas possam incriminá-la (*nemo tenetur se detegere*) – impede, quando concretamente exercido, que aquele que o invocou venha, por tal específica razão, a ser preso, ou ameaçado de prisão, pelos agentes ou pelas autoridades do Estado. Ninguém pode ser tratado como culpado, qualquer que seja a natureza do ilícito penal cuja prática lhe tenha sido atribuída, sem que exista, a esse respeito, decisão judicial condenatória transitada em julgado. O princípio constitucional da não culpabilidade, em nosso sistema jurídico, consagra uma regra de tratamento que impede o Poder Público de agir e de se comportar, em relação ao suspeito, ao indiciado, ao denunciado ou ao réu, como se estes já houvessem sido condenados definitivamente por sentença do Poder Judiciário. Precedentes" (STF – Pleno – HC nº 79.812-8/SP – rel. Min. Celso de Mello – *Diário da Justiça*, Seção 1, 16 fev. 2001, p. 91).

Amplitude do direito ao silêncio: STF – "Qualquer indivíduo que figure como objeto de procedimentos investigatórios policiais ou que ostente, em juízo penal, a condição jurídica de imputado, tem, dentre as várias prerrogativas que lhe são constitucionalmente asseguradas, o direito de permanecer calado. *Nemo tenetur se detegere*. Ninguém pode ser constrangido a confessar a prática de um ilícito penal. O direito de permanecer em silêncio insere-se no alcance concreto da cláusula constitucional do devido processo legal, e nesse direito ao silêncio inclui-se até mesmo por implicitude, a prerrogativa processual de o acusado negar, ainda que falsamente, perante a autoridade policial ou judiciária, a prática da infração penal" (1ª T. – HC nº 68.929/SP – rel. Min. Celso de Mello, *Diário da Justiça*, Seção I, 28 ago. 1992, p. 13453).

Direito ao silêncio: STJ – "No mundo jurídico, tornou-se internacionalmente conhecido o caso 'Miranda v. Arizona', julgado pela Suprema Corte norte-americana em 1966: o custodiado tem o direito de ficar em silêncio quando de seu interrogatório policial e deve ser advertido pela própria polícia que tem direito, antes de falar, de comunicar-se com seu advogado ou com seus familiares. A própria Constituição brasileira de 1988 consagra tal cláusula como *direito fundamental* (art. 5º, incs. LXII e LXIII, § 2º)" (6ª T. – RHC nº 4.582-0/RJ – rel. Min. Adhemar Maciel – *Ementário STJ* 15/683).

Direito ao silêncio e autoincriminação: STF – "O acusado tem o direito de permanecer em silêncio ao ser interrogado, em virtude do princípio constitucional – *nemo* tenetur se detegere (art. 5º, LXIII), não traduzindo esse privilégio autoincriminação" (HC nº 75.616-6/SP – rel. Min. Ilmar Galvão, *Diário da Justiça*, Seção I, 14 nov. 1997, p. 58767).

Impossibilidade de prejuízo do réu pelo seu silêncio: STJ – "O fato do Juiz da causa ter advertido o paciente de que seu silêncio poderia prejudicá-lo é irrelevante, na medida em que, se calado tivesse ele ficado, tal situação em nada poderia agravá-lo, sendo o silêncio, hoje, constitucionalmente protegido" (6ª T. – HC nº 2.571-7/PE – rel. Min. Pedro Acioli – *Ementário STJ* 10/671).

Impossibilidade de prejuízo do réu pelo seu silêncio II: STF – "INTERROGATÓRIO – ACUSADO – SILÊNCIO. A parte final do art. 186 do Código de Processo Penal, no sentido de o silêncio do acusado poder se mostrar contrário aos respectivos interesses, não foi recepcionada pela Carta de 1988, que, mediante o preceito do inciso LXIII do art. 5º, dispõe sobre o direito de os acusados, em geral, permanecerem calados. Mostra-se discrepante da ordem jurídica constitucional, revelando apego demasiado à forma, decisão que implique a declaração de nulidade do julgamento procedido pelo Tribunal do Júri à mercê de remissão, pelo Acusado, do depoimento prestado no primeiro Júri, declarando nada mais ter a acrescentar. Dispensável é a feitura, em si, das perguntas, sendo suficiente a leitura do depoimento outrora colhido" (STF – 2ª T. – Rextr. nº 199.570-0/MS – rel. Min. Marco Aurélio, *Diário da Justiça*, Seção I, 20 mar. 1998, p. 17).

Gravação clandestina e direito ao silêncio: STF – "À espécie – gravação de conversa pessoal entre indiciados presos e autoridades policiais, que os primeiros desconheciam – não se poderia opor o princípio do sigilo das comunicações telefônicas – base dos precedentes recordados – mas, em tese, o direito ao silêncio (CF, art. 5º, LXIII), corolário do princípio *nemo tenetur se detegere*" (1ª T. – HC nº 69.818/SP – rel. Min. Sepúlveda Pertence, *Diário da Justiça*, Seção I, 27 nov. 1992, p. 22302).

Impossibilidade de condenação ser baseada em silêncio do réu no ato do interrogatório: TJ/SP – rel. Celso Limongi, Apelação criminal nº 149.145-3 – Taubaté – d. 14-7-94.

Interrogatório como meio de prova: TJ/SP – "Silêncio – Garantia de liberdade e de Justiça ao indivíduo. Hipótese em que o réu, sujeito da defesa, não tem a obrigação nem dever de fornecer elementos de prova que o prejudiquem. Ainda que se quisesse ver no interrogatório um meio de prova, só o seria em sentido meramente eventual, em face da faculdade dada ao acusado de não responder, conforme art. 5º, LXIII, da Constituição da República" (rel. Euclides de Oliveira, Apelação Criminal nº 136.167-1 – Moji-Guaçu – d. 31-1-91).

Validade do flagrante e desrespeito ao art. 5º, LXII: "Comunicação à família do preso – A Constituição da República, dentre as garantias individuais, registra o direito de a prisão ser comunicada ao Juiz competente e à família do preso ou a pessoa por ele indicada (art. 5º, LXII). A inobservância é idônea para ilícito administrativo. Por si só, entretanto, não prejudica a validade da investigação" (STJ – 6ª T. – RHC nº 6.210-0/GO – rel. Min. Luiz Vicente Cernicchiaro, *Ementário STJ* 18/139).

5.118 Comunicação da prisão à família, a seu advogado, à autoridade judicial competente e ao Ministério Público

Por fim, ressalte-se que toda prisão, bem como o local onde se encontre o acusado, deverá, por mandamento constitucional, ser informada, imediatamente, à família do preso ou à pessoa por ele indicada, a seu advogado e ao juiz competente, para que, analisando-a, se for o caso, relaxe a prisão ilegal.

Como salientam Canotilho e Moreira, em comentário a dispositivo análogo previsto no art. 28 da Constituição portuguesa,

> "a razão de ser da obrigação da comunicação da prisão preventiva a parente ou pessoa da confiança do detido está ligada fundamentalmente a dois objectivos: primeiro, certificar familiares e amigos acerca do paradeiro do detido; depois, permitir que este obtenha deles a assistência e o apoio de que necessite" (*Constituição...* Op. cit. p. 190).

Infraconstitucionalmente, para maior garantia ao direito de liberdade, a Lei Complementar Federal nº 75/93 (Lei Orgânica do Ministério Público da União), em seu art. 10, estabelece que *a prisão de qualquer pessoa, por parte da autoridade federal ou do Distrito Federal e Territórios, deverá ser comunicada imediatamente ao Ministério Público competente, com indicação do lugar onde se encontra o preso e cópia dos documentos comprobatórios da legalidade da prisão.*

Esse mesmo dispositivo foi consagrado pelo legislador ordinário paulista, que determinou no art. 104 da Lei Complementar nº 734/93 (Lei Orgânica do Ministério Público do Estado de São Paulo) que, *no exercício de sua função constitucional de controle externo da atividade policial, cabe ao membro do Ministério Público do Estado de São Paulo receber, imediatamente, comunicação da prisão de qualquer pessoa por parte da autoridade policial estadual, com indicação do lugar onde se encontra o preso e cópia dos documentos comprobatórios da legalidade da prisão.*

A comunicação imediata da prisão ao juiz competente e aos familiares ou pessoa indicada pelo preso consiste em verdadeira *garantia de liberdade*, pois dela dependem outras garantias expressamente previstas no texto constitucional, como a análise da ocorrência ou não das hipóteses permissivas para a prisão (inciso LXI – "*ninguém será preso senão em flagrante delito ou por ordem escrita e fundamentada da autoridade judiciária competente*"), como a possibilidade de relaxamento por sua ilegalidade (inciso LXV – "*a prisão ilegal será imediatamente relaxada pela autoridade judiciária*"), ou, nos casos de legalidade, se possível for, a concessão de liberdade provisória com ou sem fiança (LXVI – "*ninguém será levado à prisão ou nela mantido, quando a lei admitir a liberdade provisória, com ou sem fiança*"). Dessa forma, a comunicação deve ser feita no mínimo tempo possível, sendo de manifesta inconstitucionalidade a fixação de prazos infraconstitucionais que ignorem a *imediata comunicação*. Como salientado por Celso de Mello, "a praxe, ilegitimamente, consagrou o prazo de vinte e quatro horas. Essa dilação temporal, além de abusiva, é evidentemente inconstitucional" (*Constituição*... Op. cit. p. 446).

A falta de comunicação da prisão, nos moldes determinados pela Constituição Federal, não acarreta sua nulidade, desde que a prisão tenha sido realizada de acordo com o ordenamento jurídico, *importando porém na responsabilização da autoridade policial omissa* (*RTJ*, 33/419; 104/1090; STF – 2ª T. – RHC nº 62.187/GO – rel. Min. Aldir Passarinho, *Diário da Justiça*, Seção I, 8 mar. 1995, p. 2599).

A responsabilização da autoridade policial e de seus agentes será civil (indenização por danos materiais e morais) e criminal (abuso de autoridade – Lei nº 13.869/2019). Da mesma forma, aquele que desrespeitar essa garantia constitucional deverá ser responsabilizado por ato de improbidade administrativa, uma vez que sua ação ou omissão configurará atentado contra os princípios da administração pública, em especial em relação ao dever de legalidade, pois sua conduta estará retardando ou deixando de praticar, indevidamente, ato de ofício (Lei nº 8.429/92 – art. 11, *caput* e inciso II).

Comunicação à família do preso ou à pessoa por ele indicada: STF – "Não ocorre descumprimento do inciso LXII do art. 5º da CF, quando o preso, voluntariamente, não indica pessoa a ser comunicada da sua prisão" (STF – 2ª T. – HC 69.630 – Rel. Min. Paulo Brossard, decisão: 4-12-1992).

Comunicação da prisão: STJ – "A Constituição da República impõe que 'a prisão de qualquer pessoa e o local onde se encontre serão comunicados imediatamente ao juiz competente e à família do preso ou à pessoa por ele indicada' (art. 5º, LXII). A omissão, no entanto, por si só, não exclui a legalidade da prisão. Recurso em *habeas corpus* a que se nega provimento" (6ª T. – RHC nº 4.274-5/RJ – rel. Min. Luiz Vicente Cernicchiaro – *Ementário STJ* 12/257). **No mesmo sentido**: STF – "A falta de comunicação da prisão não importa o relaxamento desta, quando realizada de acordo com a lei" (RHC nº 32.837 – rel. Min. Nelson Hungria, *Diário da Justiça*, 7 jun. 1954, p. 1612).

Comunicação e assistência de advogado: TJ/SP – "Pretendida garantia de comunicação com cliente preso, mesmo antes de lavrado o auto de prisão em flagrante. Admissibilidade. Hipótese, entretanto, de assistência com caráter restrito, não podendo implicar em interrupção ou tumulto à lavratura do auto de flagrante, muito menos na instauração do contraditório, em vista da natureza inquisitorial daquele procedimento administrativo" (rel. Euclides de Oliveira – Apelação Criminal nº 136.167-1 – Moji-Guaçu, d. 31-1-91).

LXVII – não haverá prisão civil por dívida, salvo a do responsável pelo inadimplemento voluntário e inescusável de obrigação alimentícia e a do depositário infiel.

5.119 Prisão civil por dívidas

A Constituição Federal prevê no inciso LXVII, do art. 5º, a disciplina e aplicabilidade da prisão civil em nosso ordenamento jurídico. Em regra, *não haverá prisão civil por dívida*. Excepcionalmente, porém, em dois casos o texto permite a prisão civil decretada pela autoridade judicial competente: *inadimplemento voluntário e inescusável de obrigação alimentícia* e *depositário infiel*.

Hipóteses essas taxativas, impossibilitando seu alargamento por determinação do legislador ordinário, uma vez que, qualquer *equiparação legal* a uma dessas possibilidades não retirará seu substrato de validade diretamente da Constituição e, consequentemente, será inconstitucional, como ocorria com a possibilidade de prisão civil por falta de pagamento de prestação alimentícia decorrente de ação de responsabilidade *ex delicto*, ou ainda, a prisão civil do devedor considerado por ficção legal, como depositário infiel em alienação fiduciária (Decreto-lei nº 911/69 – STF – Pleno – RE – 466343/SP, rel. Min. Cezar Peluso, 3-12-2008); ou mesmo, na hipótese de depositário considerada a cédula rural pignoratícia (STF – Pleno – HC 92.566/SP – rel. Min. Marco Aurélio, *DJe*-104, 5-6-2009).

Especificamente em relação à possibilidade de prisão do *depositário infiel*, após quase 20 anos de interpretação do texto constitucional, onde manteve sua constitucionalidade, salientando que "o depósito judicial, enquanto obrigação legal que estabelece relação típica de direito público e de caráter processual entre o juízo da execução e o depositário judicial dos bens penhorados, permite a prisão civil. Nesse sentido, a instrumentalidade do depósito judicial não se faz em função de obrigação jurídica decorrente de contrato ou de interpretação extensiva, mas como depósito necessário no qual a guarda dos bens penhorados objetiva garantir a opção futura do exequente quanto à adjudicação ou hasta pública, o que afastaria a aplicação do citado Pacto de São José da Costa Rica" (STF – 1ª T. – RHC nº 90.759 – rel. Min. Ricardo Lewandowski, decisão: 15-5-2007 e *Informativo STF* nº 467), o Supremo Tribunal Federal passou a considerar, em face da EC nº 45/04, inconstitucionais todas as hipóteses de prisão civil de depositário infiel (STF – Pleno – RE 349703/RS – rel. Min. Carlos Britto, decisão: 3-12-2008, *DJe*-104, publicado em 5-6-2009. Conferir, ainda: STF – Pleno – HC 94307/RS – rel. Min. Cezar Peluso, *DJe*-084, 8-5-2009), qualquer que seja a modalidade do depósito (Em posicionamentos anteriores, o STF declarou constitucionais as prisões do depositário infiel – STF – 1ª T. – RHC 90.759 – rel. Min. Ricardo Lewandowski, decisão: 15-5-2007 – e do depositário infiel em alienação fiduciária, STF – RE 206.482-3/SP – Rel. Min. Maurício Corrêa, *DJ* 5-9-2003) e, inclusive, deliberado o Tribunal pela possibilidade dos Ministros relatores julgarem individualmente o mérito dos *habeas corpus* que versem sobre esse assunto, uma vez que é a posição pacificada na Corte (STF – Pleno – HC 94307/RS, rel. Min. Cezar Peluso, 19-2-2009, *Informativo STF* nº 536).

No Recurso Extraordinário 349.073/RS, o Plenário do STF decidiu pela insubsistência da prisão civil do depositário infiel em face dos tratados internacionais de Direitos Humanos. Conforme destacado pelo Ministro Carlos Britto, "não há mais base legal para prisão civil do depositário infiel, pois o caráter especial desses diplomas internacionais sobre direitos humanos lhes reserva lugar específico no ordenamento jurídico, estando abaixo da Constituição, porém acima da legislação interna. O *status* normativo supralegal dos tratados internacionais de direitos humanos subscritos pelo Brasil torna inaplicável a legislação infraconstitucional com ele conflitante, seja ela anterior ou posterior ao ato de adesão" (STF – Pleno – RE 349703/RS – rel. Min. Carlos Britto, decisão: 3-12-2008, *DJe*-104, publicado em 5-6-2009).

Portanto, conforme salientado pelo Ministro Celso de Mello, "não mais subsiste, no sistema normativo brasileiro, a prisão civil por infidelidade depositária, independentemente da modalidade de depósito, trate-se de depósito voluntário (convencional) ou cuide-se de depósito necessário, como o é o depósito judicial" (STF – 2ª T. – HC 96772/SP – rel. Min. Celso de Mello, *DJe*-157, 21-8-2009), uma vez que, conforme destacado pelo Ministro Marco Aurélio, "a subscrição pelo Brasil do Pacto de São José da Costa Rica, limitando a prisão civil por dívida ao descumprimento inescusável de prestação alimentícia, implicou a derrogação das normas estritamente legais referentes à prisão do depositário infiel" (STF – 1ª T. – HC 89634/SP – rel. Min. Marco Aurélio, *DJe*-079, 30-4-2009), em razão, como ensinado pelo Ministro Cezar Peluso, "do *status* supralegal" do referido Pacto (STF – 2ª T. – RE 404276 AgR/MG – rel. Min. Cezar Peluzo, *DJe*-071, 17-4-2009).

Nesses termos, nossa Corte Suprema editou a Súmula Vinculante nº 25, afirmando que "é ilícita a prisão civil de depositário infiel, qualquer que seja a modalidade do depósito".

Inconstitucionalidade da prisão civil por dívidas do depositário infiel: STF – "HABEAS CORPUS" – PRISÃO CIVIL – DEPOSITÁRIO JUDICIAL – REVOGAÇÃO DA SÚMULA 619/STF – A QUESTÃO DA INFIDELIDADE DEPOSITÁRIA – CONVENÇÃO AMERICANA DE DIREITOS HUMANOS (ART. 7º, nº 7) – NATUREZA CONSTITUCIONAL OU CARÁTER DE SUPRALEGALIDADE DOS TRATADOS INTERNACIONAIS DE DIREITOS HUMANOS? – PEDIDO DEFERIDO. ILEGITIMIDADE JURÍDICA DA DECRETAÇÃO DA PRISÃO CIVIL DO DEPOSITÁRIO INFIEL, AINDA QUE SE CUIDE DE DEPOSITÁRIO JUDICIAL. – Não mais subsiste, no sistema normativo brasileiro, a prisão civil por infidelidade depositária, independentemente da modalidade de depósito, trate-se de depósito voluntário (convencional) ou cuide-se de depósito necessário, como o é o depósito judicial. Precedentes. Revogação da Súmula 619/STF. TRATADOS INTERNACIONAIS DE DIREITOS HUMANOS: AS SUAS RELAÇÕES COM O DIREITO INTERNO BRASILEIRO E A QUESTÃO DE SUA POSIÇÃO HIERÁRQUICA. – A Convenção Americana sobre Direitos Humanos (art. 7º, nº 7). Caráter subordinante dos tratados internacionais em matéria de direitos humanos e o sistema de proteção dos direitos básicos da pessoa humana. – Relações entre o direito interno brasileiro e as convenções internacionais de direitos humanos (CF, art. 5º e §§ 2º e 3º). Precedentes. – Posição hierárquica dos tratados internacionais de direitos humanos no ordenamento positivo interno do Brasil: natureza constitucional ou caráter de supralegalidade? – Entendimento do Relator, Min. CELSO DE MELLO, que atribui hierarquia constitucional às convenções internacionais em matéria de direitos humanos. A INTERPRETAÇÃO JUDICIAL COMO INSTRUMENTO DE MUTAÇÃO INFORMAL DA CONSTITUIÇÃO. – A questão dos processos informais de mutação constitucional e o papel do Poder Judiciário: a interpretação judicial como instrumento juridicamente idôneo de mudança informal da Constituição. A legitimidade da adequação, mediante interpretação do Poder Judiciário, da própria Constituição da República, se e quando imperioso compatibilizá-la, mediante exegese atualizadora, com as novas exigências, necessidades e transformações resultantes dos processos sociais, econômicos e políticos que caracterizam, em seus múltiplos e complexos aspectos, a sociedade contemporânea. HERMENÊUTICA E DIREITOS HUMANOS: A NORMA MAIS FAVORÁVEL COMO CRITÉRIO QUE DEVE REGER A INTERPRETAÇÃO DO PODER JUDICIÁRIO. – Os magistrados e Tribunais, no exercício de sua atividade interpretativa, especialmente no âmbito dos tratados internacionais de direitos humanos, devem observar um princípio hermenêutico básico (tal como aquele proclamado no art. 29 da Convenção Americana de Direitos Humanos), consistente em atribuir primazia à norma que se revele mais favorável à pessoa humana, em ordem a dispensar-lhe a mais ampla proteção jurídica. – O Poder Judiciário, nesse processo hermenêutico que prestigia o critério da norma mais favorável (que tanto pode ser aquela prevista no tratado internacional como a que se acha positivada no próprio direito interno do Estado), deverá extrair a máxima eficácia das declarações internacionais e das proclamações constitucionais de direitos, como forma de viabilizar o acesso dos indivíduos e dos grupos sociais, notadamente os mais vulneráveis, a sistemas institucionalizados de proteção aos direitos fundamentais da pessoa humana, sob pena de a liberdade, a tolerância e o respeito à alteridade humana tornarem-se palavras vãs. – Aplicação, ao caso, do art. 7º, nº 7, c/c o art. 29, ambos da Convenção Americana de Direitos Humanos (Pacto de São José da Costa Rica): um caso típico de primazia da regra mais favorável à proteção efetiva do ser humano" (STF – 2ª T. – HC 96772/SP – rel. Min. Celso de Mello, *DJe*-157, 21-8-2009). **Conferir, ainda**: STF – "Prisão Civil. Depositário infiel. Possibilidade. Alegações rejeitadas. Precedente do Pleno. Agravo regimental não provido. O Plenário da Corte assentou que, em razão do *status* supralegal do Pacto de São José da Costa Rica, restaram derrogadas as normas estritamente legais definidoras da custódia do depositário infiel" (STF – 2ª T. – RE 404276 AgR/MG – rel. Min. Cezar Peluzo, *DJe*-071, 17-4-2009). **Em posicionamentos anteriores**, o STF declarava constitucional a prisão do depositário infiel (STF – 1ª T. – RHC 90.759 – rel. Min. Ricardo Lewandowski, decisão: 15-5-2007).

Possibilidade de prisão civil por dívidas somente na hipótese de descumprimento inescusável de prestação alimentícia: STF – "DEPOSITÁRIO INFIEL – PRISÃO. A subscrição pelo Brasil do Pacto de São José da Costa Rica, limitando a prisão civil por dívida ao descumprimento inescusável de prestação alimentícia, implicou a derrogação das normas estritamente legais referentes à prisão do depositário infiel" (STF – 1ª T. – HC 89634/SP – rel. Min. Marco Aurélio, *DJe*-079, 30-4-2009).

Impossibilidade de prisão civil alimentar na hipótese de incapacidade econômica absoluta do alimentante: STF – "Uma vez que não houve inadimplemento voluntário e inescusável do débito alimentar, entendo a inidoneidade da decisão que decretou a prisão civil do paciente. Ademais, a prisão civil para efeitos de pagamento de pensão alimentícia vencida tem o condão de viabilizar o adimplemento. Mas, se o alimentante não tem posses suficientes para cumprir com a obrigação, não seria o encarceramento capaz de modificar-lhe a situação fática" (STF – 2ª T. – HC 106.709 – Rel. Min. Gilmar Mendes, *DJE* de 15-9-2011).

Prisão civil por dívida alimentar e desnecessidade de trânsito em julgado: STJ – "Em face da sua natureza coercitiva, diferentemente da pena criminal, o cumprimento da prisão civil contra o devedor de alimentos não se condiciona ao trânsito em julgado da decisão que a determina. 2. Inaplicabilidade do art. art. 5º, LVII, da Constituição" (STJ – 3ª T. – HC 161217/SP – Rel. Min. Paulo de Tarso Sanseverino, decisão: 8-2-2011).

Inconstitucionalidade da prisão civil por dívidas na hipótese de alienação fiduciária transformada em depósito: STF – "PRISÃO CIVIL. Depósito. Depositário infiel. Alienação fiduciária. Decretação da medida coercitiva. Inadmissibilidade absoluta. Insubsistência da previsão constitucional e das normas subalternas. Interpretação do art. 5º, inc. LXVII e §§ 1º, 2º e 3º, da CF, à luz do art. 7º, § 7º, da Convenção Americana de Direitos Humanos (Pacto de San José da Costa Rica). Recurso improvido. Julgamento conjunto do RE nº 349.703 e dos HCs nº 87.585 e nº 92.566. É ilícita a prisão civil de depositário infiel, qualquer que seja a modalidade do depósito" (STF – Pleno – RE – 466343/SP, rel. Min. Cezar Peluso, 3-12-2008). **No mesmo sentido:** STF – "PRISÃO CIVIL DO DEPOSITÁRIO INFIEL EM FACE DOS TRATADOS INTERNACIONAIS DE DIREITOS HUMANOS. INTERPRETAÇÃO DA PARTE FINAL DO INCISO LXVII DO ART. 5º DA CONSTITUIÇÃO BRASILEIRA DE 1988. POSIÇÃO HIERÁRQUICO-NORMATIVA DOS TRATADOS INTERNACIONAIS DE DIREITOS HUMANOS NO ORDENAMENTO JURÍDICO BRASILEIRO. Desde a adesão do Brasil, sem qualquer reserva, ao Pacto Internacional dos Direitos Civis e Políticos (art. 11) e à Convenção Americana sobre Direitos Humanos – Pacto de San José da Costa Rica (art. 7º), ambos no ano de 1992, não há mais base legal para prisão civil do depositário infiel, pois o caráter especial desses diplomas internacionais sobre direitos humanos lhes reserva lugar específico no ordenamento jurídico, estando abaixo da Constituição, porém acima da legislação interna. O *status* normativo supralegal dos tratados internacionais de direitos humanos subscritos pelo Brasil torna inaplicável a legislação infraconstitucional com ele conflitante, seja ela anterior ou posterior ao ato de adesão. Assim ocorreu com o art. 1.287 do Código Civil de 1916 e com o Decreto-lei nº 911/69, assim como em relação ao art. 652 do Novo Código Civil (Lei nº 10.406/2002). ALIENAÇÃO FIDUCIÁRIA EM GARANTIA. DECRETO-LEI Nº 911/69. EQUIPAÇÃO DO DEVEDOR-FIDUCIANTE AO DEPOSITÁRIO. PRISÃO CIVIL DO DEVEDOR-FIDUCIANTE EM FACE DO PRINCÍPIO DA PROPORCIONALIDADE. A prisão civil do devedor-fiduciante no âmbito do contrato de alienação fiduciária em garantia viola o princípio da proporcionalidade, visto que: (a) o ordenamento jurídico prevê outros meios processuais-executórios postos à disposição do credor-fiduciário para a garantia do crédito, de forma que a prisão civil, como medida extrema de coerção do devedor inadimplente, não passa no exame da proporcionalidade como proibição de excesso, em sua tríplice configuração: adequação, necessidade e proporcionalidade em sentido estrito; e (b) o Decreto-lei nº 911/69, ao instituir uma ficção jurídica, equiparando o devedor-fiduciante ao depositário, para todos os efeitos previstos nas leis civis e penais, criou uma figura atípica de depósito, transbordando os limites do conteúdo semântico da expressão "depositário infiel" insculpida no art. 5º, inciso LXVII, da Constituição e, dessa forma, desfigurando o instituto do depósito em sua conformação constitucional, o que perfaz a violação ao princípio da reserva legal proporcional. RECURSO EXTRAORDINÁRIO CONHECIDO E NÃO PROVIDO" (STF – Pleno – RE 349703/RS – rel. Min. Carlos Britto, decisão: 3-12-2008, *DJe*-104, publicado em 5-6-2009). **Conferir, ainda:** STF – Pleno – HC 94307/RS – rel. Min. Cezar Peluso, *Dje*-084, 8-5-2009. **Em posicionamentos anteriores**, o STF declarava constitucional a prisão do depositário infiel em alienação fiduciária (STF – RE 206.482-3/SP – rel. Min. Maurício Corrêa, *DJ* 5-9-2003; STF – 2ª T. – HC nº 72.183/SP – rel. Min. Marco Aurélio, *DJ*, Seção I, 22 nov. 1996, p. 45687, entre outros).

Inconstitucionalidade da prisão civil por dívidas do depositário infiel (cédula rural pignoratícia): STF – "PRISÃO CIVIL – PENHOR RURAL – CÉDULA RURAL PIGNORATÍCIA – BENS – GARANTIA – IMPROPRIEDADE. Ante o ordenamento jurídico pátrio, a prisão civil somente subsiste no caso de descumprimento inescusável de obrigação alimentícia, e não no de depositário considerada a cédula rural pignoratícia" (STF – Pleno – HC 92566/SP – rel. Min. Marco Aurélio, *DJe*-104, 5-6-2009). **Em posicionamentos anteriores**, o STF declarava constitucional a prisão do depositário infiel nessa hipótese: STF – 2ª T. – HC nº 74.383/MG – rel. p/Acórdão Min. Francisco Rezek, decisão: 22-10-1996 – *Informativo STF* nº 21, 25 out. 1996, p. 2 e também para o penhor rural (STF – 1ª T. – HC 75.904/SP – rel. Min. Sepúlveda Pertence, decisão: 23-6-1998. *Informativo STF* nº 116).

Antigo posicionamento do Supremo Tribunal Federal pela constitucionalidade da prisão civil do depositário infiel: A Primeira Turma do Supremo Tribunal Federal, por maioria (4 × 1), por muito tempo manteve a constitucionalidade da prisão civil de depositário infiel, salientando que "o depósito judicial, enquanto obrigação legal que estabelece relação típica de direito público e de caráter processual entre o juízo da execução e o depositário judicial dos bens penhorados, permite a prisão civil. Nesse sentido, a instrumentalidade do depósito judicial não se faz em função de obrigação jurídica decorrente de contrato ou de interpretação extensiva, mas como depósito necessário no qual a guarda dos bens penhorados objetiva garantir a opção futura do exequente quanto à adjudicação ou hasta pública, o que afastaria a aplicação do citado Pacto de São José da Costa Rica. Por fim, aduziu-se que o argumento acerca do furto careceria de prova e, ademais, que a substituição de bens penhorados dependeria da comprovação da impossibilidade de prejuízo para o exequente" (STF – 1ª T. – RHC 90.759 – rel. Min. Ricardo Lewandowski, decisão: 15-5-2007 e *Informativo STF* nº 467). **Em sentido contrário, o Ministro Gilmar Mendes, monocraticamente, antes da alteração do posicionamento atual do STF, concedeu medida liminar em *habeas corpus*,** alegando que "não há dúvida de que a prisão civil do devedor-fiduciante viola o princípio da reserva legal proporcional, inconstitucionalidade que tem o condão de fulminar a norma em referência desde a sua concepção, sob a égide da Constituição de 1967/69. Acredito que a prisão civil do depositário infiel não mais se compatibiliza com os valores supremos assegurados pelo Estado Constitucional, que não está mais voltado apenas para si mesmo, mas compartilha com as demais entidades soberanas, em contextos internacionais e supranacionais, o dever de efetiva proteção dos direitos humanos" (STF – HC 90751/SC – medida cautelar – rel. Min. Gilmar Mendes, *Diário da Justiça*, Seção I, 26 mar. 2007, p. 25).

Antigo posicionamento do Supremo Tribunal Federal pela Recepção da hipótese de prisão civil do devedor considerado, por ficção legal, como depositário infiel em alienação fiduciária: STF – "Prisão Civil – Regra – Exceções – Alienação fiduciária em garantia – Viabilidade. Na dicção da ilustrada maioria dos integrantes do Supremo Tribunal Federal, em relação à qual guardo reservas, dentre as exceções à regra segundo a qual não haverá prisão civil por dívida está a decorrente de relação jurídica formalizada sob a nomenclatura de alienação fiduciária em garantia" (2ª T. – HC nº 72.183/SP – rel. Min. Marco Aurélio, *Diário da Justiça*, Seção I, 22 nov. 1996, p. 45687). **No mesmo sentido**: STF – HC nº 73.469-3, rel. Min. Octávio Galloti, *Diário da Justiça*, 20 abr. 1996, p. 13116. **No Superior Tribunal de Justiça**: STJ – "No contrato de alienação fiduciária, o devedor fiduciante equipara-se à figura do depositário, de vez que, embora não proprietário, fica de posse do bem, tornando-se infiel se não paga o débito e não o devolve, sujeitando-se igualmente à prisão prevista no dispositivo constitucional (art. 5º, LXVII)" (5ª T. – RHC nº 4.569-8-SP – rel. Min. Cid Flaquer Scartezzini; j. 21-6-1995); e ainda: STJ – 5ª T.; Rec. de HC nº 4.712-SP; rel. Min. Jesus Costa Lima; j. 16-8-1995; v.u.; *Diário da Justiça*, Seção I, 4 set. 1995, p. 27841; STJ – 5ª T. – RHC nº 5.209/SP – rel. Min. Cid Flaquer Scartezzini; j. 5-3-1996. **Nesse mesmo sentido**: "Processo Civil – Prisão Civil – Depositário infiel – Alienação fiduciária – Ação de busca e apreensão – Conversão em ação de depósito – Admissibilidade. Civil e Processual Civil. Recurso especial. Busca e apreensão. Conversão em ação de depósito. Possibilidade. Alienação fiduciária. Depositário infiel. Prisão civil. Possibilidade. Precedentes. Recurso provido. I – É admissível pelo nosso direito a conversão do pedido de busca e apreensão, nos mesmos autos, em ação de depósito, se o bem alienado fiduciariamente não for encontrado ou não se achar na posse do devedor. II – Segundo decidiu a Corte Superior deste Tribunal (RMS 3.623-SP, *DJU* de 29-10-96), na linha do entendimento do Supremo Tribunal Federal, intérprete maior do texto constitucional, e sem embargo da força dos argumentos em contrário, a prisão do depositário infiel na alienação fiduciária não vulnera a legislação federal infraconstitucional" (STJ – 4ª T. – Resp. nº 100.741-0/MG – rel. Min. Sálvio de Figueiredo, *Ementário STJ*, 18/390).

O Superior Tribunal de Justiça já havia se posicionado pela Não recepção da hipótese de prisão civil do devedor considerado, por ficção legal, como depositário infiel em alienação fiduciária, antes da edição da Súmula Vinculante 25 do STF: STJ – "Segundo a ordem jurídica estabelecida pela Carta Magna de 1988, somente é admissível prisão civil por dívida nas hipóteses de inadimplemento voluntário e inescusável de obrigação alimentícia e de depositário infiel (CF, art. 5º, LXVII). O devedor-fiduciante que descumpre a obrigação pactuada e não entrega a coisa ao credor fiduciário não se equipara ao depositário infiel, passível de prisão civil, pois o contrato de depósito disciplinado nos arts. 1.265 a 1.287, do Código Civil, não se equipara, em absoluto, ao contrato de alienação fiduciária. A regra do art. 1º do Decreto-lei nº 911/69, que equipara a alienação fiduciária em garantia ao contrato de depósito, perdeu sua vitalidade jurídica em face da nova ordem constitucional" (6ª T. – HC nº 3.552-6/SP – rel. Min. Vicente Leal – *Diário da Justiça*, Seção I, 6 nov. 1995, p. 37594). **No mesmo sentido**: STJ – 6ª T. – RHC nº 4.329-6 – rel. Min. Luiz Vicente Cernicchiaro, *Diário da Justiça*, Seção I, 5 jun. 1995, p. 16688; STJ – 6ª T. – HC nº 3.294-2/SP – rel. Min. Adhemar Maciel, *Diário da Justiça*, Seção I, 18 set. 1995, p. 29995; STJ – 6ª T. – RHC nº 5.240/PR – rel. Min. William Patterson; j. 28-2-1996.

Antigo posicionamento do STF, que permitia a Prisão civil contra emitente de cédula rural pignoratícia (Decreto-lei nº 167/67) que não pagou a dívida nem restituiu a mercadoria, afastado pela Súmula Vinculante 25: STF – "Por empate na votação, a Turma deferiu *habeas corpus* para tornar insubsistente decreto de prisão expedido contra emitente de cédula rural pignoratícia (Decreto-lei nº 167/67) que não pagou a dívida nem restituiu as sacas de café dadas em garantia. Os Ministros Francisco Rezek, relator para o acórdão, e Marco Aurélio deferiram a ordem ao fundamento de que a equiparação do devedor ao depositário, nessa espécie de contrato, não mais subsiste, seja em face do art. 5º, LXVII, da CF, seja em face da Convenção Interamericana de Direitos Humanos, vencidos os Ministros Maurício Corrêa e Néri da Silveira. Matéria análoga foi examinada pelo Plenário em 22-11-95, no julgamento do HC 72.131-SP, cujo acórdão ainda não foi publicado (v. *Informativo* nº 14)" (2ª T. – HC 74.383-MG, rel. orig. Min. Néri da Silveira, rel. p/ac. Min. Francisco Rezek, 22-10-96 – *Informativo STF*, 21 a 25 out. 1996, p. 2).

LXXIV – o Estado prestará assistência jurídica integral e gratuita aos que comprovarem insuficiência de recursos.

5.120 Assistência jurídica integral e gratuita

A Constituição Federal, ao prever o dever do Estado em prestar assistência jurídica integral e gratuita aos que comprovarem insuficiência de recursos, pretende efetivar diversos outros princípios constitucionais, tais como igualdade, devido processo legal, ampla defesa, contraditório e, principalmente, pleno acesso à Justiça. Sem assistência jurídica integral e gratuita aos hipossuficientes não haveria condições de aplicação imparcial e equânime de Justiça. Trata-se, pois, de um direito público subjetivo consagrado a todo aquele que comprovar que sua situação econômica não lhe permite pagar os honorários advocatícios, custas processuais, sem prejuízo para o seu próprio sustento ou de sua família.

Ao Estado foi imposto o dever de prestar assistência jurídica *integral* e *gratuita* aos que comprovarem insuficiência de recursos, inclusive pagamento de advogado quando da inexistência de órgão estatal de assistência jurídica (STF – Pleno – RExtr. nº 103.950-0/SP – rel. Min. Oscar Corrêa, *Diário da Justiça*, Seção I, 8 dez. 1985, p. 17477) e honorários de perito (STJ – 3ª T. – REsp nº 25.841-1/RJ – rel. Min. Cláudio Santos – *Ementário STJ*, 09/551).

Ressalte-se que, em relação à *sucumbência*, conforme decidiu o Supremo Tribunal Federal, "o beneficiário da justiça gratuita que sucumbe é condenado ao pagamento das custas, que, entretanto, só lhe serão exigidas, se até cinco anos contados da decisão final, puder satisfazê-las sem prejuízo do sustento próprio ou da família: incidência do art. 12, da Lei nº 1.060/50, que não é incompatível com o art. 5º, LXXIV, da Constituição" (1ª T. – RExtr. nº 184.841/DF – rel. Min. Sepúlveda Pertence, *Diário da Justiça*, Seção I, 8 set. 1995, p. 28400).

A noção de assistência jurídica integral do Estado, em determinados ordenamentos jurídicos, engloba inclusive o auxílio material à vítima de atos criminosos, como se verifica, por exemplo, no art. 30 da Constituição da República da Coreia, promulgada em 12-7-1948 e emendada em outubro de 1987, com o seguinte teor: "Os cidadãos que houverem sofrido danos físicos ou tenham falecido em virtude de atos criminosos de outrem poderão receber assistência do Estado conforme estabelece a lei."

Em nosso ordenamento jurídico, a assistência jurídica integral e gratuita, como instrumento garantidor do pleno acesso ao Judiciário, possibilita que o Ministério Público possa, a requerimento do titular do direito, quando pobre, ajuizar ação de execução da sentença condenatória (CPP, art. 63) ou ação civil *ex delicto* (CPP, art. 64).

Justiça gratuita e Lei nº 1.060/50: STF – "A garantia do art. 5º, LXXIV – assistência jurídica integral e gratuita aos que comprovarem insuficiência de recursos – não revogou a de assistência judiciária gratuita da Lei nº 1.060, de 1950, aos necessitados, certo que, para obtenção desta, basta a declaração, feita pelo próprio interessado, de que a sua situação econômica não permite vir a Juízo sem prejuízo de sua manutenção ou de sua família. Essa norma infraconstitucional põe-se, ademais, dentro do espírito da Constituição, que deseja que seja facilitado o acesso de todos à Justiça (CF, art. 5º, XXXV)" (2ª T. – RExtr. nº 206.525-1/RS – rel. Min. Carlos Velloso, *Diário da Justiça*, Seção I, 6 jun. 1997, p. 24898).

Justiça gratuita e declaração do interessado: STF – "A simples afirmação de incapacidade financeira feita pelo interessado basta para viabilizar-lhe o acesso ao benefício da assistência judiciária (Lei nº 1.060/50, art. 4º, § 1º, com redação dada pela Lei nº 7.510/86). Cumpre assinalar, por necessário, tal como já acentuaram ambas as Turmas do STF (RE nº 204.458-PR, rel. Min. Ilmar Galvão – RE 205.746 – RS, rel. Min. Carlos Velloso, *v.g.*), que a norma inscrita no art. 5º, inciso LXXIV, da CF não derrogou a regra consubstanciada no art. 4º da Lei nº 1.060/50, com a redação que lhe deu a Lei nº 7.510/86, substituindo íntegra, em consequência, a possibilidade de a parte necessitada pela simples afirmação pessoal de sua insuficiente condição financeira – beneficiar-se, desde logo, do direito à assistência judiciária" (MS nº 22.951-2/RJ – medida liminar – rel. Min. Celso de Mello, *Diário da Justiça*, Seção I, 9 out. 1997, p. 50666). Nesse mesmo sentido: TRT – 3ª Região – 1ª T. – AI nº 96.03.008393-3/Santos – rel. Juiz Sinval Antunes; j. 4-3-1997 – v.u.

Justiça gratuita e art. 804 do CPP ("A sentença ou acórdão, que julgar a ação, qualquer incidente ou recurso, condenará nas custas o vencido"): STF – "A condenação em custas, no processo penal, sofre, apenas, restrição no tocante ao seu pagamento no caso de beneficiário da assistência judiciária gratuita, na forma do disposto na Lei nº 1.060, de 1950 (art. 12)" (1ª T. – RExtr. nº 209.307-6/DF – rel. Min. Ilmar Galvão, *Diário da Justiça*, Seção I, 5 jun. 1997, p. 24587).

Honorários e assistência judiciária. "A isenção (*rectius*: diferimento) das custas e honorários ao beneficiário da assistência judiciária (LAJ 3º) não constitui ofensa à isonomia. Haveria vedação do acesso à justiça caso se obrigasse o necessitado a pagar as despesas processuais" (NERY JR., Nelson, NERY, Rosa Maria Andrade. *Código de...* Op. cit. p. 134).

Obrigatoriedade de pagamento, pelo Estado, de advogado contratado pelo hipossuficiente quando da inexistência de órgão estatal de assistência jurídica: STF – Pleno – Rextr. nº 103.950-0/SP – rel. Min. Oscar Corrêa, *Diário da Justiça*, Seção I, 8 dez. 1985, p. 17477; STF – 1ª T. – RExtr. nº 110.512/SP – rel. Min. Rafael Mayer, *Diário da Justiça*, Seção I, 26 set. 1986, p. 17729; STJ – 5ª T. – REsp nº 37.513-4/MG – rel. Min. Jesus Costa Lima – *Ementário STJ*, 08/434.

Justiça gratuita e Lei nº 9.534, de 10-12-1997 – I: O art. 1º da citada lei passa a dar a seguinte redação ao art. 30 da Lei nº 6.015/73, alterada pela Lei nº 7.844/89 – "Art. 30 – Não serão cobrados emolumentos pelo registro civil de nascimento e pelo assento de óbito, bem como pela primeira certidão respectiva. § 1º – Os reconhecidamente pobres estão isentos de pagamento de emolumentos pelas demais certidões extraídas pelo cartório de registro civil. § 2º – O estado de pobreza será comprovado por declaração do próprio interessado ou a rogo, tratando-se de analfabeto, neste caso, acompanhada da assinatura de duas testemunhas. § 3º – A falsidade da declaração ensejará a responsabilidade civil e criminal do interessado."

Justiça gratuita e Lei nº 9.534, de 10-12-1997 – II: O art. 3º da referida Lei determinou nova redação ao art. 1º da Lei nº 9.265/96 – "Art. 1º, VI – O registro civil de nascimento e o assento do óbito, bem como a primeira certidão."

Justiça gratuita e Lei nº 9.534, de 10-12-1997 – III: O art. 5º da lei estipulou nova redação ao art. 45 da Lei nº 8.935/94, que passou a contar com a seguinte redação: "art. 45. São gratuitos os assentos do registro civil de nascimento e o de óbito, bem como a primeira certidão respectiva. Parágrafo único: Para os reconhecidamente pobres não serão cobrados emolumentos pelas certidões a que se refere o artigo."

Pessoa jurídica e assistência judiciária gratuita: STJ – "É admissível possa a pessoa jurídica pedir e obter assistência judiciária. A lei não distingue entre os necessitados (Lei nº 1.060/50, art. 2º e parágrafo único)" (3ª T. – REsp. nº 70.469/RJ – rel. Min. Nilson Naves, *Diário da Justiça*, Seção I, 16 jun. 1997, p. 27362). **No mesmo sentido**: STF – 1ª T. – AI 513.817-1/SP – rel. Min. Marco Aurélio, *Diário da Justiça*, Seção I, 12 fev. 2007, p. 25; STF – RE 192715/SP – rel. Min. Celso de Mello, decisão: 9-2-2007, *Informativo STF* nº 455, Seção I, p. 2.

Justiça gratuita e ônus da sucumbência: 2º TACivil/SP – "Quando se tratar de ação de despejo por falta de pagamento cumulada com cobrança, o beneficiário de justiça gratuita está isento dos ônus sucumbenciais, nos termos do art. 5º, LXXIV, da CF, e art. 12, da Lei nº 1.060/50, na purgação da mora (12ª Câm. Ag. de Inst. nº 462.486-00/00-SP; rel. Juiz Gama Pellegrini; j. 20-6-1996; v.u.; ementa).

5.121 Defensoria Pública

A Constituição Federal previu, ainda, a criação, instalação e funcionamento da Defensoria Pública, como instituição essencial à função jurisdicional do Estado, incumbindo-lhe, como expressão e instrumento do regime democrático, fundamentalmente, a orientação jurídica, a promoção dos direitos humanos e a defesa, em todos os graus, judicial e extrajudicial, dos direitos individuais e coletivos, de forma integral e gratuita, aos necessitados, na forma do inciso LXXIV do art. 5º desta Constituição Federal.

O Congresso Nacional, por meio de Lei Complementar (LCs nºs 80, de 12-1-1994 e 132, de 7-10-2009), organizou a Defensoria Pública da União e do Distrito Federal e dos Territórios, prescrevendo as normas gerais para sua organização nos Estados, em cargos de carreira, providos, na classe inicial, mediante concurso público de provas e títulos, assegurada a seus integrantes a garantia da inamovibilidade e vedado o exercício da advocacia fora das atribuições institucionais.

A EC nº 45/04 fortaleceu as Defensorias Públicas Estaduais, assegurando-lhes autonomia funcional e administrativa, não sendo, portanto, possível sua subordinação administrativa aos Governadores estaduais ou quaisquer de seus órgãos e a iniciativa de sua proposta orçamentária dentro dos limites estabelecidos na Lei de Diretrizes Orçamentárias. Essas garantias, inclusive quanto à autonomia em relação ao chefe do Poder Executivo, foram estendidas às Defensorias Públicas da União e do Distrito Federal pela EC nº 74, de 6 de agosto de 2013.

Posteriormente, a EC nº 80, de 4 de junho de 2014, estabeleceu como princípios institucionais da Defensoria Pública a unidade, a indivisibilidade e a independência funcional, determinando a aplicação, no que couber, dos dispositivos previstos para a Magistratura, no art. 93 e no inciso II do art. 96 da Constituição Federal.

Autonomia administrativa das Defensorias Públicas, e impossibilidade de sua vinculação à estrutura da Secretaria da Justiça ou de outros órgãos: STF – Pleno – ADI nº 3.569/PE – Rel. Min. Sepúlveda Pertence, decisão: 2-4-2007. Conferir, ainda: STF – Pleno – ADI 3965/MG – Rel. Min. Cármen Lúcia, 7-3-2012; STF – Pleno – ADI 4163/SP – Rel. Min. Cezar Peluso, 29-2-2012.

Legitimidade da Defensoria Pública para propositura de ação civil pública, na defesa de interesses difusos, coletivos ou individuais homogêneos: STF, Pleno, ADI 3943/DF, rel. Min. Cármen Lúcia, 6 e 7.5.2015. (ADI-3943); STF, Pleno, RE 733433/MG, rel. Min. Dias Toffoli, 4.11.2015. (RE-733433). Conferir, ainda: STF – Pleno – ADI nº 3603/RO – Rel. Min. Eros Grau, decisão: 30-8-2006 – *Informativo STF* nº 438.

Absoluta necessidade de concurso público para provimento da Defensoria Pública e vedação à contratação temporária de defensores públicos: STF – Pleno – ADI 4246/PA – Rel. Min. Ayres Britto, decisão: 25-5-2011; STF – Pleno – Adin nº 2229/ES – Rel. Min. Carlos Velloso, decisão: 9-6-2004, *Informativo STF* nº 351, p. 1. Em relação à vedação do exercício da advocacia fora das atribuições institucionais, conferir: STF – Pleno – Adin nº 3043/MG – Rel. Min. Eros Grau, decisão: 26-4-2006, *Informativo STF* nº 424.

Impossibilidade de contratação temporária de advogados para o exercício das funções de defensor público: STF – Pleno – ADI nº 3.700/RN – Rel. Min. Carlos Britto, decisão: 15-10-2008; STF – Pleno – ADI 3892/SC, ADI 4270/SC, Rel. Min. Joaquim Barbosa, 14-3-2012.

5.122 Ministério Público e art. 68 do CPP

Trata-se de saber se o art. 68 do Código de Processo Penal (*Quando o titular do direito à reparação do dano for pobre (art. 32, §§ 1º e 2º), a execução da sentença condenatória (art. 63) ou a ação civil (art. 64) será promovida, a seu requerimento, pelo Ministério Público*) foi recepcionado em face dos arts. 127, *caput* (*O Ministério Público é instituição permanente, essencial à função jurisdicional do Estado, incumbindo-lhe a defesa da ordem jurídica, do regime democrático e dos interesses sociais e individuais indisponíveis*), e 129, IX (*São funções institucionais do Ministério Público: [...] IX – exercer outras funções que lhe forem conferidas, desde que compatíveis com sua finalidade, sendo-lhe vedada a representação judicial e a consultoria jurídica de entidades públicas*), da Constituição Federal, podendo o membro do Ministério Público continuar a promover a execução da sentença condenatória (art. 63) ou a ação civil (art. 64), em face da pobreza do titular do direito à reparação.

Posicionamo-nos pela recepção do citado art. 68 do CPP, havendo inteira compatibilidade com o novo ordenamento jurídico constitucional, uma vez que, não podendo o titular do direito arcar com as despesas processuais, não se poderia negar o direito fundamental de *acesso ao Judiciário* (CF, art. 5º, XXXV). Desta forma, legitima-se extraordinariamente o Ministério Público, como substituto processual do lesado, a, em nome próprio, fazer valer direito alheio (terceiro lesado com a infração penal). Dessa forma, perfeita compatibilidade com o disposto nos citados arts. 127, *caput*, e 129, IX, da Constituição Federal, pois, promovendo a ação reparatória *ex-delicto*, defende o Ministério Público, autor da ação, interesse *individual indisponível*, qual seja: o de não se inviabilizar a demanda judicial de terceiro, economicamente incapacitado de arcar com as despesas processuais, garantindo-se, em última análise, o *acesso ao Judiciário*.

No sentido do texto, afirmando a plena recepção do art. 68 do Código de Processo Penal: STF – RExtr. nº 136.206-5/SP – rel. Min. Francisco Rezek, *Diário da Justiça*, Seção I, 18 out. 1996, p. 39883. Nesse mesmo sentido: STJ – 1ª T. – REsp nº 57.238-0/SP – rel. Min. Demócrito Reinaldo, *Ementário STJ* nº 12/353; TJ/SP – rel. Godofredo Mauro – Agravo de Instrumento nº 198.233-1 – São Paulo – 4-5-94; TJ/SP – Apelação Cível nº 224.506-1 – São Paulo – 2ª Câmara Civil – rel. Correia Lima – 2-5-95 – v.u.

Contra o sentido do texto: Existe posição jurisprudencial entendendo que o art. 68 do Código de Processo Penal não foi recepcionado pela nova ordem constitucional, em face dos arts. 127, *caput*, e 129, IX, da Constituição Federal, uma vez que seria impossível ao Ministério Público defender *interesse individual disponível*, função essa que cabe às Procuradorias de Assistência Judiciária – TJ/SP – rel. Sousa Lima – Apelação Cível nº 214.713-1 – São Paulo – 28-9-94; TJ/SP – Agravo de Instrumento nº 226.674-1 – São Paulo – rel. Flávio Pinheiro – CCIV 3 – v.u. – 20-12-94.

> *LXXV – o estado indenizará o condenado por erro judiciário, assim* como o que ficar preso além do tempo fixado na sentença.

5.123 Erro judiciário e excesso na prisão

O inciso LXXV do art. 5º da Constituição de 1988 estabeleceu uma nova espécie de direito fundamental, o direito à indenização por erro judiciário, ou ainda por excesso ilegal de tempo de prisão fixado pela sentença. Assim, esse novo preceito constitucional traz dois objetos passíveis de indenização: *erro judiciário* e *excesso de prisão*. Anote-se que, em âmbito penal, o Estado só responde pelos erros dos órgãos do Poder Judiciário, na hipótese prevista no art. 630 do Código de Processo Penal; fora dela domina o princípio da irresponsabilidade, não só em atenção à autoridade da coisa julgada, como também à liberdade e independência dos magistrados (TJ/SP – Apelação Cível nº 232.057-1 – São Paulo – 1ª CCivil de Férias – rel. Alexandre Germano – 7-8-95 – v.u.)

Como ressaltam Canotilho e Moreira, ao analisar previsão semelhante na Constituição portuguesa (art. 29, nº 6),

> "é um caso tradicional de responsabilidade do Estado pelo facto da função jurisdicional o ressarcimento dos danos por condenações injustas provadas em revisão de sentença (...). Note-se, porém, que não são só os erros judiciários os únicos actos jurisdicionais susceptíveis de provocar graves danos

morais e materiais aos cidadãos. Também a prisão preventiva ilegal ou injustificada pode originar lesões graves e ilegítimas, devendo merecer igual protecção o ressarcimento dos danos provocados" (*Constituição...* Op. cit. p. 195).

No caso de erro judiciário, serão a revisão criminal e a ação própria no juízo cível os instrumentos cabíveis para seu reconhecimento e consequente fixação de indenização. Saliente-se que o *habeas corpus* não é meio idôneo para apuração e correção de suposto erro judiciário (STF – 1ª T. – HC nº 57.549 – rel. Min. Thompson Flores, *Diário da Justiça*, Seção I, 2 maio 1980, p. 3006), não podendo, pois, servir de instrumento para condenação do Estado por erro judiciário, pois essa análise demanda reexame de provas (STF – 2ª T. – rel. Min. Moreira Alves, *Diário da Justiça*, Seção I, 4 jun. 1982, p. 5460), plenamente concretizada por meio de ampla aplicação do princípio do contraditório (STF – 1ª T. – HC nº 55.132/MG – rel. Min. Cunha Peixoto, *Diário da Justiça*, 16 set. 1977), possível somente na revisão criminal (STF – 1ª T. – HC nº 32.431 – rel. Min. Nelson Hungria, *Diário da Justiça*, Seção I, 7 mar. 1955, p. 902).

O acórdão em revisão criminal ou a sentença civil que reconhecem o direito à indenização por erro judiciário consistem em um título judicial executório ilíquido, devendo ser liquidado no juízo cível.

Na hipótese, porém, de o preso ficar retido além do tempo fixado na sentença, deverá pleitear seu direito à indenização em ação própria no juízo cível. A indenização por excesso de prisão abrange todas as espécies de prisão, sejam processuais, penais, administrativas, civis ou disciplinares.

A legitimação ativa para propositura ou da revisão criminal ou da ação própria no juízo cível é do próprio prejudicado, a quem cabe o ônus da prova do erro judiciário ou do excesso de prisão (*JTJ* 144/300), salvo quando vier a falecer, quando então serão legitimados às pessoas a que estava obrigado a alimentar.

No tocante à legitimação passiva, se o erro judiciário ou o excesso de prisão forem provenientes de órgãos da Justiça estadual ou do Distrito Federal, responsável pela indenização será, respectivamente, o próprio Estado-membro ou o Distrito Federal, caso contrário, ou seja, se o erro judiciário for de autoria de órgãos jurisdicionais ligados à União, à esta caberá o dever de indenizar. Os juízes estão sujeitos à ação regressiva movida pelo Estado que indenizar o condenado ou o preso, somente quando houver dolo ou má-fé.

O erro judiciário e o excesso de prisão acarretarão indenização por danos materiais (danos emergentes e lucros cessantes), devendo recompor a situação anterior do prejudicado, e também por danos morais, uma vez que são óbvios os seus efeitos psicológicos, face ao ferimento frontal do direito à liberdade e à honra (cf. TJ/SP – Ap. Cível nº 224.123-1 – São Paulo – 4ª CCivil – rel. Toledo Silva – 6-4-95 – v.u – e *JTJ* 137/238). A responsabilidade do Estado por erro judiciário pode ser calculada por meio de liquidação por cálculo do contador, incluindo-se os juros compostos e honorários advocatícios sobre o montante apurado (*RTJ* 61/587) ou arbitramento (TJ/SP – rel. Min. Cezar Peluso – Apelação Cível nº 143.413-1 – São Paulo – 5-11-91).

Dever de indenização ao preso provisório posteriormente absolvido: STJ – "A Constituição da República, em razão da magnitude conferida ao *status libertatis* (art. 5º, XV), inscreveu no rol dos direitos e garantias individuais regra expressa que obriga o Estado a indenizar o condenado por erro judiciário ou quem permanecer preso por tempo superior ao fixado na sentença (art. 5º, LXXV), *situações essas equivalentes à de quem foi submetido à prisão processual e posteriormente absolvido*" (6ª T. – REsp nº 61.899-1/SP – rel. Min. Vicente Leal – *Ementário STJ* 15/220).

Erro judiciário e *habeas corpus*: STF – "Não é o *habeas corpus* o instrumento processual adequado para o reconhecimento do direito, que se pretende ter, à indenização, com base no art. 5º, LXXV, da Constituição Federal" (1ª T. – HC nº 70.766/RS – rel. Min. Moreira Alves, *Diário da Justiça*, Seção I, 11 mar. 1994, p. 4096).

Prisão do apelado em lugar de outrem: TJ/SP – "Indenização – Erro judiciário – Admissibilidade – Prisão do apelado em lugar de outrem – Aplicação do art. 5º, LXXV, da Constituição da República – Erro evitável – Responsabilidade da recorrente verificada – Verba devida – Quantia justamente (Ap. Cível nº 226.766-1 – São Paulo – 5ª CCivil – rel. Ivan Sartori – 18-5-95 – v.u.)

Prisão além do tempo fixado na sentença: TJ/SP – "Responsabilidade civil do Estado – Erro Judiciário – Apelado que, por omissão da autoridade policial, permaneceu preso por mais de 30 dias, além da condenação. Aplicabilidade do art. 5º, LXXV, da CR/88, eis que o direito à indenização nasce a partir do momento em que a permanência do apelado na prisão ultrapassar o tempo da pena imposta. Fixação do *quantum* da indenização, que pode ser arbitrada, visto que há de se fixar um valor de acordo com as condições do condenado" (4ª CCivil – rel. Des. Alves Braga, Apelação Cível nº 149.809-1, julgado 7-11-91).

Erro judiciário e indenização por danos material e moral: TJ/SP – "INDENIZAÇÃO – Erro judiciário – Condenação e prisão criminais – Dano moral e material – Cumulabilidade das indenizações – Estimativa por arbitramento – Juízo prudencial" (rel. Cezar Peluso – Apelação Cível nº 143.413-1 – São Paulo – 5-11-91).

Erro judiciário e confissão policial: TJ/SP – "A condenação fundada na confissão policial de réu não encerra erro judiciário, desde que corroborada pelos depoimentos das testemunhas, ainda que agentes da autoridade policial, pois sua confiabilidade permanece até prova em contrário, eis que não estão impedidos de depor nem podem ser considerados suspeitos em razão da função pública que exercem" (rel. Luiz Pantaleão – Revisão Criminal nº 125.081-3 – São Paulo – 26-4-93).

Erro judiciário e lucros cessantes: TJ/SP – "INDENIZAÇÃO – Fazenda Pública – Responsabilidade civil – Lucros cessantes – Erro judiciário – Perdas sofridas durante o período da injusta permanência no cárcere – Verba devida – Apuração – Liquidação por artigos" (*JTJ* 155/73).

LXXVI – *São gratuitos para os reconhecidamente pobres, na forma da lei;*

a) *o registro civil de nascimento;*

b) *a certidão de óbito.*

5.124 Gratuidade do registro civil de nascimento e da certidão de óbito

Os serviços notariais e de registros, por expressa previsão constitucional (art. 236), são exercidos em caráter privado, por delegação do Poder Público.

A Constituição Federal, igualmente, prevê que lei federal estabelecerá normas gerais para fixação de emolumentos relativos aos atos praticados pelos serviços notariais e de registro. Tanto o registro civil de nascimento quanto a certidão de óbito são matérias regulamentadas, atualmente, pela Lei nº 6.015/73 (Lei de Registros Públicos), e a Lei nº 9.534/97 previu a gratuidade do registro civil do nascimento do assento de óbito, bem como da primeira certidão respectiva.

Assim, em face do caráter privado dos serviços prestados, haverá possibilidade de cobrança de determinada quantia remuneratória, que reverterá em benefício do próprio titular da serventia, cujo ingresso depende de concurso público de provas e títulos, não se permitindo que qualquer serventia fique vaga, sem abertura de concurso de provimento ou de remoção, por mais de seis meses.

Excepcionalmente, porém, a Constituição Federal consagrou o direito a registro civil de nascimento e a certidão de óbito gratuitos para os reconhecidamente pobres, na forma da lei.

Gratuidade de certidão: "Por maioria, o Tribunal indeferiu medida cautelar em ação direta ajuizada pela Associação dos Notários e Registradores do Brasil – ANOREG-BR –, contra os arts. 1º, 3º e 5º da Lei nº 9.534/97, que preveem a gratuidade do registro civil do nascimento do assento de óbito, bem como da primeira certidão respectiva. Considerou-se não caracterizada a relevância jurídica da tese de ofensa ao art. 5º, LXXVI, da CF (*'São gratuitos para os reconhecidamente pobres, na forma da lei: (a) o registro civil de nascimento; (b) a certidão de óbito;'*) uma vez que este dispositivo constitucional reflete o mínimo a ser observado pela lei, não impedindo que esta garantia seja ampliada, indistintamente. Considerou-se, também, que a União Federal poderia ter isentado a cobrança de emolumentos sobre os mencionados serviços, uma vez que se trata de um serviço público, ainda que prestado pelos cartórios mediante delegação. Vencidos os Ministros Maurício Corrêa e Marco Aurélio, que deferiam a cautelar, por entenderem configurada a violação do princípio da razoabilidade ao fundamento de que as normas impugnadas inviabilizariam o funcionamento dos cartórios de notas e registros civis" (STF – Pleno – Adin nº 1.800/DF – medida cautelar – rel. Min. Nelson Jobim, decisão: 6-4-1998 – *Informativo STF* nº 105 – abr. 1998).

LXXVIII – *A todos, no âmbito judicial e administrativo, são assegurados a razoável duração do processo e os meios que garantam a celeridade de sua tramitação.*

- Redação do inciso LXXVIII acrescentada pela Emenda Constitucional nº 45, de 8 de dezembro de 2004.

5.125 Princípios da razoável duração do processo e da celeridade processual

A EC nº 45/04 (Reforma do Judiciário) assegurou a todos, no âmbito judicial e administrativo, a razoável duração do processo e os meios que garantam a celeridade de sua tramitação.

Essas previsões – *razoável duração do processo* e *celeridade processual* –, em nosso entender, já estavam contempladas no texto constitucional, seja na consagração do princípio do *devido processo legal*, seja na previsão do *princípio da eficiência* aplicável à Administração Pública (CF, art. 37, *caput*).

Os processos administrativos e judiciais devem garantir todos os direitos às partes, sem, contudo, esquecer a necessidade de desburocratização de seus procedimentos e na busca de qualidade e máxima eficácia de suas decisões.

Na tentativa de alcançar esses objetivos, a EC nº 45/04 trouxe diversos mecanismos de celeridade, transparência e controle de qualidade da atividade jurisdicional.

Como mecanismos de celeridade e desburocratização podem ser citados: a vedação de férias coletivas nos juízos e tribunais de segundo grau, a proporcionalidade do número de juízes à efetiva demanda judicial e à respectiva população, a distribuição imediata dos processos, em todos os graus de jurisdição, a possibilidade de delegação aos servidores do Judiciário para a prática de atos de administração e atos de mero expediente sem caráter decisório, a necessidade de demonstração de *repercussão geral das questões constitucionais* discutidas no caso para fins de conhecimento do recurso extraordinário, a instalação da justiça itinerante, as súmulas vinculantes do Supremo Tribunal Federal.

A EC nº 45/04, porém, trouxe poucos mecanismos processuais que possibilitem maior celeridade na tramitação dos processos e redução na morosidade da Justiça brasileira. O sistema processual judiciário necessita de alterações infraconstitucionais que privilegiem a solução dos conflitos, a distribuição de Justiça e maior segurança jurídica, afastando-se tecnicismos exagerados.

Como salientado pelo Ministro Nelson Jobim, na EC nº 45/04, "é só o início de um processo, de uma caminhada. Ela avançou muito em termos institucionais e tem alguns pontos, como a súmula vinculante e a repercussão geral, que ajudam, sim, a dar mais celeridade. Mas apenas em alguns casos isolados. Para reduzir a tão falada morosidade, já estamos trabalhando numa outra reforma, de natureza infraconstitucional e que vai trazer modificações processuais" (JOBIM, Nelson. Entrevista sobre Reforma do Judiciário no *site* do Supremo Tribunal Federal (dia 8 de dezembro de 2004). <www.stf.gov.br/ noticias/imprensa/>.

Nesse mesmo sentido, analisando a convocação de uma Reforma do Judiciário francês pelo Presidente Jacques Chirac, em 21 de janeiro de 1997, José Renato Nalini observou que "a prioridade máxima é de ser concedida à aceleração dos trâmites de procedimento e de julgamento. É uma aspiração de 76% das pessoas interrogadas. Também para eles o problema primordial é a lentidão com que a justiça responde às demandas, institucionalizando os conflitos em lugar de decidi-los com presteza" (NALINI, José Renato. Lições de uma pesquisa. *Revista da Escola Paulista de Magistratura*, ano 1, nº 3, p. 171, maio/out. 1997).

Em relação à maior transparência, a Reforma do Poder Judiciário previu a publicidade de todos os julgamentos dos órgãos do Poder Judiciário, inclusive as decisões administrativas de seus órgãos, a criação do Conselho Nacional de Justiça e do Conselho Nacional do Ministério Público.

Finalmente, em busca de um maior controle de qualidade da atividade jurisdicional, temos a criação da Escola Nacional de Formação e Aperfeiçoamento de Magistrados, com a consequente previsão de cursos oficiais de preparação, aperfeiçoamento e promoção de magistrados.

Princípio da razoável duração do processo e cotejo com os demais princípios: STF – "A razoável duração do processo (...), logicamente, deve ser harmonizada com outros princípios e valores constitucionalmente adotados no Direito brasileiro, não podendo ser considerada de maneira isolada e descontextualizada do caso relacionado à lide penal que se instaurou a partir da prática dos ilícitos. A jurisprudência desta Corte é uniforme ao considerar que o encerramento da instrução criminal torna prejudicada a alegação de excesso de prazo (...)." (HC 95.045, rel. Min. Ellen Gracie, julgamento em 9-9-08, 2ª T., *DJE* de 26-9-08). **No mesmo sentido:** HC 97.132, rel. Min. Joaquim Barbosa, julgamento em 4-12-09, 2ª T., *DJE* de 5-2-10; HC 100.228, rel. Min. Ricardo Lewandowski, julgamento em 1º-12-09, 1ª T., *DJE* de 5-2-10; HC 92.293, rel. Min. Eros Grau, julgamento em 2-12-08, 2ª T., *DJE* de 17-04-09; HC 91.118, rel. Min. Menezes Direito, julgamento em 2-10-07, 1ª T., *DJ* de 14-12-07.

Razoável duração do processo e prisões processuais: STF – "O direito ao julgamento, sem dilações indevidas, qualifica-se como prerrogativa fundamental que decorre da garantia constitucional do *'due process of law'*. O réu – especialmente aquele que se acha sujeito a medidas cautelares de privação da sua liberdade – tem o direito público subjetivo de ser julgado, pelo Poder Público, dentro de prazo razoável, sem demora excessiva nem dilações indevidas. Convenção Americana sobre Direitos Humanos (Art. 7º, nºˢ 5 e 6). Doutrina. Jurisprudência. – O excesso de prazo, quando exclusivamente imputável ao aparelho judiciário – não derivando, portanto, de qualquer fato procrastinatório causalmente atribuível ao réu – traduz situação anômala que compromete a efetividade do processo, pois, além de tornar evidente o desprezo estatal pela liberdade do cidadão, frustra um direito básico que assiste a qualquer pessoa: o direito à resolução do litígio, sem dilações indevidas e com todas as garantias reconhecidas pelo ordenamento constitucional" (STF – 2ª T. – HC nº 83.773-5/SP – rel. Min. Celso de Mello, *Diário da Justiça*, Seção I, 6 nov. 2006, p. 49). **Conferir no mesmo sentido e com farta citação jurisprudencial:** STF – 2ª T. – HC nº 89.751-7/RO – rel. Min. Gilmar Mendes, *Diário da Justiça*, Seção I, 5 dez. 2006, p. 33.

Mecanismos processuais para garantia da celeridade processual: STF – "cumpre registrar, finalmente, que já existem, em nosso sistema de direito positivo, ainda que de forma difusa, diversos mecanismos legais destinados a acelerar a prestação jurisdicional (CPC, art. 133, II e art. 198; LOMAN, art. 35, incisos II, III e VI, art. 39, art. 44 e art. 49, II), de modo a neutralizar, por parte de magistrados e Tribunais, retardamentos abusivos ou dilações indevidas na resolução dos litígios" (STF – Mandado de Injunção nº 715/DF – rel. Min. Celso de Mello).

> § 1º *As normas definidoras dos direitos e garantias fundamentais têm aplicação imediata.*

5.125.1 Celeridade processual e informatização do processo judicial (Lei nº 11.419/2006)

No contexto da Reforma do Judiciário e buscando efetivar a celeridade processual, a Lei nº 11.419, de 19 de dezembro de 2006, regulamenta a informatização do processo judicial (*autos virtuais*), estabelecendo a possibilidade de utilização do meio eletrônico na tramitação de processos judiciais, comunicação de atos e transmissão de peças processuais, indistintamente, aos processos civil, penal e trabalhista, bem como aos juizados especiais, em qualquer grau de jurisdição.

A própria lei define os principais termos para a implementação da informatização do processo judicial.

Assim, *meio eletrônico* é definido como qualquer forma de armazenamento ou tráfego de documentos e arquivos digitais e *transmissão eletrônica*, como toda forma de comunicação a distância com a utilização de redes de comunicação, preferencialmente a rede mundial de computadores.

A lei regulamentou a maior utilização de tecnologia no acesso e distribuição de Justiça, permitindo o envio de petições, de recursos e a prática de atos processuais em geral por meio eletrônico, mediante o uso de assinatura eletrônica, sendo obrigatório o credenciamento prévio no Poder Judiciário, conforme disciplinado pelos órgãos respectivos, que deverá, porém, ser realizado mediante procedimento que assegure a adequada identificação presencial do interessado, bem como, mediante atribuição de registro e meio de acesso ao sistema, preserve o sigilo, a identificação e a autenticidade de suas comunicações.

Em relação à *assinatura eletrônica*, a lei estabelece como formas de identificação inequívoca do signatário a *assinatura digital* baseada em certificado digital emitido por autoridade certificadora credenciada, na forma de lei específica ou *mediante cadastro de usuário no Poder Judiciário,* conforme disciplinado pelos respectivos órgãos. A lei autoriza, ainda, *a adoção de um cadastro único* por todos os órgãos do Poder Judiciário.

5.126 Aplicabilidade dos direitos e garantias fundamentais

O presente tema já foi analisado no item 9 – Parte I – "Natureza jurídica das normas que disciplinam os direitos e garantias fundamentais".

> *§ 2º Os direitos e garantias expressos nesta Constituição não excluem outros decorrentes do regime e dos princípios por ela adotados, ou dos tratados internacionais em que a República Federativa do Brasil seja parte.*

5.127 Rol exemplificativo do art. 5º da Constituição Federal

Os direitos e garantias expressos na Constituição Federal não excluem outros de caráter constitucional decorrentes do regime e dos princípios por ela adotados, desde que expressamente previstos no texto constitucional, mesmo que difusamente. Nesse sentido, decidiu o Supremo Tribunal Federal (ADin nº 939-7/DF) ao considerar cláusula pétrea e, consequentemente, imodificável, a garantia constitucional assegurada ao cidadão no art. 150, III, *b*, da Constituição Federal (princípio da anterioridade tributária), entendendo que, ao visar subtraí-la de sua esfera protetiva, estaria a Emenda Constitucional nº 3, de 1993, deparando-se com um obstáculo intransponível, contido no art. 60, § 4º, IV, da Constituição Federal, pois,

> "admitir que a União, no exercício de sua competência residual, ainda que por emenda constitucional, pudesse excepcionar a aplicação desta garantia individual do contribuinte, implica em conceder ao ente tributante poder que o constituinte expressamente lhe subtraiu ao vedar a deliberação de proposta de emenda à constituição tendente a abolir os direitos e garantias individuais constitucionalmente assegurados" (Trecho do voto do Min. Celso de Mello, Serviço de Jurisprudência do Supremo Tribunal Federal, *Ementário* nº 1730-10/STF).

Importante, também, ressaltar que, na citada ADin 939-07/DF, o Ministro Carlos Velloso referiu-se aos direitos e garantias sociais, direitos atinentes à nacionalidade e direitos políticos como pertencentes à categoria de direitos e garantias individuais, logo, imodificáveis, enquanto o Ministro Marco Aurélio afirmou a relação de continência dos direitos sociais entre os direitos individuais previstos no art. 60, § 4º, da Constituição Federal (votos dos Ministros, no já citado *Ementário* nº 1.730-10).

Caráter exemplificativo do rol do art. 5º: O STF (Adin nº 939-7/DF) considerou cláusula pétrea e, consequentemente, imodificável, a garantia constitucional assegurada ao cidadão no art. 150, III, *b*, da Constituição Federal (princípio da anterioridade tributária), entendendo que ao visar subtraí-la de sua esfera protetiva, estaria a Emenda Constitucional nº 3, de 1993, deparando-se com um obstáculo intransponível, contido no art. 60, § 4º, IV, da Constituição Federal, pois, "admitir que a União, no exercício de sua competência residual, ainda que por emenda constitucional, pudesse excepcionar a aplicação desta garantia individual do contribuinte, implica em conceder ao ente tributante poder que o constituinte expressamente lhe subtraiu ao vedar a deliberação de proposta de emenda à constituição tendente a abolir os direitos e garantias individuais constitucionalmente assegurados" (Trecho do voto do Min. Celso de Mello, Serviço de Jurisprudência do STF, *Ementário STF*, nº 1730-10). **Importante, também, ressaltar que na citada Adin 939-07/DF**, o Min. Carlos Velloso referiu-se aos direitos e garantias sociais, direitos atinentes à nacionalidade e direitos políticos como pertencentes à categoria de direitos e garantias individuais, logo, imodificáveis, enquanto o Ministro Marco Aurélio afirmou a relação de continência dos direitos sociais entre os direitos individuais previstos no art. 60, § 4º, da Constituição Federal (votos dos Ministros, no já citado *Ementário STJ*, nº 1.730-10).

Existência de outros direitos individuais, além dos previstos no art. 5º, no texto da Constituição Federal: STF – "O constituinte originário, ou melhor, a Constituição Federal de 5-10-1988, no Título II, dedicado aos direitos e garantias fundamentais, destinou o Capítulo I aos direitos e deveres individuais e coletivos. Enunciou-os no art. 5º e seus setenta e sete incisos. E no § 2º, desse artigo do Capítulo I aduziu: § 2º – os direitos e garantias expressos nesta Constituição não excluem outros decorrentes do regime e dos princípios por ela adotados..." 9. Já no Título VI, destinado à tributação e orçamento, e no Capítulo I, dedicado ao sistema tributário nacional, mais precisamente na Seção II, regulou a Constituição "as limitações ao poder de tributar", estabelecendo, desde logo, no art. 150: "Art. 150. Sem prejuízo de outras garantias asseguradas ao contribuinte, é vedado à União, aos Estados, ao Distrito Federal e aos Municípios: III – cobrar tributos: b – no mesmo exercício financeiro em que haja sido publicada a lei que os instituiu ou aumentou." 10. Trata-se, pois, de garantia outorgada ao contribuinte, em face do disposto nesse art. 150, III, b, em conjugação com o § 2º, do art. 5º da Constituição Federal. 11. Ora, ao cuidar do processo legislativo e, mais especificamente, da emenda à Constituição, esta, no § 4º do art. 60, deixa claro: "Não será objeto de deliberação a proposta de emenda tendente a abolir: IV – os direitos e garantias individuais." Entre esses direitos e garantias individuais, estão, pela extensão contida no § 2º, do art. 5º, e pela especificação feita no art. 150, III, b, a garantia ao contribuinte de que a União não criará nem cobrará tributos, "no mesmo exercício financeiro em que haja sido publicada a lei que os instituiu ou aumentou" (Trecho do voto do Ministro-relator Sydney Sanches – Serviço de Jurisprudência do Supremo Tribunal Federal, *Ementário* nº 1.730-10/STF).

Licença à gestante como cláusula pétrea: STF – "O legislador brasileiro, a partir de 1932 e mais claramente desde 1974, vem tratando o problema da proteção à gestante, cada vez menos como um encargo trabalhista (do empregador) e cada vez mais como de natureza previdenciária. Essa orientação foi mantida mesmo após a Constituição de 5-10-1988, cujo art. 6º determina: a proteção à maternidade deve ser realizada 'na forma desta Constituição', ou seja, nos termos previstos em seu art. 7º, XVIII: 'Licença à gestante, sem prejuízo do empregado e do salário, com a duração de cento e vinte dias'. Diante desse quadro histórico, não é de se presumir que o legislador constituinte derivado, na Emenda nº 20/98, mais precisamente em seu art. 14, haja pretendido a revogação, ainda que implícita, do art. 7º, XVIII, da Constituição Federal originária. Se esse tivesse sido o objetivo da norma constitucional derivada, por certo a EC nº 20/98 conteria referência expressa a respeito. E, à falta de norma constitucional derivada, revogadora do art. 7º, XVIII, a pura e simples aplicação do art. 14 da EC nº 20/98, de modo a torná-la insubsistente, implicará um retrocesso histórico, em matéria social-previdenciária, que não se pode presumir desejado. E, na verdade, se se entender que a Previdência Social, doravante, responderá apenas por R$ 1.200,00 (hum mil e duzentos reais) por mês, durante a licença da gestante, e que o empregador responderá, sozinho, pelo restante, ficará sobremaneira, facilitada e estimulada a opção pelo trabalhador masculino, ao invés de mulher trabalhadora. Estará, então, propiciada a discriminação que a Constituição buscou combater, quando proibiu diferença de salários, de exercício de funções e de critérios de admissão, por motivo de sexo (art. 7º, inc. XXX, da CF/88), proibição, que, em substância, é um desdobramento do princípio da igualdade de direitos, entre homens e mulheres, previsto no inciso I do art. 5º da Constituição Federal. Estará, ainda, conclamado o empregador a oferecer à mulher trabalhadora, quaisquer que sejam suas aptidões, salário nunca superior a R$ 1.200,00, para não ter de responder pela diferença. Não é crível que o constituinte derivado, de 1998, tenha chegado a esse ponto, na chamada Reforma da Previdência Social, desatento a tais consequências. Ao menos não é de se presumir que o tenha feito, sem o dizer expressamente, assumindo a grave responsabilidade. Estando preenchidos os requisitos da plausibilidade jurídica da ação ('fumus boni iuris') e do 'periculum in mora', é de ser deferida a medida cautelar. Não, porém, para se suspender a eficácia do art. 14 da EC. n.º 20/98, como, inicialmente, pretende o autor. Mas, como alternativamente pleiteado, ou seja, para lhe dar, com eficácia 'ex tunc', interpretação conforme à Constituição, no sentido de que tal norma não abrange a licença-gestante, prevista no art. 7º, inc. XVIII, da CF/88, durante a qual continuará percebendo o salário que lhe vinha sendo pago pelo empregador, que responderá também pelo 'quantum' excedente a R$ 1.200,00, por mês, e o recuperará da Previdência Social, na conformidade da legislação vigente" (STF – Pleno – Adin nº 1.946/ DF – medida liminar – Rel. Min. Sydney Sanches, *Informativo STF* nº 241).

§ 3º Os tratados e convenções internacionais sobre direitos humanos que forem aprovados, em cada Casa do Congresso Nacional, em dois turnos, por três quintos dos votos dos respectivos membros, serão equivalentes às emendas constitucionais.

- Redação do § 3º acrescentada pela Emenda Constitucional nº 45, de 8 de dezembro de 2004.

5.128 Direitos e garantias individuais previstos em atos e tratados internacionais e EC nº 45/04 (reforma do Judiciário)

A Constituição Federal não exclui a existência de outros direitos e garantias individuais, *de caráter infraconstitucional*, decorrente dos atos e tratados internacionais em que a República Federativa do Brasil seja parte.

Tratado internacional é o acordo entre dois ou mais sujeitos da comunidade internacional que se destina a produzir determinados efeitos jurídicos. Diversas são as terminologias utilizadas para a realização desses negócios jurídicos: tratados, atos, pactos, cartas, convênios, convenções, protocolos de intenções, acordos, entre outros, sem que haja qualquer alteração em suas naturezas jurídicas.

A EC nº 45/04 concedeu ao Congresso Nacional, somente na hipótese de tratados e convenções internacionais que versem sobre Direitos Humanos, a possibilidade de incorporação com *status* ordinário (CF, art. 49, I) ou com *status* constitucional (CF, § 3º, art. 5º).

Em regra, o Congresso Nacional poderá aprovar os tratados e atos internacionais mediante a edição de decreto legislativo (CF, art. 49, I), ato que dispensa sanção ou promulgação por parte do Presidente da República. O decreto legislativo, portanto, contém aprovação do Congresso Nacional ao tratado e simultaneamente a autorização para que o Presidente da República ratifique-o em nome da República Federativa do Brasil, por meio da edição de um decreto presidencial.

Ressalte-se que a edição do decreto legislativo, aprovando o tratado, não contém, todavia, uma ordem de execução do tratado no Território Nacional, uma vez que somente ao Presidente da República cabe decidir sobre sua ratificação. Com a promulgação do tratado por meio de decreto do Chefe do Executivo, recebe esse ato normativo a ordem de execução, passando, assim, a ser aplicado de forma geral e obrigatória.

Importante salientar que o ato ou tratado internacional, para ser devidamente incorporado ao ordenamento jurídico brasileiro, deverá submeter-se a três fases:

- *1ª fase*: compete privativamente ao Presidente da República celebrar todos os tratados, convenções e atos internacionais (CF, art. 84, VIII);
- *2ª fase*: é de competência exclusiva do Congresso Nacional resolver definitivamente sobre tratados, acordos ou atos internacionais que acarretem encargos ou compromissos gravosos ao patrimônio nacional (CF, art. 49, I). A deliberação do Parlamento será realizada por meio da aprovação de um *decreto legislativo*, devidamente promulgado pelo Presidente do Senado Federal e publicado, salvo na hipótese do § 3º, do art. 5º, pelo qual a EC nº 45/04 estabeleceu que os tratados e convenções internacionais sobre direitos humanos que forem aprovados, em cada Casa do Congresso Nacional, em dois turnos, por três quintos dos votos dos respectivos membros, serão equivalentes às emendas constitucionais;
- *3ª fase*: edição de um decreto do Presidente da República, promulgando o ato ou tratado internacional devidamente ratificado pelo Congresso Nacional. É nesse momento que adquire executoriedade interna a norma inserida pelo ato ou tratado internacional, podendo, inclusive, ser objeto de ação direta de inconstitucionalidade.

Gilmar Mendes Ferreira explica que, "ao contrário do sistema adotado na Alemanha, o Congresso Nacional aprova o tratado mediante a edição de decreto legislativo (CF, art. 49, I), ato que dispensa sanção ou promulgação por parte do Presidente da República. Tal como observado, o decreto legislativo contém aprovação do Congresso Nacional ao tratado e simultaneamente a autorização para que o Presidente da República ratifique-o em nome da República Federativa do Brasil. Esse ato não contém, todavia, uma ordem de execução do tratado no Território Nacional, uma vez que somente ao Presidente da República cabe decidir sobre sua ratificação. Com a promulgação do tratado por meio do decreto do Chefe do Executivo recebe aquele ato a ordem de execução, passando, assim, a ser aplicado de forma geral e obrigatória" (*Jurisdição constitucional*. São Paulo: Saraiva, 1996. p. 168).

Mirtô Fraga, após expor o referido procedimento para incorporação do tratado internacional no direito brasileiro, conclui que, "o Supremo Tribunal Federal tem entendido ser necessária a promulgação para que o tratado tenha força executória na ordem interna. O decreto do Presidente da República atestando a existência da nova regra e o cumprimento das formalidades requeridas para que ela se concluísse, com a ordem de ser cumprida tão inteiramente como nela se contém, confere-lhe força executória, e a publicação exige sua observância por todos: Governo, particulares, Judiciário" (*O conflito entre tratado internacional e norma de direito interno*. Rio de Janeiro: Forense, 1997. p. 69).

Da mesma maneira, Francisco Rezek é taxativo ao afirmar que, "no estágio presente das relações internacionais, é inconcebível que uma norma jurídica se imponha ao Estado soberano à sua revelia" (*Direito internacional público*. 6. ed. São Paulo: Saraiva, 1996. p. 83).

As normas previstas nos atos, tratados, convenções ou pactos internacionais devidamente aprovadas pelo Poder Legislativo e promulgadas pelo Presidente da República ingressam no ordenamento jurídico brasileiro como atos *normativos infraconstitucionais*, de mesma hierarquia às leis ordinárias (*RTJ* 83/809; STF – ADin nº 1.480-3 – medida liminar – rel. Min. Celso de Mello), subordinando-se, pois, integralmente, às normas constitucionais.

Dessa forma, não existe hierarquia entre as normas ordinárias de direito interno e as decorrentes de atos ou tratados internacionais. A ocorrência de eventual conflito entre essas normas será resolvida ou pela aplicação do critério cronológico, devendo a norma posterior revogar a norma anterior, ou pelo princípio da especialidade (*RTJ* 70/333; *RTJ* 100/1030).

Assim, os compromissos assumidos pelo Brasil em virtude de convenções, atos, tratados, pactos ou acordos internacionais de que seja parte, devidamente ratificados pelo Congresso Nacional e promulgados e publicados pelo Presidente da República, apesar de ingressarem no ordenamento jurídico constitucional (CF, art. 5º, § 2º), não minimizam o conceito de soberania do Estado-povo na elaboração da sua Constituição, devendo, pois, sempre serem interpretados com as limitações impostas constitucionalmente (STF – 2ª T. – v.u. – *Habeas corpus* nº 73044-2/SP – rel. Maurício Correa, *Diário da Justiça*, Seção I, 20 set. 1996, p. 34534). Como anotam Canotilho e Moreira, analisando o art. 8º da Constituição da República Portuguesa que traz regra semelhante,

> "as normas de direito internacional público vigoram na ordem interna com a mesma relevância das normas de direito interno, desde logo quanto à *subordinação à Constituição* – sendo, pois, inconstitucionais se infringirem as normas da Constituição ou os seus princípios" (*Constituição...* Op. cit. p. 85).

Esses atos normativos são passíveis de controle difuso e concentrado de constitucionalidade, pois, apesar de originários de instrumento internacional, não guardam nenhuma validade no ordenamento jurídico interno se afrontarem qualquer preceito da Constituição Federal (*RTJ* 84/724; *RTJ* 95/980).

No julgamento da Convenção 158 da OIT o Supremo Tribunal Federal afirmou, "por unanimidade, a propósito de objeções levantadas ao cabimento da ADIn pelo Presidente da República nas informações elaboradas pela Advocacia-Geral da União, a possibilidade jurídica do controle de constitucionalidade, pelos métodos concentrado e difuso, das normas de direito internacional, desde que já incorporadas definitivamente ao plano do direito positivo interno, explicitando, também por votação unânime, que esse entendimento decorre da absoluta supremacia da CF *sobre todo e qualquer ato de direito internacional público celebrado pelo Estado brasileiro*. Precedentes citados: RP 803-DF (*RTJ* 84/724); RE 109.173-SP (*RTJ* 121/270)" (*Informativo STF*, Brasília, 7 a 11 out. 1996 – nº 48, p. 1).

Anote-se, ainda, que o Supremo Tribunal Federal, analisando o art. 7º, nº 7, do Pacto de São José da Costa Rica, devidamente ratificado por Decreto-legislativo em 25-9-1992, e, posteriormente promulgado e publicado pelo Presidente da República, que expressamente prevê que *ninguém deve ser detido por dívida*, exceptuando-se somente a hipótese do inadimplemento de obrigação alimentar, afirmou a necessidade do mesmo compatibilizar-se com o texto constitucional (CF, art. 5º, LXVII), que permite duas hipóteses de prisões civis: inadimplemento voluntário e inescusável de obrigação alimentar e depositário infiel. Dessa forma, o Pretório Excelso, novamente, consagrou a supremacia constitucional perante atos ou tratados internacionais, reafirmando a plena vigência e eficácia do art. 5º, LXVII, da Constituição Federal (STF – 2ª T. – HC nº 73.044-2/SP – rel. Min. Maurício Corrêa, *Diário da Justiça*, Seção I, 20 set. 1996, p. 34534).

Da mesma forma, em relação à eventual incompatibilidade entre a Convenção de Varsóvia (art. 22) e a Constituição Federal (art. 5º , inciso II e § 2º), o Supremo Tribunal Federal decidiu que *"os tratados subscritos pelo Brasil não se superpõem à Constituição Federal"* (STF – Agravo de Instrumento 196.379-9/RJ – rel. Min. Marco Aurélio, *Diário da Justiça*, Seção I, 14 ago. 1997, p. 36790, inclusive citando precedente da Corte – RE nº 172.720).

Deve-se, pois, sempre ter-se em mente as palavras do Ministro Celso de Mello, em discurso de posse na presidência do Supremo Tribunal Federal, quando afirmou: "o respeito à supremacia da Constituição: eis o ponto delicado sobre o qual se estrutura o complexo edifício institucional do Estado democrático e no qual se apoia todo o sistema organizado de proteção das liberdades públicas" (*Diário da Justiça*, Seção I, 13 ago. 1997, p. 36563).

Conclui-se, portanto, pela supremacia das normas constitucionais em relação aos tratados e atos internacionais, salvo na nova hipótese prevista no § 3º, do art. 5º (EC nº 45/04), mesmo que devidamente ratificados, e plena possibilidade de seu controle de constitucionalidade.

Dessa forma, como preleciona Manoel Gonçalves Ferreira Filho,

"é pacífico no direito brasileiro que as normas internacionais convencionais – cumprindo o processo de integração à nossa ordem jurídica – têm força e hierarquia de lei ordinária. Em consequência, *se o Brasil incorporar tratado que institua direitos fundamentais, esses não terão senão força de lei ordinária*. Ora, os direitos fundamentais outros têm a posição de normas constitucionais. Ou seja, haveria direitos fundamentais de dois níveis diferentes: um constitucional, outro meramente legal" (*Direitos humanos fundamentais*. São Paulo: Saraiva, 1995. p. 99).

A necessidade de ratificação pelo Parlamento dos atos e tratados internacionais, consagrada no art. 49, I, da Constituição Federal, segue a tendência do direito comparado. Assim, verifica-se essa regra, por exemplo, nos arts. 93 e 94 da Constituição espanhola de 1978; no art. 75, item 22, da Constituição da Nação Argentina, inclusive após a Reforma de 1994; no art. 85, itens 5 e 89, da Constituição Suíça; art. 59, item 2, da Lei Fundamental alemã de 1949; arts. 48 e 50 da Lei

Constitucional Federal da Áustria, de 1929; art. 167, item 2, da Constituição da Bélgica, de 1994; art. 55 da Constituição da República francesa de 1958; art. 28 da Constituição da Grécia de 1975.

Igualmente, a consagração da *supremacia das normas constitucionais em relação aos atos e tratados internacionais* devidamente incorporados no ordenamento jurídico nacional permanece como regra no direito comparado, mesmo em algumas constituições que adotaram novas regras objetivando a maior efetividade dos direitos fundamentais.

Assim, após a Reforma de 1994, a Constituição da Nação Argentina incorporou em seu texto vários tratados referentes a direitos humanos, e passou a permitir a possibilidade de incorporação, com *status* constitucional, de outros tratados que versem sobre direitos humanos, desde que sua ratificação pelo Poder Legislativo seja realizada por *quorum* idêntico ao destinado a Emendas Constitucionais.

Esse mesmo mecanismo foi adotado no Brasil pela EC nº 45/04, ao permitir, no § 3º, do art. 5º, a aprovação pelo Congresso Nacional de tratados e convenções internacionais sobre direitos humanos em dois turnos, por três quintos dos votos dos respectivos membros, ou seja, pelo mesmo *processo legislativo especial* das emendas à Constituição; quando, então, uma vez incorporados, serão equivalentes às emendas constitucionais.

A opção de incorporação de tratados e convenções internacionais sobre direitos humanos, nos termos do art. 49, I, ou do § 3º, do art. 5º, será discricionária do Congresso Nacional.

Igualmente, no mesmo sentido de conceder maior efetividade aos direitos humanos fundamentais, a Constituição espanhola de 1978 determina, em seu art. 10, item 2, que as normas relativas a direitos fundamentais e às liberdades públicas, desde que reconhecidas pelo próprio texto constitucional, deverão ser interpretadas em conformidade com a Declaração Universal dos Direitos Humanos e os tratados e acordos internacionais sobre as mesmas matérias ratificadas pela Espanha.

Trata-se de direcionamento interpretativo, pois em seu art. 95 continua a consagrar a supremacia das normas constitucionais, ao afirmar que a celebração de um tratado internacional que contenha estipulações contrárias à Constituição exigirá prévia revisão constitucional.

Por fim, importante destacar que a Lei Fundamental Alemã, em seu art. 24, item 1, autoriza o Parlamento a transferir direitos de soberania para organizações supranacionais, garantindo, assim, nessas hipóteses, maior hierarquia na recepção dos tratados internacionais. Essa possibilidade, porém, não afastou a supremacia das normas constitucionais, pois, em seu art. 79, a Lei Fundamental alemã exige *quorum* de reforma constitucional para que o tratado adquira *status* constitucional.

Observe-se, porém, que o Supremo Tribunal Federal alterou seu tradicional posicionamento, passando a proclamar – por maioria – o *status* da supralegalidade dos tratados internacionais incorporados no ordenamento jurídico brasileiro antes da EC nº 45/04.

A Corte decidiu, em relação à vedação da prisão civil do depositário infiel, que "a circunstância de o Brasil haver subscrito o Pacto de São José da Costa Rica, que restringe a prisão civil por dívida ao descumprimento inescusável de prestação alimentícia (art. 7º, 7), conduz à inexistência de balizas visando à eficácia do que previsto no art. 5º, LXVII, da CF"; concluindo, que "com a introdução do aludido Pacto no ordenamento jurídico nacional, restaram derrogadas as normas estritamente legais definidoras da custódia do depositário infiel".

Dessa forma, o STF manteve a supremacia das normas constitucionais sobre o referido Pacto, porém inclinou-se pela interpretação da revogação das normas infraconstitucionais que disciplinavam a referida prisão civil, tendo inclusive, revogado sua Súmula 619 do STF ("A prisão do depositário judicial pode ser decretada no próprio processo em que se constituiu o encargo, independentemente da propositura de ação de depósito").

Direitos humanos previstos em tratados internacionais: Em sentido contrário ao texto e à jurisprudência do Supremo Tribunal Federal, acima citada, Flávia Piovesan e Fernando Luiz Ximenes Rocha entendem que os tratados internacionais que preveem normas sobre direitos humanos teriam incorporação automática e *status* constitucional. Flávia Piovesan ensina que, "em síntese, relativamente aos tratados internacionais de proteção dos direitos humanos, a Constituição brasileira de 1988, nos termos do art. 5º, § 1º, acolhe a sistemática da incorporação automática dos tratados, o que reflete a adoção da concepção monista. Ademais como apreciado no tópico anterior, a Carta de 1988 confere aos tratados de direitos humanos o *status* de norma constitucional, por força do art. 5º, § 2º. O regime jurídico diferenciado conferido aos tratados de direitos humanos não é, todavia, aplicável aos demais tratados, isto é, aos tratados tradicionais. No que tange a estes, adota-se a sistemática da incorporação legislativa, de modo a exigir que, após a ratificação, um ato com força de lei (no caso brasileiro este ato é um Decreto expedido pelo Executivo) confira execução e cumprimento aos tratados no plano interno. Deste modo, no que se refere aos tratados em geral, acolhe-se a sistemática da incorporação não automática, o que reflete a adoção da concepção dualista" (*Direitos humanos e o direito constitucional internacional*. São Paulo: Max Limonad, 1996. p. 111). Igualmente, Luiz Ximenes Rocha expõe a "posição feliz do nosso constituinte de 1988, ao consagrar que os direitos garantidos nos tratados de direitos humanos em que a República Federativa do Brasil é parte recebe tratamento especial, inserindo-se no elenco dos direitos constitucionais fundamentais, tendo aplicação imediata no âmbito interno, a teor do disposto nos §§ 1º e 2º do art. 5º da Constituição Federal" (A incorporação dos tratados e convenções internacionais de direitos humanos no direito brasileiro. *Revista de informação legislativa* nº 130. p. 81).

NOVO POSICIONAMENTO DO STF – Posição hierárquica dos tratados internacionais definidores de direitos fundamentais – *Supralegalidade*: STF – "DEPOSITÁRIO INFIEL – PRISÃO. A subscrição pelo Brasil do Pacto de São José da Costa Rica, limitando a prisão civil por dívida ao descumprimento inescusável de prestação alimentícia, implicou a derrogação das normas estritamente legais referentes à prisão do depositário infiel" (STF – Pleno – HC 87585/TO – rel. Min. Marco Aurélio, decisão: 3-12-2008). Ficaram vencidos, por qualificarem os tratados internacionais definidores de direitos fundamentais com *status* constitucional, após a EC 45/04, os Ministros Celso de Mello, Cezar Peluso, Ellen Gracie e Eros Grau.

ANTIGO POSICIONAMENTO DO STF – Paridade normativa entre atos internacionais e normas infraconstitucionais de Direito Interno: STF – "Os tratados ou convenções internacionais, uma vez regularmente incorporados ao direito interno, situam-se, no sistema jurídico brasileiro, nos mesmos planos de validade, de eficácia e de autoridade em que se posicionam as leis ordinárias, havendo, em consequência, entre estas e os atos de direito internacional público, mera relação de paridade normativa. Precedentes. No sistema jurídico brasileiro, os atos internacionais não dispõem de primazia hierárquica sobre as normas de direito interno. A eventual precedência dos tratados ou convenções internacionais sobre as regras infraconstitucionais de direito interno somente se justificará quando a situação de antinomia com o ordenamento doméstico impuser, para a solução do conflito, a aplicação alternativa do critério cronológico ('*lex posterior derogat priori*') ou, quando cabível, do critério da especialidade. Precedentes" (STF – Pleno – ADin nº 1.480/DF – rel. Min. Celso de Mello. *Informativo STF*, nº 135).

Prevalência das normas extradicionais especiais previstas em tratados bilaterais, devidamente incorporados, em relação ao Estatuto dos Estrangeiros (posteriormente, revogado pela Lei nº 13.445/2017): "No sistema brasileiro, ratificado e promulgado, o tratado bilateral de extradição se incorpora, com força de lei especial, ao ordenamento jurídico interno, de tal modo que a cláusula que limita a prisão do extraditando ou determina a sua libertação, ao termo de certo prazo, cria direito individual em seu favor, contra o qual não é oponível disposição mais rigorosa da lei geral. De qualquer modo, ainda quando se pudesse admitir, em questão de liberdade individual, que ao Estado requerente fosse dado invocar, ao invés do tratado que o vincula ao Brasil, a norma a ele mais favorável da lei brasileira de extradição, só o poderia fazer mediante promessa específica de reciprocidade: ao contrário, pedida a prisão preventiva com base no Tratado, e somente nele, há de prevalecer o que nele se pactuou" (*RTJ* 162/822).

Declarações de direitos humanos assinadas pelo Brasil: Declaração Americana dos Direitos e Deveres do Homem, de abril de 1948; Declaração Universal dos Direitos Humanos, de 10-12-1948; Declaração do Direito ao Desenvolvimento, de 4-12-1986; Declaração e Programa de Ação de Viena, de 25-6-1993; Declaração de Pequim adotada pela quarta conferência mundial sobre as mulheres, de 15-9-1995.

Tratados internacionais de proteção aos Direitos Humanos assinados pela República Federativa do Brasil: Preceitos da Carta das Nações Unidas, de 26-6-1945; Convenção contra o Genocídio, de 9-12-1948; Convenção relativa ao Estatuto dos Refugiados, de 28-7-1951; Protocolo sobre o Estatuto dos Refugiados, de 16-12-1966; Pacto Internacional dos Direitos Civis e Políticos, de 16-12-1966; Pacto Internacional dos Direitos Econômicos, Sociais e Culturais, de 16-12-1966; Convenção sobre a Eliminação de todas as formas de Discriminação Racial, de 21-12-1965; Convenção Americana sobre Direitos Humanos – Pacto de San José da Costa Rica, de 22-11-1969; Convenção sobre a Eliminação de todas as formas de Discriminação contra a Mulher, de 18-12-1979; Convenção contra a Tortura e outros tratamentos ou penas cruéis, desumanas ou degradantes, de 10-12-1984; Convenção Interamericana para Prevenir e Punir a Tortura, de 9-12-1985; Convenção sobre os Direitos da Criança, de 20-11-1989; Convenção Interamericana para prevenir, punir e erradicar a violência contra a Mulher, de 6-6-1994, e ratificada pelo Brasil em 27-11-1995.

Legislação internacional sobre os direitos humanos: conferir GALIANO, José. *Derechos humanos*. Santiago: Arcis Universidad – LOM Ediciones, 1996. p. 75. 2T; PIOVESAN, Flávia. *Direitos humanos e o direito constitucional internacional*. São Paulo: Max Limonad, 1996.

5.129 Conflito entre as fontes dos direitos humanos fundamentais

Os direitos humanos fundamentais apresentam-se a partir de diversas fontes, com diferentes hierarquias, seja em nível internacional, seja em nível interno. Algumas têm caráter obrigatório, enquanto outras não. Além disso, segundo o próprio conteúdo, algumas são genéricas e outras específicas.

Essa variedade acaba por vezes gerando dificuldades interpretativas na análise da aplicabilidade dos direitos e garantias fundamentais em vários níveis: *confronto entre fontes internacionais, confronto entre fontes internacionais e fontes nacionais e confronto entre fontes nacionais*.

O *conflito entre fontes internacionais*, em face da existência de múltiplos tratados e atos internacionais bilaterais ou mesmo plurilaterais celebrados entre os diversos Estados, surge a partir da ocorrência de tratamentos normativos diversos ao mesmo assunto.

Para solucionar a questão, primeiramente, devemos fazer a distinção entre *compromissos internacionais* e meras *recomendações*, pois os primeiros, desde que devidamente incorporados ao ordenamento jurídico interno, vinculam; enquanto as segundas, são meras pautas de orientação. Dessa forma, aqueles preferem a estas. Se, porém, o conflito se der entre *compromissos internacionais*, devidamente incorporados pelo ordenamento jurídico local, será preciso interpretar-se o sentido preciso das diversas normas existentes em diferentes documentos, ou mesmo eliminar-se o conflito por negociação entre os Estados ou ainda por conciliação arbitral, que deverão aplicar algumas regras:

- Art. 103 da Carta das Nações Unidas: *em caso de conflito entre as obrigações contraídas pelos membros das Nações Unidas em virtude da presente Carta e suas obrigações contraídas em virtude de qualquer outro convênio internacional prevalecerão as obrigações impostas na presente Carta;*
- O art. 30 da Convenção de Viena sobre o Direito dos Tratados, de 23-5-1969, que regula a aplicação de tratados sucessivos dirigidos à mesma matéria, aponta algumas regras:
    1. Conflito entre obrigações contraídas com base na Declaração das Nações Unidas prevalece em relação a outros tratados internacionais;
    2. Quando um tratado especificar sua própria subordinação a outro anterior ou posterior, esses prevalecerão;
    3. Quando todas as partes de um ato ou tratado internacional forem também partes de um ato ou tratado posterior, esse terá validade. Ressalte-se, porém, que em relação ao anterior permanecerão as normas compatíveis com o posterior ato/tratado;
    4. Na hipótese de as partes contraentes não serem exatamente as mesmas do ato ou tratado internacional anterior, devem ser aplicadas duas regras:

4.a as relações dos Estados-partes em ambos os atos ou tratados seguirão o definido no item anterior;

4.b as relações entre um Estado que somente seja parte no ato ou tratado internacional posterior e outro que seja parte de ambos os compromissos serão regidas pelas normas previstas naquele em que ambos sejam partes.

O *conflito entre fontes internacionais e fontes nacionais* deverá ser resolvido pelo Direito Constitucional de cada um dos países, em virtude do princípio da soberania estatal.

Assim, há países em que os tratados não produzem efeitos internos; enquanto em outros há a produção desses efeitos, sejam como normas de hierarquia constitucional, sejam como normas de hierarquia infraconstitucional, dependendo de cada ordenamento jurídico. Como já analisado no item anterior, no Brasil os atos e tratados internacionais devidamente incorporados em nosso ordenamento jurídico ingressam com a mesma hierarquia normativa que as leis ordinárias, sendo que eventuais conflitos entre essas normas devem ser resolvidos pelo critério cronológico (*norma posterior revoga norma anterior*) ou pelo princípio da especialidade (*RTJ* 70/333, 100/1030).

Finalmente, existe a possibilidade de *conflito entre fontes nacionais*. Nesses casos deve-se analisar a reserva de competência de cada norma, bem como a hierarquia entre elas, ou ainda os princípios da especialidade e *lex posterior abrogat priorem*.

§ 4º O Brasil se submete à jurisdição de Tribunal Penal Internacional a cuja criação tenha manifestado adesão.

- Redação do § 4º acrescentada pela Emenda Constitucional nº 45, de 8 de dezembro de 2004.

Em defesa da maior eficácia dos Direitos Humanos Fundamentais, a EC nº 45/04 consagrou a submissão do Brasil à jurisdição de Tribunal Penal Internacional a cuja criação tenha manifestado adesão, bem como, no âmbito interno, previu, nas hipóteses de grave violação de direitos humanos, a possibilidade do Procurador-Geral da República, com a finalidade de assegurar o cumprimento de obrigações decorrentes de tratados internacionais de direitos humanos dos quais o Brasil seja parte, suscitar, perante o Superior Tribunal de Justiça, em qualquer fase do inquérito ou processo, incidente de deslocamento de competência para a Justiça Federal (CF, art. 109, § 5º).

Favorável a essa alteração, Oscar Vilhena Vieira aponta que

"mais constrangedor do que os atos de violência praticados nos massacres do Carandiru, Candelária, Carajás ou Corumbiara, somente a impunidade com que têm sido agraciados seus responsáveis. A omissão das autoridades estaduais em punir aqueles que violam os direitos humanos, não apenas constitui uma afronta moral às vítimas e a seus familiares, como coloca o governo brasileiro numa posição extremamente delicada frente à comunidade internacional" (VIEIRA, Oscar Vilhena. Que Reforma? *USP – Estudos Avançados*, volume 18, nº 51, p. 205, maio/ago. 2004).

Estatuto de Roma – Tribunal Penal Internacional – Prisão de Chefe de Estado Estrangeiro: STF – Estatuto de Roma. Incorporação dessa convenção multilateral ao ordenamento jurídico interno brasileiro (Decreto nº 4.388/2002). – Instituição do Tribunal Penal Internacional. Caráter supraestatal desse organismo judiciário. Incidência do princípio da complementaridade (ou da subsidiariedade) sobre o exercício, pelo Tribunal Penal Internacional, de sua jurisdição. – Cooperação internacional e auxílio judiciário: obrigação geral que se impõe aos Estados partes do Estatuto de Roma (art. 86). – Pedido de detenção de chefe de estado estrangeiro e de sua ulterior entrega ao Tribunal Penal Internacional, para ser julgado pela suposta prática de crimes contra a humanidade e de guerra. Solicitação formalmente dirigida, pelo Tribunal Penal Internacional, ao governo brasileiro. Distinção entre os institutos da entrega ("surrender") e da extradição. – Questão prejudicial pertinente ao reconhecimento, ou não, da competência originária do Supremo Tribunal Federal para examinar este pedido de cooperação internacional. – Controvérsias jurídicas em torno da compatibilidade de determinadas cláusulas do Estatuto de Roma em face da Constituição do Brasil. – O § 4º do art. 5º da Constituição, introduzido pela EC nº 45/2004: cláusula constitucional aberta destinada a legitimar, integralmente, o Estatuto de Roma? – A experiência do direito comparado na busca da superação dos conflitos entre o Estatuto de Roma e as Constituições nacionais. – A questão da imunidade de jurisdição do chefe de Estado em face do Tribunal Penal Internacional: irrelevância da qualidade oficial, segundo o Estatuto de Roma (art. 27). – Magistério da doutrina. Alta relevância jurídico-constitucional de diversas questões suscitadas pela aplicação doméstica do Estatuto de Roma. – Necessidade de prévia audiência da douta Procuradoria-Geral da República (STF – Pet nº 4625/República do Sudão, Rel. Min. Ellen Gracie – Decisão proferida pelo Min. Celso de Mello, j.17-7-2009, *DJE* 145 de 4-8-2009).

Bibliografia

ACCIOLY, Hildebrando. *Manual de direito internacional público*. 8. ed. São Paulo: Saraiva, 1968.

ACCIOLY, Hildebrando; SILVA, Geraldo Eulálio do Nascimento. *Manual de direito internacional público*. 12. ed. São Paulo: Saraiva, 1996.

ALBERDI, Juan Bautista. *Bases y puntos para la organización política de la República Argentina*. Buenos Aires: Estrada, 1959.

ALEXY, Robert. *Teoría de los derechos fundamentales*. Madri: Centro de Estudos Constitucionales, 1993.

ALLAN, T. R. S. *Constitutional justice*. Oxford: University Press, 2006.

ALMEIDA, Fernanda Dias Menezes de. *Competências na Constituição de 1988*. São Paulo: Atlas, 1991.

ALVAREZ GARCIA, Vicente. *El concepto de necesidad en derecho público*. Madri: Civitas, 1996.

AMORTH, Antonio. *Corso di diritto constituzionale comparato*. Milão: Antonino Giuffrè, 1947.

ARAÚJO, Luiz Alberto David. *A proteção constitucional das pessoas portadoras de deficiência*. Tese (Doutorado). São Paulo: Corde – Coordenadoria Nacional para Integração da Pessoa Portadora de Deficiência, 1994.

ARINOS, Afonso. *Curso de direito constitucional brasileiro*. Rio de Janeiro: Forense, 1958. v. I.

ARISTÓTELES. *Política*. Bauru: Edipro, 1997.

ATALIBA, Geraldo. *República e Constituição*. São Paulo: Revista dos Tribunais, 1985.

AVOLIO, Luiz Francisco Torquato. *Provas ilícitas*. São Paulo: Revista dos Tribunais, 1995.

BANDRÉS, José Manuel. *Poder Judicial y Constitución*. Barcelona: Bosch, 1987.

BARACHO, José Alfredo de Oliveira. *Teoria geral da cidadania*. São Paulo: Saraiva, 1995.

BARBERA, Amato; BARBERA, Augusto (Coord.). *Manuale di diritto pubblico*. Bolonha: Il Molino, 1994.

BARBOSA, Rui. *Obras completas de Rui Barbosa*. Rio de Janeiro: Secretaria da Cultura, 1991.

BARILE, Paolo. *Diritti dell'uomo e libertà fondamentali*. Bolonha: Il Molino, 1984.

BARRETO, Lauro. *Direito eleitoral*. Bauru: Edipro, 1994.

BARROS, Suzana de Toledo. *O princípio da proporcionalidade e o controle de constitucionalidade das leis restritivas de direitos fundamentais*. Brasília: Brasília Jurídica, 1996.

BARTHÉLEMY, Joseph. *Le rôle du pouvoir exécutif dans les républiques modernes.* Paris: Giard et Brière, 1906.

BASTOS, Celso. *Curso de direito constitucional.* 13. ed. São Paulo: Saraiva, 1990.

BASTOS, Celso. *Curso de direito financeiro e de direito tributário.* São Paulo: Saraiva, 1991.

BASTOS, Celso. *Dicionário de direito constitucional.* São Paulo: Saraiva, 1994.

BASTOS, Celso. *Emendas à Constituição de 1988.* São Paulo: Saraiva, 1996.

BASTOS, Celso. *Estudos e pareceres de direito público.* São Paulo: Revista dos Tribunais, 1993.

BASTOS, Celso; MARTINS, Ives Gandra da Silva. *Comentários à Constituição do Brasil.* São Paulo: Saraiva, 1988. 6 v.

BAUM, Lawrence. *A suprema corte americana.* Rio de Janeiro: Forense Universitária, 1985.

BIELSA, Rafael. *Compendio de derecho público.* Buenos Aires: Depalma, 1952.

BITTAR, Celso Alberto (Coord.). *O direito de família e a Constituição de 1988.* São Paulo: Saraiva, 1989.

BLACK, Henry Campbell. *The relation of the executive power to legislation.* Princeton: Princeton University Press, 1919.

BOBBIO, Norberto. *O futuro da democracia*: uma defesa das regras do jogo. São Paulo: Paz e Terra Política, 1986.

BOGNETTI, Giovanni. *Lo spirito del costituzionalismo americano*: la costituzione democratica. Turim: Giappichelli, 2000. v. 2.

BUENO, José Antonio Pimenta. *Direito público brasileiro e análise da Constituição do Império.* Rio de Janeiro: Ministério da Justiça e Negócios Interiores, 1958.

BURDEAU, Georges. *Droit constitutionnel et institutions politiques.* 7. ed. Paris: Librairie Générale de Droit et de Jurisprudence, 1965.

CAETANO, Marcelo. *Direito constitucional.* 2. ed. Rio de Janeiro: Forense, 1987. 2 v.

CAETANO, Marcelo. *Manual de direito administrativo.* 9. ed. Coimbra: Coimbra Editora, 1970.

CAMPANHOLE, Adriano; CAMPANHOLE, Hilton Lobo. *Constituições do Brasil.* 11. ed. São Paulo: Atlas, 1994.

CAMPOS, G. Bidart. *Derecho constitucional.* Buenos Aires: Ediar, 1968.

CAMUS, Geneviêre. *L'État de nécessité en démocratie:* Paris: Bibliothèque Constitutionnelle et de Science Politique (Georges Burdeau): Librairie Générale du Droit et de ha Jurisprudence, 1965.

CANOTILHO, J. J. Gomes. *Constituição dirigente e vinculação do legislador.* Coimbra: Coimbra Editora, 1994.

CANOTILHO, J. J. Gomes. *Direito constitucional.* Coimbra: Almedina, 1993.

CANOTILHO, J. J. Gomes; MOREIRA, Vital. *Constituição da República Portuguesa anotada.* 3. ed. Coimbra: Coimbra Editora, 1993.

CANOTILHO, J. J. Gomes. *Fundamentos da Constituição.* Coimbra: Coimbra Editora, 1991.

CANOTILHO, J. J. Gomes. *Os poderes do presidente da república.* Coimbra: Coimbra Editora, 1991.

CAPPELLETTI, Mauro. *Juízes legisladores?* Tradução de Carlos Alberto Alvaro de Oliveira. Porto Alegre: Sergio Antonio Fabris, 1993.

CAPPELLETTI, Mauro. *La giurisdizione costituzionale delle libertà.* Milão: Giuffrè, 1974.

CAPPELLETTI, Mauro et al. *Tribunales constitucionales europeos y derechos fundamentales.* Madri: Centro de Estudios Constitucionales, 1984.

CARRAZZA, Roque Antonio. *Curso de direito constitucional tributário.* 2. ed. São Paulo: Revista dos Tribunais, 1991.

CARVALHO, Virgílio de Jesus Miranda. *Os valores constitucionais fundamentais*: esboço de uma análise axiológico-normativa. Coimbra: Coimbra Editora, 1982.

CASTBERG, Frede. Le droit de necessité en droit constitutionnel. In: Vários autores. *Melanges en l'onneur de Gilbert Gidel*. Paris: Recueil Sirey, 1961.

CASTRO, J. L. Cascajo; CID, B. Castro; TORRES, C. Gómez; LUÑO, A. E. Pérez. *Los derechos humanos*: significación, estatuto jurídico y sistema. Sevilha: Universidad de Sevilla, 1979.

CAVALCANTI, Themístocles Brandão. *A Constituição Federal comentada*. Rio de Janeiro: Forense, 1948.

CAVALCANTI, Themístocles Brandão. Parecer do consultor geral da república. *Revista de direito administrativo*, nº 45.

CAVALCANTI, Themístocles Brandão. *Princípios gerais de direito público*. 3. ed. Rio de Janeiro: Borsoi, 1966.

CENTRO DE ESTUDOS, Procuradoria Geral do Estado. *Instrumentos internacionais de proteção dos direitos humanos*. São Paulo, 1997.

CEPAM – Fundação Prefeito Faria Lima. *Breves anotações à Constituição de 1988*. São Paulo: Atlas: 1990.

CERNICCHIARO, Luiz Vicente. Lei nº 9.296/96: interceptação telefônica. *Boletim IBCCRIM*, São Paulo, nº 45, ago. 1996.

CERNICCHIARO, Luiz Vicente; COSTA JR., Paulo José. *Direito penal na Constituição*. 3. ed. São Paulo: Revista dos Tribunais, 1995.

CHOUKE, Fauzi Hassan. *Garantias constitucionais na investigação criminal*. São Paulo: Revista dos Tribunais, 1995.

CÍCERO. *Manual do candidato às eleições*. Carta do bom administrador e pensamentos políticos selecionados. São Paulo: Nova Alexandria, 2000.

CLÈVE, Clèmerson Merlin. *As medidas provisórias e a CF de 1988*. Curitiba: Juruá, 1991.

CLÈVE, Clèmerson Merlin. *Atividade legislativa do poder executivo no Estado contemporâneo e na Constituição de 1988*. São Paulo: Revista dos Tribunais, 1993.

CLÈVE, Clèmerson Merlin. *Temas de direito constitucional*. São Paulo: Acadêmica, 1993.

COELHO, Fernando. *Lógica jurídica e interpretação das leis*. Rio de Janeiro: Forense, 1981.

COMBOTHECRA, X. S. Manuel de Droit Public Général du monde civilisé. Paris: Recueil Sirey, 1928.

COMPARATO, Fábio Konder. *Direito público*: estudos e pareceres. São Paulo: Saraiva, 1996.

CORWIN, Edward S.; KOENING, Louis W. *The presidency today*. New York: New York University Press, 1956.

COSTA, José Manuel M. Cardoso. *A jurisdição constitucional em Portugal*. 2. ed. Coimbra: Coimbra Editora, 1992.

CRETELLA JÚNIOR, José. *Comentários à Constituição de 1988*. Rio de Janeiro: Forense, 1989. v. 1.

CRUZ VILLALÓN, Pedro. La protección extraordinaria del Estado. In: PREDIERI, Alberto; GARCIA DE ENTERRIA, Eduardo (Org.). *La constitución española de 1978*: estudio sistematico. Madri: Civitas, 1980.

CRUZ VILLALÓN, Pedro. *El estado de sitio y la Constitución*. Madri: Centro de Estudios Constitucionales, 1980.

CRUZ VILLALÓN, Pedro. *Estados execepcionales y suspensión de garantías*: Madri: Tecnos, 1984.

DALLARI, Dalmo de Abreu. *Elementos de teoria geral do Estado*. 11. ed. São Paulo: Saraiva: 1985.

DANTAS, F. C. San Tiago. Igualdade perante a lei e due process of law: contribuição ao estudo da limitação constitucional do Poder Legislativo. *Revista Forense*, Rio de Janeiro, 1948.

DANTAS, Ivo. *Constituição Federal*: teoria e prática. Rio de Janeiro: Renovar, 1994. v. 1.

DELMANTO, Roberto; DELMANTO JUNIOR, Roberto. A permissão constitucional e a nova lei de interceptação telefônica. *Boletim IBCCrim*, nº 47, out. 1996.

DENNEWITZ, Boddo. *Kommentar zum Bonner Grundgesetz*: Bonner Kommentar. Hamburgo: Joachin Hestmann, 1950.

DINAMARCO, Cândido Rangel. *A instrumentalidade do processo*. 4. ed. São Paulo: Malheiros, 1994.

DINAMARCO, Cândido Rangel. *Fundamentos do processo civil moderno*. 2. ed. São Paulo: Revista dos Tribunais, 1987.

DINIZ, Maria Helena. *Norma constitucional e seus efeitos*. 2. ed. São Paulo: Saraiva, 1992.

DÓRIA, Sampaio. *Comentários à Constituição de 1946*. São Paulo: Saraiva, 1946.

EKMEKDJIAN, Miguel Ángel. *Tratado de derecho constitucional*. Buenos Aires: Depalma, 1993. t. 1.

EKMEKDJIAN, Miguel Ángel; PIZZOLO, Calogero. *Hábeas data*: el derecho a la intimidad frente a la revolución informática. Buenos Aires: Depalma, 1996.

FALCÃO, Alcino Pinto et al. *Comentários à Constituição*. Rio de Janeiro: Freitas Bastos, 1990. 3 v.

FAVOREU, Lois et al. *Tribunales constitucionales europeos y derechos fundamentales*. Madri: Centro de Estudios Constitucionales, 1984.

FAYT, Carlos S. *Supremacía constitucional e independencia de los jueces*. Buenos Aires: Depalma, 1994.

FERNANDES, Antonio Sacarance. Interceptações telefônicas: aspectos processuais da lei. *Boletim IBC-CRIM*, São Paulo, nº 45, ago. 1996.

FERRAZ, Anna Cândida da Cunha. *Conflito entre poderes*: o poder congressual de sustar atos normativos do poder executivo. São Paulo: Revista dos Tribunais, 1994.

FERRAZ JUNIOR, Tercio Sampaio. *Interpretação e estudos da Constituição de 1988*. São Paulo: Atlas, 1990.

FERRAZ JUNIOR, Tercio Sampaio. Sigilo de dados: o direito à privacidade e os limites à função fiscalizadora do Estado. *Cadernos de Direito Constitucional e Ciência Política*, São Paulo: Revista dos Tribunais, nº 01/77.

FERREIRA FILHO, Manoel Gonçalves. As medidas provisórias com força de lei. *Repertório IOB de Jurisprudência*, nº 05/89, 1ª quinzena mar. 1989.

FERREIRA FILHO, Manoel Gonçalves. *Comentários à Constituição brasileira de 1988*. São Paulo: Saraiva, 1989-95. 4 v.

FERREIRA FILHO, Manoel Gonçalves. *Curso de direito constitucional*. 20. ed. São Paulo: Saraiva, 1990.

FERREIRA FILHO, Manoel Gonçalves. *Direitos humanos fundamentais*. São Paulo: Saraiva, 1995.

FERREIRA FILHO, Manoel Gonçalves. *Estado de direito e Constituição*. São Paulo: Saraiva, 1988.

FERREIRA FILHO, Manoel Gonçalves. *O poder constituinte*. São Paulo: Saraiva, 1985.

FERREIRA, Pinto. *Comentários à Constituição brasileira*. São Paulo: Saraiva, 1989. 7 v.

FERREIRA, Wolgran Junqueira. *Direitos e garantias individuais*. Bauru: Edipro, 1997.

FIGUEIREDO, Marcelo. *A medida provisória na Constituição*. São Paulo: Atlas, 1991.

FRANÇA, R. Limongi. *Jurisprudência da irretroatividade e do direito adquirido*. São Paulo: Revista dos Tribunais, 1982.

FRANÇA, R. Limongi. Reparação do dano moral. *RT*, 631/29.

FRANCO, Afonso Arinos de Mello. *Curso de direito constitucional brasileiro*. Rio de Janeiro: Forense, 1958. 2 v.

FRANCO, Alberto Silva. Medidas provisórias. *LEX-RJTJESP* 123/16.

FREITAS, Juarez. *A interpretação sistemática do direito*. São Paulo: Malheiros, 1996.

GALIANO, José. *Derechos humanos*. Santiago: Arcis Universidad – LOM Ediciones, 1996.

GOMES, Luiz Flávio; CERVINI, Raúl. *Crime organizado*. São Paulo: Revista dos Tribunais, 1995.

GOMES, Luiz Flávio; CERVINI, Raúl. *Interceptação telefônica*. São Paulo: Revista dos Tribunais, 1997.

GOMES FILHO, Antonio Magalhães. *Direito à prova no processo penal*. São Paulo: Revista dos Tribunais, 1997.

GOYANES, Enrique Sánchez. Constitución española comentada. 22. ed. Madri: Paraninfo, 2001.

GRECO, Marco Aurélio. *Medidas provisórias*. São Paulo: Revista dos Tribunais, 1991.

GRECO FILHO, Vicente. *Interceptação telefônica*. São Paulo: Saraiva, 1996.

GRECO FILHO, Vicente. *Manual de processo penal*. São Paulo: Saraiva, 1991.

GREENWALT, Kent. Silence as a moral and constitutional right. 23 William & Mary LR 15, 1981.

GRINOVER, Ada Pellegrini. *Liberdades públicas e processo penal*. 2. ed. São Paulo: Revista dos Tribunais, 1982.

GRINOVER, Ada Pellegrini. Interrogatório do réu e direito ao silêncio. *Ciência Penal*, v. 1, p. 15-31.

GRINOVER, Ada Pellegrini et al. *Estudos de direito processual em homenagem a José Frederico Marques*. São Paulo: Saraiva, 1982.

GROTTI, Dinorá Adelaide Musetti. *Inviolabilidade do domicílio na Constituição*. São Paulo: Malheiros, 1993.

HÄBERLE, Peter. *Hermenêutica constitucional*. Porto Alegre: Sergio Antonio Fabris, 1997.

HAMILTON, Alexandre; MADISON, James; JAY, John. *O federalista*. Tradução de Heitor Almeida Herrera. Brasília: Universidade de Brasília, 1984.

HORTA, Raul Machado. *Estudos de direito constitucional*. Belo Horizonte: Del Rey, 1995.

HUBERLANT, Charles. Etat de siege et legalité d'exception en Belgique. In: vários autores. *Liceite en droit positif et references legales aux valeurs*. Bruxelas: Breuylant, 1982.

HUNGRIA, Nelson. *Comentários ao código penal*. Rio de Janeiro: Forense, 1978.

JESUS, Damásio E. de. *Código de processo penal anotado*. 11. ed. São Paulo: Saraiva, 1994.

JESUS, Damásio E. de. *Código penal anotado*. 5. ed. São Paulo: Saraiva, 1995.

JESUS, Damásio E. de. *Direito penal*. 14. ed. São Paulo: Saraiva, 1990. 4 v.

JESUS, Damásio E. de. Interceptação de ligações telefônicas: notas à Lei nº 9.269, de 24-7-1996. *Revista dos Tribunais*, São Paulo: Revista dos Tribunais, nº 735, 1996.

LAVIÉ, Humberto Quiroga. *Derecho constitucional*. 3. ed. Buenos Aires: Depalma, 1993.

LAZZARINI, Álvaro. *Estudos de direito administrativo*. São Paulo: Revista dos Tribunais, 1996.

LEROY, Paul. *L'organisation constitutionnelle et les crises*. Paris: Bibliothèque Constitutionnelle et de Science Politique (Georges Burdeau): Librairie Générale du Droit et de La Jurisprudence, 1966.

LIEBMAN, Eurico Tulio. *Do arbítrio à razão*: reflexões sobre a motivação da sentença. Tradução de Tereza Alvim. *RP*, 29/80.

LIMA, Jesus Costa. *Comentários às súmulas do STJ*. 3. ed. Brasília: Brasília Jurídica, 1994.

LLORENTE, Francisco Rubio. *Derechos fundamentales y principios constitucionales*. Barcelona: Ariel, 1995.

LOEWENSTEIN, Karl. *Teoria de la Constitución*. Tradução de Alfredo G. Anabitarte. Barcelona: Ariel, 1965.

LOPES, Maurício Antonio Ribeiro. *Poder constituinte reformador*. São Paulo: Revista dos Tribunais, 1993.

LOUREIRO NETO, José Silva. *Princípio da legalidade penal*. São Paulo: Revista dos Tribunais, 1994.

LOUREIRO NETO, José Silva. *Direito penal militar*. São Paulo: Atlas, 1995.

LOUREIRO NETO, José Silva. *Processo penal militar*. 3. ed. São Paulo: Atlas, 1995.

LUCAS VERDU, Pablo. Garantías constitucionales. In: MASCRENAS, Carlos E. (Org.) *Nueva enciclopedia juridica*. Barcelona: Francisco Seix, 1989, t. 10.

MAGALHÃES, Antonio. *Direito à prova no processo penal*. São Paulo: Revista dos Tribunais, 1997.

MANCUSO, Rodolfo de Camargo. *Interesses difusos*: conceito e legitimação para agir. 3. ed. São Paulo: Revista dos Tribunais, 1994.

MARITAIN, Jacques. *Los derechos del hombre y la ley natural*. Buenos Aires: La Pléyade, 1972.

MARTINS, Ives Gandra da Silva. *Comentários à Constituição do Brasil*. São Paulo: Saraiva, 1990. v. 6, t. 1.

MARTINS, Ives Gandra da Silva. *Direito constitucional interpretado*. São Paulo: Revista dos Tribunais, 1992.

MARTINS, Ives Gandra da Silva (Coord.). *A Constituição brasileira de 1988*: interpretações. 2. ed. Rio de Janeiro: Forense Universitária, 1990.

MASAGÃO, Mário. *Curso de direito administrativo*. 6. ed. São Paulo: Revista dos Tribunais, 1977.

MATTOS, Thereza Baptista. A proteção do nascituro, *RDC 52/34*.

MAXIMILANO, Carlos. *Comentários à Constituição brasileira*. Rio de Janeiro: Freitas Bastos, 1948. v. 3.

MAZZILLI, Hugo Nigro. *A defesa dos interesses difusos em juízo*. 7. ed. São Paulo: Saraiva, 1995.

MEIRELLES, Hely Lopes. *Direito administrativo brasileiro*. 21. ed. São Paulo: Malheiros, 1995.

MELLO, Celso Antonio Bandeira. *Conteúdo jurídico do princípio da igualdade*. 3. ed. São Paulo: Malheiros, 1995.

MELLO FILHO, José Celso. A tutela judicial da liberdade, *RT 526/291*.

MELLO FILHO, José Celso. *Constituição Federal anotada*. 2. ed. São Paulo: Saraiva, 1986.

MELLO FILHO, José Celso. Investigação parlamentar estadual: as comissões especiais de inquérito. *Justitia – Revista do Ministério Público do Estado de São Paulo*, nº 121/150.

MELLO FILHO, José Celso. Medidas provisórias. *Revista PGE/SP*, jun. 1990.

MELO, José Tarcizio Almeida. *Direito constitucional brasileiro*. Belo Horizonte: Del Rey, 1996.

MESSINCO, Francesco. *Manuale di diritto civile e commerciale*. Milão: Milano, 1958.

MIGUEL, Jorge. *Curso de direito constitucional*. São Paulo: Atlas, 1995.

MILLET, Jean-Frédéric. Refus de visa à des ressortissants algériens et théorie des circonstances exceptionnelles. *Revue Française de Droit Administratif*, ano 13, v. 2, p. 307-312, 1997.

MIRABETE, Julio Fabbrini. *Código de processo penal interpretado*. 4. ed. São Paulo: Atlas, 1996.

MIRABETE, Julio Fabbrini. *Processo penal*. São Paulo: Atlas, 1991.

MIRANDA, Jorge. *Manual de direito constitucional*. 4. ed. Coimbra: Coimbra Editora, 1990. 4 t.

MIRANDA, Jorge. *Textos históricos do direito constitucional*. 2. ed. Lisboa: Casa da Moeda, 1990.

MIRANDA, Pontes de. *Comentários à Constituição de 1946*. Rio de Janeiro: Henrique Cahen, 1946.

MIRANDA, Pontes de. *Comentários à Constituição de 1967 com a emenda nº 1 de 1969*. 2. ed. São Paulo: Revista dos Tribunais, 1974.

MIRANDA, Pontes de. *História e prática do* habeas corpus. 4. ed. Rio de Janeiro: Borsoi, 1962.

MODERNE, Frank. La dignité de la persone comme principe constitutionnel dans les constitutions portugaise et française. In: MIRANDA, Jorge (Coord.). *Perspectivas constitucionais nos 20 anos da Constituição de 1976*. Coimbra: Coimbra Editora, 1996.

MONTESQUIEU, Charles Louis de Secondat. *O espírito das leis*. Introdução, tradução e notas de Pedro Vieira Mota. 3. ed. São Paulo: Saraiva, 1994.

MORAES, Alexandre de. *Direito constitucional*. 29. ed. São Paulo: Atlas, 2013.

MORAES, Alexandre de. Interceptações telefônicas e gravações clandestinas. A divergência entre o Supremo Tribunal Federal e o Superior Tribunal de Justiça. *Boletim IBCrim*, Instituto Brasileiro de Ciências Criminais, nº 44, ago. 1996.

MORAES, Alexandre de. Previdência social e os direitos adquiridos. *Revista de Previdência Social*, RPS, nº 184, mar. 1996.

MORE, Thomas. *Utopia*. Bauru: Edipro, 1994.

MOREIRA, Vital. *Constituição e revisão constitucional*. Lisboa: Caminho, 1990.

MOTA, Leda Pereira; SPITZCOVSKY, Celso. *Direito constitucional*. São Paulo: Terra, 1994.

NASCIMENTO, Tupinambá Miguel Castro. *Comentários à Constituição Federal*: princípios fundamentais – arts. 1º a 4º. Porto Alegre: Livraria do Advogado, 1997.

NERY JUNIOR, Nelson. *Princípios do processo civil na Constituição Federal*. 2. ed. São Paulo: Revista dos Tribunais, 1995.

NERY JUNIOR, Nelson; NERY, Rosa Maria Andrade. *Código de processo civil e legislação processual civil extravagante em vigor*. 2. ed. São Paulo: Revista dos Tribunais, 1994.

NEVES, A. Castanheira. *O problema da constitucionalidade dos assentos*. Coimbra: Coimbra Editora, 1994.

NIZARD, Lucien. *La jurisprudence administrative des circonstances exceptionnelles et la légalité*. Paris: Pichon & Durand-Auzias, 1962.

PAZZAGLINI FILHO, Marino; MORAES, Alexandre de; SMANIO, Gianpaolo Poggio; VAGGIONE, Luiz Fernando. *Juizado especial criminal*: aspectos práticos da Lei nº 9.099/95. São Paulo: Atlas, 1996.

PELAYO, Manuel Garcia. *Derecho constitucional comparado*. 3. ed. Madri: Revista do Ocidente, 1953.

PIÇARRA, Nuno. *A separação dos poderes como doutrina e princípio constitucional*. Coimbra: Coimbra Editora, 1989.

PIOVESAN, Flávia. *Direitos humanos e o direito constitucional internacional*. São Paulo: Max Limonad, 1996.

PLATÃO. *A república*. Bauru: Edipro, 1994.

RAMOS, Saulo. Medida Provisória. *A nova ordem constitucional*: aspectos polêmicos. Rio de Janeiro: Forense, 1990.

RÁO, Vicente. *O direito e a vida dos direitos*. São Paulo: Max Limonad, 1952. 2 v.

REVEL, Jean François. *El conocimiento inútil*. Barcelona: Planeta, 1989.

REZEK, José Francisco. *Direito internacional público*. São Paulo: Saraiva, 1996.

RIBEIRO, Vinício. *Constituição da República Portuguesa*. Coimbra: Almedina, 1993.

ROCHA, Luiz Ximenes. A incorporação dos tratados e convenções internacionais de direitos humanos no direito brasileiro. *Revista de Informação Legislativa*, nº 130.

RODAS, João Grandino. *Tratados internacionais*. São Paulo: Revista dos Tribunais, 1990.

ROOSEVELT, Theodore. *Devoir de l'Amerique en face de la guerre*. Paris: Perrin, 1917.

ROSAS, Roberto. *Direito sumular*. 7. ed. São Paulo: Malheiros, 1995.

ROUSSEAU, Jean-Jaques. *O contrato social*. Tradução de Antonio de P. Machado. Estudo crítico: Afonso Bertagnoli. Rio de Janeiro: Ediouro, 1994.

RUFFIA, Paolo Biscaretti. *Direito constitucional*: instituições de direito público. Tradução de Maria Helena Diniz. São Paulo: Revista dos Tribunais, 1984.

SALDANHA, Nelson. *O poder constituinte*. São Paulo: Revista dos Tribunais, 1986.

SAMPAIO, Nelson de Souza. *O processo legislativo*. 2. ed. São Paulo: Saraiva, 1996.

SANCHES, Sydney. Inovações processuais na Constituição de 1988. *RT* 635/48-55, nº 44.

SANTOS, Aricê Moacyr Amaral. *O poder constituinte*. São Paulo: Sugestões Literárias, 1980.

SCHMITT, Carl. *La defensa de la Constitución*. Tradução de Manuel Sanchez Sarto. Madri: Tecnos, 1983.

SCHWARTZ, Bernard. *Direito constitucional americano*. Rio de Janeiro: Forense, 1955.

SEGADO, Francisco Fernández. *El estado de excepción en el derecho constitucional español*. Madri: Editorial de Derecho Reunidas, 1977.

SILVA, José Afonso da. *Ação popular constitucional*. São Paulo: Revista dos Tribunais, 1968.

SILVA, José Afonso da. *Aplicabilidade das normas constitucionais*. São Paulo: Revista dos Tribunais, 1982.

SILVA, José Afonso da. *Curso de direito constitucional positivo*. 9. ed. São Paulo: Malheiros, 1992.

SILVA, José Afonso da. *Curso de direito constitucional positivo*. 13. ed. São Paulo: Malheiros, 1997.

SMANIO, Gianpaolo Poggio. *Criminologia e juizado especial criminal*. São Paulo: Atlas, 1997.

STOCCO, Rui. *Responsabilidade civil e sua interpretação jurisprudencial*. São Paulo: Atlas, 1995.

STRASSER, Carlos. *Teoria del estado*. Buenos Aires: Abeledo-Perrot, 1986.

STRECK, Lenio Luiz. *As interceptações telefônicas e os direitos fundamentais*. Porto Alegre: Livraria do Advogado, 1997.

SZANIAWSKI, Elimar. *Direitos de personalidade e sua tutela*. São Paulo: Revista dos Tribunais, 1993.

SZKLAROWSKY, Leon Frejda. *Medidas provisórias*. São Paulo: Revista dos Tribunais, 1991.

TEIXEIRA, J. H. Meirelles. In: GARCIA, Maria (Org.). *Curso de direito constitucional*. Rio de Janeiro: Forense Universitária, 1991.

TEIXEIRA, Sálvio de Figueiredo (Coord.). *As garantias do cidadão na justiça*. São Paulo: Saraiva, 1993.

TEMER, Michel. *Constituição e política*. São Paulo: Malheiros, 1994.

TEMER, Michel. *Elementos de direito constitucional*. 11. ed. São Paulo: Malheiros, 1995.

TOBEÑAS, José Castan. *Los derechos del hombre*. Madri: Reus, 1976.

TOURINHO FILHO, Fernando da Costa. *Processo penal*. 10. ed. São Paulo: Saraiva, 1987. 4. v.

TRIBE, Laurence H. *American constitutional law*. 3. ed. New York: New York Foundation Press, 2000.

TUCCI, Rogério Lauria; TUCCI, José Rogério Cruz e. *Constituição de 1988 e processo*. São Paulo: Saraiva, 1989.

VALLADÃO, Haroldo. *Direito internacional privado*. Rio de Janeiro: Freitas Bastos, 1980.

VASCONCELOS, Edson Aguiar. *Instrumento de defesa da cidadania na nova ordem constitucional*. Rio de Janeiro: Forense, 1993.

VASCONCELOS, Vital Ramos. Proteção constitucional ao sigilo. *Revista FMU-DIREITO*, nº 6.

VELLOSO, Carlos Mário Silva. *Temas de direito público*. Belo Horizonte: Del Rey, 1994.

VERDAGUER, Salvador Alemany. *Curso de derechos humanos*. Barcelona: Bosch, 1984.

VIERIA, Oscar Vilhena. *Supremo Tribunal Federal*: jurisprudência política. São Paulo: Revista dos Tribunais, 1994.

VIGLIAR, José Marcelo Menezes. *Ação civil pública*. São Paulo: Atlas, 1997.

VIÑAS, Antoni Rovira. *El abuso de los derechos fundamentales*. Barcelona: Península, 1983.

ZAFFARONI, Eugenio Raúl. *Poder judiciário*. Tradução de Juarez Tavares. São Paulo: Revista dos Tribunais, 1995.